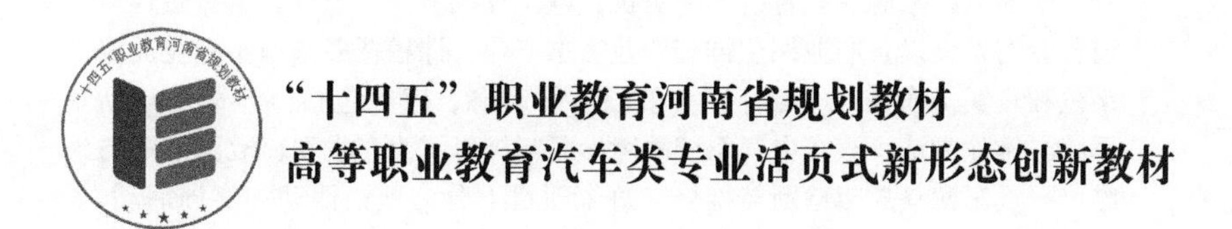

"十四五"职业教育河南省规划教材

高等职业教育汽车类专业活页式新形态创新教材

汽车故障诊断与维修技术

主　编　董　光　尹力卉

副主编　孔春花　冬　丰　冯守明

参　编　王　蕾　杨　健　李　华　蔡燕超

　　　　左晨旭　董　帅　郑瑞丽

机械工业出版社

本书以国家职业教育改革为契机，以课程改革为突破口，紧密结合当前行业的发展以及职业岗位群和企业需求变化，课程任务来源于企业真实岗位和真实工作任务，融合“有效教学”理念，内容包括汽车故障诊断思路与排除方法、汽车电气系统故障诊断与维修、汽车发动机故障诊断与维修、汽车底盘故障诊断与维修。每个项目下分为理论活动和实训活动，实现了教学内容的理实一体化。

本书可用作职业学院汽车检测与维修技术、汽车技术服务与营销专业教材，也可作为汽车维修企业员工技能提升培训资料。

图书在版编目（CIP）数据

汽车故障诊断与维修技术/董光，尹力卉主编．—北京：机械工业出版社，2022.9（2024.8重印）

高等职业教育汽车类专业活页式新形态创新教材

ISBN 978-7-111-71424-8

Ⅰ.①汽…　Ⅱ.①董…②尹…　Ⅲ.①汽车-故障诊断-高等职业教育-教材②汽车-车辆修理-高等职业教育-教材　Ⅳ.①U472.4

中国版本图书馆CIP数据核字（2022）第151679号

机械工业出版社（北京市百万庄大街22号　邮政编码100037）
策划编辑：谢　元　责任编辑：丁　锋
责任校对：郑　婕　封面设计：张　静
责任印制：单爱军
北京虎彩文化传播有限公司印刷
2024年8月第1版第4次印刷
184mm×260mm·28.25印张·630千字
标准书号：ISBN 978-7-111-71424-8
定价：79.90元

电话服务　　　　　　　　　　网络服务
客服电话：010-88361066　　机　工　官　网：www.cmpbook.com
　　　　　010-88379833　　机　工　官　博：weibo.com/cmp1952
　　　　　010-68326294　　金　书　网：www.golden-book.com
封底无防伪标均为盗版
机工教育服务网：www.cmpedu.com

前言

《国家职业教育改革实施方案》对于职业教育教学改革提出明确要求：职业院校应坚持知行合一、工学结合。“加快现代职业教育体系建设，深化产教融合、校企合作，培养高素质劳动者和技能型人才”为职业教育改革指明了新方向、明确了新路径。在该精神的指导下，我们以国家职业教育改革为契机，以课程改革为突破口，紧密结合当前行业的发展以及职业岗位群和企业需求变化，打造以工学结合、校企合作为特色的“汽车故障诊断与维修技术”精品课程。

本书将汽车故障诊断的理论与企业一线遇到的真实故障结合为一体，融合“有效教学”理念，课程任务来源于企业真实岗位和真实工作任务，能让学生真正掌握汽车故障诊断技术，并能按照正确、科学的步骤独立完成汽车故障诊断与排除流程，也能用于汽车维修企业员工技能提升培训。

在编写过程中，我们与行业一线人员、专家深入接触，并结合了职教专家、一线教师的经验，然后经过了专业教学设计人员指导，使本书具备以下5个特点：

（1）满足教育教学改革要求，与职业道德、行为规范、安全教育等相融合，与职业素质、企业文化等内容相衔接，与人才培养模式契合配套，与行业、企业及职业岗位相结合。课程开发与编写符合生产实际，反映行业发展新趋势和实际岗位新技术、新工艺、新流程和现行规范，满足工学结合、项目教学改革要求，是“教、学、训、做、评”一体化的活页式、工作手册式新型教材。

（2）采用以“教中学、学中练”为基础的“理实一体”的教学模式，打破了理论教学与实践教学的界限，推动了“教、学、练”的统一，使理论教学与实践教学融为一体，实现了学生的全面发展。

（3）采取项目式教学法，每个项目下设多个任务，每个任务都由具体的步骤完成，适合学生学习，能较好地满足职业院校项目式教学的要求。

（4）引入“有效教学”理念，在每个项目开始之处设计有项目描述和学习目标，讲述每个任务的内容时通过生动直观的案例帮助学生理解，使学生真正掌握知识与技能。

（5）配有完整的课程数字资源，包括与教材内容相对应的配套课件、视频、动画，并实现了课程资源多种介质的立体化融合。

本书由河南机电职业学院课程与培训学院董光院长和尹力卉教授任主编，吉林交通职业技术学院孔春花、河南机电职业学院冬丰、冯守明任副主编，王蕾、杨健、李

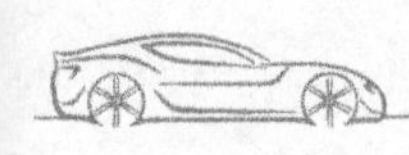

华、蔡燕超、左晨旭、董帅、郑瑞丽参与编写。

编写分工：董光、冬丰、王蕾编写项目一；孔春花、尹力卉、董帅编写项目二；冯守明、杨健、郑瑞丽编写项目三；李华、蔡燕超、左晨旭编写项目四。

本书在编写过程中得到了吉林交通职业技术学院、中鑫之宝汽车服务有限公司、河北益飞特化工科技有限公司等单位的大力支持；本书倾注了各位职教专家、一线教师的心血和汗水，在此深表感谢！

由于编者水平有限，书中难免有疏漏之处，敬请读者批评指正。

编　者

活页式教材使用注意事项

根据需要，从教材中选择需要夹入活页夹的页面。

小心地沿页面根部的虚线将页面撕下。为了保证沿虚线撕开，可以先沿虚线折叠一下。注意：一次不要同时撕太多页。

选购孔距为80mm的双孔活页文件夹，文件夹要求选择竖版，不小于B5幅面即可。将撕下的活页式教材装订到活页夹中。

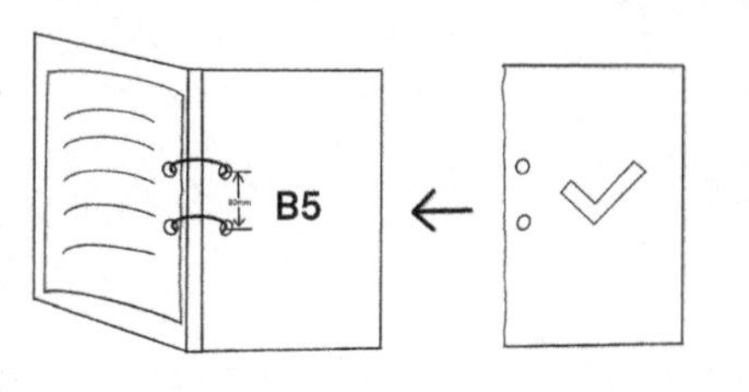

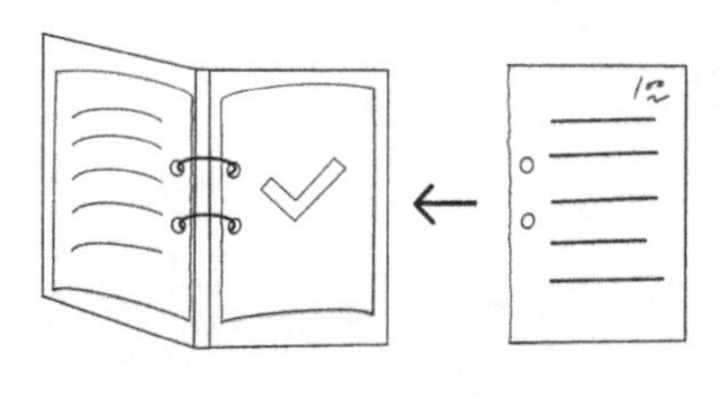

也可将课堂笔记和随堂测验等学习资料，经过标准的孔距为80mm的双孔打孔器打孔后，和教材装订在同一个文件夹中，以方便学习。

温馨提示：在第一次取出教材正文页面之前，可以先尝试撕下本页，作为练习

资源说明页

本书附赠全套《汽车故障诊断与维修技术》讲解视频，内含 8 个微课视频，总时长 76 分钟。

获取方式：

1. 微信扫码（封底“刮刮卡”处），关注“天工讲堂”公众号。

2. 选择“我的”—“使用”，跳出“兑换码”输入页面。

3. 刮开封底处的“刮刮卡”，获得“兑换码”。

4. 输入“兑换码”和“验证码”，点击“使用”。

通过以上步骤，您的微信账号即可免费观看全套课程！

首次兑换后，用微信扫描下方的“课程空间码”即可直接跳转到课程空间。

《汽车故障诊断与维修技术》
课程空间码

目 录

项目一

汽车故障诊断思路与排除方法

项目描述

客户赵先生有一辆行驶里程将近10万km的轿车，该车在行驶过程中排气管突然冒黑烟，车辆特别费油，重新起动后，车辆又恢复正常。

但是在行驶一段里程后，排气管会不定时地冒黑烟。客户进店要求检测，维修技师应如何对该故障进行诊断呢？

学习目标

知识目标

1. 能理解汽车故障的分类。
2. 能理解汽车故障的成因。
3. 能理解汽车故障诊断的原则。
4. 能掌握汽车故障诊断的基本方法。
5. 能掌握汽车故障诊断的基本流程。
6. 能掌握汽车故障诊断的注意事项。

技能目标

1. 能辨别按照不同标准分类的汽车故障类型。
2. 能掌握汽车故障诊断的基本原则。
3. 能使用汽车故障诊断流程。
4. 能区分汽车的人为故障和自然故障。
5. 能掌握汽车故障诊断的基本技能。
6. 能掌握汽车故障诊断流程的方法和技巧。

素养目标

1. 严格执行汽车故障诊断规范，养成严谨科学的工作态度。

2. 尊重他人的劳动，不窃取他人成果。

3. 养成总结汽车故障诊断任务结果的习惯，为下次汽车故障诊断任务积累经验。

4. 培养团队协作精神。

5. 能够养成自觉遵守技术标准和要求规定、规范操作、安全、环保、“6S”作业的习惯。

6. 能够养成劳动光荣、创造伟大的思维和创新意识。

7. 养成主动思考、自主学习的习惯。

8. 提升发现问题、分析问题、解决问题的能力。

9. 培养知识总结、综合运用、语言表达的能力。

任务一　客 户 接 待

一、预约

步骤一　接听客户电话

客户主动给4S店拨打电话，预约到店维修保养。

1）迅速接听电话（电话铃响3声内接听）。

2）问候客户（服务顾问应热情有礼、职业化地问候，表示对来电的感谢，表现出对来电的欢迎）。

3）做自我介绍（服务顾问应清晰地介绍自己及职位）。

话术：“您好，××销售服务店，非常感谢您的来电；请问您贵姓？

您好，我是服务顾问××，请问有什么可以帮到您？”

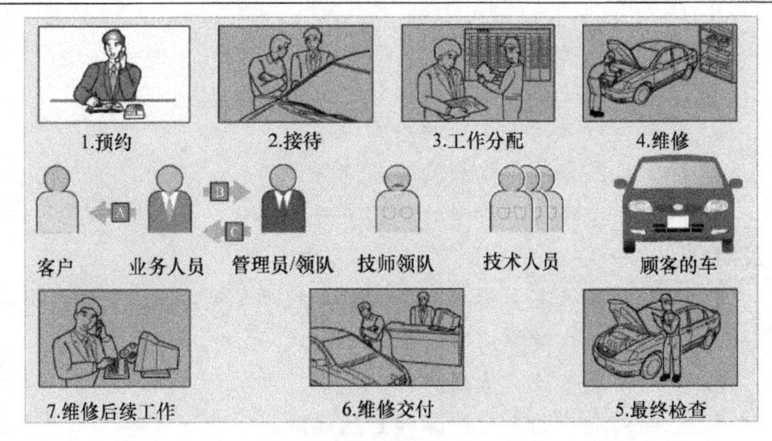

对业务人员的要求：

- 倾听客户的维修要求，并记录维修类型/日期/时间/估算。
- 提前一天重新确认预约。
- 安排预约并通知管理员和配件部门。
- 和管理员/领队和配件部门一起安排工作日程。

管理员/领队：

- 与业务人员和配件部门一起安排工作日程。

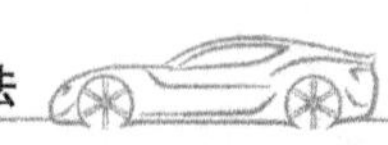

步骤二　与客户进行沟通

1. 确认客户的个人信息，核对用户数据，登记新用户数据

个人信息：客户类型、客户姓名、联系方式；车辆数据：车型、购买时间、上次维修/保养时间及情况；其他注意事项：如果是新客户且时间允许，应在CRM系统中尽快建立档案。如果发现客户信息有变更，应及时更改。

2. 确认客户要求及车辆故障问题

初步倾听情况，了解客户需求，进一步进行车辆问题的沟通，以作出诊断。

3. 预估时间和费用

4. 协商并确定日期

1）根据实际情况考虑合适的日期。服务顾问在CRM系统预约单中确认服务的空闲时段，并根据收集的信息进行判断，考虑合适的日期。

2）当客户第一次预约时间不能满足时，应尽量向客户提供两个以上时段供其选择。

5. 结束通话

6. 填写预约登记表

电话沟通故障现象案例：

客户：车的前部有响声。

服务顾问：请问您车辆的声音具体是从哪个部位发出来的呢？

客户：好像是左前部车轮附近。

服务顾问：那您记得是行驶在什么路面时发出的声音吗？

客户：在平路和颠簸路面都会响。

服务顾问：那是什么时候响呢？

客户：嗯，在转弯还有原地打方向的时候响得厉害。

服务顾问：好的，那么您是说您的车在平路或者颠簸路面、转弯和原地打方向时左前部车轮附近有异响，对吧？

客户：对。

服务顾问：好的，根据您的描述，我判断可能是左前外球笼有问题，您来店时我们可以一起先试试车，检查判断一下故障部位。

步骤三　预约成功后的准备

1）相关文件与物品的准备。

2）预留工位。

3）准备备件。

4）安排人员。

5）客户预约确认。

1. 相关文件与物品的准备

<table>
<tr><td colspan="4">顾客基本情况</td></tr>
<tr><td>顾客姓名</td><td></td><td>联系电话</td><td></td></tr>
<tr><td>车型</td><td></td><td>里程数</td><td></td></tr>
<tr><td>车牌号码</td><td></td><td>购车日期</td><td></td></tr>
<tr><td colspan="4">预约情况</td></tr>
<tr><td>预约进站时间</td><td>月　日　时　分</td><td>预计交车时间</td><td>月　日　时　分</td></tr>
<tr><td colspan="4">预约内容</td></tr>
<tr><td colspan="4">客户描述：</td></tr>
<tr><td colspan="4">故障初步诊断：</td></tr>
<tr><td colspan="4">所需配件（备件号）、工时：</td></tr>
<tr><td colspan="4">维修费用估价：</td></tr>
<tr><td colspan="4">客户其他要求：</td></tr>
</table>

<table>
<tr><td>预约上门
取车时间</td><td>月　日　时　分</td><td>预约上门
取车地点</td><td></td><td>交车人</td><td></td></tr>
<tr><td>预约上门交车
时间</td><td>月　日　时　分</td><td>预约上门
交车地点</td><td></td><td>收车人</td><td></td></tr>
<tr><td>取车/交车人
签名</td><td colspan="2"></td><td>顾客或交接人
签名</td><td colspan="2"></td></tr>
<tr><td colspan="6">备注：</td></tr>
</table>

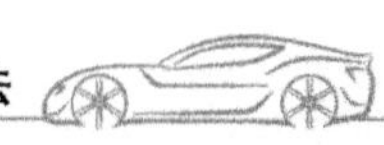

常规保养接车检查单

（适用于首保为5000km的车型）　　委托书编号：

客户姓名/单位		车牌号：	行驶里程	km	接车时间：
VIN：		发动机号：	车型：		车主性质：公车/私车/运营车
联系电话：		上次保养里程：　km	上次保养日期：　年　月　日		质量担保保养□ 常规保养□

随车物品	1		备胎检查	是□　否□	燃油存量检查 0　1/2　1/1
	2		是否洗车	是□　否□	
是否需要送车：是□　否□　送车地址：					
是否需要带走旧件：是□　否□　放置位置：					

车辆外观检查		车辆内饰检查	
▼凹陷□		▽污渍□	
▲划痕□		△破损□	
◆石击□		◇色斑□	
●油漆□		○变形□	

委托内容

保养套餐勾选		保养更换项目		易损件更换	需求
		更换项目	需求		
A	□5000km	机油		刮水片	
		机油滤清器		制动片	
B	□每10000km保养	放油螺栓		轮胎	
C1	□每20000km保养	空气滤清器		精益养护	
		花粉滤清器		发动机润滑系统养护	
C2	□每30000km保养	燃油滤清器		燃油系统养护	
D	□每60000km保养	火花塞		进气系统养护	
		ATF		空调系统养护	
机油升级	□优选机油	变速器齿轮油及齿轮油滤清器			
	□高端机油	制动液			

保养预计金额	材料费	元	增项预计金额	材料费	元
	工时费	元		工时费	元
总预计金额		元	预计交车时间		
用户其他需求及维修建议					
付款方式：□现金　□支票　□刷卡					
日期：　服务顾问签字：　客户签字：　经销商名称：					

派工单

维修派工单　　　　编号：JSO5828

服务中心：　　　　日期：　　　　服务时间：

客户信息	客户	送修人	地址	联系电话

车辆信息	车牌号	车型	VIN	发动机号	里程数

作业信息	车辆送站时间	付款方式	旧件是否带走
		□现金 □信用卡 □其他	□是 □否

互动检查	是否有贵重物品	油箱油量	□空　□<1/4
	是　否		□半箱 □<3/4 □满箱

车身状况漆面检查，损伤部位下图标注	客户故障描述
检查结果	

检查结果	
车身检查	
车内检查	
发动机舱	
底盘检查	

维修项目	维修项目	备件	索赔	材料费	工时费	小计	维修人	检查人
			是　否					
			是　否					
			是　否					
			是　否					
			是　否					
			是　否					
			是　否					
	预计交车时间：		费用小计					
	预估费用：		客户签字：					

新增维修项目	维修项目	备件	索赔	材料费	工时费	小计	维修人	检查人
			是　否					
			是　否					
			是　否					
			是　否					
	新增维修时间：		费用小计					
	新增维修费用：		客户签字：					

预估交车时间：		预估费用	工时费		总计	
			材料费			

客户评价	□满意	□不满意	不满意原因：□服务态度 □维修质量 □备件保供 □服务质量 □维修时间 □维修费用
质检员签字			实际交车时间：

注：1. 此表一式三联，客户，维修，财务各一联。

2. 24h 客服热线：400－888－6677；24h 道路救援热线：400－678－0012。

2. 预留工位	3. 准备备件
	根据电话中的沟通和判断，提前准备好备件并冻结。
4. 安排人员 提前安排好接待的服务顾问和维修人员。	5. 客户预约确认 根据实际情况，在约定时间前 3 天、24h、30min，电话确认预约客户是否需要上门服务、确切的来店时间及由谁驾驶来店。

二、接待客户

收到预约登记表

服务顾问　备件部

工具资料　维修人员　维修工位　备件

步骤一　接待准备

（一）提前 1 天进行确认

1. 服务顾问进行确认

（1）合理安排维修人员

（2）检查专用工具以及技术资料

（3）检查备件

（4）核对客户维修档案

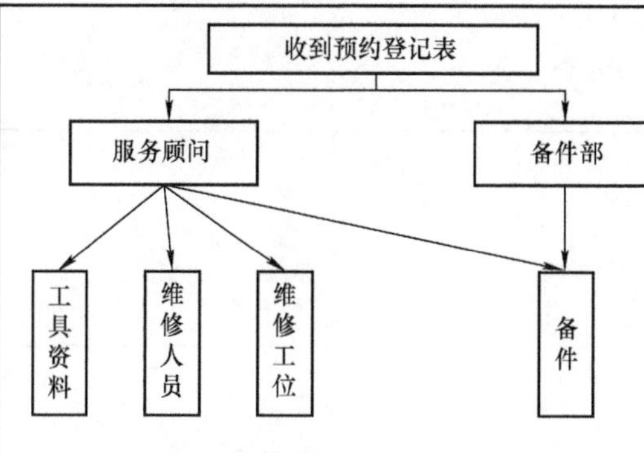

2. 备件部进行确认

接到“预约登记表”后，应将预约备件同“预约登记表”一并放置在预约货架上。准备好备件后或发现备件缺货时，应通知服务顾问，请其在“预约登记表”上签字确认。

（二）提前 1 小时再次进行确认

1）电话确认客户的姓名、车牌号、维修项目、是否如约能来。

2）再次确认备件、工具、人员。

3）提前半小时将“预约工位”指示牌粘贴在预定工位上。

注意：

1）若准备情况出现问题，预约不能如期进行，服务顾问应及时告知客户。经客户同意后另行预约，在预约登记表上注明预约时间是否改变及新的预约时间，IT 信息员在服务系统中修改该车预约任务委托书中的预修时间。

2）若取消预约，则在预约登记表上注明预约失败的原因，通知备件部、设备/资料管理员、维修技师及时撤回预约登记表，交 IT 信息员，并由 IT 信息员通知服务顾问。

（三）准备好必要的表单、工具、材料

1）按工作流程要求检查所有工作单据（预约登记表、问诊预检单、维修委托书、维护表单等）是否齐全。

<table>
<tr><td colspan="4">顾客基本情况</td></tr>
<tr><td>顾客姓名</td><td></td><td>联系电话</td><td></td></tr>
<tr><td>车型</td><td></td><td>里程数</td><td></td></tr>
<tr><td>车牌号码</td><td></td><td>购车日期</td><td></td></tr>
<tr><td colspan="4">预约情况</td></tr>
<tr><td>预约进站时间</td><td>月　日　时　分</td><td>预计交车时间</td><td>月　日　时　分</td></tr>
<tr><td colspan="4">预约内容</td></tr>
<tr><td colspan="4">客户描述：</td></tr>
<tr><td colspan="4">故障初步诊断：</td></tr>
<tr><td colspan="4">所需配件（备件号）、工时：</td></tr>
<tr><td colspan="4">维修费用估价：</td></tr>
<tr><td colspan="4">客户其他要求：</td></tr>
</table>

<table>
<tr><td>预约上门
取车时间</td><td>月　日　时　分</td><td>预约上门
取车地点</td><td></td><td>交车人</td><td></td></tr>
<tr><td>预约上门交车
时间</td><td>月　日　时　分</td><td>预约上门
交车地点</td><td></td><td>收车人</td><td></td></tr>
<tr><td>取车/交车人
签名</td><td colspan="2"></td><td>顾客或交接人
签名</td><td colspan="2"></td></tr>
<tr><td colspan="6">备注：</td></tr>
</table>

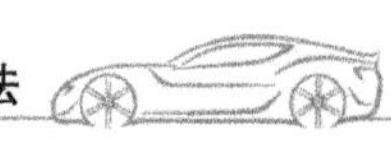

问诊预检单

特约店留存

车牌号:________ 车架号:________ 行驶里程:________ km

用户名:________ 电　话:________ 来店时间:___ /___ ___:___

用户描述记录:

- ________
- ________
- ________
- ________

故障发生状况提示：发动机状态、发生频度、发生时间、部位、天气、路面状况、声音描述等

诊断结果及维修建议:

- ________
- ________
- ________
- ________ 接车诊断人员:________

车间诊断结果及维修方案:

- ________
- ________
- ________
- ________
- ________ 车间诊断人员:________

外观确认:
(请在有缺陷部位作标识)

划痕—H
掉漆—D
凹陷—A
裂纹—L
锈蚀—X
破损—P

油量确认:

E F

功能确认:(正常√ 不正常×)

□点烟器 □座椅 □音响系统
□门锁(防盗器) □玻璃升降器 □天窗

物品确认:(有√ 无×)

□备　胎 □灭火器
□工　具 □其他(　　　　)

洗　　车 □是 □否
旧 件 交 还 □是 □否
贵 重 物 品 □有 □无

•贵重物品：在车辆进场维修之前，请将车内贵重物品自行保管

•检测费说明：① 本次检测的故障如用户在本店维修，检测费包含在修理费用内；
② 如用户不在本店维修，请您支付本次检测费：________元。

接车员:________ 用户确认:________

常规保养接车检查单
（适用于首保为5000km的车型）

委托书编号：

客户姓名/单位		车牌号：	行驶里程	km	接车时间：
VIN：		发动机号：	车型：		车主性质：公车/私车/运营车
联系电话：		上次保养里程： km	上次保养日期： 年 月 日		质量担保保养□ 常规保养□

随车物品	1		备胎检查	是□ 否□	燃油存量检查	0 1/2 1/1
	2		是否洗车	是□ 否□		
是否需要送车：是□ 否□ 送车地址：						
是否需要带走旧件：是□ 否□ 放置位置：						

车辆外观检查		车辆内饰检查	
▼凹陷□		▽污渍□	
▲划痕□		△破损□	
◆石击□		◇色斑□	
●油漆□		○变形□	

委托内容

保养套餐勾选		保养更换项目		易损件更换	需求
		更换项目	需求		
A	□5000km	机油		刮水片	
B	□每10000km保养	机油滤清器		制动片	
		放油螺栓		轮胎	
C1	□每20000km保养	空气滤清器		精益养护	
C2	□每30000km保养	花粉滤清器		发动机润滑系统养护	
		燃油滤清器		燃油系统养护	
D	□每60000km保养	火花塞		进气系统养护	
机油升级	□优选机油	自动变速器ATF油		空调系统养护	
		变速器齿轮油及齿轮油滤清器			
	□高端机油	制动液			

保养预计金额	材料费	元	增项预计金额	材料费	元
	工时费	元		工时费	元
总预计金额		元	预计交车时间		
用户其他需求及维修建议					

付款方式：□现金 □支票 □刷卡

日期： 服务顾问签字： 客户签字： 经销商名称：

维修派工单

编号：JSO5828

服务中心：大连鑫鼎盛轿车服务有限公司　　日期：　　服务时间：

客户信息	客户	送修人	地址	联系电话	
车辆信息	车牌号	车型	VIN	发动机号	里程数
作业信息	车辆送站时间		付款方式		旧件是否带走
			□现金 □信用卡 □其他		□是 □否
互动检查	是否有贵重物品		油箱油量	□空	□<1/4
	是　否			□半箱 □<3/4	□满箱

车身状况漆面检查，损伤部位下图标注		客户故障描述
检查结果		
车身检查		
车内检查		
发动机舱		
底盘检查		

维修项目	维修项目	备件	索赔	材料费	工时费	小计	维修人	检查人
			是　否					
			是　否					
			是　否					
			是　否					
			是　否					
			是　否					
			是　否					
	预计交车时间：		费用小计					
	预估费用：		客户签字：					

新增维修项目	维修项目	备件	索赔	材料费	工时费	小计	维修人	检查人
			是　否					
			是　否					
			是　否					
			是　否					
	新增维修时间：		费用小计					
	新增维修费用：		客户签字：					

预估交车时间：		预估费用	工时费		总计	
			材料费			
客户评价	□满意	□不满意	不满意原因：□服务态度 □服务质量	□维修质量 □维修时间	□备件保供 □维修费用	
质检员签字			实际交车时间：			

注：1. 此表一式三联，客户，维修，财务各一联。

2. 24h 客服热线：400－888－6677；24h 道路救援热线：400－678－0012。

2）检查接待前台计算机、打印机的工作状况。

3）检查对讲机和电话。

4）查看、整理客户预约登记表，并及时更新客户“预约欢迎板”内容。

5）准备好车辆护具。

6）填写大厅显示屏的预约欢迎板，让客户有一种回家的感觉。

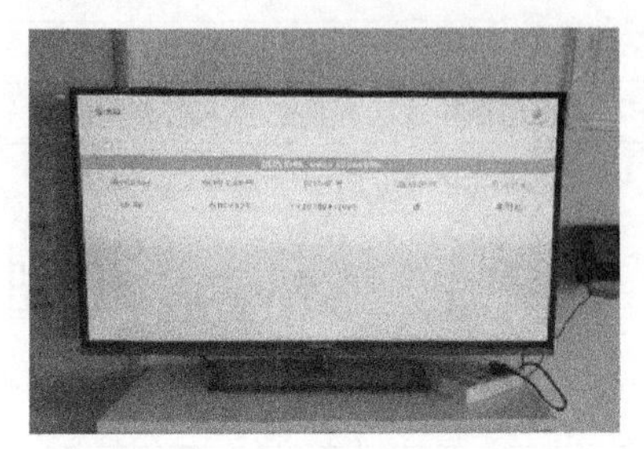

步骤二　迎接客户

（一）迎接客户流程和要求

注意自身仪容、仪表、仪态、礼仪规范、言语的亲和力和待人接物技巧，可以通过简要的问候和寒暄拉近与客户之间的距离，展示良好的个人形象。

对业务人员的要求：

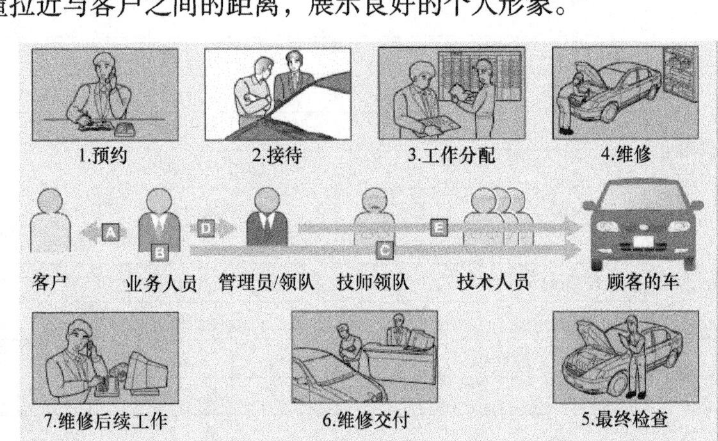

- 顾客到达后要问候客户。
- 向顾客说明维修工作，特别是所需要的时间和费用。
- 得到顾客对工作的同意。
- 填写修理单，记录下客户的要求。
- 检查维修记录。
- 进行车身检查。
- 将修理单转交给管理员/领队以便调度技术员。

管理员/领队：

- 根据业务人员/顾客的要求进行诊断。

（二）接待客户

1. 接待预约客户

1）服务顾问在接到预约客户到店的通知后，应立即带上接车问诊单、预约登记表、三件套、名片等用品到停车场或维修接待区迎接客户。

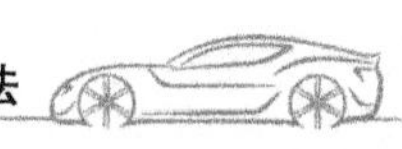

2）客户下车时，服务顾问应主动为客户打开车门，面带微笑问候客户。

2. 接待未预约的客户

1）服务顾问在接待时应先礼貌问候。

2）了解客户的到店需求，根据当时进厂车辆数量和工位空缺情况对客户进行安排。如果能够现场接待，则按照接待流程进行操作；如果需要等待，服务顾问则应向客户解释说明。

步骤三　接待问诊

（一）问询故障情况

1）确认客户所述的故障现象或客户所要求的作业内容。

2）通过问诊表按5W2H法，确切掌握故障的具体情况。

接待问诊技巧5W2H法	
1	故障发生地点（Where）
2	故障发生时间（When）
3	故障发生的当事人（Who）
4	故障现象（What）
5	故障发生原因（Why）
6	如何排除故障（How Do）
7	估价估时（How Much & How Long）

接待问诊话术示例：

服务顾问：请问您车辆的声音具体是从哪个部位发出来的呢？

客户：好像是右前部车轮附近。

服务顾问：那您记得是行驶在什么路面时发出的声音？

客户：在平路和颠簸路面都会响。

服务顾问：那是什么时候响呢？

客户：嗯，在转弯还有原地打方向的时候响得厉害。

服务顾问：好的，那么您是说您的车在平路或者颠簸路面、转弯和原地打方向时车辆右前部车轮附近有异响，对吧？

客户：对。

服务顾问：好的，根据您的描述，我判断可能是左前外球笼有问题，我们可以先试试车，检查一下外球笼。

（二）填写维修单据（问诊预检单）

特约店留存

问诊预检单

车牌号:＿＿＿＿＿＿　车架号:＿＿＿＿＿＿　行驶里程:＿＿＿＿＿ km

用户名:＿＿＿＿＿＿　电　话:＿＿＿＿＿＿　来店时间:＿＿/＿＿ ＿＿:＿＿

用户描述记录:

- ＿＿＿＿＿＿＿＿＿＿＿＿＿＿＿＿
- ＿＿＿＿＿＿＿＿＿＿＿＿＿＿＿＿
- ＿＿＿＿＿＿＿＿＿＿＿＿＿＿＿＿
- ＿＿＿＿＿＿＿＿＿＿＿＿＿＿＿＿
- ＿＿＿＿＿＿＿＿＿＿＿＿＿＿＿＿

故障发生状况提示：发动机状态、发生频度、发生时间、部位、天气、路面状况、声音描述等

诊断结果及维修建议:

- ＿＿＿＿＿＿＿＿＿＿＿＿＿＿＿＿
- ＿＿＿＿＿＿＿＿＿＿＿＿＿＿＿＿
- ＿＿＿＿＿＿＿＿＿＿＿＿＿＿＿＿
- ＿＿＿＿＿＿＿＿＿＿＿＿ 接车诊断人员:＿＿＿＿

车间诊断结果及维修方案:

- ＿＿＿＿＿＿＿＿＿＿＿＿＿＿＿＿
- ＿＿＿＿＿＿＿＿＿＿＿＿＿＿＿＿
- ＿＿＿＿＿＿＿＿＿＿＿＿＿＿＿＿
- ＿＿＿＿＿＿＿＿＿＿＿＿＿＿＿＿
- ＿＿＿＿＿＿＿＿＿＿＿＿ 车间诊断人员:＿＿＿＿

外观确认:
(请在有缺陷部位作标识)

划痕—H
掉漆—D
凹陷—A
裂纹—L
锈蚀—X
破损—P

油量确认:
E　F

功能确认:(正常✓ 不正常×)

□点烟器　□座椅　□音响系统
□门锁(防盗器)　□玻璃升降器　□天窗

物品确认:(有✓ 无×)

□备　胎　□灭火器
□工　具　□其他(　　　　)

洗　　车　□是　□否
旧件交还　□是　□否
贵重物品　□有　□无

•贵重物品：在车辆进场维修之前，请将车内贵重物品自行保管

•检测费说明：① 本次检测的故障如用户在本店维修，检测费包含在修理费用内；
② 如用户不在本店维修，请您支付本次检测费：＿＿＿＿元。

接车员:＿＿＿＿＿＿　用户确认:＿＿＿＿＿＿

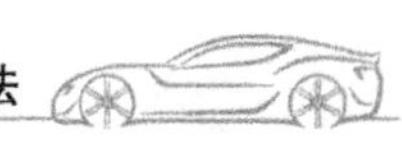

1）服务顾问为协助维修技师顺利完成维修工作，应减少因不规范填写造成的损失，避免因不规范填写影响对客户的服务。

2）用规范用语详细准确地描述故障现象，不得使用禁用词语，例如更换、工作不良、不工作、不运行、失灵/失效、故障/电子故障。

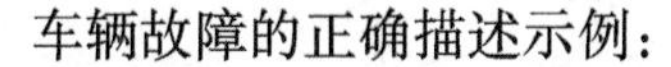

车辆故障的正确描述示例：

错误描述	正确描述
故障灯亮	发动机自诊断故障灯亮
组合仪表失灵	燃油表错误显示
显示故障	多功能显示屏有时变黑屏
刮水器不工作	天冷时刮水器工作到一半时停止
安全带不工作	安全带有时发卡
离合器压盘故障	在换档时离合器的位置发卡，离合器压盘有异响

步骤四　环车预检

保修手册

行驶证

（一）请客户提供保修手册和行驶证并做好登记

应全面细致地互动检查，一方面可明确客户对车辆故障的描述和维修意向，另一方面也体现了维修企业的标准化、规范化和专业化；同时，也是双方明确车辆维修前的各种初始状况的依据，包括车身有无划痕、燃油箱里的燃油量和车上的贵重物品等。

（二）安装护具

1）在环车检查前，应安装汽车防护用品，以体现对顾客车辆的呵护备至。

2）根据品牌要求不同，可安装汽车防护三件套，即座椅套、转向盘套、脚垫，或者安装五件套，即在三件套的基础上，加上变速杆套和驻车制动器操纵杆套，避免维修维护过程中弄脏车辆。

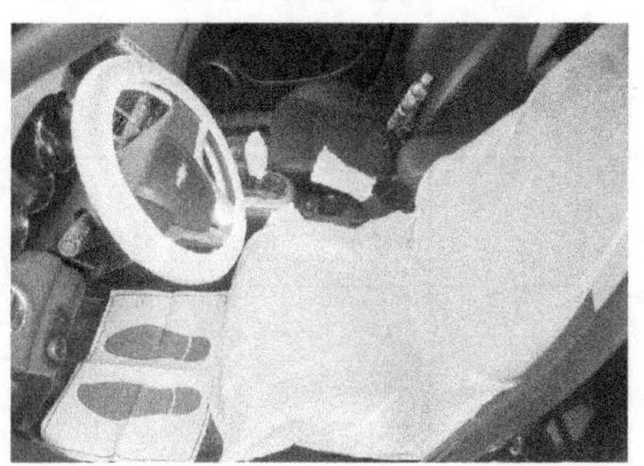

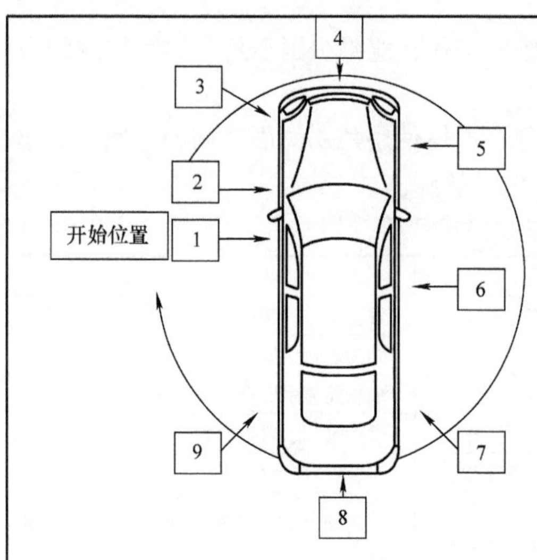

（三）与客户一起执行环车预检并填写接车预检单

1. 环车预检

在正式确立维修项目前，需要和客户一起对车辆进行仔细检查，和客户共同确认并记录车辆情况，帮助客户了解自己车辆的基本情况，保证客户在取车时与车辆进厂时的情况保持一致，快速对车辆外观、内饰、发动机舱和行李舱进行检查，将发现的问题及时告知客户并提供相应的解决方案。

序号	检查位置	检查具体内容
1	车内	检查储物箱（注意：储物箱是客户的私密空间，打开前一定要先征求客户的同意；核实里程数，记录燃油量；检查仪表板和电器设备的工作状况；检查制动踏板及驻车制动器工作状况；检查转向盘工作状况；检查前排座椅、仪表板等处是否有客户遗留的贵重物品；检查风窗玻璃的损伤情况；在从车里出来之前，释放发动机舱盖拉锁和所有门锁
2	左侧车门	检查左前门锁止及外观状况；记录左前门、后视镜有无损伤；核实车架号；检查左侧刮水器是否硬化或有裂纹
3	左前侧	检查左前翼子板、发动机舱盖有无损伤；检查风窗玻璃的损伤情况；检查左前轮胎是否有不均匀磨损、裂纹；检查左前轮毂是否有损伤，轮毂盖是否遗失
4	正前方	检查前照灯、前雾灯、前保险杠、发动机舱盖、进气格栅及车标；确认车牌；检查发动机舱内的部件（如风扇传动带是否老化，所有油液的存量和质量，机油或冷却液是否泄漏，橡胶软管是否老化，电线是否有磨损、脱落，蓄电池电解液高度等；若需要进行路试或故障诊断，可请车间主任或维修技师来完成
5	右前侧	检查右前翼子板、发动机舱盖、后视镜有无损伤；检查风窗玻璃的损伤情况；检查右前轮胎是否有不均匀磨损、裂纹；检查右前轮毂是否有损伤，轮毂盖是否遗失
6	右侧车门	检查右侧车身的损伤情况；检查右侧前后门的开关锁止状况；检查右侧前后门内饰板、地毯、座椅等是否损坏；检查是否有贵重物品被遗忘在车后座或地板上
7	右后侧	检查右后轮胎是否有不均匀磨损、裂纹；检查右后轮毂是否有损伤，轮毂盖是否遗失；检查后风窗玻璃的损伤情况
8	正后方	检查行李舱盖、后保险杠是否有损伤；确认车牌；检查尾灯外观；检查后风窗玻璃的损伤情况；邀请客户一起确认行李舱内的贵重物品、备胎及随车工具
9	左后侧	检查左侧的车身和油漆损伤；检查左后门内饰板是否损坏；检查后风窗玻璃的损伤情况； 检查左后轮胎是否有不均匀磨损、裂纹；检查左后轮毂是否有损伤，轮毂盖是否遗失；检查车顶

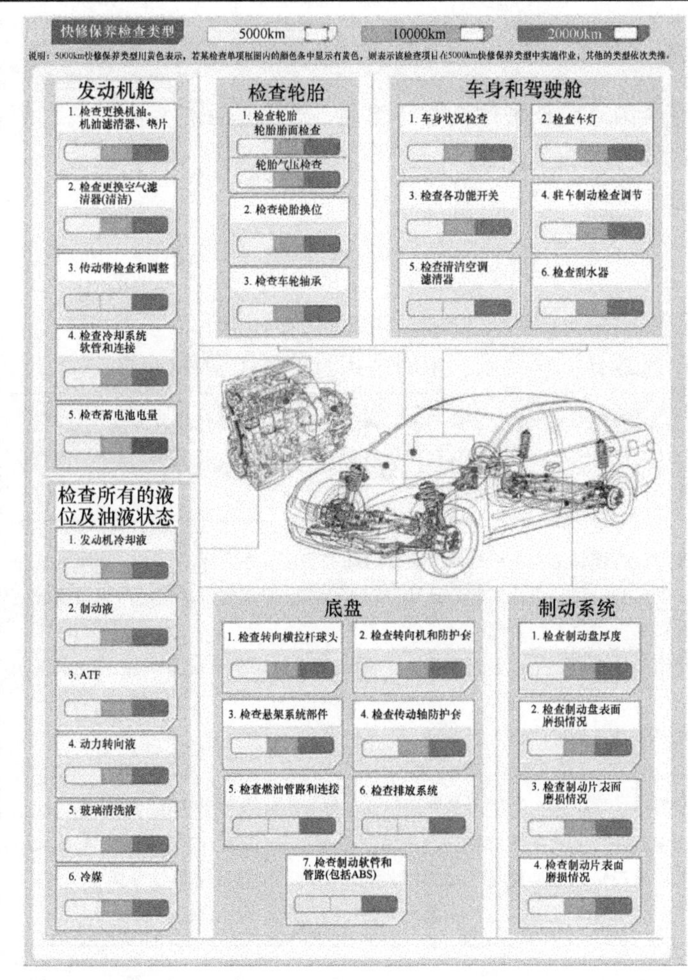

2. 填写接车检查单

填写说明：

1）接车过程中填写车辆及客户信息。

2）详细记录客户的故障陈述及要求，引导客户讲述故障发生时的相关状况并做记录。

3）前台无法立即诊断时，填写需车间检测的内容，由车间帮助诊断。

4）车间根据客户陈述及检测建议进行诊断，将问题原因及故障零部件填写在接车检查单上。

5）接车时对外观进行确认，并做相应的记录及文字说明。

6）接车员在接车时确认各功能状况，如实记录确认结果。

7）接车时检查车内物品，提醒客户贵重物品保管及旧件处理情况，并如实记录。

8）对于需先进行诊断的故障，如果有检测费用，则在接车检查单上写明，并请客户确认。

9）诊断后，将接车检查单上的信息向客户作说明，请客户签字确认。

10）接车检查单一般是一式两份，一份由车主保管，另一份由企业保管。

三、估价制单

步骤一　引导客户到业务前台

车辆检查结束后，引导客户到维修接待台。

步骤二　确定维修项目

根据问诊预检单所记录的车辆情况，确定大致的维修项目，并登记到维修委托书上。

步骤三　确认备件、工位

1）根据维修项目，与库房沟通确认备件是否有库存，价格是否有变化。

2）如果没有库存，最短的补货期是多长时间。

3）与车间主管进行沟通，确认工位，并预计维修时间。

步骤四　估价与估时

1）服务顾问根据已了解到的信息，对维修项目进行估价与估时。

2）估价车辆维修的费用通常有材料费用、工时费用及外加工费用。

材料费用	材料费用是指在车辆维修过程中更换、修理零配件以及使用耗材所发生的费用。零配件和原材料的价格取决于实际购入价格和合理的进销差率。进销差率由维修企业自行确定，并按规定告知客户
工时费用	工时费用是指维修工人在维修时需要的时间和费用。在实际工作中，汽车维修企业对外多以工时定额及单价向客户计费，对内则多将完成的定额工时作为班组或技工个人计核其提成收入的依据。 工时费用的计算公式是：工时费用 = 工时定额 × 工时单价 × 该车型的技术复杂系数 车型技术复杂系数有的地区未采用
外加工费用	外加工是指受本企业有关技术条件限制，在维修过程中需委托其他企业进行加工或制造的零配件，例如在维修中进行喷镀、电镀、热处理、安装生活电器（如音响、电视、冰箱）以及实施特殊加工工艺等，其费用按外加工单位发票金额为准。凡属于规定的维修项目以内的，一律不得以外加工形式重复收费

步骤五　制单

1）询问并向客户说明公司接受的付费方式。

2）说明交车程序，询问客户旧件处理方式。

3）询问客户是否接受免费洗车服务。

4）将以上信息录入 DMS。

5）告诉客户在维修过程中如果发现新的维修项目会及时与其联系，在客户同意并授权后再进行维修。

6）印制任务委托书，就任务委托书向客户解释，并请客户签字确认。

7）将接车登记表、任务委托书客户联交与客户，作为取车凭证。

8）告知客户预计维修时间和交车时间。

维修作业时间	维修作业时间要考虑企业定的维修作业标准时间、备件供应时间、洗车所需时间等综合因素，能否准确估时是服务顾问的专业技能之一。估时具有不确定性，服务顾问应告知客户这一点

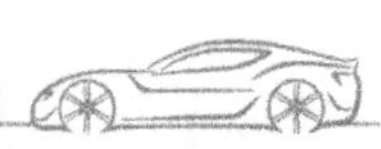

任务委托书

维修派工单　　　　编号：JS05828

服务中心：大连鑫鼎盛轿车服务有限公司　　　日期：　　　服务时间：

客户信息	客户	送修人	地址	联系电话

车辆信息	车牌号	车型	VIN	发动机号	里程数

作业信息	车辆送站时间	付款方式	旧件是否带走
		□现金 □信用卡 □其他	□是 □否

互动检查	是否有贵重物品	油箱油量	□空　□<1/4
	是　否		□半箱　□<3/4　□满箱

车身状况漆面检查，损伤部位下图标注	客户故障描述
检查结果	
车身检查	
车内检查	
发动机舱	
底盘检查	

维修项目	维修项目	备件	索赔	材料费	工时费	小计	维修人	检查人
			是　否					
			是　否					
			是　否					
			是　否					
			是　否					
			是　否					
			是　否					
	预计交车时间：		费用小计					
	预估费用：		客户签字：					

新增维修项目	维修项目	备件	索赔	材料费	工时费	小计	维修人	检查人
			是　否					
			是　否					
			是　否					
			是　否					
	新增维修时间：		费用小计					
	新增维修费用：		客户签字：					

预估交车时间：		预估费用	工时费		总计	
			材料费			

客户评价	□满意	□不满意	不满意原因：□服务态度　□维修质量　□备件保供 □服务质量　□维修时间　□维修费用
质检员签字		实际交车时间：	

注：1. 此表一式三联，客户，维修，财务各一联。

2. 24h 客服热线：400－888－6677；24h 道路救援热线：400－678－0012。

1	定制服务优惠套餐	汽车维修企业或品牌专营店可以根据不同车型的维护作业要求，定制服务优惠套餐。例如，将系列车型固定维修里程、维护检查、更换配件及服务内容编制成客户容易接受的服务套餐方式，把烦琐的服务项目变成简单明了的服务套餐，由服务顾问进行提醒后，使客户清晰明确并且执行优惠套餐价格，以满足维修维护客户的需求，整体提高客户满意度
2	合理的费用说明	1）服务顾问应能熟记维护件价格和工时费用，能熟记常见维修件价格和常见维修项目工时费用 2）制作委托维修估价单时，向客户详细地说明每个维修项目的内容及费用的明细 3）解释维修委托书价格时，使用常用配件价格公示表和常规项目工时价格公示表，使顾客明白消费
3	其他注意事项	1）如果客户对维修项目和费用提出异议，服务顾问要向客户强调维修的必要性，特别要从车辆安全性上阐述 2）如果客户不同意维修，应该尊重客户的决定，不能强迫客户维修，因为客户有是否维修的决定权，服务顾问应该在派工单上注明

四、车辆维修前的准备工作

步骤一 对管理员/领队要求

对管理员/领队要求：

- 管理员和领队根据完成工作所要求的时间和技术水平分配任务。

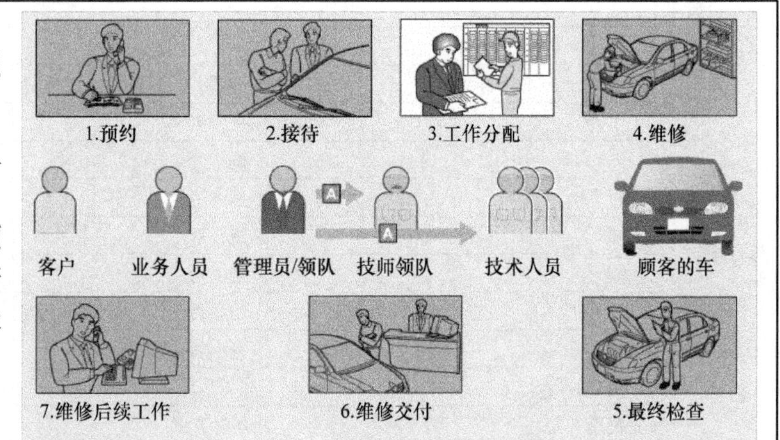

步骤二 派工

（一）确认服务项目

1）服务顾问通知车间主任提车进入工位维修。

2）将车钥匙交给车间主管，车间主管将车辆开至待修区。

3）查看委托书，了解具体的服务项目及每项工作所需要的作业时间。

4）查看计算机系统里的备件库存情况，了解需要从仓库领用的零件。

（二）判断是否属于优先工作

1. 对优先工作优先派工

1）返修车辆。

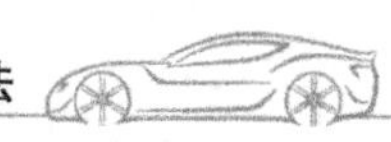

2）预约进厂车辆。

3）质量保修期内的保养车辆。

2. 一般工作

按照与客户商定的时间安排。

（三）确定维修类别

根据委托书的服务项目确定每项工作的维修类别。

维修类别		
1	维修大类	一般维修、保修、返修、其他
2	维修小类	PDI、首保、二保（以上3种仅适用于保修类别），定期保养、年检、机电维修、喷漆、钣金

（四）初步判定工作的难度

根据经验，初步判定每一个服务项目的作业难度。

（五）了解承诺的交车时间

1）把按时交车作为派工考虑的重点之一。

2）根据客户同意的交车时间和工作时间安排工作，确保按时交车。

（六）了解维修班组的技术水平

1）综合上述，确认能够完成具体维修项目的班组。

2）车间主管应掌握车间每位维修技师的技能水平，合理地安排工作。

（七）车间有效地利用工作时间

1）查看“预约服务管理表”，了解当天的预约情况。

2）查看“维修进度管理看板”，了解车间总体已经分配的工作时间（工时）、剩余的工作时间。

3）查看“每日工作分配记录表”，了解各维修班组当日已经分配的工作时间、剩余的工作时间、可分配工作的时间。

车间派工的工作要求：

1）严格按照维修任务委托书的修理项目进行修理。

2）任何对委托书的修改需经过客户的同意。

3）发现委托书维修项目与实际不符或发现客户没发现的问题，及时向服务顾问汇报。

4）服务顾问对反馈的问题，重新估算价格和时间，及时通知客户并征求客户的意见，得到确认后，更改委托书并通知车间技工。

5）车间技工在工作过程中按照维修手册的要求操作。

6）按照要求使用专用工具和检测仪器。

7）使用维修资料进行诊断和工作。

8）服务顾问监控维修进程，将变化及时通知客户。

9）根据维修项目领取备件。

10）主动为客户处理一些小的故障。

11）遵守委托书上和客户约定的内容。

12）爱护客户的财产，工作中使用保护装置。

13）遵守安全生产的有关规定。

14）遇到技术难题向技术专家求助。

15）确认所有工作完成后，进行严格自检。

16）完成委托书的维修报告等内容并签字。

店车间派工规则：

所有工单必须通过调度控制看板进行分配。调度员只做记录与沟通协调，完全按规则派单，不掺杂主观意愿。派工具体细则如下：

1	顺序派单：轮流依次向各组派单，调度控制看板会自动以红色字提示轮到的接单班组
2	捡漏派单：在“顺序”派单过程中，调度看板提示的接单班组当时（以班组回复为准）无法接单时，由调度对全部班组进行询问，最先答复的班组获得“捡漏”接单权
3	效率派单：在“顺序”派单过程中，轮到的班组（3 次对讲机呼叫 +2 次广播呼叫）无人应答时，由调度对全部班组进行询问，最先答复的班组获得“效率”接单权
4	订货派单：优先派给订货班组，如果订货班组无法接单则进入“捡漏”派单流程
5	指定派单：优先派给客人指定的维修技师，如果该班组无法接单则进入“捡漏”派单流程
6	技术派单：派给技术部指定的班组（一般用来解决技术问题或对班组进行技术考核）

注：每月系统自动统计顺序、捡漏、效率、订货、指定、技术这 6 类接单的数据，用来对各组在技术、内部协调、维修能力等方面进行分析和评估。

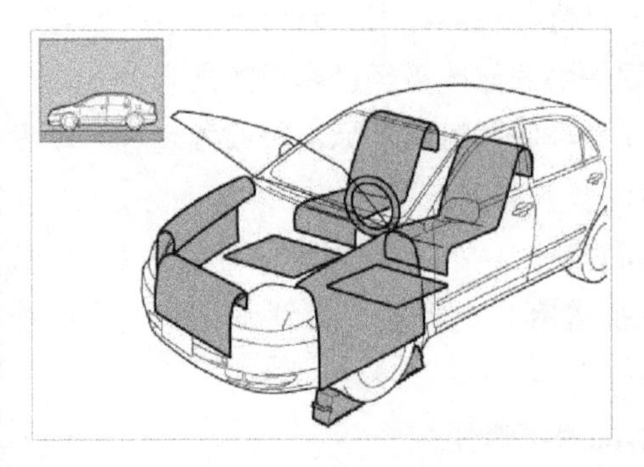

步骤三　维修准备

（一）安装防护套

打开左侧前车门，套上转向盘套、变速杆套和座椅套。打开左侧前车门，拉动发动机舱盖手柄，打开舱盖保险钩，掀起发动机舱盖，用撑杆固定发动机舱盖，再把翼子板护垫贴在翼子板上。

（二）对维修项目、交车时间进行确认

维修派工单　　　　编号：JSO5828

服务中心：大连鑫鼎盛轿车服务有限公司　　日期：　　服务时间：

客户信息	客户	送修人	地址	联系电话

车辆信息	车牌号	车型	VIN	发动机号	里程数

作业信息	车辆送站时间	付款方式	旧件是否带走
		□现金 □信用卡 □其他	□是 □否

互动检查	是否有贵重物品	油箱油量	□空　□<1/4
	是　否		□半箱　□<3/4　□满箱

车身状况漆面检查，损伤部位下图标注		客户故障描述
检查结果		
车身检查		
车内检查		
发动机舱		
底盘检查		

维修项目	维修项目	备件	索赔	材料费	工时费	小计	维修人	检查人
			是　否					
			是　否					
			是　否					
			是　否					
			是　否					
			是　否					
			是　否					
	预计交车时间：		费用小计					
	预估费用：		客户签字：					

新增维修项目	维修项目	备件	索赔	材料费	工时费	小计	维修人	检查人
			是　否					
			是　否					
			是　否					
			是　否					
	新增维修时间：		费用小计					
	新增维修费用：		客户签字：					

预估交车时间：		预估费用	工时费		总计	
			材料费			

客户评价	□满意	□不满意	不满意原因：□服务态度　□维修质量　□备件保供 □服务质量　□维修时间　□维修费用
质检员签字		实际交车时间：	

注：1. 此表一式三联，客户，维修，财务各一联。

2. 24h 客服热线：400－888－6677；24h 道路救援热线：400－678－0012。

维修作业的基本要求：

1）维修人员要保持良好的职业形象，穿着统一的工作服和安全鞋。

2）作业时，要使用座椅套、脚垫、翼子板罩、转向盘套、变速杆套等必要的保护装置。

3）不准在客户车内吸烟、听音响、使用电话等。

4）作业时，车辆要整齐摆放在车间，时刻保持地面、工具柜、工作台、工具等整齐清洁。

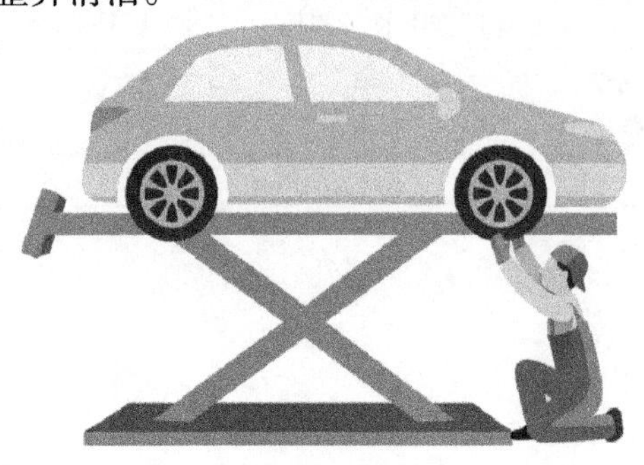

5）作业时，工具、油、水、拆卸的部件及领用的新件不能摆放在地面上。

6）维修完毕后，将旧件、工具、垃圾等清理干净。

7）将更换下来的旧件放在规定位置，以便客户带走。

8）将座椅、转向盘、后视镜等调至原来的位置。如果拆卸过蓄电池，则收音机等电子设备的存储设置已被删除，应重新设置。

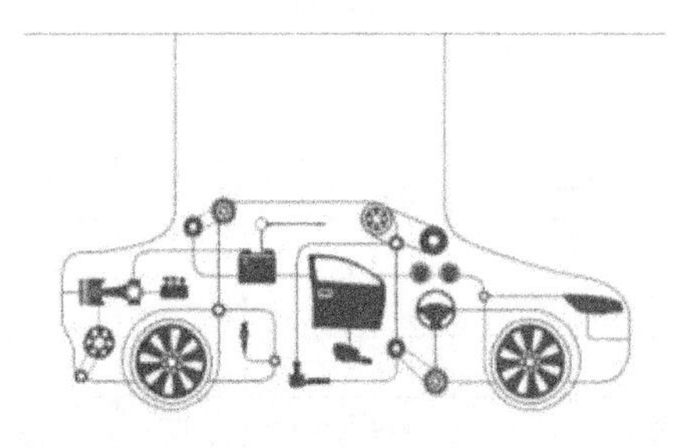

（三）备件领取与管理

备件领取与管理：

1）维修技师凭“任务委托书”到备件库领取备件，除“三滤”和油液外，备件交旧领新。

2）备件库管员依“任务委托书”确认备件号、备件名称、数量后在 CRM 系统“领料出库”中发货，打印“出库单”，领料人在“领料人”栏中签字，备件库管员应按“出库单”发料。

3）领料人接到备件后，应核对备件名称、数量是否与原车件相符，一致后将出库单与“任务委托书”合订。

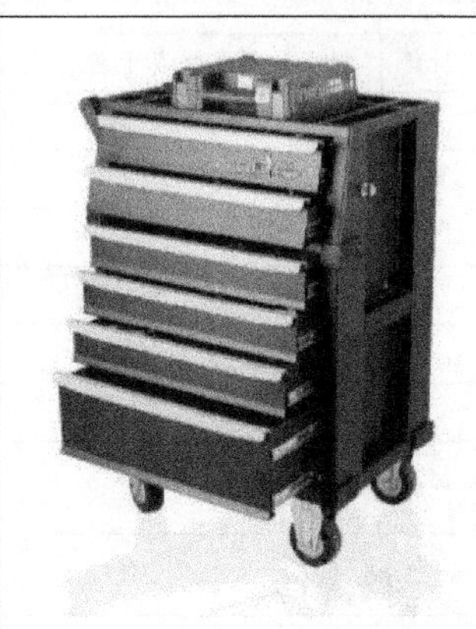

（四）工具及维修手册的领取与管理

1）维修技术人员需要提前到工具库房领取维修工具，以备维修使用。

2）维修工具的摆放和保管需要符合销售服务店工具管理规定。

3）维修技术人员需要按时归还维修工具。

4）维修技师根据维修需要向工具资料管理员借阅维修手册和专用工具，登记委托书号、工具、资料名称、借用人、借用日期，签字确认，使用后即时归还，并登记归还日期、工具、资料状况。若有直接从班组转借专用工具的情况，则由借用人到专用工具室重新登记。

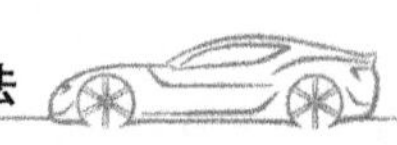

（五）实施作业的要求

领取备件和工具后，维修技师依照维修手册和相关作业指导书开始维修。维修现场环境要求按基础设施和工作环境控制程序执行。

1. 作业实施

1）班组长依据派工单所列的项目，确定若干名维修技术人员组成团队，实施维修作业。

2）维修技术人员在作业过程中，应严格按照技术规范进行作业。维修团队之间需要加强沟通、交流，保证维修作业安全、按时完成。

3）若遇到技术问题无法解决，应及时与班组长或技术总监沟通，不可自作主张拆装车辆。

2. 作业控制

1）车间主管在维修车间设立作业管理显示板，直观显示作业进度情况及各工位的工作负荷。

2）班组长应及时将作业进度等情况通报给服务顾问，方便服务顾问与客户沟通。

3）技术总监负责现场技术指导工作，并对维修技术人员在维修过程中存在的不规范行为进行纠正。

4）维修技师应将拆下的总成备件放在总成修理间的工作台上或货架上，并做好标识。

5）维修技师对拆下的故障备件按照维修手册进行检测和修理，检查部件外观有无破损和裂纹，需测量的备件必须使用专用测量设备进行测量，确定维修或更换。

6）需要更换备件时，主修人填写备件清单，服务顾问审核并界定旧件情况，签字同意后，主修人领料。

7）维修技术人员需要保证车辆在交车时间前10min完成。

（六）作业进度控制

1）维修完工时间应控制在预交车时间前10min。

2）班组长需在车辆维修的关键时间节点进行检查，提前发现问题。

3）班组长需将作业进度汇报给服务顾问，由服务顾问告知客户，这样可以方便客户掌握车辆的维修进度。

（七）维修项目变化处理

维修增项可能是客户自己追加的项目，也可能是维修技师在预检和维修过程中发现需要追加的维修项目，大多数维修增项都是第二种情况。

1）当客户自己增加维修项目时，服务顾问需要将价格、零件向客户讲清楚，同时还要告诉客户由于追加的项目会增加维修时间，交车时间也要顺延。

2）当维修企业提出维修增项时，情况会复杂得多，需要服务顾问积极与客户沟通，确保车辆维修质量。

3）如果客户同意增加维修项目，维修技术人员需在维修工单上做详细记录，方便客户全面地了解所进行的工作。

任务二　汽车故障诊断思路与故障排除

一、相关知识

（一）维修资料检索

阅读说明书必须具备下列能力：

1）能理解相关的机电常识和专业术语，例如排量、四轮定位、传感器、电路、真空度等。

2）能看懂说明书上的各类相关图例。

3）能将说明书付诸实践，还必须有一定的生产实践经验。

汽车维修说明书的目录通常包含以下内容：

1）一般信息，其中包括车辆识别代码及发动机、变速器等主要总成的识别代码；并介绍车上的通用件，例如螺栓规格；各类工具（专/通用工具）；车上各种工作液的型号及使用范围；汽车日常维护的相关资料。

2）主要大总成（例如发动机、变速器）的结构、原理、拆装、诊断的相关工艺及要求。

3）汽车电器和电控系统的结构、原理、拆装、诊断的相关工艺及要求。

4）车身附件。

在阅读说明书的过程中，应注意以下事项：

1）首先确定你所阅读的说明书与你要维修的汽车车型完全一致，整车型号包括大总成（发动机、变速器等型号）完全一致。

2）根据故障症状，迅速查找到所需章节的页码。例如润滑系统的故障，不仅要查阅发动机中的润滑系统，而且还要查阅其中保养和润滑的相关内容。

3）图文结合是说明书的特点。汽车说明书大多采用实物图及照片，电器部分主要是电路图。能结合图片，看懂说明书，并付诸实践，这是一项关键能力。

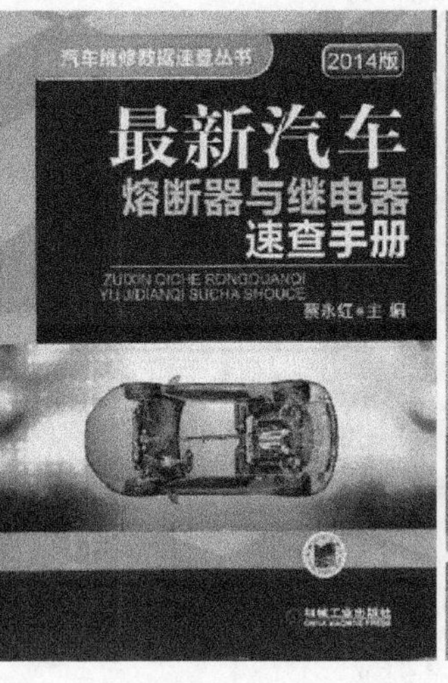

4）说明书上的警告、注意事项等内容是根据厂商大量的统计和经验，防止出现人身伤害和事故的重要提示。

5）理解说明书的各种标志及缩略语。这些标志往往代表了被大量使用的新技术。

6）注意细节，例如物理量的单位是英制还是公制、某些件的安装方向等。对于某些新车型，必须严格按照说明书上的步骤和要求操作。

7）在按说明书操作的同时逐渐理解其故障诊断思路。

技师疏忽　　工作环境不良(无通风装置)

（二）安全作业须知

1. 作业须知

1）始终安全工作，防止伤害的发生。

2）当心并防止事故伤害到自己。

事故因素：

① 人为因素造成的事故。

② 自然因素造成的事故。

由于机器或工具出现故障，缺少完整的安全装置，或者工作环境不良造成的事故，如图所示。

提示：

安全规章可能因地域不同而异，并且日趋严格。

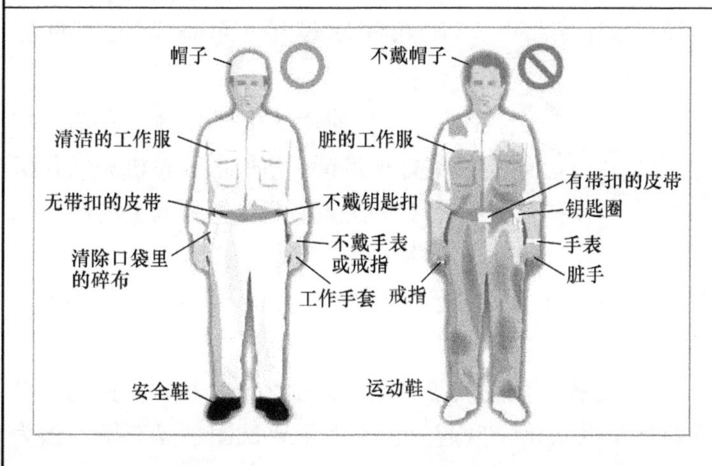

2. 工作着装

（1）工作服

为防止事故的发生，工作服必须结实、合身，以便于工作。为防止工作时损坏汽车，不要暴露工作服的带子、卡扣、钮扣。

防止受伤或烧伤的安全措施是不要裸露皮肤。

（2）工作鞋

工作时要穿安全鞋。因为穿凉鞋或运动鞋很危险，易滑倒并因此降低工作效率。它们还能使穿戴者容易因为偶然掉落的物体而受伤。

（3）工作手套

提升重的物体或拆卸热的排气管或类似的物体时，建议戴上手套。然而，对于普通的维护工作，戴手套并非一项必需的要求。

根据你要做的工作的类型来决定你是否必须戴手套，如图所示。

3. 在车间内

使你的工作场地保持干净来保护你自己和其他人免受伤害。

- 不要把工具或零件留在你或者其他人有可能踩到的地方。将其放置在工作架或工作台上，并养成好习惯。
- 立即清理干净飞溅的燃油、机油或润滑脂，防止自己或者他人滑倒。
- 工作时不要采取不舒服的姿态。这不仅会影响工作效率，而且有可能跌倒和伤害到自己。
- 处理沉重的物体时要小心，因为如果跌落到脚上就可能受伤。而且记住，如果试图举起一个很重的物体，你的背部可能会受伤。
- 从一个工作地点转移到另一个工作地点时，一定要走指定的通道。
- 不要在开关、配电盘或电动机等附近使用可燃物。因为它们容易产生火花引发火灾。

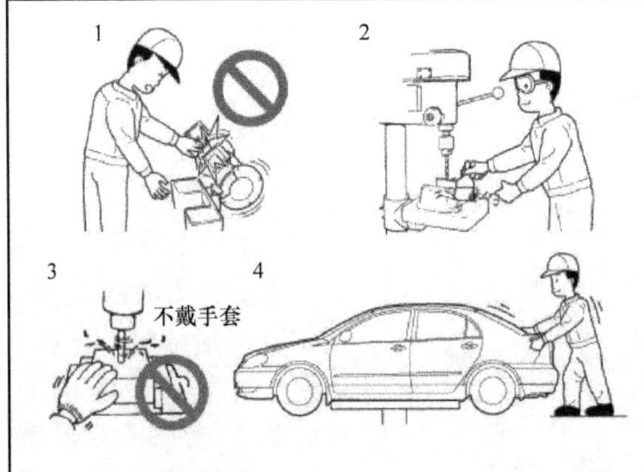

4. 使用工具工作时，遵守以下预防措施来防止发生伤害

1）如果不正确地使用电器、液压和气动设备，可能导致严重的伤害。

2）使用产生碎片的工具前，应戴好护目镜。使用过砂轮机和钻孔机一类的工具后，要清除其上的粉尘和碎片。

3）操作旋转的工具或者工作在一个有旋转运动的地方时，不要戴手套。手套可能被旋转的物体卷入，伤到你的手。

4）用举升机升起车辆时，初步提升到轮胎稍微离开地面为止。然后，在完全升起之前，确认车辆牢固地支撑在举升机上。升起后，千万不要试图摇晃车辆，因为这样可能导致车辆跌落，造成严重伤害，如图所示。

5. 防火

必须采取以下措施来防止火灾：

- 如果火灾警报响起，所有人员应当配合扑灭火焰。要做到这一点，首先应知道灭火器放在何处、如何使用。
- 工作区域禁止吸烟。

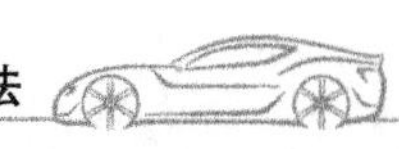

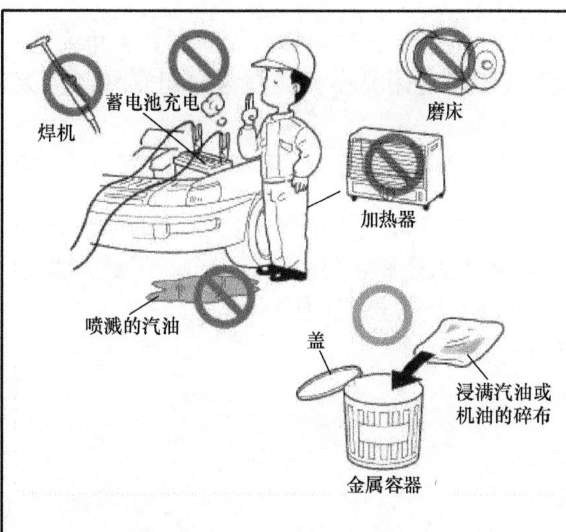

6. 为了防止火灾和事故，在易燃品附近应遵照如下预防措施

- 吸满汽油或机油的碎布有可能自燃，所以它们应当被放置到带盖的金属容器内。
- 在机油桶或可燃的零件清洗剂附近，不要使用明火。
- 千万不要在处于充电状态的蓄电池附近使用明火或产生火花，因为它们会产生可以点燃的爆炸性气体。
- 仅在必要时才将燃油或清洗溶剂携带到车间，携带时还要使用能够密封的特制容器。
- 不要将可燃性废机油和汽油丢弃到阴沟里，因为它们可能导致污水管系统产生火灾。应将这些材料倒入一个收集罐或者一个合适的金属容器内。
- 在燃油泄漏的车辆没有修好之前，不要起动该车辆上的发动机。修理燃油供给系统，应当从蓄电池上断开负极电缆以防止发动机被意外起动，如图所示。

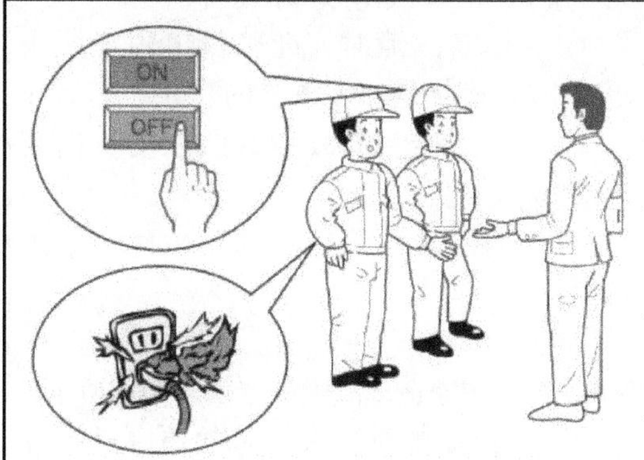

7. 电器设备安全措施

不正确地使用电器设备可能导致短路和火灾。因此，要学会正确使用电器设备并认真遵守以下防护措施：

如果发现电器设备有任何异常，立即关掉开关，并联系管理员/ 领队。

如果电路中发生短路或意外火灾，在灭火之前首先关掉开关。

向管理员/ 领队报告不正确的布线和电器设备安装。

如果有任何熔丝熔断，都要向上级汇报，因为熔丝熔断说明有某种电器故障，如图所示。

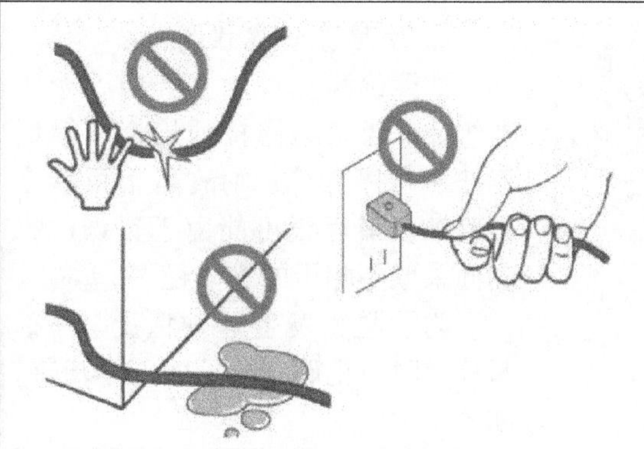

千万不要尝试以下行为，因为它们非常危险：

- 不要靠近断裂或摇晃的电线。
- 为防止电击，千万不要用湿手接触任何电器设备。
- 千万不要触摸标有“发生故障”的开关。
- 拔下插头时，不要拉电线，而应当拉插头本身。

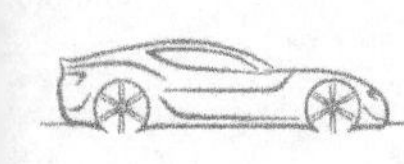

- 不要让电缆通过潮湿或浸有油的地方，也不要通过炽热的表面或者尖角附近。
- 在开关、配电盘或电动机等物体附近不要使用易燃物，因为它们容易产生火花，如图所示。

8. 险情报告

在险情讨论会上，维修技术人员互相交流在日常工作中经历的身边的险情，陈述身边的险情是如何发生的，目的是为了防止别人重蹈覆辙。然后应分析导致这些危险情况发生的因素，以及采取适当措施来创造一个安全的工作环境。

如果遇到险情时，必须采取如下措施：

1）首先，将情况汇报给管理员/领队。

2）记录事情的发生经过。

3）让每个人慎重对待这个问题。

4）让每个人考虑应当采取的对策。

5）记录以上事项并将清单放置在每个人都能够看得到的地方。

（三）排除故障的基本法则

1. 如何进行故障诊断

故障诊断关键要点如下：

（1）准确找出故障的症状

- 诊断故障时，准确找出用户所指出的故障症状是非常重要的。
- 确定推测的故障原因以便找出真正的故障原因。
- 为了准确快速地诊断故障，必须进行系统的操作。

（2）推测必须有逻辑和事实依据

维修技师不可依赖没有逻辑支持的第六感觉，凭空想象造成故障的原因，如图所示。

多问自己几个“为什么”是非常重要的。当维修技师对造成故障的原因进行推测时，必须检查那些支持他推测的所谓“事实”是否存在。

为了查找故障的真正原因，维修技师必须按照下列循环过程，养成遵循各个项的原因–效果关系的习惯：推测、验证、再推测、再验证。

2. 故障诊断流程图

故障诊断流程图主要由5个步骤组成。如果维修技师检查车辆时不按照程序操作，则故障很可能变得复杂，最后很可能由于错误的推测而采取不相干的维修程序。

为了避免发生这种情况，在诊断故障时应正确领会下面五个步骤，如图所示。

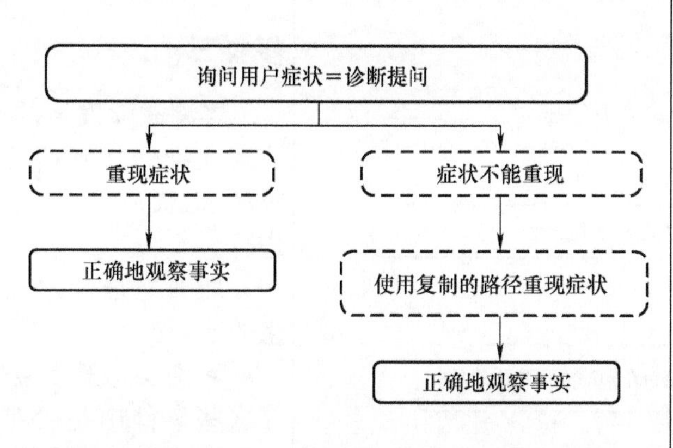

排除故障时，第一步是重现用户指出的症状并验证

诊断问题	具体的问题
什么	为了重现故障的症状
何时	日期、时间、故障频率
哪里	路况等
在什么情况下	行驶条件、天气
发生了什么	这些症状是什么样的

步骤一：

验证和重现故障症状，如图所示。

验证和重现故障症状是故障诊断的第一步。故障诊断中最重要的一个因素是正确地观察用户所指出的实际故障（症状）并以此作出不带任何偏见的、正确的判断。

什么是诊断提问？

为了重现故障症状，维修技师应该询问用户这种症状在什么条件下出现。

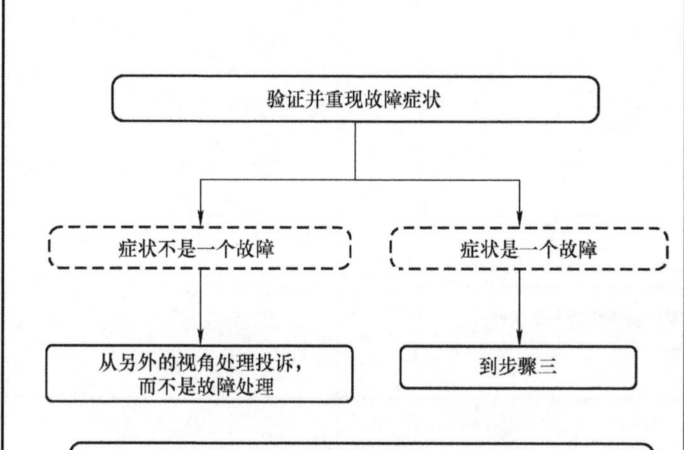

如果症状不是故障就不能作为维修来处理

步骤二：

判定这种症状是不是故障。

当用户对车的故障提出抱怨时，这种抱怨可能是由很多原因造成的。然而并不是用户所说的所有症状都是故障，但这些症状很可能与车辆特性有关。如果维修技师花大量时间去修理一辆实际上并无故障的车，他不但浪费了宝贵的时间，而且会失去用户的信任，如图所示。

何为故障？

故障是指由于车上某一部分上的某种异常运转所导致的缺陷。

<table>
<tr><td>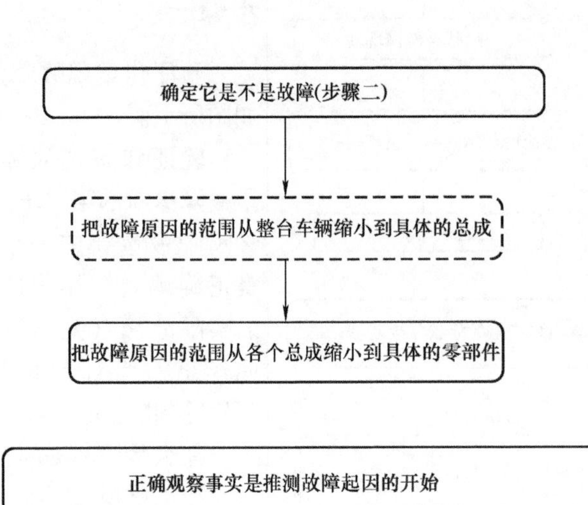
</td><td>步骤三：
推测故障发生的原因，应当在维修技师所确定的故障症状基础上系统地进行。
准确地推断出故障发生的原因：
● 如果故障反复出现，在这些事件中是否有共同特性？
● 是否是用户的一些使用习惯不当从而影响车辆的运行？
● 在这之前，类似故障维修的原因是什么？
● 在过去的维修档案中是否有故障的前兆？
因此，推测故障原因必须从多方面着手。</td></tr>
<tr><td>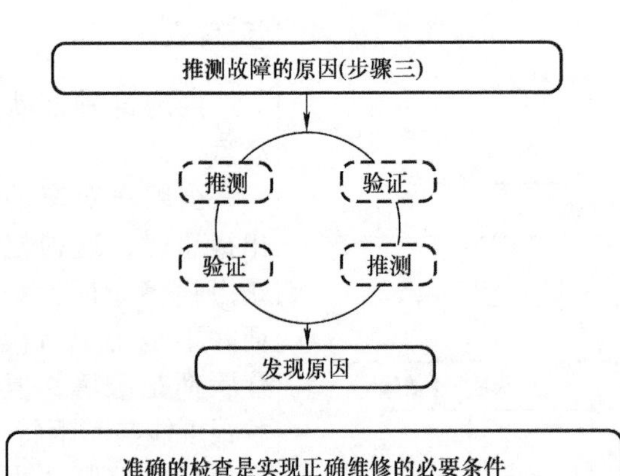
</td><td>步骤四：
检查可疑部位找出故障产生的原因，如图所示。</td></tr>
<tr><td>检查的要点：
● 基于车辆的功能、结构和运行系统的各项检查。
● 从检查系统功能开始，逐渐缩小到检查单个零部件。
● 充分利用故障诊断仪（所测数据有利于诊断分析）。</td><td>故障诊断是在通过验证（检查）所获取数据的基础上，逐渐寻找故障真正原因的反复过程。</td></tr>
</table>

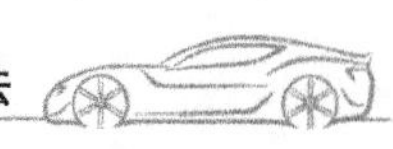

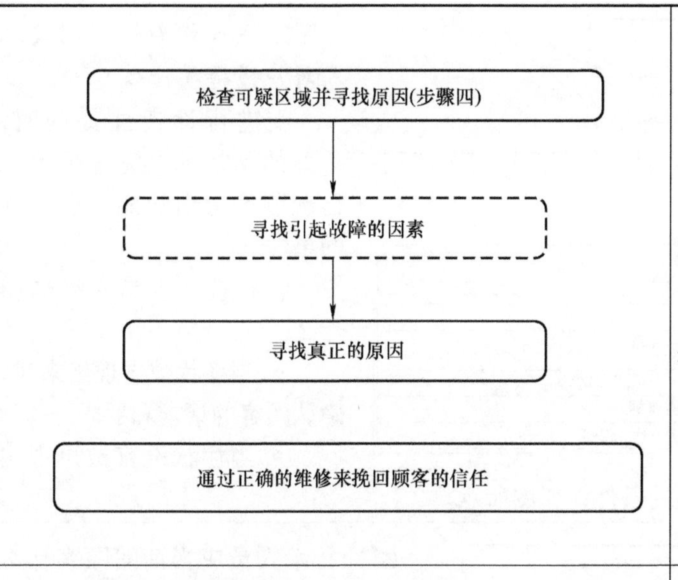

步骤五：

避免类似故障再次发生，如图所示。

避免类似故障再次发生的 5 个要点：

● 它是一个单独的故障还是一个由于其他部件引起的连锁故障？

● 是由于零部件的寿命？

● 是由于不适当的维修保养？

● 是由于不恰当的处理和操作？

● 是由于不适当的使用？

只有当故障顺利排除，并消除了用户担心类似故障再次发生的心理才意味着此次修理大功告成。

（四）故障诊断的基本技能

诊断性提问：

诊断性提问必须包括询问顾客症状发生时的情况以再现那些症状。

1. 技术人员在进行诊断性提问时必须记住什么

● 不要使用专业术语，不用顾客不熟悉的话语说话。

● 用实际的车例询问顾客，使顾客能容易地进行回答。

例如：

什么地方：是左前轮吗？

什么时候：是在您驾驶的什么时候？

做什么操作：如果您踩下制动踏板，您能听到声音吗？

怎样：能听到刺耳的尖声吗？

从什么时候开始的：症状从何时开始的？

倾听用户指出的症状
(哪一部分或什么坏了)

→ 当症状没有再现，不需要驾驶车辆

确认用户的请求和要求

→ 当症状再现，需要驾驶车辆

确认用户的请求和要求
重点确认再现症状

何时	故障发生的时候
诱因	发生在早上，冷天发动机起动后，汽车行驶××km后
场所	上坡时、急转弯时、在十字路口时等
如何	轻踩制动踏板、突然加速等
频率	一个月一次、一个星期一次、一天一次等

2. 关于诊断性提问技术人员应懂得些什么

在进行诊断性提问时，重要的是技术员完全理解和再现顾客指出的症状所需要的条件。

(1) 技术人员必须懂得什么

- 当症状被再现出来时，确认顾客的请求和要求。
- 当症状没有被再现出来时，确认再现症状所需要的条件，如图所示。

项目	使用的信息
第一次故障何时发生	作为背景信息评估故障原因
维修档案和情况	
在哪儿进行定期维护	
用户的职业和年龄	作为了解顾客的社会常识的依据

(2) 技术人员应当询问顾客什么以作参考

如果技术人员预先已问了这些问题，有一份问题清单，它可以使技术人员比较容易地排除故障。不过这些问题仅供参考，技术人员不应有偏见或一成不变的想法，如图所示。

3. 再现症状

当技术人员试图再现顾客指出的症状时，他必须记住下面各点：

为了正确地进行故障诊断，重要的是根据从诊断性提问中得到的信息，创造出与症状发生时相符合的条件和情况。

(1) 通过路试确认症状

这项试验应当根据通过诊断性提问得到的信息和 ECU 的定格数据，按照症状发生时的条件进行。

提示：

如有可能，建议与顾客一起进行路试。

(2) 当汽车停止后的再现方法

该项试验是在汽车停止后进行的，以便再现其再现性不明显的症状或在行驶中发生的症状。

- 检查故障码

如果故障码被显示出来，则应关注与该故障码有关的症状以便使用再现法再现症状。

如果故障码是正常的，则应注意诊断程序没有检测到的执行机构，并用再现法再现症状。

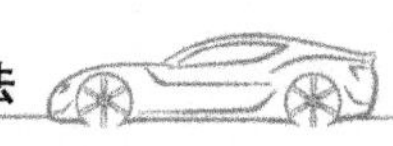

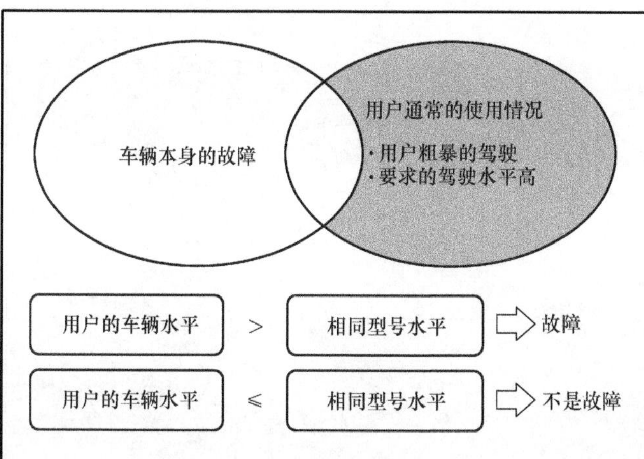

（3）再现法

判断症状是否是故障：

当顾客抱怨时，重要的是确定故障原因是车辆本身，还是顾客的使用，或者是两者兼而有之。

还有必要判断顾客的车辆性能是否与顾客的要求相一致，方法是它与另一辆相同型号的汽车进行比较，如果性能水平相等，几乎不可能消除抱怨的原因，因此技术人员应作出判断，抱怨不是故障症状引起的，而是顾客的期望，并从另一个视角去处理它。如果性能水平大大差于另一辆相同型号的汽车的性能水平，技术人员应判断抱怨是一种故障并进行故障排除。

当技术人员将顾客的车辆与另一辆相同型号的汽车进行比较时：

- 行驶条件应当是一样的。
- 如果技术人员不能判断是否有故障，他应当同几个同事商量，进行评价并作出决定。

二、任务实施

故障诊断方法

对技术人员要求：

- 接收/检查修理单。
- 接收用于修理的订购零件。
- 在允许的时间内进行工作。
- 向技师领队确认工作完成。

1.预约　2.接待　3.工作分配　4.维修

客户　业务人员　管理员/领队　技师领队　技术人员　顾客的车

7.维修后续工作　6.维修交付　5.最终检查

技师领队：

- 对技术难度高的工作向技术人员提供指导和帮助。

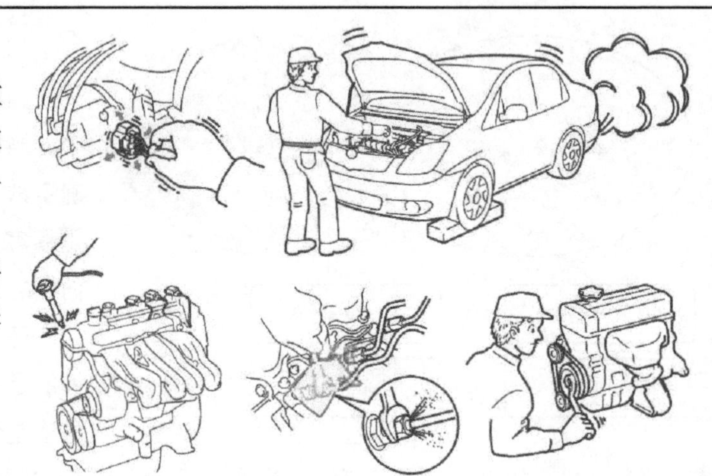

（一）诊断方法

为了排除故障所做的检查，除了已经学过的检查方法，还需要一种识别故障位置的方法。

排除故障时，要将几种检查方法综合起来进行推测以找出原因。

- 再现法。
- 诊断性检查。
- ECU 数据检查。
- 发动机转动阻力检查。
- 发动机起动状况检查。
- 点火、预热系统检查。
- 燃油系统检查。
- 压缩系统检查。
- 断缸检查。
- 空燃比检查。
- 活塞环/气门导管漏油损失检查。
- 排气状况检查。
- 端子接触压力检查。

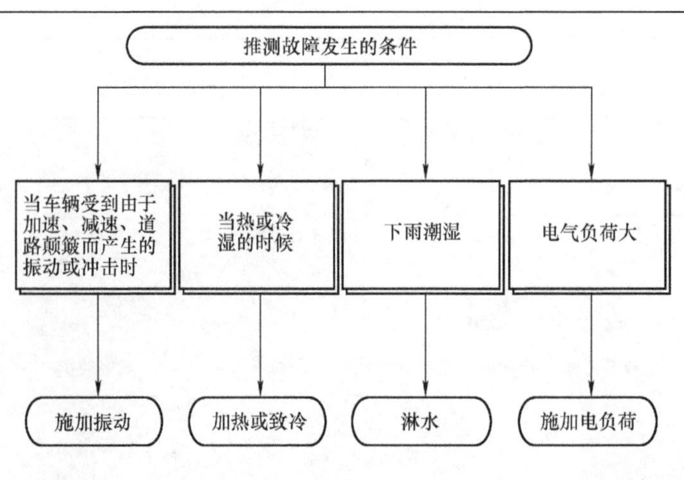

1. 再现法

技术人员应根据产生顾客指出的症状的状况，通过使用一种方法来进行故障再现。根据症状发生的条件，应通过下列方法来进行再现。

1）施加振动。

2）加热或致冷。

3）淋水。

4）施加电气负荷。

提示：

在进行这个程序的过程中，如果接头无意中脱开或连接起来，接触状况有所改变，症状可能再现不出来。在症状通过再现被确认之前，不要试图脱开和连接插头。在症状已被确认，技术人员能够进行故障排除之前，插头不应当被脱开和连接起来。

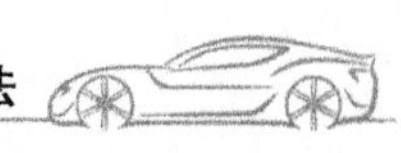

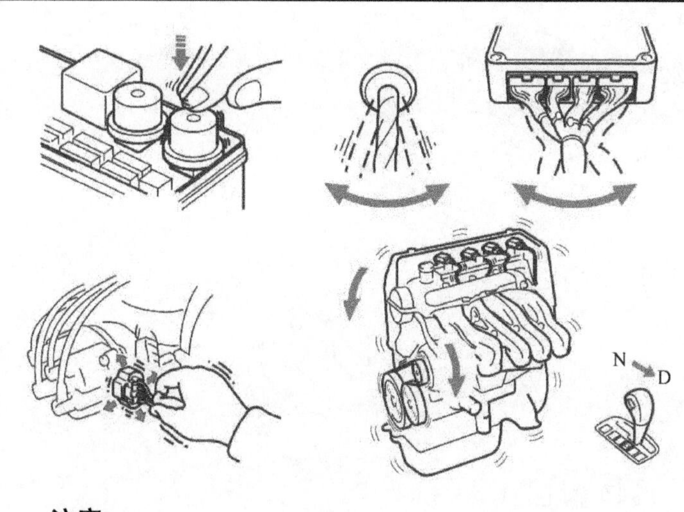

2. 施加振动

模拟车辆振动时，会造成发动机倾斜或电气配线被拉的情况，振动传感器和电气配线以再现故障，包括接触不良。

检查方法：

- 用手指轻轻敲击部件和传感器，以检查是否发生了故障。

注意：

当有强烈冲击时继电器触点会开。因此，即使它们是正常的，也可能发生故障。

- 电气配线和插头

上下或左右轻轻地摆动电气配线以检查故障。电气配线主要检查插头的根部、振动的支撑点和车身的贯通部分。

注意：

如果插头中的端子脱开，粗心地推入电气配线会接上端子，使故障不能再现出来。

- 发动机振动

当发动机由于反转力矩而倾斜时，发动机舱中的电气配线可能发生故障。在自动档车辆中，使发动机在 D 位或 R 位范围内失速可以再现症状。

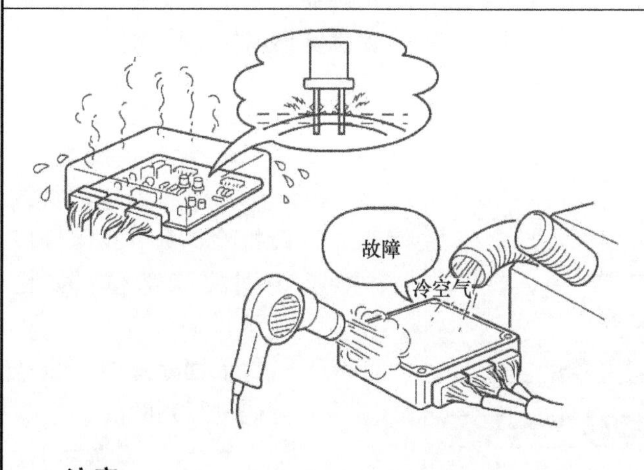

3. 加热或致冷

造成部件由于温度变化而扩张或收缩的状况，加热或致冷部件，以便再现接触不良或短路，如图所示。

检查方法：

用吹风机、小型空调机、冰箱等对部件施加热或致冷，以检查是否发生故障。

注意：

- 加热到技术人员仍可以用手触摸的温度（≤60℃）。
- 不要打开 ECU 的盖子直接对电子部件加热或致冷。

4. 淋水

造成进水或在插头处水蒸气冷凝的状况，把水洒到车辆上，以再现故障，包括接触不良或短路，如图所示。

检查方法：

把水洒到车辆上以检查是否发生故障。

注意：

- 不要直接把水洒到发动机舱上，可以把水喷到散热器的前部，以间接地把水蒸气加到车辆上。
- 不要直接把水洒到电子部件上。

提示：

如果雨水漏进发动机舱，水可能会通过电气配线进入 ECU 或插头。因此，应检查这个情况，尤其是对于有漏水经历的车辆，那就更要检查。

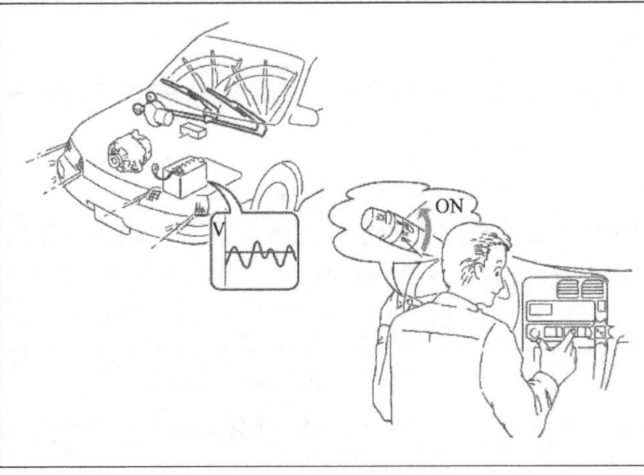

5. 施加电气负荷

造成蓄电池电压降低或发生波动的状况，加上一个大的电气负荷以再现故障，包括压降或波动。

检查方法：

打开所有电气装置，包括加热器鼓风机、前照灯、后风窗除雾器以检查故障。

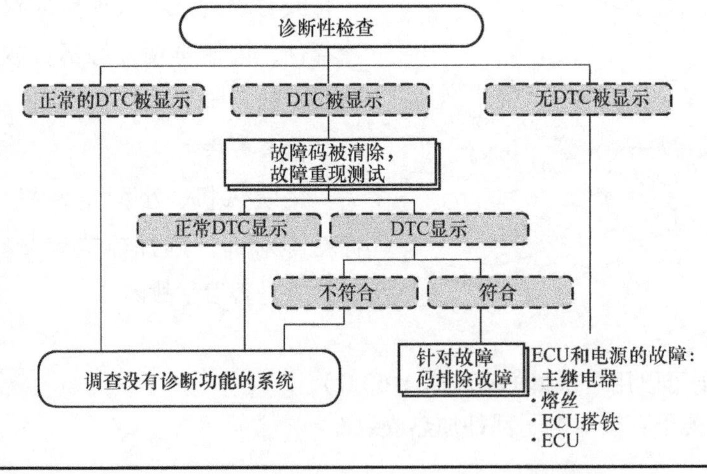

6. 诊断性检查

为了有效地进行故障排除，使用故障码以识别故障部位，如图所示。

下面是通过识别故障码进行判断的。

- 当 DTC 显示时。

被故障码指示的系统中传感器、执行器、布线和 ECU 可能有故障。

● 当正常 DTC 显示时。

有诊断功能的系统可判断为正常。因此，故障可能在没有诊断功能的系统中，那么就进行这种检查。

提示：

● 无诊断功能的系统包括次级点火系统、燃油系统等，当无 DTC 显示时，ECU 或其电源系统有故障。

● 在正常方式中，如果故障只是短时间发生，因为它不满足诊断条件，它不能被检测出来。通过转变检查方式，短时间发生的故障例如接触不良等能够被检测出来。

（1）检查目的

检查被识别出来的故障码与实际故障症状是否相符。故障码指示的故障系统可能与实际显示故障的系统不相符。

（2）检查方法

● 检查故障码和定格数据并记录下来。

● 清除故障码，根据诊断提问再现故障症状。

提示：

要判断车辆被带进来时显示故障码是由现时故障还是由过去故障引起的，清除显示故障码一次，然后进行再现试验。

（3）再次识别故障码并判断故障码是否与故障有关

如果显示相同的故障码，可以判断故障发生在故障码指示的系统中。

如果显示的是与故障无关的故障码，或者显示的是正常故障码，现在的故障是由其他原因引起的。因此，应进行适合于故障症状的故障排除。

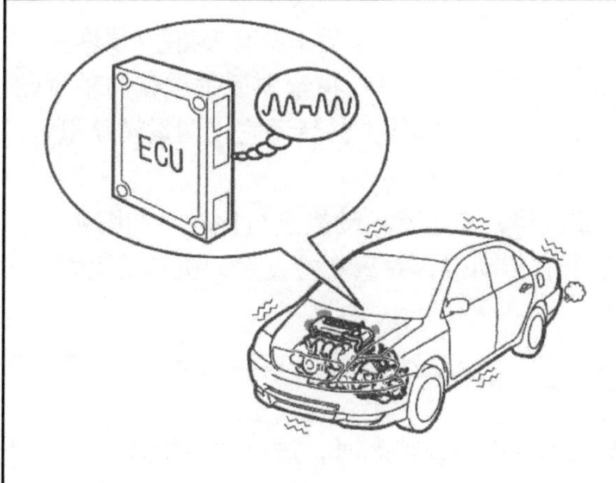

7. ECU 数据检查

（1）检查目的

当故障发生后检查 ECU 的状况（输入信号、输出信号）并通过检查 ECU 的数据确定故障原因，如图所示。

● 定格数据

当故障码被记录下来后，定格数据就是 ECU 的数据故障，是根据故障信号系统是开路还是短路，以及冻结帧的类型进行判断的。

例如，当检测到了来自冷却液温度信号系统的故障码后：

检查关于冷却液温度信号的定格数据。如果温度是－40℃，故障可判断为开路。如果它是200℃或更高，故障可判断为短路。

提示：

● 当故障码被清除或方式被转换后定格数据被删除后，要在检查故障码后立即检查定格数据。

● 关于诊断性检测，在发生故障与检测故障之间有时滞。因此，它不是故障发生时的数据，而是在时滞后被作为一项定格数据存储在存储器中的数据。

● 通过参考定格数据，有可能在某种程度上推测在故障出现时的运行状况。

（2）ECU 数据

即使故障码没有被识别出来，也可通过 ECU 数据检查 ECU 状况。自动触发功能使得在故障被发现前后自动记录 ECU 数据成为可能。在手持测试仪上记录 ECU 数据的功能使得在故障发生后分析 ECU 数据成为可能。这个功能能够找出故障码不输出的故障，包括错误的传感器范围和执行机构故障。

（3）检查方法

参阅 ECU 数据并确定此症状发生后什么参数已大大改变或者是否某些参数不正常，如图所示。

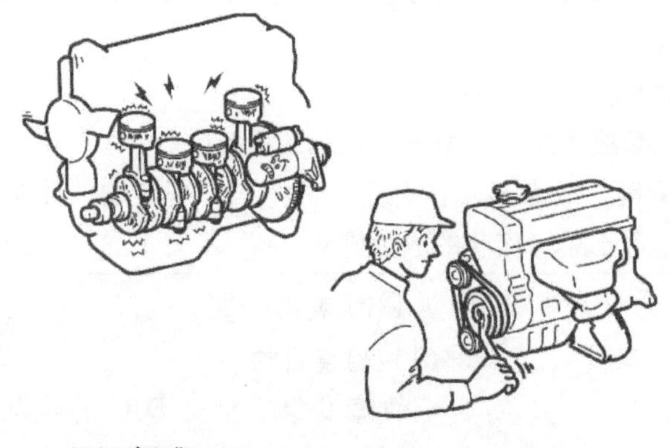

8. 发动机转动阻力检查

（1）检查目的

这项检查确定发动机不能正确起动的原因是在起动系统中还是在发动机本身。

（2）检查方法

● 拆下所有火花塞/预热塞。

● 将弯颈扳手放在曲轴带轮螺栓上并转动它以测量转动阻力。

（3）标准

由于发动机转动阻力没有标准值，故应将其与正常发动机进行比较，如图所示。

● 当发动机转动阻力很大时，拆下所有传动带，并重新检查发动机转动阻力。

● 转动阻力大，故障在发动机中。

● 转动阻力小，故障在附件中。

提示：

在发生故障的条件下，例如，当发动机是冷态或热态时，进行这项检查。

9. 发动机起动状况检查

（1）检查目的

发动机起动故障的原因很多，这取决于内部燃烧是否发生，或者起动是否占很多时间。因此，检查发动机起动状况，以确定故障的原因，如图所示。

（2）检查方法

起动发动机以检查发动机起动状况：

● 无初始燃烧，不起动。

发动机部件中的某一部件（会影响发动机性能）可能存在故障。

● 起动时间过长。

根据发动机能够起动这个事实，可判断起动机、喷油器、火花塞等三个部件为正常。因此，故障可能是由起动时的空燃比引起的。

● 初始燃烧发生但立即失速。

点火系统和压缩系统被判断为正常。燃油系统也被判断为仅在发动机起动时正常。因此，故障可能是由燃油压力降低，ISCV（怠速控制阀）等引起的。

提示：

如果故障由 ISCV 开启引起，则起动并同时踩下加速踏板能保持进气量而且发动机能运行而不失速。

（3）柴油发动机

● 无初始燃烧，不起动。

要很长的时间才起动，故障可能是由于起动机、喷油器、火花塞等三个部件中的一个部件引起的。

提示：

在燃油系统中，喷油正时故障不会使发动机起动变得困难。

（4）初始燃烧发生但立即失速

预热系统和压缩系统可以判断为正常。燃油系统可以判断为仅在发动机起动时是正常的。因此，故障可能是在发动机怠速时喷油泵操作引起的。

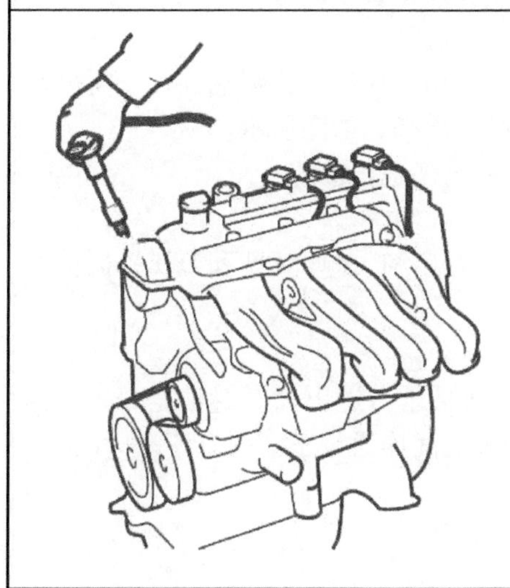

10. 点火和预热系统检查

（1）检查方法（汽油机）

拆下火花塞并起动发动机以查看火花塞尖端的火花和火花的强度，如图所示。

注意：

检查前，拆下喷油器接头，使得燃油不会喷出。

（2）标准

● 火花出现在火花塞的尖端，并且没有漏电。

● 与正常发动机上的火花塞比较火花的强度，如果没有发现大的差异，说明正常。

提示：

注意正常发动机中火花的强度。

（3）检查方法（柴油机）

检查预热系统中下述各项：

- 预热指示灯的点完时间。
- 预热功能。
- 余辉功能。

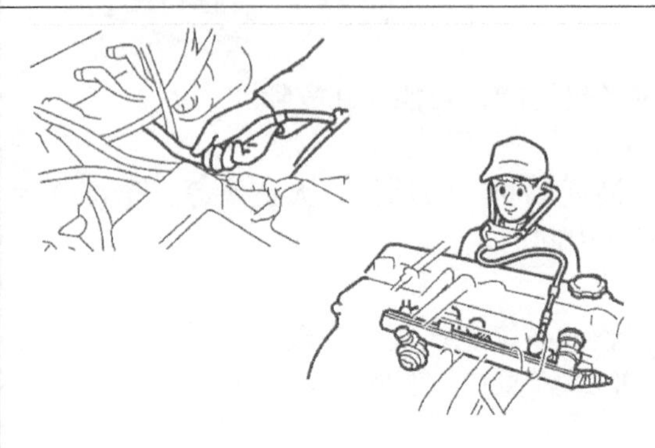

11. 燃油系统检查

（1）检查方法（汽油机）

起动发动机时，检查以下各项：

- 用手捏住发动机舱燃油软管并检查燃油压力是否被施加上去，如图所示。
- 检查喷油器发出的声音。

（2）标准

- 燃油压力被加到燃油软管上，然后燃油压力增大，软管脉动。
- 没有燃油压力时，故障可能出在燃油泵系统中。
- 正常的喷油器在起动时会发出声音。

当喷油器不再发出声音时，用下一个气缸上的接头调换接头。如果能听到声音，喷油器可以判断为正常。如果没有声音时，检查 ECU 与电气配线，找到故障点。

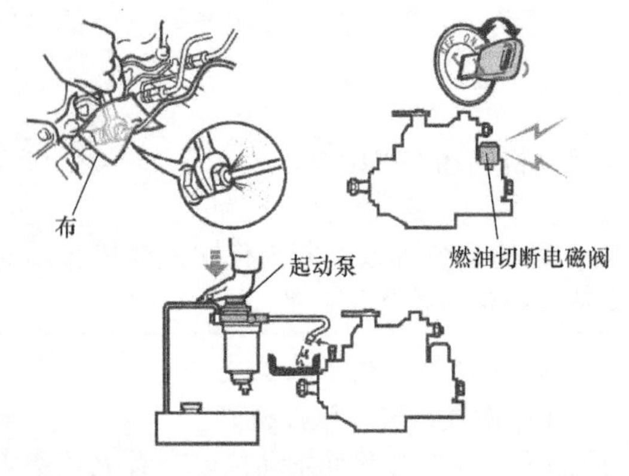

（3）检查方法（柴油机）

检查柴油发动机的燃油系统时，将该系统分成它的各个腔室部分并检查燃油进入哪个部分。

- 燃油正在进入喷油器吗？

起动发动机时，放松喷油器上的接头以检查喷油状况。

注意：

用一块布盖住喷油器，使得燃油溅不出来，如图所示。

起动发动机时，燃油间歇地从松脱的接头上喷出来是正常的。

- 燃油在喷油泵中吗？

检查燃油切断电磁阀的声音，如果在点火开关开启和关掉（ON 和 OFF）时能听到声音，这是正常的。

- 燃油正在进入喷油泵吗？

在喷油泵进口处脱开软管并检查当燃油被起动泵压力送出去时燃油是否被供给上去。当燃油从进口处出来时，说明油箱与喷油泵之间连通是正常的。

提示：

- 如果没有上述故障，则说明故障出在喷油泵中。

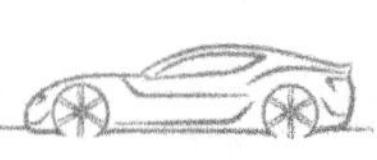

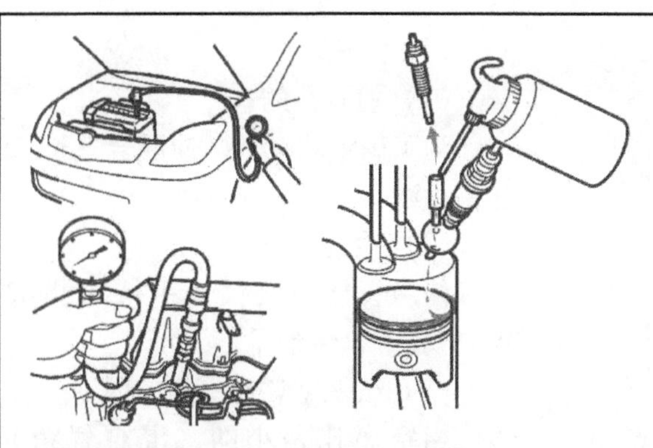

12. 气缸压力检查

(1) 检查方法

使用压力表测量气缸压力，如图所示。

(2) 压力标准

压力标准会因发动机型号而有所不同，因此请参阅“修理手册”。

(3) 当压缩压力低时

用机油注满气缸，检查压缩压力的变化情况：

- 检查压缩空气是否在起动时从火花塞孔中出来。
- 检查起动时凸轮轴带轮是否转动，检查方法是从正时带盖中的检修孔中察看。
- 通过听取起动时发出的声音，发现正时带的切口导致压力的缺失。

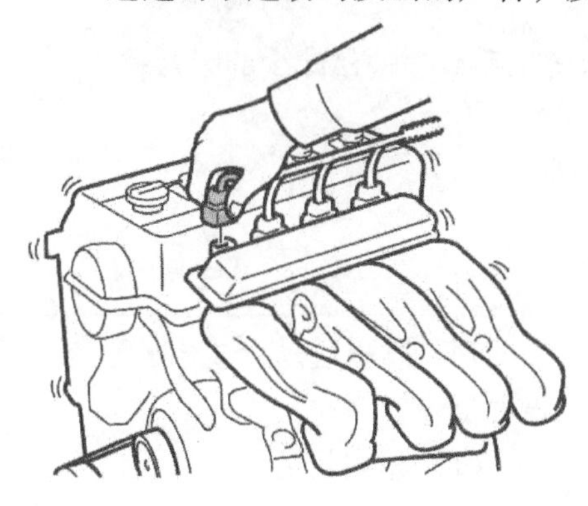

(4) 断缸检查

通过确认气缸的燃烧被逐一停止时发动机转速的变化进行断缸检查，判断故障是影响特定的气缸还是影响所有气缸，如图所示。

- 检查方法（汽油机）

当发动机转动时逐一拆下喷油器接头以检查发动机转速和振动是怎样变化的。发动机转速不降低，或者如果有一个气缸有小的变化，那么说明故障是在气缸中。

提示：

当判断困难时，稍微增大发动机转速会使判断容易一些。

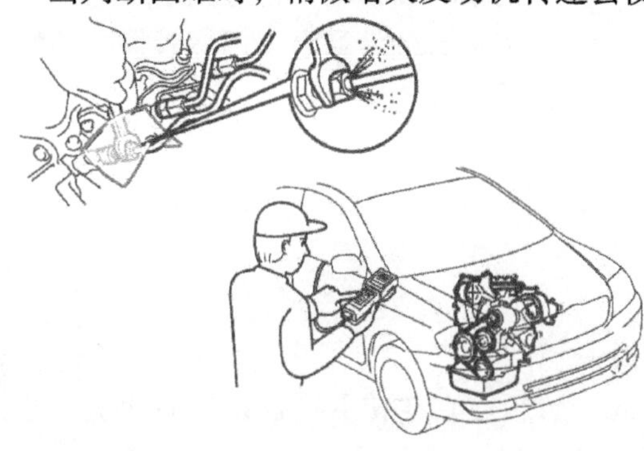

(5) 柴油机检查方法

为了要检查发动机转速和振动，缓慢放松和旋紧喷油器的连接螺母，以控制喷油量，检查发动机转速和振动。

发动机转速不降低，或者如果有一个气缸几乎没有变化，那么故障是在气缸中。

提示：

- 如果一个气缸喷油比其他气缸多或功率比其他气缸大，发动机转动就不稳定。在这种情况下，拧松连接螺母，放掉燃油，就可以稳定发动机转速。
- 对于共轨柴油发动机。

使用智能检测仪（手持式测试仪），停止各个气缸中的喷油，以进行该项检查，如图所示。

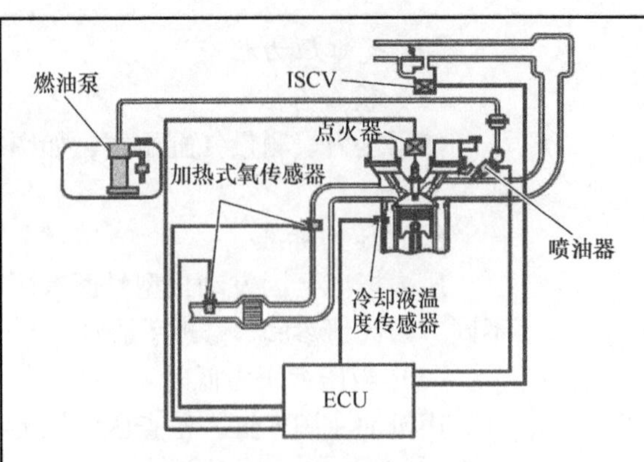

13. 空燃比（A/F）检查

（1）检查目的

为了确定故障是燃油混合气过稀还是过浓。

（2）检查方法

使用智能检测仪（手持式测试仪），检查氧传感器。

（3）改变空燃比平衡的因素

当空燃比是小的（混合气浓）时候，考虑引起燃油系统喷油量增大，或者连续喷油的因素：

- 传感器范围/性能问题。
- 传感器搭铁接触不良。

喷油器滴漏。

当空燃比很大（混合气稀）时，考虑引起燃油系统喷油量减少的因素：

- 传感器范围/性能问题。
- 燃油压力低或喷油器系统的搭铁接触不良。
- 氧传感器系统故障（信号显示混合气浓）。
- 由于积炭燃油被吸收。

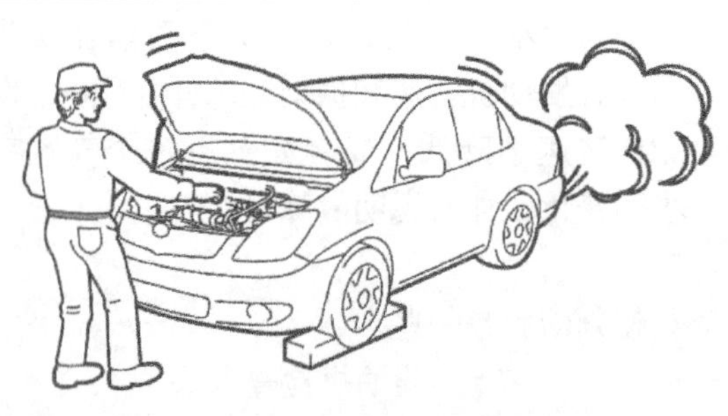

14. 机油通过活塞环/气门导管损失检查

（1）检查目的

当机油燃烧造成在排气中能看到白烟时，改变发动机转速以改变白烟的话，以判断是否有机油通过活塞环损失或油液通过气门导管损失的情况存在。此外，拆开发动机并判断积炭情况，如图所示。

（2）判断是否有机油通过活塞环损失

预热发动机后，保持2000~3000r/min的转速以检查排气状况。

- 当发动机空转时白烟增多。
- 当转速增加时白烟增多。

（3）判断是否有机油通过气门导管损失

预热发动机后，让它怠速运转约5min，然后使它空转以检查排气的状况。开始空转时，白烟将排出30~60min，但白烟会逐渐减少。

为什么说发动机冒的白烟是机油通过活塞环进入气缸内燃烧而产生的？

1）当发动机怠速运转时，燃烧室里的温度低，因此即使发生机油通过活塞环损失，机油也不燃烧。因此，白烟少。

2）当发动机转速增大时，燃烧室里的温度升高，供至气缸的机油增多。结果排出的白烟就增多，如图所示。

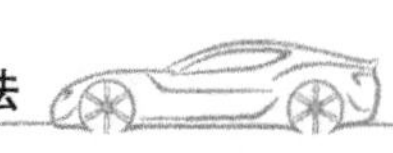

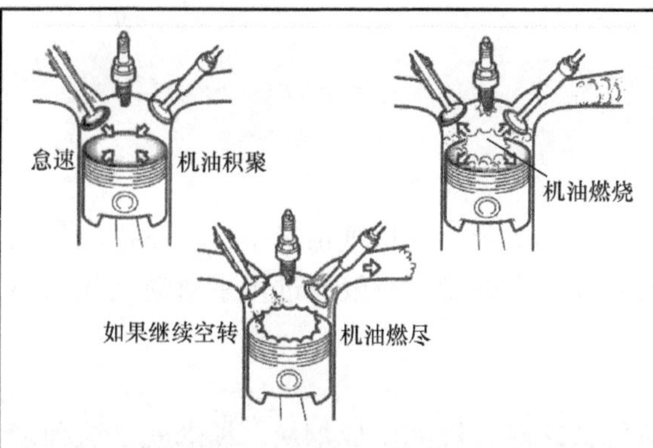

为什么说发动机冒的白烟是机油通过气门导管进入气缸内燃烧而产生的？

1）当发动机怠速运转时，进气管的负压高，因此机油从气门杆上被吸入燃烧室。然而，燃烧室内的温度低，因此机油附着在积炭上，积聚在气门或燃烧室上，从而使白烟减少。

2）当使发动机燃烧室的温度升高后，立即燃烧积聚起来的机油使得大量的白烟排出。当机油完全燃烧后，白烟就会减少。

3）如果发动机连续空转，燃烧室内的温度升高，因此即使机油被吸入，它在积聚起来前就燃烧掉了，从而使白烟减少，如图所示。

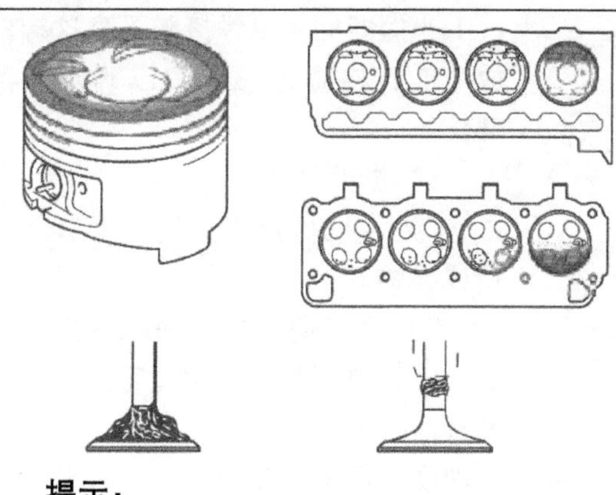

15. 发动机拆卸检查

（1）机油通过活塞环损失

很多积炭附着在活塞顶部的外圆周上。

（2）机油通过气门导管损失

很多积炭附着在进气门上，附着在活塞的顶部或排气门杆上。此外，机油也能附着在这些部件上，使它们变潮，如图所示。

提示：

机油通过气门导管损失被发现后，拆下进气门和排气门，检查气门和气门杆的状况。

16. 排气状况检查

（1）检查目的

根据排出的烟气情况检查柴油机的燃烧情况。

白烟是由于在较低的温度下的燃烧引起的，并且在注入的燃油不燃烧时排出的。出现白烟的原因可能是喷油正时滞后或余灼装置在冷的时候不操作等。因此，检查白烟排出时的情况能确定故障原因。

（2）不管情况如何都有白烟排出

- 喷油泵内部故障。
- 气缸压力过低。

- 燃油十六烷值低。

(3) 当它是冷的时候有白烟排出

- 余灼装置运行故障。

提示:

白烟有时是由于机油或水进入燃烧室而排出的。在这种情况中，检查排气的气味能使得判断机油或水已引起燃油点火失败成为可能。一般通过用手扇动烟气以不致直接吸入的方法来检查气味。

(4) 有黑烟

当注入的燃油颗粒遇到高温而且氧气缺乏时，燃油变成烟灰。黑烟就是这种烟灰。只有油滴的外面烧着了，而中心没有烧着。

下面各项可以认为是产生黑烟的原因：大量燃油被注入、少量空气被吸入、喷油正时快、雾化差等。

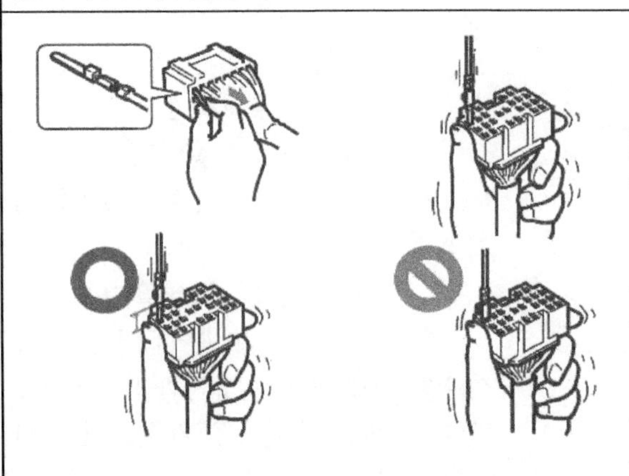

17. 端子接触压力检查

当短时间发生像接触不良这样的故障时，检查接触压力以确定故障部位。

1) 断开插头。

2) 目视检查插头端子上有无生锈或异物。

3) 检查端子销钉松脱或损失情况。轻拉电气配线，检查它们有没有断开。

4) 检查插座的插孔的接合面，并将一插销分别插入每个插孔中。

提示:

准备与原插头的插销相同的一个端子插销，以便于在测试中使用这个端子插销。

5) 用手握住插座，左右摆动它，并检查接受检查的端子是否由于它的重量而下沉。

标准:

- 插销被夹缩时，如果有接触压力可判断为正常。

当插销沉于插座中时，并且没有接触压力，那么就应更换插销或插孔端子或插座、插头。

18. 关于防止故障复发的思考

如果在修理后故障又马上再次出现，那么故障就没有被完全排除。因此，重要的是找出故障的真正原因以使它不再出现。

(1) 防止故障复发的要点

- 它是一个部件本身的故障，还是由另一个部件引起的?

当由于不完全燃烧，通过阻燃的火花塞起动发动机有困难时，即使通过更换或清洗火花塞故障被排除了，但如果原因没有被检查出来，故障仍有可能发生。

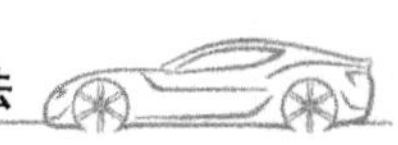

● 是由于部件的使用寿命的缘故吗？

部件经过长时间使用后会老化，致使耐热性和耐用性变差或部件被磨损。结果，它们就不能保持原来的性能。因此，重要的是使顾客懂得部件的使用寿命是有限的。

● 是由于维护不当的缘故吗？

即使由于发动机故障，所用的机油增多，真正的原因可能是由不充分的机油维护造成的机油降级而引起的发动机磨损。因此，重要的是使顾客懂得维护的重要性。

● 是由于不恰当的驾驶、操作或使用情况造成的吗？

即使在使用条件或道路条件相同的时候，加速或换档操作的不同也可能引起故障。通过诊断性提问检查有无不适当的驾驶情况，包括长途行驶、过载和车轮歪斜等。

● 是顾客期望的性能太高吗？

如果没有故障而且顾客车辆的性能不比相同型号的其他车辆差，则重要的是根据诊断性提问使顾客明白车辆的性能情况。

（2）排除故障后，重要的是寻找故障的真正原因以便它不会再次发生，见下表。

在发动机失速或迟缓情况下

诊断问题	具体的问题	可以理解的信息
症状	－症状发生时有什么感觉 －是否与其他故障有关联	－用户的要求
何时、哪种气候	－症状发生在什么时候	－根据日期与时间，可以推测当时的天气和温度
部位	－经常发生故障的部位	－根据故障出现的位置、距离和时间，可以推测发动机的暖机状态 －根据地形，可以推测出发动机负荷和发动机转速
在什么情况下	－发动机失速的情况 －是否在实施制动期间 －是否在减速状态 －是否在开始减速时 －发动机失速或迟缓的情况 －是否开始加速时 －如何踩压加速踏板 －如何放开加速器 －症状发生时，在哪一个档位 －是否在超车加速时 －是否在初速度或最高速度时 －空调是在打开还是关闭状态	－用户的习惯性操作状态 －可以推测故障出现时的车辆状态
其他	－频率	

功率不足的情况	
诊断问题	具体的问题
哪种功率不足	–加速性不良 –爬坡不良 –与其他型号相比较
自从何时，场合	–计时 –时段 –天气 –频率
位置	–顾客感到功率不足的位置
哪一种传动方式	开始加速时 –如何踩压加速踏板 –如何放开加速器 超车加速时 –初速度 –如何踩压加速踏板 –最后加速时 使用重负载时 –如何踩压低加速踏板 –发动机转速 –驾驶速度 –变速器档位
其他	–车辆状态 –空调是在打开还是关闭状态 –燃料类型

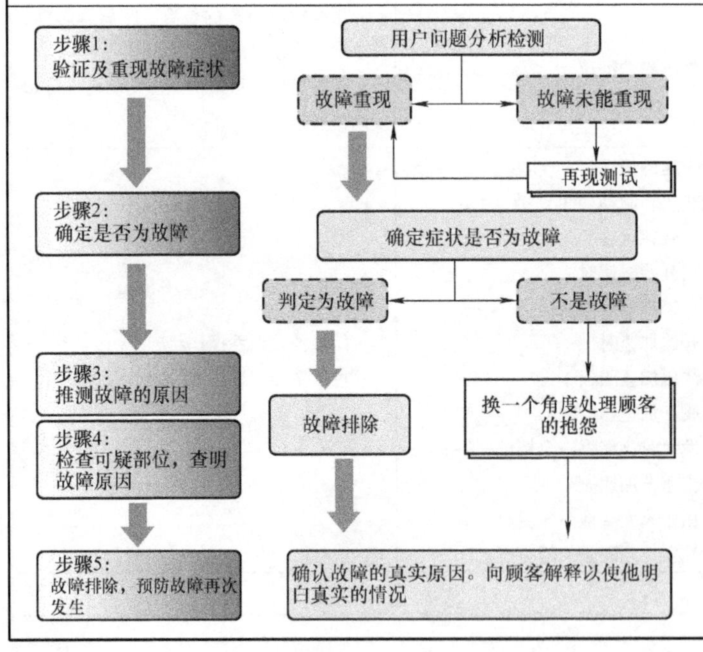

（二）维修任务实施

根据 AT 车辆发动机和传动系统啮合噪声故障排除五个步骤设计的故障排除流程，如图所示。

- 起动发动机困难。
- 怠速故障。
- 发动机失速和发动机喘抖。
- 动力不足。
- AT 车辆中的传动系统啮合噪声。

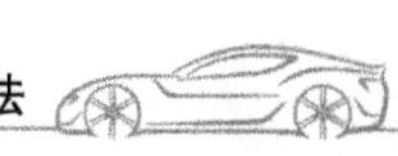

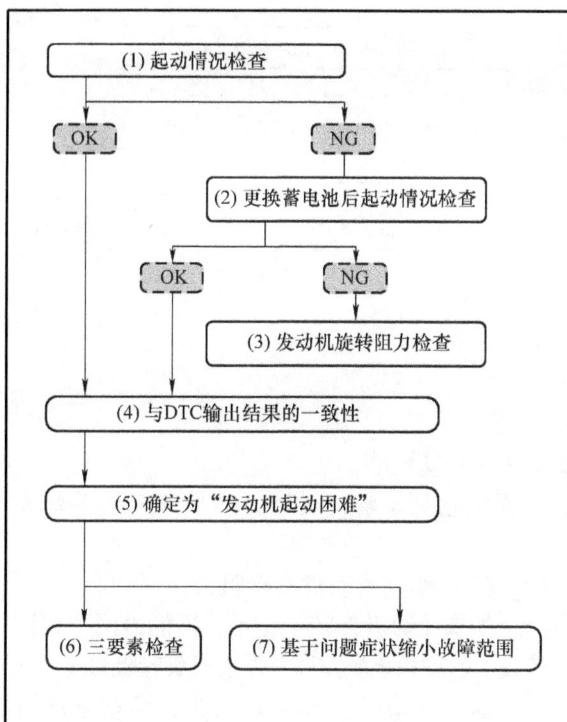

1. 发动机起动困难

发动机起动困难故障大致分为两类：

- 发动机不能正常转动。
- 发动机能转动，但不容易起动。

在设计排除发动机起动困难的故障的程序时，要注意以下两点：

- 为了能够起动发动机，重要的因素是充分的起动转速和发动机“三要素”。因此，重点进行系统性检查以找出故障原因所在的位置。
- 有效地使用发动机 ECU 的诊断功能，进行故障排除。

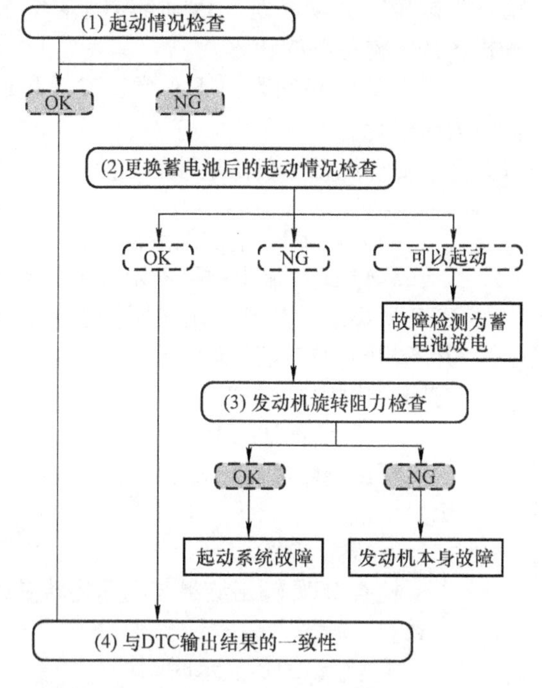

提示：

发动机起动所需要的最低转速为：

汽油机：60～120r/min。

柴油机：50～150r/min。

(1) 起动情况检查

- 起动发动机需要一定的转速。检查中要判断是否能够保持发动机起动所需要的转速
- 达到足够的转速时，继续检查点火、燃油和气缸压力，这三项就是人们所说的发动机“三要素”。
- 如果由于起动系统的故障导致无法达到足够的转速，即使发动机情况正常也无法起动。

检查方法：

用一辆同型号车检查发动机的正常转速，然后与用户的车辆进行比较。

(2) 更换蓄电池后的起动情况检查

在一些情况下，由于出现如下恶性循环使故障原因无法找到：

- 发动机不起动

- 用户起动车辆时需要很长时间

- 蓄电池无电力（放电）

- 转速不够

(2) 更换蓄电池后的起动情况检查

NG → 检查起动系统和发动机旋转阻力

OK → 故障检测为蓄电池放电

此时，首先更换蓄电池，然后检查转速和起动性能。

如果蓄电池更换之后仍然不正常，且无法达到足够的转速，应检查起动系统和发动机转动阻力。

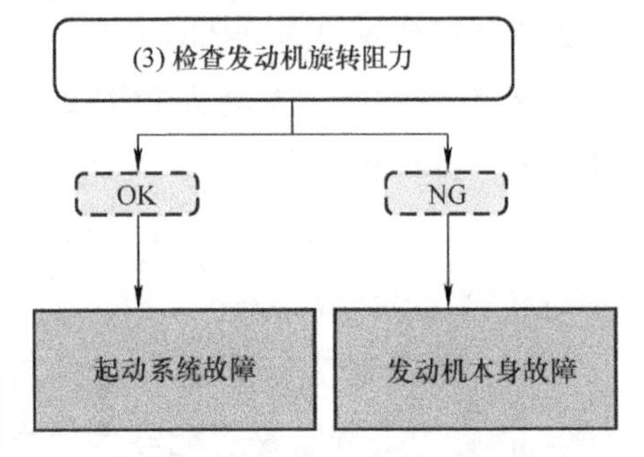

(3) 检查发动机旋转阻力

如果发动机旋转不正常，可能由两个原因造成：起动系统故障以及发动机旋转阻力过大。

如果发动机旋转阻力正常，起动系统可能发生故障；起动系统的起动能力下降，发动机无法获得足够的转速。

如果发动机起动阻力不正常，发动机起动阻力将过大。

起动系统正常，但发动机旋转阻力过大会使发动机无法获得足够的转速。

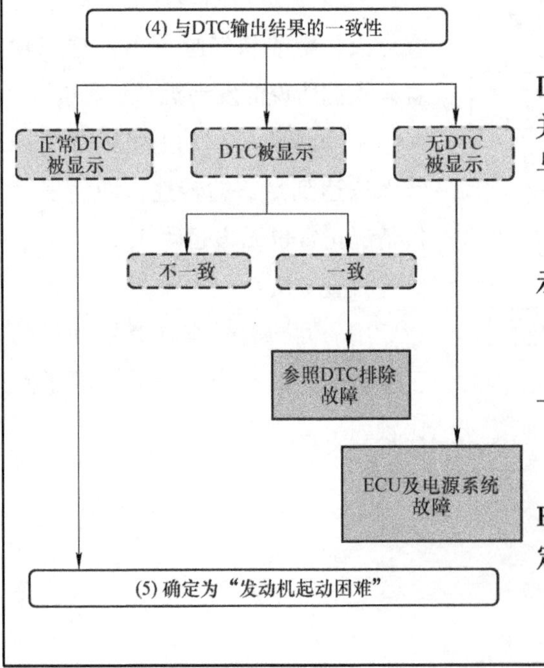

(4) 与 DTC 输出结果的一致性

尽管 DTC 输出结果显示异常，然而 DTC 所显示的故障与用户所指出的故障并不相同。在这种情况下就要检查 DTC 与问题症状之间的关系。

- 显示正常的 DTC

可以判断故障出现在无法有 DTC 显示的部位。

- 显示 DTC

检查 DTC 输出结果与问题症状是否一致。

- 当无 DTC 显示时

如果没有 DTC 显示，可以考虑 ECU 自身不良。在这种情况下，可以判定在电源或相关部位出了故障。

- 检查方法

检查 ECU 数据。

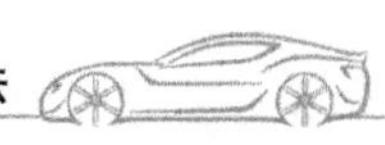

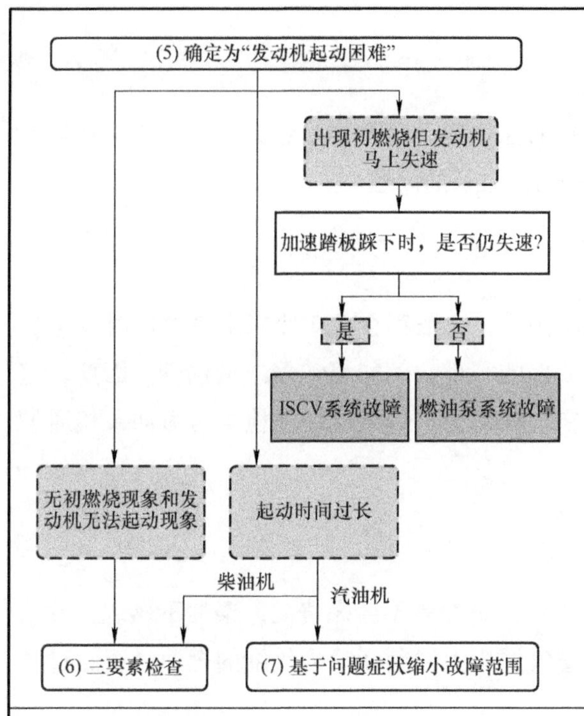

（5）确定为“发动机起动困难”

“发动机起动困难”的表达并没有说出故障的原因。是否有初燃烧或者发动机起动时间长等不同情况造成发动机起动困难的原因是不同的。在此步骤，要查清“发动机起动困难”的具体症状，只有这样才能缩小故障范围。

检查方法：

发动机起动情况检查。

（6）三要素检查

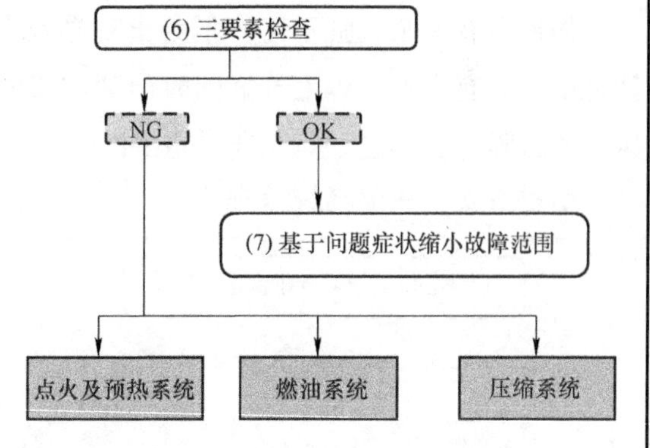

如果未显示 DTC，也未出现初燃烧，可以认定故障出在三要素上。三要素检查可以将故障原因范围缩小到点火、燃油或气缸压力。

如果汽油机出现这种故障，则进行以下检查：

- 点火系统

如果点火火花很弱或者根本没有火花，就不会显示与点火信号或相关部位有关的 DTC 数据。因此，可以判断出次级点火系统而不是初级点火系统出现了故障。

检查方法：点火及预热系统检查。

- 燃油系统

检查燃油是否有压力，喷油器是否工作。

如果燃油没压力，可以判定故障出在喷油泵或其相关部位。

检查方法：燃油系统检查。

- 气缸压力

气缸压力下降可导致发动机起动困难。如果气缸压力下降，在出现发动机起动困难之前就会出现由于怠速不良或动力不足造成的故障。

检查方法：气缸压力检查。

如果是柴油机出现这种故障：

- 预热系统

如果燃烧系统出现故障，进入气缸的空气就不会升到足够的温度，在这种情况下，发动机就会出现无法起动或者起动时间过长的问题。

检查方法：点火及预热系统检查。

- 燃油系统

如果由于供油不足造成发动机起动困难，一般不会是 2 个以上气缸同时发生故障，这是因为故障很可能出现在燃油流经的零件，例如喷油器或输油管。因此，这些零件并不是导致故障的主要原因，在这种情况下应系统性地检查与喷油泵相通的零件以缩小故障原因范围。

检查方法：燃油系统检查。

- 气缸压力

对于柴油机而言，如果气缸压力不够，柴油是不会燃烧的，柴油不燃烧，发动机就无法起动。在三要素检查中要检查气缸压力以判断喷入气缸的燃油是否经过了充分的压缩。

如果只有一个气缸不工作不会出现导致发动机起动困难的气缸压力的故障，也就是说，只有当 1 个以上气缸同时出现故障时才会出现导致发动机起动困难的气缸压力的故障，了解这一点是非常重要的。

检查方法：压缩系统检查。

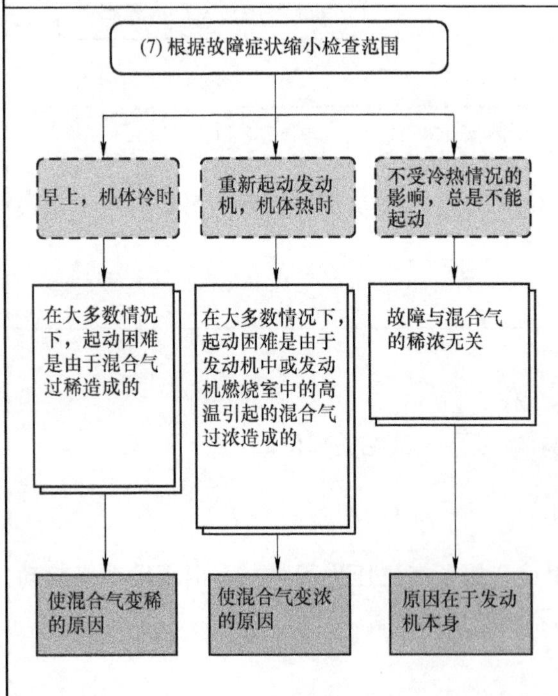

（7）根据故障症状缩小检查范围

根据“发动机起动时间长”和“发动机起动困难”的症状缩小故障原因范围。如果症状非常严重，即使故障原因没有区别，发动机也无法起动。

合适的空燃比对于起动发动机是非常重要的。空燃比对发动机稳定性的影响非常大，所以在查找故障原因时要根据故障出现时的情况先查找影响空燃比的因素。

参考：

根据火花塞的潮湿情况判断混合气的稀或浓。

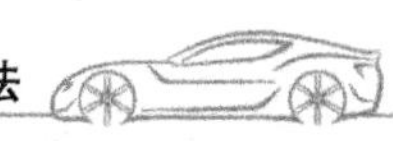

参考：

根据火花塞的潮湿情况判断混合气的稀或浓。火花塞清洗之后，在发动机起动之前停止转动，检查火花塞的潮湿情况。如果火花塞变潮，则可判定混合气过浓。

清洗火花塞之前，实施这种判断会在很大程度上受到发动机情况的影响。

即使混合气较稀，火花塞仍然会由于发动机转动时间较长或失火而变湿，因此可能据此错误判断为混合气过浓。维修人员有必要根据这种方法作出判断，如图所示。

火花塞电极正常的颜色为棕白色，如果电极烧黑并附有积炭，则说明存在故障。检查时可将火花塞与缸体导通，用中央高压线触接火花塞的接线柱，然后打开点火开关，观察高压电跳位置。如果电跳位置在火花塞间隙，则说明火花塞作用良好，否则需换新。

火花塞的电极颜色分析

	（1）正常的火花塞 正常的火花塞是浅棕色的，如图所示
	（2）有故障的火花塞 发动机烧机油： 火花塞有严重积炭是机油流到了燃烧室，俗称“烧机油”。这种车的排气管会冒出滚滚蓝烟，如图所示
	火花塞太湿： 火花塞热值太低或者电控系统有故障，如图所示
	火花塞上有玻璃一样的东西： 火花塞粘了砂子说明这辆车的空气滤清器密封有问题，结果沙子进到了燃烧室里。在燃烧高温的作用下粘在了火花塞上，如图所示
	火花塞上有熔化的铝球： 火花塞上粘了很多小的铝球。这是因为点火角提前太多，点火的高温来不及散发，结果活塞上熔化的铝粘到了火花塞上，如图所示

（续）

	火花塞发白： 是混合气太稀造成发动机过热。如果不处理会使发动机出现严重故障，如图所示
	火花塞上有黑色绒状积炭： 空气滤清器太脏、汽油压力过高、油压调节器真空管断裂、氧传感器损坏、电控系统故障等，如图所示
	火花塞电极短路 积炭太多，电极都连到一起了。一般是发动机内部积炭太多，结果松了以后掉到火花塞上了。这时需要拆开发动机清理内部积炭了，如图所示
	火花塞烧蚀： 火花塞热值匹配有误、点火提前角太大、混合气稀、冷却系统温度过高、润滑系统缺机油等，如图所示
	火花塞中心电极变短： 保养时没有更换火花塞，如图所示
	火花塞中心电极变圆： 火花塞使用的时间太长，这样的火花塞点火时耗电量很大，而且会使发动机工作不良，如图所示
	（3）三极火花塞 正常的三极火花塞，如图所示
	三极火花塞间隙过大： 在保养时要进行更换，如图所示
	三极火花塞磁芯断裂： 火花塞热值匹配有误、点火角提前太多、混合气稀、冷却系统温度过高，如图所示
	三极火花塞中心电极变短： 保养时没有更换火花塞，如图所示

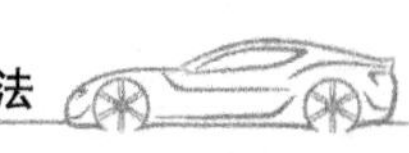

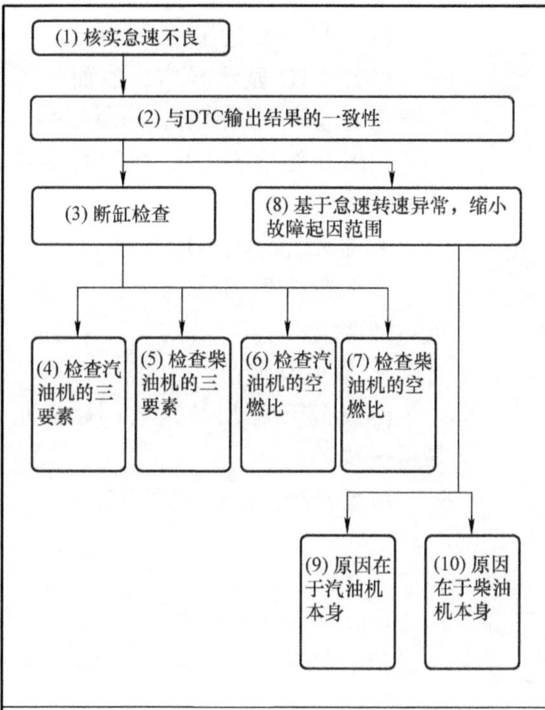

2. 怠速不良检查

由于怠速不良造成的问题的症状分为以下两种：

- 发动机转动不稳，振动大。
- 怠速异常（速度高、低、不稳定）

在制订怠速不良的故障检修程序时要注意：

如果怠速出现问题，故障检修方法和故障部位出现情况的不同，检修方法有很大差异。

对故障发生情况进行全面地确认以及确定故障范围是属于怠速不良或怠速故障是非常重要的，如图所示。

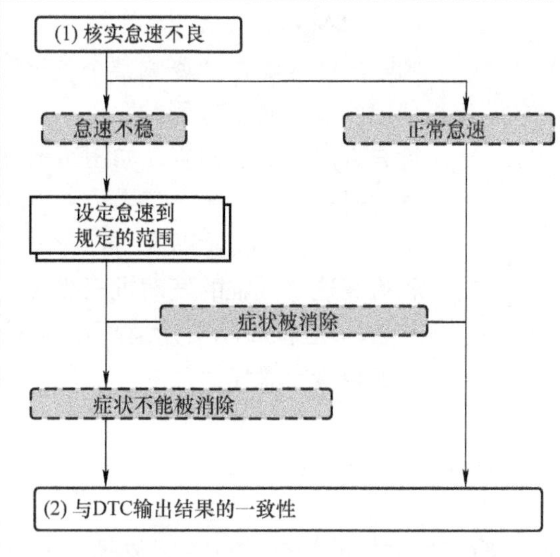

（1）核实怠速不良

对怠速不良的症状进行核实，怠速不良的原因视“怠速不稳”或“怠速异常”各异。所以，只有了解怠速不良的情况，才能缩小故障原因的范围，如图所示。

怠速不稳：

怠速不稳的症状是发动机转动不稳，有振动。

怠速异常：

怠速异常的症状是发动机转速不在规定范围之内。具体分为：

- 怠速过高。
- 怠速过低。
- 转速波动。
- 发动机负荷变化时转速下降。

提示：

- 尽管症状是怠速不良，然而有时这种故障可能是由于怠速过低造成的。
- 柴油机的振动高于汽油机的振动。发动机怠速转动时，如果维修技师无法找到故障原因，可以将故障车与同车型的另一辆车进行比较，然后根据比较结果作出判断。

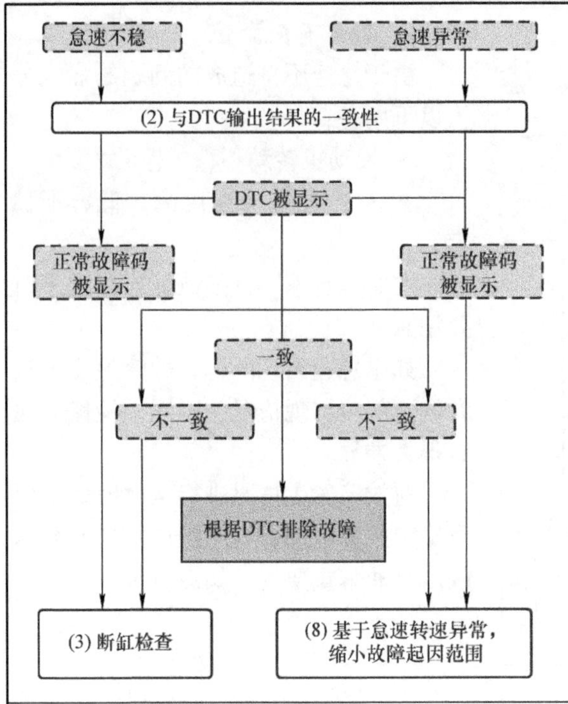

（2）与 DTC 输出结果的一致性

尽管 DTC 显示异常，然而 DTC 所显示的故障与用户所述的故障并不一样，因此要检查 DTC 与问题症状之间的关系，如图所示。

● 显示正常的 DTC

以判断故障出现在无法有 DTC 显示的部位。

● 显示 DTC

检查 DTC 输出结果与问题症状是否一致。

检查方法：检查 ECU 数据。

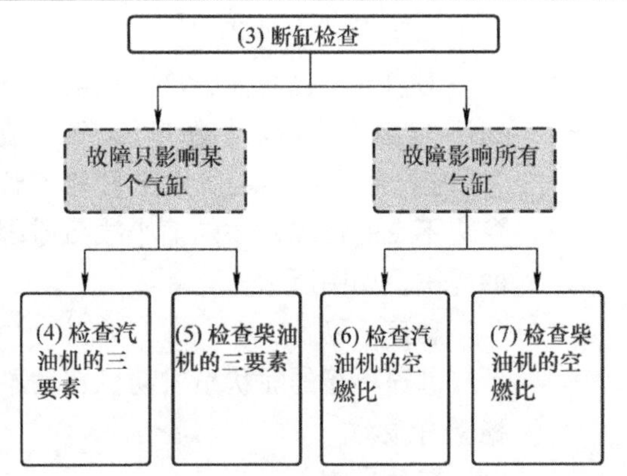

（3）断缸检查

判断这种故障是“影响某个气缸”还是“对所有气缸都有影响”。

检查方法：断缸检查，如图所示。

汽油机：

● 如果这种故障只影响某个气缸，就检查这个气缸的发动机三要素。

● 如果这种故障对所有气缸都有影响，就检查空燃比。

柴油机：

● 如果这种故障只影响某个气缸，在断缸检查中根据这个气缸中的功率强弱与否缩小故障原因范围。

● 如果这种故障对所有气缸都有影响，检查发动机的排气情况，将故障原因范围缩小在三要素内。

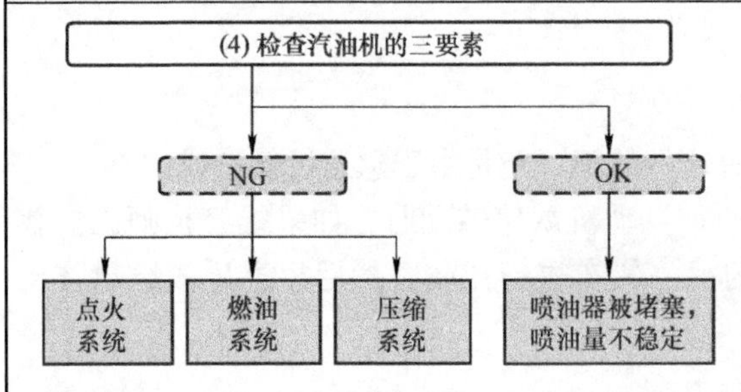

（4）检查汽油机的三要素

如果这种故障只影响某个气缸，可以认定发动机三要素之一发生了故障，也就是说点火、燃油或气缸压力发生了故障。

- 点火系统。

如果点火时火花小或根本没有火花，就不会显示点火信号或相关部位的故障码，因此，可以判断出次级点火系统而不是初级点火系统出现了故障，如图所示。

检查方法：点火及预热系统检查。

- 供油系统。

检查喷油器是否工作。

检查方法：燃油系统检查。

- 气缸压力。

使用缸压表测量气缸压力。

检查方法：气缸压力检查。

（5）检查柴油机的三要素

当故障影响某个气缸时，根据气缸的动力情况缩小故障原因查找范围，也就是说，通过断缸检查各气缸动力的强弱来查找故障原因，如图所示。

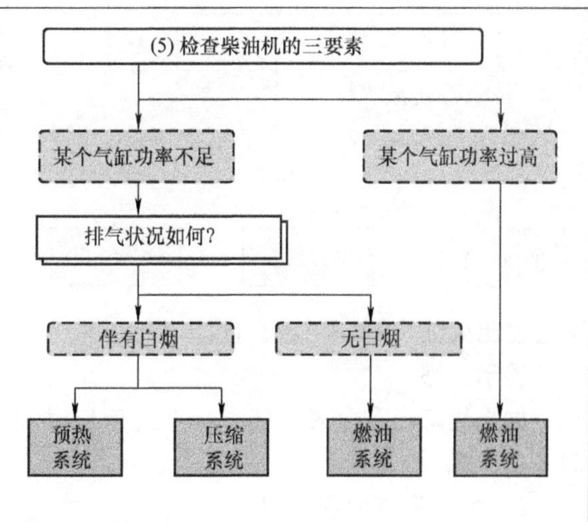

如果某个气缸的功率不足，可以根据发动机的排烟浓度缩小故障原因范围。

检查方法：

- 排放情况检查。

如果排放情况正常，可以认为燃烧是正常的，这时检查燃油系统以判断是喷油器的喷油泵喷油不足还是喷油器根本没喷油。

- 喷油管等零件湿油。
- 喷油器故障。
- 喷油泵出现故障。

如果排气管冒白烟：

分析发动机是否缺火，检查气缸压力和燃烧系统，因为这两个系统可导致发动机燃烧异常。

检查方法：

- 点火及燃烧系统检查。
- 供油系统检查。
- 气缸压力检查。

如果某个气缸的功率过高，可以考虑是不是由于过强的爆燃压力使发动机出现故障。这时可以判断由于供油系统的故障使喷油量增加。

- 喷油器故障。
- 喷油泵出现故障。

提示：如果喷油量增加，在没有负荷的情况下突然加速可能导致排气管的黑烟增加，并导致柴油机爆燃。

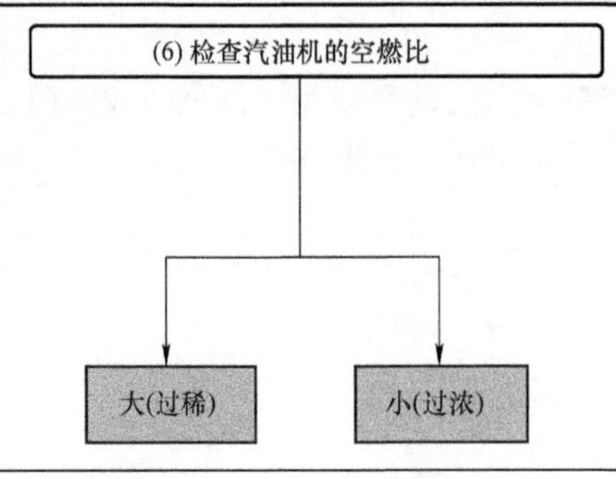

(6) 检查汽油机的空燃比

如果故障影响所有气缸，在检修故障时检查空燃比是非常重要的。检查空燃比缩小故障原因范围，如图所示。

检查方法：空燃比（A/F）检查。

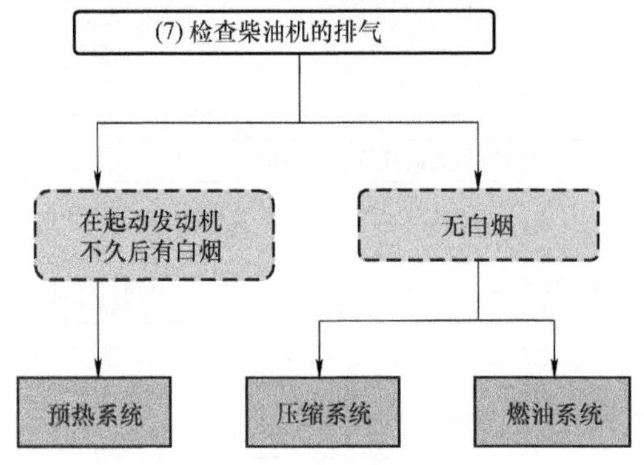

(7) 检查柴油机的排气

如果这种故障对所有气缸都有影响，检查发动机的排气情况，将故障原因范围缩小在“三要素”内，如图所示。

检查方法：

- 排放情况检查。

1）如果有白烟冒出：

如果气温很低，发动机起动后马上会发出柴油机爆燃的声音且持续几分钟。如果有白烟冒出，则检查余辉功能。

提示：

如果故障出在余辉功能上，点火延迟时间就会变长，柴油机爆燃声音增大，然后排出白烟。

2）如果没有白烟排出：

如果空气中混入燃油，喷油量就会变得不恒定。压力分布不平均时也会造成怠速不稳，在这种情况下应检查供油和气缸压力。

检查方法：

- 检查点火及预热系统。
- 检查燃油系统。
- 检查气缸压力。

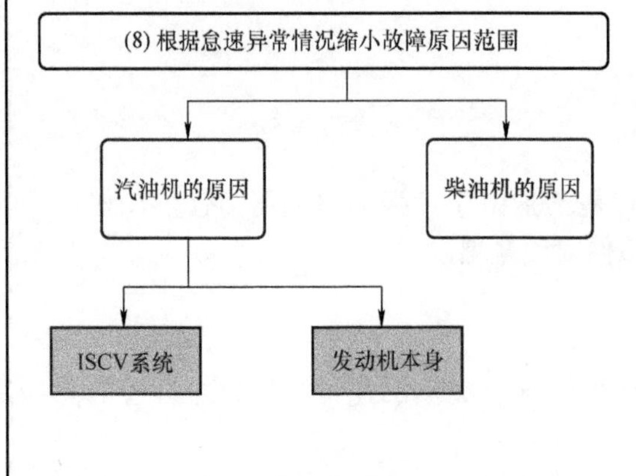

(8) 根据怠速异常情况缩小故障原因范围

如果汽油机怠速过高或不稳，考虑进气量是否过大。

如果怠速过低，则进气量太小。

在这种情况下检查怠速，缩小故障原因查找范围，如图所示。

如果怠速过高或不稳定：

1）ISCV。

- ISCV 出现故障。

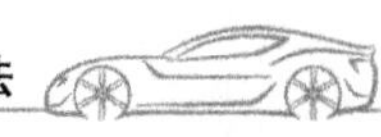

- ISCV 控制系统（ECU，线束）出现故障。
- 冷却液温度传感器范围/性能出现问题。

2）发动机。

- 节气门出现故障（节气门未完全关闭）。
- 进气系统吸气。

如果怠速过低：

① ISCV。

- ISCV 本体出现故障。
- ISCV 控制系统（ECU，线束）出现故障。
- 冷却液温度传感器范围/性能出现问题。

② 发动机。

- 节气门体系统出现故障（节气门全关闭位置出现故障）。
- 进气系统堵塞。
- 发动机转动阻力提高。

（9）柴油机的原因

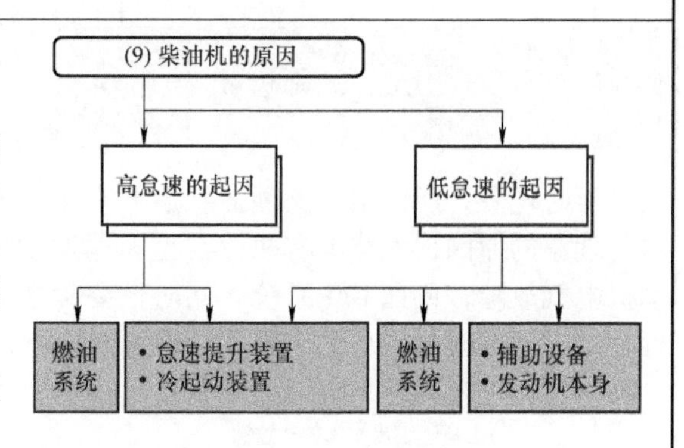

1）怠速高的原因。

将怠速过高的原因范围缩小到加速踏板拉索或喷油泵上，如图所示。

检查方法：

检查喷油泵的调整杆是否恢复到正确的位置。

- 如果喷油泵的调整杆恢复到正确的位置则调整怠速。
- 如果怠速调整之后仍然不能消除故障，考虑故障是否出在喷油泵上。
- 如果喷油泵的调整杆未恢复到正确的位置，则调整加速踏板拉索。
- 如果调整加速踏板拉索之后仍然不能消除故障，可以判断造成故障的原因出在加速踏板拉索拖滞或怠速提升装置出现故障。

2）怠速低的原因。

将怠速过低的原因缩小到可导致怠速提升装置、发动机本身或喷油泵上。

检查方法：

检查诸如空调开关或动力转向等可导致怠速提升装置是否工作，因为这些装置可造成低怠速。

- 只有当可导致怠速提升装置在打开时，才会出现怠速低的情况。
- 可导致怠速提升装置出现故障。

当可导致怠速提升装置在同时处于打开或关闭时将出现怠速低的情况。

3）怠速不良。

- 发动机转动阻力太大。
- 喷油泵故障。

提示：

喷油泵出现故障时，所有气缸的喷油量将同时减少，这将导致发动机转速变慢。

例 1　发动机失速和喘抖现象故障排除

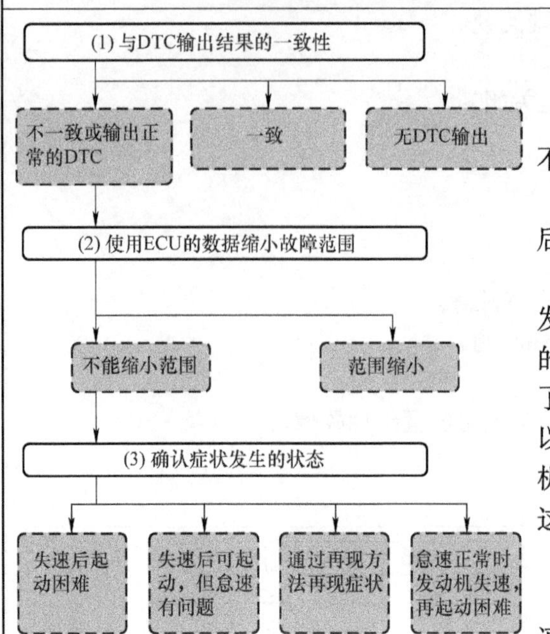

1. 发动机失速和喘抖

(1) 发动机失速

- 发动机怠速运转时，发动机转速不稳定导致发动机失速。
- 车辆遇到红灯时，加速踏板松开后发动机失速。
- 加速或爬坡时发动机动力减弱，发动机失速。多数时候重现发动机失速的症状是非常困难的。诊断故障时，为了重现这一症状维修员有必要询问用户以确定在什么情况下发动机失速。发动机失速后会导致起动困难或怠速不良。这是故障检修中又一个要点。

(2) 发动机“喘抖”

发动机“喘抖”被认为是发动机失速造成的一个轻微症状。但是这种症状只是暂时现象，所以出现这种症状后要马上对车辆进行快速准确的检查。至于造成这种现象的原因，大体上有两种类型，即发动机机械故障，例如气门粘滞，以及发动机电气故障，例如 EFI 系统。同时也要考虑另一个因素，例如 ECT 问题，所以在处理此类问题时要多从几个角度认识这种故障，如图所示。

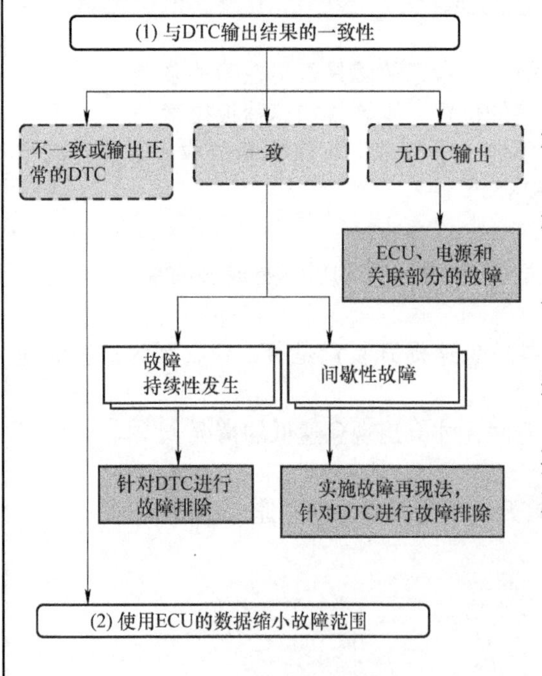

2. 故障诊断流程

(1) 与 DTC 输出结果的一致性

即使 DTC 输出结果显示异常，也有可能 DTC 所显示的故障与用户所指出的故障并不相同。在这种情况下就要检查 DTC 和问题症状之间的关系。

如果 DTC 输出结果和问题症状一致：

- 如果这种症状连续出现，可以判定 DTC 显示的部位出现故障。
- 如果这种症状并未出现，有必要在这种故障发生时利用故障再现手段对车辆进行检查，如图所示。

检查方法：

- 故障再现法。

提示：

当汽车“喘抖”时，使用诊断试验模式确定出现瞬间故障的部位然后缩小故障原因查找范围。

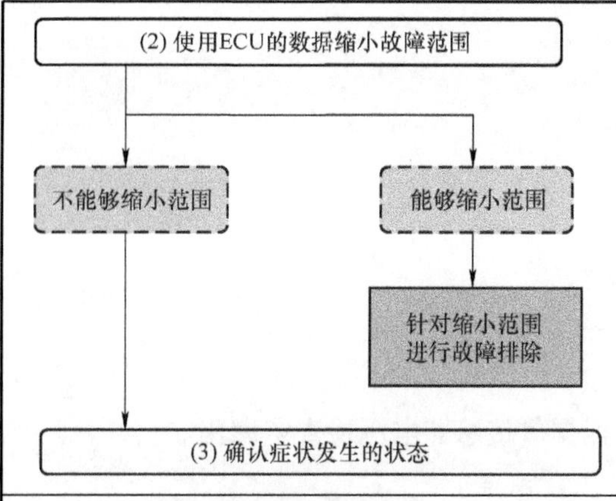

（2）使用 ECU 的数据缩小故障范围

故障出现时，先对 ECU 数据进行分析，然后判断能否缩小这种传感器范围/性能问题或执行器的故障范围，如图所示。

检查方法：

检查 ECU 数据。

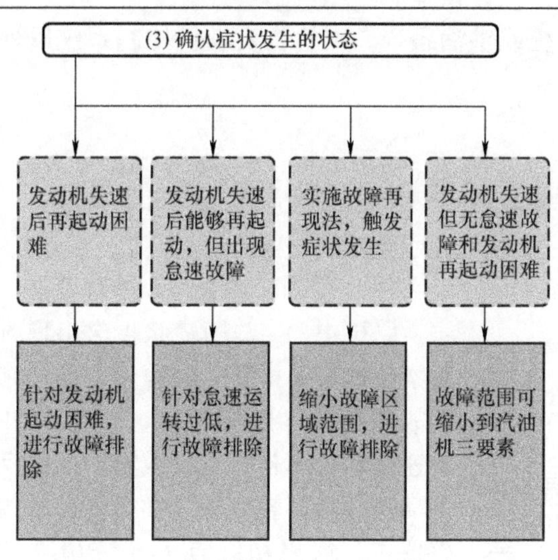

（3）确认症状发生的状态

关于发动机的失速或喘抖，这些症状出现的条件各异。例如当发动机再起动困难或出现怠速不稳时，先使用“故障再现法”使故障症状出现时等，在这里采用与症状相符的故障检修法可以有效地缩小故障原因范围，如图所示。

1）发动机失速后再起动困难。

当这种症状出现时，按照“发动机起动困难”的故障检修程序检查车辆。

2）发动机失速后能够再起动但出现怠速故障。

如果发动机由于怠速过低而熄火，按照“怠速故障”的检修程序检查车辆。

3）使用“故障再现法”触发症状发生。

如果使用“故障再现法”使故障再现时，可以判定故障出现在采用“故障再现法”的部位。对该部位进行检查，将故障范围缩小到该部位。

4）发动机失速但无怠速故障和发动机再起动困难。

这种症状出现，既没有起动困难，也没有怠速不良，这种症状的出现只是瞬间的，因此观察这种症状相当困难。

但是当这种症状出现时检查了下列各项就能将故障原因缩小到供油系统或点火系统。

1）将故障原因缩小到点火系统。

能够清楚地判断故障出在点火系统是非常困难的事情。所以将故障范围缩小到供油系统，在确认该系统没有故障后使用“故障再现法”检查点火系统的各个零件和插头。

2）将故障原因缩小到供油系统。

- 检查燃油压力。

当这种症状出现时，检查燃油有没有压力。

如果燃油有压力：

- 检查喷油器和喷油控制及相关部位。
- 点火系统检查。

如果燃油没有压力：

- 检查燃油压力供给系统，包括燃油泵。
- 燃油泵控制系统检查。
- 空燃比检查。

当这种症状出现时使用手持式测试仪根据氧传感器电压检查空燃比。

提示：

如果不能将故障范围缩小到点火系统或供油系统，则检查发动机控制系统以外的其他系统。

- 电控变速器。
- 发动机机械原因。
- 检测仪未发现的空燃比太浓或太稀的原因。

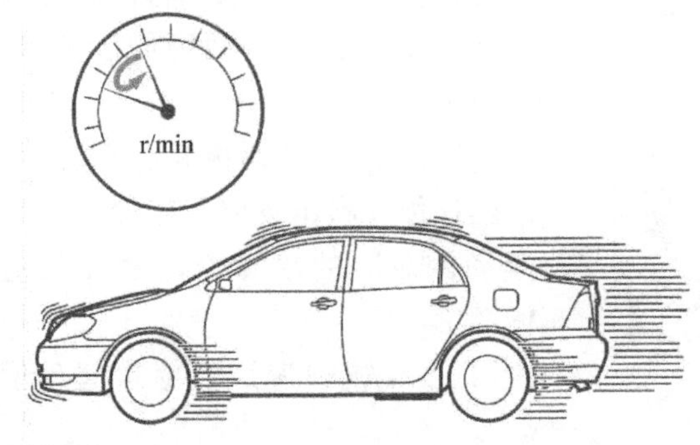

（4）使用转速表缩小故障范围

路试中，当故障症状再次出现时观察转速表的指针下降幅度，这样判断故障是不是出在初级点火系统。在转速表和计算初级点火线圈产生的反电动势并将其转变为发动机转速的调整仪中，如果初级点火系统出现故障，转速表的指针下降非常明显，如图所示。

1）检查方法。

当发动机出现“喘抖”现象时。应检查转速表指针的转动情况。

2）标准。

- 如果转速表的指针剧烈下降，表明初级点火系统出现了故障。
- 如果转速表的指针缓慢下降，表明初级点火系统以外的其他部位出现了故障。

提示：

对于配有 ECU 对 Ne 信号做计算，并将发动机转速传递给转速表的系统，不能对该系统实施此项检查。

例 2　动力不足故障排除

造成动力不足的原因大体上分为以下几类：

- 加速性能差。

汽车可以平稳地行驶，但是不能完成加速操作。节气门开度变化时，动力没有变化。

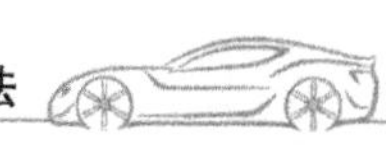

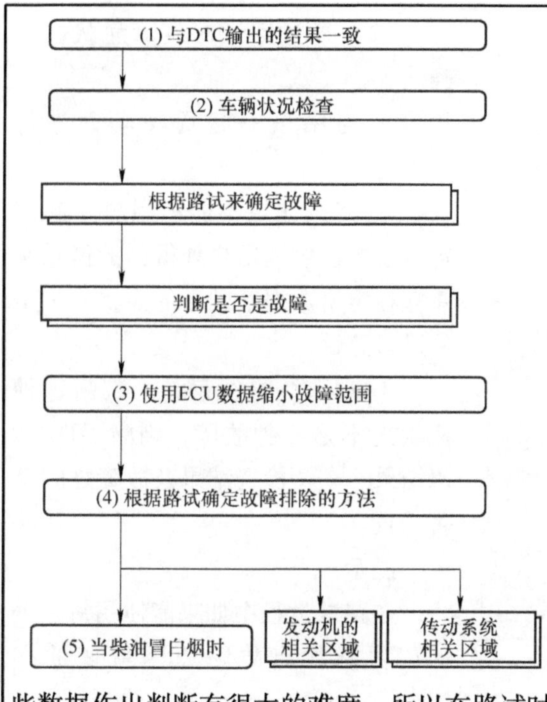

- 动力不足。

爬坡时，车辆不能获得足够的加速性，当节气门完全打开时动力不足。

检修动力不足时，要注意以下几点：

1）知道用户所指的是什么，他想让你做什么。

2）为了准确地对故障车进行检修，要对用户进行充分的诊断提问。如果车辆仍然出现故障码，那么在这种症状再次出现时，检查定格数据并创造一个类似于故障症状出现时的条件和环境，这对重现问题症状是非常重要的，如图所示。

3）根据测试仪的数据及其他一些数据作出判断有很大的难度，所以在路试时要注意以下几点：

- 驾驶一辆与故障车同型号的车，将其与故障车进行比较。
- 让两三个人参与此项路试，然后根据大家的观点作出 一个综合客观的判断。
- 如果可能，要和用户一起进行路试。

提示：

检修动力不足症状时，对整车进行评价是非常重要的，这就是说不仅要对发动机，还要对传动系统、制动系统等系统进行评价。

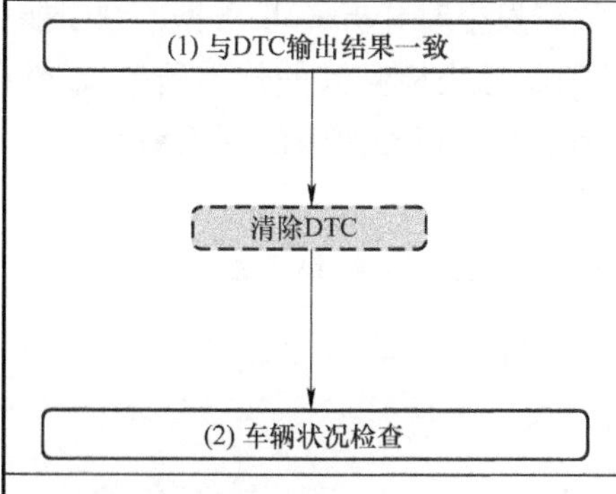

故障诊断流程如下：

1. 与 DTC 输出的结果一致

即使 DTC 输出结果显示异常，DTC 所显示的故障与用户所指出的故障也有可能并不相同。在这种情况下，要确认 DTC 和问题症状之间的关系，如图所示。

2. 车辆状况检查

（1）基本检查

当除了实际驾驶否则很难确认诸如动力不足等问题的症状时，为了更有效地进行检修，要在路试前对车进行基本检查。故障原因很可能通过基本检查就能发现。

提示：

基本检查是对用户指出的症状进行确认前对车辆进行的一种检查。在检查过程中，要检查车况、作记录，然后在不改变车况的前提下进行路试。

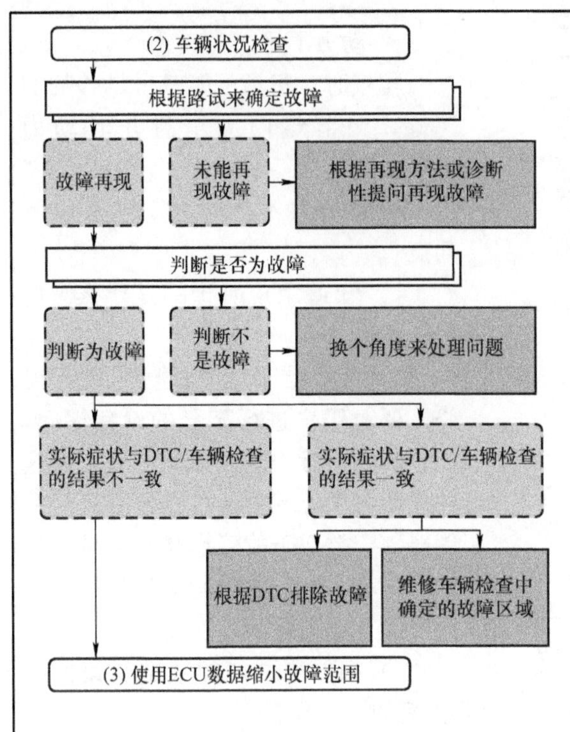

（2）通过路试对故障症状进行确认

- 与用户一起驾驶车辆进行路试。
- 路试如果不能和用户一起进行，就要参照从用户处得到的信息及建立在定格数据基础上的症状发生条件进行路试。
- 对系统进行确认，判断这种症状是不是一种故障，判断 DTC 输出结果、车辆检查结果及故障之间是否一致。

提示：

在路试过程中如果能使用每一个 DTC 功能找出故障原因就变的很容易。

- 如果以检查模式进行路试，发现故障原因的可能性就会大增。
- 将 ECU 数据存储在设备中，进行路试，然后分析故障出现时的 ECU 数据。这些程序可以发现 DTC 不能输出的异常，例如传感器范围/性能问题或执行器的故障。

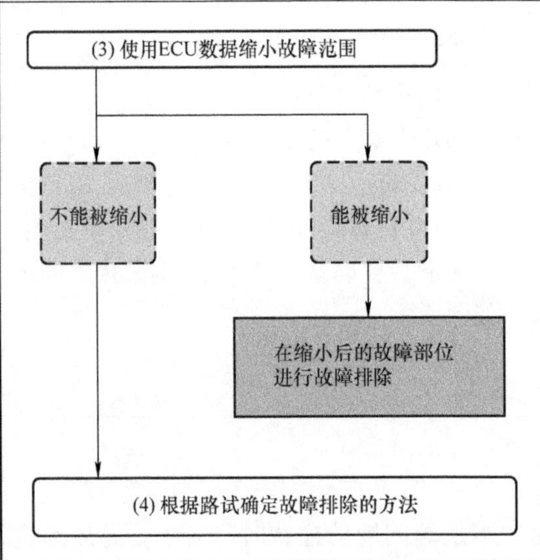

3. 使用 ECU 数据缩小故障范围

故障发生时分析 ECU 数据，判断能否将 DTC 无法检测到的传感器范围/性能故障以及执行器故障的原因缩小在一定范围内。

检查方法：检查 ECU 数据。

4. 根据路试确定故障排除的方法

- 动力不足的症状视故障原因的不同具有不同的特点。因此在路试过程中要牢记故障原因和故障症状特点。

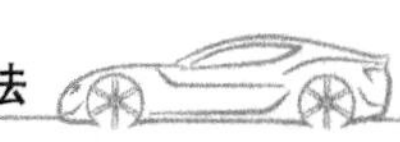

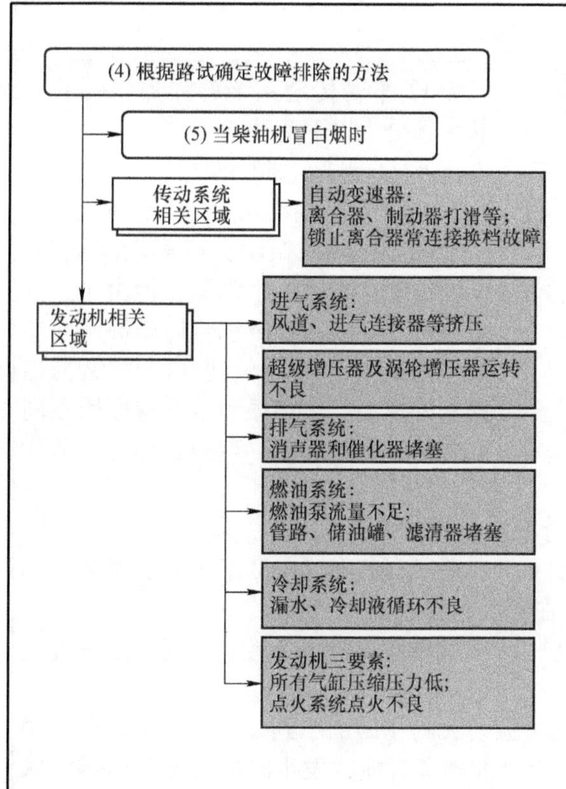

● 柴油机暖机后不冒白烟。如果冒白烟，可以判断发动机出了故障。然而如果发动机在极低的温度下起动，就会冒白烟，但这种“白烟”实际上是一种蒸汽，所以认真观察是非常重要的。

在无负荷突然加速的情况下检查柴油烟的浓度，结合检查结果和负荷试验下症状发生情况缩小故障原因范围。

检查方法：找出故障区域和让症状再现。

提示：

对故障症状进行核实时不能带有任何成见地判断故障原因。在一些情况下，故障原因不仅出在发动机控制系统上，而且还出在机械部分或传动系统相关部位等。

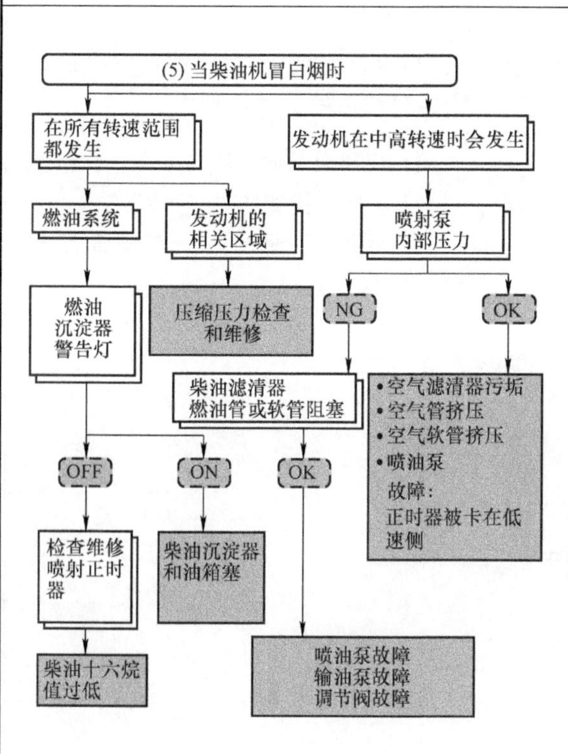

5. 当柴油机冒白烟时

根据白烟出现时的情况缩小故障范围。

① 发动机在几乎任何的转速下都会冒白烟．分析是否燃油及压力是否正常。

- 柴油中进水。
- 柴油十六烷值过低。
- 气缸压力低。

② 当发动机转速从低到高时就会冒白烟，至于原因，分析是否喷油泵。进气和供油系统发生了故障。

- 柴油滤清器堵塞。
- 空气滤清器脏污。
- 喷油泵内部发生故障。

检查方法：根据排放情况检查。

例 3 AT 车辆传动系统的啮合噪声

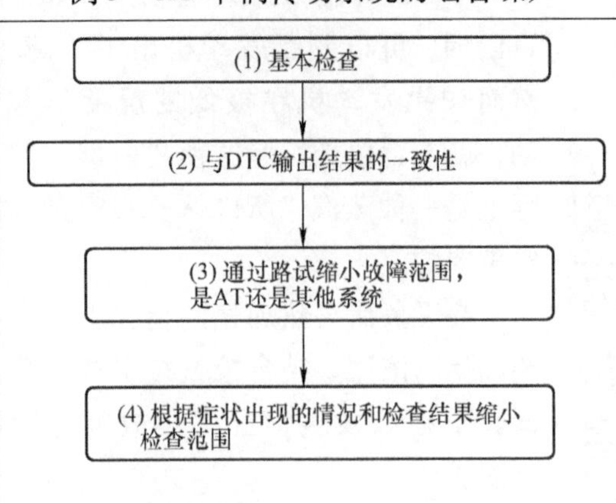

AT 车辆传动系统的强烈振动的症状大致分为以下两种：

- 只能感觉到振动。
- 振动和振动噪声都能感觉到。

如果振动和振动噪声都能感觉到，即使振动本身并不很强烈，但由于这种能够听到的振动噪声和身体能够感受到的振动是同步发生的，所以用户会提出强烈的抱怨。车辆振动情况视原因不同而各异，例如起动、变速、加速、节气门开度突然变化等。

对 AT 车辆传动系统的强烈振动进行检修时要注意以下几点：

- 判断这种振动是否达到故障级别是非常重要的，因为 AT 车辆的自身结构和功能的缘故，当车辆变速时发出振动是在所难免的。

为了作出正确的判断，通过日常驾驶 AT 车辆熟悉其基本特性，从而形成一种良好的判断感觉。

- 可以根据故障出现时的情况将汽车振动大的原因缩小到一定范围内，还要同时考虑除自动变速器以外的其他原因，所以准确了解症状发生时的情况和问题症状是非常重要的。

提示：

如果使用了非指定的 ATF（自动变速器油），当离合器啮合或打滑时这种机油会对振动产生不良影响。ATF 的摩擦系数越大，变速时产生的振动就越大。

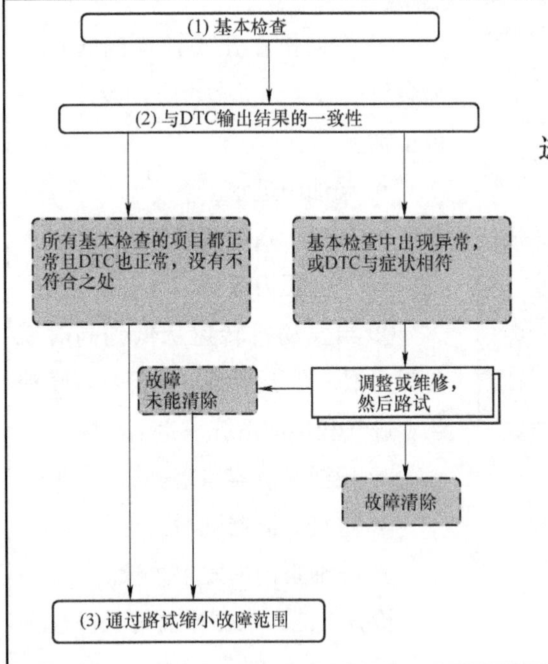

1. 故障诊断流程

(1) 基本检查方法

参照维修手册的“基本检查方法”进行检查。

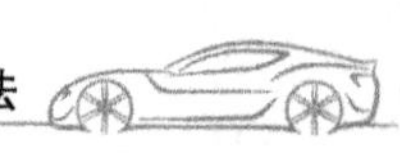

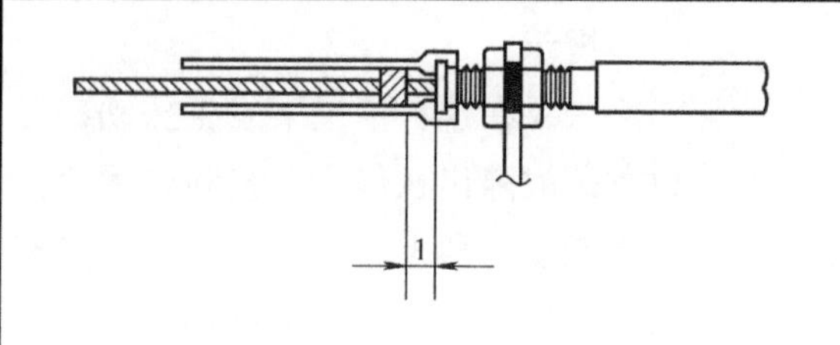

(2) 检查技巧

- 加速踏板拉索标记位置。

当加速踏板全部关闭时，在该标记和外拉索末端有一个行程余量。

当加速踏板完全打开时，加速踏板拉索有间隙（不紧）。

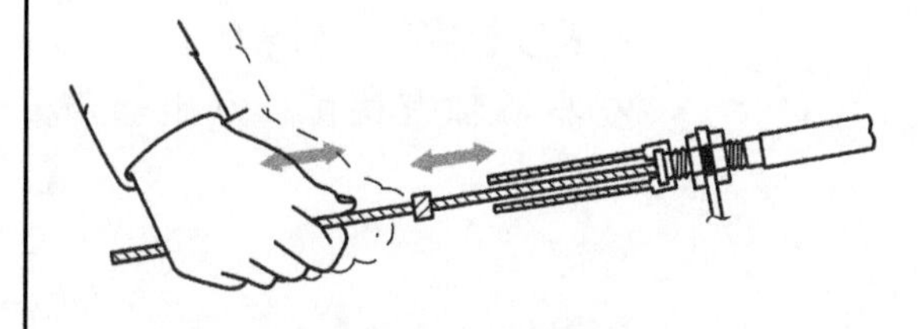

2. 与 DTC 输出结果的一致性

即使 DTC 输出结果显示异常，也可能 DTC 所显示的故障与用户所指出的故障并不相同。在这种情况下就要检查 DTC 和问题症状之间的关系。

(1) 显示正常的 DTC

可以判断故障出现在无 DTC 显示的部位。

(2) 显示 DTC

检查 DTC 输出结果与问题症状是否一致。

(3) 当无 DTC 显示时

如果没有 DTC 显示，可以考虑 ECU 自身工作不良。在这种情况下可以判定在电源或相关部位出了故障。

提示：

- 检查 ECU 数据。
- DTC 和问题症状。

当检测到 DTC 时，该故障码可能与减振控制有关。但这些对发动机或 ECT 控制有非常大的影响，当该故障出现时可能伴有其他问题症状。

例如，当 IDL 触点经常处于“OFF（关闭）”状态时，当车从 N 位变到 D 位时发动机不稳或怠速故障往往比振动更为明显。

在与 ECT 相关部位有关的 DTC，如果 S1 或 S2 电磁阀相关部位有 DTC 输出，那么症状很可能是乘员感觉到变速器发生故障或动力不足而不应是感觉到有强烈的振动。

3. 通过路试缩小故障范围

使变速器工作在某个档位上，确认在加减速时是否发生振动。将故障原因限定在自动变速器或其他部位上。

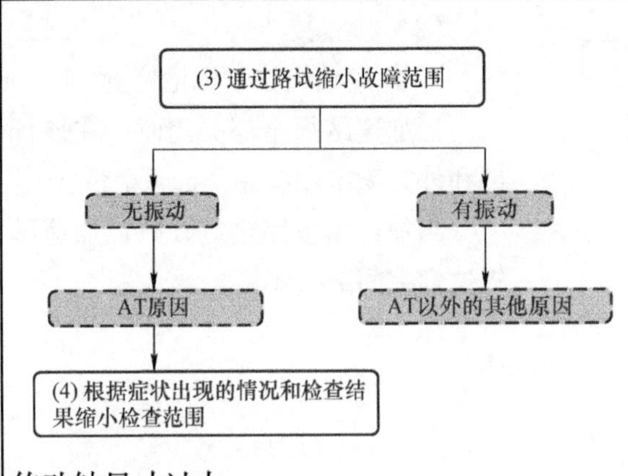

提示：

如果在这种情况下发生振动，可以判断故障出在传动系统和悬置上而非自动变速器上，在这种情况下出现振动时齿轮还会发出噪声。

AT 以外其他原因：

- 传动系统和悬置出现故障。
- 发动机安装支架故障。
- 驱动轴有间隙，发出噪声，传动轴尺寸过大。
- 差速器的齿隙过大。
- 悬架安装条件差。

(4) 根据症状出现的情况和检查结果缩小检查范围

变速杆移动和变速过程中，发生强烈振动

只有当变速时，才会发生强烈振动

只有当变速杆从N位到D位或从N位到R位，才发生强烈振动

4. 根据症状出现的情况和检查结果缩小检查范围

由于自动变速器的原因所产生的强烈振动只有在换档时才发生，因此要根据发生振动时的情况考虑哪些因素可以影响振动。

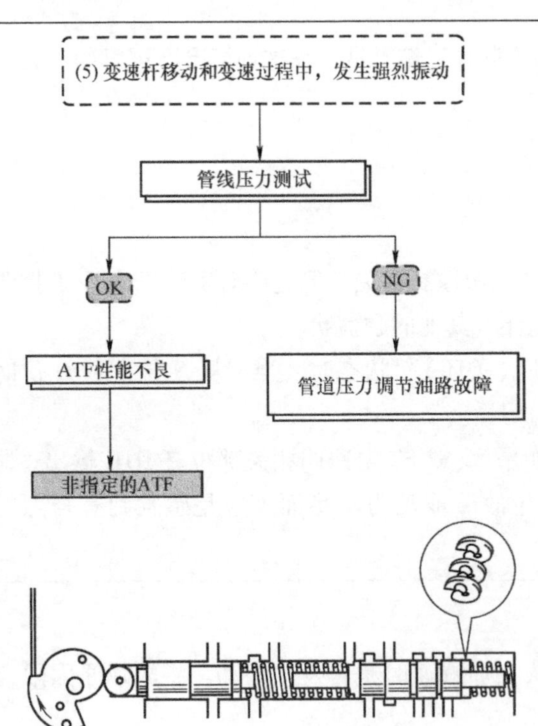

5. 变速杆移动和变速过程中，发生强烈振动

造成这种症状的原因并不在于每个执行元件，而在于与所有执行元件有关的油路压力太大，如图所示。

提示：

如果开始出现这种症状的时期与更换 ATF 的时期相同，也许是因为使用了型号错误的 ATF。

故障诊断流程：

- 管道压力调节。

管道压力根据 E 形环个数的多少发生改变。每增加一个 E 形环就会降低大约 0.2kg/cm^2 的压力，如图所示。

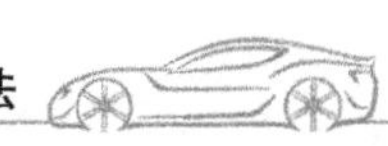

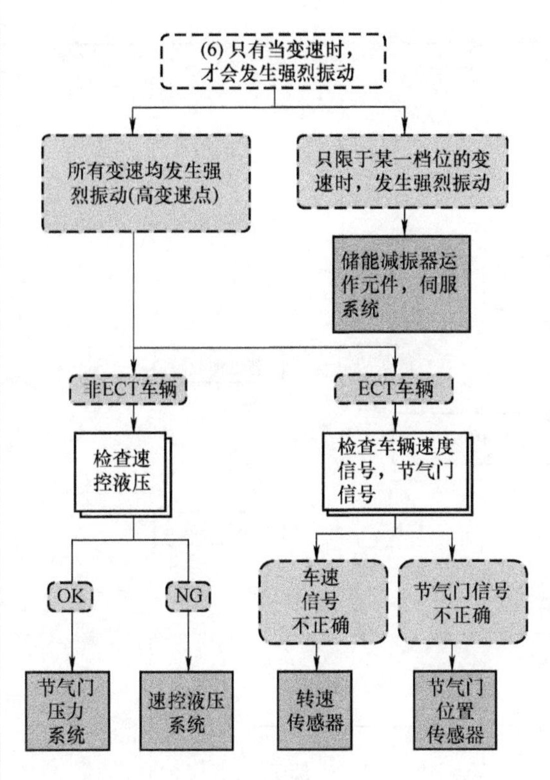

6. 只有当变速时，才会发生强烈振动

● 所有变速时，均发生强烈振动（高变速点）

变速时，如果变速点过高和发动机转速过快，将会发生强烈振动。在非 ECT 车型中，造成这种症状的原因是速控液压的压力太低。而在 ECT 车型中，造成这种症状的原因是受到控制变速点的车速和节气门位置信号。

提示：

当实际车速低于输入速度（ECU 的输入速度），或节气门信号大于实际输入的节气门开度时，变速点将会变高。

虽然车速信号和节气门信号都是 DTC 所测项目，但在 DTC 故障检测级别中，不包含检测振动。

例如：

由于检测节气门信号配有两个传感器，当检测到一个异常的车速故障码时；失效功能被激活，节气门开度会成 0°角，变速点将变低。

由于车速信号的故障将会影响其他系统（例如发动机、TRC、ABS 等）的工作，所有必须要检查车速信号。

● 只限于某一档位的变速时，发生强烈振动。只出现在换到这个档位时，可以判断故障出在执行元件上。

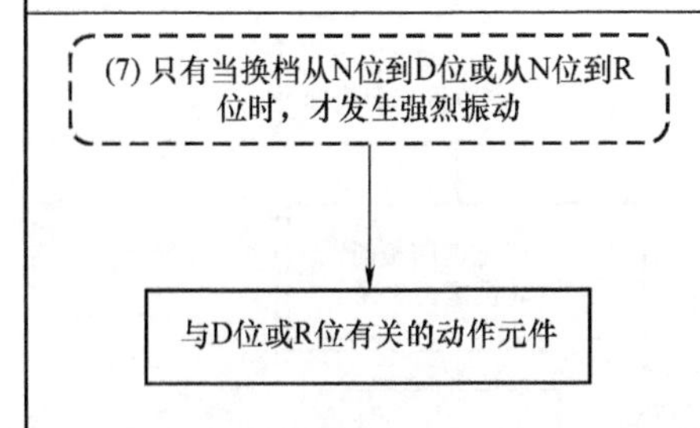

7. 只有当换档从 N 位到 D 位或从 N 位到 R 位时，才发生强烈振动

如果出现这种情况，可以判断 D 位或 R 位的执行元件发生了故障。故障部位可以判断为不常用的执行元件。

（1）当变速杆从 N 位移到 D 位时

● 储能减振器和 C1 的伺服机构。

● STP 信号未输入，NSW 信号未输入（只限于 ECT 车辆）。

（2）只有当变速杆从 N 位移到 R 位时

● 储能减振器和 C2 的伺服机构。

● 储能减振器和 B3 的伺服机构。

（三）故障诊断流程表

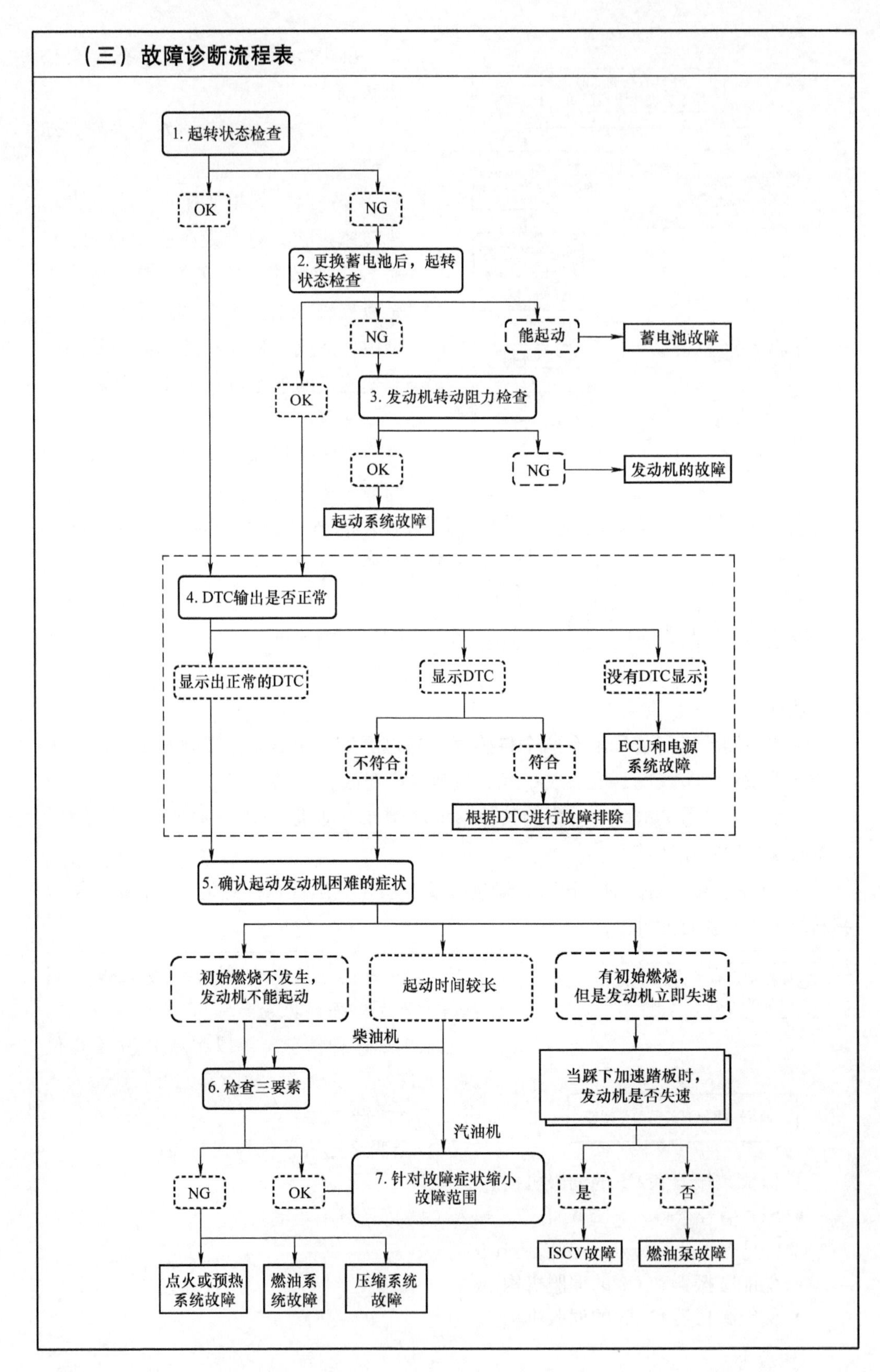
1. 起转状态检查
OK
NG
2. 更换蓄电池后，起转状态检查
NG
能起动
蓄电池故障
OK
3. 发动机转动阻力检查
OK
NG
发动机的故障
起动系统故障
4. DTC输出是否正常
显示出正常的DTC
显示DTC
没有DTC显示
不符合
符合
ECU和电源系统故障
根据DTC进行故障排除
5. 确认起动发动机困难的症状
初始燃烧不发生，发动机不能起动
起动时间较长
有初始燃烧，但是发动机立即失速
柴油机
6. 检查三要素
汽油机
当踩下加速踏板时，发动机是否失速
NG
OK
7. 针对故障症状缩小故障范围
是
否
ISCV故障
燃油泵故障
点火或预热系统故障
燃油系统故障
压缩系统故障

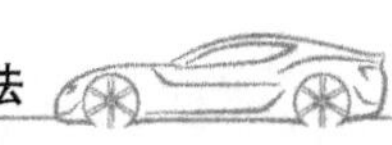

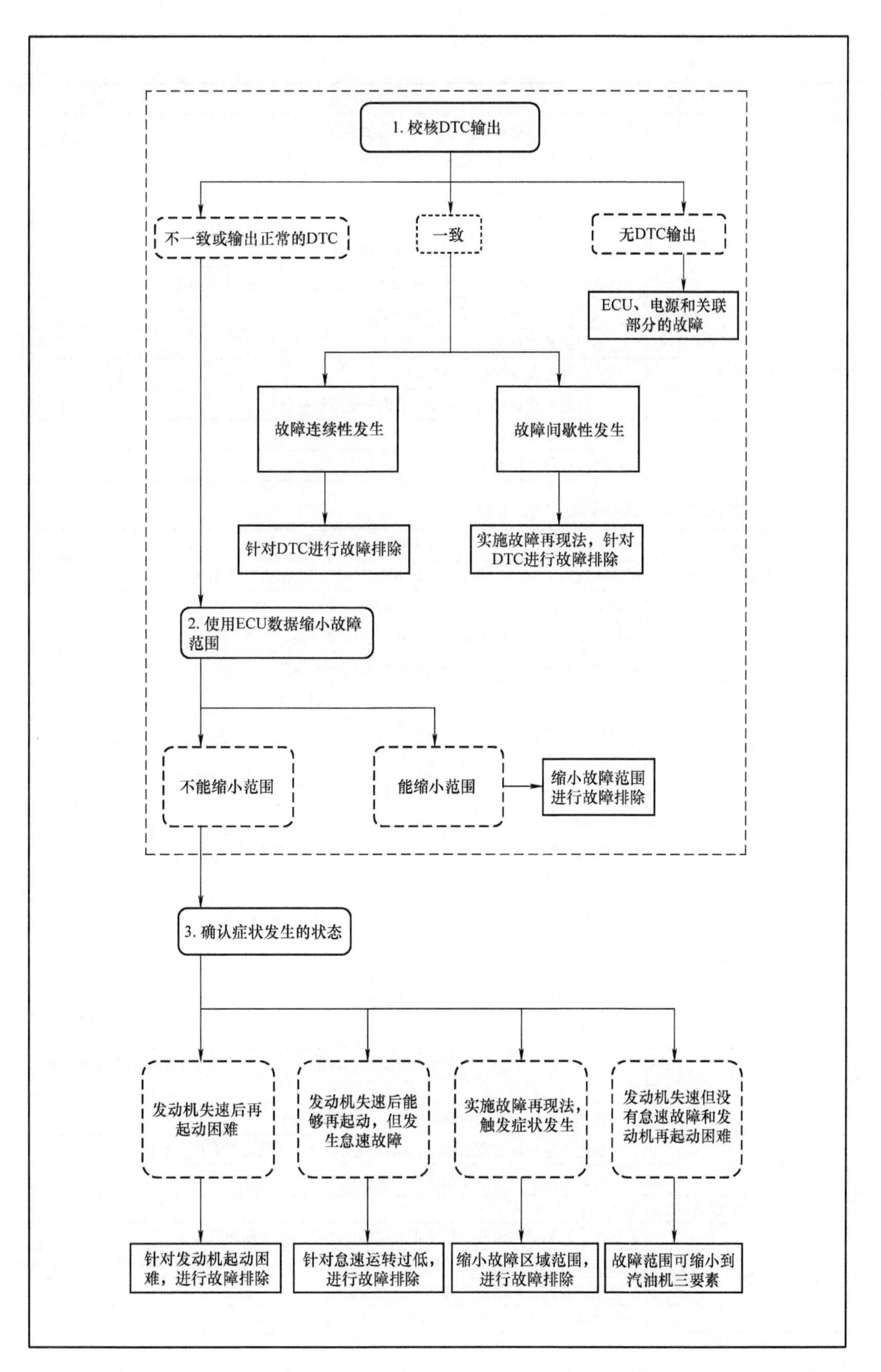
1. 校核DTC输出
不一致或输出正常的DTC
一致
无DTC输出
ECU、电源和关联部分的故障
故障连续性发生
故障间歇性发生
针对DTC进行故障排除
实施故障再现法，针对DTC进行故障排除
2. 使用ECU数据缩小故障范围
不能缩小范围
能缩小范围
缩小故障范围进行故障排除
3. 确认症状发生的状态
发动机失速后再起动困难
发动机失速后能够再起动，但发生怠速故障
实施故障再现法，触发症状发生
发动机失速但没有怠速故障和发动机再起动困难
针对发动机起动困难，进行故障排除
针对怠速运转过低，进行故障排除
缩小故障区域范围，进行故障排除
故障范围可缩小到汽油机三要素

1. 基本检查

系统		基本检查
发动机	•	当完全踩下加速踏板时，节气门是否全开
	•	冷却液和机油量是否良好，传动带张力是否良好（怀疑过热）
	•	是否存在不稳定的怠速转动 （怀疑气缸压力降低）
	•	滤清器是否有污垢（怀疑进气系统阻塞）
	•	当空载突然加速时，柴油机排烟水平是否正常（仅限于柴油机）
	•	空载最高速度是否良好（仅限于柴油机）
传动系统	•	制动阻力是否存在
	•	ATF 量是否良好（怀疑 AT 滑档）
	•	失速转速是否良好（怀疑 AT 滑档和变矩器故障）
制动系统	•	制动阻力是否存在
其他	•	燃油沉积器指示表是否运行

2. 故障区域和上路测试方法（症状）

故障区域	上路测试方法（症状）
涡轮增压器/超级增压器	由于增压压力不充分，当车辆起动或重负载时，会感到功率不足
	当空载突然加速时，柴油机排烟水平检查正常
进气系统	当重负载时，发动机转速高，感觉进气和功率不足
	感觉发动机转速达到极限，但是发动机转速不能增加
	当空载突然加速时，柴油排烟检查中有大量黑烟排出
EGR 系统	当车辆起动或重负载时，感到功率不足
	当突然空载加速时，柴油机有许多黑烟排出
排气系统	由于排气系统堵塞，当重负载时，感觉进气和功率不足
	当 1 档、2 档节气门全开时，最大速度降低
冷却系统	重负载和发动机高转速行驶一段时间后，感到功率不足
	冷却液温度表指示高温，经常伴随爆燃
	对于柴油机，即使发生过热，也不能立即感觉功率不足，缸垫、活塞等有故障时，没有感觉功率不足
燃油系统	由于燃油供给不足，当重负载或发动机高转速时，感到功率不足
	当 1 档、2 档节气门全开时，最大速度降低
	可能发生发动机失速
喷射正时	如果喷油正时提前，当车辆起动或重负载时，感觉功率不足，并听到响亮的柴油爆击声音
	当空载突然加速时，柴油排烟检查中有大量黑烟排出
喷射量	由于喷油量不足，在重负载档位，从低速到高速，感觉功率不足（柴油机）
	当空载突然加速时，柴油排烟检查中有少量黑烟排出
感觉所有区域压力	起动加速时，功率不足
自动变速器	由于离合器或制动器滑动，车速不能随着发动机转速增加而提高
	节气门半开时，变速器出现严重症状
	由于变速点故障，发动机转速和车速增加放慢
	由于闭锁离合器全时运行，发动机转速和车速增加放慢

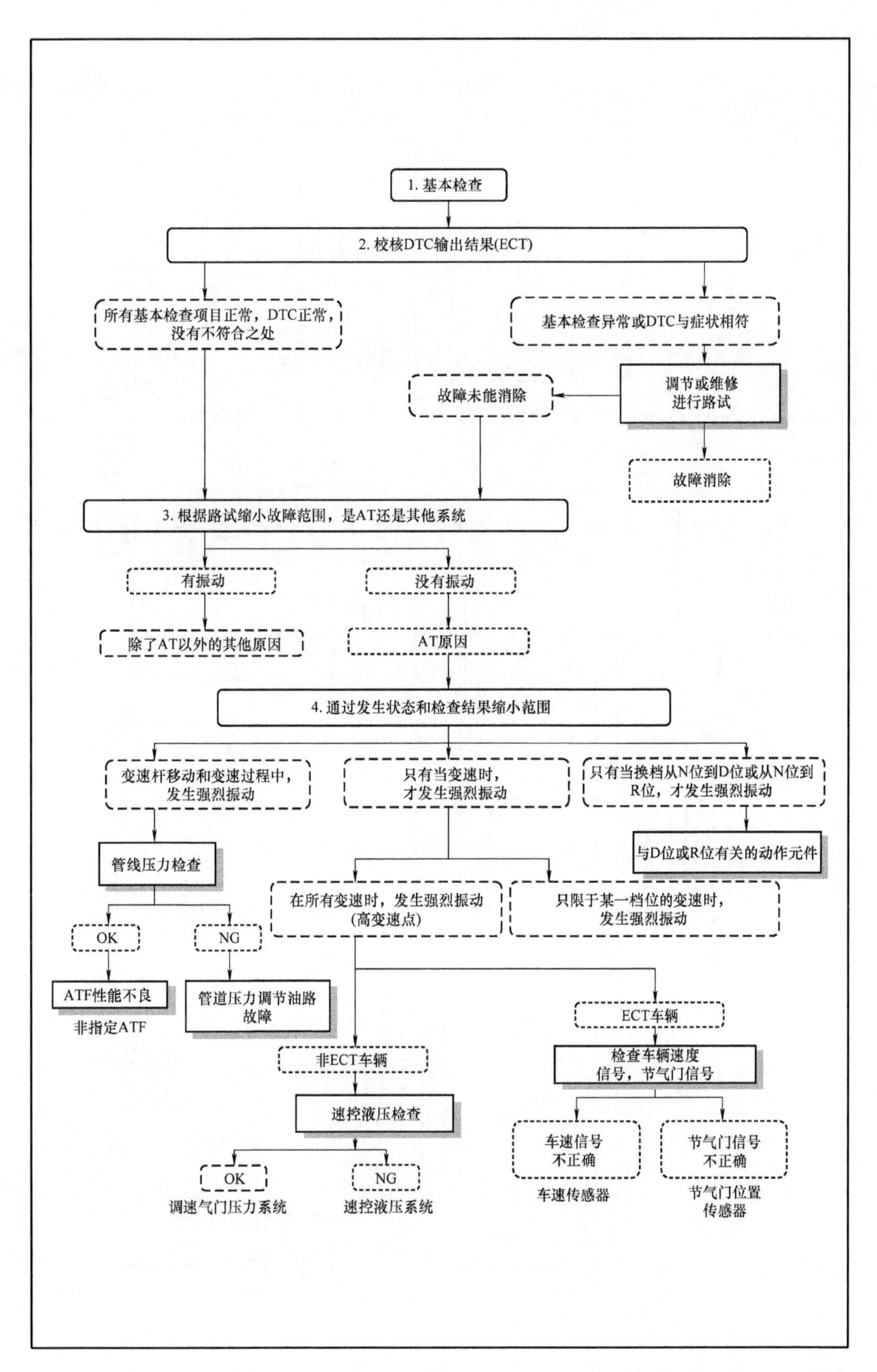
1. 基本检查
2. 校核DTC输出结果(ECT)
所有基本检查项目正常，DTC正常，没有不符合之处
基本检查异常或DTC与症状相符
调节或维修 进行路试
故障未能消除
故障消除
3. 根据路试缩小故障范围，是AT还是其他系统
有振动
没有振动
除了AT以外的其他原因
AT原因
4. 通过发生状态和检查结果缩小范围
变速杆移动和变速过程中，发生强烈振动
只有当变速时，才发生强烈振动
只有当换档从N位到D位或从N位到R位，才发生强烈振动
与D位或R位有关的动作元件
管线压力检查
OK
NG
ATF性能不良
非指定ATF
管道压力调节油路故障
在所有变速时，发生强烈振动(高变速点)
只限于某一档位的变速时，发生强烈振动
ECT车辆
检查车辆速度信号，节气门信号
车速信号不正确
车速传感器
节气门信号不正确
节气门位置传感器
非ECT车辆
速控液压检查
OK
调速气门压力系统
NG
速控液压系统

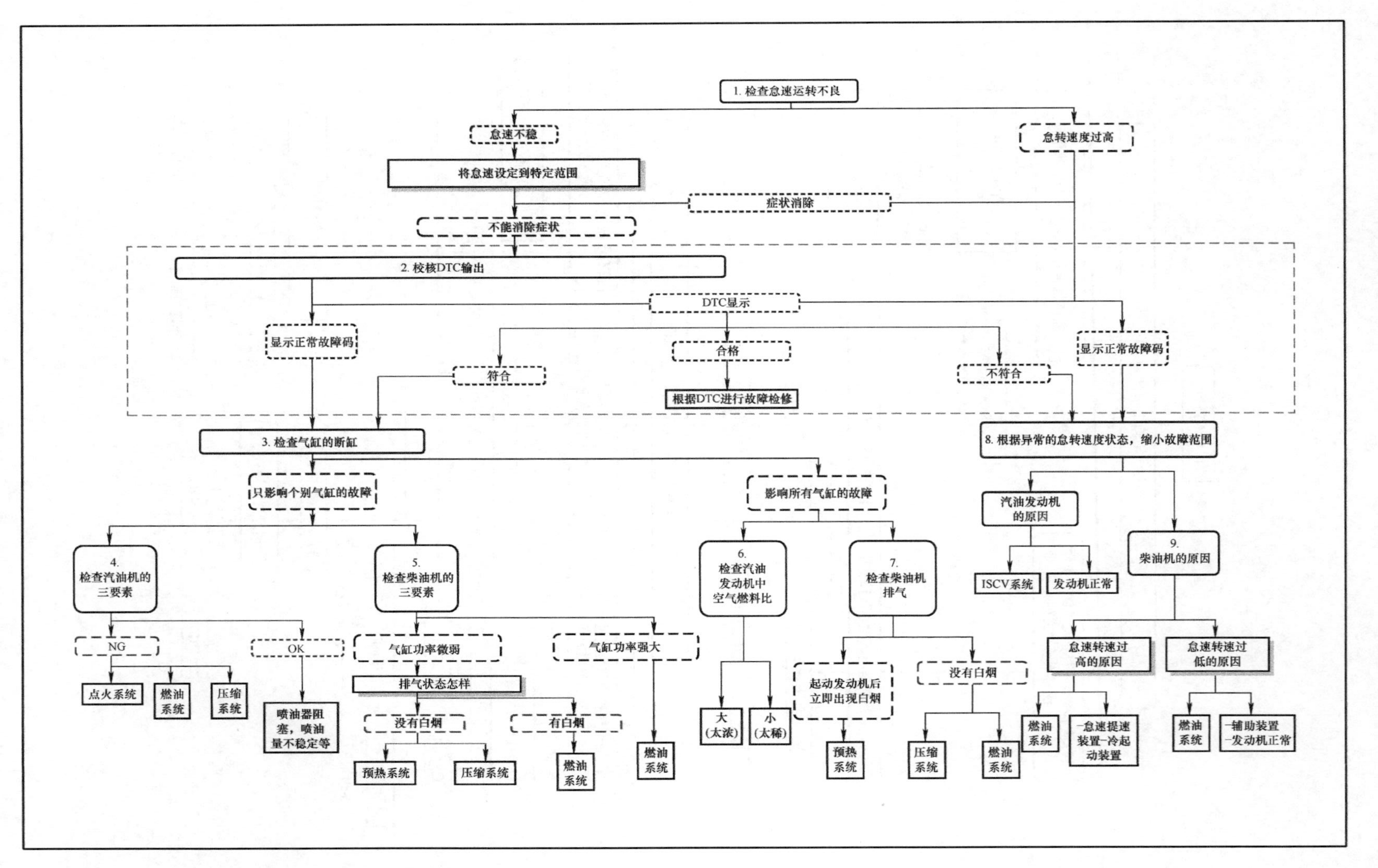

1. 检查怠速运转不良
怠速不稳
怠转速度过高
将怠速设定到特定范围
症状消除
不能消除症状
2. 校核DTC输出
DTC显示
显示正常故障码
合格
符合
不符合
显示正常故障码
根据DTC进行故障检修
3. 检查气缸的断缸
8. 根据异常的怠转速度状态，缩小故障范围
只影响个别气缸的故障
影响所有气缸的故障
汽油发动机的原因
ISCV系统
发动机正常
9. 柴油机的原因
4. 检查汽油机的三要素
5. 检查柴油机的三要素
6. 检查汽油发动机中空气燃料比
7. 检查柴油机排气
NG
OK
气缸功率微弱
气缸功率强大
排气状态怎样
点火系统
燃油系统
压缩系统
喷油器阻塞，喷油量不稳定等
没有白烟
有白烟
预热系统
压缩系统
燃油系统
燃油系统
大(太浓)
小(太稀)
起动发动机后立即出现白烟
没有白烟
预热系统
压缩系统
燃油系统
怠速转速过高的原因
怠速转速过低的原因
燃油系统
一怠速提速装置-冷起动装置
燃油系统
一辅助装置一发动机正常

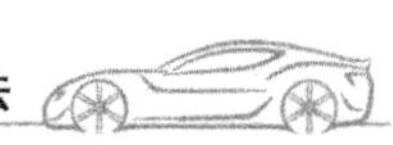

（四）综合性故障分析与排除

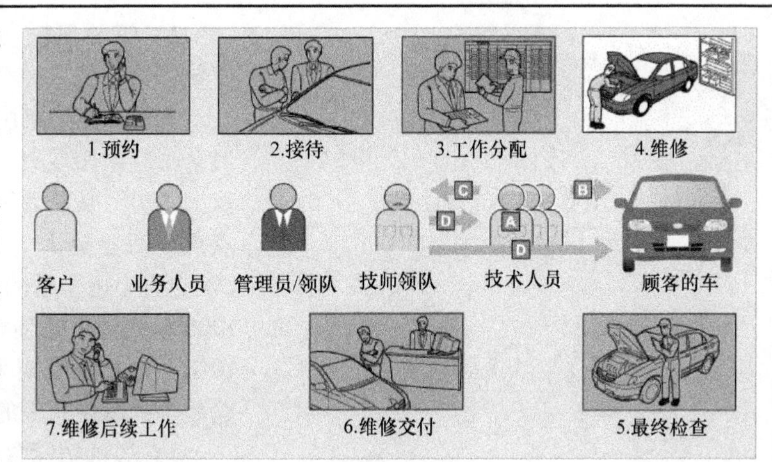

对技术人员要求：

- 接收/检查修理单。
- 接收用于修理的订购零件。
- 在允许的时间内进行工作。
- 向技师领队确认工作完成。

技师领队：

- 对技术难度高的工作向技术人员提供指导和帮助。

1. 燃油消耗增加

燃油消耗增加一般是由于车辆使用情况与路面条件造成的，而不是车辆的故障问题。因此，准确了解用户的使用习惯与要求是很重要的。

- 何时开始？

了解发动机暖机与空调使用之间以及车辆条件的变化与故障之间的关系。

- 与什么相比？

找出用户所进行比较的目标车辆与用户的车辆之间的不同，然后查明引起燃油消耗增加的原因。

- 如何使用？

根据用户的使用情况查找燃油消耗增加的原因。

- 如何测定？

查明引起用户出现计算错误的原因。

（1）何时开始

1）燃油消耗的季节性变化。

夏季使用空调时，燃油消耗就会增加。增加程度取决于受温度和湿度所影响的空调负荷。冬季燃油消耗也会增加，因为为了发动机暖机，高怠速运行的时间要比平常要长一些，如图所示。

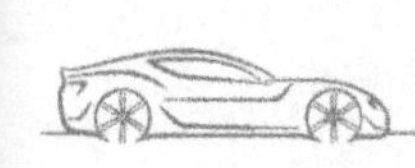

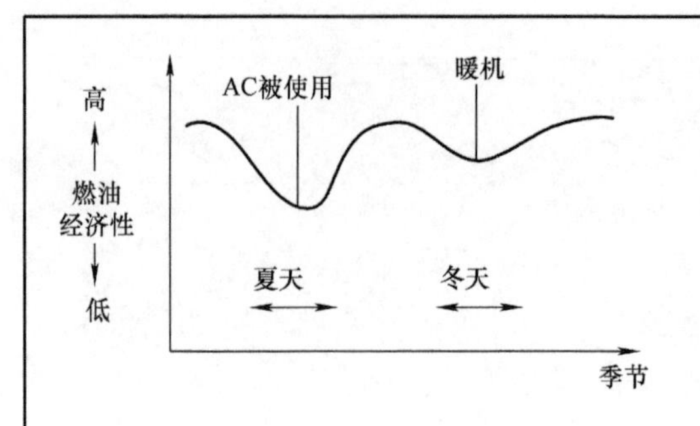

2）燃油消耗会随着时间的变化而变化。

积炭在燃烧室中积累很长一段时间后会出现爆燃现象。控制爆燃就会延迟点火正时，从而使燃油消耗增加。如果点火正时延迟5°，燃油消耗大约增加6%。当一辆全新的汽车行驶到5000～10000km时，燃油消耗会降低5%～10%。这是由于对发动机、传动系统、轮胎等的摩擦减少的缘故。

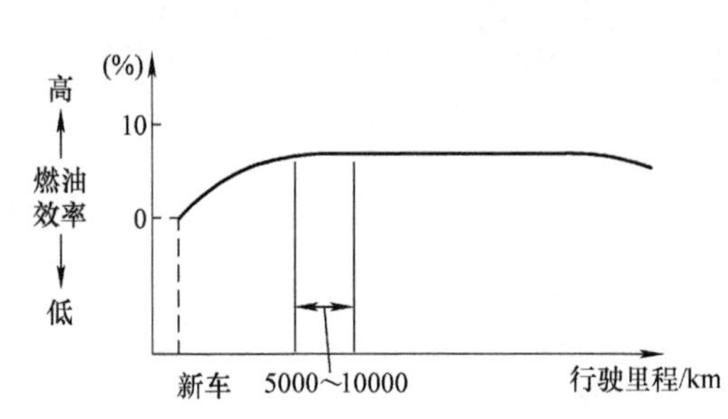

3）燃油消耗急剧变化。

“与去年相比，燃油消耗增加了许多”“燃油消耗突然间就增加了”这种可以说是故障的情况，可能就已经出现在车辆上了，如图所示。

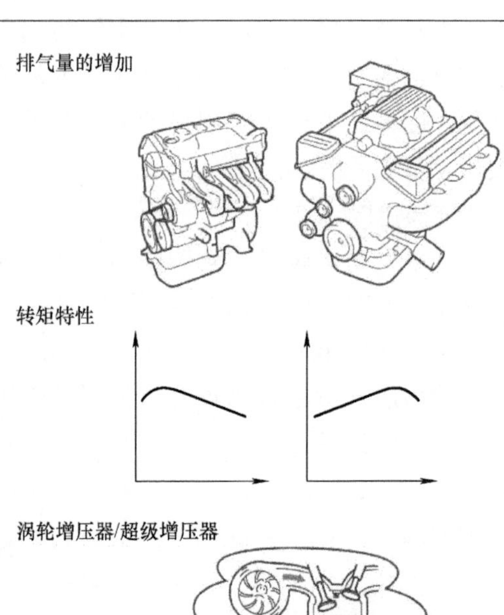

（2）与什么相比

1）发动机的不同。

- 通常，发动机排气量增加的汽车，燃油消耗也较大。主要是因为发动机较大、汽车重量较大时会增加摩擦力，如图所示。
- 尽管发动机具有不同的特性，但在正常使用范围内燃油消耗几乎是相同的。在低速时转矩较大的发动机和高速时转矩较大的发动机中，低速时转矩大的发动机传动比较小，在这种情况下，能够降低燃油经济性。
- 如果发动机安装了涡轮增压器，由于起动和加速时它的反应较慢，驾驶人就要比必要的情况下更加频繁地踩下加速器踏板。因此，涡轮增压器运行时，开始加速度要比必要时大一些，所以燃油消耗也会增加，如图所示。

提示：

发动机特性曲线所示的最小燃油消耗率是节气门全开时的最小燃油消耗率，它不总是与正常使用范围内的燃油消耗相等。

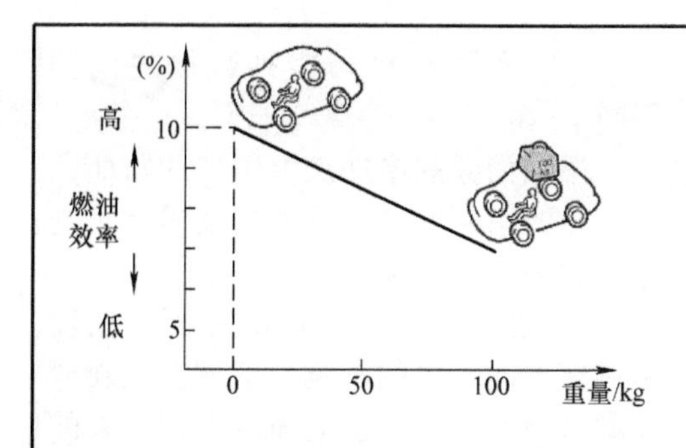

2）汽车重量的不同。

当汽车很重，燃油消耗也增加。当汽车在平路上以恒定的速度行驶时，车重的增加对燃油消耗的影响不大。但是，当反复起动、加速和爬坡时，车重对燃油消耗的影响很大。

3）造型的不同（空气动力学）。

空气阻力的增大与车速的二次方成正比。因此，低速行驶时，空气阻力不影响燃油消耗，但高速行驶时，它会大大影响燃油消耗。

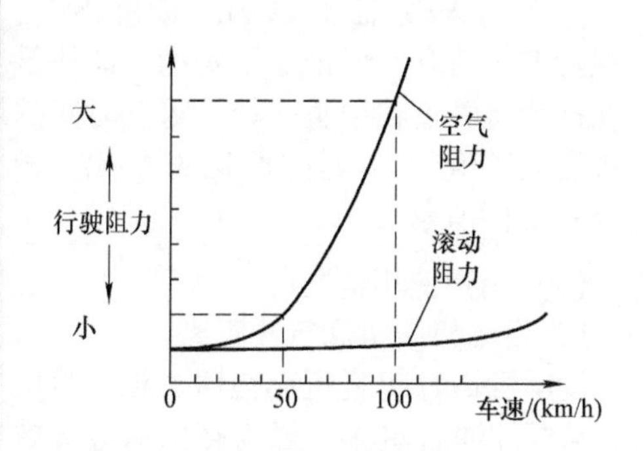

提示：

空气阻力与汽车的迎风面积正投影值成正比，与车速的二次方成正比，与空气阻力系数成正比。汽车的迎风面积正投影值减小会影响乘坐空间，车速的降低影响运输效率。因此，有效减小空气阻力的最佳途径就是减小空气阻力系数。

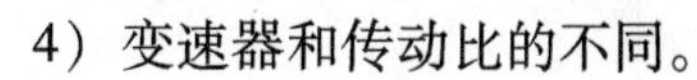

4）变速器和传动比的不同。

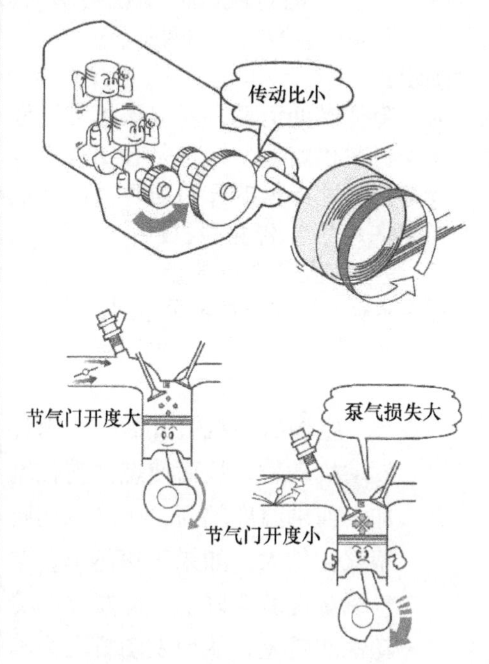

● 当传动比小时，发动机转速保持很低，节气门开度变大以相等的功率行驶，因此，发动机泵气损失量减少，而且燃油消耗降低，如图所示。

● 手动变速器车辆（简称 MT 车辆）与自动变速器车辆（简称 AT 车辆）进行比较，在低速行驶时，由于变矩器滑差，所以 AT 车辆的燃油消耗要比 MT 车辆燃油消耗高。另一方面，在高速行驶时，锁止离合器开始作用，因此两辆车的燃油消耗就一样了。

提示：

泵气损失是指发动机吸入空气时的阻力。当节气门开度小时，泵气损失很大，如图所示。

5）轮胎的不同。

轮胎对燃油消耗会有所影响的原因在于：行驶阻力中的滚动阻力大部分都在轮胎上。轮胎滚动阻力根据气压或轮胎类型的不同而不同。

6）实际车辆与表列数据之间的不同。

燃油消耗的增加是由用户的路面条件决定的，例如平均行驶速度慢、车辆停车率高、突然加速等，如图所示。

● 路面和环境方面的原因。温度和湿度不同，风的影响，斜坡、倾斜弯曲和坎坷路面都会造成速度上相当大的改变。

● 车辆方面的原因。车重不同：保持节气门开度恒定是困难的，即使是在持续行驶过程中也一样，随着时间的改变而变化（车辆的摩擦力变化，积炭）如图所示。

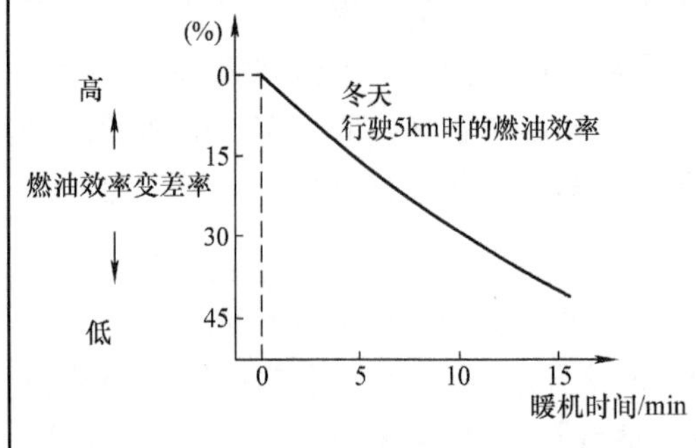

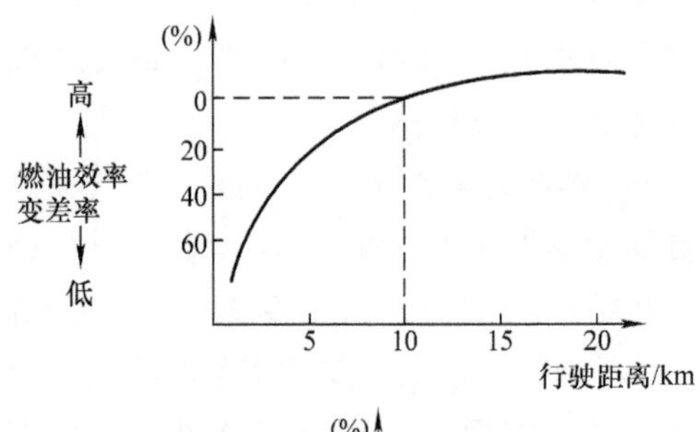

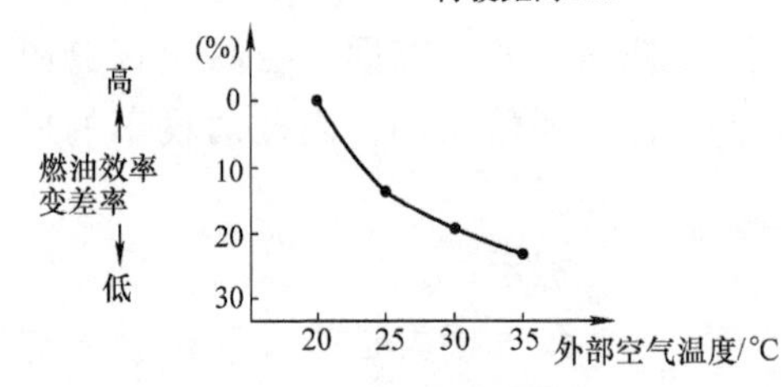

（3）用户使用情况

1）发动机暖机和行驶距离。

发动机长时间暖机会浪费燃油。冷机时，需要的油就更多，因为高怠速会导致高速空转。基于这些因素，当行驶距离短时，冷机状态下的行驶时间率就会增大，而且燃油消耗也会增加，如图所示。

提示：

为了降低燃油消耗，就应该尽可能地减少发动机暖机时间。即使是在冬季，也要在冷却液温度指示器开始动时（冷却液温度在40～50℃）停止暖机。

2）装载情况和乘员数量。

如果装载质量与乘员数量增加，重量就会加大，燃油消耗也会增加，如图所示。

3）使用空调。

空调压缩机打开后，会消耗发动机动力，从而使燃油消耗增加。如果温度越高，压缩机运转率就会越大；如果车速越低，空气流量也就会降低，冷凝器的冷却性能越差，从而发动机动力消耗就会增加。因此，温度较高时在拥挤的路面上行驶，燃油消耗会增加20%～30%。

4）电流负荷。

交流发电机的负荷会随着使用电量的增加而增大，因此燃油消耗也会增加。

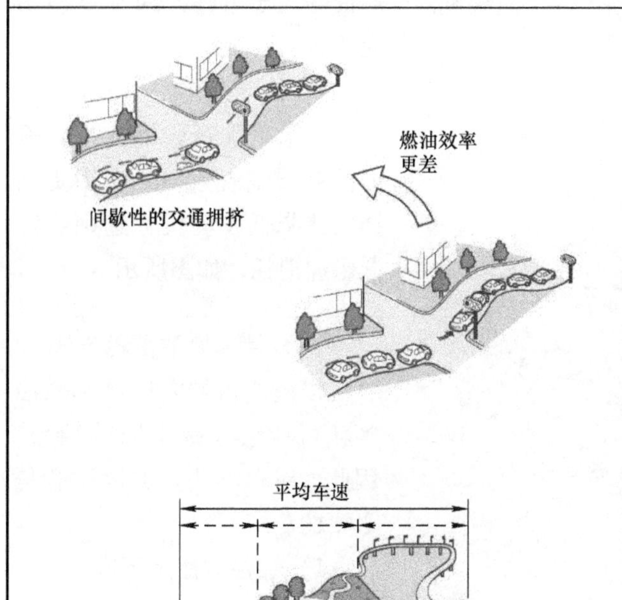

5）在城市中和拥堵路面上行驶。

在这种路面上行驶会增加燃油消耗，由于平均车速低，停车次数增多，时间变长，加速和减速次数也更多。在需要频繁加速和减速的间歇性堵塞路面上行驶时，燃油消耗要比要求车速相当低的路面上还要高一些。

平均车速可以由距离和时间简单地计算出来，但是当车辆长途行驶时，在行驶过程中，既有堵塞路面，又有非堵塞路面，则有必要把一定路段分离开来加以计算，以获得每一个值。在这种情况下，就有必要把低速行驶距离和高速行驶距离的比率分离开来。

车停下来时，消耗燃油，但是行驶距离是0km，因此燃油经济性就变为0km/h。停车时间越长，燃油经济性就越差。

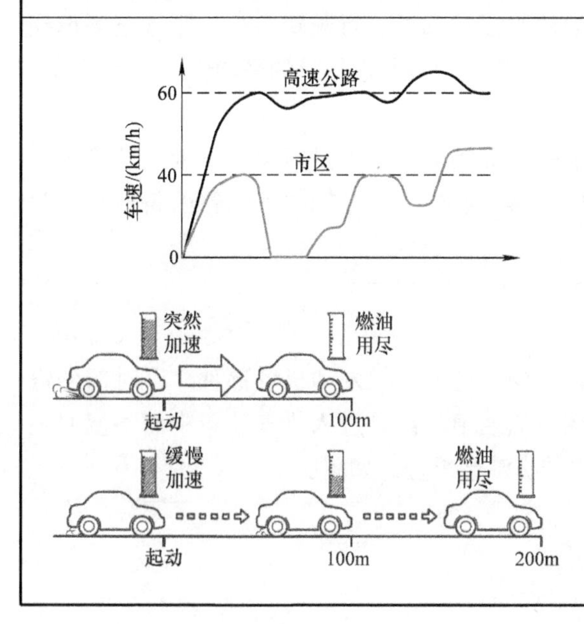

6）高速行驶。

车辆在公路上高速行驶时，燃油消耗通常也会增加，通常，如果车速从100km/h降低到80km/h，燃油消耗会降低10%～30%。

7）起动和加速。

快速起动或突然加速会比正常情况下消耗更多的燃油。通常，快速起动或突然加速会消耗等同于行驶大约100m所消耗的燃油量。要降低燃油消耗，就要保持一定的车距和恒定的速度，如图所示。

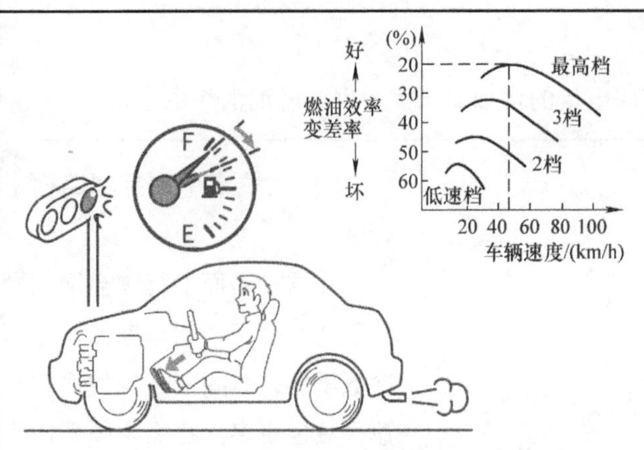

8）频繁的加速操作。

频繁加速时车辆所消耗的燃油等同于行驶大约50m所消耗的量。

9）换档操作。

如果车辆行驶性良好，例如没有爆燃现象等，使用更高档位并降低发动机转速则会降低燃油消耗，如图所示。

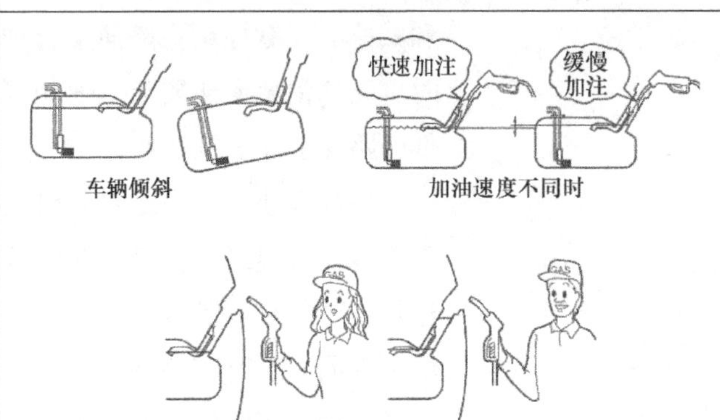

车辆倾斜　加油速度不同时

当加注人员不同时

（4）计算燃油消耗方法

以满油箱的方法计算燃油消耗可能会导致不同的结果。因此，对以下几点加以注意是必要的。

1）加油方法及不同。

加油时，加油量应该与行驶前相同。然而，车辆倾斜度、加油的人、加油速度等是不同的，所以所加的油量也会有所不同。因此，燃油消耗的计算结果也不一样，如图所示。

2）加油时间的选择及不同。

如果只消耗掉少量油后就加油，行驶距离也很短，这种行驶条件下的燃油消耗也可以计算出来。如果在油箱几乎没油的时候再加油，行驶距离长，而且车辆也经历了各种行驶条件。因此，燃油消耗的计算结果应该是总结果的平均值，如图所示。

3）计算时应考虑以下因素。

为了准确计算燃油消耗，就要在诊断性提问的基础上进行道路试验，试验用一个燃油消耗测量仪和附在上面的便携检测器，然后记录车辆在不同路面条件和行驶方法下的燃油消耗变化数据。

2. 机油消耗增加

在发动机运转过程中，机油一定会减少。机油流往发动机各部件，以对部件进行润滑的通道，包括通往油底壳和燃烧室的通道，或是进入排气装置中而不流回到油底壳的通道。进入燃烧室和排气装置的机油会燃烧，如图所示。

1）机油减少的几个途径：

- 机油润滑气缸壁进入燃烧室的途径。

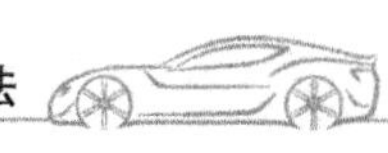

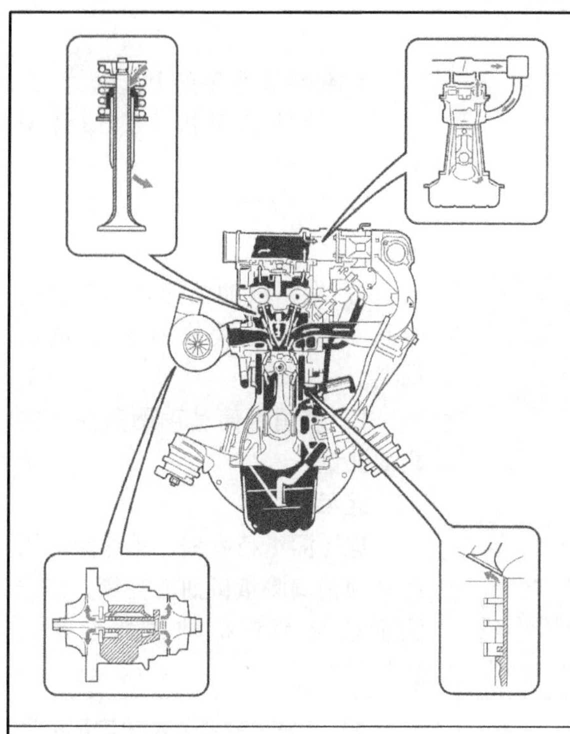

• 机油从气门杆与气门导管之间的缝隙进入燃烧室的通道。

• 机油与气体一同被吸入到燃烧室中。

• 润滑涡轮增压器轴承的机油从压缩机一侧流入燃烧室、从涡轮一侧流入排气装置。

2）影响机油消耗量的因素。

• 由于发动机故障而导致进入燃烧室的机油量增加。

• 由于机油维护不当而导致发动机出现故障。

• 机油消耗量的变化取决于车辆的使用习惯与驾驶方法。

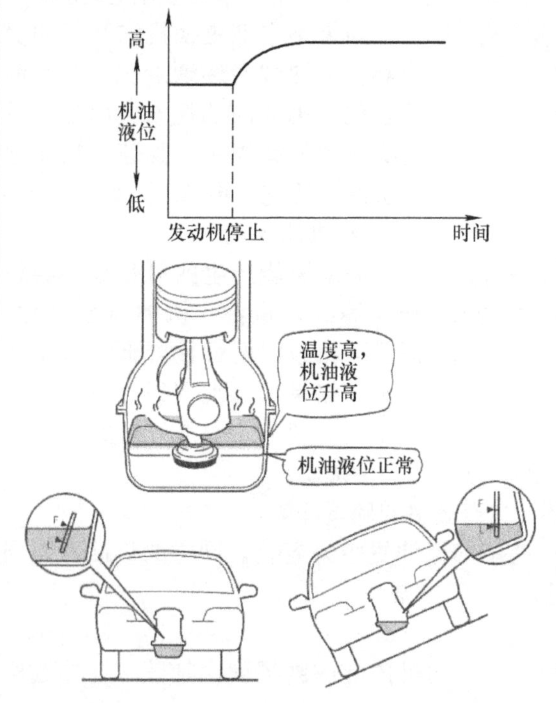

（1）测量机油油盘时的注意事项

1）检查时间的选择。

发动机刚刚停止后，机油并未完全从气缸盖返回油底壳，因此油位低。同样，注油时，也需要时间才会到达油底壳。结果，若注油后立即检查，油位低。

2）机油温度。

机油温度高，机油膨胀，因此油位高。由于没有充分加热，机油温度低，黏稠度高，从气缸盖返回到油箱的油呈减少，结果油位变低。

3）检查位置。

车辆停在不平的路面上时，油底壳中的油面倾斜，不能测得准确的油面液位，如图所示。

（2）测量机油消耗量

1）汽车倾斜度不同，机油温度和从气缸返回油量的不同，油底壳中的机油液位就不同。应在同样的条件下检查油位，如图所示。

油位检查条件：

- 停放在水平面上。
- 发动机暖机（冷却液温度80℃）。
- 发动机停转后5min再检查油位。

2）根据机油消耗量和车辆一个月行驶的路程来计算测量的周期。

3）使用量筒精确测量注入的机油油量。

提示：

这样测量精度差，不稳定，因此必须精确测量机油消耗量，依据测量结果判断机油消耗量是否正常。

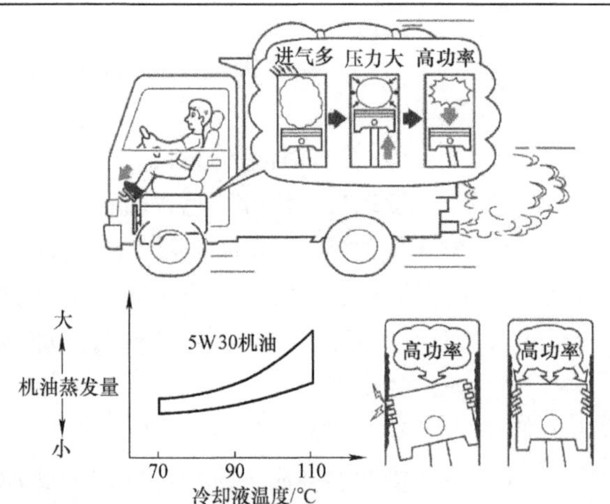

（3）机油老化和发动机内部磨损

如果不定期更换机油和机油滤清器，机油就会逐渐老化。如果油液老化，机油的消耗量会增加，发动机内部的磨损也会加速，从而导致机油消耗进一步增加，如图所示。

- 机油老化。

如果燃烧产生的氧化物、磨料碎片等混入机油，机油就会老化，而且净化或润滑性能降低。对于柴油机，如果黑烟混入机油里，机油黏度就会变大，润滑气缸的机油刮性能就会变差。因此，混合到燃烧室中的机油量就会增加。

与汽油机相比，在燃烧气体中，柴油含有更多的硫黄和酸。

因此，柴油机使用的机油比汽油机使用的机油更容易老化。同样的机油更换周期条件下，柴油机的磨损就会异常加速。

- 发动机内部的磨损

机油老化后会产生油泥等物质。因此，发动机内部的磨损就会加速，会导致经由活塞环和气门导管的机油缺失。

1）经由活塞环的机油缺失。

如果缸壁或活塞环老化，其刮油性能就会下降，从而导致油耗量增加。

如果活塞环槽老化，活塞环的泵送性能增强，输送到燃烧室内的机油量就会增加，因此油耗量增加。

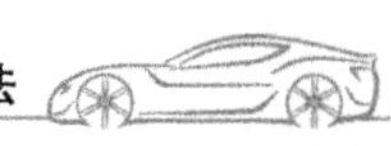

2）经由气门导管的机油缺失。

如果气门杆、气门导管和油封老化，进入燃烧室内的油量就会增加，因此油耗量增加。

3）检测方法。

检测经由活塞环的机油缺失、经由气门导管的机油缺失。

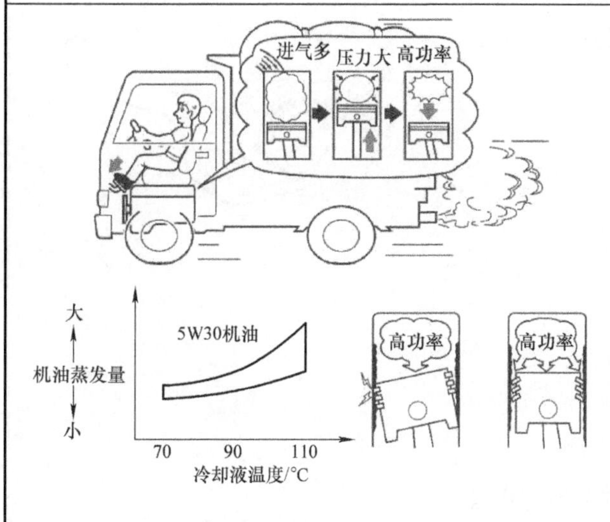

（4）机油消耗增加的原因

1）装载条件。

乘员和物品数量越多，发动机负荷就越大，从而踩加速踏板比平常被踩下得更多，所以气缸压力和燃烧压力变得更高。

因此，施加在活塞上的压力或振动就更大，活塞在气缸中倾斜或活塞的形状发生改变，所以机油润滑性能减弱。

此外，如果气缸和活塞的温度升高，机油的蒸发量和油耗量增加。

对于柴油机来说，载荷大时，燃油喷射量增加，从而产生更多黑烟，导致机油劣化加速，如图所示。

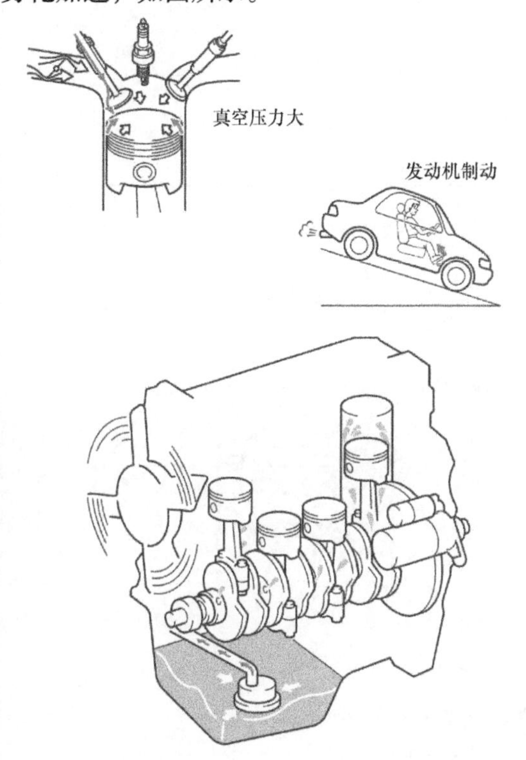

2）使用发动机制动时的机油损失。

应用发动机制动时，真空压力高，所以进入燃烧室的机油量增加，所以机油油耗量也增加。

在公路或上坡行驶时，常常需要操作加速踏板来控制车速，所以发动机制动的使用频率变高，油耗量增加。

3）高转速。

发动机转速增大时，活塞移动得更加迅速，所以活塞环刮掉飞溅到缸壁上的机油就更加困难。此外，曲轴使用掉的机油量也会增加，而且机油的供给也会增加，油耗量增加，如图所示。

4）带涡轮增压器车辆的情况。

如果车辆带有涡轮增压器，机油会暴露在高温下（大约 700℃），机油劣化得就更快。

进一步说，涡轮增压器施加了更大的力，因此会消耗更大的机油油量。

3. 发动机的异常声音

(1) 不正常的机械声音和噪声

发动机包含许多部件，每个部件都是由一种滑动或转动来进行运转的。滑动或转动部分会有间隙，当该间隙比技术条件中规定的大时，就会听到噪声。

发动机磨损引起的声音具有以下特点：

1) 发生条件。

- 冷机时，声音大。
- 机油黏度不够时，声音大。
- 机油压力低时，声音大。
- 加速时，声音大。
- 载荷大时，声音大。

2) 声音类型。

- 滑动声：物体在一起摩擦时发出的声音。
- 碰撞声：碰撞所发出的声音。
- 其他声音：模糊复杂的声音。

提示：

- 怠速时的声音。
- 规定的发动机转速范围内的声音。
- 各种不同发动机转速范围内的声音。

(2) 不正常的声音和不正常燃烧引起的噪声

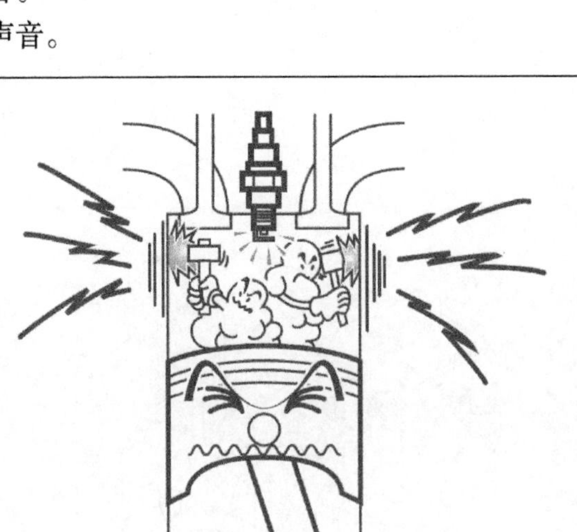

1) 爆燃。

加速过程中，会产生高音调的碰撞声音，活塞和气门受到不利影响，发动机可能会损坏。主要原因如下：

- 燃油质量差。

燃油的辛烷值比要求的低。

- 点火时间提前。

如果点火时间提前，就会发生突然燃烧，所以会出现爆燃。

- 火花塞故障。

过热的火花塞成为一个灼热点，导致提前点火。

火花塞的工作温度范围：450~950℃（自洁温度）。

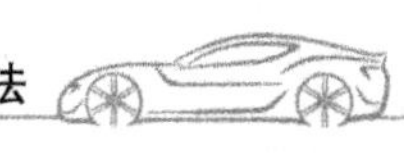

- 火花塞、活塞和气门熔毁。
- 缸垫破损。
- 燃烧室中的积炭。

如果炭在燃烧室中积聚，它就会阻止散热，从而导致发动机过热。热的部分形成灼热点，导致提前点火。

- 空气燃油混合率低。

车辆在高速和负载大的情况下，如果空气燃油混合率低，就容易出现爆燃。

- 超载运行。

发动机负荷过大时，容易出现爆燃。

提示：

爆燃现象出现时，如果车辆仍继续行驶，会出现如下故障：

- 发动机过热。
- 发动机部件损坏。
- 由于热效率降低，燃油消耗量增加。

2）熄不了火。

这是自燃产生的一种现象，这种现象是由于曲轴或飞轮的惯性而使燃油吸入时产生的。过热的火花塞能够使燃烧室中未燃烧过的气体和积炭点燃，甚至在点火开关关闭时，它能成为一个加热源。

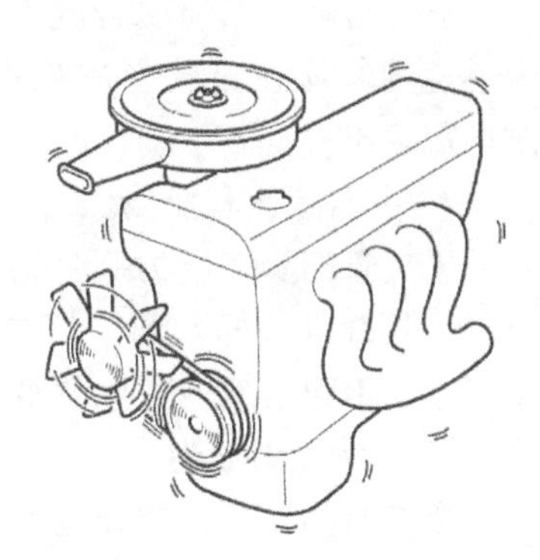

提示：

对于 EFI 发动机，当点火开关打开时，燃油就会停下来。因此，熄不了火的现象也不会出现。

主要原因：

- 不适当的燃油。

燃油的自燃温度或辛烷值低。

- 进气温度高。

被压缩的混合气变得比自燃温度高。

- 高压力压缩（高速、高载荷运行）。

燃烧温度和燃烧室壁温都很高。当压力大时，燃油混合气温度也会变高。

- 燃烧室内积炭

炭在燃烧室内积累时会防碍热量散发导致发动机过热。过热的部分会成为一个灼热点。

- 火花塞故障。

火花塞过分燃烧，变成一个灼热点。

- 怠速高。

节气门完全关闭时进气量大。

- 发动机过热。

燃烧室部件的温度升高。

- 点火正时延迟。

最高燃烧温度降低，但是燃烧时间变长，排气温度升高。排气门周围的温度升高，成为自燃的加热源。

3）消声器放炮。

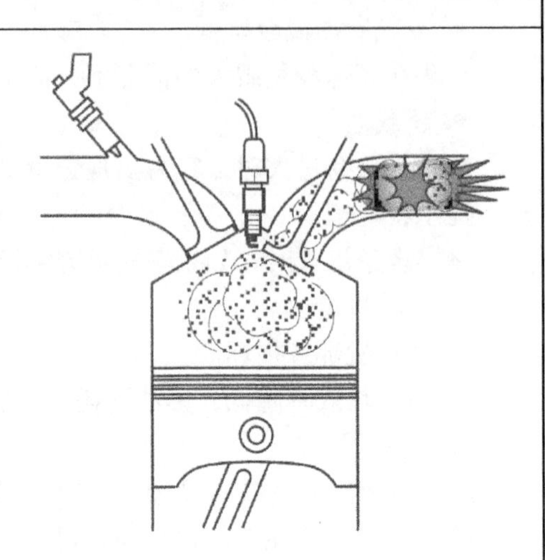

燃油混合气在燃烧室中没有完全燃烧的情况下被排出。未燃烧的气体在排气系统内受阻，爆炸燃烧。如果燃油混合气过浓，点火时间稍有延迟，就可能会出现这种现象，如图所示。

主要原因：

- 燃油混合气过浓。

氧气短缺，燃油混合气不能充分燃烧。未燃烧的气体在排气管中被加热，消声器放炮现象出现。

- 突然减速和换档。

进气管的真空压力突然升高，燃油混合气就会过浓。因为进气效率有所降低，所以“压缩效果好”和“燃油混合气好”这两个要素都不能够满足这样，燃烧变得不稳定，消声器放炮现象就易于出现。

- 点火正时延迟。

燃烧时间变长，燃烧过程一直持续到做功行程结束，导致消声器放炮现象出现。

- 不点火。

有时由于点火系统出现问题，就会出现不点火的现象。未燃烧的气体在排气管中被加热，消声器放炮现象出现。

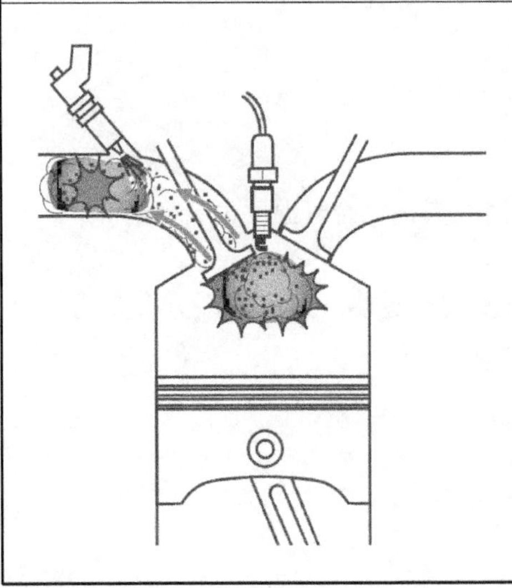

4）回火。

这种现象的出现是由于正在被吸入的燃油混合气燃烧的结果。这是因为当气缸中的燃烧变慢、在燃油混合气过于稀薄或者点火延迟等情况下进气门打开时，燃烧仍然继续进行。

回火现象在冷机状态下，起动车辆和发动机暖机过程中加速时容易出现，如图所示。

主要原因：

- 燃油混合气过于稀薄。

燃烧变慢，燃烧时间变长。如果在做功行程中燃烧过程不充分，而且还继续进行到下一个进气行程时，“提前点火”现象就会出现。

- 出现灼热点。

由于过热出现灼热点时，燃油混合气就会在进气行程中被点燃。燃油混合气就会在进气歧管中燃烧，从而“回火现象”出现。

- 气门正时和点火正时不恰当。

如果由于误操作而引起正时上的不准确，就会出现提前点火，发动机也不会运转。

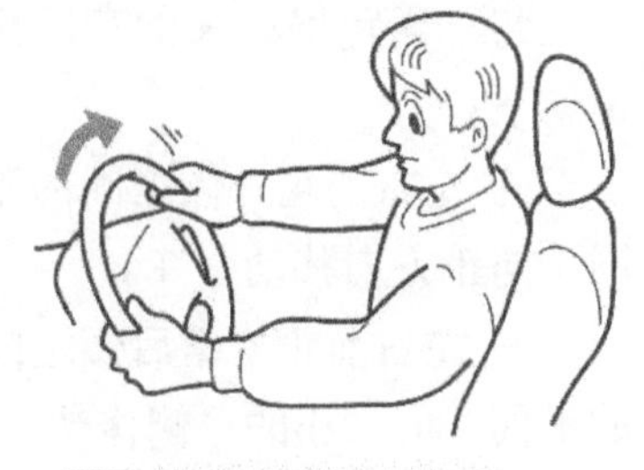

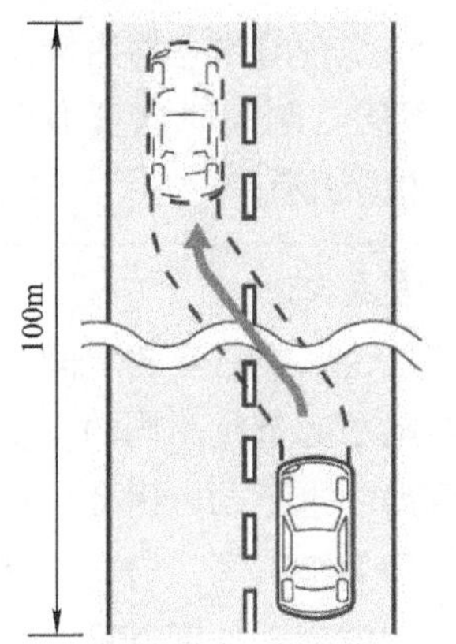

4. 车辆跑偏

车辆跑偏有时是由于车辆本身的问题，有时是路面条件或用户的使用习惯不同造成的。进行车辆跑偏故障检查时，了解造成这种现象的原因是很重要的。

- 判断车辆跑偏。

单独使用电子测试仪等仪器很难判断车辆跑偏，所以需要进行路面试验来判断它是否有故障。

- 与另一台同型号车辆进行比较。
- 测量一定行驶距离内的车辆行驶情况。

提示：

测量 100m 内车辆偏离的距离。

车辆跑偏的原因：

- 轮胎产生的力。
- 车轮定位的影响。
- 路面的影响。

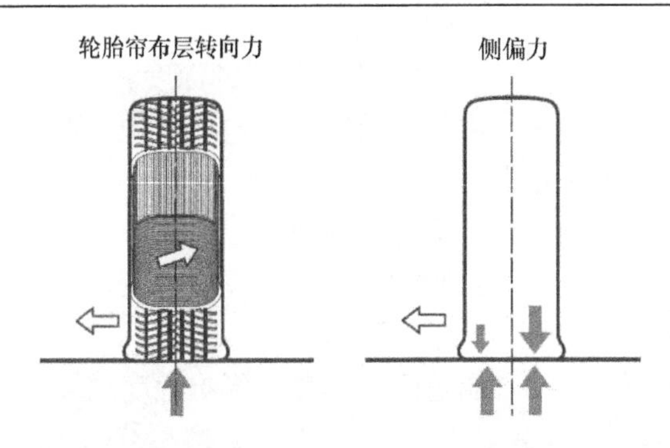

（1）轮胎产生的力

轮胎上产生的力会引起车辆跑偏。下面介绍一下它的典型现象。

1）轮胎帘布层转向力。

由于轮胎胎体的帘布层方向而产生横向力。轮胎向前转动时，随着帘布层一起，轮胎与轮胎之间横向移动而产生的力叫作轮胎帘布层转向力，如图所示。

2）侧偏力。

在不运转的轮胎上施加侧向力时，与地面接触的部分会一致改变形状。但是，轮胎胎面是不均匀的，而且把胎面还原成为原本的形状所用的力也是不相等的。如果在这种条件下滚动轮胎，轮胎滚动方向上的反作用力更小。这种情况下的横向力叫作侧偏力。

3）检测轮胎上产生的力是否影响车辆跑偏的方法。

更换左右轮胎或者把轮胎从车轮上取下，然后倒过来。轮胎帘布层转向力根本不改变方向，侧偏力改变方向。

(2) 车轮定位的影响

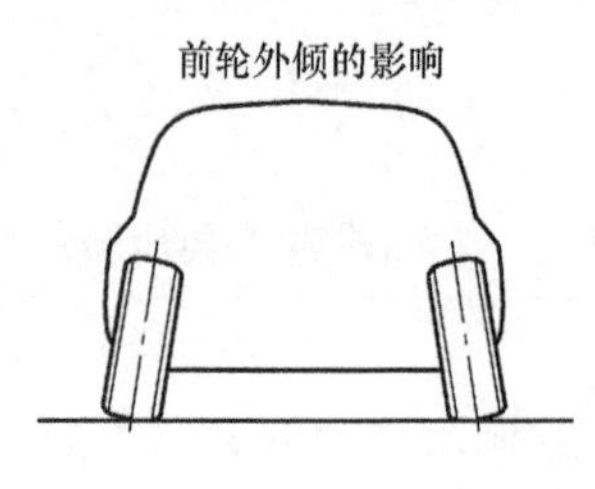

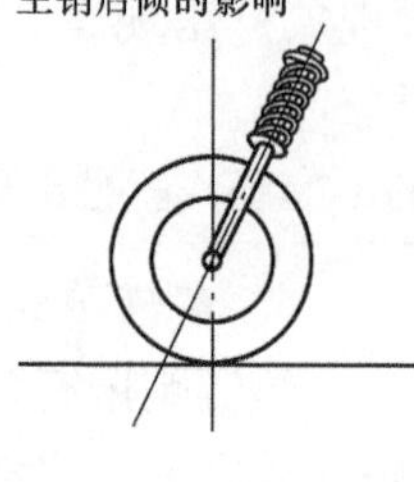

主销内倾角的影响

力量不平衡时车辆会发生偏转。在向右和向左移动的力不均衡的情况下，车辆会出现跑偏现象。

与车辆跑偏相关的车轮定位如下：

- 左右前轮外倾之间的不同。向正方向移动（+）。
- 左右前轮主销后倾之间的不同。向较小的一侧移动。
- 左右前轮主销内倾角之间的不同。制动时向负方向移动，如图所示。

(3) 路面的影响

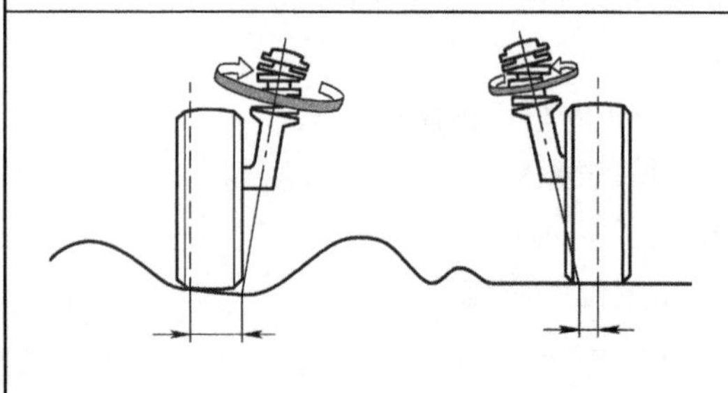

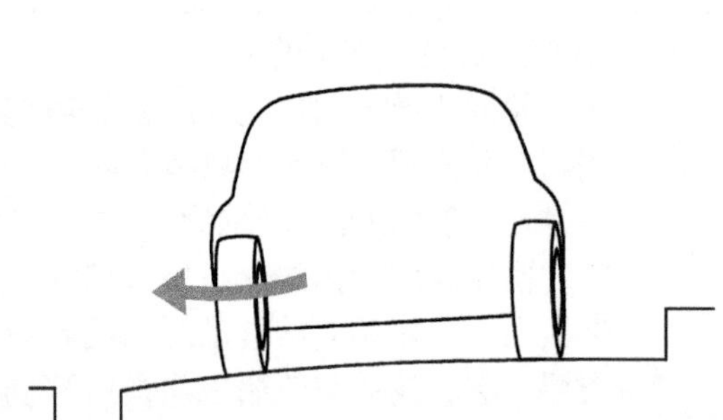

对于轨迹来说，左右车轮之间与地面的每一个接触中心都是不同的，所以左右主销偏置尺寸也不同。因此，左右主销轴线周围的力矩不同，转向盘就向力矩较大的一侧转动，如图所示。

影响情况：

- 主销内倾拖距的深度：

主销内倾拖距越深，影响程度越大。

- 轮胎的宽度：

轮胎越宽，影响程度越大。

- 胎冠刚度：

胎冠刚度越高，影响程度越大。

提示：

为便于道路排水，有些路面略微倾斜。因此，转向会变得不稳定，或者是驶向别处以及回到原处时方向不同。

5. 制动尖叫声

什么是制动尖叫？

制动尖叫是一种振动问题，它由制动摩擦片和制动盘之间的摩擦造成。这种振动以声音的方式进行传播。这种问题叫作“自激振动”，它与车身振动等“被迫振动”不同。自激振动对自身产生进一步的振动，振动越强烈，能量就越大。

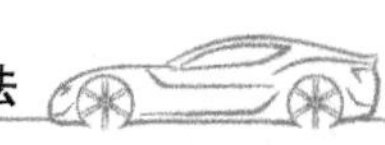

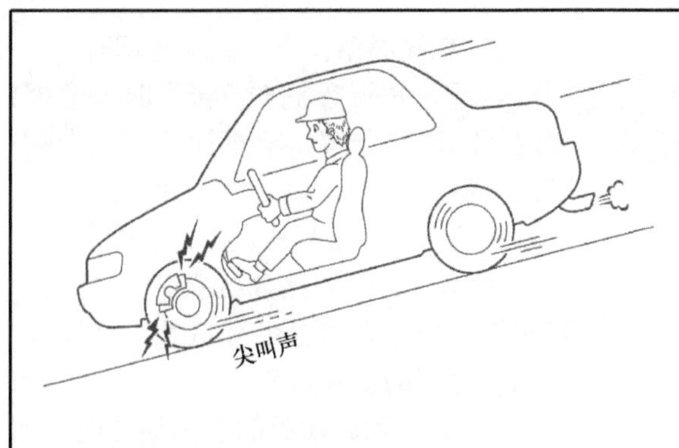

① 声音的产生及其传播方式：

制动尖叫类似于扩音现象。扩音现象的产生过程如下：声音从扬声器进入传声器，由扩音器放大，再从扬声器重复出来，最终成为更大的声音，如图所示。

② 如果这一现象发生于制动上，比较如下：

扬声器：制动盘。

传声器：制动摩擦片。

扩音器音量：制动摩擦片摩擦系数。

传声器与扬声器之间的距离：减弱能力（摩擦摩擦片的效力）如图所示。

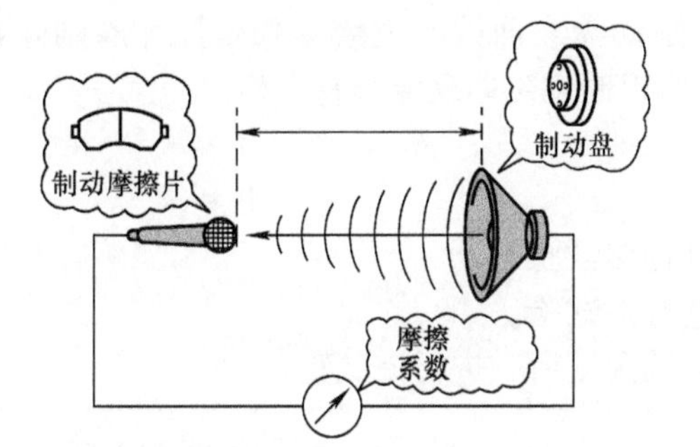

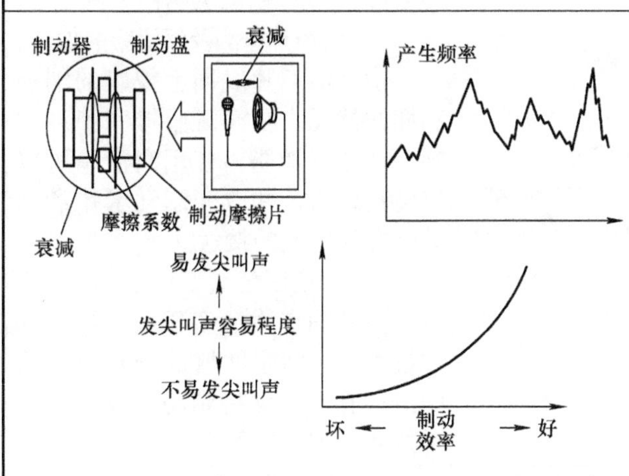

（1）制动和制动尖叫

在自激振动的情况下，一旦振动产生，就会逐渐变大。振幅越大，就越需要更强的减弱能力以使振动停止下来。在制动过程中，制动摩擦片与制动盘紧密地接触，所以很难减弱振动。

1）生成频率。

制动尖叫时，生成频率有所变化。即使一定频率的制动尖叫降低了，另一个制动尖叫也会以不同的频率生成。由于车型的不同，频率不同，除了一般振动外，其他振动是很难降低的，而且降低振动的效力有时会出现，但有时就不出现。

2）制动尖叫与制动之间的关系。

制动尖叫是由制动摩擦片和制动盘之间的摩擦生成的，所以制动摩擦片摩擦系数与制动尖叫是相互关联的。因此，既要防止制动尖叫，又要同时提高制动效力，都是相当困难的。实际上，把制动摩擦片中大量的能量传播给制动盘时，制动尖叫就会出现。

（2）容易引起制动尖叫的条件

1）车辆停止或制动冷却时。

由于制动盘和制动摩擦片表面氧化而造成的制动摩擦片摩擦系数增大，或者是摩擦片潮气吸收增加，制动尖叫现象容易出现。

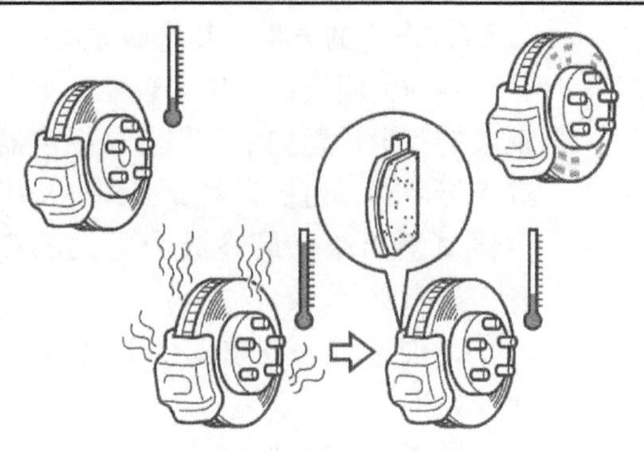

2）在高温条件下，制动冷却时。

当摩擦片温度超过200℃时，摩擦片内部的树脂分解，摩擦片表面失去耐磨性。然后温度下降时摩擦系数增加，所以制动尖叫现象容易发生，如图所示。

提示：制动摩擦片的温度升高时，其两侧的喷漆有时会带有白色，这有助于判断温度的变化过程。

3）看不到制动盘的磨削痕迹时。

当制动摩擦片附着在制动盘表面时，制动盘表面因此就会受到摩擦片磨削。当表面的不规则性下降时，摩擦系数增大，所以制动尖叫现象容易发生。

提示：

4）制动尖叫再现试验。

- 通过改变在斜坡上的踏板压力，进行该试验。
- 升高制动温度，冷却30min后，进行该试验。
- 长时间不使用制动器，彻底降低制动温度后，进行该试验。

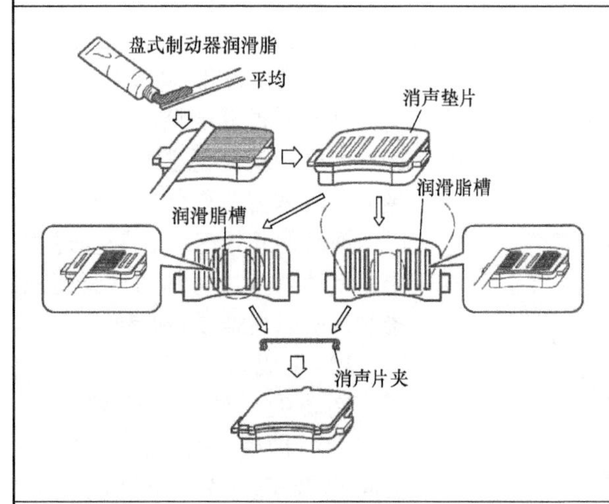

(3) 降低制动尖叫的方法

1）消声片检测及润滑脂的加注。

检查消声片表面上橡胶的削皮和翘曲情况。在润滑脂槽和消声片夹上加注润滑脂，使用润滑脂可以提高衰减力，并改变制动卡钳和制动摩擦片之间的接触。

2）活塞回位。

把制动卡钳活塞压回一次。在此过程中，活塞凹槽的调整及平稳的滑动有助于保持制动摩擦片的稳定接触，如图所示。

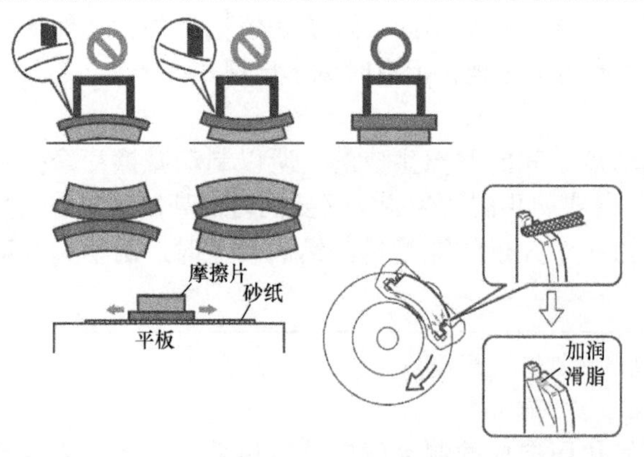

3）制动摩擦片背板的检测与维修。

检查制动摩擦片背板有无翘曲现象。如果有翘曲，应该对背板进行磨削。

这一过程有助于活塞和制动卡钳夹子与制动摩擦片之间的接触。

4）产生制动力矩的表面光洁及润滑脂的加注。

对车辆进行检查，如果制动摩擦片接触面不均匀，用砂纸把表面锉光加以修正，使制动摩擦片与制动卡钳悬置均匀接触。

向产生制动力矩的表面加注润滑脂这一过程有助于减少产生力矩表面的摩擦，从而使制动摩擦片保持稳定，如图所示。

6. 制动效力低

制动效力低是指踩下制动踏板后，制动器不工作的状况，或者制动效力相对于踩踏力来说较弱或者没有踏板感觉的状况。

在解决制动效力低的问题时，很关键的因素是要在技术方面进行彻底的调查，从而了解制动效力下降的原因，如图所示。

制动效力低主要在下述情况下出现：

1）制动系统出现故障时。

2）制动助力器中没有真空压力时。

3）衰退现象或气阻出现时。

4）车辆变重时。

5）在浸水路面条件下行驶时。

6）轮胎与路面之间的摩擦系数发生变化时。

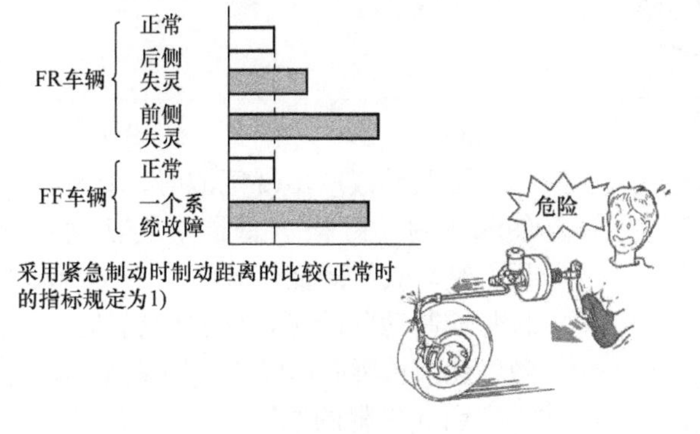

采用紧急制动时制动距离的比较(正常时的指标规定为1)

1）制动系统出现故障时。

制动系统故障通常出在液压系统的橡胶部分，例如制动软管、活塞皮碗等。系统中的橡胶部分如果长期使用就会老化，导致漏油。紧急制动可能会导致老化部件突然胀裂从而使制动系统失去控制。

考虑到安全性，制动系统通常由两个液压制动系统组成。然而，如果其中任何一个系统发生了故障，制动都会受到影响，如图所示。

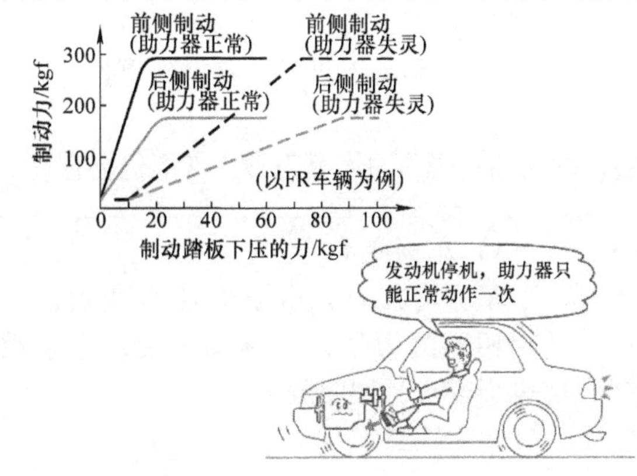

2）制动助力器中没有真空压力时。

如果发动机在行驶中停机，制动助力器中就失去了真空压力，助力器中的真空压力不能保持。此时，制动助力器只能正常动作一次。制动踏板会感觉很重，第二次执行后，制动助力器就不起作用，如图所示。

提示：

即使在制动助力器不起作用时，也并不意味着没有制动效力。如果驾驶人完全踩下制动踏板，即使减速度小于正常情况时，制动仍然有效。

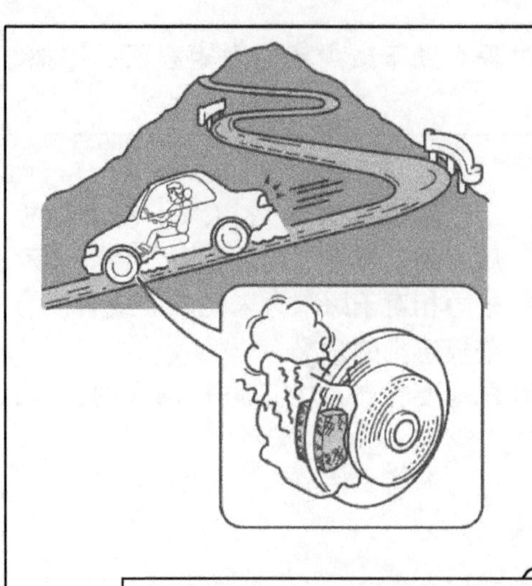

3）衰退现象或气阻出现时。

当制动摩擦片或制动蹄温度上升时，摩擦材料所包含的树脂材料产生气体，如图所示。

如果所形成的气体产生了润滑作用将会降低摩擦系数，导致制动效能下降。在初始步骤容易出现衰退现象，因为在此步骤，具有制动摩擦片或制动蹄产生气体的因素。

提示：

可以通过拆卸造成衰退现象的制动装置来检查温度变化过程，如图所示。

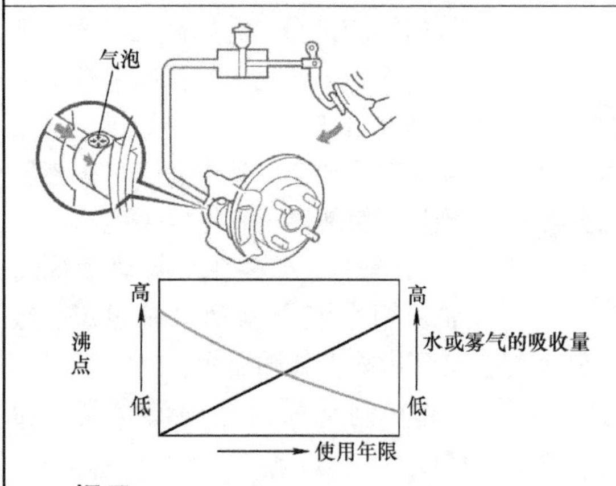

4）气阻。

当制动液中出现气泡时，驾驶人即使踩下制动踏板也感觉不到任何反作用，制动效能降低。气泡是由于制动摩擦片或制动蹄的热量传递到制动液，导致制动液沸腾而形成的，如图所示。

引起气阻的原因：

- 停车后，没有足够的空气冷却制动总成。
- 制动液长期没有得到更换。

提示：

一旦出现气阻现象，即便制动冷却后，制动踏板操作力恢复正常，气泡仍会存在。

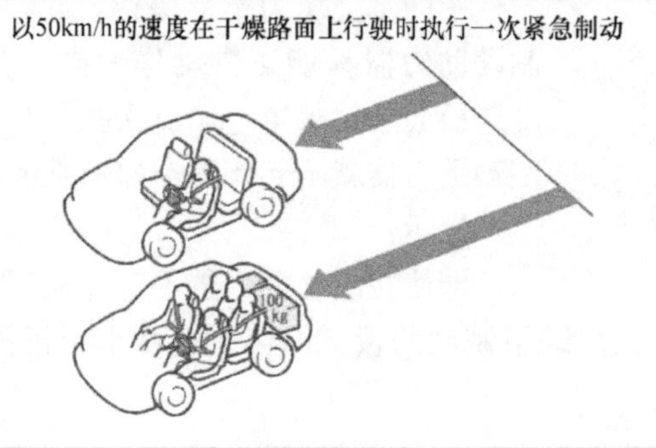

5）车辆变重。

车重增加时，由于惯性力变大，即使用相同的力量来踩制动踏板，停车距离也会变长，如图所示。

6）在浸水路面条件下行驶。

当摩擦材料变湿时，由于水的润滑作用造成摩擦系数下降，导致制动效能下降。反复制动可使水分蒸发，当摩擦片变热后能重新获得制动效能，如图所示。

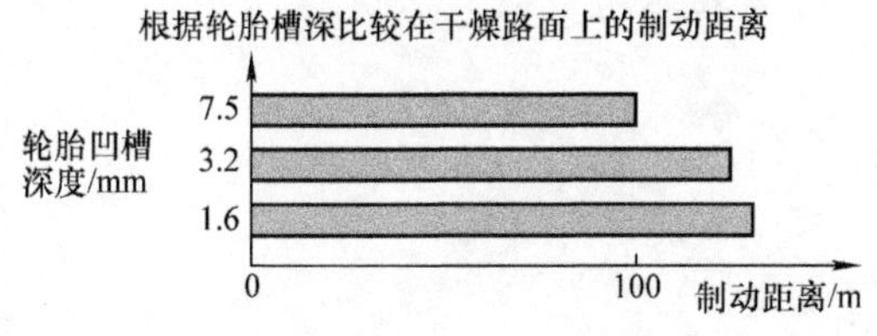

7）轮胎与路面之间的摩擦系数发生变化时。

当行驶在湿滑路面、冰雪路面或使用旧轮胎时，轮胎趋向滑动、制动距离变长。如果此时紧急制动，车轮将会抱死，车辆将会不稳定地绕重心回转，如图所示。

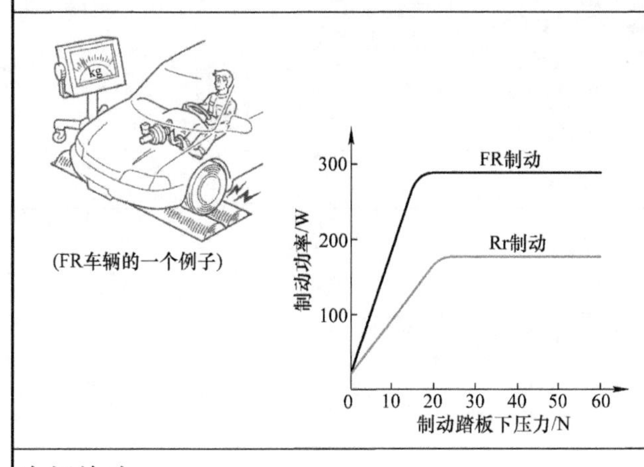

① 最大制动力检查。

用制动测试台测量制动力。

② 比较制动力与踏板操纵力。

用踏板操纵力测试仪和制动测试台测量制动力和踏板操纵力。

③ 判断标准。

与相同车型车辆进行比较时，检测结果必须是一致的，如图所示。

车间检验

检查发动机、电器设备、驻车制动器、变速器、离合器、转向系统、空调等功能。

工作完成后要检查：

- 确认主要项目已完成。
- 确认已完成所有其他需要做的工作。
- 确认车辆至少和你刚接手时是同样清洁的。
- 将驾驶座、转向盘和反光镜返回到最初位置。
- 如果钟表、收音机等的存储信息被删除，应重新设置。

试车
检查发动机、电器设备、驻车制动器、变速器、离合器、转向系统、空调等功能。 工作完成后要检查： ● 确认主要项目已完成。 ● 确认已完成所有其他需要做的工作。 ● 确认车辆是清洁的。 ● 将座椅、转向盘和反光镜返回到最初位置。 ● 如果钟表、收音机等的存储信息被删除，应重新设置。 

最终检查
1. 技师领队 ● 进行最后检查。 ● 向管理员/领队确认工作完成。 2. 管理员/领队 ● 向业务人员确认工作完成。 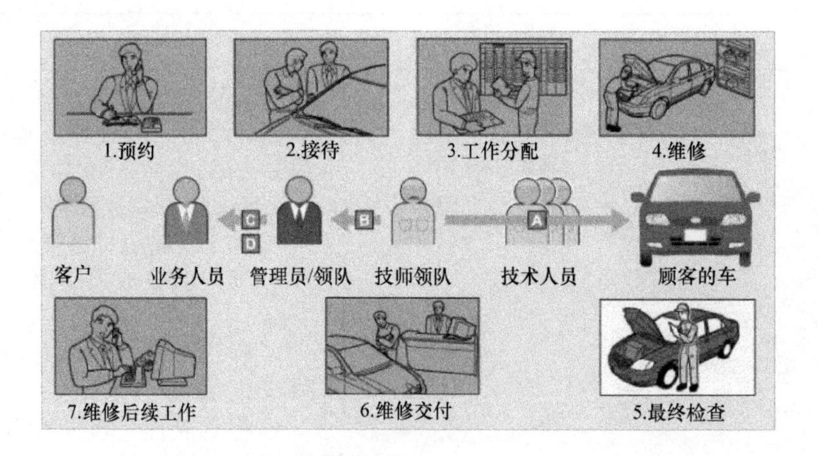

维修车辆交付

1. 业务人员

- 准备将更换的零部件给客户查看。
- 准备为所有的费用开出发票。
- 检查车辆是否清洁，进行维修质量检查，检查是否已经取下座椅套、地板垫、转向盘罩、翼子板布、变速杆套。
- 电话通知客户，以便确认车辆准备交付。
- 向客户说明工作。
- 确认工作已经顺利地完成。
- 将更换的零部件展示给客户看。
- 说明完成的工作以及益处。
- 提供详细的发票说明：零部件、人工和润滑油的费用。

2. 管理员/领队

- 业务人员/客户要求时，要提供技术说明或建议。

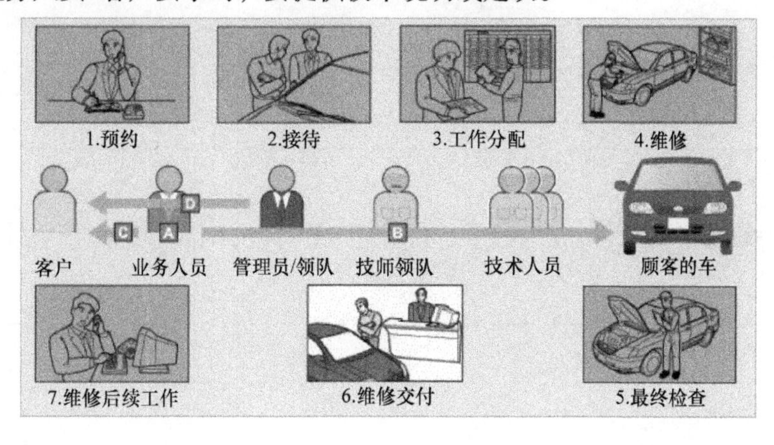

实训记录表

<table>
<tr><td>实训主题</td><td colspan="4"></td><td>实训时间</td><td></td></tr>
<tr><td>小组编号</td><td></td><td>组长</td><td></td><td>组员</td><td colspan="2"></td></tr>
<tr><td>需准备的设备与工具等</td><td colspan="6"></td></tr>
<tr><td>需查阅的相关资料
（书籍、手册、
说明书、网络资源等）</td><td colspan="6"></td></tr>
<tr><td>实训步骤</td><td colspan="3">实训内容</td><td colspan="3">注意事项</td></tr>
<tr><td>准备工作</td><td colspan="3"></td><td colspan="3"></td></tr>
<tr><td>拆卸步骤</td><td colspan="3"></td><td colspan="3"></td></tr>
<tr><td>安装步骤</td><td colspan="3"></td><td colspan="3"></td></tr>
<tr><td>清洁、整理工作</td><td colspan="3"></td><td colspan="3"></td></tr>
<tr><td>学生反思
（反思出现的问题、解
决措施及个人体会）</td><td colspan="6"></td></tr>
<tr><td>教师评价</td><td colspan="6">教师评分：（满分 5 分，请在合适的分数框内打“√”）
1□　2□　3□　4□　5□
教师建议：</td></tr>
</table>

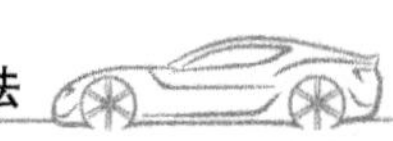

任务评价

一、判断题

1. 为再现症状，应询问顾客故障是在何种情况下发生的。

2. 故障就是顾客指出的症状。

3. 因为要估测故障的原因，参考太多的信息会使可能的起因增加，所以只要一个必要的信息就够了。

4. 检查时，最好使用测试仪。

5. 完成修理不仅是消除故障症状，而且要避免故障再发生的可能性。

6. 在进行诊断性提问时，重要的是不要有固执的想法。

7. 在进行诊断性提问时，只要确认顾客的请求和要求。

8. 在道路试验中，在顾客习惯上使用的各种条件下行驶。

9. 当顾客指出的症状没有发生时，使用再现方法再现它们。

10. 为了再现症状，通过诊断性提问确认“什么时候”“在什么情况下”“怎样”“频率”等。

11. 发动机转动阻力检查能够确定发动机不能转动的原因是在起动系统还是在发动机本身。

12. 检查发动机起动状况时，如果没有内燃而且它也不起动，那么故障在发动机三元素中的一个元件里面。

13. 在压缩系统检查中，当检测到压缩压力低的时候，判断故障是在气缸盖一侧还是在气缸体一侧可以通过检查压缩空气在起动时是否从火花塞孔释放出去的进行推测。

14. 检查气缸功率平衡时，如果在逐个停止各气缸中的燃烧后，仍难以检查发动机转速的变化，则应降低发动机转速以使得判断变得容易。

15. 检查机油通过活塞环和通过气门导管流失时，如果暖机后使发动机转动起来会排出大量白烟，而提高发动机转速则增加排出的白烟量，这可以判断为机油通过活塞环损失。

二、选择题

1. 下面有关故障检修的叙述，哪个是正确的?

A. 比确认故障症状更为重要的是对顾客指出的部位进行维修

B. 所有客户指出的症状都是故障，所以对它们都要进行修理

C. 按车辆功能、结构和操作确定出系统不正常，开始对系统进行检查，把目标缩小到对各个零件进行检查

D. 故障排除后就不会再发生

2. 下面有关故障检修的叙述，哪个是错误的?

A. 进行故障检修时，重要的是要正确鉴别出客户指出的故障现象

B. 如果要正确及时地排除故障，需进行 5 个步骤的系统工作

C. 要查找造成故障的真正原因，维修技师必须有这样一种工作习惯，即遵循推测和验证，推测并验证的循环工作方式找出各个问题的原因及之间的关系

D. 排除故障时，为了能立即修理，可以不按照要求的工作程序，对所有可疑方面进行检查

3. 下列关于诊断询问和症状重现的陈述，哪个陈述是对的？

A. 当进行诊断询问时，应该使用术语，以便从顾客处获得更多的详细信息

B. 当进行诊断询问时，应该彻底地弄清顾客指出的使症状重现的条件

C. 为重现症状，重要的是根据诊断询问得来的信息，重现不致发生故障的条件

D. 不要试图载着顾客进行道路试验，因为他将指出另外的故障

4. 下列关于重现方法的陈述中，哪个陈述是错的？

A. 施加更大的振动，达到使发动机倾斜或线束被拉出的程度

B. 向车辆施加电负载，使其产生发动机振动的条件

C. 向车辆洒水，产生水能进入插头或产生凝水现象的条件

D. 向车辆加热或冷却，产生因温度变化而使零件膨胀或收缩的条件

5. 下列关于诊断检查的陈述中，哪个陈述是对的？

A. 当 DTC 输出时，故障码指出的系统中任一个传感器、执行器、线路和 ECU 都可能有故障

B. 当正常 DTC 输出时，可判断电气系统没有故障

C. 当无 DTC 输出时，则不具有诊断功能的执行机构有故障

D. 正常模式比测试模式更能探测到诸如接触不良等瞬间发生的故障

6. 下列关于 ECU 数据检查的陈述中，哪个陈述是对的？

A. 即使故障码已被删除，定格数据仍可留存在记录中

B. 当 ECU 记录一个故障码时，定格数据就记录道路条件

C. 除非探测到故障码，否则 ECU 数据就不被确认

D. 当无故障码输出时，确认 ECU 数据可发现故障原因

7. 下列关于点火和预热系统、燃油系统和压缩系统检查的陈述中，哪个陈述是对的？

A. 在检查汽油机点火系统前，先将喷油器的插头断开或其他的操作程序，使燃油不再喷射

B. 检查 EFI 汽油机的燃油系统时，在摇动曲轴的同时，将发动机舱中的燃油软管断开，检查有无汽油流出

C. 检查柴油机的燃油系统时，如果无燃油喷射进气缸，则燃油泵有故障

D. 检查压缩系统时，如果发现压缩压力低，则可用少量机油注入气缸内；如果发现压缩压力有变化，则可能在气缸盖一侧

项目二

汽车电气系统故障诊断与维修

项目描述

李先生有一辆2019年的奥迪A6L轿车，行驶里程将近7万km。有一天，李先生在起动发动机时起动机偶尔起动无力，维修技师进行蓄电池检查，显示正常，没有发现线路虚接和腐蚀情况，换了一台起动机，有明显改善。

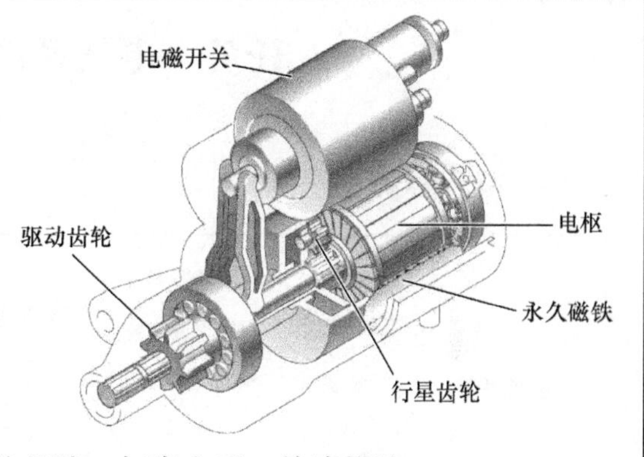

几天后，李先生反映仍有此故障，经过一系列的原因追查后，最后根据VIDA的提示发现蓄电池到车身的连接处很脏，打磨之后，故障排除。

学习目标

知识目标

1. 能分析汽车电器故障诊断。
2. 能掌握和理解汽车电器故障的成因。
3. 能掌握汽车电路插头检查和维修方法。
4. 能掌握汽车电器故障诊断的基本方法。
5. 能掌握汽车电器故障诊断的基本流程。

技能目标

1. 能分析和掌握电气系统故障诊断与维修。
2. 能区分汽车电气系统的人为故障和自然故障。
3. 能掌握汽车电气系统故障诊断的基本技能。
4. 能掌握不同类型车辆电气系统故障诊断流程的方法和技巧。

素养目标

1. 严格执行汽车电气系统故障诊断规范，养成严谨科学的工作态度。
2. 培养团队协作精神。

3. 能够接受新的知识。
4. 愿意探索新事物，有学习愿望，有求知欲。
5. 阅读资料划出关键技术点归纳整理出故障诊断方法。
6. 能够清晰、友好且有趣地向他人口头转述信息。
7. 能够解决棘手的问题。
8. 树立目标并制订实现目标的计划。
9. 客观公正地自评和评价他人。
10. 能够与合作伙伴良好地交流和相互理解。
11. 能够养成自觉遵守技术标准和要求规定、规范操作、安全、环保、“6S”作业的习惯。
12. 能够养成劳动光荣、创造伟大的思维和创新意识。

任务　电气系统故障诊断

一、相关知识

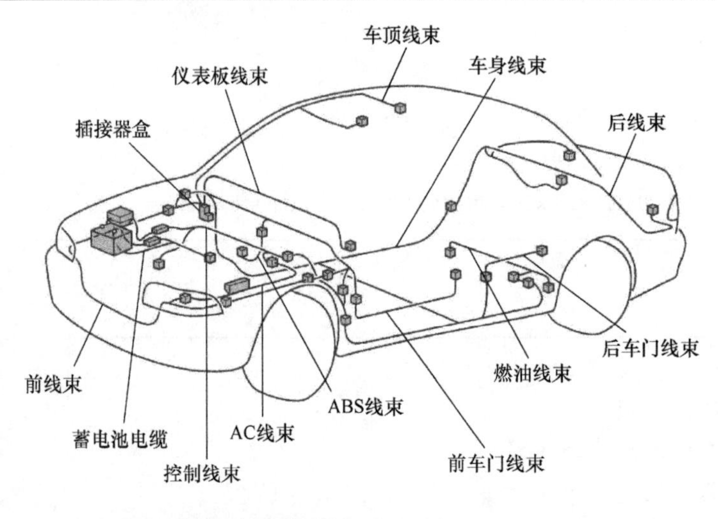

使用ECU控制各种电气系统的功能已经很普遍，而且在该控制下的系统范围也随之扩大。因此，车辆的驾驶舒适性也得以实现。

但是，这并不意味着ECU控制可以完全排除电气系统中的故障。本项目描述了电气系统故障排除的基本理念。关于故障排除的几个注意事项：

- 电气系统的故障排除。
- 使用电路图进行故障排除。
- 汽车电器零部件的知识。
- 电路故障排除的方法。
- 应用于电路的电压。
- 如何排除基本电路的故障。
- 如何排除ECU控制系统的故障。

检查和排除电气系统的故障时，头脑中应始终清楚地知道系统运行时电流如何流动以及电压如何变化，所以通过使用电路图和电脑检测仪充分了解电气系统的结构和功能，以及对维修手册中叙述的检测内容和意义进行充分理解是十分必要的。

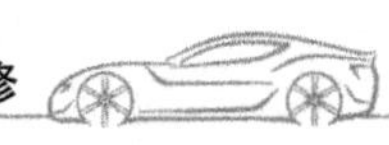

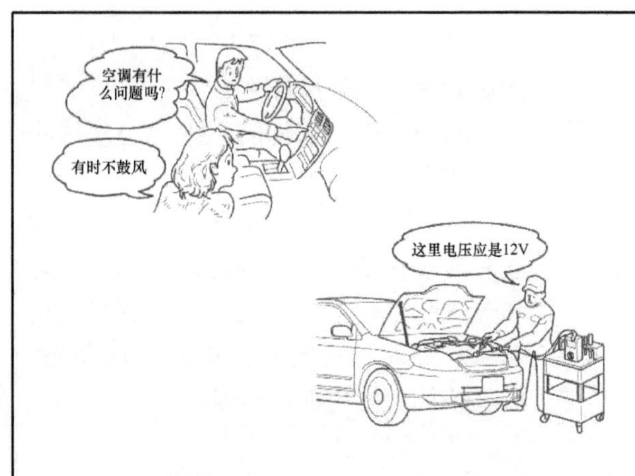

1）确认故障条件。

电气系统具有多种附加功能，甚至类似的系统可根据不同型号以不同方式运行。因此，确定条件是否正常是最基本的前提，这有助于将故障的形成原因缩小到一定范围内，如图所示。

2）电源连接是否正确?

电源连接必须正确，否则电气系统无法运行。需要检查电气系统是否连接电源，以及电压是否完全适用于电气系统。

3）电气系统运行时的电压应用情况。

只要电气系统运行，就应始终保持有电压和电流。因此，技术人员可以通过检查电压来确定系统中哪部分是正常的，特别是，通过万用表来测量电压读数，加上有效使用电路图，从而可帮助技术人员有效缩减疑似故障区域。

4）零部件是否损坏。

如果推测出故障区域，那么可以通过万用表测量每部分的电阻或检查是否导通进而判断它们是否损坏。

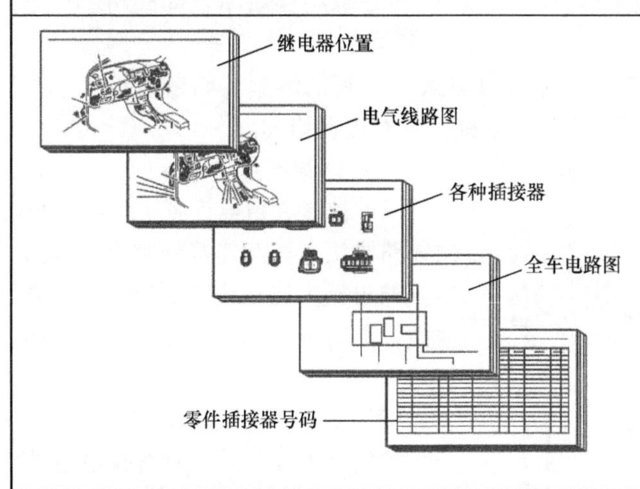

1. 使用电路图进行故障排除

在电气系统的故障排除中所使用的电路图可提供故障排除所需的电器设备的信息，包括电器设备的回路、位置以及连接条件，如图所示。

排除故障的程序如下：

1）检查并了解线束和连接装置的位置。根据电路图确认插头的位置和号码。

2）确认插接器的端子排列。根据插接器号码，确认插接器的形状，并参考“各种插接器”，确认端子的号码。

3）确认与其他相关部件的连接情况。从“ 全车电路 ”图索引中找到与目标部件有关的系统名称，并检查系统电路。

4）根据插接器号码、部件名称等找到目标部件，并确认与其他相关部件的连接情况，如图所示。

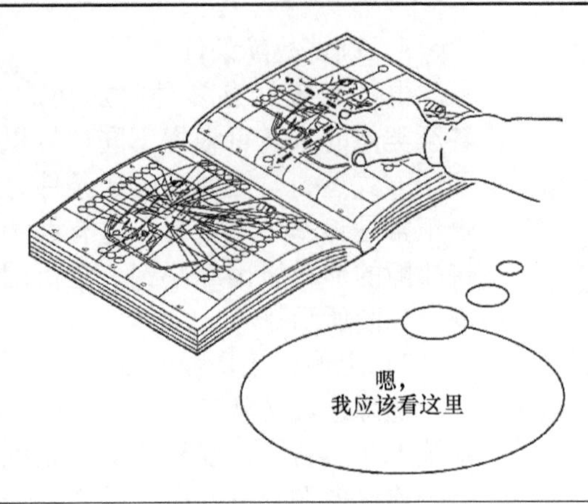

5）将有故障的部件从车辆上拆下，然后对每个部件进行检测。

6）根据“全车电路图 ”检查线束的开路和短路情况。

7）有效地进行故障排除，确认熔丝和连接在熔丝上的电器装置以及熔丝和连接在车体搭铁上的电器装置之间的关系。同时，还要确认搭铁点的位置，以及接线盒的内部电路等。

热疲劳导致熔丝破裂　　熔断器被过电流熔断

破裂　　熔断

2. 有关基本电器零部件的知识

（1）熔丝熔断的原因

熔丝损坏有两个原因：

- 由于电流处在经常性开和关的状态，这样可引起熔丝破裂（这称为“热疲劳”），从而导致熔丝损坏。
- 由于电路里有过量电流（超载）而导致熔丝熔断，如图所示。

提示：

如果熔丝已经由于热疲劳而损坏，那么可更换一个新的熔丝。如果熔丝由于线束或电器部件短路而导致熔断，那么应确定短路位置并进行修理。

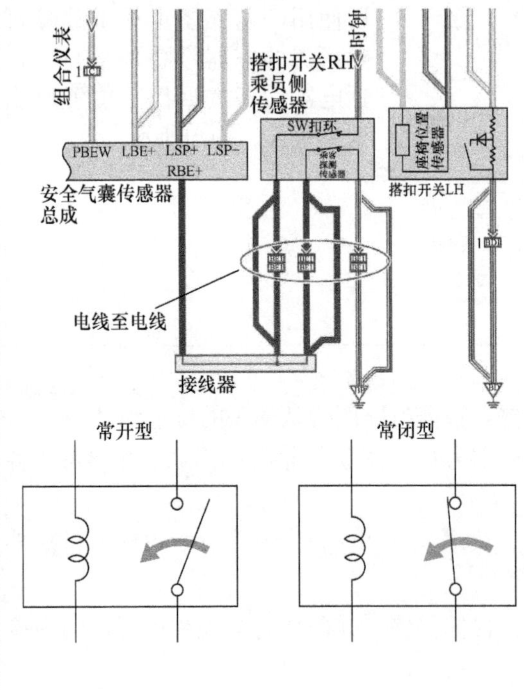

（2）线路连接的内容

一些连接在电器设备上的线束使用线路插接器相互连接。使用这样的插接器可极大提高线束更换维修的方便性，同时也降低了维修成本，如图所示。

（3）有关继电器的知识

常设计为在开关一侧有接触点的继电器，当蓄电池电压施加到线圈一侧时进行连接。

这种类型的继电器称为“常开型”。相反，还有一种类型的继电器，其开关上的接触点在通常情况下是连接的，而在蓄电池电压施加于线圈一侧时断开连接。这种型号的继电器称为“常闭型”，如图所示。

从 ECU 中输入或输出的信号划分

为开关打开时的影响控制和开关关闭时的影响控制。“常开型”用于控制打开时，而“常闭型”用于控制关闭时。

因此，在进行部件检测时通过电路图确认继电器的类型以及维修手册是必要的前提条件。

汽车继电器由磁路系统、接触系统和复原机构组成。磁路系统由铁心、轭铁、衔铁、线圈等零件组成。接触系统由静簧片、动簧片、触点底座等组成。复原机构由复原簧片或拉簧组成。

继电器主要应用的是电磁效应。当线圈供电后产生的磁场使触点闭合。继电器是一种利用小电流控制大电流的电动开关。发动机、车身等电子控制系统中都大量使用了继电器。继电器是汽车使用最多的电子元器件之一。

- 继电器构造

继电器是一些控制级别较低的电磁开关元件。在车辆中它们用于开关高负载电流。与电流冲击开关一样，它们也属于遥控开关类型。继电器用于开环和闭环控制系统。

电磁继电器有一个由线圈控制的电枢，用于操作触点。在支架型继电器中，接触弹簧由一个绝缘网控制。支架型继电器的接触弹簧只能同时打开或闭合。几个接触弹簧组合在一起构成套件。圆型继电器和扁平继电器的区别在于线圈的形状。继电器电枢有一个由非磁性物质制成的 0.7～0.5mm 厚的隔板。这样可以确保，即使处于工作位置，电枢与铁心之间仍留有微小的间隙，从而在励磁切断后电枢会再次露出或释放且不会因残余磁力而“粘”在铁心上，如图所示。

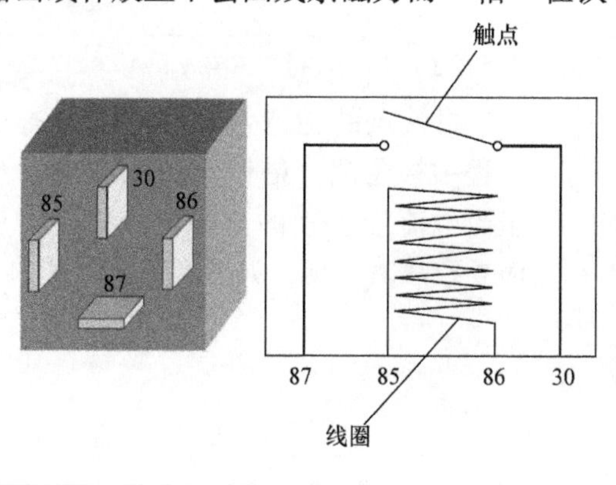

继电器有两个主要部分，一个是线圈，另一个是触点。继电器中的线圈起到控制作用。触点的状态取决于线圈是否产生磁场。当触点闭合后被控制的用电设备开始工作。

如图所示，85#和 86#端子是线圈，属于控制部分。87#和 30#端子是触点，属于被控制部分即输出端。

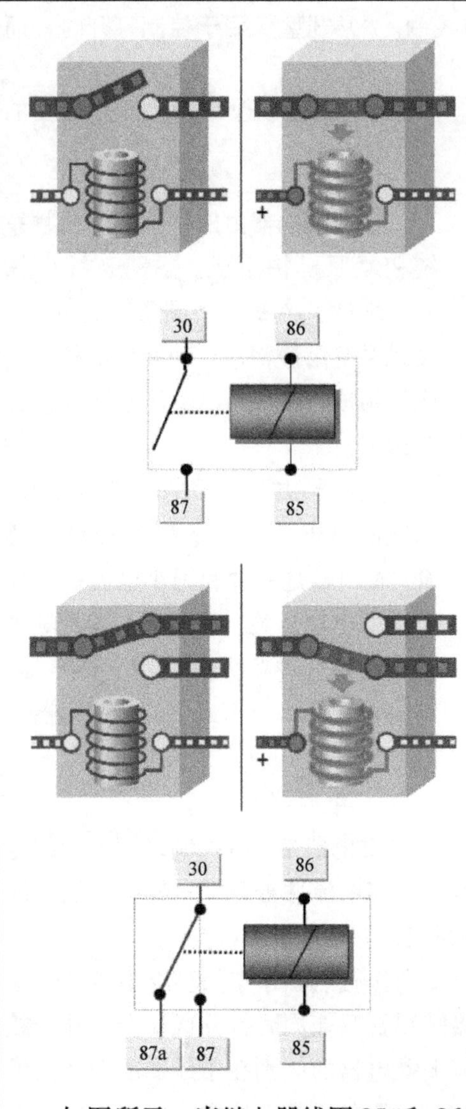

当电磁继电器线圈两端加上一定的电压或电流，线圈产生的磁通通过铁心、轭铁、衔铁、磁路工作气隙组成的磁路，在磁场的作用下，衔铁吸向铁心极面，从而推动常闭触点断开，常开触点闭合；当线圈两端电压或电流小于一定值时，机械反力大于电磁吸力时，衔铁回到初始状态，常开触点断开，常闭触点接通。

汽车继电器可以看作由线圈工作的控制电路和触点工作的主电路两个部分组成的集合体。在继电器的控制电路中，只有较小的工作电流，这是由于操纵开关的触点容量较小，不能用来直接控制用电量较大的负荷，只能通过继电器的触点来控制它的通断。

- 四脚继电器工作原理

开关闭合后，电流从蓄电池正极经过继电器的85#线圈端子从86#流回蓄电池的负极，线圈两端就会产生磁场。

线圈产生磁场后，会吸引触点的87#和30#端子，使继电器的触点闭合，从而实现小电流控制大电流，如图所示。

- 五脚继电器工作原理

五脚继电器工作原理与四脚继电器基本相同，只是在继电器不工作时，有一个触点一直处于常闭状态。

如图所示，当继电器线圈85#和86#端子通电后，线圈吸引触点从87a#端子运动到87#端子，使30#端子与87#端子接通。五脚继电器也叫作枢纽继电器，可以起到转换作用。

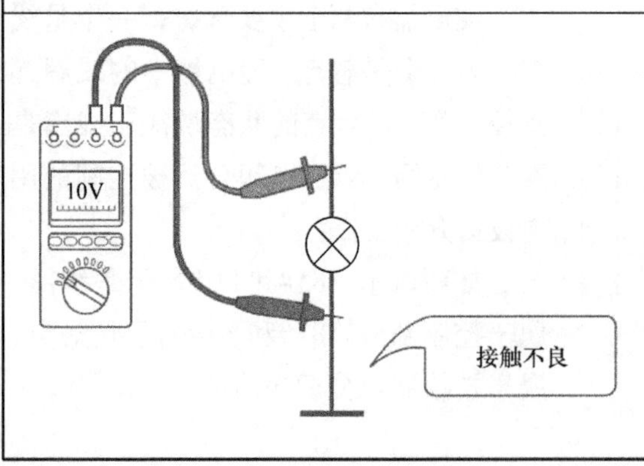

（4）搭铁点

搭铁点的检测常常在电路检查的过程中被忽略。搭铁点的接触不良会阻碍电流沿正确的流向流入电路，从而导致故障出现，如图所示。

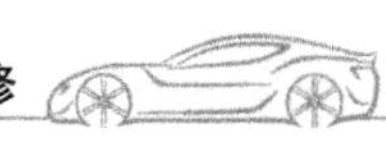

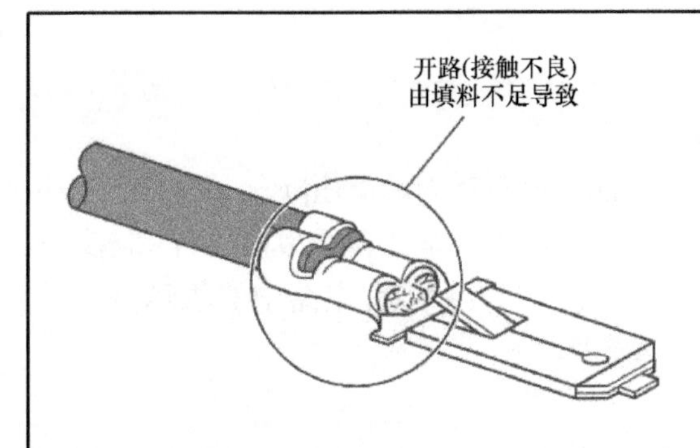

（5）开路

车辆线束的开路故障很少出现在线路中，而通常出现在插接器上。检查开路时，要特别注意各电器设备的插接器和插接器端子，应仔细检查端子和导线连接处的连接部分。

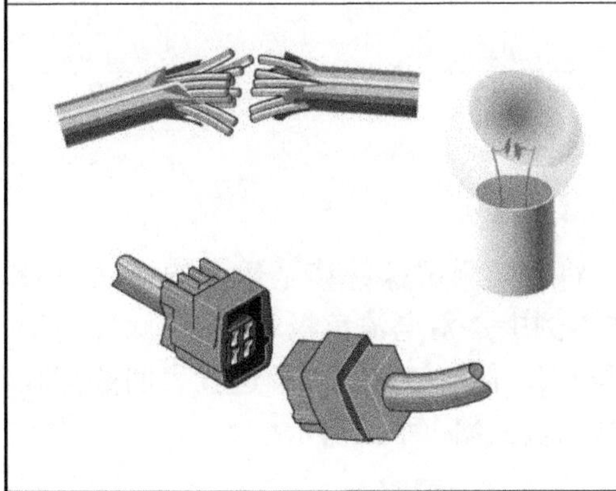

开路表示电路中某个位置断开，电流无法在电路中流动，因此，开路中的组件无法工作，这可能是由于导线断裂、插接器松了或组件故障等原因导致，如图所示。

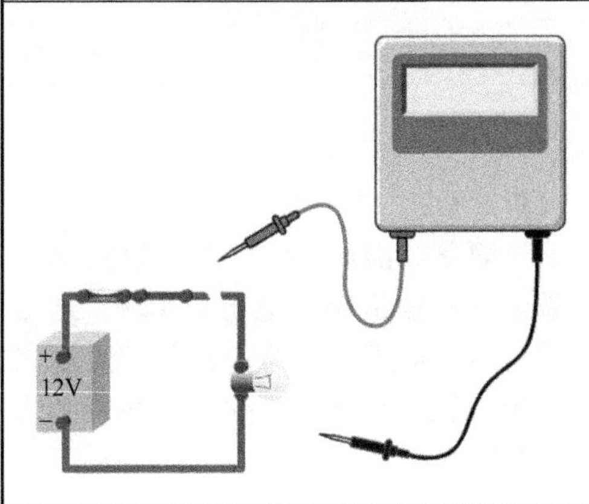

电路中的灯泡没有亮，取得电路中的读数以追踪故障，最好使用电压表。

电压表的优点是可以轻易连接，而且可以在开合回路中读数。此外，还可以迅速取得可以轻易解释的读数。测量电路上不同点的电压，直到发现某点的电压不正常时为止，如图所示。

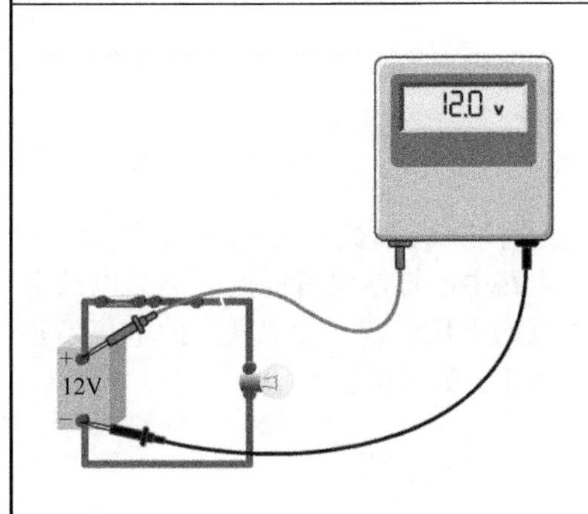

测量蓄电池电压：

首先测量蓄电池电压，电压表读数为12V，这是正常的电压，如图所示。

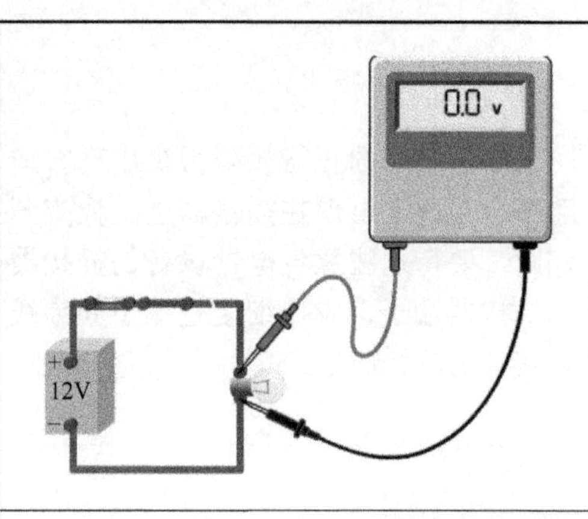

测量电负荷内的电压降：

在本例中，电压降是0V，实际应该是12V，下一步开始追踪电路中的故障，如图所示。

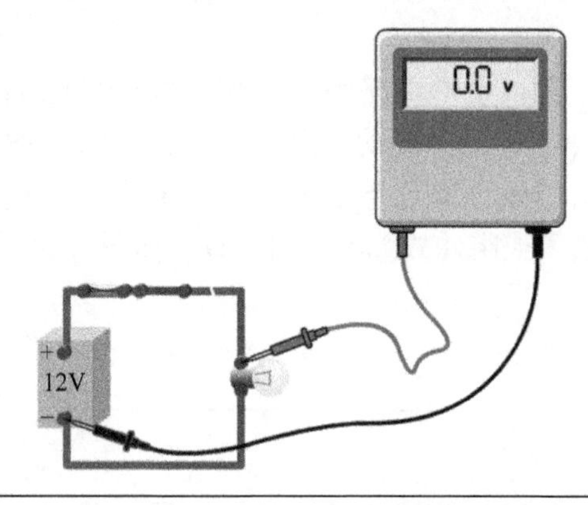

分析故障：

将负极测试探针移至适合的搭铁位置（在本例中是蓄电池负极端子），此处的读数是0V，但应该是12V。这就表明故障在灯泡的输入端，如图所示。

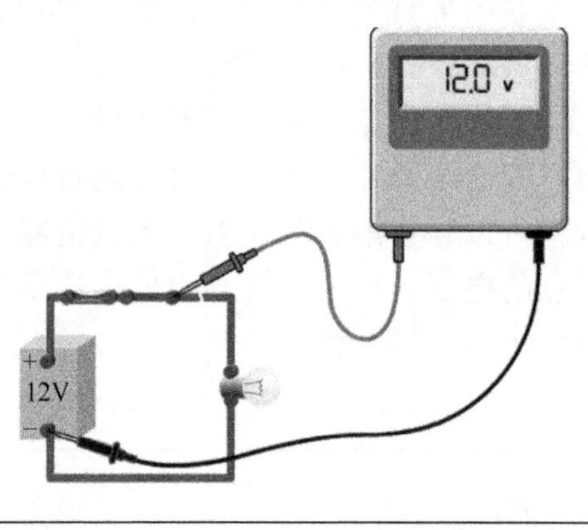

分析开路：

通过测量灯泡输入端的电路以找出故障位置。开关输出端的电压是12V，这是正常的电压。这表明电路中开关与灯泡之间的某个位置出现开路。检查电线及其连接，如图所示。

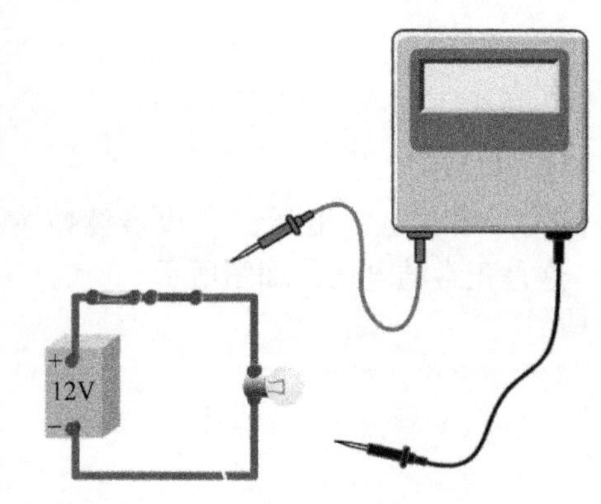

组件输出端开路：

电路中的灯泡没有亮起。测量电路上不同点的电压，直到发现某点的电压不正常时为止，如图所示。

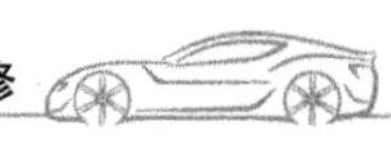

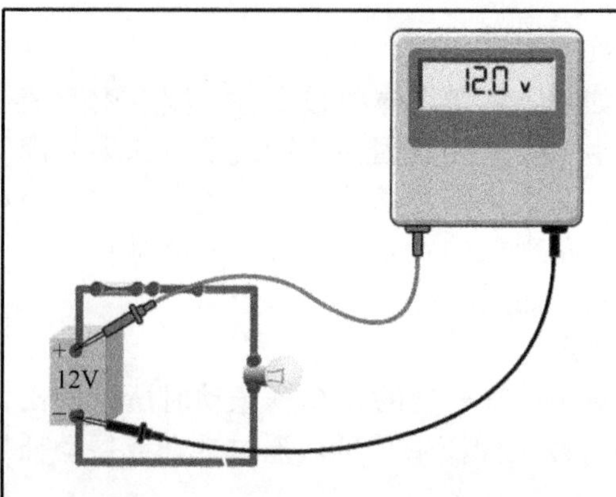

组件输出端开路测试流程：

首先测量蓄电池电压。电压表读数为12V，这是正常的电压，如图所示。

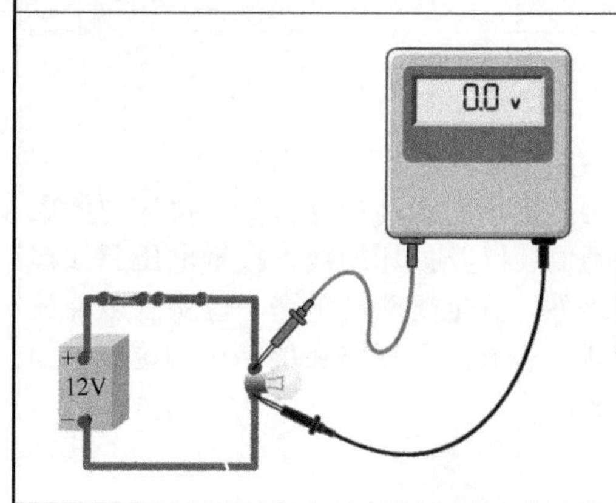

测量电负荷内的电压降：

在本例中，电压降是0V，但应该是12V。下一步开始追踪电路中的故障，如图所示。

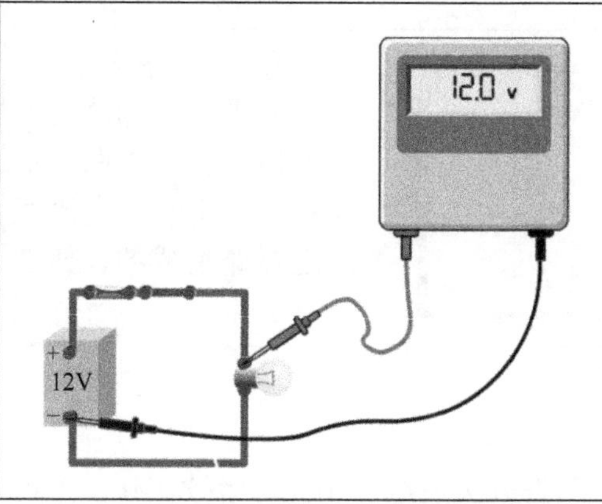

测量搭铁：

将负极测试探针移至适合的搭铁位置（在本例中是蓄电池负极端子）。此处的读数是12V，这表明故障不在灯泡的输入端，如图所示。

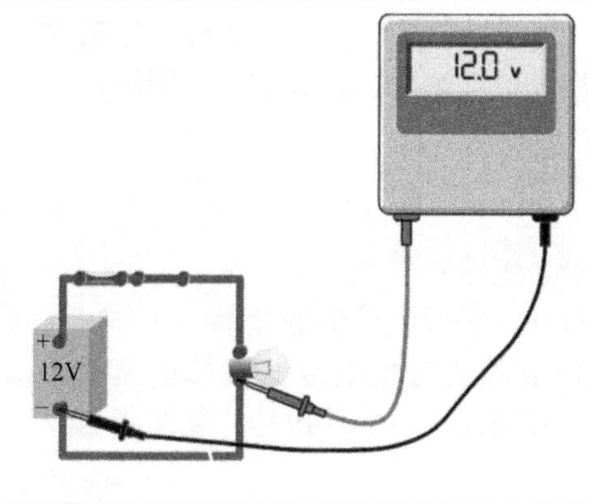

分析断路位置：

透过读取灯泡输出端各点的读数，继续故障追踪。灯泡输出端的电压是12V，但应该是0V。这就表明电路中此测量点之后的某个位置出现开路。由于没有电流经过灯泡，因此灯泡内的电压没有下降。尽管是在电负荷的输出端，一直到开路位置仍有供电电压。检查线束及其连接，如图所示。

（6）短路

如果线束在车体内被卡住，则会引起短路。由于线束被紧固在不同装置，如果紧固不好，那么杂质或锈蚀通常会引起短路。为防止短路现象的发生，应检查线束是否紧固或生锈，如图所示。

提示：

对于一些典型的在车辆振动时所检测出的故障而言，故障的产生可能是由于线束的开路或短路造成的。通过摇动或振动插接器再次产生故障，从而确定故障发生区域。

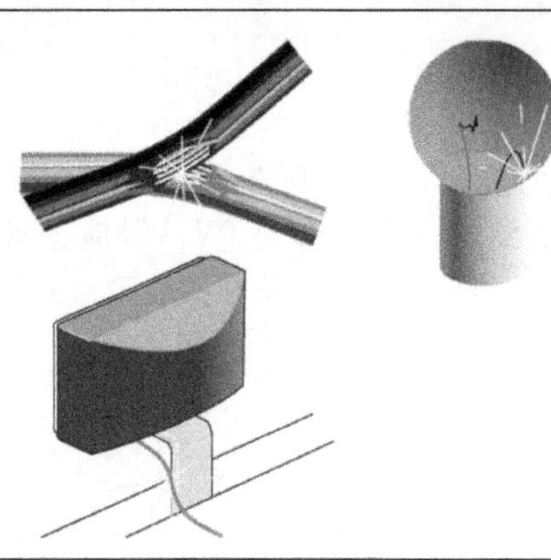

短路可能由以下原因引起：

两条损坏的线路相互接触，损坏的线束接触地面，以及损坏的线束接触电压源或损坏的组件。不同类型的短路：短路有多种故障症状，这取决于短路在电路中的位置，如图所示。

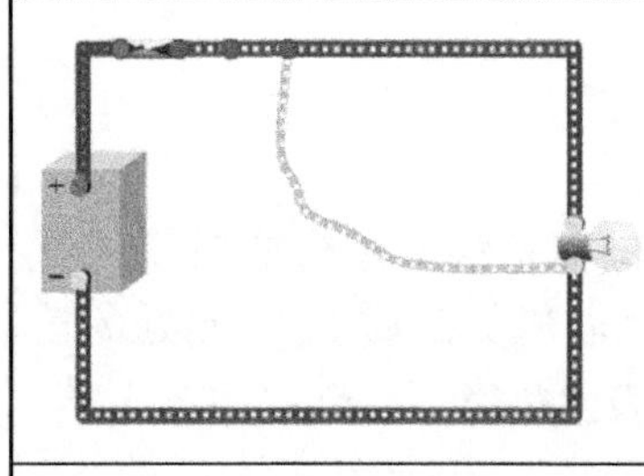

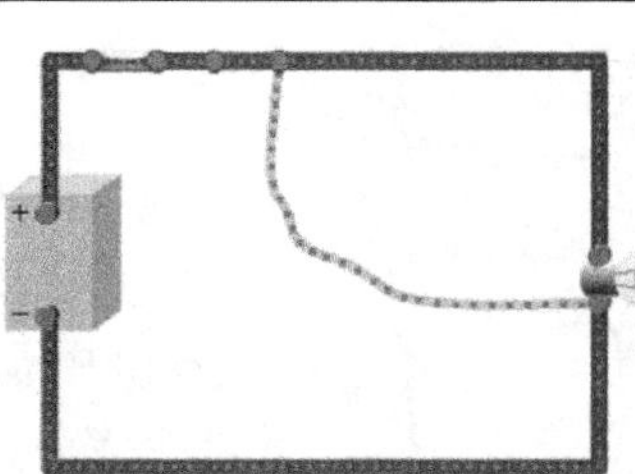

电源对地短路：

如果组件无法工作并且熔丝已经烧断，这可能是由于组件电源线对地短路造成的，如图所示。

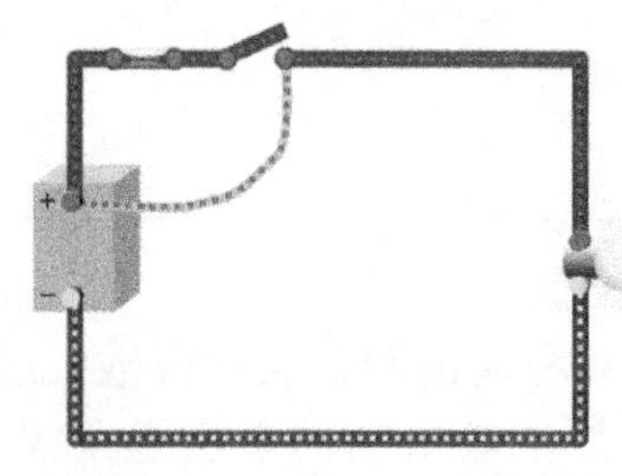

对正极端子短路：

如果在打开开关后组件仍能够继续工作，这可能是由于组件电源线对蓄电池正极端子短路造成的。这里假设开关在组件的输入端，如图所示。

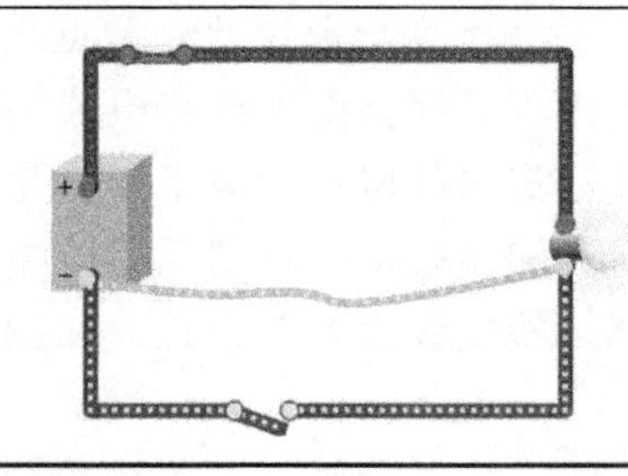

对负极端子短路：

如果在打开开关后组件仍能够继续工作，这可能是由于组件电源线对蓄电池负极端子短路造成的。这里假设开关在组件的输出端，如图所示。

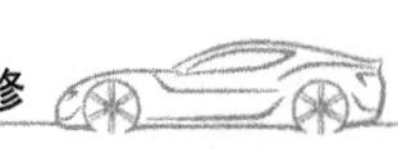

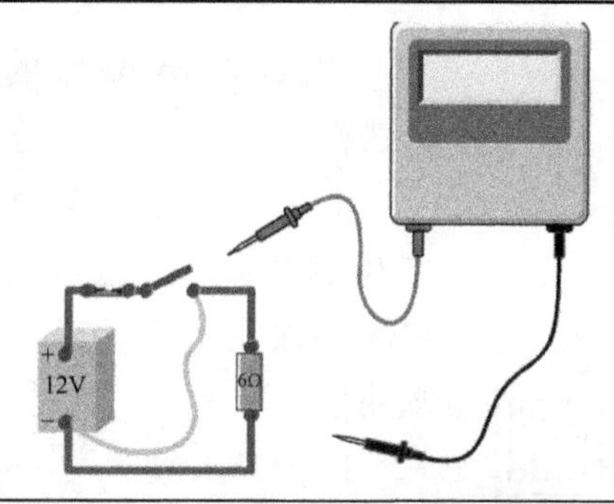

- 对地短路故障诊断

对地短路分析：

电路中的熔丝烧断表明短路。首先查明短路在开关的输入端还是输出端。断开电路，更换熔丝，然后闭合电路。如果熔丝立即烧断，这表明短路是在开关的输入端。如果熔丝在闭合电路时烧断，这表明短路是在开关的输出端。在本例中，短路是在开关的输出端，如图所示。

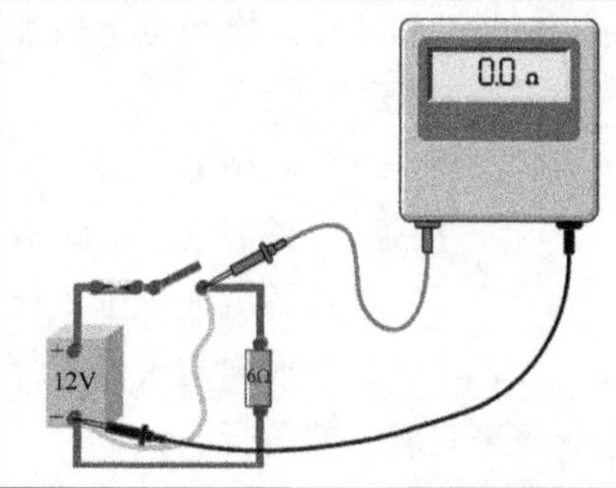

测量电阻：

断开电路，测量电阻器输入端某点与搭铁之间的电阻，电阻表读数为 0Ω，这是不正常的。这表明电阻器输入端的测量点与搭铁之间出现短路。但是，无法判断出是电阻器内部短路还是电源线对地短路，如图所示。

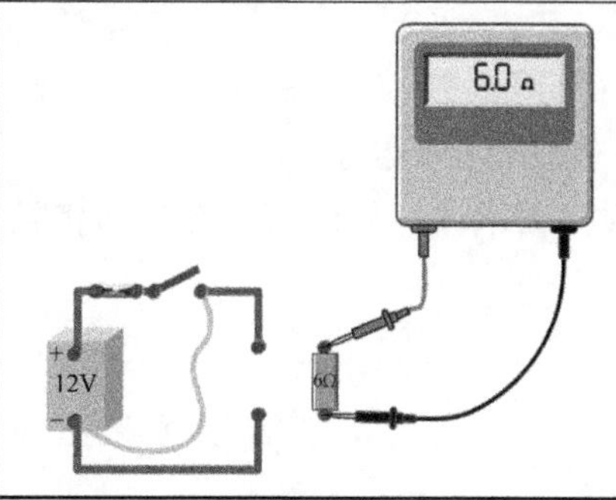

分析故障：

断开电阻器的连接并测量其电阻，电阻表读数为 6Ω，这是正常的。这就表明电阻器内部没有短路。检查电源线是否损坏以及是否接触地面。排除故障后更换熔丝，如图所示。

二、任务实施

（一）电路故障排除的方法

对技术人员要求：

- 接收/检查修理单。
- 接收用于修理的订购零件。
- 在允许的时间内进行工作。
- 向技师领队确认工作完成。

技师领队：

- 对技术难度高的工作向技术人员提供指导和帮助。

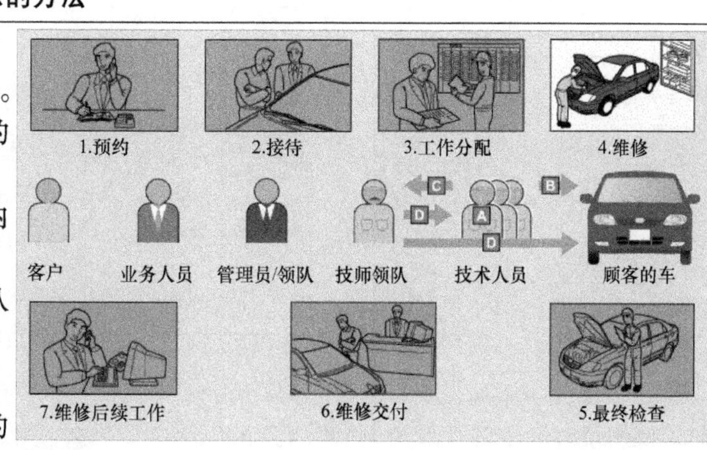

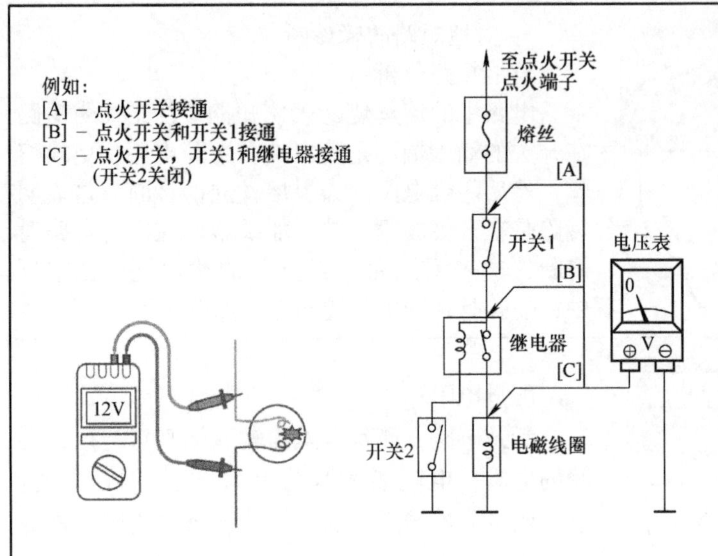

电路故障排除的方法：

电路故障排除的基本技能包括电压检测、电路导通及电阻检查和短路检查。

1. 电压检查

1）在检测点上施加电压。

2）使用电压表，连接通向搭铁点的负极（–）或蓄电池端子负极（–）和通向插头或零部件端子的正极（+）。这项检查可以用试验灯代替电压表来完成，如图所示。

提示：

当在一定的区域测量蓄电池电压时（例如灯泡部分），数值有两层含义。

- 在通常情况下，电压降是由电阻器产生的，即由灯泡产生。
- 在故障排除的情况下，蓄电池电压供给灯泡（蓄电池一侧的电路和车体搭铁一侧的电路之间存在电位差）。

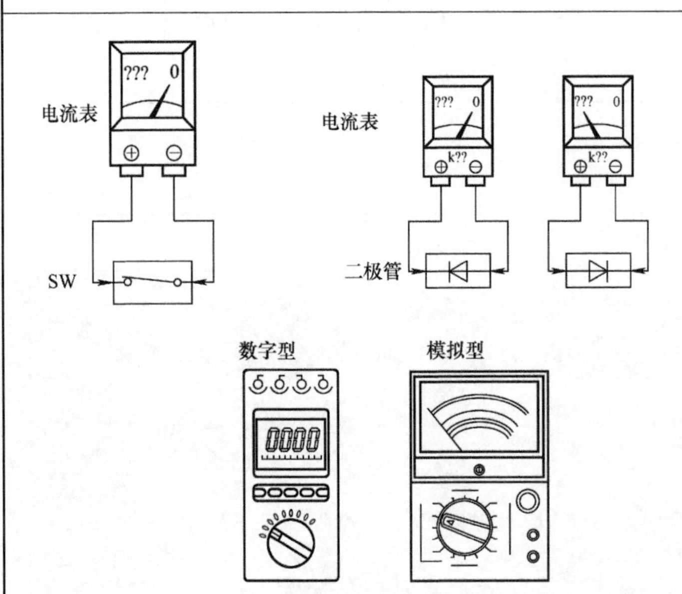

2. 电路导通及电阻检查

1）断开蓄电池端子或电线，此时在检测点之间没有电压。

2）将电阻表的两根导线连接在每个检测点上。

3）如果电路中有一个二极管，则调换两根导线再测一遍，当接触通向二极管正极侧的负极和通向负极侧的正极时，为导通。

4）电路的故障排除时，使用带有高阻抗（最小 10kW/V）的电压/电阻表，如图所示。

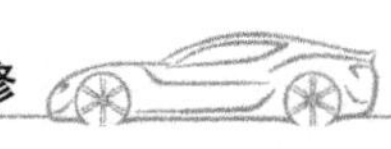

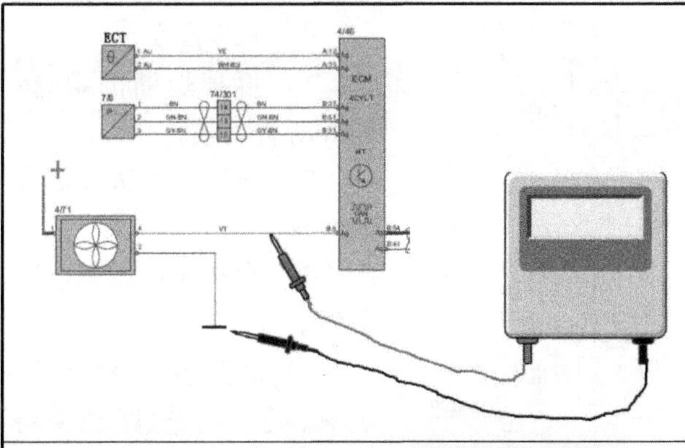

线路电阻增大可以通过以下2个方面进行分析：

- 输入信号线路电阻增大可以通过数据流和万用表测量信号来进行判断。
- 输出信号可以通过万用表测量电压降的方法来判断故障，如图所示。

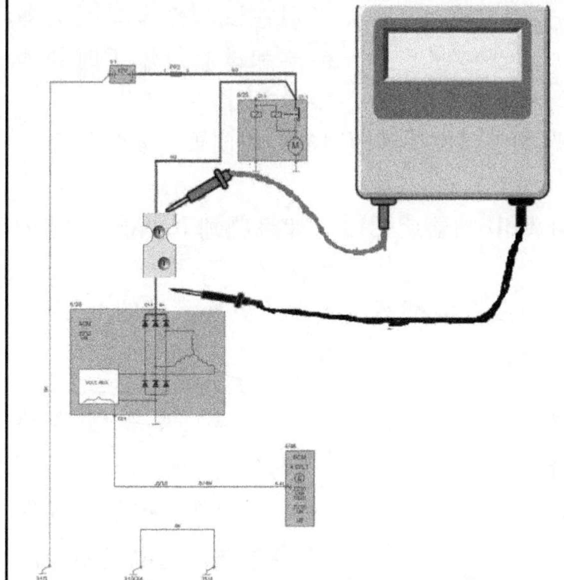

当导线的直径变细后，将会导致流过导线的电流减小。所以从故障现象上来看，与电阻增大的故障现象类似。检查方法与导线电阻增大的方法相同，也可以通过测量电压降的方法来排除故障，如图所示。

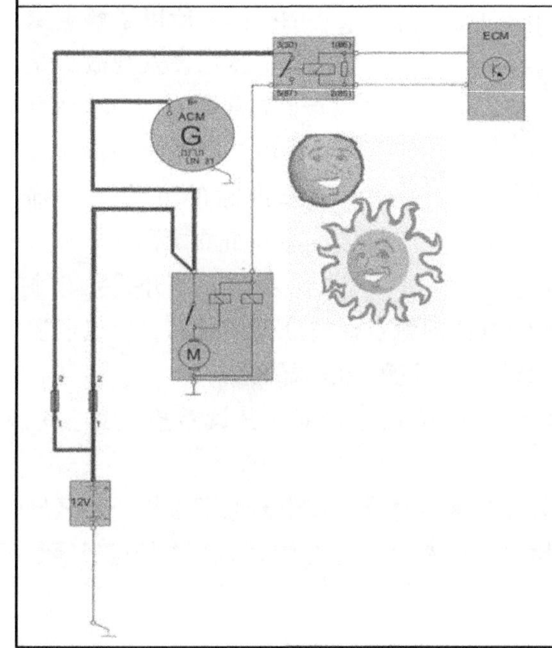

线路的环境温度发生变化会使导线的电阻率发生变化，这种问题的故障现象往往与环境温度有关系。测量时，必须要模拟出现故障时的环境温度，再使用万用表来测量线路的电压降和电阻来分析故障的所在。例如模拟环境温度的变化：可以通过烤房来使车轮升温，把可疑的线路放入冰箱来模拟低温环境，如图所示。

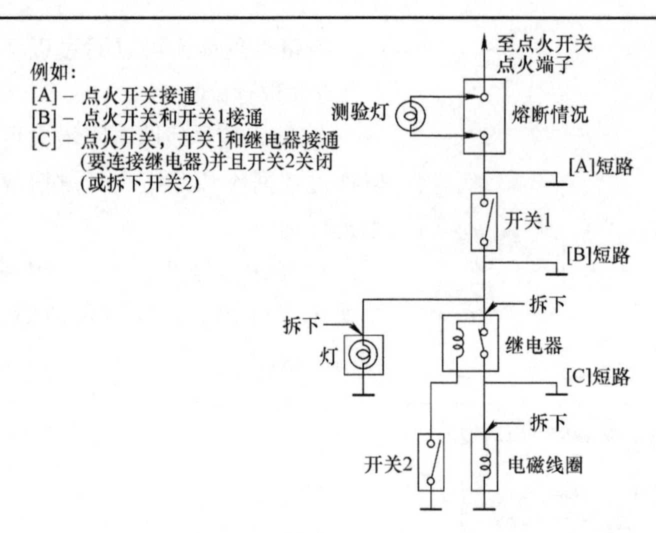

3. 短路检查

1）拆掉熔断的熔丝，断开所有负载。

2）连接一个试验灯代替熔丝。

3）为试验灯点亮创造条件。

4）断开插接器的同时观察试验灯。短路现象将出现在试验灯点亮时的插接器和试验灯熄灭时的插接器之间。

5）通过沿车体方向轻微摇动有问题的电线以找到短路的确切位置，如图所示。

小心：

• 除非绝对有必要，否则不要打开 ECU 的盖或壳体（如果碰到 IC 端子，则 IC 可能被静电损坏）。

• 更换 ECU 元件时，身体任何部位或衣服都不能接触所更换元件的 IC 端子导线。

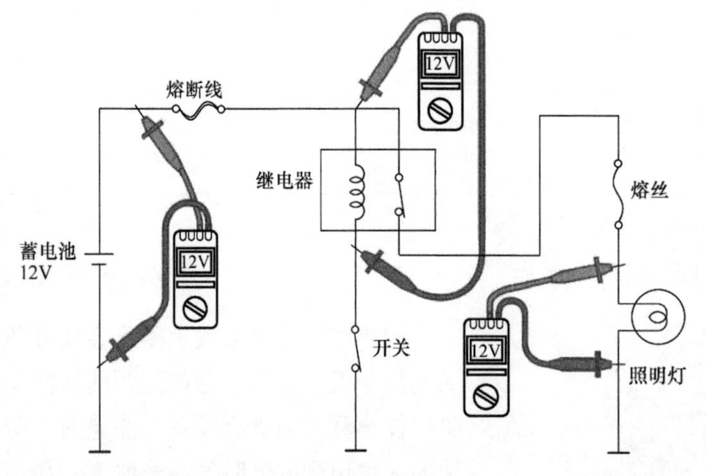

4. 供给电路的电压

通常，仅从外观观察很难发现电气系统内的故障，所以了解电路的电压以便发现故障是非常重要的。在本项目中以照明系统为例对故障排除的方法加以描述，如图所示。

（1）当开关关闭时

由于继电器线圈内无电流通过，因此继电器的触点保持断开的状态，所以照明灯不亮。在这里，电压供给熔丝、继电器线圈、开关和继电器的触点。

当电压表与电路图中的红线或黑线任意一条相连接时，其读数应始终显示为 12V。

这是因为在无电流通过的情况下蓄电池电压等量分配在由开路部位终止的区域内。当测量 A 点和 B 点间的电压时，电压表显示为 0V。这是因为 12V 电压已经等量施加于 A 点和 B 点，没有电位差。

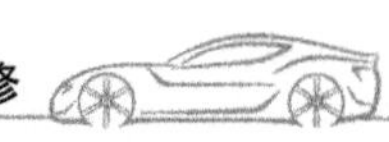

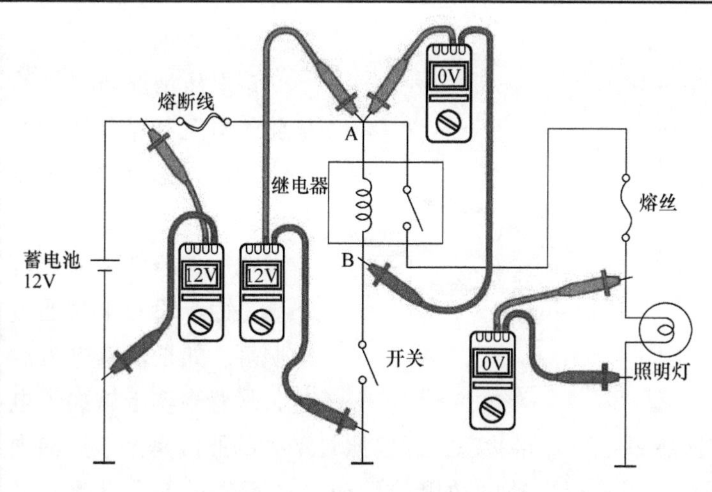

（2）当开关打开时

当开关打开时，继电器的触点打开，电路流入照明灯，灯变亮。

当电流流入电路时，电阻器两端产生电位差，施加电压。

在该电路里，继电器线圈和照明灯有内电阻，而且这些部件串联。因此，12V 电压施加于继电器线圈和照明灯。

线束、熔丝、熔断器、开关和继电器的触点也有它们自己的电阻，但是只要接触不良的现象不明显或者其性能没有问题，这样的电阻则通常被忽视，如图所示。

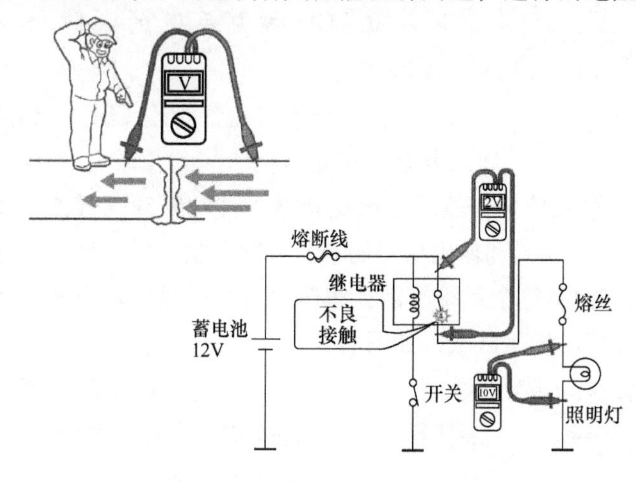

（3）接触不良的情况

如果电路里出现接触不良的情况，电流就不能顺利流入该区域内，因此便起到了电阻的作用。这可看作接触电阻，其中有电流通过以便向两端施加电压。当电路里的继电器的触点出现接触不良的现象，电压只适用于与继电器的触点串联的照明灯时，降低了继电器的触点接触电阻的电压。

假设该继电器的触点适用于 2V 电压，照明灯仅适用于 10V 电压，那么流入照明灯内的电流将降低，同时照明灯也将相应程度地变暗，如图所示。

5. 判断和检查故障

在基本电路的使用过程中，将对故障排除方法加以阐述。在本项目中，对下述情况进行诊断，假设故障出现在前照灯，前照灯不亮，即使灯的控制开关置于前照灯的位置，如图所示。

（1）各个部分的电压测量

电压测量结果如下：

- 供电电压：12V。
- 继电器线圈电压：12V。
- 前照灯电压：12V。

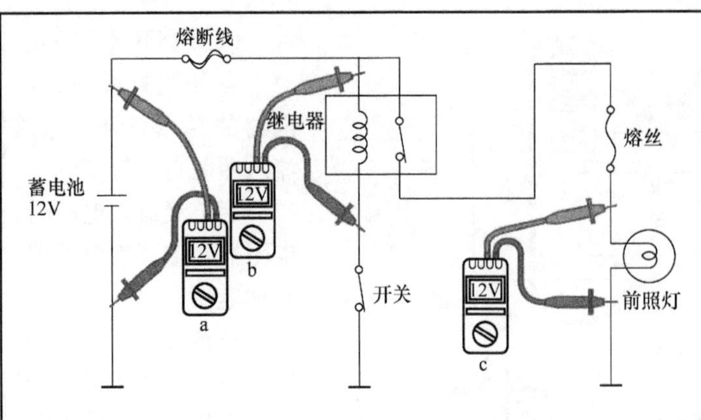

(2) 诊断

该电压情况与“供给电路的电压”中叙述的开关打开状态下的电压相同。

在这种条件下前照灯不亮是由于没有电流通过前照灯。如果没有电流通过，尽管事实上施加了电压，那么也意味着在那个区域里处于开路状态，即前照灯不亮的原因是由于灯泡内的灯丝处于开路状态。因而，当进行电路的故障排除时，在不测量各个电阻或各部分的电流的情况下，检查电压有助于判断电路是否损坏。

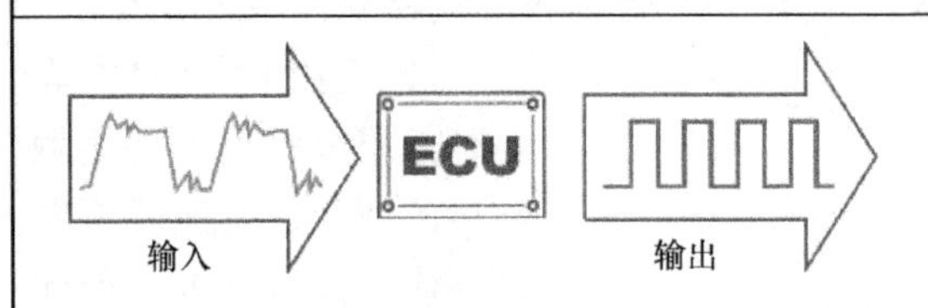

6. ECU 控制系统的故障排除方法

该系统主要负责管理 ECU 控制的复杂的功能。

ECU 从开关、传感器等接收输入信号，然后当满足特殊条件时驱动执行器或类似的设备。因此，该电气系统中控制输入和输出信号的功能就同人脑一样。该系统在执行时，有许多电路与 ECU 连接控制整个系统，因此很难进行故障排除。但是，按照顺序、正确地检测即可确定故障的发生区域，如图所示。

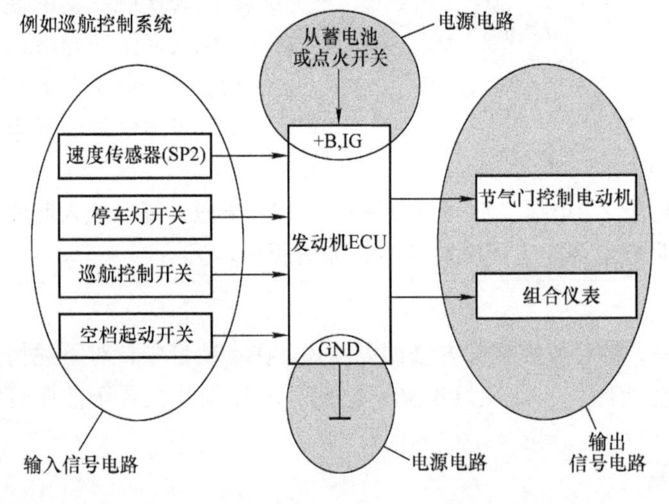

在对 ECU 控制系统进行故障排除的过程中，当所有系统都停止运行时，ECU 可能根本不运行，那么可以猜测是电源电路里出现故障。

另一方面，当指定系统不运行时，可判断与该系统有关的输入输出信号电路出现异常。

由此可见，当进行 ECU 控制系统故障排除时，通过了解哪些系统由 ECU 控制以及它们的症状，可以查明故障发生的原因。

只有在与 ECU 连接的电路里没有发现异常时，才将 ECU 更换，如图所示。

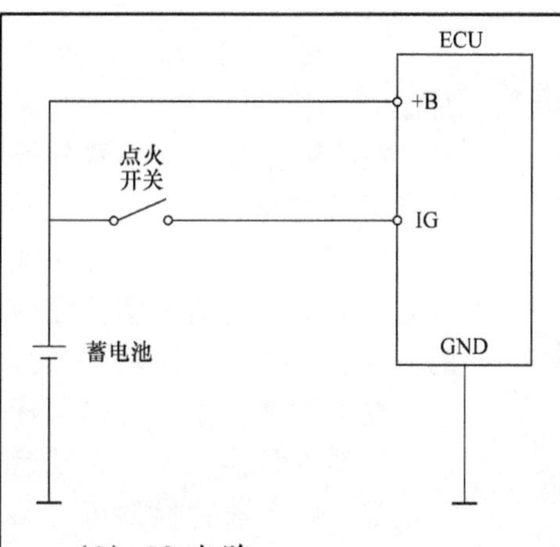

7. 电源系统电路的检测方法

（1） +B 电路

应供给蓄电池电压以运行 ECU 控制系统，因此每个 ECU 都有一个 +B（正极蓄电池）电路。由于 +B 电路在 ECU 中通常保存记忆，所以电路直接与蓄电池相连，而且总有电压供应。

因此，在检查 +B 电路时，如果在 +B 端子和车体搭铁之间用电表测出蓄电池电压，那么可以判断为正常。

（2） IG 电路

同 +B 电路相似，当点火开关在打开位置时，有一个电路控制 ECU。在检查 IG 电路的过程中，当点火开关打开时，如果 IG 端子和车体搭铁之间有蓄电池电压，那么 IG 电路可判断为正常。

（3） GND 电路

除了电源系统以外，搭铁系统中的 GND 电路对 ECU 的运行也是十分必要的。在 GND 电路的检测过程中，如果 GND 端子和车体搭铁之间是导通的，那么 GND 电路可判断为正常，如图所示。

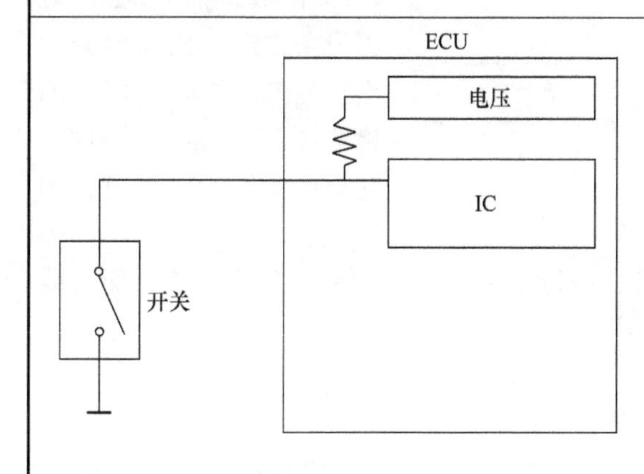

8. 输入/输出信号系统电路的检查方法

（1） 开关电路

当检查包括开关在内的线束时，可直接连接通向车体搭铁开关的车辆线束端子。

当被检开关电路中开关打开且 ECU 插头断开时，如果车辆侧线束和车体搭铁之间是导通的，那么包括开关在内的配线可判断为正常，如图所示。

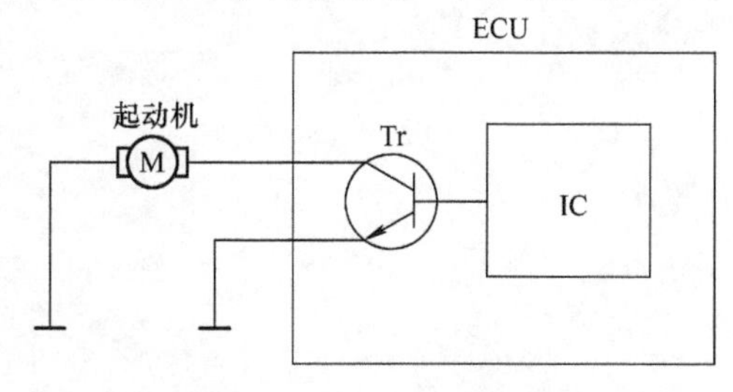

（2） 起动电路

检查包括起动在内的线束时，直接将蓄电池电压加在与起动机相连的车辆线束端子上。

如动力车窗，通过转换施加在蓄电池上的正（+）、负（-）电极，按正反方向旋转以便升高或降低车窗玻璃。所以，通过转换电极的极性可检查其是否运行正常，如图所示。

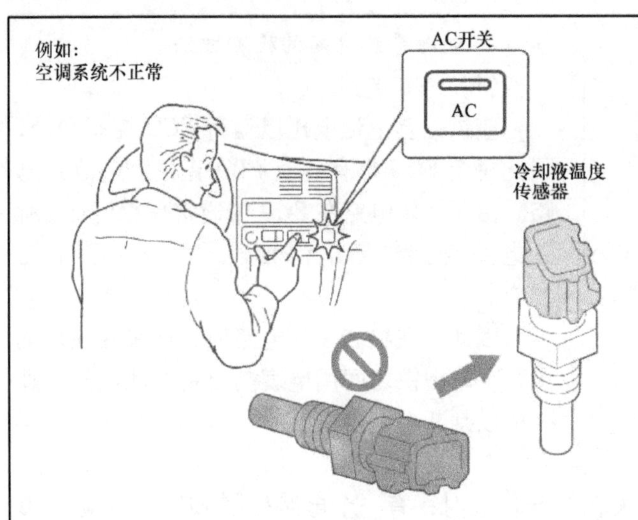

9. 通过更换进行故障排除

在故障排除中，装置的检查是不可避免的，但在是否导通的检查或者在蓄电池加压检查的情况下，包括传感器在内的一些电器设备是不易检查的。

在这种情况下，可以用标准工作零件替换，如果系统运行正常，那么被替换件可判断为有故障。

但是，这仅是一种对于在装置检查中不易检查零件的故障排除方法。如果装置检查可以进行，那么确定故障的产生是否由于该件所致是非常重要的，如图所示。

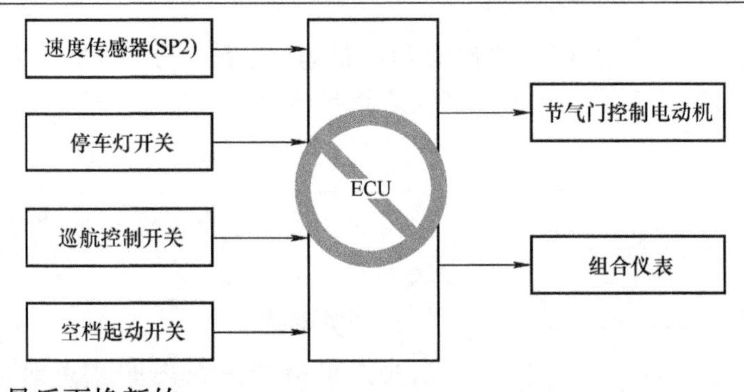

10. 更换ECU

当ECU的各个电路都被判断为无故障时，故障却并未排除，那么该电器设备应最终判断为ECU出现故障。基本上ECU的检测是不可能的。因此，它只能在故障排除过程的最后更换新的。

ECU很少出现故障，所以ECU只有在经过重新确认其插头已正确连接，而且线束已正确搭铁后才能进行更换，如图所示。

（二）检修蓄电池

对技术人员要求：

● 接收/检查修理单。

● 接收用于修理的订购零件。

● 在允许的时间内进行工作。

● 向技师领队确认工作完成。

技师领队：

● 对技术难度高的工作向技术人员提供指导和帮助。

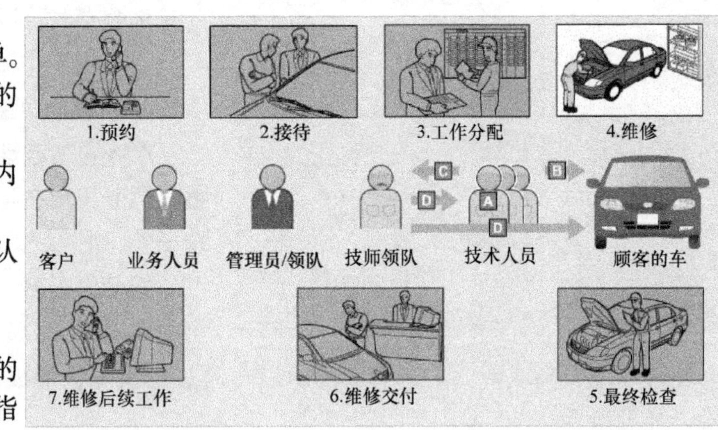

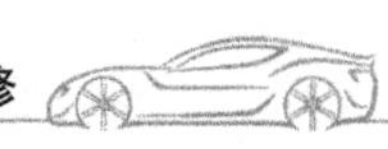

1. 蓄电池故障诊断流程

（1）与蓄电池放电有关的故障和投诉

1）蓄电池放电。

① 起动机不转，使发动机无法起动。

② 尽管蓄电池明显放电，但发动机仍然能够起动。客户认为应该检查蓄电池是否出了问题。

2）造成蓄电池放电的主要原因。

① 驾驶人下车时开关未关（灯控制开关等）。

② 蓄电池或充电系统出了故障。

③ 客户日常使用的电量和交流发电机的发电量不一样多。

3）解决蓄电池放电时，需要：

① 了解客户的使用习惯。

② 掌握有关蓄电池放电的技术知识。

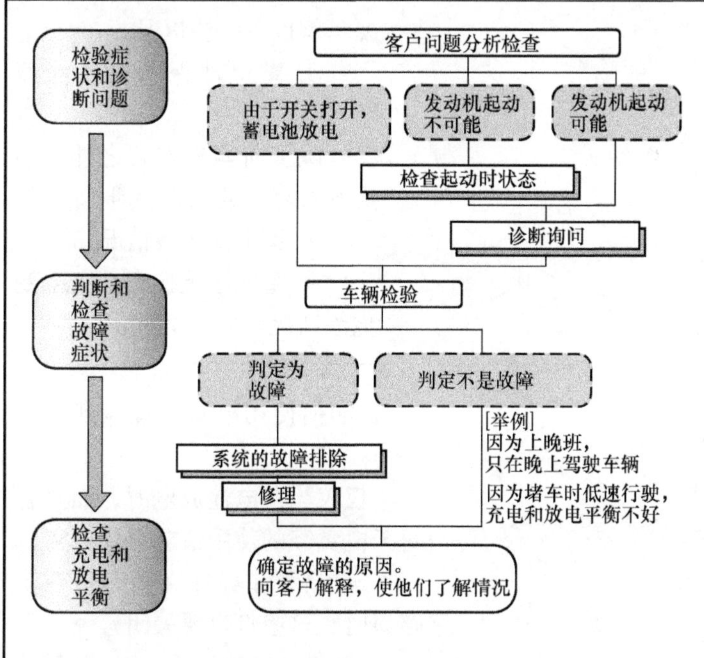

（2）故障诊断流程

遇到蓄电池放电问题时，要按以下3个步骤处理。

1）检查症状和诊断问题。

① 向客户提出询问，对该车的情况进行确认核实。

② 了解客户车辆使用习惯。

2）判断并检查故障症状。

检查蓄电池和充电系统等，判断这种故障是由车辆本身问题还是客户的使用习惯造成的。

3）检查充/放电平衡。

向客户提供恰当的建议，根据充放电平衡检查结果确定造成故障的原因，尽量避免这种故障再次发生，如图所示。

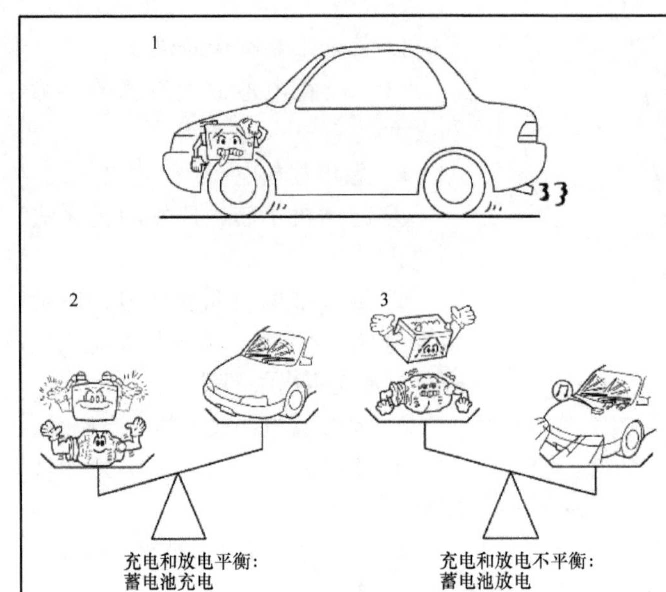

（3）故障检修的3个要点

1）蓄电池即使没有使用，性能也会变差。蓄电池性能变差的程度视车辆的使用条件的不同而有很大差异。

2）发动机运转时，如果发电机产生的电量输出大于消耗，蓄电池就会充电。

3）相反，如果电能消耗大于发电机的发电量，而蓄电池还要供电就会造成蓄电池放电，如图所示。

提示：

蓄电池的充电量和其放出的电量称为电/放电平衡。如果这种平衡明显恶化，就会造成蓄电池放电。

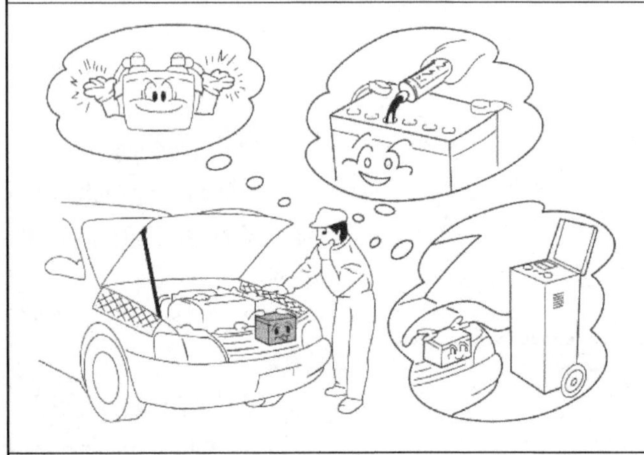

2. 诊断蓄电池

诊断蓄电池放电故障时，要了解以下一些情况

① 蓄电池保养史和保养情况。

除了向客户询问之外，还要查看客户的保养手册。

- 蓄电池更换情况。
- 蓄电池更换史、密度变化等情况，如图所示。

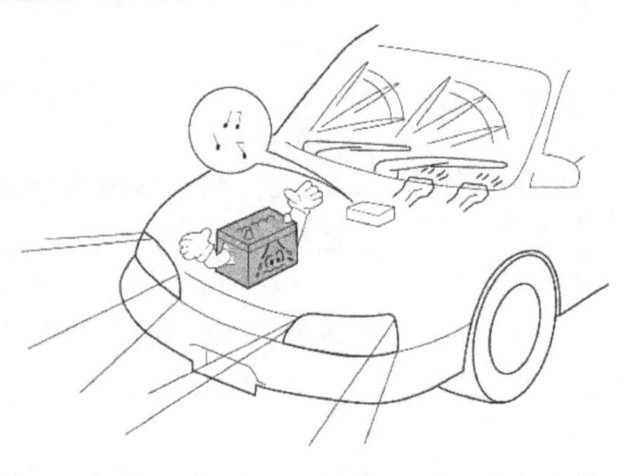

② 如何使用电器装置保证充放电平衡。

不仅仅当蓄电池放电时，而且客户每天电负载的使用情况也要核实。

- 前照灯和雾灯（当车停在十字路口时，这些灯也要关闭）。
- 空调（自动位置、ECCO模式等）。
- 是否有后装零件，它们是如何安装的。
- 其他别的电器装置的使用情况，如图所示。

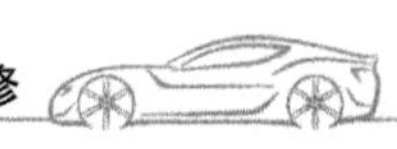

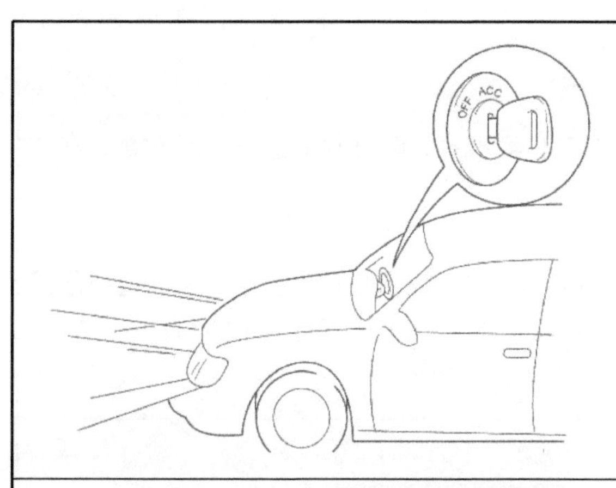

③ 客户下车时。

● 客户下车时，要检查一下电器开关是否还开着（当客户驾车来时，要检查一下这种情况）。

● 还要检查一下点火开关，如图所示。

诊断放电蓄电池时，首先要检查有关电器设备，包括充电系统等确定蓄电池是否处于良好状态，通过以上检查判断这种故障症状是否是由于车辆本身原因造成的，如图所示。

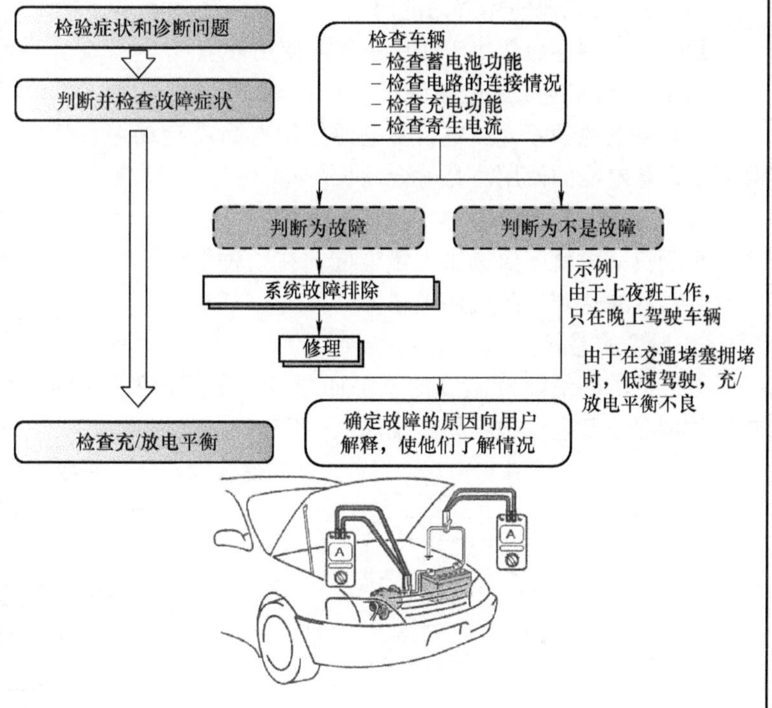

（1）车辆检查项目

● 检查蓄电池功能。

如果蓄电池性能变差，当它所承受的负荷增加时电动势就会变小，电压下降，这将导致起动机不能正常运转。

● 检查电路连接情况：

如果电路连接接触不良或松动，电流就不能正常流动，这就会造成交流发电机或 IC 调节器不能正常工作。

● 检查充电功能：

如果充电系统不能正常充电，就会出现由于蓄电池充电过少而放电。而如果蓄电池充电过多，蓄电池电解液就会减少，这也会导致蓄电池充电量不足或加快蓄电池的老化。

● 检查寄生电流：

即使关闭所有开关，电流仍然流向各个电器装置。如果流向电器装置的电流很大，蓄电池放电量就会很大，这就很容易造成蓄电池过放电。

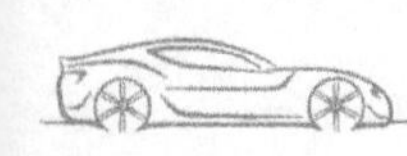

（2）检查咨询

1）如果判断这种症状是故障时。

如果根据检查结果判断出故障原因出在车辆本身，就可判断这是一种故障。在这种情况下就要用诊断仪确定故障原因。

2）如果判断这种症状不是故障时。

如果根据检查结果判断出故障并非出自车辆本身，而且没有可以导致这种故障症状的其他原因，这时有必要从另外一个观点向客户询问有关这种故障的一些情况。这种故障有可能是客户自己的一些不良使用习惯造成的。

（3）蓄电池使用寿命判断

1）决定蓄电池使用寿命的因素。

蓄电池使用寿命取决于使用条件或使用环境。

① 蓄电池充电及放电频率。

如果蓄电池频繁充放电，蓄电池使用寿命就会缩短；反之，如果蓄电池充放电频率低，蓄电池的使用寿命就会延长一些。

② 车辆负荷的差异。

车辆负荷大就需要提供大量电能，在这种情况下即使蓄电池的性能稍微下降一点也会很容易达到它的使用极限。

③ 温度的差异。

蓄电池的能量随着温度的下降而减少。冬天，发动机起动时需要大量的能量，在这种情况下蓄电池很容易出现放电现象。

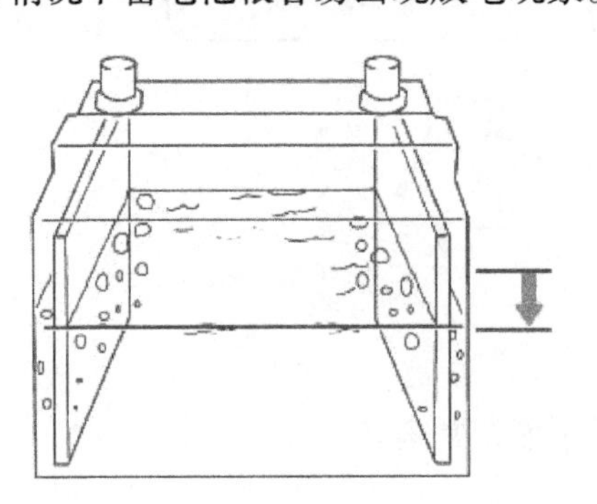

2）判断蓄电池寿命。

蓄电池使用寿命的长短还取决于以下因素：

① 电解液沉淀物的数量。

- 电解液沉淀物的数量增加。

② 电解液量的变化。

- 电解液明显减少。
- 各个电池格之间电解液下降的速度差异很大。

③ 充电时的情况。

- 充电时液体温度升高异常。

即使充电过程结束，产生的气体仍然不足，如图所示。

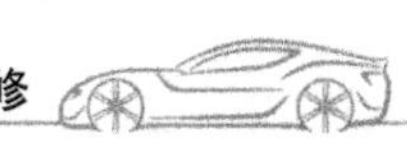

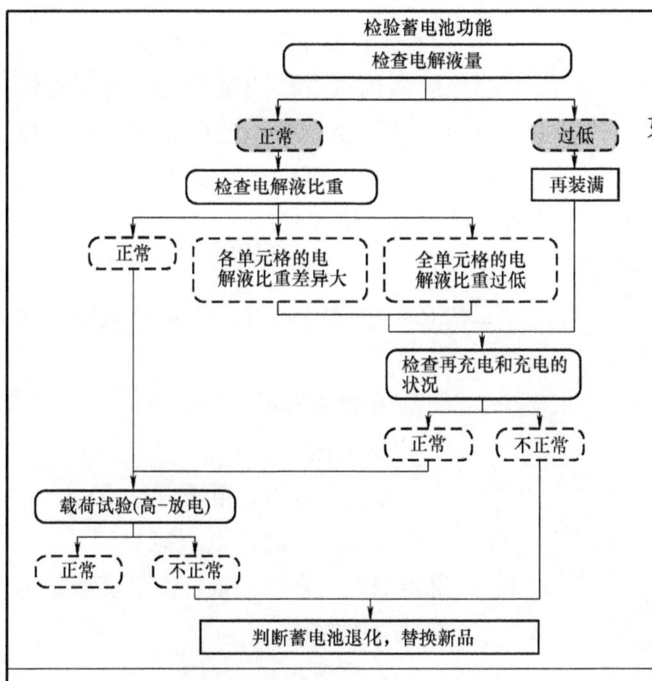

（4）检查蓄电池功能

检查蓄电池功能的流程，如图所示。

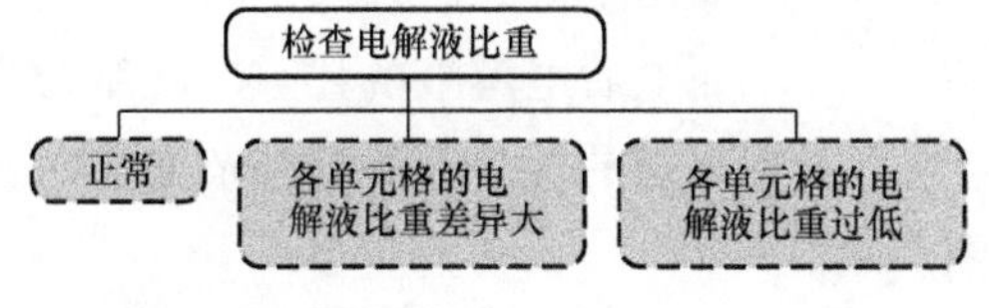

1）检查电解液量。

① 检查每个电池格电解液的多少，检查流程如图所示。

② 标准。

电解液的高度应介于：

标记“UPPER”（上）和标记“LOWER”（下）之间，如图所示。

提示：

如果电解液的高度在“LOWER”以下，就要添加电解液。

添加电解液后就不能准确地测量电解液的比重。在这种情况下要先重新充电，然后测量电解液的比重。

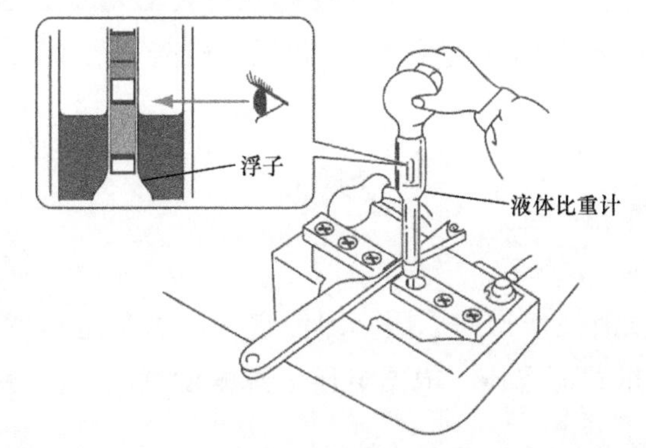

2）检查每个电池格里电解液的比重。

- 判断标准。

① 电解液的比重应在维修手册中列出的电解液规定范围之内。

② 电池各单元格比重差应≤0.04，如图所示。

提示：

- 电解液比重只反映蓄电池充电（放电）情况，因此，如果只检查比重并不能对蓄电池性能老化的情况作出判断。
- 如果蓄电池各单元格之间的比重存在很大差异，就要考虑以下情况：

蓄电池内部发生短路，电解液量变少，浓度增大（水蒸发掉），加水可使电解液的浓度降低。

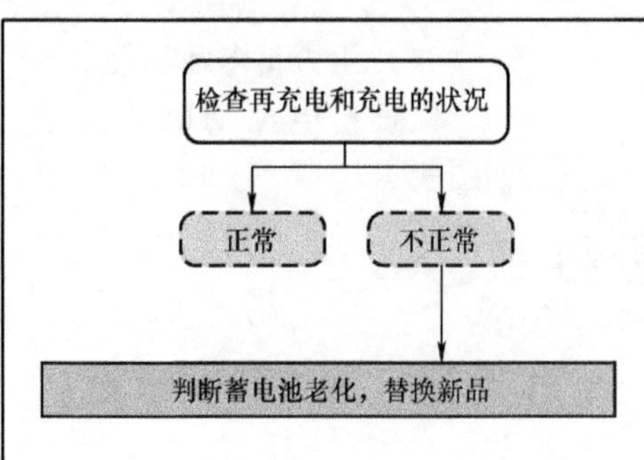

3）检查二次充电和充电的状况。

当电解液比重过高或过低时，对蓄电池重新充电，然后测量蓄电池电压和比重，检查流程如图所示。可以使用这种方法检查蓄电池性能的退化情况。

提示：

二次充电的目的是对比重进行调整，同时也是为“测量负荷电压”做准备。

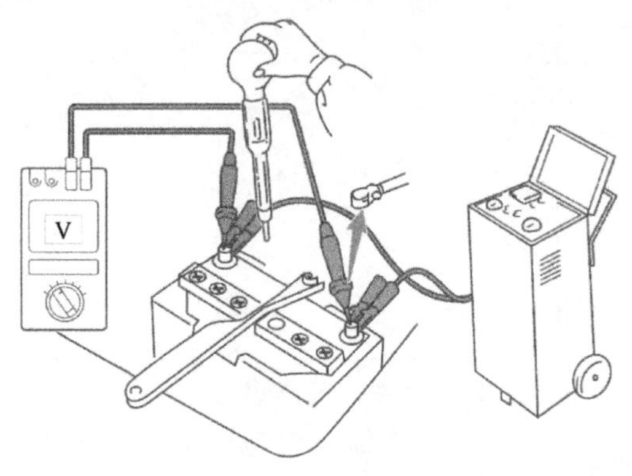

- 判断标准

① 电压。

开始充电时，电压应≤15V。

充电结束时，电压应≥15V（如果出现电压异常，很可能是硫酸盐化过高造成的）。

② 密度。

充电后电解液的比重应在维修手册中规定的电解液的标准范围之内。

蓄电池各单元格比重差应≤0.04，如图所示。

小心：用正常的充电方法对蓄电池充电（充电电流应设定在蓄电池容量的1/10左右）。

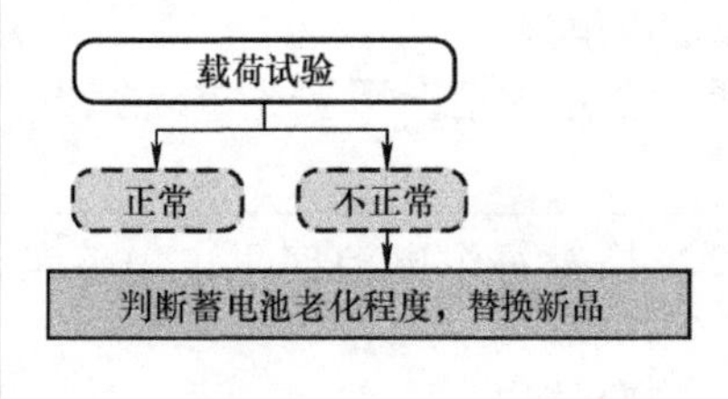

4）载荷试验。

发动机预热后，设法使它不能起动。然后将点火开关置于“ST”位（使起动机转动）5s，在发动机转动时测量蓄电池电压，检查流程如图所示。

- 标准

没有固定标准值，将该值与同型号车相比较。

提示：

- 如果蓄电池接受负荷，由于电流消耗增加的原因，即使它处于12V电压状态，电压也会下降，在这种情况下，测量载荷电压，根据电压下降幅度判断电池容量的大小。

当通过电路的电流达到蓄电池容量的4倍时（例如用50A · h的蓄电池作例子，就是有200A的电流通过电路），如果5s后蓄电池测试仪显示电压为9V，可以判断电压正常。

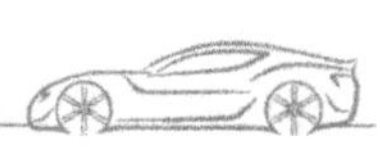

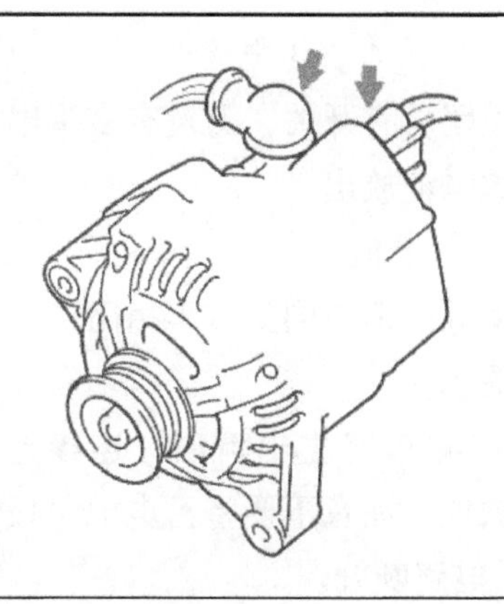

（5）检查每个电路的连接情况

- 交流发电机每个接线端子的连接情况，如图所示。
- 蓄电池接线端子的连接情况。
- 熔丝。
- 熔断丝连接情况。
- 标准。

1）任何线路连接都不允许出现松动或接触不良的情况。

2）熔丝或熔断丝不能有燃烧过及断开的情况。

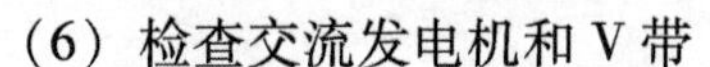

（6）检查交流发电机和V带

1）V带的张紧力和变形应在维修手册中规定的标准范围之内。

2）发动机转动时，交流发电机不应发出异常响动，如图所示。

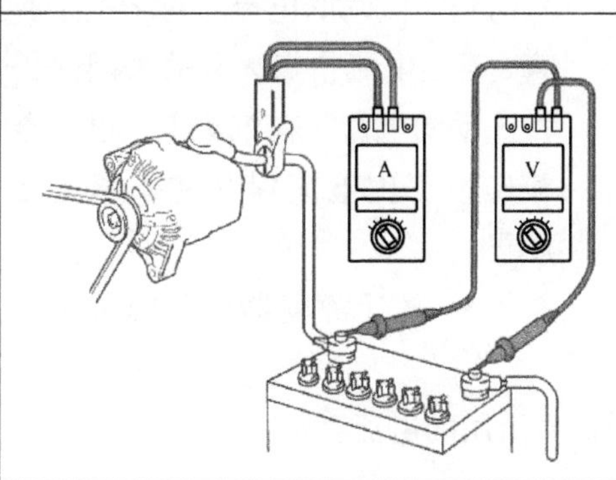

（7）无负荷试验（调整电压检查）

- 检查条件

在最小电负载下进行检查（输出≤10A）。

- 标准

产生的电压应保持恒定（调整电压），如图所示。

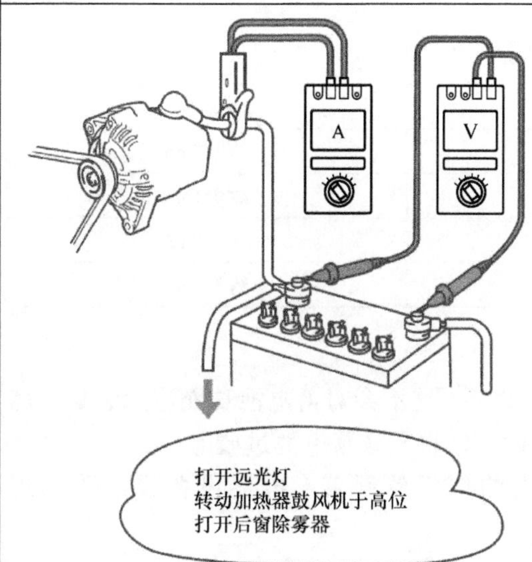

（8）负载试验（输出电流检查）

- 检查条件

使用尽可能多的电器设备以便增加负荷（施加30A或30A以上的电负载）。

- 标准

交流发电机的输出取决于负载的大小，如图所示。

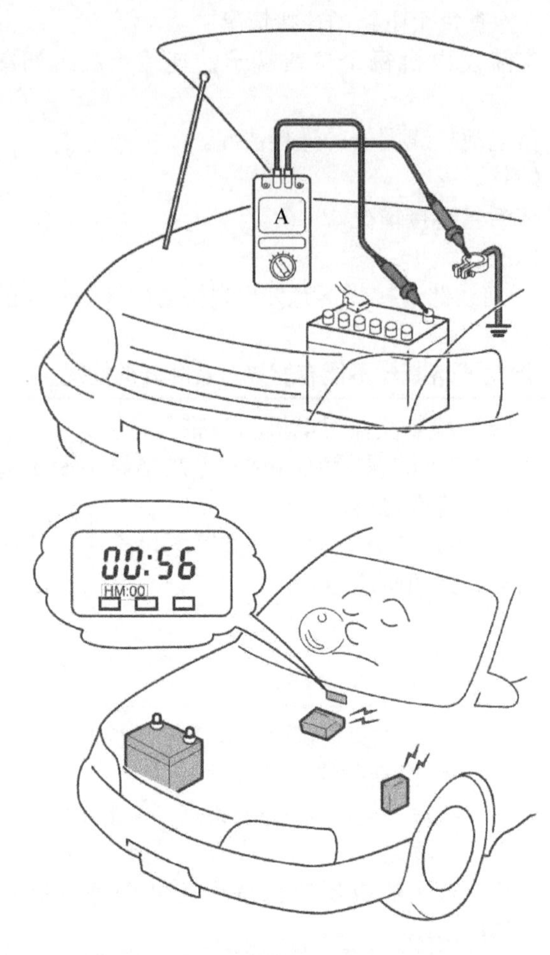

(9) 检查寄生电流

关闭所有开关，测量有多少电流从蓄电池放出。

- 标准值

无标准值与同型号车相比较。

提示：

- 测量寄生电流时，连接电流测试仪，注意不要将蓄电池负极（-）电路断开。

如果车辆侧蓄电池的负极端子电路断开，把测试仪连到它和蓄电池的负极端子上，寄生电流稳定后并测量寄生电流值，如图所示。

1）什么是寄生电流。

寄生电流通常指电器设备不工作时仍在流动的电流，对于汽车而言，寄生电流指点火开关关闭时仍在流动的电流。在汽车上，以下电流作为寄生电流保存在系统记忆库里。

- ECU 等电器设备的备用电流，这些电流为汽车重新起动做准备。
- 故障检修系统存储器或收音机频道选择信息所用的电流。
- 时钟运转所需的电流。

2）进入各种电器设备的寄生电流的例子：

时钟	约 2.0mA
ECT ECU	约 3.0mA
安全气囊传感器总成	约 0.1mA
ABS ECU	约 2.0mA
点火开关钥匙孔（带钥匙解锁报警开关）	约 3.0mA

3）形成寄生电流的原因。

一般情况下，寄生电流只在 10 ~ 50mA 之间，这不会对蓄电池功能造成影响。然而以下一些情况可导致寄生电流达到几百 mA，这将导致蓄电池过放电：

人离车后点火开关仍开着或行李舱内的灯仍然开着，电器设备或线路出现故障。

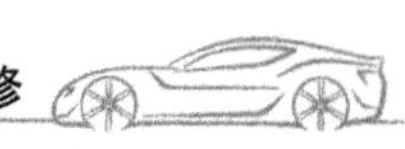

客户加装的一些零件的接电方法不正确（点火开关关闭时通常会有电漏出）；客户经常将钥匙插入点火钥匙孔中。
（10）充/放电平衡 1）检查充/放电的平衡情况。 如果在车上找不出任何故障，客户平时一些使用习惯很可能有问题。在这种情况下可以向客户提出一些问题，根据客户的回答检查充/放电平衡。 2）充/放电平衡的要点。 右图反映出交流发电机输出特性的一个特点。当所用的电负载超过交流发电机的输出时，蓄电池放出的电就补偿了交流发电机的输出电流。 如果这种情况持续了很长一段时间，蓄电池就会放电，为了防止这种情况的发生，要在蓄电池放电时检查流入用电设备的电流以及交流发电机的输出特性以判断充/放电平衡是否正常，也就是说蓄电池是否处于良好的充/放电状态。 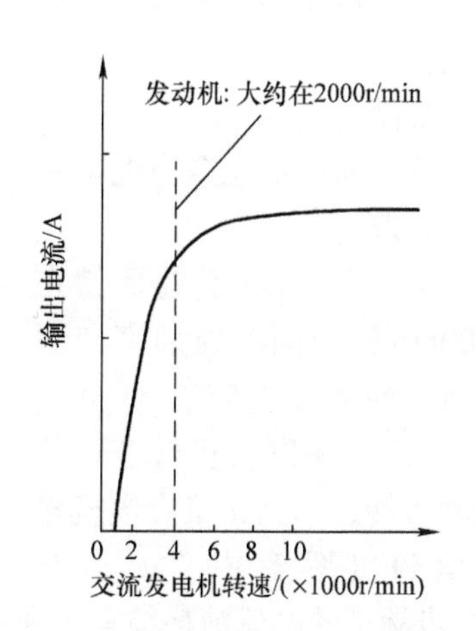
（11）充/放电平衡的检查步骤 检查电流消耗情况： 1）发动机预热后，将发动机转速保持在大约2000r/min，直到电流不再流入蓄电池为止。 **提示：** ● 交流发电机能够达到2000r/min的最大额定输出转速。 ● 要在蓄电池完全充电的情况下检查。 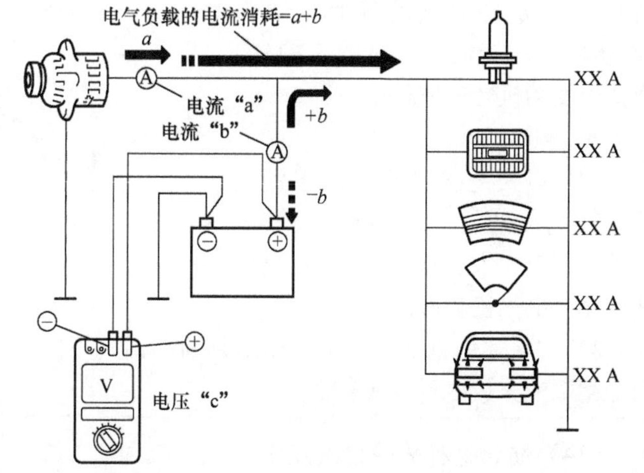 2）将发动机转速保持在2000r/min，与此同时施加客户平时所用的电负载，然后测量每一个电流消耗量以及全部电流消耗量（图中的$a+b$）同时测量蓄电池电压（图中c），如图所示。 **提示：** 将电流负荷加起来，如果交流发电机产生的电压不能保持恒定，可以判定电负载所消耗的电流量超过了交流发电机的最大输出。

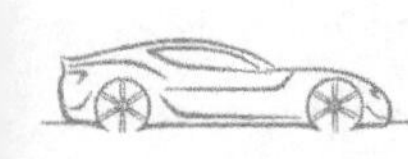

(12）检查交流发电机的输出情况

1）发动机预热后，将发动机转速保持在2000r/min左右，直到电流不再流入蓄电池为止。

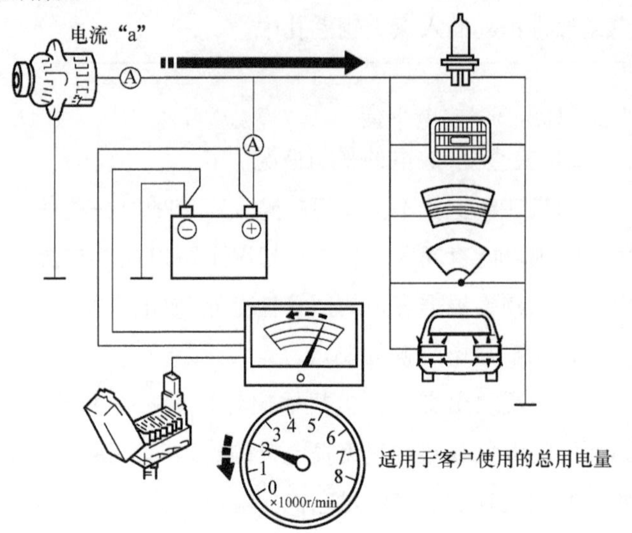

提示：

要在蓄电池完全充电的情况下检查。

2）将发动机转速保持在2000r/min的同时施加客户平时所用的全部电负载。

3）改变发动机转速，将发动机转速调到交流发电机输出电流（图解中"*a*"）与"在步骤1的电流消耗检查"所测得的总的电流消耗相等的点上，如图所示。

提示：

该发动机转速是保持充/放电与客户的电负载所消耗的电流平衡的最低转速，发动机转速设定为"*N*" r/min。

(13）对充放电平衡进行判断

1）蓄电池在车辆行驶过程中放电时，取得发动机转速比，通过"在步骤2的交流发电机输出检查"计算出发动机转速*N*。

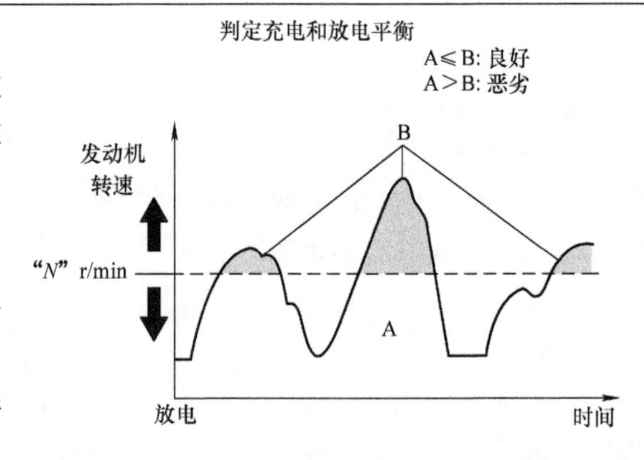

- 标准

如果以交流发电机输出电流高于消耗电流的发动机转速行驶时，发动机转速比大于0.5，就可以判断这种充放电平衡良好。

2）如果使用以上步骤很难作出判断的话，用一个充电测量器（VF－600）准确测出蓄电池充放电量（A·h）。

(14）防止这种故障再次发生

由于蓄电池频繁放电的真正原因在于客户的使用情况，所以对客户提出合理的建议和解释是非常重要的。

维修人员有必要向客户提出建议并向他解释充放电平衡的后果（让他了解这种情况），以便让他知道如何预防蓄电池放电现象的发生。

如果维修人员未向客户提出建议，客户就无法知道蓄电池放电的真正原因，也不会改变对车辆有害的使用习惯。因此，同样这种故障再次发生的可能性非常大。

（三）检修充电系统

对技术人员要求：

- 接收/检查修理单。
- 接收用于修理的订购零件。
- 在允许的时间内进行工作。
- 向技师领队确认工作完成。

技师领队：

- 对技术难度高的工作向技术员提供指导和帮助。

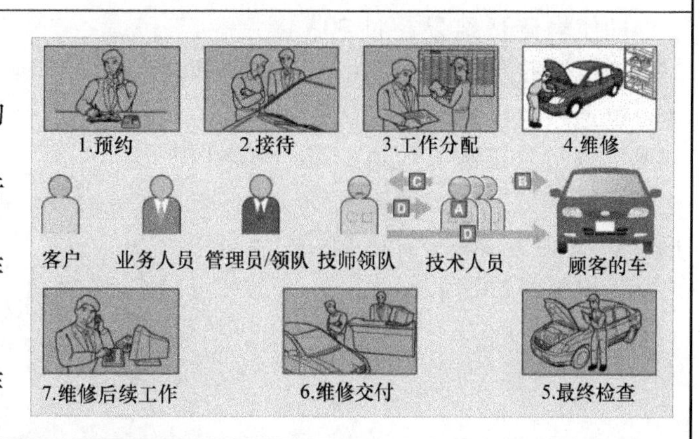

（1）无负荷测试（不带负载检查充电线路）

在无负荷测试中，检查发电电压是否保持在一恒定的水平（调节好的电压），即使发动机转速发生变化，负载很小时也是如此（最大10A）。

无负荷测试要求在输出电流最大10A的条件下进行。如果输出电流超过10A，即使IC调节器有问题，结果可能会符合规定的值从而不能正确检查所调节的电压。

在IC调节器类型的发电机中，调节好的电压其特定值在13.5～15.1V之间（当发电机转速为2000r/min时）。

如果测得结果超出特定值，发电机可能有问题。如果此值高于上限，问题应该在IC调节器中。相反，如果此值低于下限，问题应该在除IC调节器之外的发电机元件，如图所示。

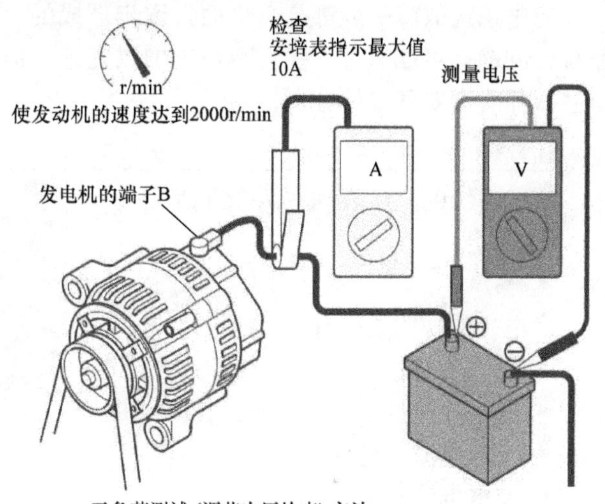

无负荷测试（调节电压检查）方法

（2）带负荷测试（带负载检查充电线路）

在带负荷测试时，当施加有电负荷时通过检查输出电流来检查发电机能否按照负荷来进行输出。

此测试的要点在于要施加尽可能大的负荷。

如果发电机正常，电负荷不足，它不会超过30A的规定值（当发动机转速为2000r/min时）。

如果输出电流最大为30A，必须增加电负荷并重新检查。测量结果小于规定值，可以判断发电机有故障，故障可能在发电和整流部分，如图所示。

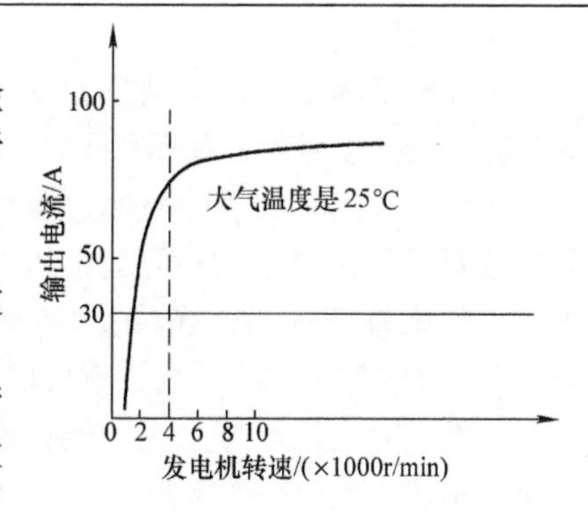

提示：

即使当测量结果超过 30A 时，输出的不是最大额定功率，也可以通过电压能保持稳定的情况下测量发出的极大电流来检查最大额定功率，此时发动机转速大约为 2000r/min 并且电负荷增加，如图所示。

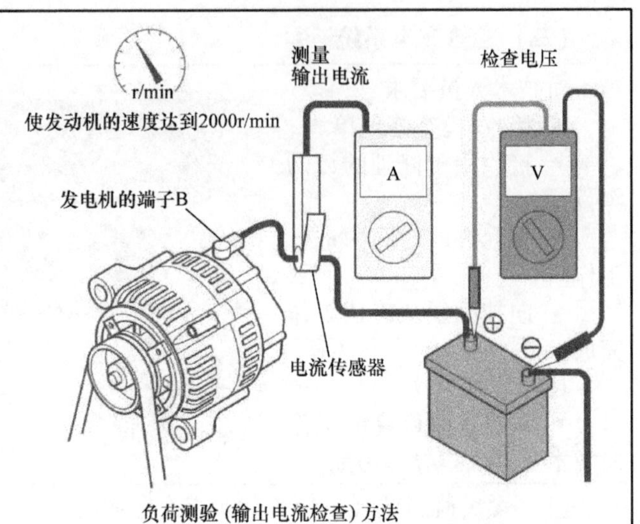

负荷测验（输出电流检查）方法

（3）充电系统故障测试

充电系统故障一般都是由小而大逐步形成的。充电系统的问题有可能通过一些直观检查加以判定，但测试有些故障时需要仔细地分析，如图所示。

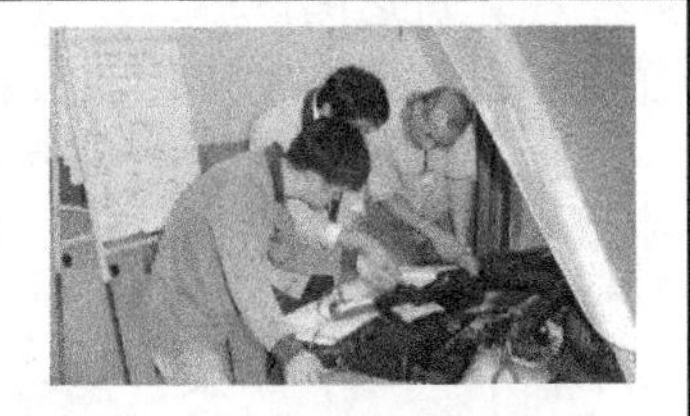

充电系统的故障表现在两个方面：

- 功能。
- 噪声。

发电机的功能故障有：

- 完全不充电。
- 充电电流过小。
- 充电电流不稳定。
- 充电电流过大。

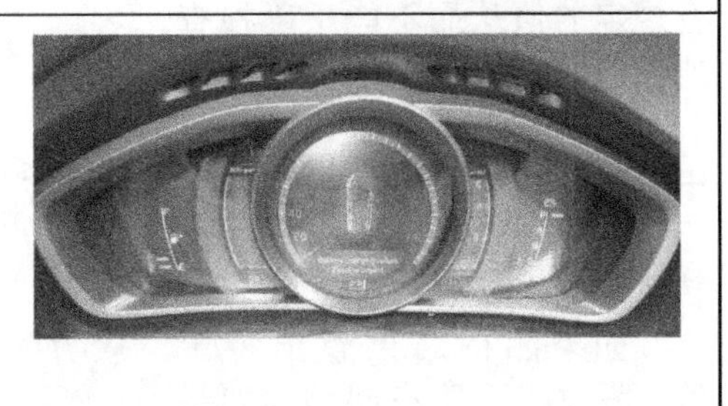

当发电机发电量不能满足车辆的需求时，充电指示灯会点亮；如果充电电流过大，用电器会出现大量烧坏的现象，如图所示。

噪声故障：

当发电机固定部位松动或者发电机轴承出现故障时，会产生噪声，如图所示。

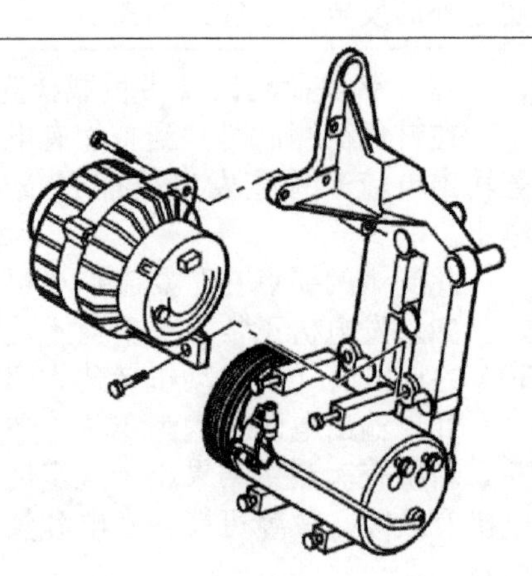

在沃尔沃汽车的故障检测过程中，检测人员需要按照沃尔沃汽车的检测流程进行操作。检测人员接收维修任务后，连接 VIDA 之后，在检测设备 VIDA 中输入故障码后，就可以检测了。

下面以充电指示灯点亮为例，说明沃尔沃汽车充电系统出现故障的检查流程。

① 充电系统故障与 CSC 选择。

<table>
<tr><td>进入 VIDA 后，输入车型信息，单击左上角的 CSC，在左面的信息栏选择“交流发电机和充电调节器”，单击之后就可以查找发电机的故障类型：功能和噪声。单击噪声后，在右面的信息框里就会显示电源问题，如图所示。</td><td>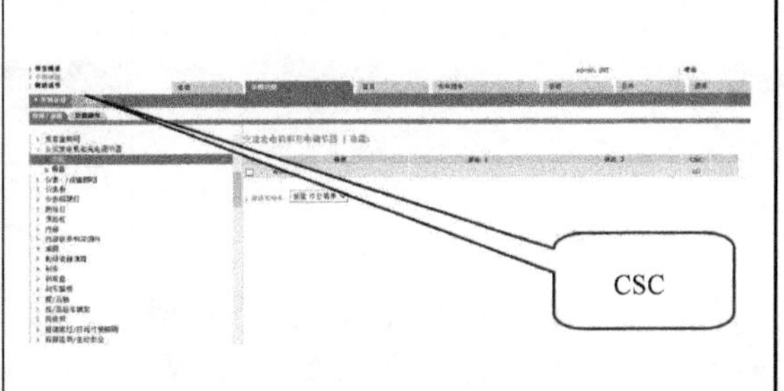</td></tr>
<tr><td>② 故障选择。
单击 VIDA 信息栏里面的“诊断”，单击选取的 CSC 的下拉菜单，就会显示所选取的故障类型：交流发电机和充电调节器 - 电源问题，如图所示。</td><td>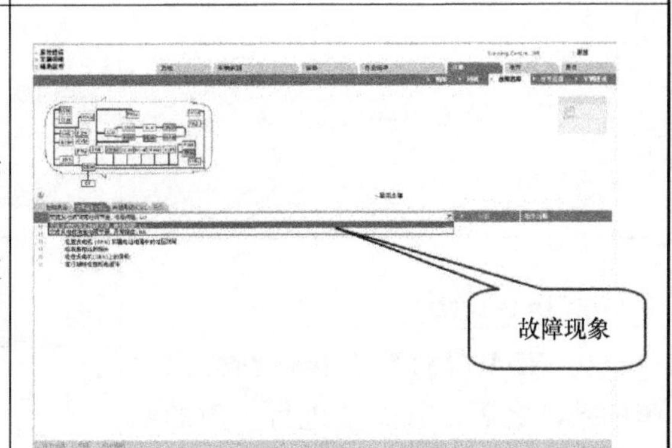</td></tr>
<tr><td>③ 故障信息收集。
单击“故障类型”，会显示与此类故障有关的故障信息和故障码。图中第一栏显示的是发电机的功能测试，如图所示。</td><td>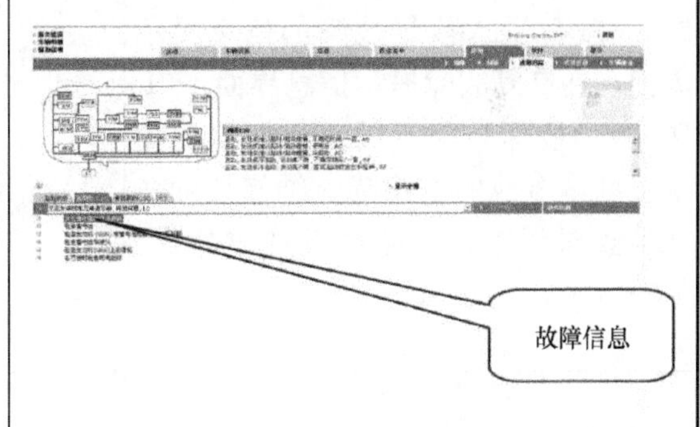</td></tr>
<tr><td>④ 分析信息。
在进行故障信息分析时，优先选择故障码的信息进行分析，也可以根据经验对故障发生可能性高的信息进行检查。如果对故障的信息没有明确的诊断方向，可以按照提示的故障信息的顺序一一检查。在此案例中，如果维修技师感觉第三项发电机的电压降的故障可能性高，双击此故障信息，如图所示，单击“故障类型”，就会出现下图提示。</td><td>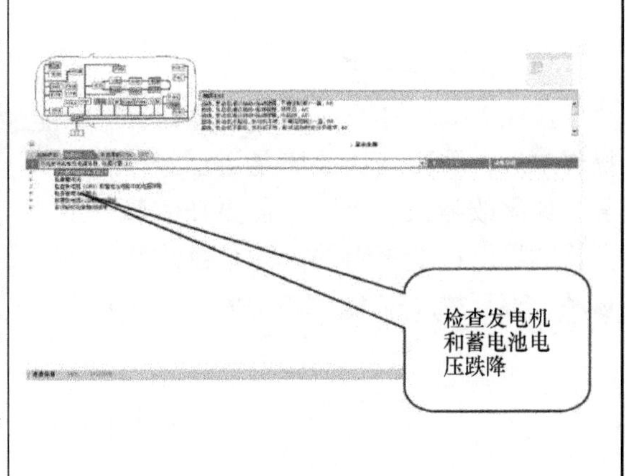</td></tr>
</table>

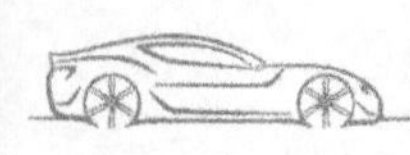

<table>
<tr>
<td>⑤ 诊断故障。
在此界面会提供出现故障的可能原因：端子有接触电阻和氧化情况，如图所示。</td>
<td>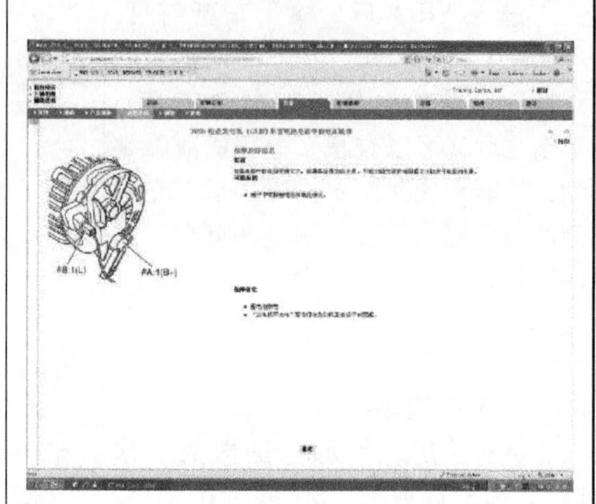
</td>
</tr>
<tr>
<td>⑥ 修复故障。
在 VIDA 对故障进行诊断得出故障的结论之后，就需要进行故障的修复。返回诊断故障的界面单击“继续”，就会进入修复故障的信息提示界面。在修复故障提示信息界面，VIDA 提示技师利用万用表如何检测发电机和蓄电池的电压降，维修技师在此检查过程中，可能会发现故障点，如图所示。</td>
<td>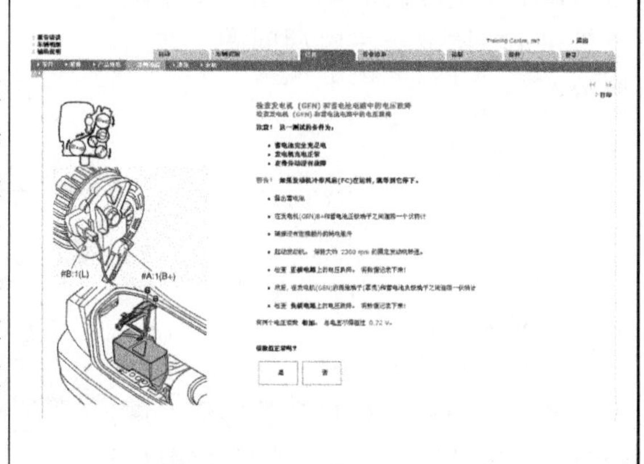
</td>
</tr>
<tr>
<td>⑦ 确认故障修复。
按照 VIDA 的提示进行故障排除操作之后，需要确认故障是否已经修复。如果故障没有排除，需要在故障分析的界面再选择新的故障信息进行诊断，直至故障排除，如图所示。</td>
<td>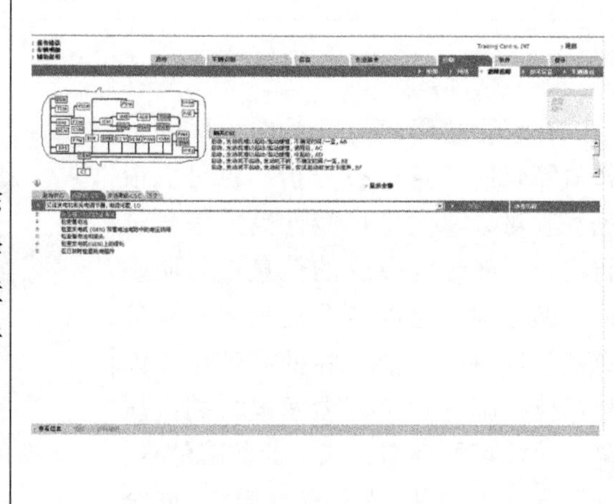</td>
</tr>
</table>

在进行故障诊断时，按照 VIDA 的流程可以减少不必要的重复操作，还可以提高修复率。对于常见的故障，要按照一定的流程进行诊断，如图所示。

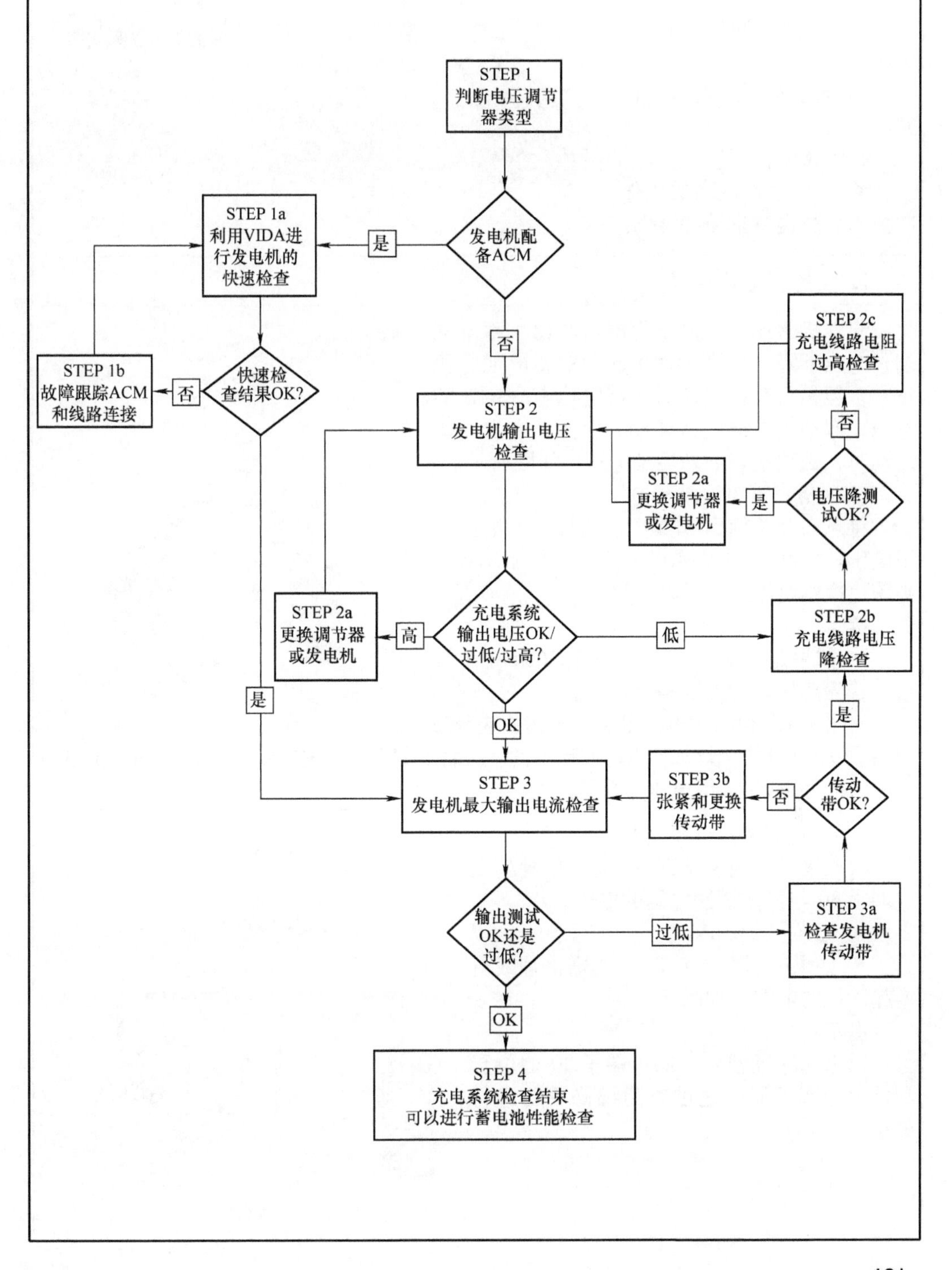

（四）检修起动系统

对技术人员要求：

- 接收/检查修理单。
- 接收用于修理的订购零件。
- 在允许的时间内进行工作。
- 向技师领队确认工作完成。

技师领队：

- 对技术难度高的工作向技术人员提供指导和帮助。

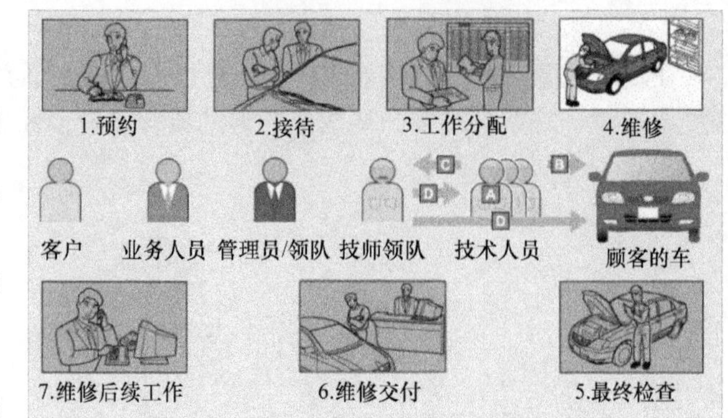

1. 检查蓄电池电压

起动机起动时，由于大电流流出，蓄电池端子电压下降。尽管发动机起动前蓄电池电压正常，但是只有在起动时，蓄电池有一定量的电压，起动机才能正常转动。因此，在发动机起动时，必须检查下列端子电压，如图所示。

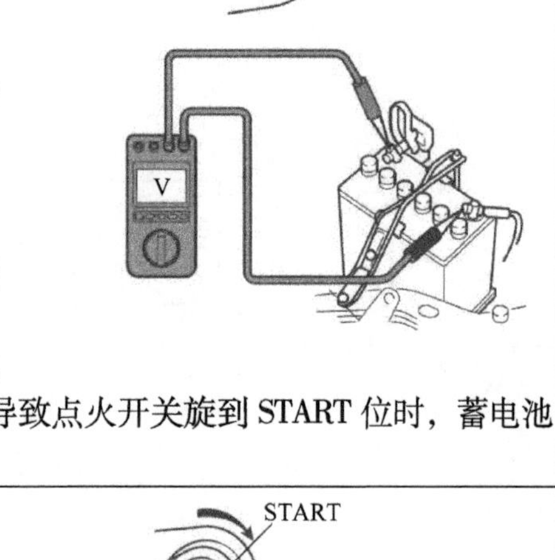

（1）检查蓄电池端子电压

将点火开关旋到START，测量蓄电池的端子电压。标准：9.6V或以上。如果低于9.6V，则需更换蓄电池。

提示：

- 如果起动机不工作，或者如果旋转缓慢，首先要检查蓄电池是否正常。
- 即使测得的端子电压正常，有污物或锈蚀的端子也会由于电阻增加而引起起动不良，从而导致点火开关旋到START位时，蓄电池施加到起动机上的实际电压降低了。

（2）检查端子30的电压

将点火开关旋到START位，测量起动机端子30与机体搭铁之间的电压。

- 标准：≥8.0V。
- 如果电压低于8.0V，则需修理或更换起动机的电缆，如图所示。

提示：

因为起动机型号不同，端子30的位置和外观会有不同，通过查阅维修手册进行确定。

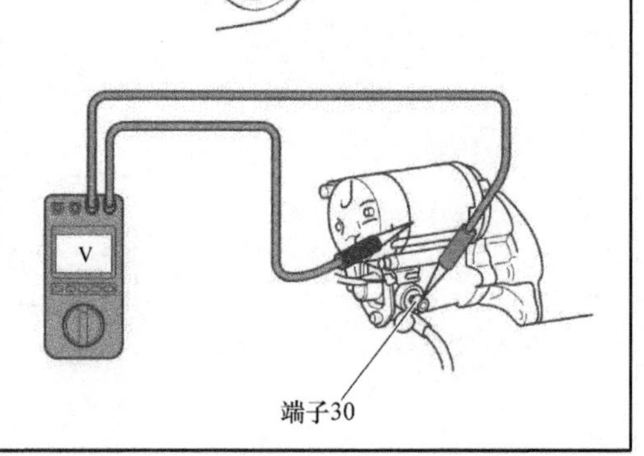

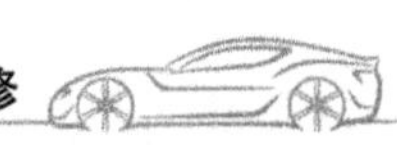

（3）检查端子50的电压

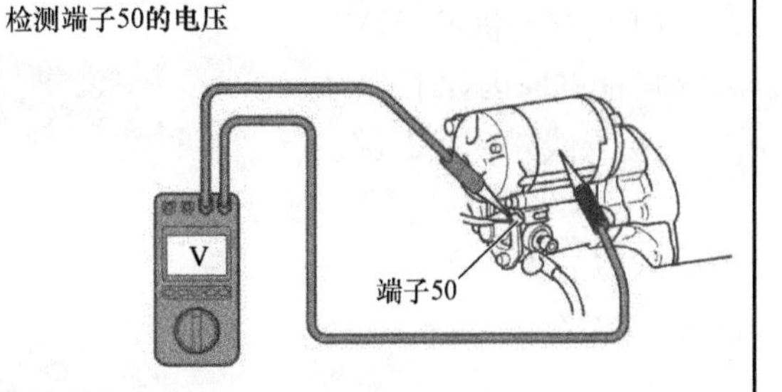

将点火开关旋到START位，测量起动机端子50与机体搭铁之间的电压。

- 标准：≥8.0V。
- 如果电压低于8.0V，则需检查熔丝、点火开关、空档起动开关、起动机继电器、离合器起动继电器、离合器起动开关等，一次查一项，参照线路图，更换或修理有故障的部件。

小提示：

- 对于有离合器起动开关的汽车，如果不踩下离合器踏板，起动机不工作。
- 对于带防盗系统的车辆，如果此系统被触发，有些车型的起动机不会起动，因为即使点火开关在START位，起动机继电器仍保持在开路状态。

2. 起动系统故障测试

起动系统组成虽然很简单，但是起动系统工作负载大，频次高，所以出现故障的概率高，起动系统电路图如图所示。

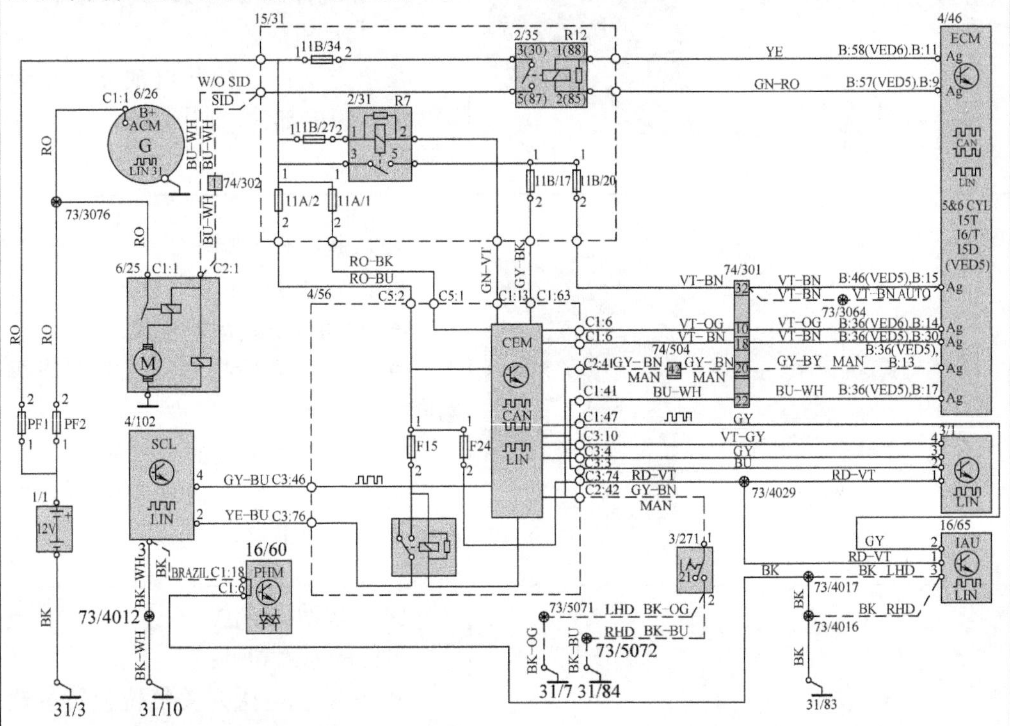

起动机常见的故障主要有以下几类：

- 起动机不转动。
- 起动机运转无力。
- 驱动齿轮与飞轮齿圈不能啮合并且有撞击声。
- 发动机起动后，起动机不能停止工作。
- 驱动齿轮与飞轮齿圈啮合后起动机空转。

（1）起动机不运转

可能的原因如下：

- 导线松动或断路。
- 起动机继电器：触点烧蚀、间隙过大、不能闭合，线圈断路或短路。
- 点火开关或起动按钮：开关或按钮接触不良。
- 起动机故障。
- 发动机故障。

解决方法：修理或者更换有故障的部件，如图所示。

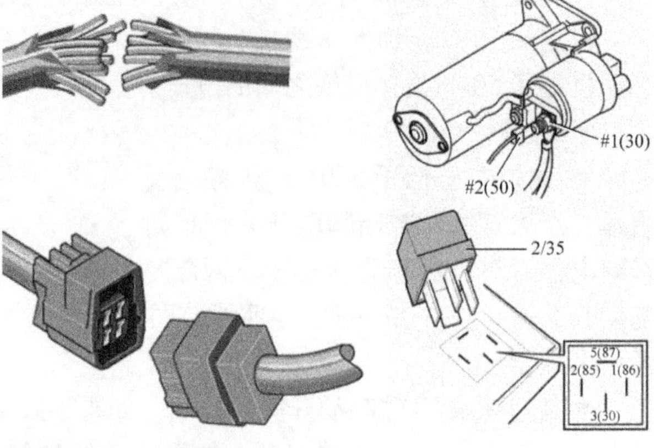

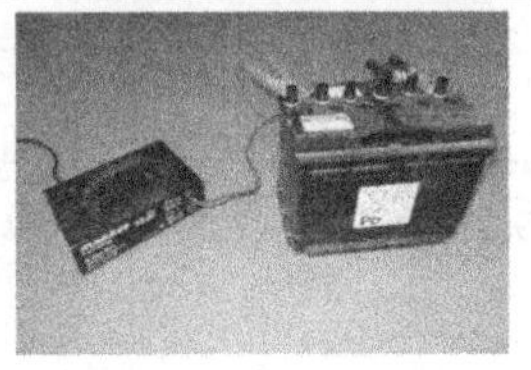

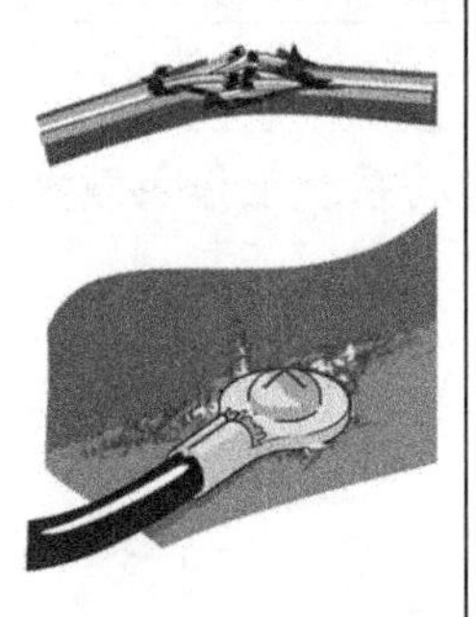

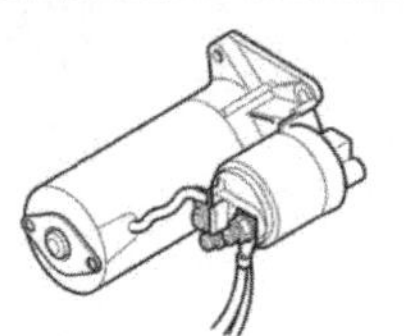

（2）起动机运转无力

可能的原因如下：

- 蓄电池充电不足。
- 导线各连接处松动或锈蚀。
- 起动机故障。

解决方法：进行蓄电池充电或者更换有故障的部件，如图所示。

（3）起动机异响

可能的原因如下：

- 起动机安装螺栓松动。
- 驱动小齿轮损坏（或者飞轮齿圈磨损、折断）。
- 机械开关接通时刻过早。

解决方法：修理或者更换有故障的部件，如图所示。

（4）起动机不停

可能的原因如下：

- 起动机电磁开关复位弹簧过软或折断，机械开关触点烧蚀或接触盘弹簧损坏。
- 继电器触点烧蚀。
- 点火开关不复位。

解决方法：修理或者更换有故障的部件，如图所示。

（5）起动机空转

可能的原因如下：

- 单向离合器打滑。
- 起动机内部故障。

解决方法：修理或者更换有故障的部件，如图所示。

3. 起动系统的故障检查流程

当起动系统出现故障时，需要使用 VIDA 选取 CSC，然后按照 VIDA 的信息进行诊断。

起动机的检查在 VIDA 里面从两个方面检查：起动故障和起动机。

起动故障检查：下面以起动机无动作为例进行说明。

（1）CSC 添加

进入 VIDA 之后，输入车型信息，单击左上角的 CSC，在左面的信息栏选择“起动”，单击之后可以查找起动机的故障类型，在右面的信息框里面就会显示起动机的故障类型，如图所示。

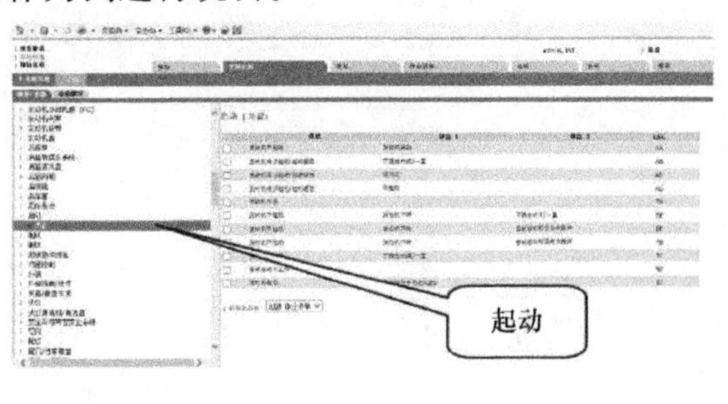

（2）故障选择

单击 VIDA 信息栏里面的诊断，如图所示，单击选取的 CSC 的下拉菜单，就会显示技师所选取的故障类型：起动机异响。

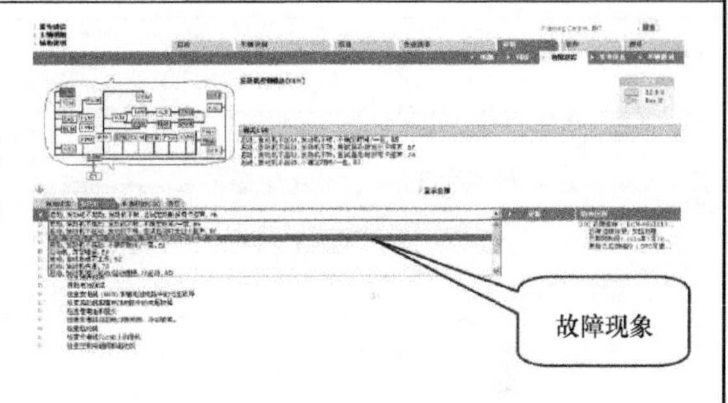

（3）故障信息收集

单击故障类型，如图所示会显示与此类故障有关的故障信息和故障码。图中第一栏显示的是故障码 P061513。

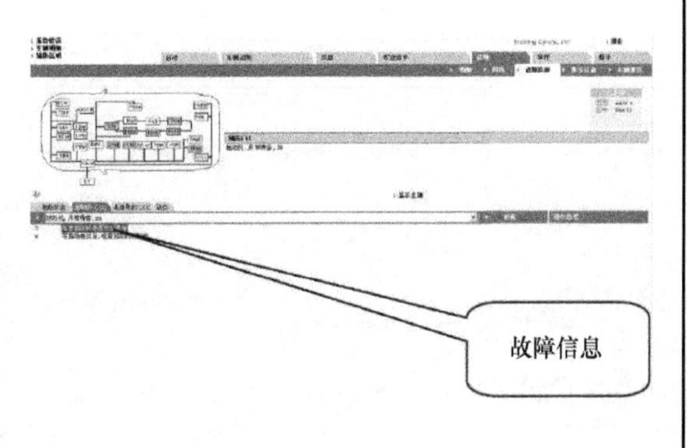

<table>
<tr>
<td></td>
<td>（4）分析信息
在进行故障信息分析时，优先选择故障码的信息进行分析，也可以根据经验对故障发生可能性高的信息进行检查。如果对故障的信息没有明确的诊断方向，可以按照提示的故障信息的顺序一一检查。例如在此案例中，维修技师先选择故障码，单击之后显示如图界面，在此界面显示此故障的可能原因，如图所示。</td>
</tr>
<tr>
<td>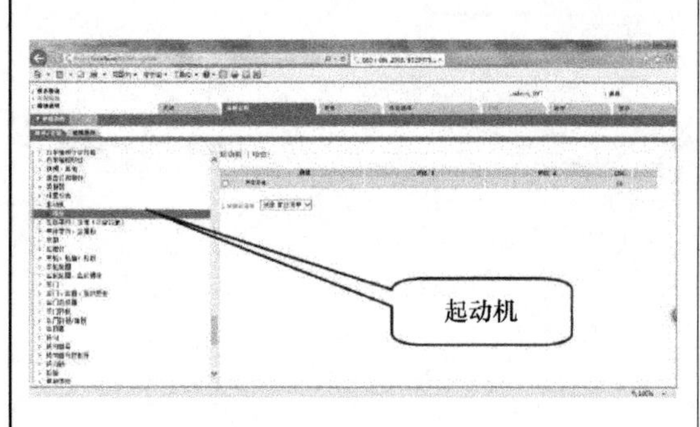</td>
<td>（5）确认故障修复
单击“继续”之后，进入验证界面，确认故障是否修复。如果故障没有排除，VIDA 恢复初始界面，对其他故障信息进行检测，如图所示。
进行起动机的故障检查时，添加 CSC 时，在起动项目里面查找和添加，当起动机有异响时，需要在起动机项目里面查找。</td>
</tr>
<tr>
<td>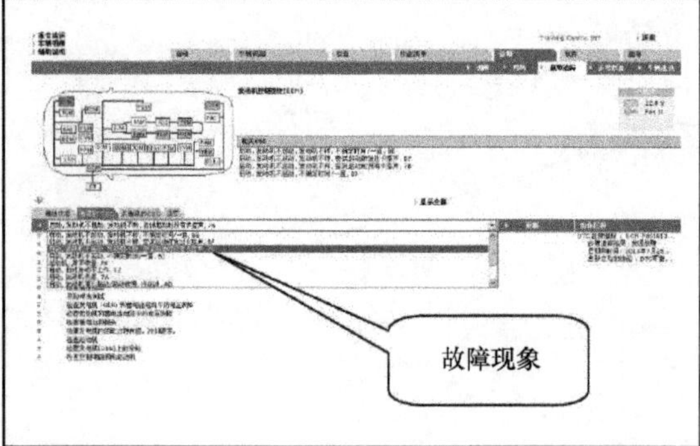</td>
<td>起动机检查：下面以起动机异响为例进行说明。
（1）CSC 添加
进入 VIDA 之后，输入车型信息，单击左上角的 CSC，在左面的信息栏选择“起动机”，单击之后就可以发现异常噪声，在右面的信息框就会显示起动机的异常噪声选项，如图所示。</td>
</tr>
<tr>
<td></td>
<td>（2）故障选择
单击 VIDA 信息栏里面的诊断，如图所示，单击选取的 CSC 的下拉菜单，就会显示技师所选取的故障类型：发动机不起动，发动机不运转，起动机没有“咔嗒”声。</td>
</tr>
</table>

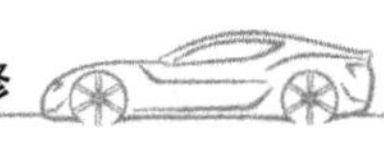

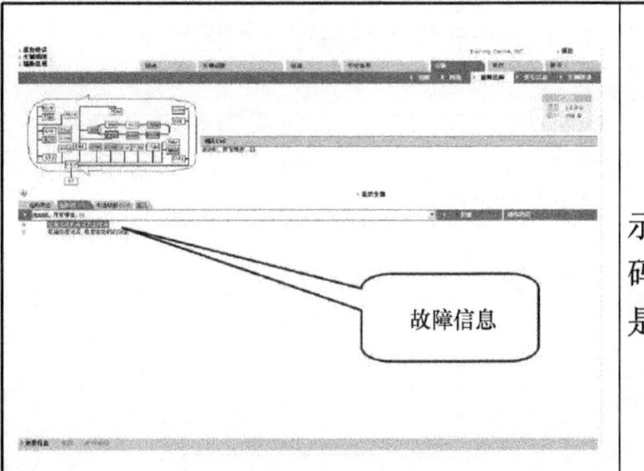	（3）故障信息收集 单击故障类型，如图所示，会显示与此类故障有关的故障信息和故障码。图中第一栏显示的是检查起动机是否有异响。
	（4）分析信息 该界面分析了起动机异响的可能原因、部位和这些故障造成的故障现象，能够使维修技师对故障有深刻的理解，如图所示。
	（5）诊断故障和修复故障 在分析信息的基础上单击“继续”，就会出现如图所示的情况。 **提示：**在此界面会提供出现故障的可能原因以及故障点。
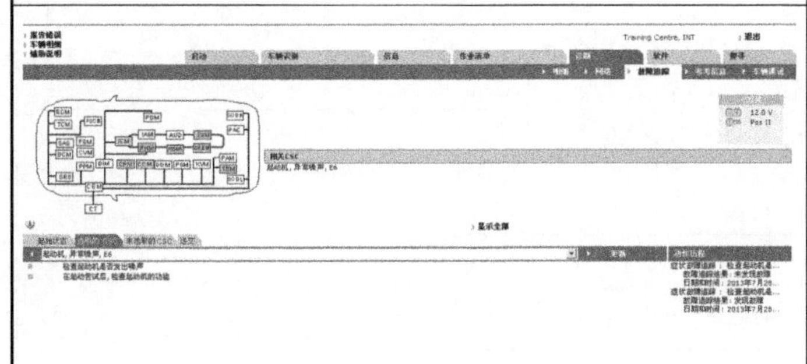	（6）确认故障修复 起动发动机检查故障是否排除，如果还没有，进入初始菜单进行其他项目检查，如图所示。

当起动系统出现故障时，需要按照一定的检查流程进行操作，如图所示。

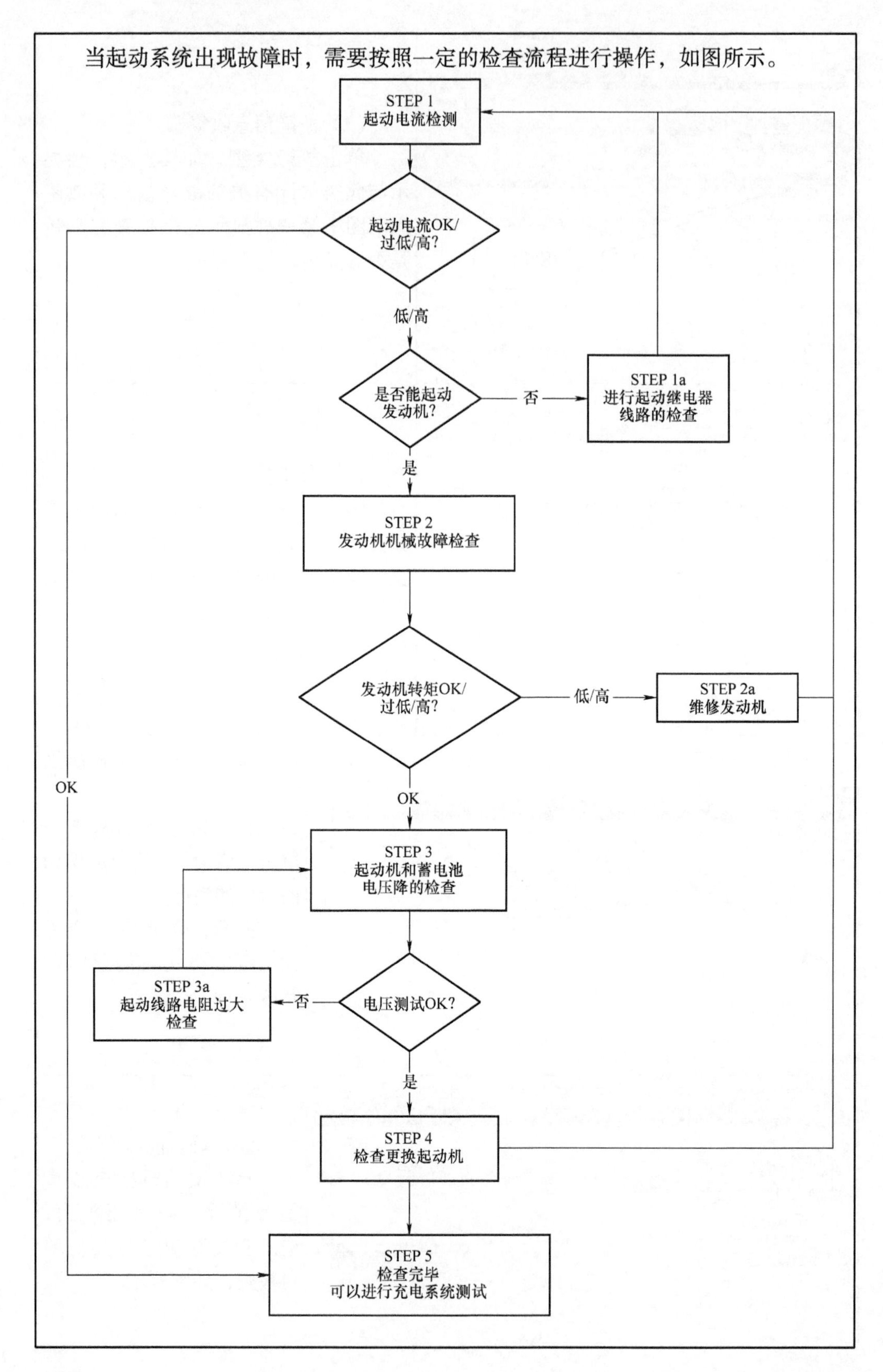

（五）电路导线维修

对技术人员要求：

- 接收/检查修理单。
- 接收用于修理的订购零件。
- 在允许的时间内进行工作。
- 向技师领队确认工作完成。

技师领队：

- 对技术难度高的工作向技术员提供指导和帮助。

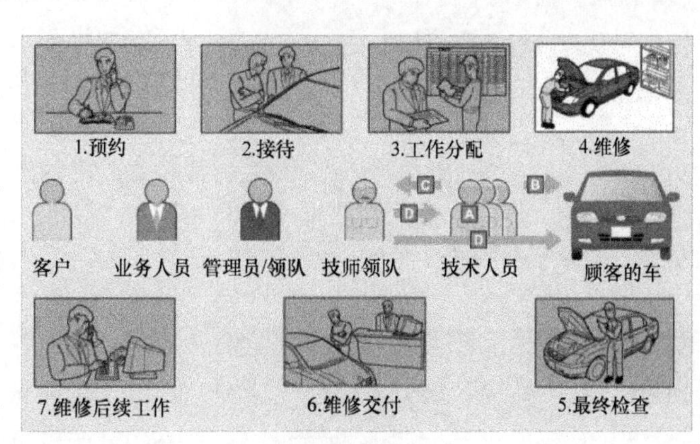

1. 线束分类

汽车线路导线分为低压线与高压线两种。低压线又有普通线、起动电缆和蓄电池搭铁电缆之分；高压线又有铜芯线和阻尼线之分。汽车导线主要根据导线的绝缘、通过电流的大小和机械强度三个方面的要求进行选择。例如，点火系统的次级电压一般都在10000～20000V，导线的绝缘性能要求较高，因此必须采用耐高压的导线。其他线路均采用低压线。

普通低压导线为铜质多丝软线，根据外皮绝缘包层的材料不同又分为QVR型和QFR型两种。普通线的横截面积主要根据用电设备的工作电流进行选择。然而，对功率很小的电器设备而言，如果仅从工作电流的大小来选择导线，那么由于其截面积小、机械强度低，导线很容易折断，因此汽车电气系统中所用的导线截面积最小不应小于0.5m^2，如图所示。

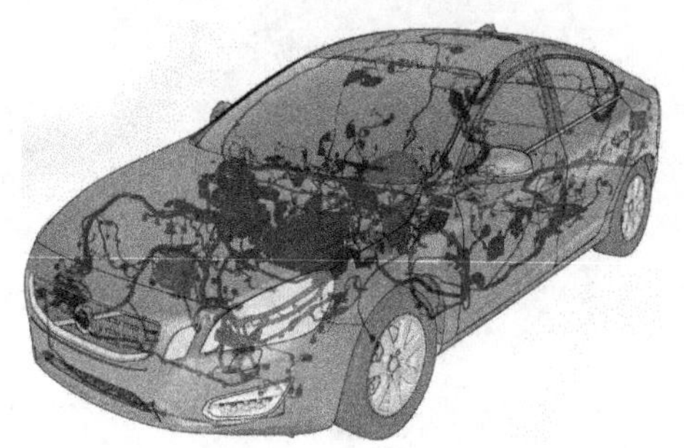

安装在汽车上的各种电器元件、传感器、执行器、控制单元等部件通过导线相互传递指令与信息，导线就像人体的神经系统，分布在人的身体各个位置传递各种信息，将数条导线捆扎在一起就形成了线束。由于考虑到车身质量、线束长度、装配等因素，乘用车线束分成车前部线束（发动机、保险杠）、中央线束（仪表板、气囊）、车舱线束（中控台、车门、车顶等）、后部线束（后保险杠、行李舱等）等。

这些线束由于应用的环境不同线束的特性也各有不同。

	（1）发动机线束 发动机在工作时，发动机舱内温度高并伴随振动，工作环境恶劣，因此发动机线束在设计时，要具备耐高温、耐振动、耐污染等特点。发动机线束如图所示。
	（2）发动机舱盖/行李舱线束/车门线束 发动机舱盖、行李舱盖、车门由于要经常开闭，所以这些位置的线束要具备良好的抗疲劳性能，尤其是在低温情况下要保证其性能不下降，所以要选用冷弹性线束，如图所示。
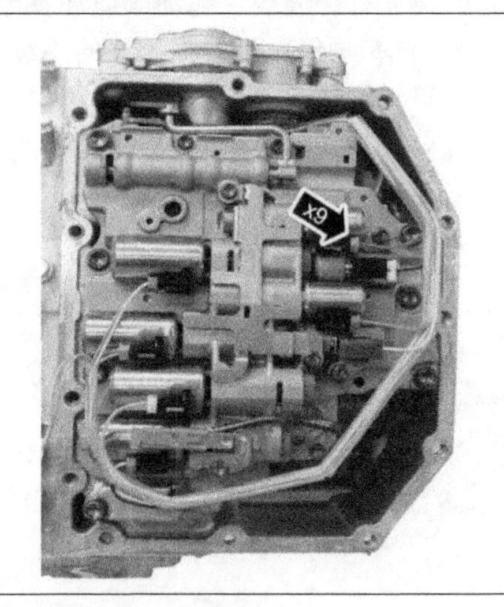	（3）自动变速器线束 自动变速器线束通常安装于变速器内，浸泡在高温的变速器油中，所以该线束应能够在高温油的浸泡中保持其固有的工作性能，如图所示。

2. 导线的修复

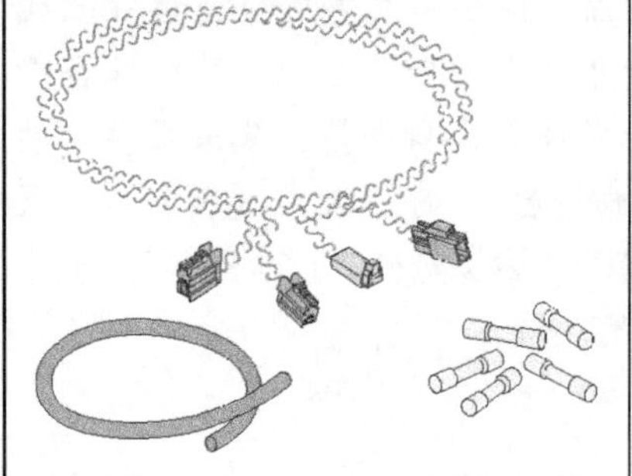	导线按照结构特点可以分为普通导线、涉及安全的气囊导线等。下面对这几种导线修复的方法进行说明，如图所示。

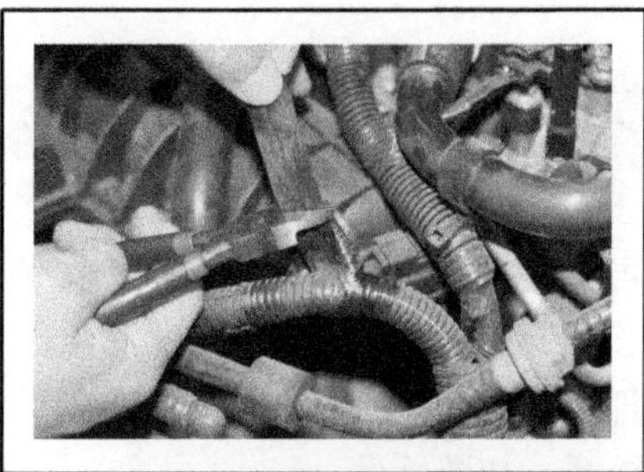

导线的作用是连接安装在车辆上的各用电器、执行器、传感器等部件，并通过导线传输电信号。普通导线修复流程如下所示：

（1）切开导线线束

如图所示，使用钳类工具拆除包裹线束外的绝缘胶带，然后将所需要维修的导线从线束外包裹的线束护套中拉出。

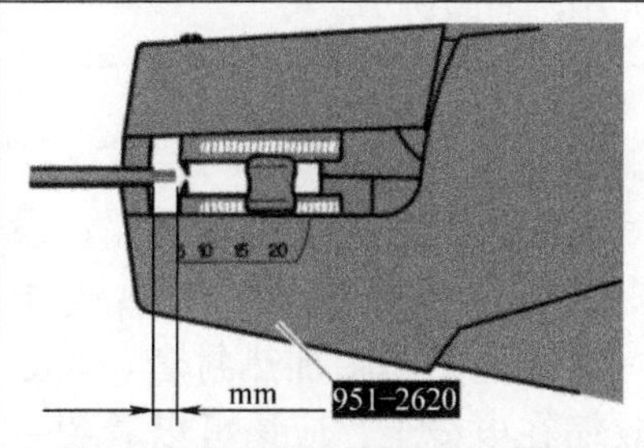

（2）剥开导线

如图所示为专用剥线钳，其编号为 951－2620。在使用该工具剥离导线绝缘层时，应注意钳口的位置，避免损伤导线的金属部分。

颜色	电线横截面积/mm²	剥去长度/mm	零件编号
绿色/白色	0.3～0.5	5	9512783
红	0.5～1.0	6	9130467
蓝	1.0～2.5	7	9130476
黄	4.0～6.0	7	9130477

（3）选择合适套筒

如表所示的内容为套筒长度信息。剥开的长度取决于所选用套筒的长度。

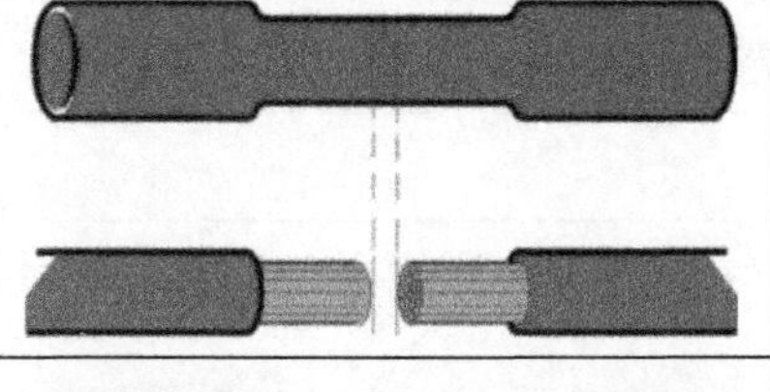

（4）控制剥线长度

导线两侧剥开的长度应该与所选套筒长度相符合，如图所示。

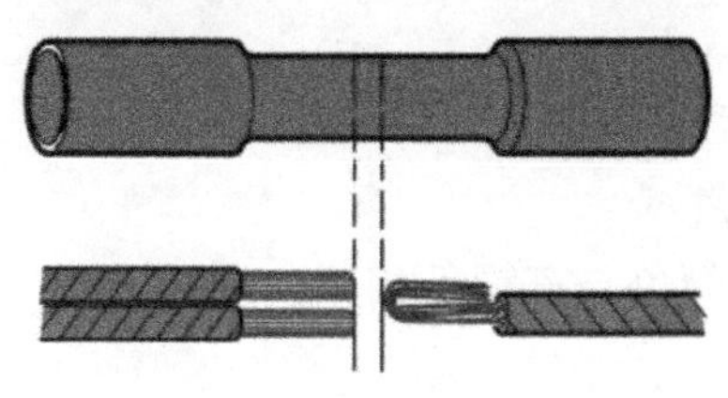

（5）注意截面积

使用连接套筒对导线进行连接时，需要保证连接两端导线的截面积一致，如图所示。

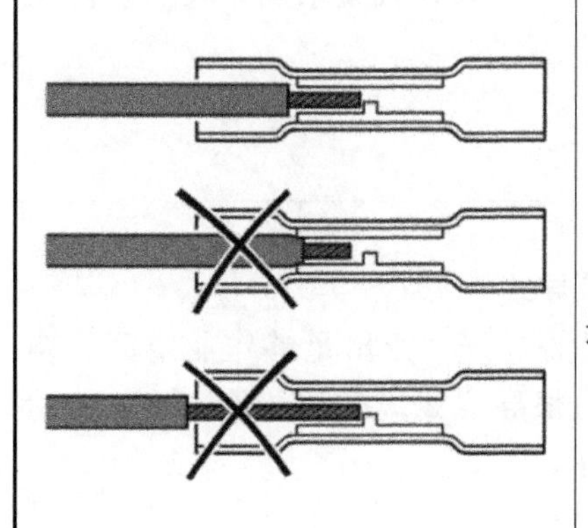

（6）检查套筒情况

如图所示，检查导线剥开的长度是否合适，避免过长或过短。

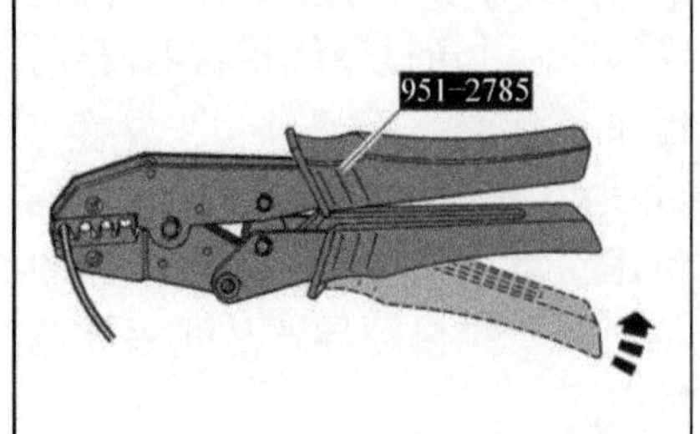	（7）挤压封套 将连接套安装到冲压器（951－2785）中，稍微捏挤一下挤压工具，以便将挤压封套固定在工具中。将电线尽可能插入挤压封套中，确保电线绝缘层不会进入挤压区或者剥了皮的电线不会伸出封套。将钳子把手尽可能按入，以确保接合正确，钳子会自动松开，如图所示。
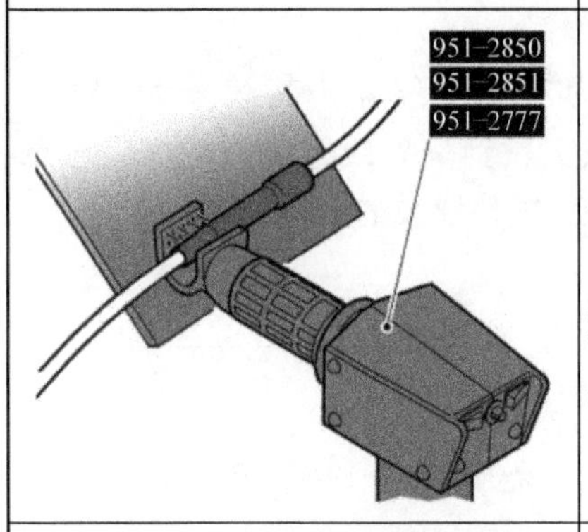	（8）加热热缩套管 在热缩套管后面放置遮挡工具或其他保护设备，以挡住周围组件避免受热力。用热气枪（951－2777）和一个合适的喷嘴加热封套。务必将热缩套管完全收缩在电线上，应该可以看到一些黏接剂从电线周围挤出来，如图所示。
	（9）修复完成 如图所示为修复后的导线，修复完成后要检查导线修复的质量。

3. 气囊导线的修复

气囊是汽车被动安全系统的重要组成部分，对气囊的连接导线进行检修应严格按照以下标准执行，即：

- 确保新端子有与旧端子相同的表面处理类型。
- 必须使用与车辆配套的维修工具与材料。
- 所选修复位置要有足够的空间以保证作业质量。
- 连接导线颜色一定要一一对应。若修理端子颜色与车辆不相符，应查看相关车辆的电路图。
- 在插头从有关的气囊或安全带拉力器断开前，不要在气囊系统导线上进行任何作业，否则有可能造成因静电展开组件的风险。
- 导线作业前，一定要断开蓄电池连接。

气囊导线修复步骤：

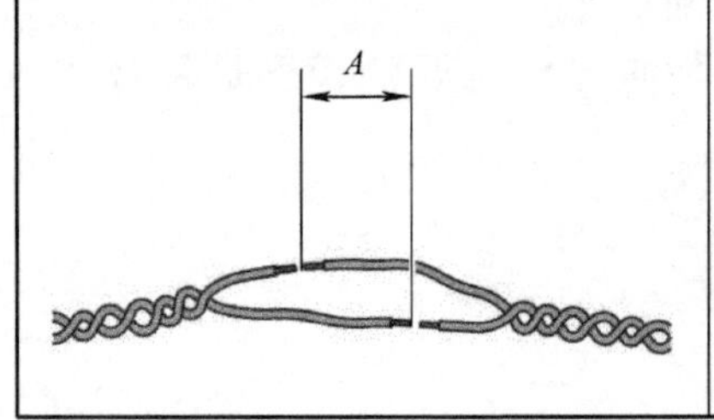	（1）切割该导线 操作前先松脱导线，留出足够作业空间。切断导线，使得两根导线修复位置相距（A）大约40mm，如图所示。

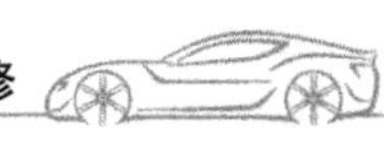

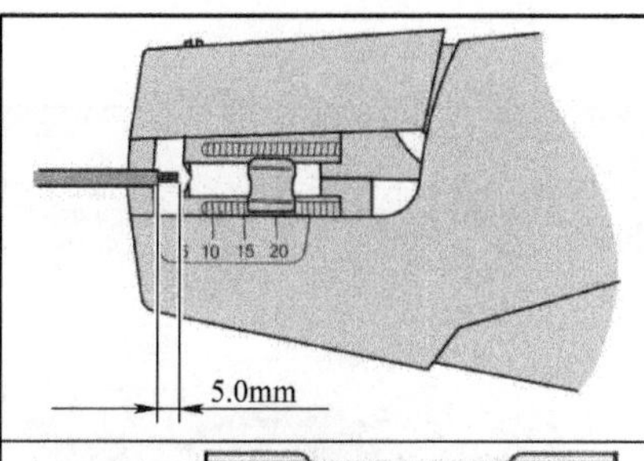	（2）剥开绝缘皮 如图所示，使用钳子（951－2620）将导线端头上的绝缘皮剥去5.0mm。
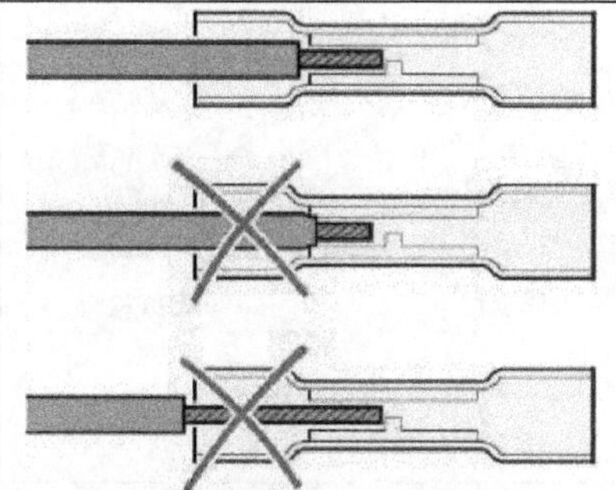	（3）检查套筒 如图所示，将导线尽可能插入挤压封套中，确保导线绝缘层不会进入挤压区或者剥了皮的导线不会伸出封套。
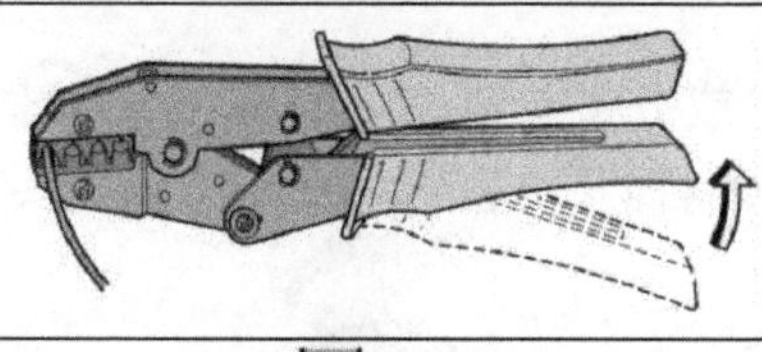	（4）挤压封套 如图所示，把压接套安装到冲压器（951－2785）中，稍微捏挤一下挤压工具，以便将挤压封套固定在工具中。
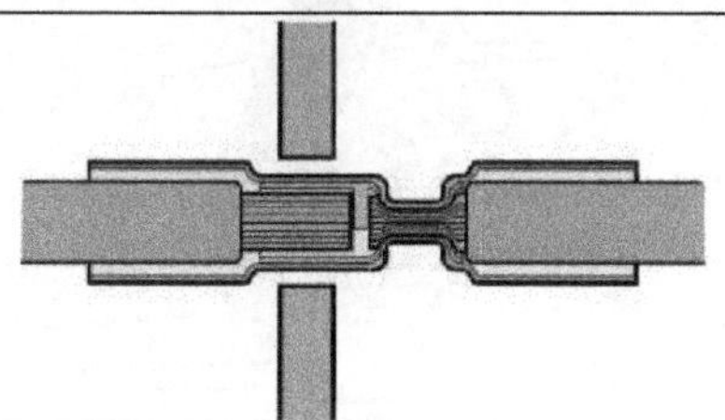	（5）压紧导线 将导线尽可能插入挤压封套中，确保导线绝缘层不会进入挤压区或者剥了皮的导线不会伸出封套。将钳子把手尽可能按入，以确保接合正确。钳子会自动松开，如图所示。
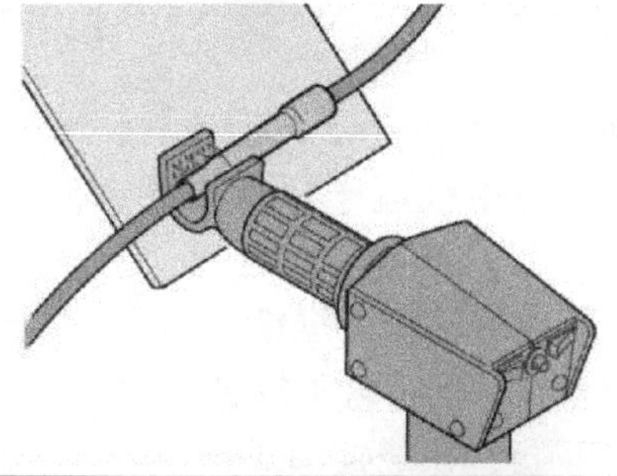	（6）加热热缩套管 在热缩套管后面放置遮挡工具或其他保护设备，以挡住周围组件避免受热力。用热气枪（951－2777）和一个合适的锥形加热封套，必须要将热缩套管完全收缩在导线上，可以看到一些黏接剂从导线周围挤出来，如图所示。
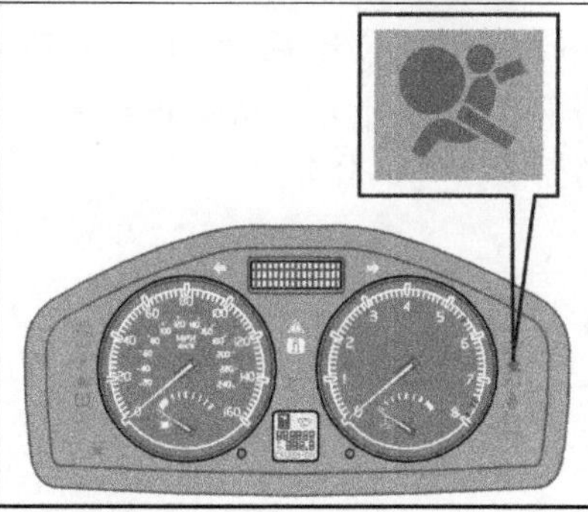	（7）重新安装及检查 使用线束带固定新气囊导线至旧导线。装回插头，重新连接蓄电池。将点火开关钥匙转至ON位，此时气囊系统进行自我测试时，警告灯会亮起并且持续不灭，正常时警告灯必须在几秒后熄灭，否则应根据VIDA执行故障追踪。如果一切运作正常，重新安装其他组件，对车辆进行路试，如图所示。

（六）电路插头维修

对技术人员要求：

- 接收/检查修理单。
- 接收用于修理的订购零件。
- 在允许的时间内进行工作。
- 向技师领队确认工作完成。

技师领队：

- 对技术难度高的工作向技术员提供指导和帮助。

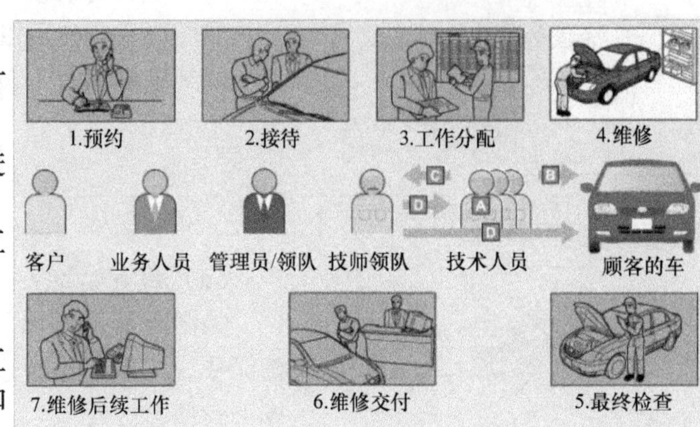

1. 普通插头拆装

汽车线束有很多种，线束与线束、分支与线束、或分支与电气之间都是通过插头来进行连接的。线束插头按照结构特点可以分为普通插头、密封插头、诊断插头（DLC）、模块插头、熔丝盒插头等。

插头一共有九种类型，下面就对九种插头内部端子的拆装方法进行说明。

类型一：插头端子拆装

（1）拆卸次级锁

如图所示，使用工具向上撬倾次级锁，将其拆开。

（2）拆开初级锁

如图所示，使用工具951－2636和951－2637拆开初级锁，同时小心向后拉电线。

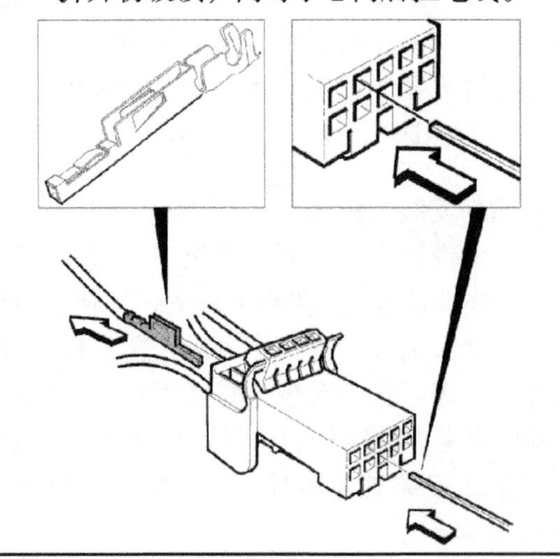

（3）组装初级锁

检查确定电线端子的卡紧锁销是否损坏，将电线端子压入罩壳中，小心拉动电线，检查确定电线端子正确锁定，将次级锁压入位置。

类型二：插头端子拆装

（1）拆卸次级锁销罩壳

如图所示，拉出后面的卡紧销，同时向前压罩壳部分，从锁销罩壳上释放前面的罩壳部分。

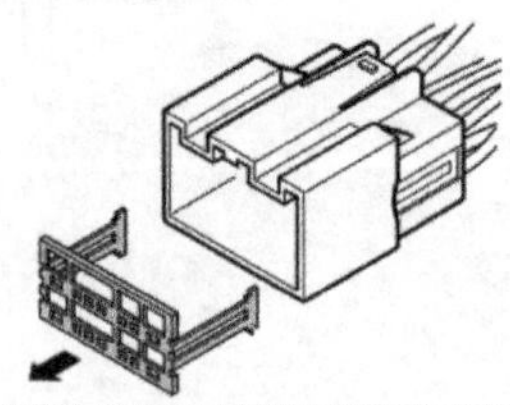

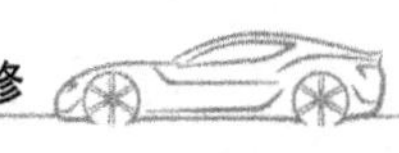

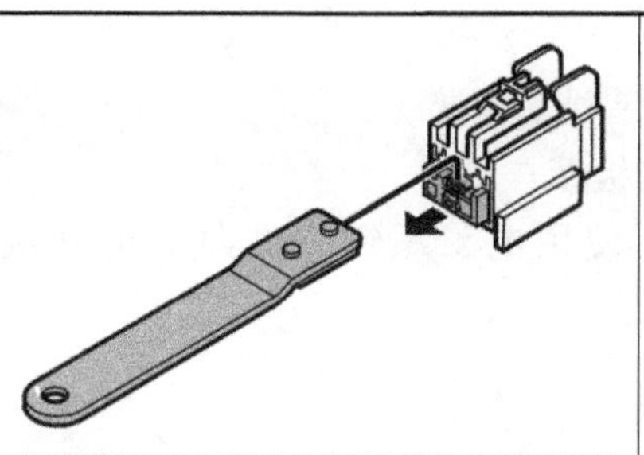	（2）拆卸次级锁 如图所示，使用工具 951-2853 或电工螺钉旋具，松开卡紧销，然后拉出次级锁。
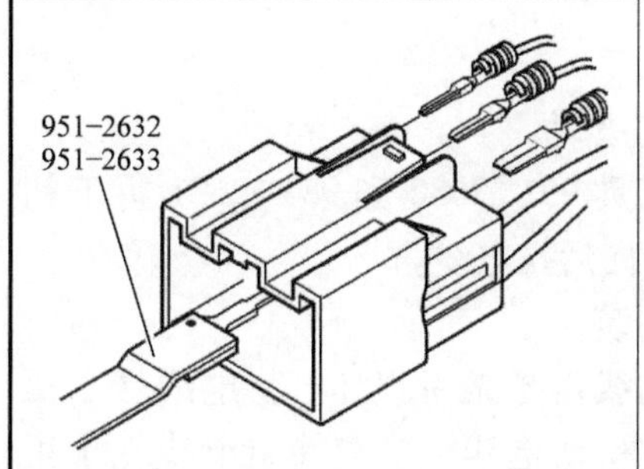	（3）拆卸初级锁 如图所示，使用工具 951-2632 和 951-2633 拆卸插头的初级锁，在拆卸过程中，要注意锁卡位置。
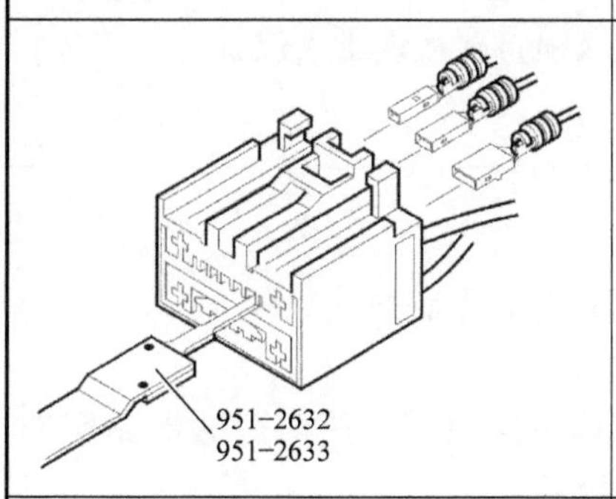	（4）拆下端子 如图所示，使用 951-2639 拆卸插座初级锁。
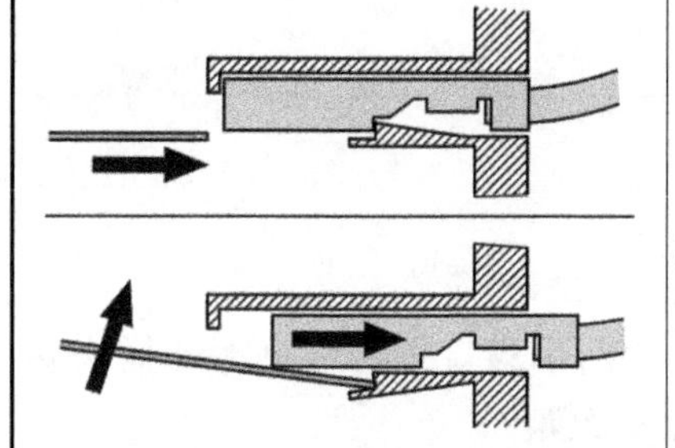	（5）拆卸位置 如图所示，在使用专用工具拆卸初级锁时，要先压下锁卡，然后再从后面抽出端子，否则容易导致端子锁卡损坏。
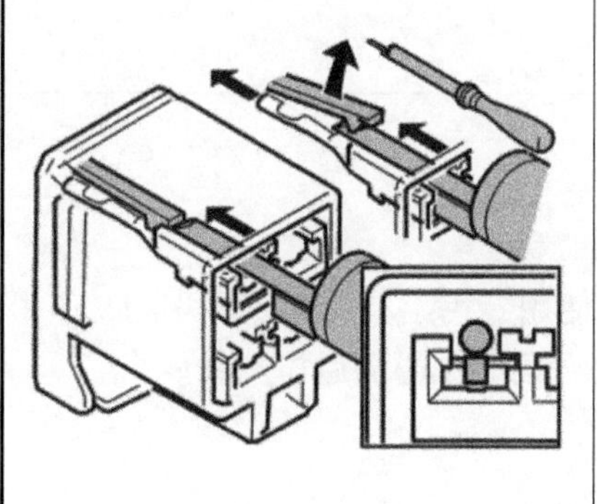	（6）其他拆卸方法 如图所示，使用专用工具 951-2852 进行拆卸，工具 951-2852 只能用于插座罩壳。 （7）总成组装 检查确定电线端子有无损坏，将电线端子压入罩壳中。小心拉动电线，检查确定电线端子是否正确锁定，组装次级锁将次级锁压入位置。

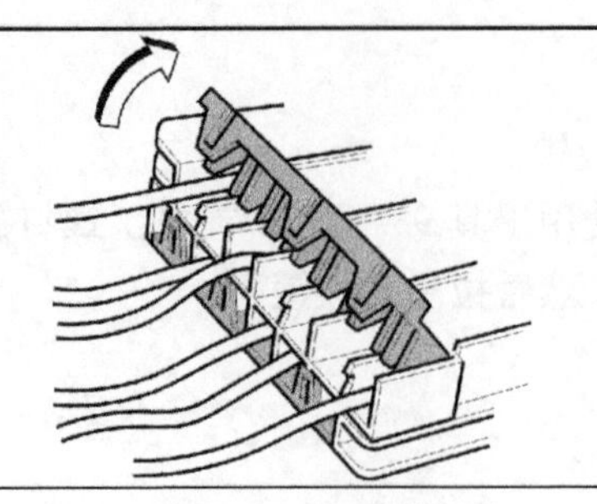	类型三：插头端子拆装 （1）拆卸次级锁 如图所示，使用电工螺钉旋具向上拆开次级锁。
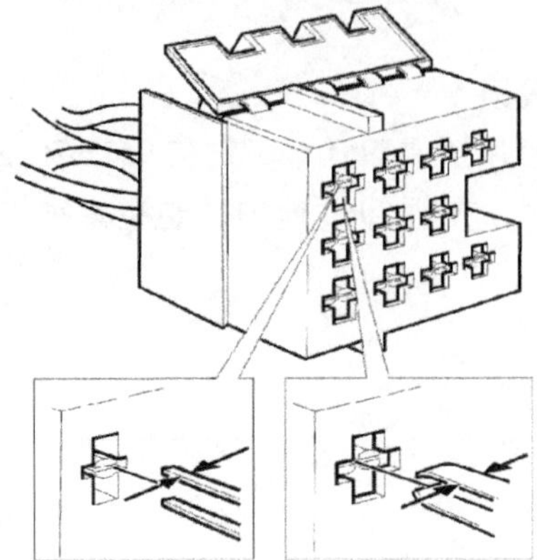	（2）拆卸初级锁 使用专用工具 951-2630 和 951-2631 拆下初级锁，同时小心向后拉电线。 （3）总成组装 检查确定电线端子是否损坏。将电线端子压入罩壳中。小心拉动电线，检查确定电线端子正确锁定。组装次级锁将次级锁压入位置。
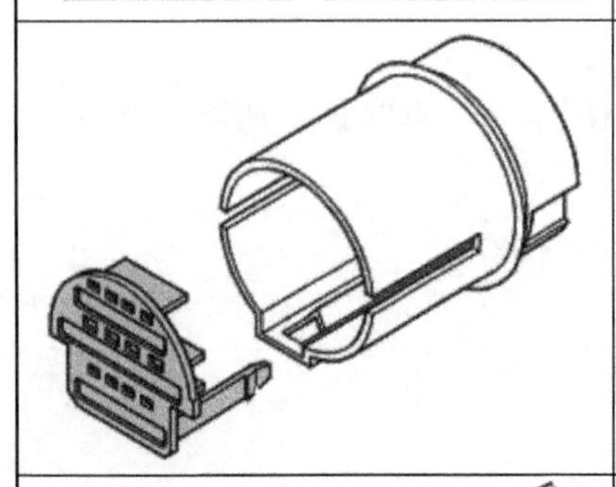	类型四：插头端子拆装 （1）拆卸次级锁 如图所示，拆下次级锁，使两边的卡紧销向外倾斜，拉出次级锁。
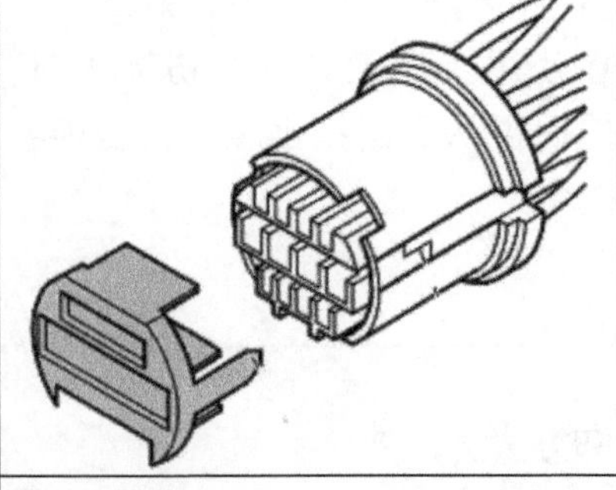	（2）拆卸插头两端的锁销 如图所示，使用小扁口螺钉旋具拆卸插头两端的锁销，拉出次级锁。
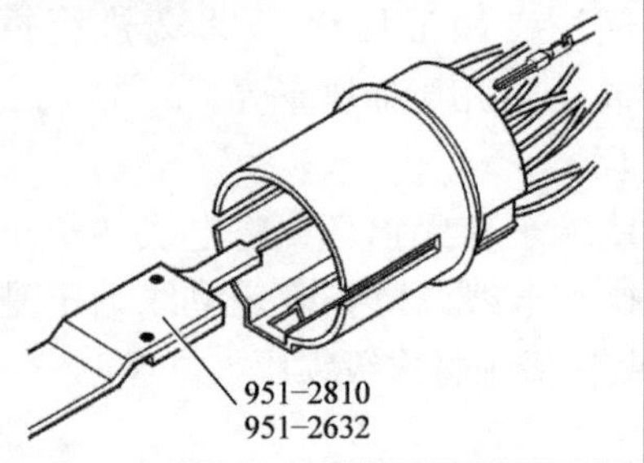	（3）拆下初级锁 如图所示，使用专用工具 951 - 2810 和 951 - 2632 拆下初级锁，同时小心向后拉电线。

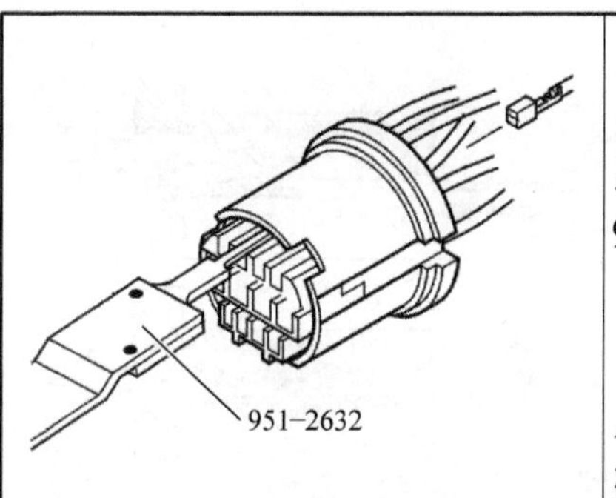	（4）拆下端子初级锁 使用951-2632拆下端子初级锁，同时小心向后拉电线。或者使用专用工具951-2852，但工具951-2852只能用于插座罩壳。 （5）总成组装 检查确定电线端子没有损坏，将电线端子压入罩壳中。小心拉动电线，检查确定电线端子正确锁定。组装次级锁，将次级锁压入位置。
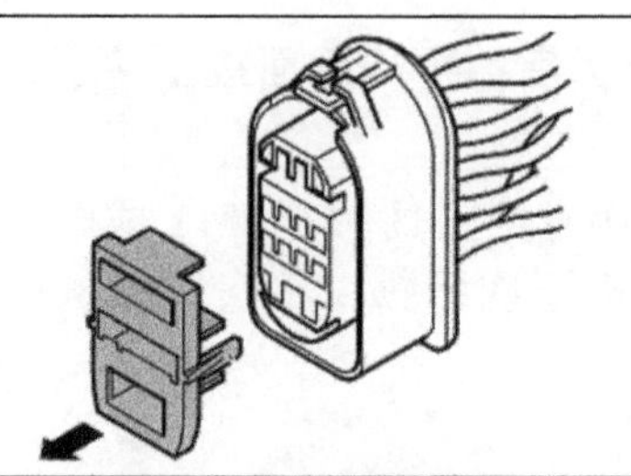	类型五：插头端子拆装 （1）拆卸次级锁罩壳 如图所示，在两边向外倾斜卡紧销，拉出次级锁罩壳。
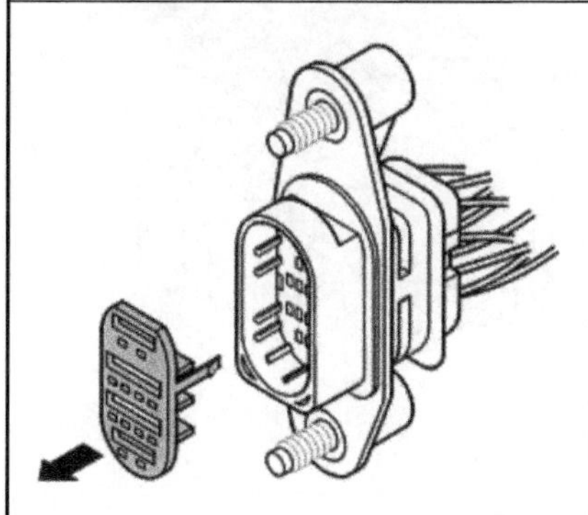	（2）拆下插头次级锁 如图所示，使用工具拆下插头次级锁，使两边卡紧销向外倾斜，拉出次级锁。
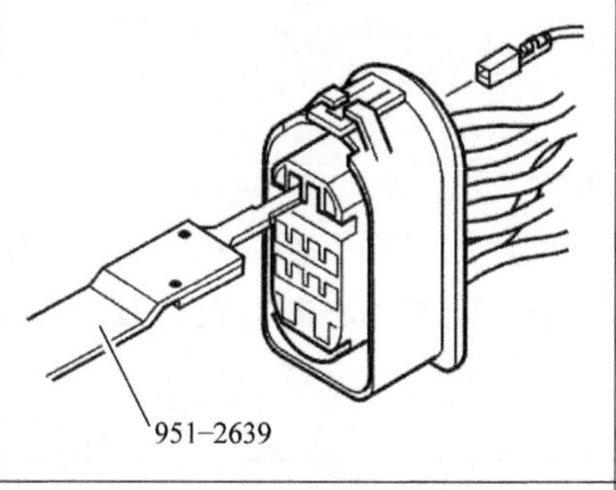	（3）拆下初级锁 如图所示，使用专用工具951-2639拆下初级锁，同时小心向后拉电线。
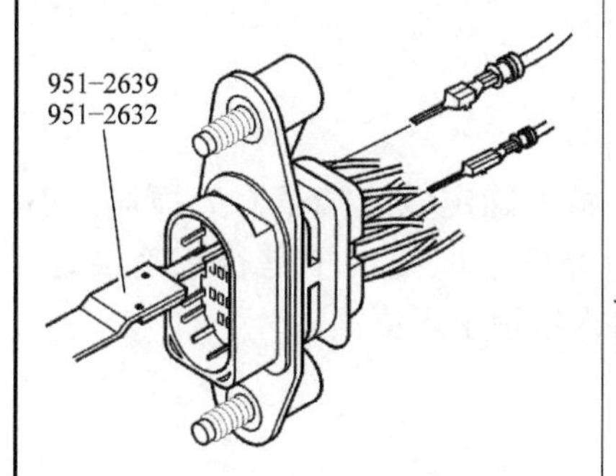	（4）拆下端子初级锁 使用专用工具951-2639和951-2632拆下端子初级锁，同时小心向后拉电线。

（5）锁开位置

如图所示，使用工具 951-2852 压住端子卡子退出电线端子，但此工具 951-2852 只能用于插座罩壳。

（6）总成组装

检查确定电线端子有无损坏，将电线端子压入罩壳中。小心拉动电线，检查确定电线端子正确锁定。组装次级锁，将次级锁压入位置。

（7）使用专用工具

使用专用工具进行拆卸时，要先使固定卡子翘上去后，再从后面拔出端子，否则容易损坏端子。

类型六：插头端子拆装

（1）拆卸次级锁

如图所示，使用专用工具 951-2811 或电工螺钉旋具拆下次级锁，将次级锁从电线侧压出。

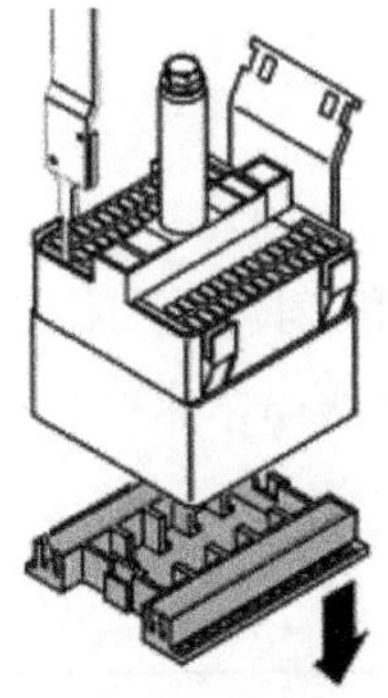

使用专用工具 951-2811 或电工螺钉旋具拆下次级锁，将次级锁从电线侧顶出。

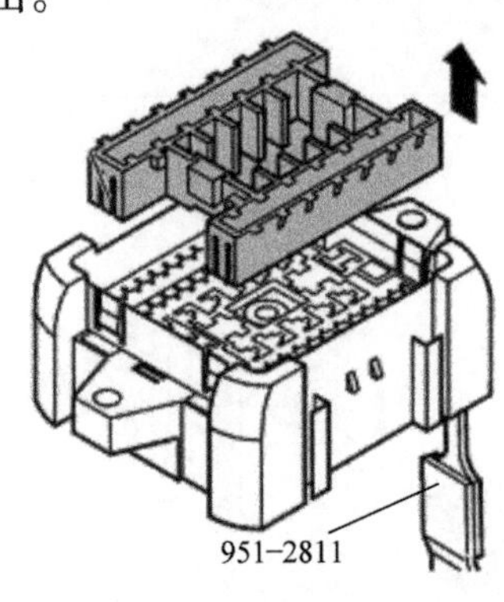

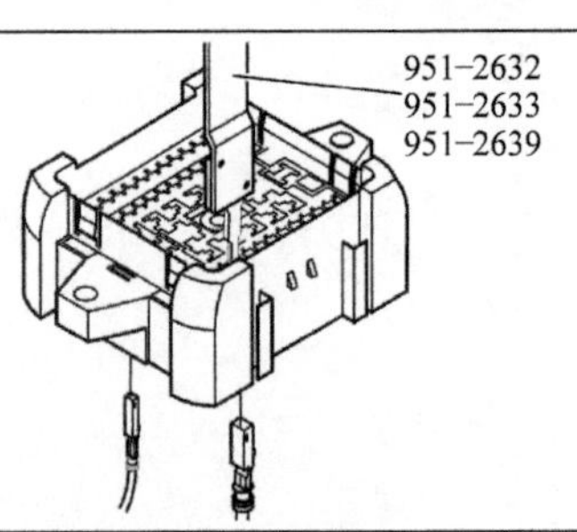

（2）拆卸初级锁

如图所示，使用工具 951-2632、951-2633 和 951-2639 拆下初级锁，同时小心向后拉电线。

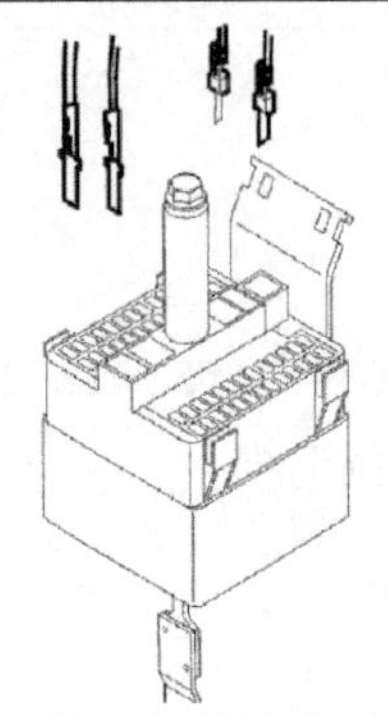

（3）总成组装

如图所示，检查确定电线端子有无损坏。小心拉动电线，检查确定电线端子是否正确锁定。组装次级锁，将次级锁压入位置。

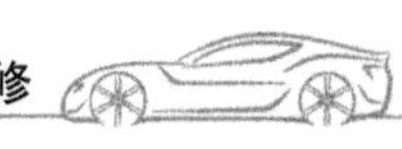

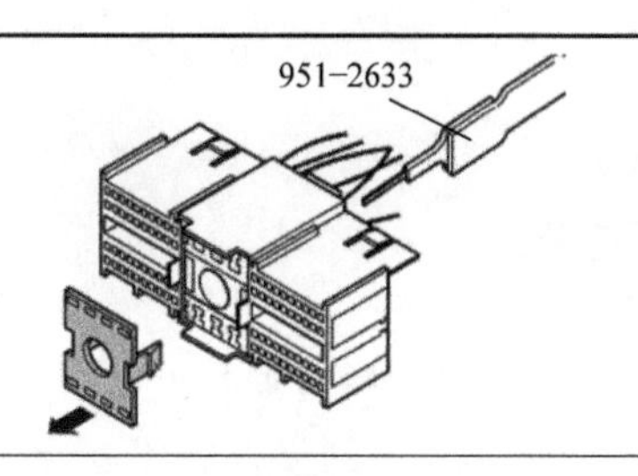	类型七：端子拆装 （1）拆卸次级锁 如图所示，使用工具951-2633或电工螺钉旋具将次级锁从电线侧压出。
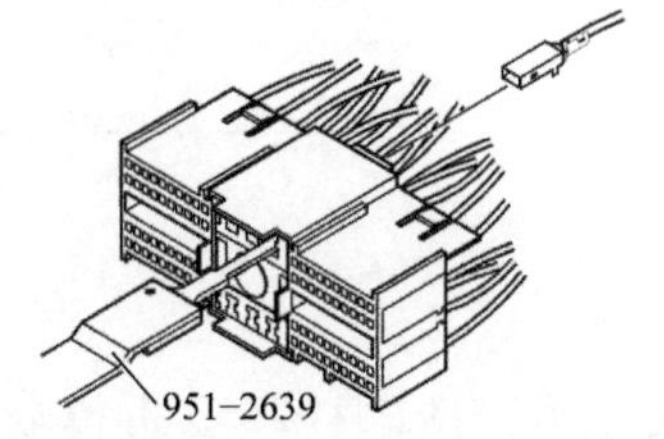	（2）拆卸初级锁 如图所示，使用专用工具951-2639拆下中心电线端子，同时小心向后拉电线。
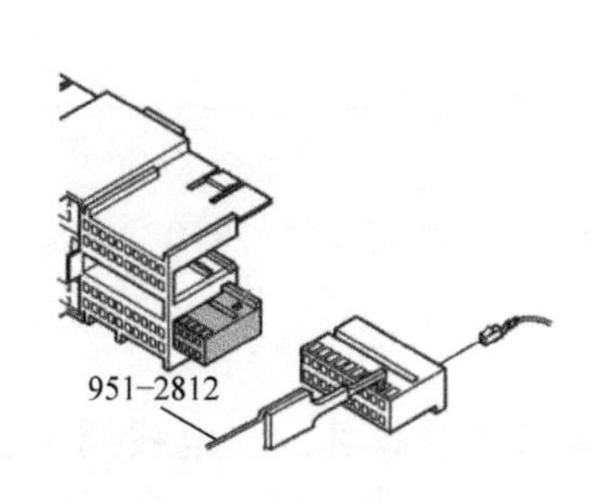	（3）拆卸端子 使用专用工具951-2812或951-2637。释放插座罩壳上的内部罩壳部分，升高卡紧销旁边的套筒，并外拉罩壳部分，同时小心向后拉电线。 （4）总成组装 组装次级锁：检查确定电线端子有无损坏。将电线端子压入罩壳中。小心拉动电线，检查确定电线端子是否正确锁定。组装次级锁：将罩壳滑动到接头中，将次级锁压入位置。
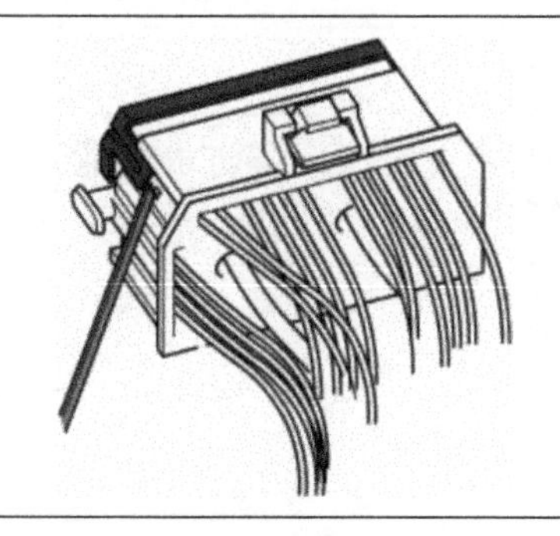	类型八：端子拆装 （1）拆卸次级锁 如图所示，使用电工螺钉旋具撬开次级卡紧销。
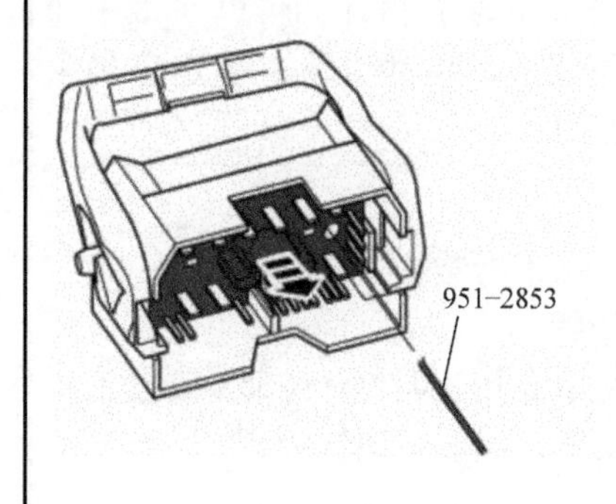	（2）拆卸端子 如图所示，使用专用工具951-2853拆卸端子。 （3）安装 确保电线插头套管未受损坏，将电线插头套管压入绝缘材料中。轻轻拉动电线，确保电线插头套管锁定在位，将次级卡紧销按压入位。

<table>
<tr><td>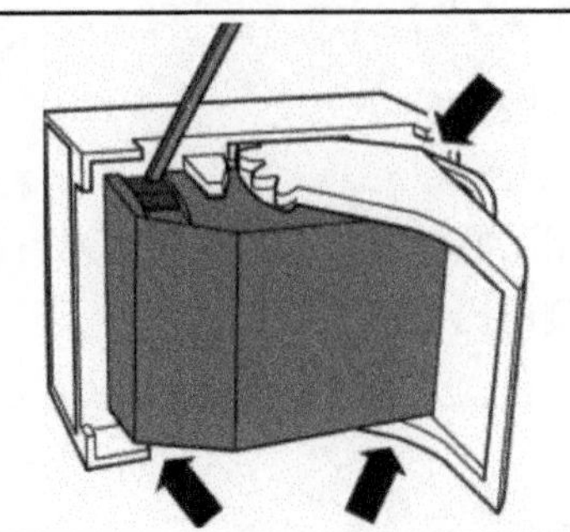</td><td>类型九：端子拆装
（1）拆卸护罩
如图所示，使用电工螺钉旋具拆开护罩。</td></tr>
<tr><td>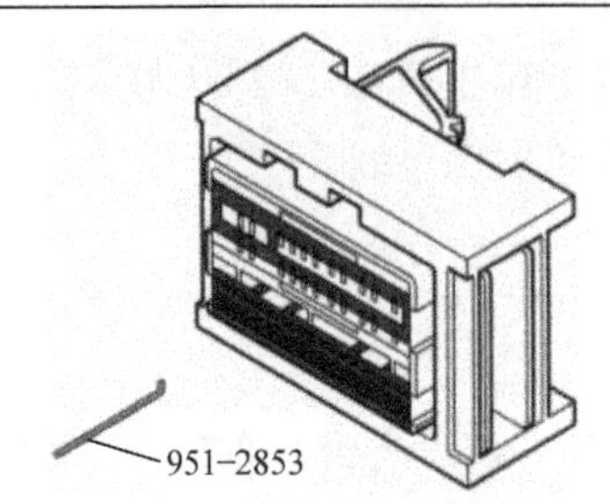</td><td>（2）拆卸端子护罩
如图所示，使用专用工具 951–2853 拆掉端子保护装置。</td></tr>
<tr><td>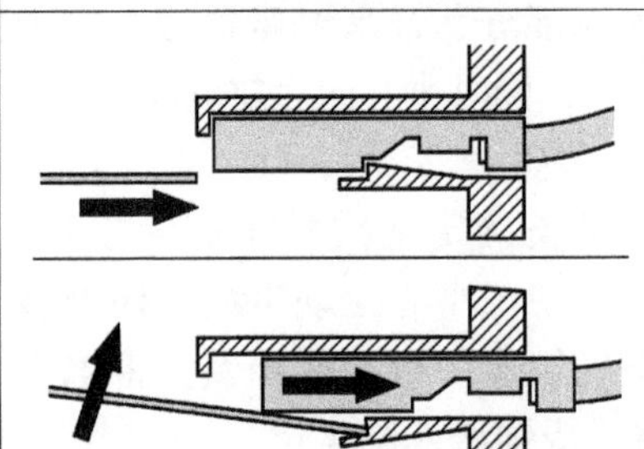</td><td>（3）端子拆卸
使用专门工具 951–2638 或 951–2810，同时小心将电线向后拉。
（4）安装
确保电线插头套管未受损坏。将电线插头套管压入绝缘材料中。轻轻拉动电线，确保电线插头套管锁定在位。将次级卡紧销按压入位。</td></tr>
<tr><td colspan="2">2. 密封插头拆装</td></tr>
<tr><td>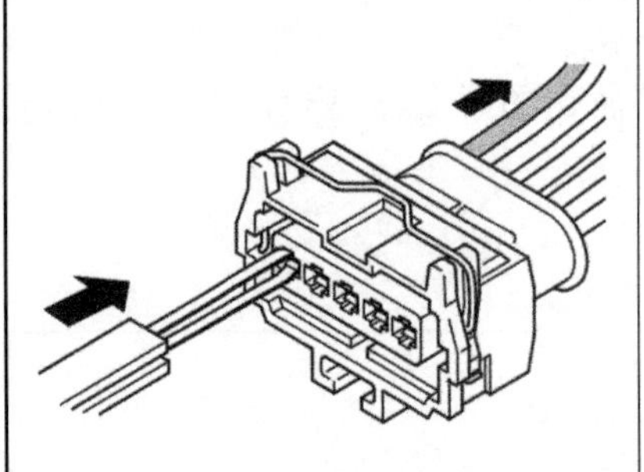</td><td>密封插头和普通插头相比具备防水功能，通常应用在发动机舱等容易进水的区域。
密封插头一：端子拆装
（1）拆卸初级锁
如图所示，使用专用工具 951–2631 拆下初级锁，同时小心向后拉电线。
（2）组装初级锁
检查确定电线端子没有损坏，将电线端子压入罩壳中。通过仔细拉动电线，检查确定正确密封，且电线端子已锁定。</td></tr>
<tr><td>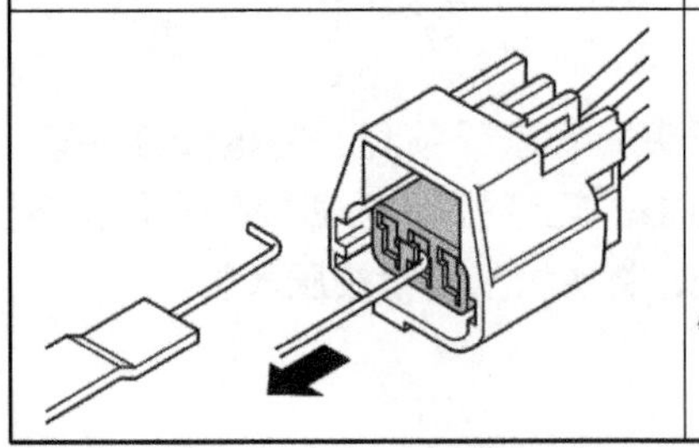</td><td>密封插头二：端子拆装
（1）拆卸次级锁
如图所示，使用专用工具 951–2853 或电工螺钉旋具，松开卡紧销，然后拉出次级锁。</td></tr>
</table>

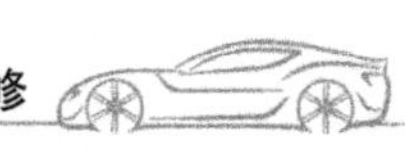

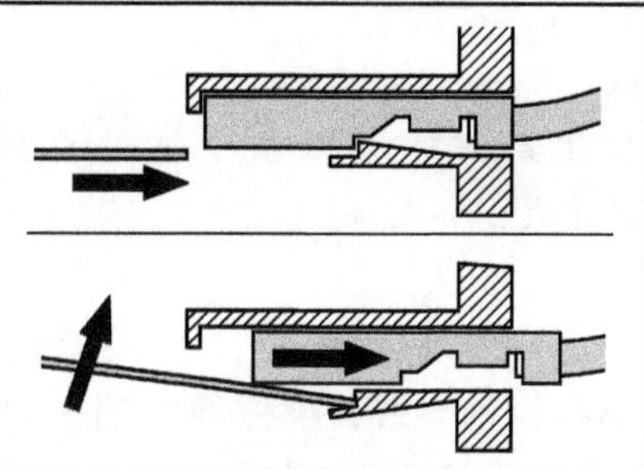	（2）拆卸初级锁 使用专用工具 951-2632 和 951-2639 拆下初级锁，同时小心向后拉电线。
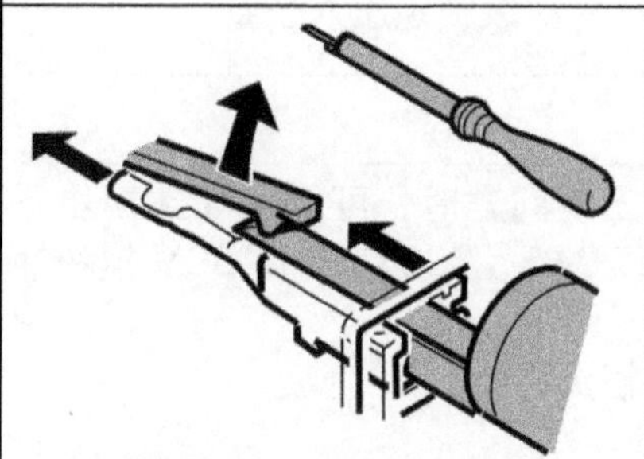	（3）使用专用工具 如图所示，使用工具 951-2852，拆开初级锁。 （4）组装初级锁 检查确定电线端子没有损坏。将电线端子压入罩壳中。通过仔细拉动电线，确保密封正确，且电线端子已锁定。组装次级锁，将次级锁压入位置。
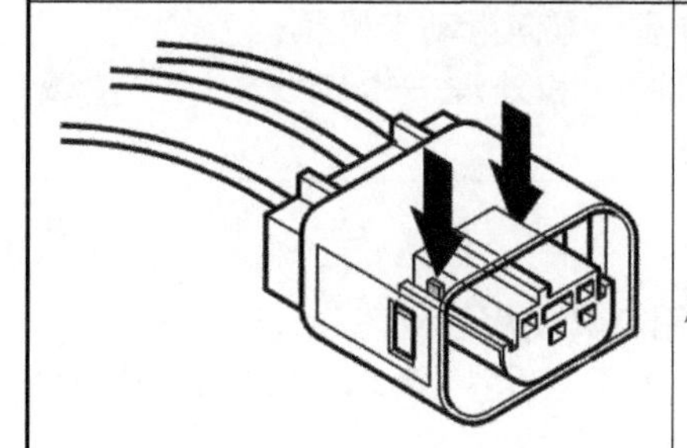	密封插头三：端子拆装 （1）拆卸次级锁 如图所示，使用电工螺钉旋具调整锁销，并压上次级锁。
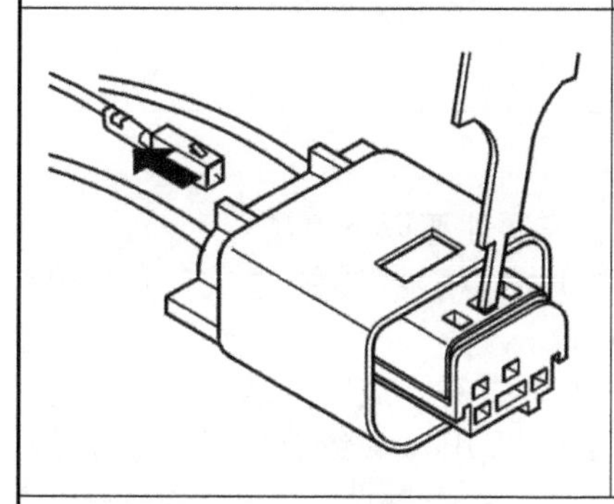	（2）拆卸初级锁 如图所示，使用工具 951-2637 按下电线端子锁定耳片，同时小心向后拉电线。 （3）组装初级锁 检查确定电线端子没有损坏。将电线端子压入罩壳中。通过仔细拉动电线，确保密封正确，且电线端子已锁定。组装次级锁，将次级锁压入位置。
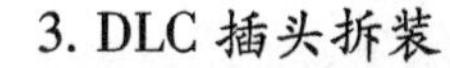 3. DLC 插头拆装	
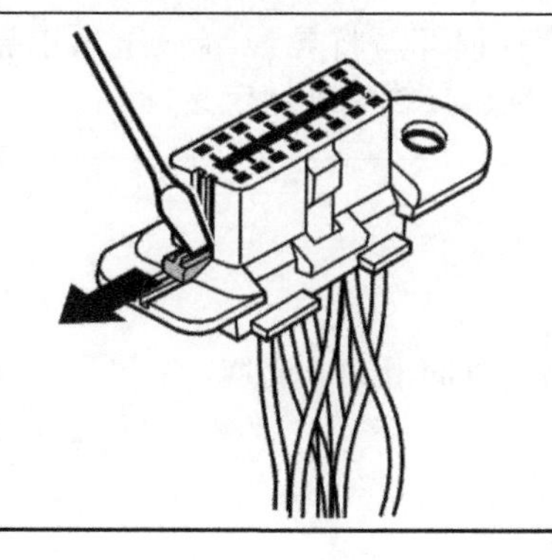	DLC 是诊断仪和车辆连接通信的接口。当 DLC 的插头出现故障后可能会导致诊断仪和车辆之间无法进行正常的通信。具体 DLC 端子拆装方法如下。 （1）拆卸次级锁 如图所示，使用电工螺钉旋具将次级锁定拉向侧边。

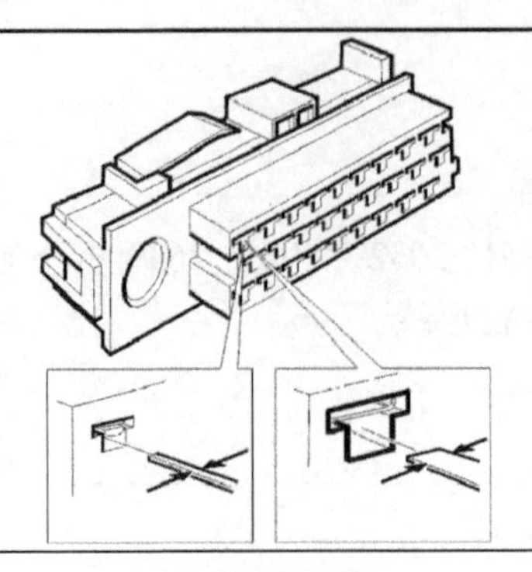	(2) 初级锁拆卸 如图所示，使用工具 951-2636 拆下导线端子锁，同时小心向后拉导线。 (3) 组装 主锁定：检查确定导线端子有无损坏。将导线端子压入罩壳中。小心拉动导线，确保导线端子锁定正确。次级锁定：将次级锁定压入位置。
4. 模块插头拆装	
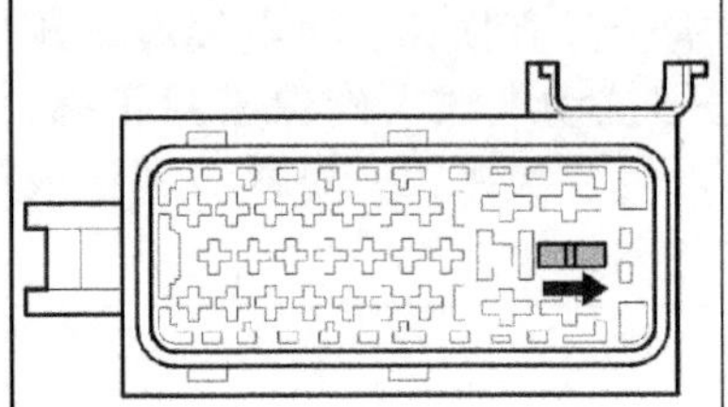	当模块的插头出现问题时，可能会导致模块系统工作不良。下面以 ABS、ECU、SRS、BCM 模块插头端子拆卸为例进行说明。 (1) ABS 模块插头拆装 1) 拆卸次级锁。 如图所示，按箭头方向滑动卡紧销。 小心：一次只断开和处理一根电线，以尽量减小将其弄混的风险。
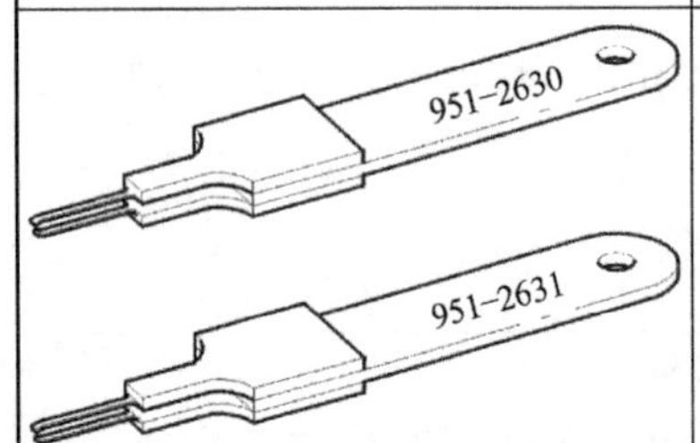	2) 主锁定专用工具使用。 如图所示，使用工具 951-2630 和 951-2631 拆下主锁定。
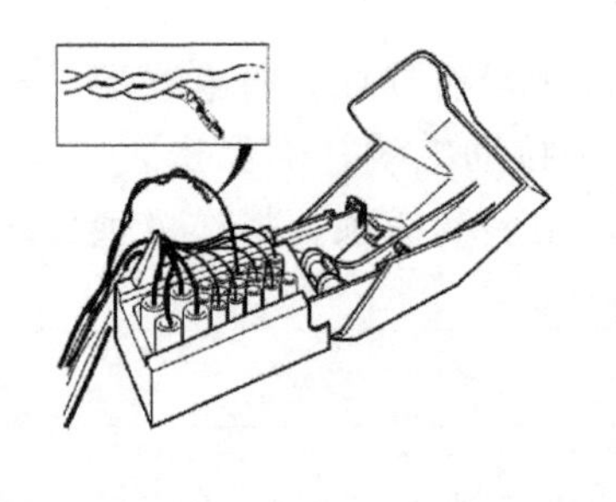	3) 组装。 在安装端子时，需要注意以下事项： ● 每个车轮的车轮传感器导线是成对绞合的（正极和负极信号）线。 ● 重新安装在插头中时，成对导线应按照先前的方法绞合。导线必须每 100mm 绞合大约 3 次，如图所示。 4) 组装主锁定。 确认导线端子没有损坏。将导线端子压入罩壳中。小心拉动导线，确认导线端子锁定正确。
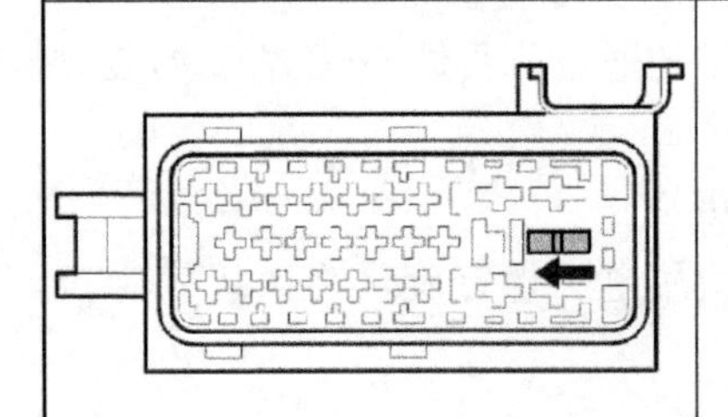	5) 组装次锁定。 如图所示，按箭头方向滑动卡紧销。

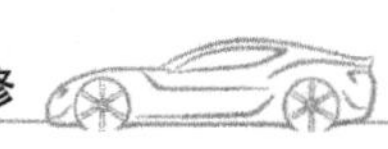

<table>
<tr><td>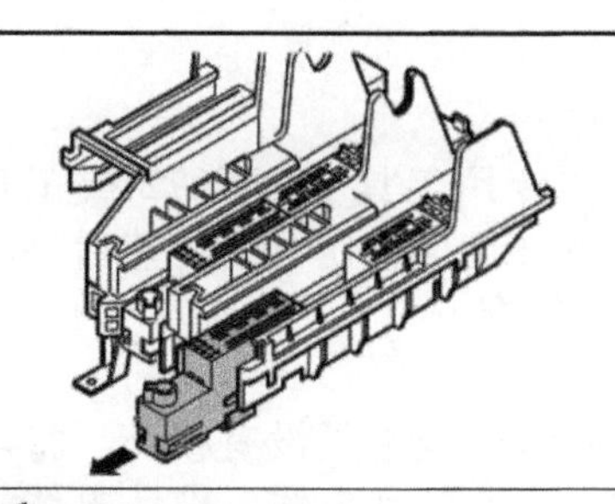</td><td>（2）ECU 插头拆装
1）拆卸锁销。
如图所示，用螺钉旋具将绝缘板从电气单元拆下，同时松开卡紧销。</td></tr>
<tr><td>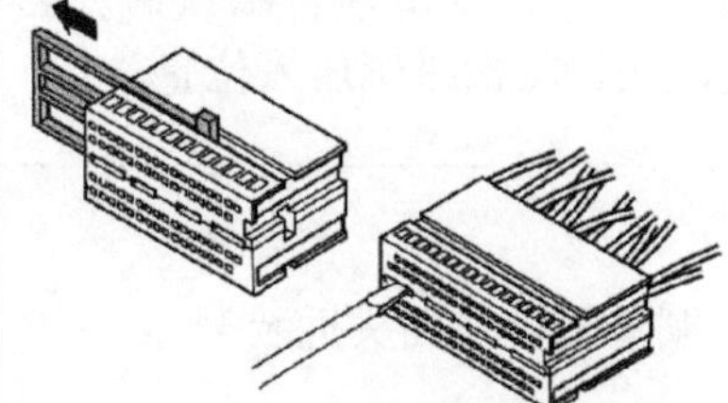</td><td>2）插头及锁装置。
如图所示，用螺钉旋具松开卡紧销，然后滑动出锁装置。</td></tr>
<tr><td>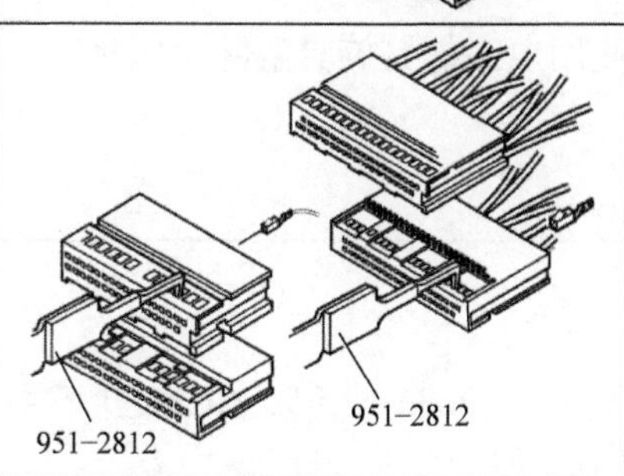
</td><td>3）被动式锁定的插头分离插头。
使用专用工具 951–2812 或 951–2637 压进导线端子上的锁定耳片，然后小心地拉出导线及导线端子。</td></tr>
<tr><td>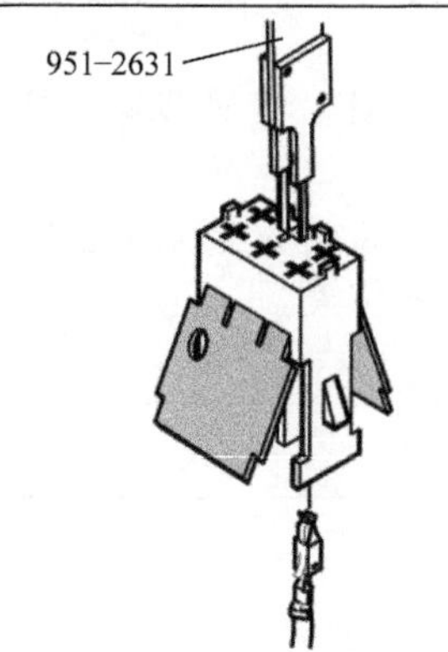
</td><td>4）拆卸端子。
如图所示，使用专用工具 951–2631 抽出导线端子。将插头自导线侧滑出的同时松开卡紧销，这样将插头从中央电器单元拆下。</td></tr>
<tr><td colspan="2">5）安装。
● 插入新的导线端子将新的导线端子从导线一侧（在正确的位置）插入插座罩壳。当它插入到位时，可听到“咔嗒”声。
● 小心地拉动导线，检查它是否连接牢固。
● 重新组装插头：组装次级锁定，并将插头滑入中央电气单元。</td></tr>
<tr><td>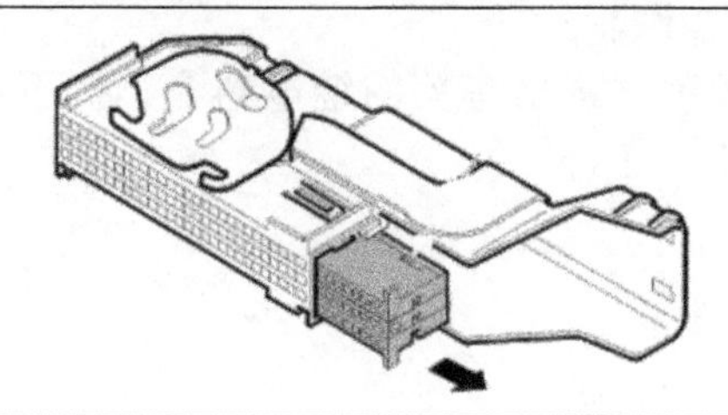</td><td>（3）SRS 模块插头拆装
1）拆卸次级锁。
如图所示，将插座罩壳两侧启动卡紧销压入，并将插座罩壳滑出；小心：一次只断开和处理一根电线，否则会弄混。</td></tr>
</table>

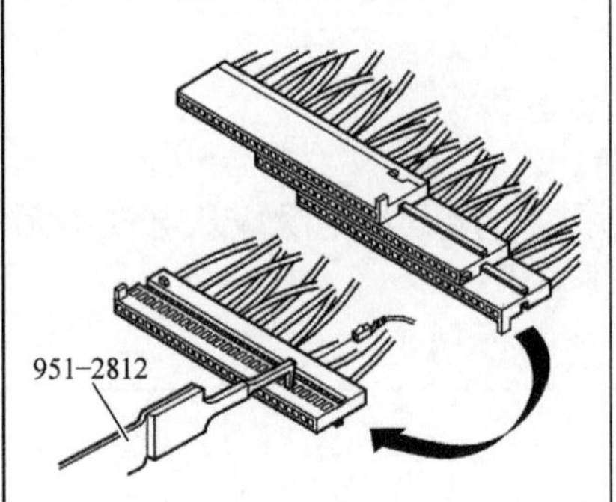	2）拆开初级锁。 如图所示，使用专用工具 951-2812 或工具 951-2637 压入电线端子上的锁定耳片，然后小心地拉出电线及电线接线端。 3）总成组装。 初级锁检查，确认电线端子没有损坏。将电线端子压入罩壳中。小心拉动电线，确认电线端子锁定正确，组装次级锁将次级锁压入位置。
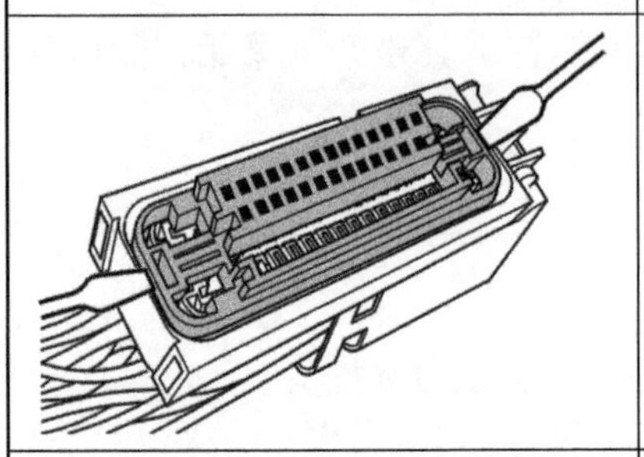	（4）发动机控制单元模块插头拆装 1）次级锁定。 如图所示，使用电工螺钉旋具解除次级锁。
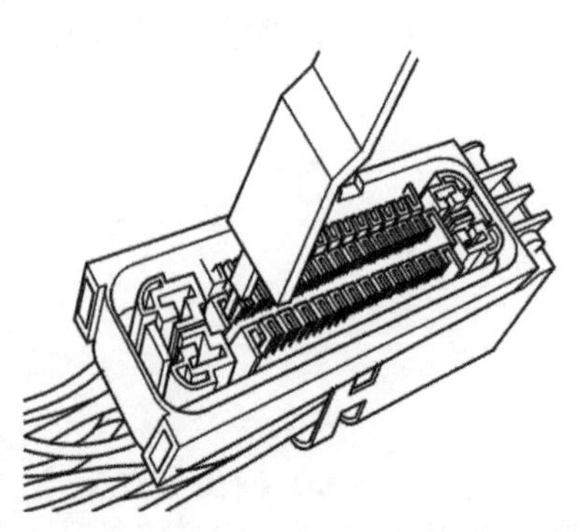	2）拆卸主锁定。 使用专用工具 951-2636 或 951-2639 拆下主锁定；同时小心向后拉电线。 （5）组装主锁定 • 确认导线端子没有损坏。将导线端子压入罩壳中。 • 小心拉动导线，确认导线端子锁定正确。 • 然后将次级锁定压入位置。
5. 熔丝盒插头拆装	
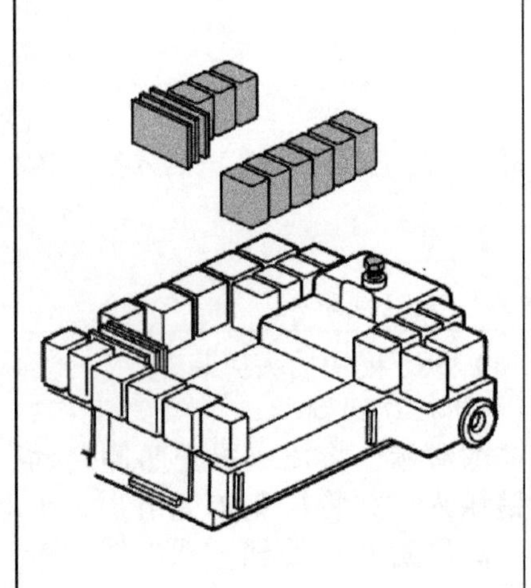	熔丝盒是汽车的配电中心，负责向车体的各个系统提供电源。并把各个熔丝盒继电器进行集中，便于检查和修理。 （1）继电器盒插头拆装 1）准备作业。 如图所示，露出有关的继电器盒，拆下继电器，记下其位置。

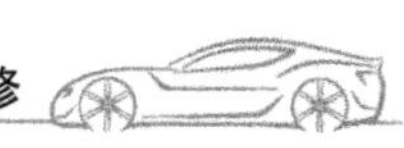

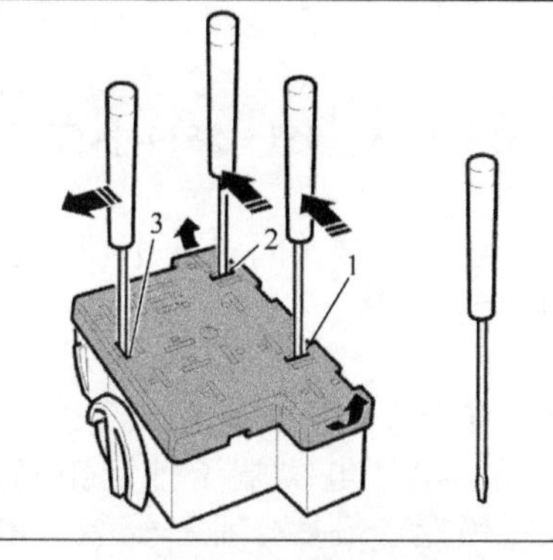

2）拆卸次级锁。

如图所示，用电工螺钉旋具调整各锁，以松脱有关的次级锁定。

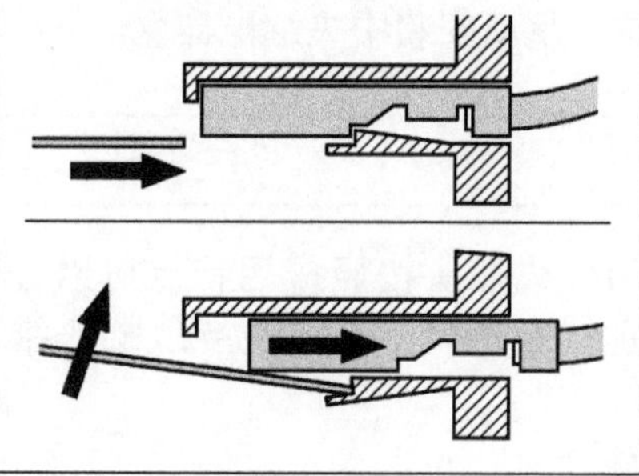

3）拆卸主锁定。

使用专用工具951-2633、951-2639拆下主锁定，同时小心向后拉电线。

4）安装主锁定。

检查电线端子有无损坏，将电线端子压入罩壳中。小心拉动电线，确认电线端子锁定正确。

次级锁定，将次级锁定压入位置。最后安装继电器。

注意：小心定位，安装有关的继电器盒。

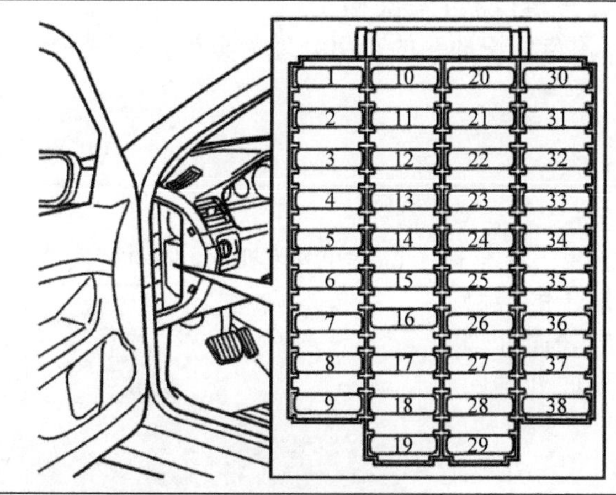

（2）车内熔丝盒端子拆装

1）准备作业。

露出有关的熔丝盒，拆下熔丝，记下熔丝的位置，如图所示。

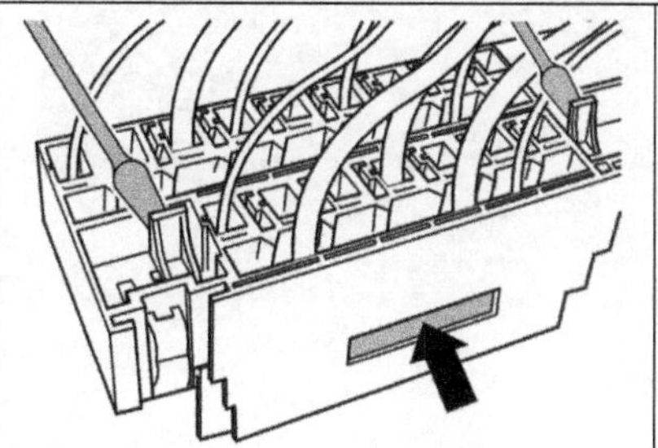

2）拆卸次级锁定。

如图所示，松脱次级锁定的卡紧销，滑动次级锁定至一侧以接触主锁定。

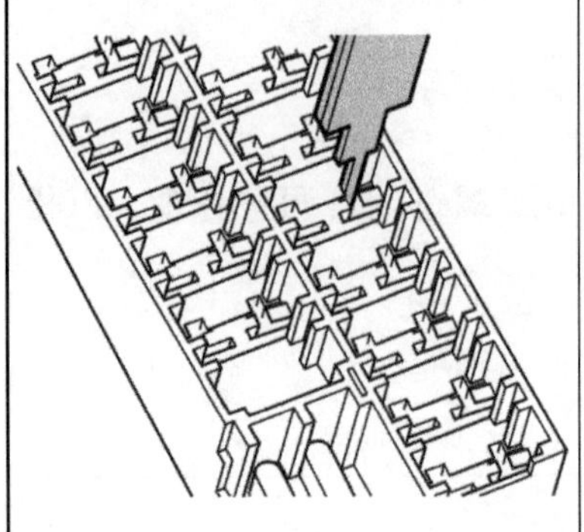

3）拆卸主锁定。

使用专用工具951－2633、951－2639拆下主锁定。

注意：继电器基座可以连接，同时几个锁可能需要调整，同时小心向后拉电线。

4）安装主锁定。

检查确定电线端子有无损坏。将电线端子压入罩壳中。小心拉动电线，确认电线端子锁定正确。次级锁定向后滑动次级锁定。最后作业：安装继电器。注意：小心定位，重新安装中央继电器盒。

6. 插头端子的修复

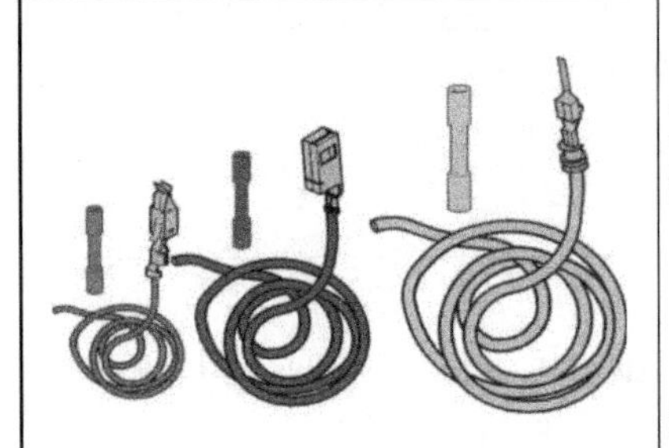

轿车所采用的导线插头按照应用特点可以分为纯色的和带黑色线条的，不同颜色导线插头维修特性也略有不同。

（1）导线维修特性

1）纯色导线插头。

如图所示，导线上带有插头称为“电线插头”，有时也称为“服务插头”。

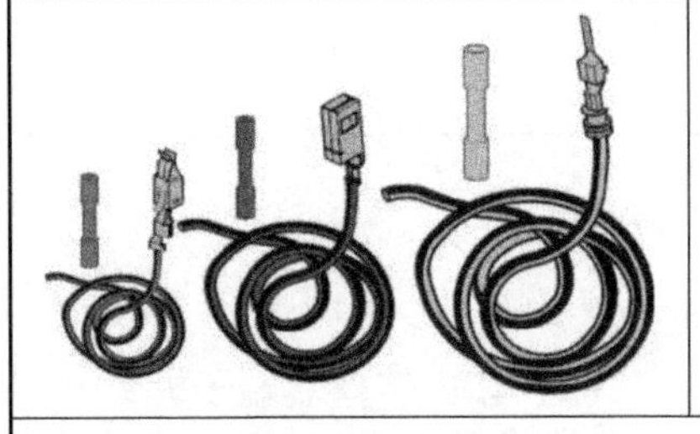

2）黑色标记导线插头。

黑色标记插头的表面处理为金色，如图所示。

3）维修特性。

维修时，如果新的组件附带新的配线，在车辆上同等的配线部分必须替换为新的部分。这是因为空气氧化将会导致端子的接触电阻发生变化，所以应当使用具有相同表面处理的内插和外插插头，如图所示。不同表面处理的范例：

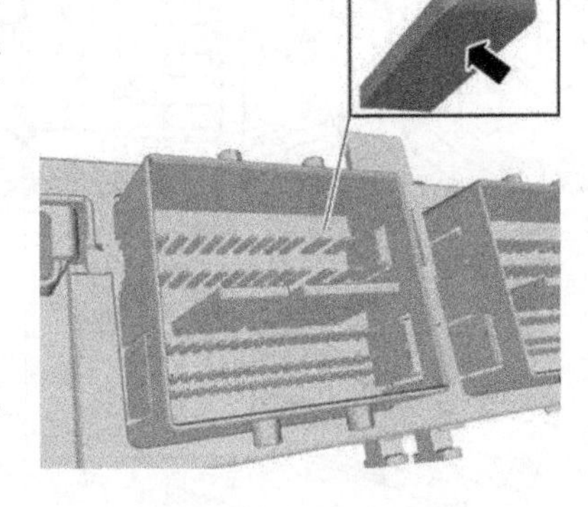

- 金（Au）、银（Ag）、锡（Sn）。
- 银＋锡＝允许。
- 锡＋金＝不允许。
- 银＋金＝允许。

插头的表面处理类型只能通过放大镜检查外插插头销来确定。

<table>
<tr><td>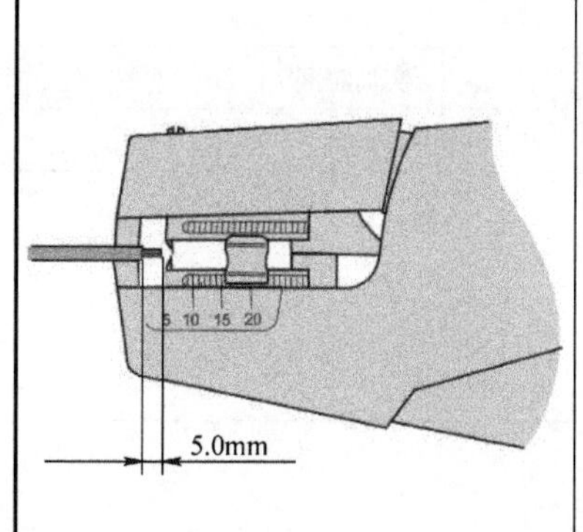
</td><td>（2）插头端子修复
插头是端子的载体，端子起到连接的作用。在日常的维修中经常出现端子的故障，接下来学习一下如何对拆卸下来的端子进行维修更换。
1）剥开绝缘层。
如图所示，切掉损坏的插头端子，使用剥线钳剥开绝缘层。</td></tr>
<tr><td>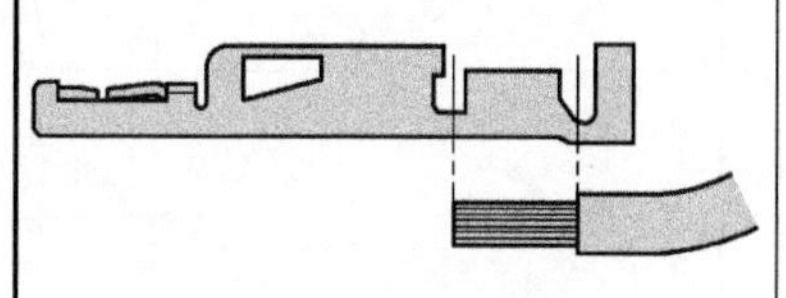</td><td>2）剥开导线。
如图所示，剥线钳剥开的导线长度应该与所更换的插头端子图中所示部分一致。</td></tr>
<tr><td>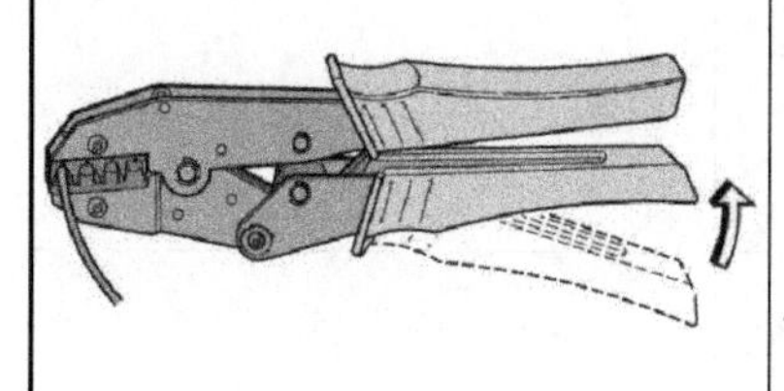</td><td>3）压紧插头。
如图所示，使用专用工具压下插头端子。
注意：不同的导线直径需要选用的专用工具的位置不同。</td></tr>
<tr><td>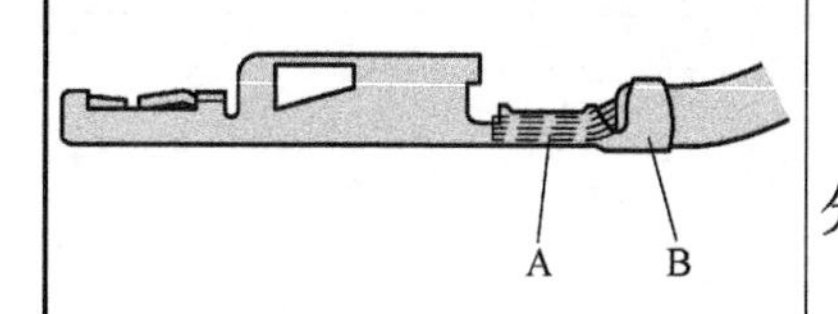
</td><td>使用专用工具压紧后，如图所示的 A 和 B 两部分将都处于压下状态。</td></tr>
<tr><td>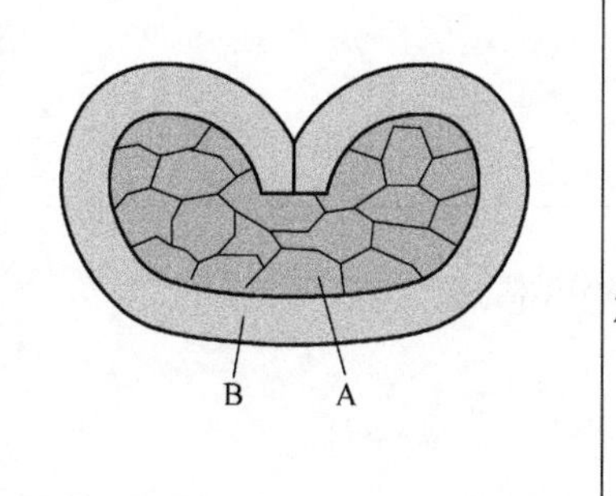
</td><td>4）压紧后检查。
更换结束后，检查压紧部分是否牢固。如图所示，插头端子和导线内的金属完全压紧即可。</td></tr>
</table>

实训记录表

<table>
<tr><td>实训主题</td><td colspan="4"></td><td>实训时间</td><td></td></tr>
<tr><td>小组编号</td><td></td><td>组长</td><td></td><td>组员</td><td colspan="2"></td></tr>
<tr><td>需准备的设备与工具等</td><td colspan="6"></td></tr>
<tr><td>需查阅的相关资料
（书籍、手册、
说明书、网络资源等）</td><td colspan="6"></td></tr>
<tr><td>实训步骤</td><td colspan="3">实训内容</td><td colspan="3">注意事项</td></tr>
<tr><td>准备工作</td><td colspan="3"></td><td colspan="3"></td></tr>
<tr><td>拆卸步骤</td><td colspan="3"></td><td colspan="3"></td></tr>
<tr><td>安装步骤</td><td colspan="3"></td><td colspan="3"></td></tr>
<tr><td>清洁、整理工作</td><td colspan="3"></td><td colspan="3"></td></tr>
<tr><td>学生反思
（反思出现的问题、解
决措施及个人体会）</td><td colspan="6"></td></tr>
<tr><td>教师评价</td><td colspan="6">教师评分：（满分 5 分，请在合适的分数框内打“√”）

1□ 2□ 3□ 4□ 5□

教师建议：</td></tr>
</table>

任务评价

一、请通过思考以下问题进行结果检验

1. 蓄电池的电力损失，都有哪些？

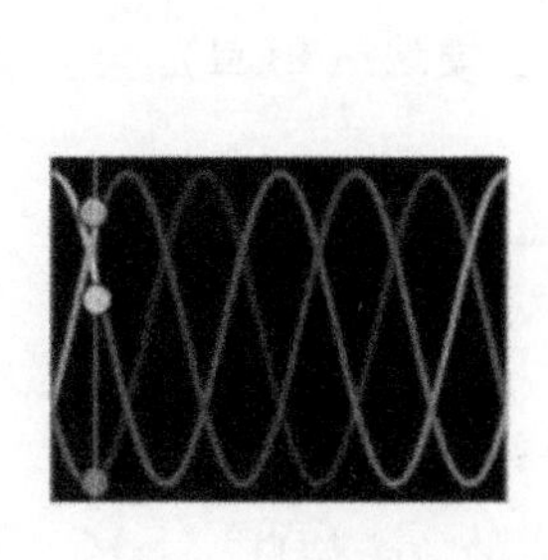

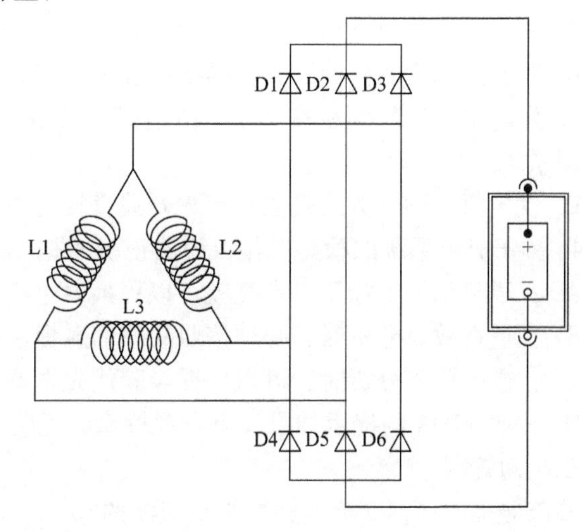

2. 蓄电池的跨接起动有几种，该如何操作？
3. 蓄电池的充电步骤，你是否清楚？
4. 你知道蓄电池充电的目的是什么吗？
5. 为蓄电池充电时，如何选择充电电流与充电时间？
6. 蓄电池的充电特性是怎样的？
7. 你知道蓄电池在充电过程中会出现哪些现象吗？
8. 点火开关的起动信号传送到了哪个模块？
9. 起动机结构有什么特点？
10. 起动继电器在车上什么位置？
11. 起动机的定子有什么特点？
12. 起动机接线柱有几根导线？
13. 在 D 位能否起动发动机？
14. 你知道汽车起动过程中需要哪些模块参加工作吗？
15. 起动无力是什么原因？
16. 当起动系统出现故障时，首先进行什么检查？

二、不定项选择题

1. 关于沃尔沃车辆的蓄电池，说法正确的是：

A. 所有的车辆都有两个蓄电池

B. 车辆的起动主要依靠主蓄电池

C. 蓄电池监测传感器会记录穿过蓄电池（主蓄电池）和辅助蓄电池电极的电流

D. 充电时，蓄电池监测传感器不记录穿过蓄电池（主蓄电池）的充电电流

2. 关于发电机各部件的作用，说法正确的是：

A. 发电机是利用定子产生磁场的

B. 转子通过旋转在线圈内产生交流电

C. 整流器是用来把发电机的交流电转变成直流电

D. 调节器用来调整发电机发电量的高低

3. 关于沃尔沃充电系统，说法正确的是：

A. 中央电子模块（CEM）根据蓄电池温度计算发电机的输出电压

B. 对于发电机的机械故障，网络系统无法有故障码记录

C. 发电机无法产生足够电流给所连接的负载。中央电子模块（CEM）会立即关闭空调系统

D. 发电机的励磁方式是通过点火开关直接通电进行励磁的

4. 关于充电系统的检测操作，说法正确的是：

A. 只要显示充电指示灯点亮就可以更换发电机

B. 在进行故障分析时，必须按照故障信息提示一一进行检查

C. 在进行故障分析时，可以根据经验优先选择检查可能的故障信息

D. 按照 VIDA 的提示如果没有发现故障，说明 VIDA 的功能还不全面

三、问答题

整流器是如何把交流电转换为直流电的？

四、思考讨论题

1. 发电机异响的检测流程是怎样的？

2. 导致发电机充电效率低的因素有哪些？

项目三

汽车发动机故障诊断与维修

项目描述

杨先生的一辆奥迪 A6L 轿车，行驶里程将近 10 万 km，有一天在加速发动机时出现“咔咔”的响声。杨先生将车开到4S 店进行检测，根据杨先生反映的发动机异响，维修技师对该车进行检查。

该车冷起动时没有异响，驻车热车两三分钟后，冷却液温度上升至接近正常工作温度时，发动机怠速时发出很小但清晰的“咔咔”的金属敲击声；感觉发动机有些振动；加速超过 1500r/min 后，声音仍然存在，只是不太清晰。

此车已行驶约 10 万 km，在 6 天前因冷却液温度高导致拉缸，轴瓦严重磨损等状况做过发动机大修，更换过一套活塞和活塞环、活塞销、大小轴瓦、止推轴瓦、链条、正时齿轮、张紧器等部件。大修起动后，稍微热车就一直存在很大的“咔咔”的金属敲击声，而且随转速增加稍有增强。重新调整过气门，更换过缸盖，大小瓦，没有任何的改变。最后更换了机油泵后，很大的“咔咔”的金属敲击声消失，车辆出厂。

一周后再次进厂维修，客户即反映热车时发出声小但清晰的“咔咔”的金属敲击声。查找异响时发现发动机下部比上部声音更明显一些。采用断缸法逐一断开每个缸的点火线圈插头发现，3 缸的声音稍有变化。

怀疑连杆轴承有异响，于是再次拆卸油底壳，这次使用塑料间隙规测量连杆轴瓦油隙，发现比正常值偏大，上次大修只是更换了大小轴瓦，并没有测量曲轴的失圆度、锥度和轴瓦油隙，只是把曲轴轴颈用细砂纸打磨光滑进行维修。

学习目标

知识目标

1. 能分析发动机异响的故障诊断。
2. 能掌握和理解汽车发动机故障的成因。
3. 能掌握和理解汽车发电机故障诊断的原则。
4. 能掌握汽车发动机故障诊断的基本方法。
5. 能掌握汽车发动机故障诊断的基本流程。

技能目标

1. 能掌握发动机故障诊断的基本法则。
2. 能使用故障诊断流程对发动机进行故障诊断与维修。
3. 能区分汽车发动机的人为故障和自然故障。
4. 能掌握汽车发动机故障诊断的基本技能。
5. 能掌握汽车不同类型发动机故障诊断流程的方法和技巧。

素养目标

1. 严格执行汽车发动机故障诊断规范，养成严谨科学的工作态度。
2. 培养团队协作精神。
3. 能够养成自觉遵守技术标准和要求规定、规范操作、安全、环保、“6S”作业的习惯。
4. 能够养成劳动光荣、创造伟大的思维和创新意识。

任务一　发动机故障诊断与维修

一、相关知识

发动机是车辆行驶的最重要部分。为此，全部器件都由精密零件组成，如图所示。

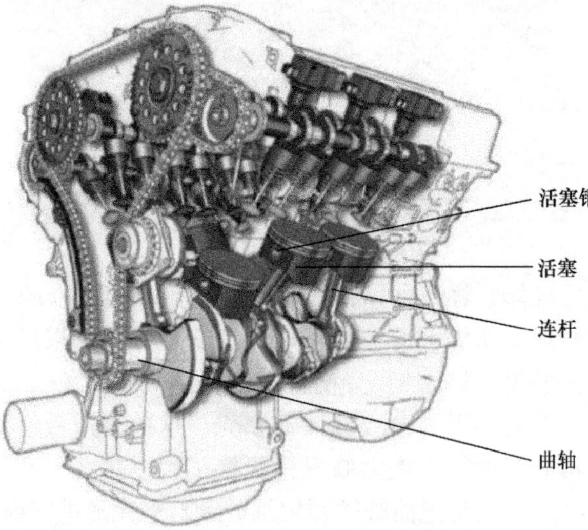

活塞销

活塞

连杆

曲轴

<table>
<tr><td colspan="3">1. 气缸盖</td></tr>
<tr><td rowspan="2">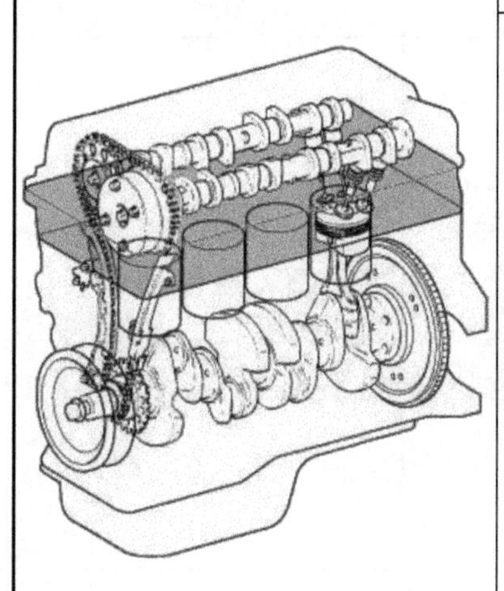</td><td>作用：</td><td>组成：</td></tr>
<tr><td>用来封闭气缸并构成燃烧室。侧置气门式发动机气缸盖铸有水套、进水孔、出水孔、火花塞孔、螺栓孔、燃烧室等。顶置气门式发动机气缸盖，除了冷却水套外，还有气门装置、进气和排气通道等。</td><td>气缸盖是结构复杂的箱形零件。其上加工有进、排气门座孔，气门导管孔，火花塞安装孔（汽油机）或喷油器安装孔（柴油机）。在气缸盖内还铸有水套、进排气道和燃烧室或燃烧室的一部分。若凸轮轴安装在气缸盖上，则气缸盖上还加工有凸轮轴轴承孔或凸轮轴轴承座及其机油油道。</td></tr>
<tr><td colspan="3">2. 气缸体</td></tr>
<tr><td rowspan="2">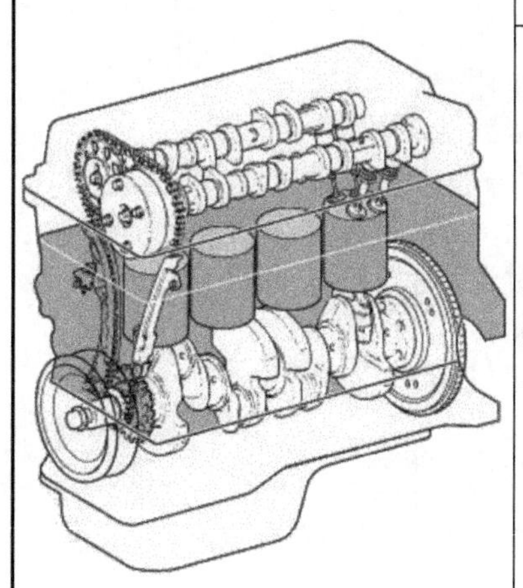</td><td>作用：</td><td>组成：</td></tr>
<tr><td>气缸体是发动机的主体，它将各个气缸和曲轴箱连成一体，是安装活塞、曲轴以及其他零件和附件的支承骨架。</td><td>水冷发动机的气缸体和上曲轴箱常铸成一体，称为气缸体 - 曲轴箱，也可简称为气缸体。气缸体一般用灰铸铁铸成，气缸体上部的圆柱形空腔称为气缸，下半部为支撑曲轴的曲轴箱，其内腔为曲轴运动的空间。在气缸体内部铸有许多加强筋，冷却水套和机油油道等。</td></tr>
<tr><td colspan="3">3. 活塞</td></tr>
<tr><td rowspan="2">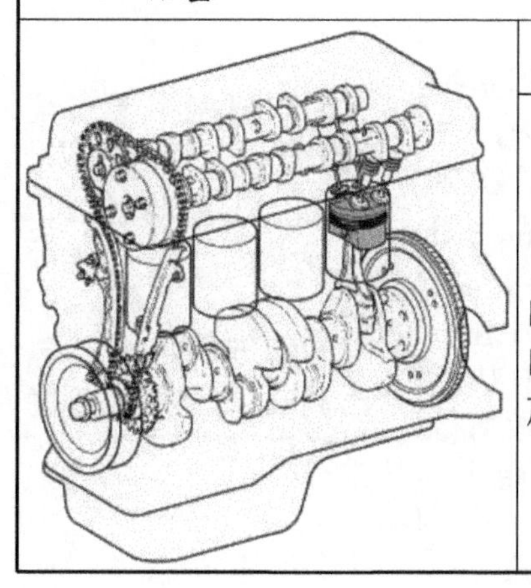</td><td>作用：</td><td>组成：</td></tr>
<tr><td>活塞连杆组是发动机的传动件，它把燃烧气体的压力传给曲轴，使曲轴旋转并输出动力。</td><td>活塞连杆组主要由活塞、活塞环、活塞销及连杆等组成。</td></tr>
</table>

<table>
<tr><td colspan="3">4. 曲轴</td></tr>
<tr><td rowspan="2">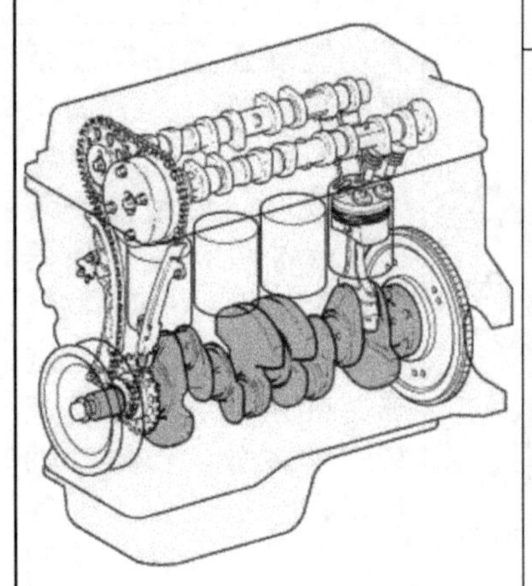</td><td>作用：</td><td>组成：</td></tr>
<tr><td>曲轴负责将燃烧过程中产生的热能转化为动能。在此过程中活塞进行线性加速运动。连杆将该动能传递给曲轴，曲轴将其转化为转动形式。</td><td>曲轴的结构一般由主轴颈、连杆轴颈、曲柄、平衡块、前端和后端等组成。</td></tr>
<tr><td colspan="3">5. 飞轮</td></tr>
<tr><td rowspan="2">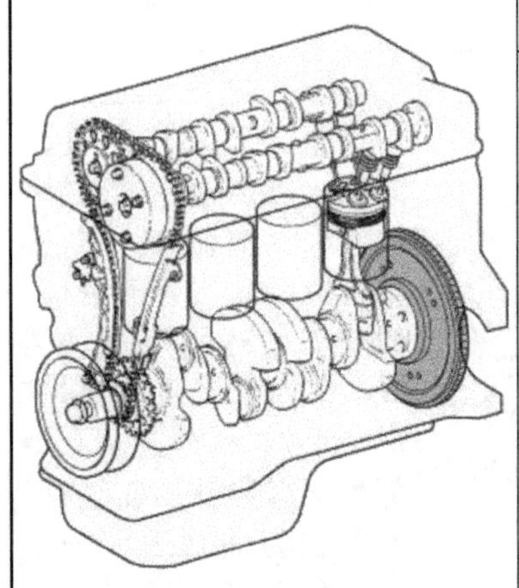</td><td>作用：</td><td>组成：</td></tr>
<tr><td>曲轴飞轮组的作用是把活塞的往复运动转变为曲轴的旋转运动，为汽车的行驶和其他需要动力的机构输出转矩。同时还储存能量，用以克服非做功行程的阻力，使发动机运转平稳。</td><td>曲轴飞轮组主要由曲轴、飞轮、正时齿轮、扭转减振器和平衡轴等组成。</td></tr>
<tr><td colspan="3">6. 配气机构</td></tr>
<tr><td rowspan="2">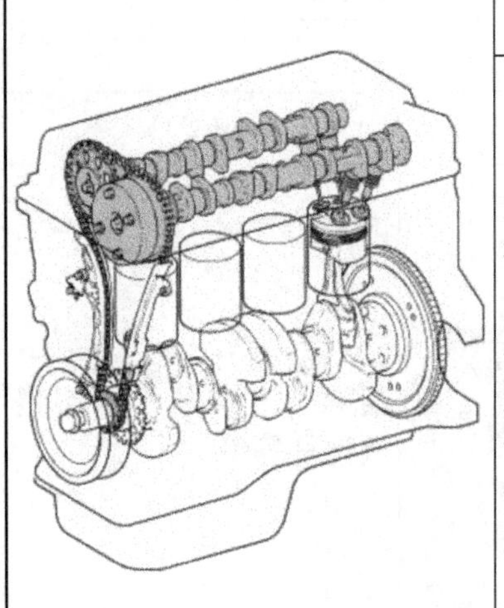</td><td>作用：</td><td>组成：</td></tr>
<tr><td>配气机构的功用是按照发动机每一气缸内所进行的工作循环和点火次序的要求，定时开启和关闭各气缸的进、排气门，使新鲜充气量得以及时进入气缸，废气得以及时从气缸排出；在压缩与做功行程中，保证燃烧室的密封。</td><td>配气机构主要由气门组和气门传动组组成。
气门组主要由气门、气门弹簧、气门锁夹等组成。
气门传动组主要包括凸轮轴、挺柱、摇臂和压杆等。</td></tr>
</table>

<table>
<tr><td colspan="3">7. 传动带</td></tr>
<tr><td rowspan="2">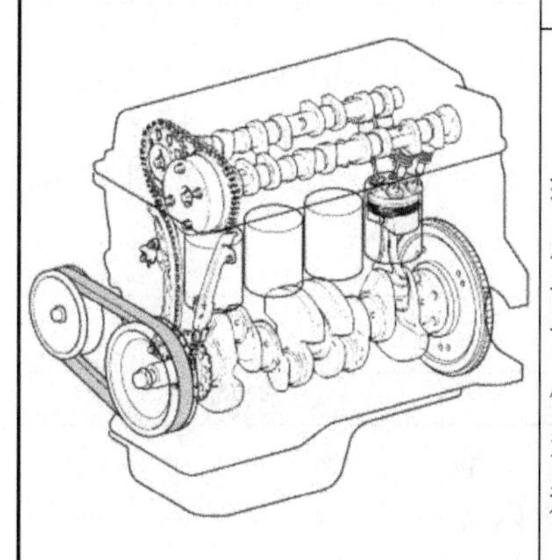</td><td>作用：</td><td>组成：</td></tr>
<tr><td>传动带通过带轮将曲轴的旋转功率传递至交流发电机、动力转向泵和空调器压缩机。在正常情况下，汽车上有多条传动带。传动带必须进行适度张力和磨损方面的检查，并按规定的间隔时间更换。</td><td>（1）V带
传动带截面是V形的，可以保证传动效率。
（2）蛇形传动带
蛇形驱动系统使用单根带V形加强筋的传动带来带动交流发电机、水泵、动力转向泵和空调压缩机。</td></tr>
<tr><td colspan="3">8. 油底壳</td></tr>
<tr><td rowspan="2">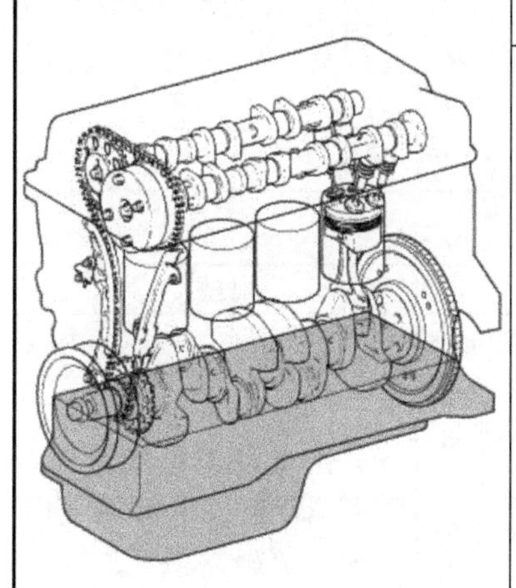</td><td>作用：</td><td>组成：</td></tr>
<tr><td>油底壳位于发动机下部：可拆装，并将曲轴箱密封作为储油槽的外壳。油底壳是曲轴箱的下半部，又称为下曲轴箱。
作用是封闭曲轴箱作为储油槽的外壳，防止杂质进入，并收集和储存机油。</td><td>油底壳多由薄钢板冲压而成，形状较为复杂的一般采用铸铁或铝合金浇铸成型。</td></tr>
<tr><td colspan="3">9. 进气系统</td></tr>
<tr><td rowspan="2">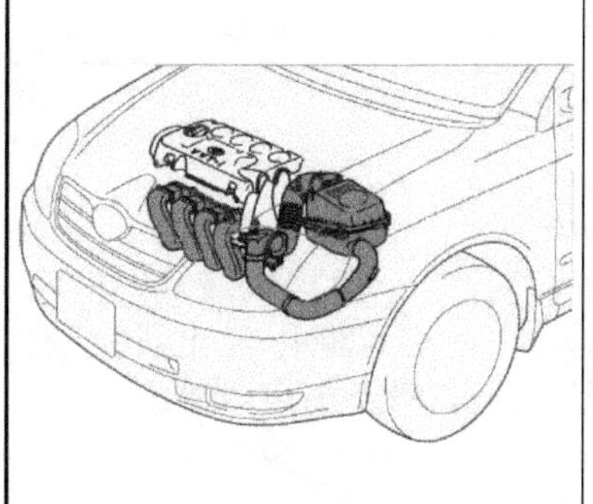</td><td>作用：</td><td>组成：</td></tr>
<tr><td>进气系统向发动机提供其所需要容量的清洁空气。</td><td>由空气滤清器、节气门体、进气歧管组成。</td></tr>
</table>

<table>
<tr><td colspan="3">10. 燃油系统</td></tr>
<tr><td rowspan="2">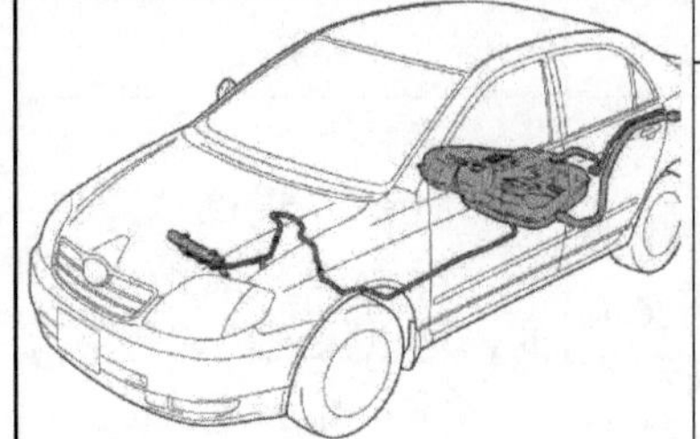</td><td>作用：</td><td>组成：</td></tr>
<tr><td>燃油系统向发动机供应燃油。它也有清除垃圾或灰尘的功能，并调节燃油供给量。</td><td>由油箱、燃油泵、燃油滤清器、压力调节阀、喷油器、燃油箱盖组成。</td></tr>
<tr><td colspan="3">11. 润滑系统</td></tr>
<tr><td rowspan="2">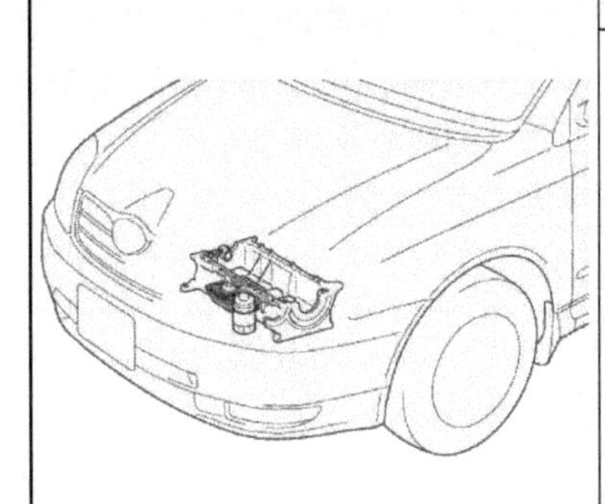</td><td>作用：</td><td>组成：</td></tr>
<tr><td>润滑系统使用一个油泵连续在整个发动机内部供应发动机油。此系统用油膜来减少部件之间的摩擦。如果发动机无机油运转，会导致运行不良，甚至导致烧坏。除了润滑，发动机油冷却并清洁发动机。</td><td>由油底壳、机油粗滤器、机油泵、机油尺（液位尺）、机油压力开关组成。</td></tr>
<tr><td colspan="3">12. 冷却系统</td></tr>
<tr><td rowspan="2"></td><td>作用：</td><td>组成：</td></tr>
<tr><td>通过在整个发动机中循环冷却液，冷却系统把发动机温度调至最佳水平（80～90℃冷却液温度）。
冷却风扇冷却散热器中的冷却液，并且水泵使冷却液在气缸盖和气缸体中循环。</td><td>由散热器、储液罐、散热器盖、冷却风扇、水泵、节温器组成。</td></tr>
<tr><td colspan="3">13. 排气系统</td></tr>
<tr><td rowspan="2">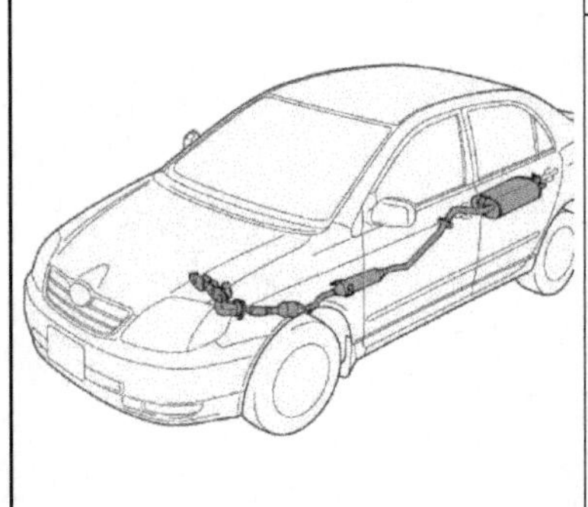</td><td>作用：</td><td>组成：</td></tr>
<tr><td>排气系统将发动机产生的废气排放入大气。
• 通过改善发动机废气的排放性能，提高发动机效率。
• 通过清除有害成分来清洁废气。
• 减少废气发出的爆炸声。</td><td>由排气歧管、TWC（三元催化转化器）、排气管、消声器组成。</td></tr>
</table>

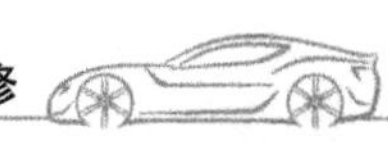

（一）什么是发动机大修

什么是“发动机大修”？

大修就是通过拆卸/分解发动机以及调整、修理或更换必要的零部件等工作来检测故障并进行修复，如图所示。

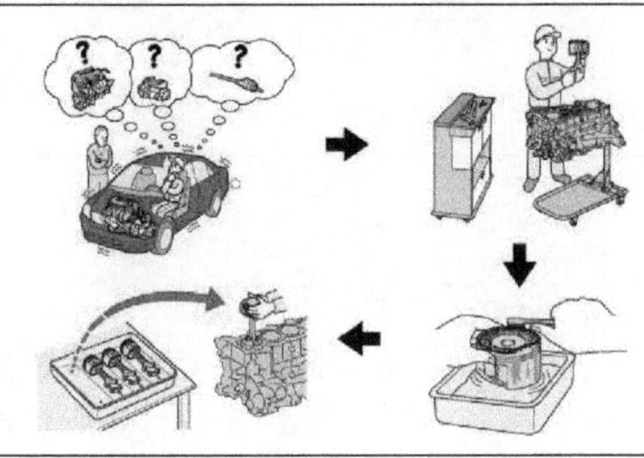

1. 大修程序

该部分把大修程序分成四部分，并介绍每一个重要知识点，如图所示。

1）确认问题/症状。

2）拆卸/分解。

3）清洗/检查。

4）装配/安装。

2. 确认问题/症状

确定大修的目的：确认发生哪种故障、哪个总成需要大修，如图所示。

1）确认问题/症状。

2）分析故障原因。

3）决定是否大修。

（二）拆卸/分解流程

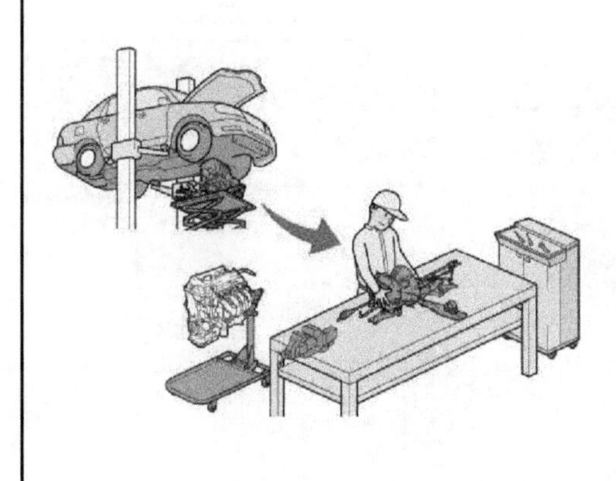

1. 拆卸

把需要大修的总成从汽车上拆卸下来，以便分解。

1）用举升器、千斤顶等举/顶起汽车，从汽车的上部或下部拆卸发动机或传动桥。

2）拆卸重的部件时，例如发动机或传动桥，一定要高度重视安全，不要使其掉落，如图所示。

3）从汽车上拆卸部件时，不要划伤车辆或使自己受伤。

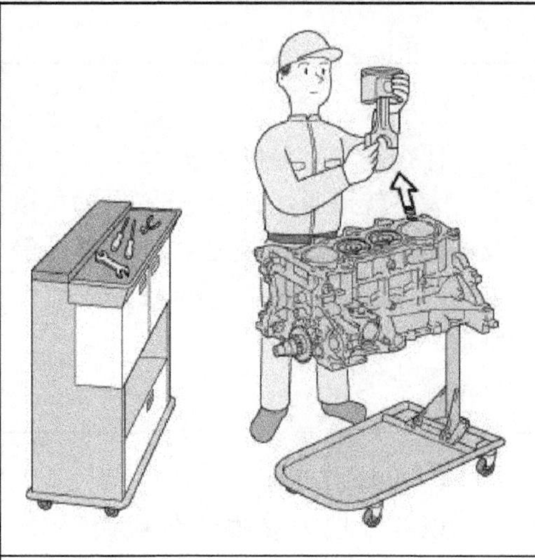

2. 分解发动机

分解总成以检测、调节及修理。

发动机可分解为凸轮轴、气缸盖或气缸体、火花塞、曲轴等，如图所示。

提示：拆卸时，目测每个部件。

3. 摆放

分解发动机时，根据每个部件安装位置/区域摆放，以便组装/安装。即使是相同的部件，其碰撞和磨损也不一样，应摆放好，避免搞混，如图所示。

4. 清洗/检查

清洗分解的部件将有以下效果，如图所示。

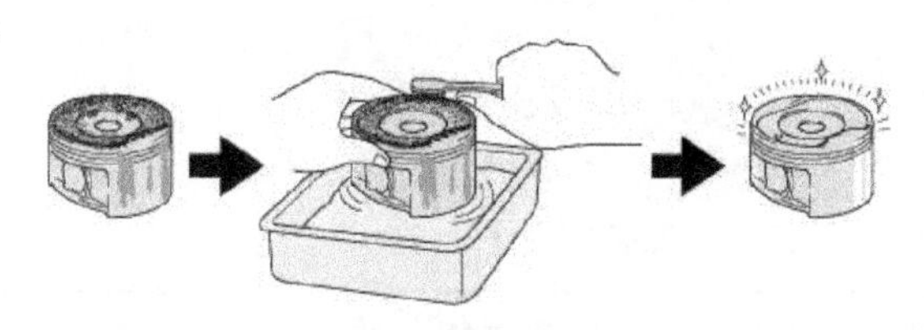

1）提高测量的精确度。

2）容易发现故障。

3）安装时可防止异物进入。

4）除去积炭或油泥等沉积物，帮助部件恢复其初始性能。

5. 检测

用合适的方法测量或检测，例如用眼检查或用仪器测量。

6. 一致性检查

检查用测量或检测发现的问题是否是故障的原因。如果不是，再次寻找故障原因，如图所示。

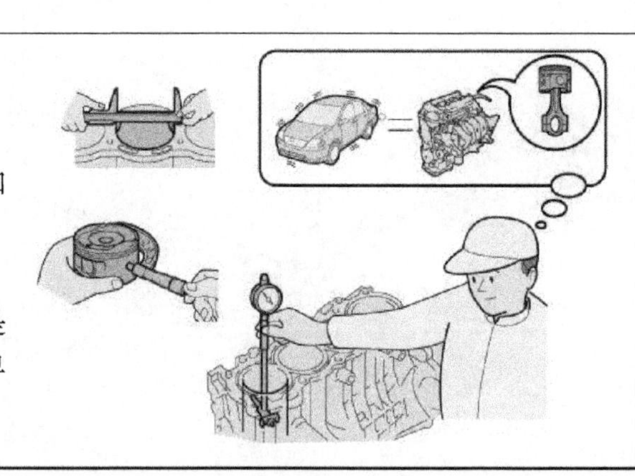

（三）装配/安装流程

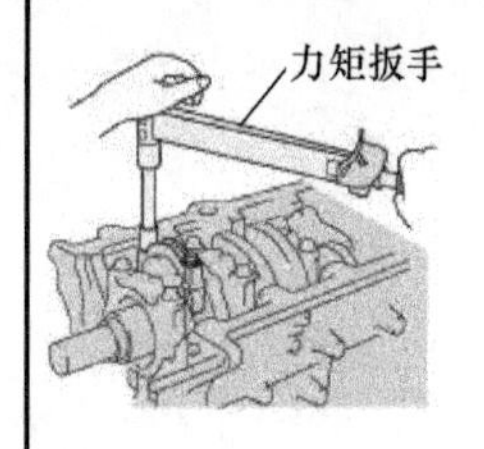

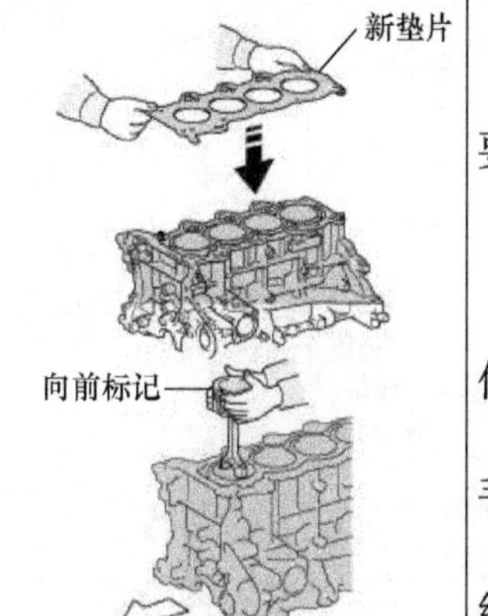

1. 装配/安装

用正确的程序/方法组装。一定要参考维修手册，如图所示。

提示：

- 一定要遵循转矩/标准值。
- 一定要更换不能再使用的部件，比如密封件/垫片。
- 组装前，在滑动位置加维修手册规定的机油/润滑油。
- 在相同的位置/方向，照原样组装部件。

2. 调节/检查操作

无论何时组装部件，要遵守保养标准来进行调整和运行。

3. 工作后的检查

工作完成后，重新检查原始故障以确定故障是否被发现。另外，检查有无错误，各个总成是否都正常运转，如图所示。

（四）发动机大修工作程序

大修发动机所需要的工作程序有一定的流程。大修流程按照下述程序进行。

① 从车上拆卸发动机。

将发动机和传动桥作为一个整体从车上拆下。

② 分解发动机。

将发动机分解成气缸盖和气缸体。

③ 清洁和检查零部件。

清洁所有的零部件，然后检查它们。

④ 重新组装发动机。

重新组装气缸盖和缸体。

⑤ 把发动机安装回车上。

将发动机和传动桥作为一个整体装回车上。

⑥ 最终检查。

检查安装后的状态，如图所示。

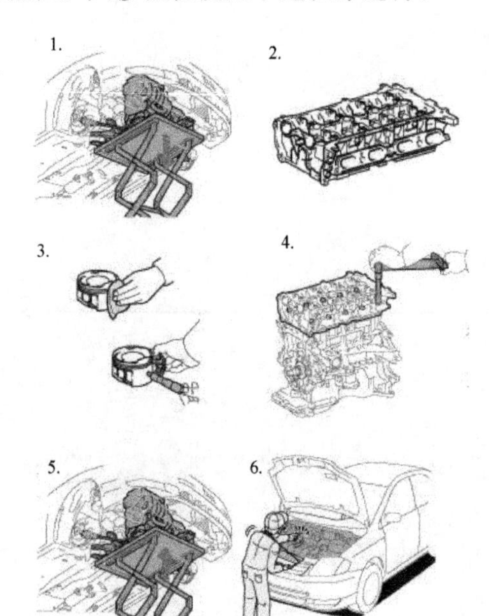

<table>
<tr><td>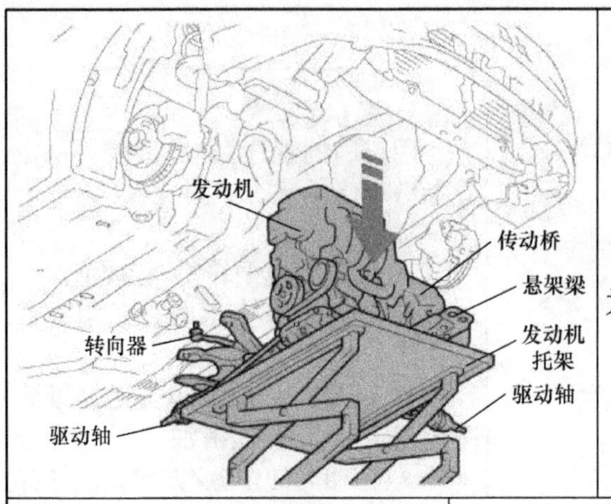
</td><td>拆卸发动机：
将发动机、传动桥、悬架梁等作为一个整体从车上拆卸，如图所示。</td></tr>
<tr><td>从顶部拆卸发动机时，将发动机和变速器作为一个整体拆卸，如图所示。需要拆卸下述部件。
1）发动机舱盖。
2）散热器。
3）传动轴。
4）变速杆。
拆卸发动机时，当它被链条吊起时，应将之倾斜和转动时，应防止刮撞车身。</td><td>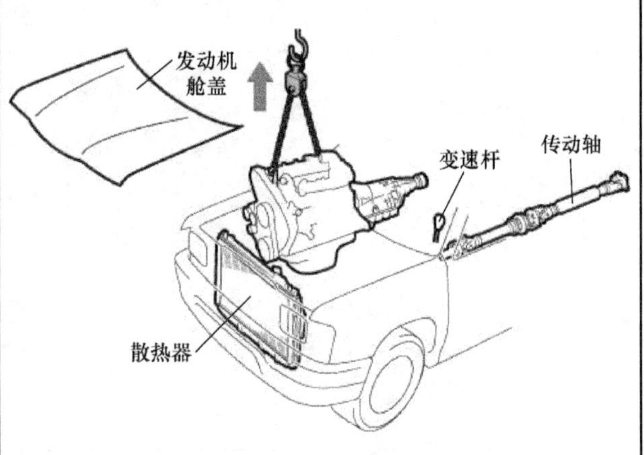
</td></tr>
<tr><td colspan="2">（五）拆卸发动机</td></tr>
<tr><td>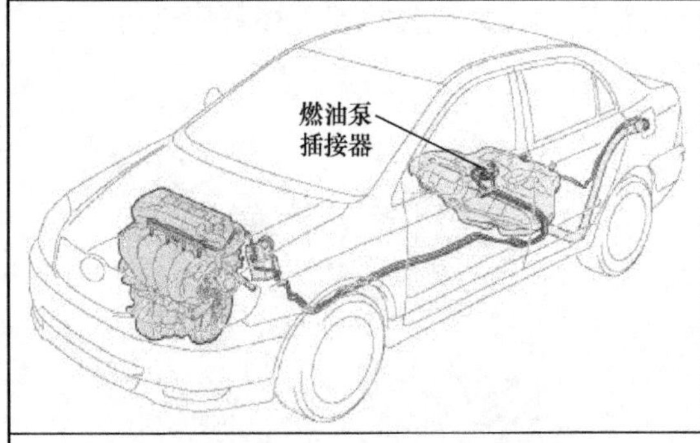
</td><td>1. 采取措施防止汽油溢出</td></tr>
<tr><td>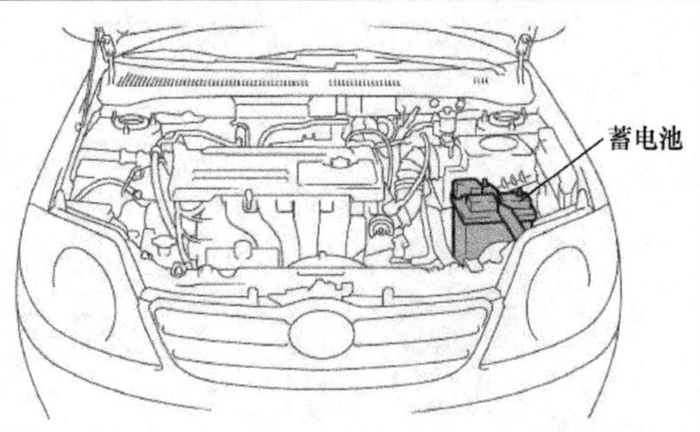
</td><td>2. 拆下蓄电池</td></tr>
</table>

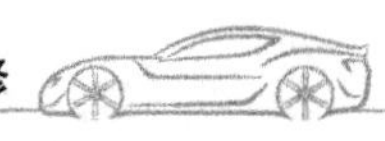

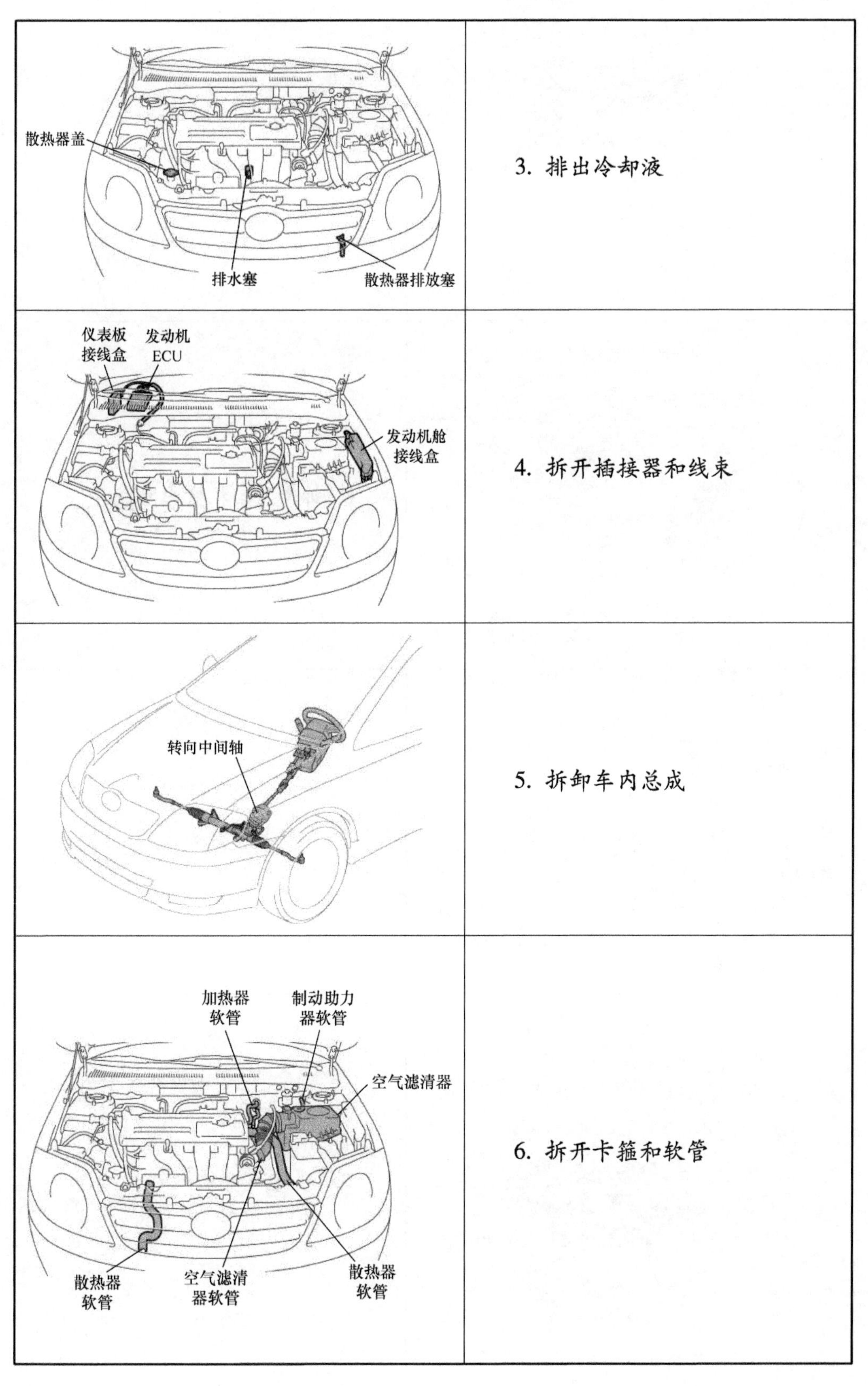

3. 排出冷却液

4. 拆开插接器和线束

5. 拆卸车内总成

6. 拆开卡箍和软管

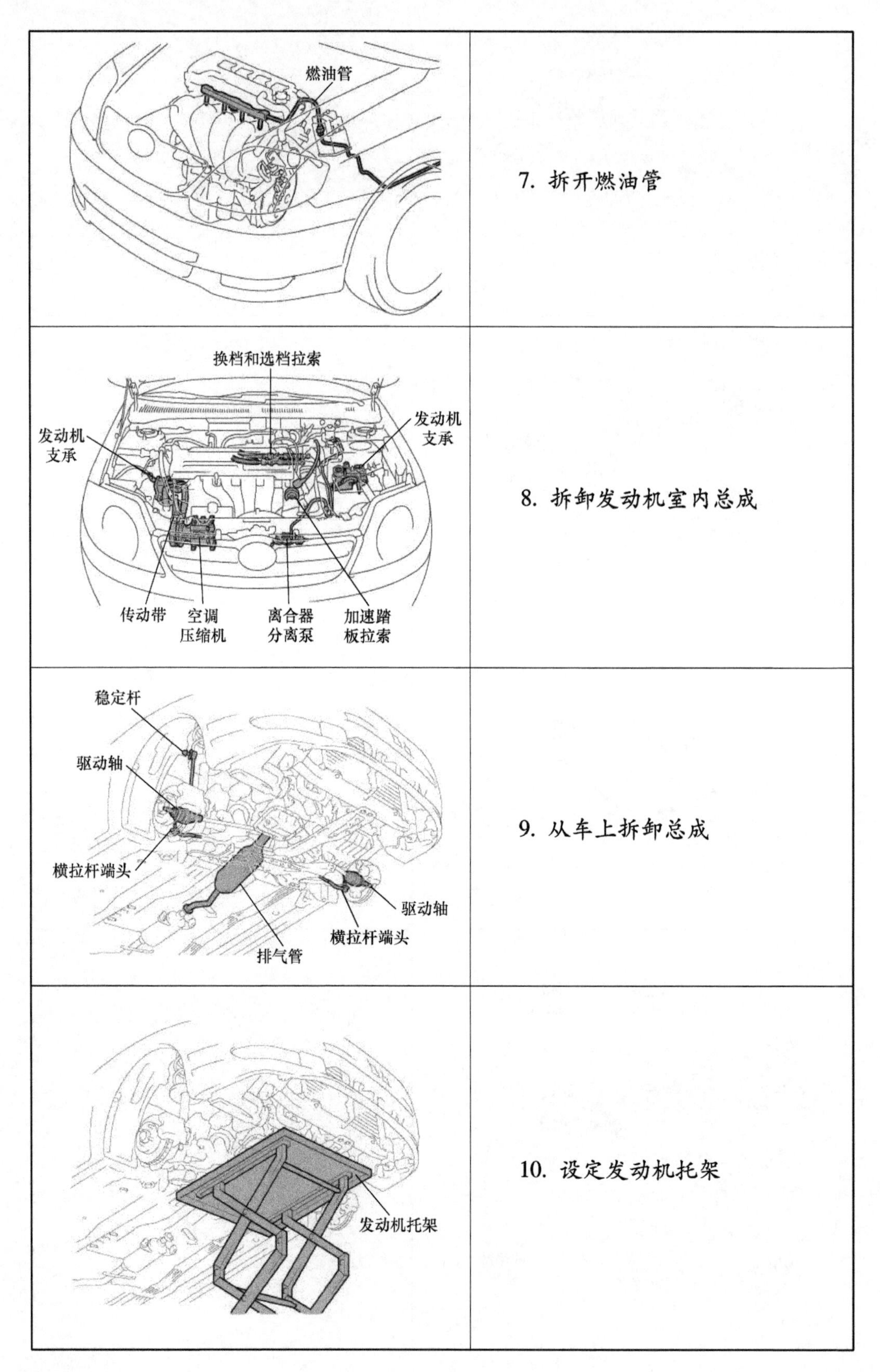

7. 拆开燃油管

8. 拆卸发动机室内总成

9. 从车上拆卸总成

10. 设定发动机托架

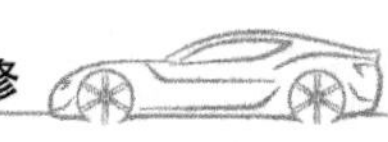

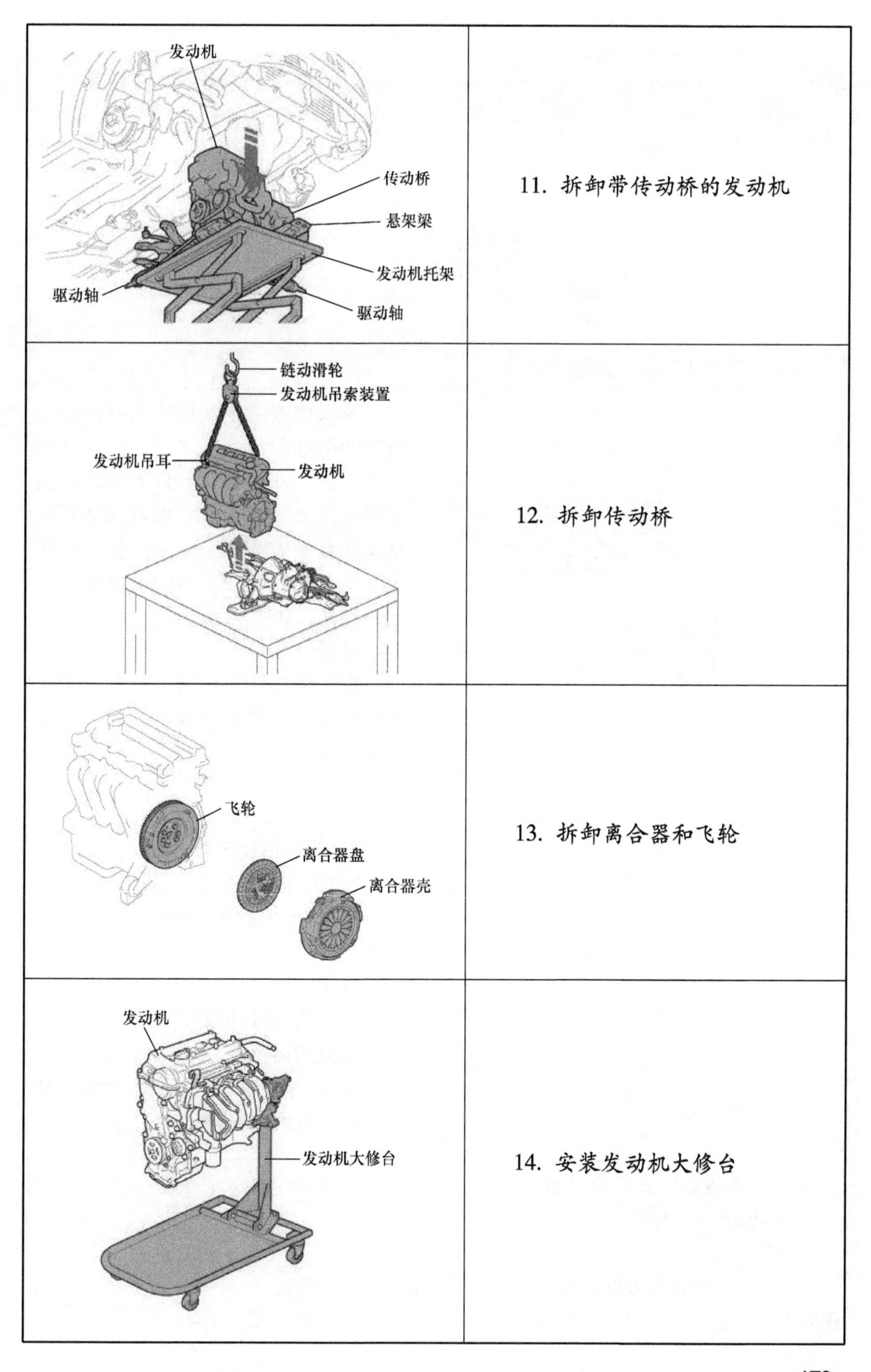

11. 拆卸带传动桥的发动机

12. 拆卸传动桥

13. 拆卸离合器和飞轮

14. 安装发动机大修台

<table>
<tr><td>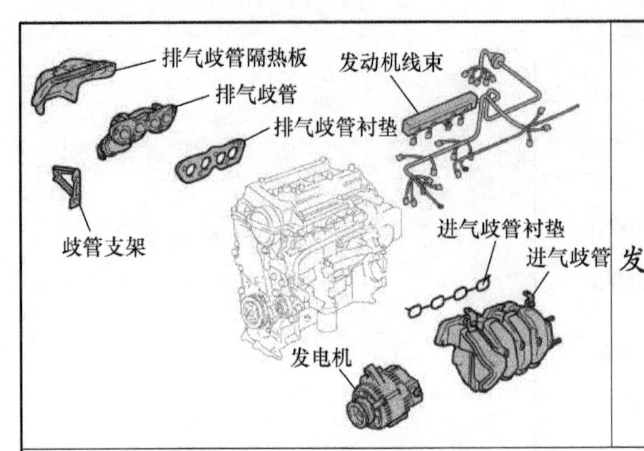</td><td>15. 拆卸进/排气歧管、发电机、发动机线束</td></tr>
<tr><td colspan="2">（六）拆卸发动机时的注意事项</td></tr>
<tr><td>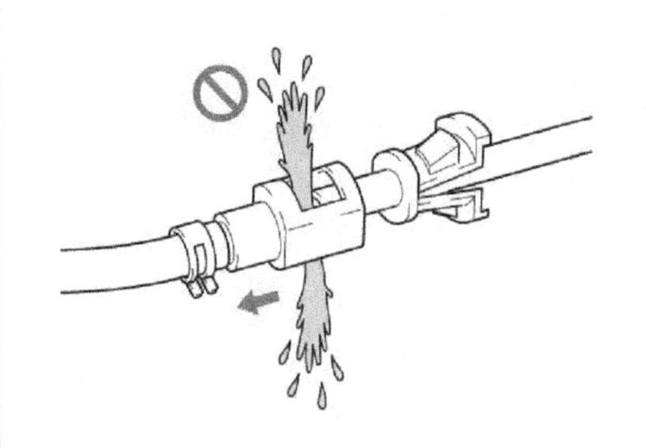</td><td>采取措施防止汽油溢出释放燃油管内的压力。
即使在发动机已经停转之后，燃油残余压力仍然存在，以确保能轻松地重新起动发动机。由于该操作要求发动机重新起动，在拆卸蓄电池前完成该操作，如图所示。
注意：
拆开带燃油残余压力的燃油管是非常危险的，因为燃油将喷射而出并可能造成火灾。</td></tr>
<tr><td>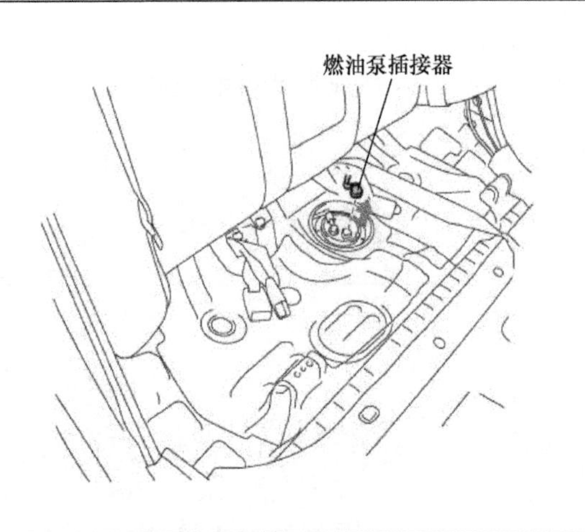</td><td>1. 拆开燃油泵插接器
1）拆卸后座椅软垫。
2）拆卸检修孔盖。
3）拆开燃油泵插接器，检修提示如图所示。
提示：
● 可以通过拆卸开路继电器来停止燃油泵的运行。
● 参考维修手册，因为燃油泵插接器的位置因车而异。</td></tr>
<tr><td colspan="2">2. 采取措施防止汽油溢出
1）起动发动机。
提示：
当燃油泵插接器被拆开时，发动机依然能起动。但是，已经停止的燃油泵将逐渐减少燃料管内的压力，从而导致较少的燃油喷射，以致使发动机自动停止。</td></tr>
</table>

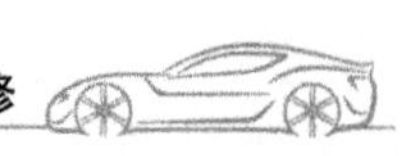

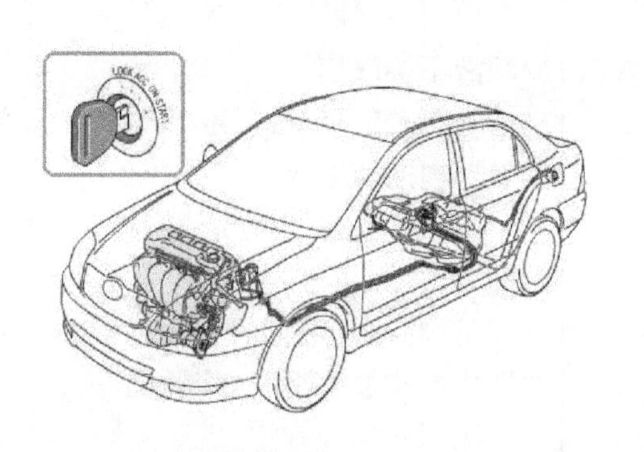

2）发动机自动停止以后，再次起动发动机并且确保其不能重新起动，如图所示。

提示：

进行上述操作，以便确认燃油管内的压力减少。

3）将点火开关转到LOCK位置。

3. 拆开蓄电池电缆

拆开蓄电池电缆以前，将ECU等电子元件中存储的信息记录下来，如图所示。

- DTC（故障码）。
- 无线电台选择。
- 座椅位置（带记忆系统）。
- 转向轮位置（带记忆系统）。

4. 拆卸蓄电池

1）拆开蓄电池负极端子电缆。

2）拆开蓄电池正极端子电缆。

3）拆卸蓄电池卡箍。

4）拆卸蓄电池。

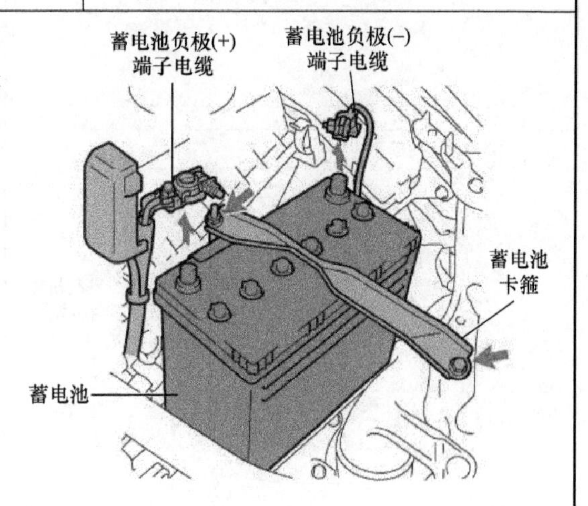

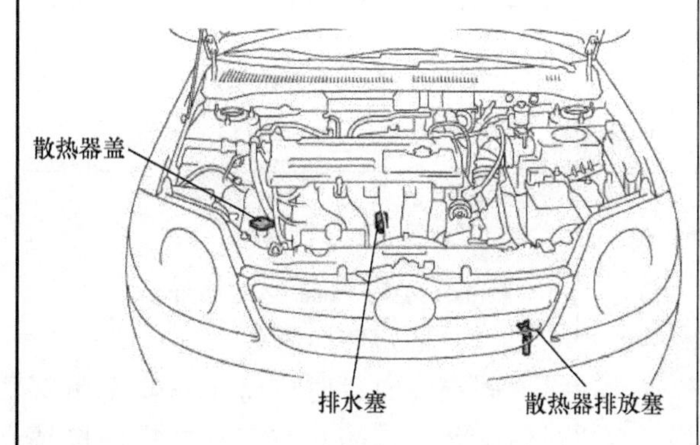

5. 排出冷却液

要拆卸发动机，就必须拆开包含冷却液的软管，例如散热器软管和加热器软管。为此，冷却液需要提前排放。

警告：

当发动机热机时，拆卸散热器盖很危险，因为冷却液会喷射而出。因此，拆卸散热器盖以前，应当等待发动机充分冷却下来，如图所示。

注意：

如果冷却液与车身接触，便会退色。如果冷却液溅出，应立即用水冲洗。

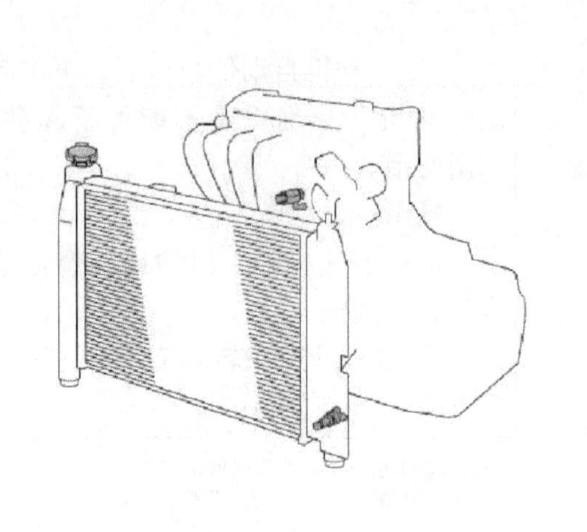

1）用一块布盖住散热器盖，以使冷却液不会喷出。

2）旋转 45°松开散热器盖，释放散热器内的压力。

3）将散热器盖旋转 45°，将其拆卸。

4）将冷却液回收罐放在散热器和发动机的排放塞下，如图所示。

提示：

排放塞的位置因车型而异。

5）先松开散热器的排放塞排放冷却液，然后排放发动机中的冷却液。

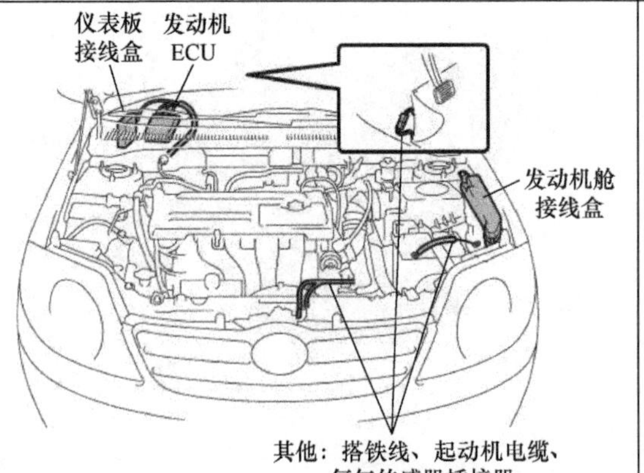

6. 从下述部件上拆开发动机线束插接器

发动机有很多插接器，比如传感器插接器、开关插接器和执行器插接器。这些插接器都与发动机线束相连。从发动机 ECU 和发动机舱接线盒上的插头处（而非发动机上）拆开发动机线束，以便尽量减少拆开次数，如图所示。

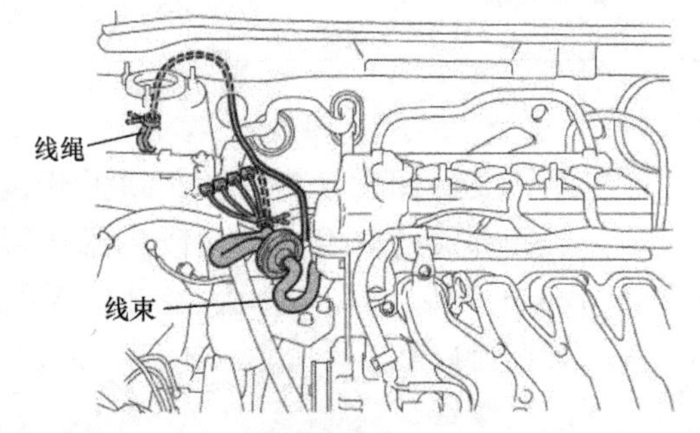

7. 拉出发动机线束

拉出发动机线束之前，用线绳将其绑扎，拉出以后再将其松开，如图所示。

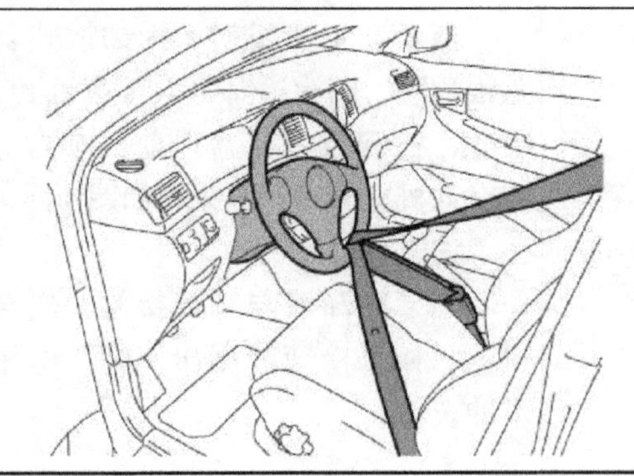

8. 拆分转向器和转向中间轴

（1）固定转向盘

固定转向盘时应将座椅安全带穿过转向盘，以防止空气囊的螺旋电缆断裂，如图所示。

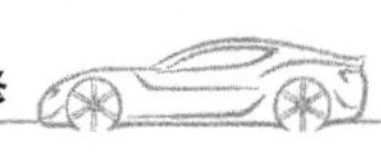

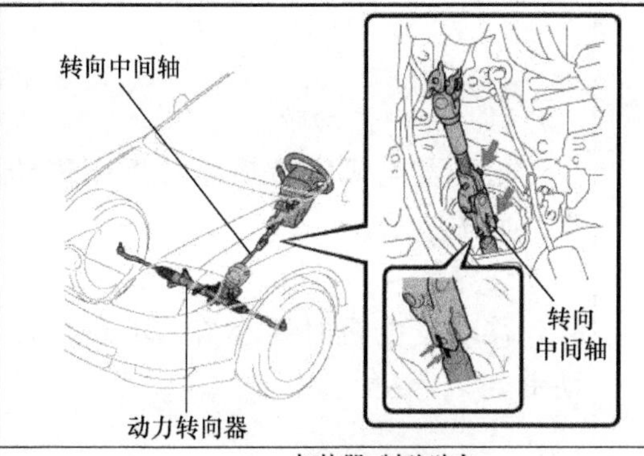

(2) 拆开转向中间轴

在拆开转向中间轴以前，在转向齿轮和转向中间轴上做好装配标记，如图所示。

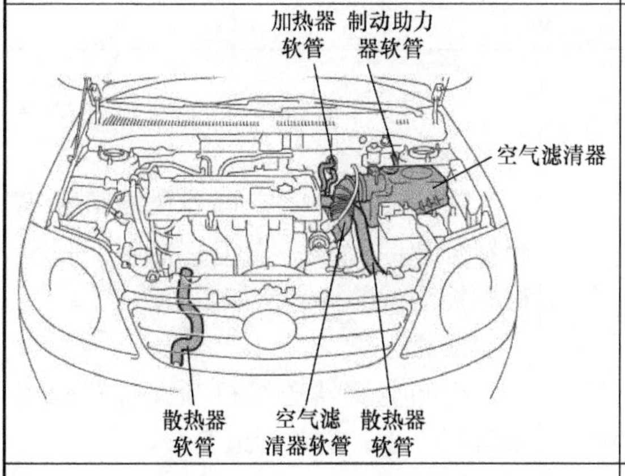

9. 拆除软管

冷却液软管、真空软管和其他软管都与发动机相连。拆卸发动机以前，必须拆开所有的软管，如图所示。

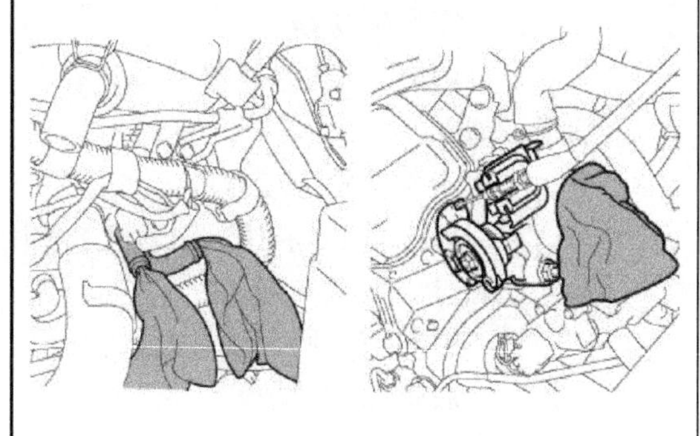

注意：

- 由于发动机内的冷却液不能完全排空，从发动机上将散热器软管和加热器软管拆开，然后用一块布堵住每一个孔，防止冷却液泄漏，如图所示。
- 拆卸空气滤清器后，使用布块或者胶带将进风口盖住，防止异物进入节气门体。如果异物进入节气门体，便可能损坏气门或者燃烧室。

10. 拆开燃油管

通常有几种不同的燃油管接头。必须使用各自恰当的方法将它们拆开，如图所示。

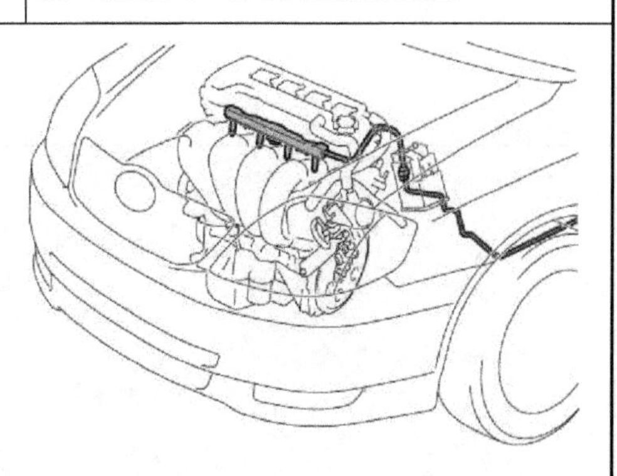

防止燃油泄漏：

使用一个塑料袋盖住管道，防止燃油泄漏和异物进入。

注意：

在燃油管中仍保持一定的燃油压力，因此应使用一块布盖住插头后再将其拆卸。

燃油管端未封堵时，继续操作非常危险，将引起泄漏和导致火灾。

<table>
<tr><td>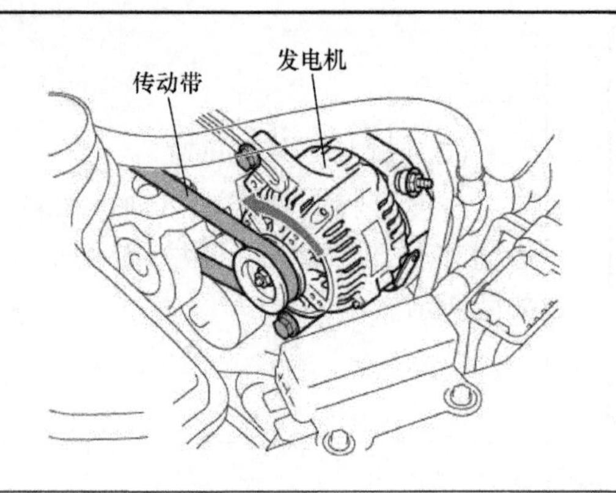
</td><td>11. 拆卸传动带
松开发电机安装螺栓并拆卸传动带，如图所示。
注意：
移动发电机时要小心，不要拉传动带。</td></tr>
<tr><td>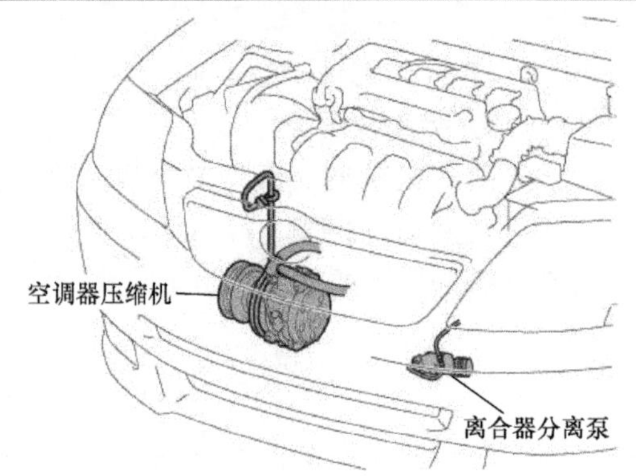
</td><td>12. 拆卸空调器压缩机和离合器分离泵
使用绳子等将空调器压缩机和离合器分离泵拴住，以免它们阻碍发动机和传动桥的拆卸，如图所示。
注意：
拆卸空调器压缩机和离合器分离泵时要小心，避免管道变形。</td></tr>
<tr><td>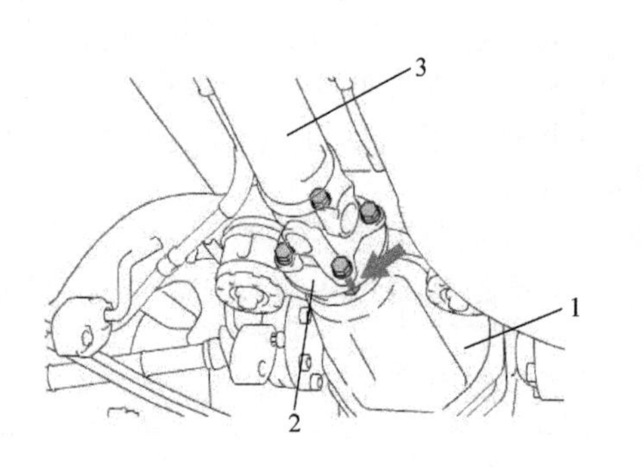
</td><td>13. 拆卸传动轴
1）在传动轴和差速器上做好装合标记，如图所示。
注意安装位置/方向。
2）从配对凸缘和中间轴承上拆卸螺栓和螺母。
3）使用塑料锤轻敲球节使之脱开卡扣，然后拆卸传动轴。
注意：
如果传动轴的安装位置在安装时发生偏移，将造成异常噪声和振动。</td></tr>
<tr><td>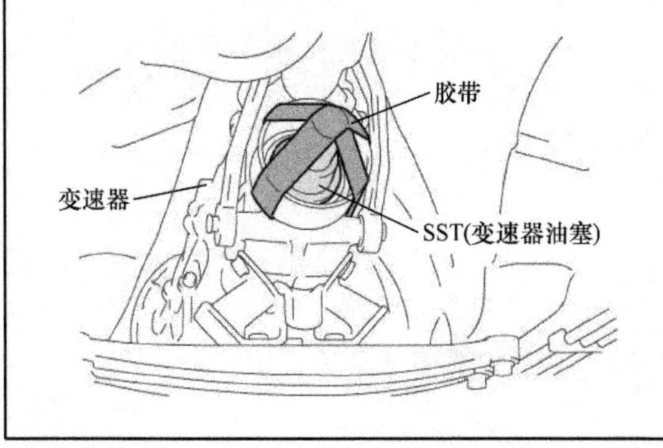
</td><td>4）为了防止漏油，将 SST 插入变速器壳体并使用胶带将 SST 固定，如图所示。
注意：
安装 SST 时要小心，防止损坏油封。</td></tr>
</table>

<table>
<tr>
<td></td>
<td>14. 拆卸排气管
拆卸排气管螺栓和螺母前，使用锈渗透剂浸泡它们。
提示：
● 拆卸排气管时要求两个人配合，如图所示。
● 通常，垫圈和螺母不可再次使用。重新安装排气管时，必须使用新的垫圈和螺母。</td>
</tr>
<tr>
<td></td>
<td>15. 拆卸驱动轴
1）从车桥轮毂上拆卸下臂。
2）从减振器上拆开横向稳定杆铰接。
3）轻轻地将车桥轮毂往外拉时，使用一把塑料锤轻轻地敲驱动轴使之脱开卡扣，然后将驱动轴从车桥轮毂上拆开，如图所示。
注意：
● 拆卸 ABS 速度传感器后，执行该操作。
● 不要损坏驱动轴保护罩和速度传感器转子。
● 不要损坏驱动轴螺纹。
提示：
确保仅拆开驱动轴的车桥轮毂端，而保持驱动轴的传动桥端固定。
4）使用绳子将驱动轴悬挂于发动机、传动桥或悬架梁上。</td>
</tr>
<tr>
<td>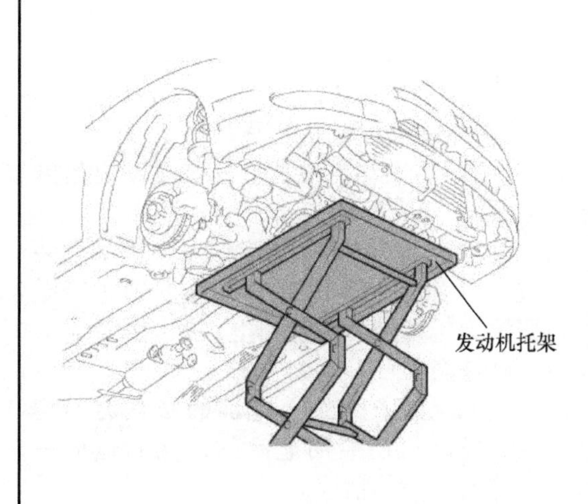</td>
<td>16. 举升车辆
设定发动机托架并拆开悬架梁和发动机安装件，然后拆卸发动机传动桥、悬架梁整体等。
举升车辆，以便在发动机下设置发动机托架，如图所示。</td>
</tr>
</table>

<table>
<tr>
<td>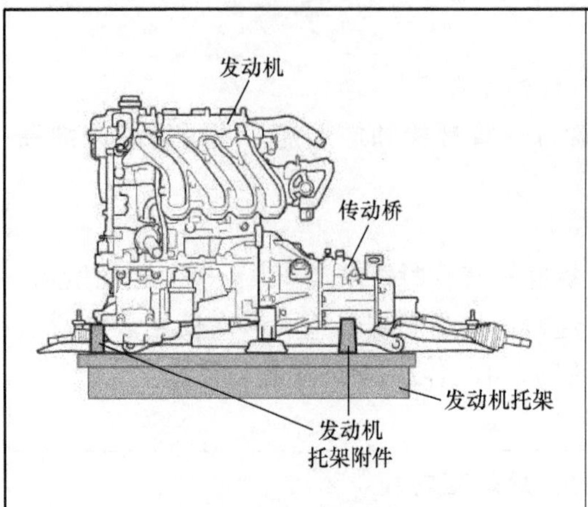
</td>
<td>1）将发动机托架升起到刚碰到油底壳为止。
2）使用发动机托架附件，支撑发动机油底壳、变速驱动桥和悬架梁，如图所示。
注意：
不要使附件撞击发动机油底壳。如果发生碰击，可能使油底壳变形。
提示：
在最下端的位置放置发动机托架。这样更容易拆卸发动机安装螺栓。
3）拆卸发动机安装螺栓。</td>
</tr>
<tr>
<td>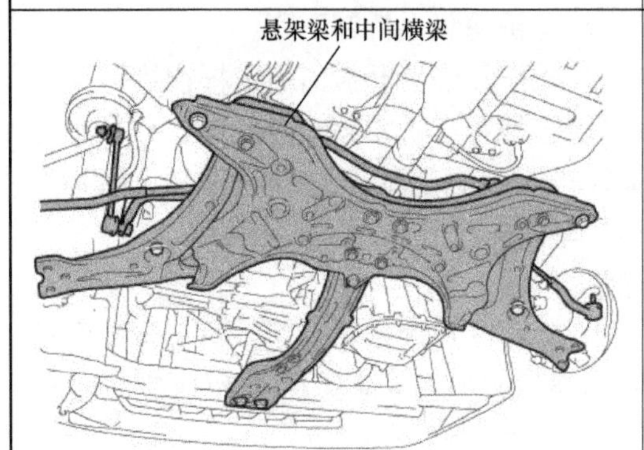
</td>
<td>17. 拆卸悬架梁安装螺栓，如图所示
提示：
如果发动机不使用发动机托架托起来，发动机的重量将由螺栓支撑，从而便会使螺栓拆卸很困难。</td>
</tr>
<tr>
<td>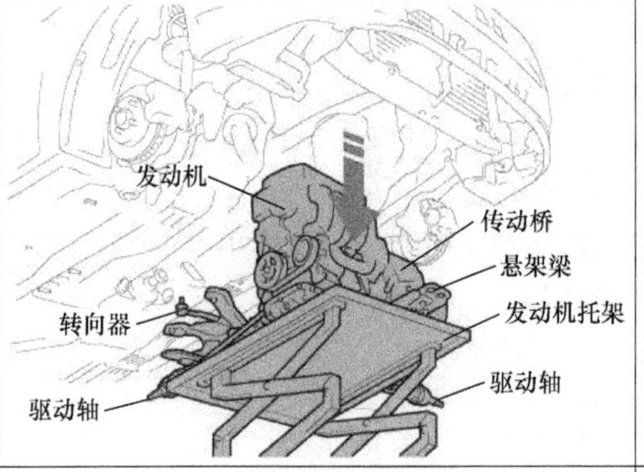
</td>
<td>18. 将发动机、传动桥、悬架梁等作为一个整体从车上拆卸
1）保证所有的电线和管道都被拆开。
2）通过小心缓慢下降拆卸发动机，避免与车身接触，如图所示。</td>
</tr>
<tr>
<td>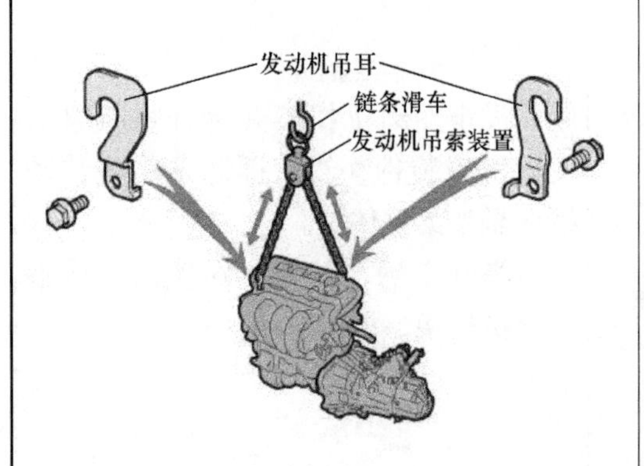
</td>
<td>19. 吊起发动机
1）安装发动机吊耳。
2）在发动机吊耳上安装发动机吊索装置。
3）将链条滑车连接到发动机吊索装置上以后，将链条滑车提升直到有轻微张紧力施加到两根链条上，如图所示。
注意：
如果两条链条上施加的张紧力不均匀，发动机便会明显倾斜，从而造成一个非常危险的情况。</td>
</tr>
</table>

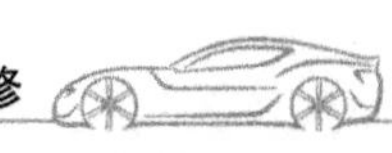

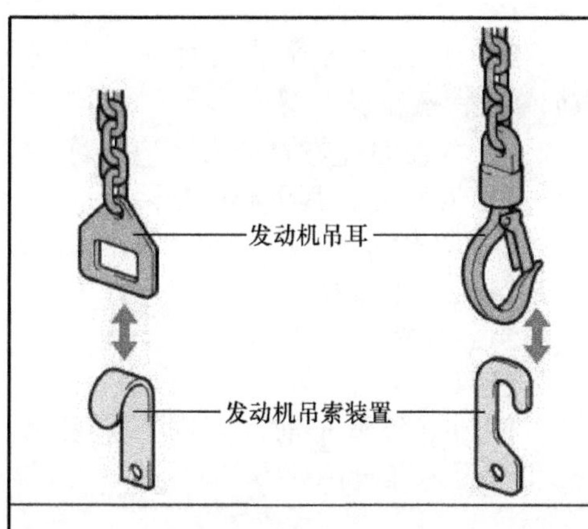

提示：

有两种类型的发动机吊耳。根据使用的发动机吊耳的类型安装合适的发动机吊索装置，如图所示。

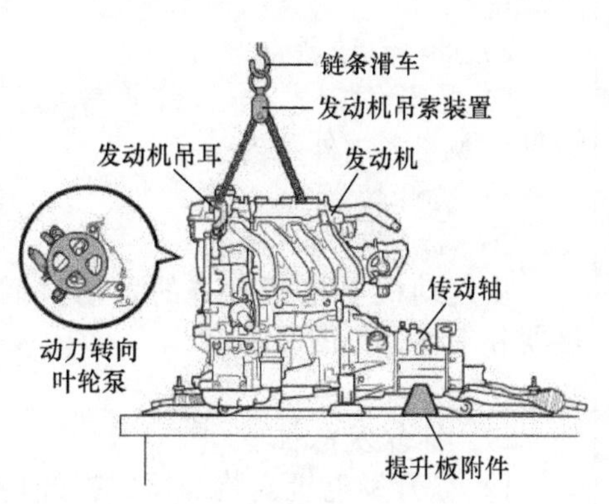

20. 降下发动机

1）将带传动桥总成的发动机从吊钩上降到工作台上，如图所示。

注意：

因为如果发动机油底壳碰到工作台便会变形，下降发动机时应保持油底壳远离工作台。此时，继续使用链条滑车支撑发动机。

2）使用提升板附件支撑变速驱动桥。

提示：

上述程序可以防止传动桥倾斜。

3）拆卸动力转向叶轮泵。

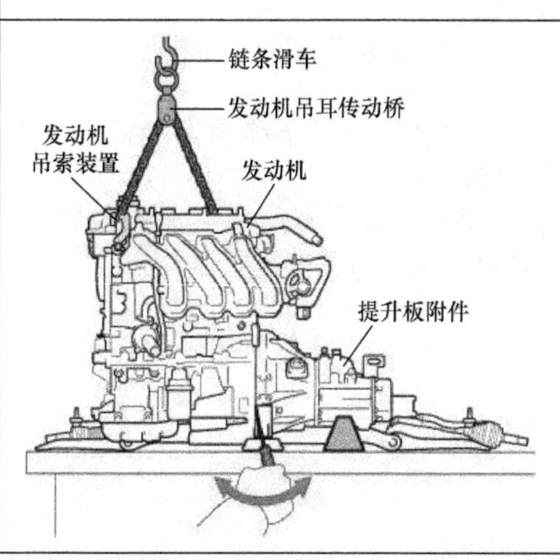

21. 拆开传动桥

1）拆卸发动机和传动桥安装螺栓。

2）将一把平头螺钉旋具插入发动机和传动桥之间的空隙，然后通过平头螺钉旋具轻撬松开输入轴装置，如图所示。

3）通过轻轻地摇晃发动机，从传动桥上拆卸发动机。

注意：

剧烈摇晃发动机可能损坏输入轴和离合器盘。

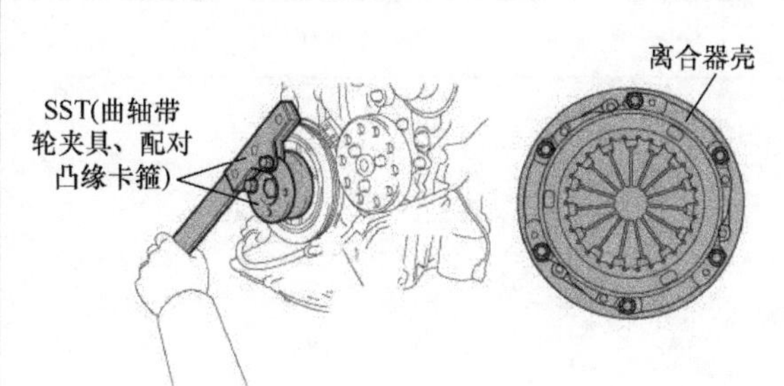

22. 拆卸离合器和飞轮，如图所示

1）在离合器壳和飞轮上做好装合标记。

2）在曲轴带轮上安装 SST 固定曲轴。

3）拆卸离合器壳和离合器盘。

4）拆卸飞轮。

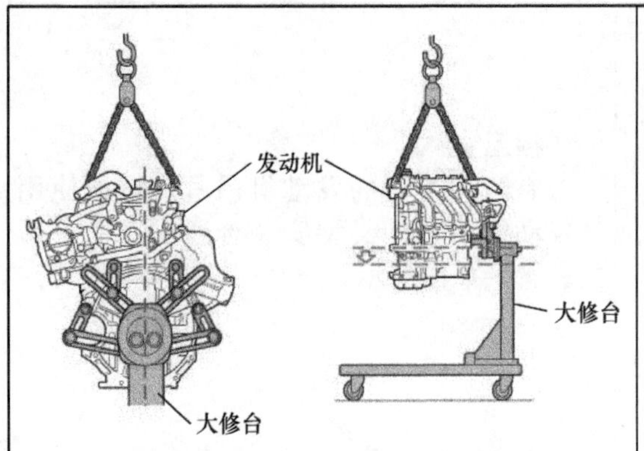	23. 将大修台安装在气缸体的传动桥安装螺栓孔位置 1）大修台左右臂的安装应对称。 2）安装时，其重心应当降低。 3）使发动机和大修台水平，然后上紧螺栓，如图所示。 24. 拆卸链条滑车 **注意：** 拆卸链条滑车前，牢固上紧发动机和臂固定螺栓。
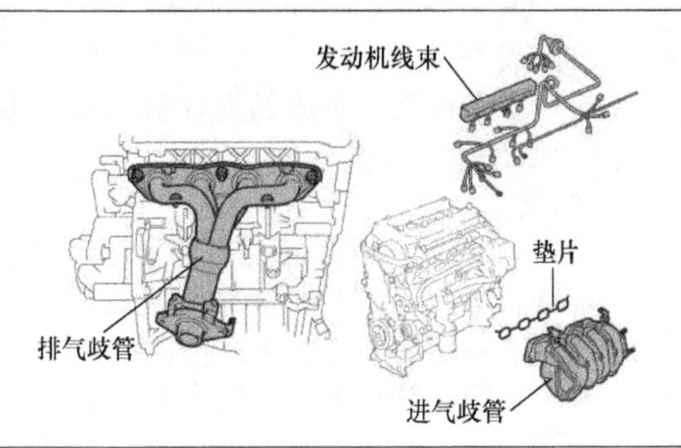	25. 拆卸进/排气歧管 1）松开固定进/排气歧管螺栓和螺母，顺序为由外到内。 2）拆卸歧管。 26. 拆卸发动机线束 从发动机上松开所有的发动机插接器和卡箍，如图所示。
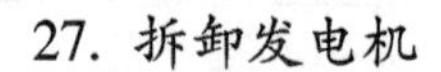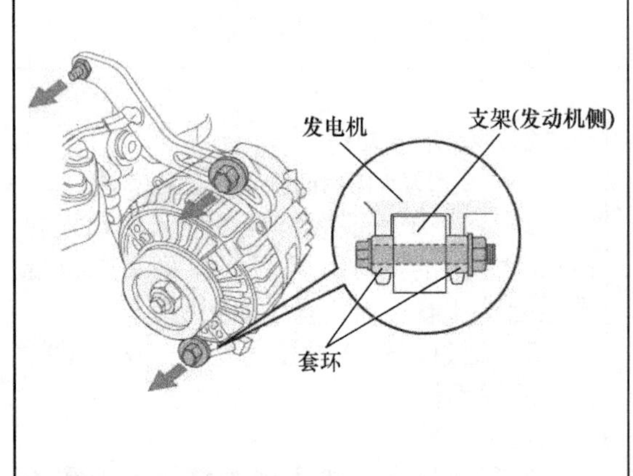	27. 拆卸发电机 1）松开发电机安装螺栓并拆卸传动带。 2）拆卸传动带，如图所示。 **注意：** 通过拉传动带移动发电机，将损坏传动带。 3）松开所有的发电机安装螺栓，并拆卸发电机，如图所示。 **提示：** 由于发电机安装部件固定凸缘用于定位，因此啮合得很紧，需要上下摇动发电机。

二、任务实施

（一）发动机不分解检测

对技术人员要求：

- 接收/检查修理单。
- 接收用于修理的订购零件。
- 在允许的时间内进行工作。
- 向技师领队确认工作完成。

技师领队：

- 对技术难度高的工作向技术人员提供指导和帮助。

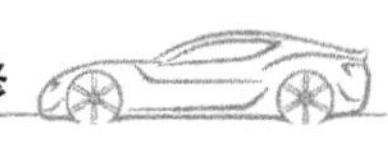

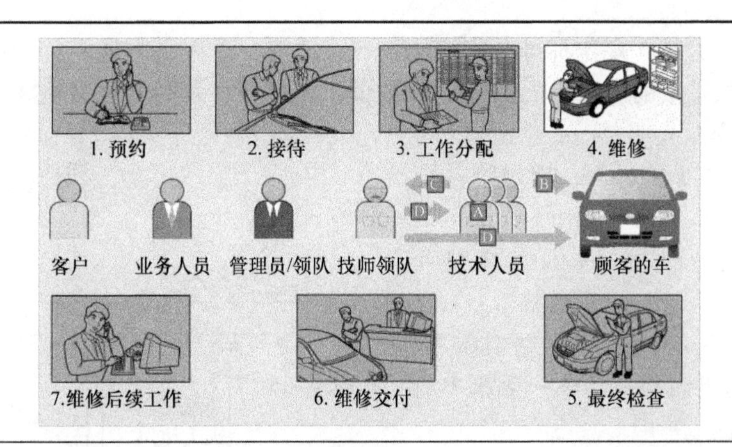

1. 气缸压力测试

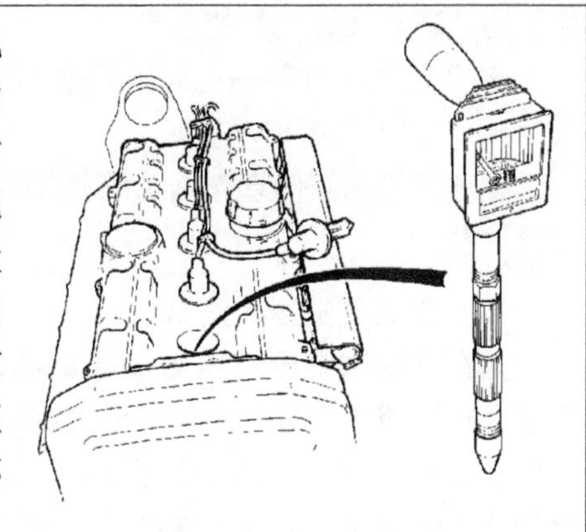

气缸压力反映了气缸的密封性，是发动机的动力性能指标之一。其状况对发动机性能的影响巨大。正确的气缸压力是确保发动机正常工作的要素之一，气缸压力不正常将会导致混合气燃烧不良、燃料消耗上升、功率下降、发动机起动困难、汽车动力性能下降等严重问题。该数值也是发动机故障诊断和决定采取何种修理方案的重要依据。因此，发动机气缸压力的测试具有重要的实践意义。活塞或活塞环磨损过度导致活塞密封不严，气门密封不严，气缸垫漏气、窜气等原因，会直接影响发动机气缸压力，从而导致发动机起动困难、怠速不稳、加速无力，碳氢化合物（HC）排放过高等故障现象，所以必须要进行气缸压力测试。发动机气缸压力测试是检测发动机缸压最常用的方法，通过对测试结果的分析，维修人员可以准确地判断发动机各个气缸的工作状态，从而为进一步的检修提供数据依据。气缸压力测试一般分为两种：干式测量和湿式测量。

（1）干式气缸压力测试

进行气缸压力干测试时，要遵循以下程序：

1）确保蓄电池已经充满电。

2）预热发动机至正常工作温度，并停机冷却 10min。

3）拆下点火线圈及所有火花塞，使发动机可以无阻力地转动。要戴上手套以防烫伤手。

4）断开喷油器电路或者燃油泵继电器，这样可以避免向发动机喷入过量的燃油。

5）节气门保持在完全开启位置，使气流不受限制地进入气缸。

6）使用专用气缸压力表及延伸套将其竖直用力压入到火花塞孔上，起动发动机至少经过 5 个压缩行程，逐一测试并记下各缸的压力读数，还可以使用有打印功能的气缸压力表，方便记录各缸的压力数值。

如压缩压力高于规定标准，表明压缩比已改变，原因是燃烧室容积小所致，一般是由于积炭造成的。如果压力表的读数低于正常值，表明气缸有泄漏，其原因可能是（如图所示）：

- 气门锥面烧蚀——因燃烧热而损坏。
- 气门座烧蚀——因燃烧热而损坏。
- 气缸垫烧穿——气缸垫损坏。
- 发动机内部故障——活塞中有孔，气门弯曲或折断。
- 活塞环磨损——活塞环磨损破坏了活塞环与气缸之间的密封。

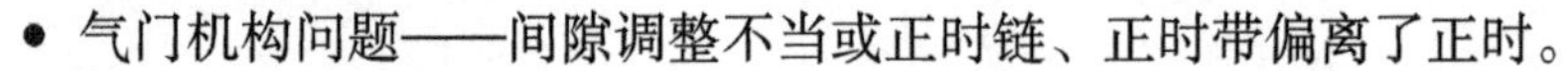

- 气门机构问题——间隙调整不当或正时链、正时带偏离了正时。
- 气缸内壁磨损严重。

参考车辆维修信息查询系统查阅各种发动机型号的压缩比，一般缸压要比压缩比低一些。

（2）湿式气缸压力测试

如在干测试中压缩压力读数偏低，则应进行压缩压力湿式测试，湿式测试有助于确定造成问题的具体部件。往读数偏低的燃烧室中喷入少许机油，将发动机转动几圈使油分布均匀，然后按照干式气缸压力测试流程进行操作。

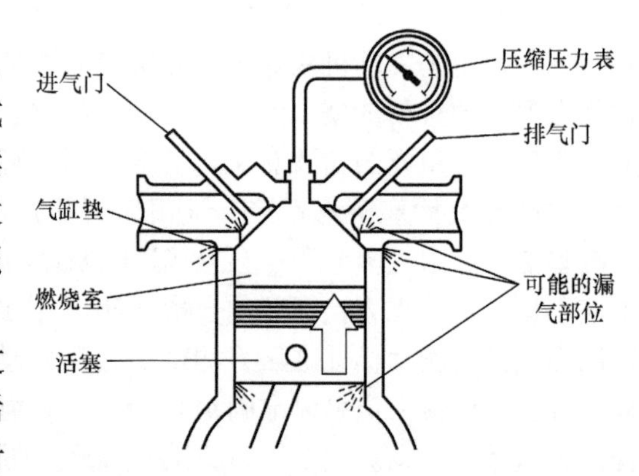

如相同的气缸湿式测试气缸压力过高于干式测试的结果，则问题可能出在活塞环上。机油对磨损的活塞环有暂时密封的作用，使压力得以增加。如果压力读数保持在较低位置，则可能是发动机气门或气缸垫泄漏等其他原因。具体是哪一个部件，可通过进一步的测试加以确定。如果相邻气缸的压力持续降低，原因可能是气缸垫损坏或者气缸盖平面变形，如图所示。

2. 进气歧管真空度测试

进气歧管真空度是与大气压力相对而言的，即与大气压力相比，缺少空气的程度即真空度。进气歧管真空度越大，则进气压力越小，反之越大。发动机在运转过程中，进气歧管内将会产生一定的真空度，而这一真空度的大小、稳定与否将直接反映出发动机的总体性能与故障部位。测量发动机进气歧管真空度时，只要发动机能转动（运转起动机）或在不同转速范围内，均可对发动机的真空度进行测量。在测量时把真空表接于节气门后方的进气歧管上，并通过不同的转速与读数来分析和判断故障的部位。

一台性能良好的发动机运转时的真空度比较高。当节气门在任何角度保持不变时，只要发动机转速加快，或是进气歧管无泄漏且气缸密封性良好，真空度就会增加。

当发动机运转比较慢或气缸进气效率变低，那么歧管内的真空度就会变低，所以进气歧管的真空度大小可以反映发动机的运行状态是否良好。当发动机存在与进气系统相关的机械故障时，测量进气歧管的真空度，可以有效地判断压力泄漏的部位或发动机存在的机械异常，真空表测量低于大气压的压力，单位为 mmHg 或 kg/cm^2，如发动机有问题，读数会偏低或摆动。

（1）进气歧管真空度测试

1）预热发动机至正常的温度。

2）接上测量工具，关闭发动机，断开进气歧管处的某一真空软管，安装真空压力表（需要时使用三通接头）。

3）发动机运转，使发动机处于怠速工况运转（转速为 750r/min ± 50r/min）。

4）读取真空度值，正常时真空度通常应该在 50 ~ 70kPa 之间，如图所示。

（2）进气歧管真空度测试结果分析

进气歧管真空度测试结果分析时，例如读数异常，则可能表示以下几种情况：

1）进气歧管泄漏。

真空度比怠速时的正常值低 75 ~ 250mmHg，表明进气歧管泄漏或节气门未正常关闭，如图所示。

2）气门弹簧弱。

怠速真空正常，但表针在高速时快速摆动，表明气门弹簧弱，不能使气门正常关闭，在高转速时影响真空。

3）气门导管磨损。

表针在怠速时快速摆动，但在高速时稳定，这是由于气门导管磨损使气门不能正常关闭，影响了怠速时的燃气混合气，如图所示。

4）气门烧蚀或泄漏。

表针快速摆动并迅速下降，原因是气门口烧蚀，压力从燃烧室进入歧管。

5）气门卡滞。

表针间歇下降，原因是气门卡滞在开启位置，如图所示。

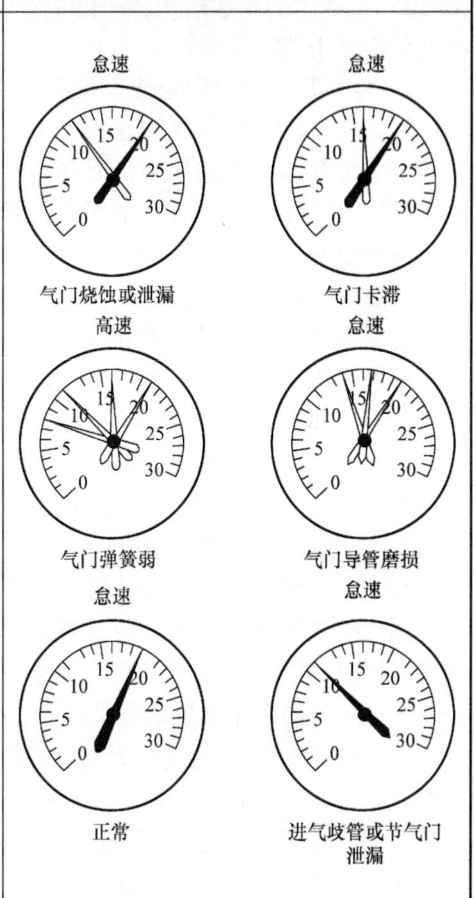

<table>
<tr><td>6）排气管受阻。
排气受阻——当发动机在 1800 ~ 2200r/min 下工作时，表针缓慢降低，甚至指到 0。原因是排气系统背压增加，如图所示。</td><td>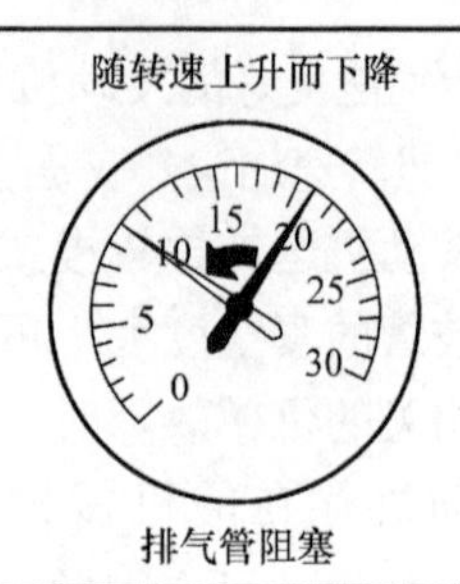</td></tr>
<tr><td colspan="2">3. 气缸泄漏测试</td></tr>
<tr><td colspan="2">

通过气缸压力测试，可以确定哪个气缸有问题。而为了准确确定此气缸的泄漏点，还可以进行气缸泄漏测试。通过气缸泄漏测试，可以确定压力泄漏点出现在进气门、排气门、活塞环还是水套上，也可以确定是否存在相邻气缸之间的气缸垫泄漏等问题。气缸压力测试仪的原理是使用气缸泄漏测试仪以一定压力和流量向气缸施加压缩空气，并通过测量漏气的程度以及查看泄漏的部位，来推测气缸泄漏的部位。

（1）气缸泄漏测试程序

1）将发动机速度增加至 2500r/min，并保持 6min，或直到发动机达到正常操作温度以使节温器打开。

2）检查中的气缸活塞必须设定在压缩阶段的上止点（TDC），这样可以保证进排气门都处于关闭位置。

3）空气压力通过固定在火花塞内的转接器连接在有关的气缸上。

4）使用专用测漏仪测量气缸的泄漏程度，这是一个带有调节器的压力传感器，仪表上有百分比显示泄漏程度，还有一个声音装置可以通过声音判定泄漏程度，如图所示。

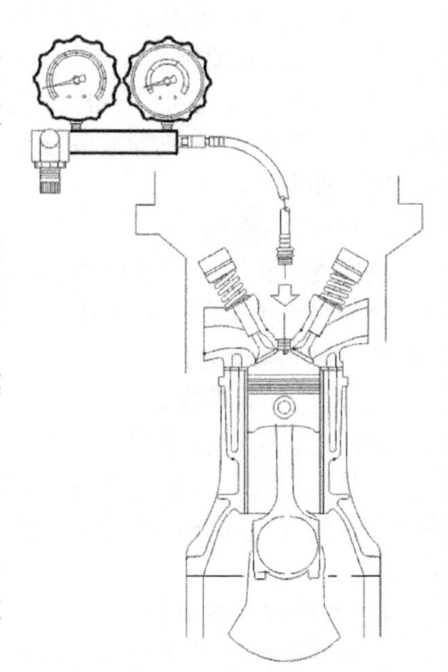

注意：

打开散热器盖，以防损坏冷却系统。由于加到气缸的气压较大，水套泄漏有可能损坏冷却系统。另外，如果水套泄漏还可以观察到气泡。

将气压调到 700kPa（100psi），通过泄漏测试仪给气缸加压。所有气缸的表上压力值均应相等，且泄漏量不应大于 140kPa（20psi）。

（2）气缸泄漏测试结果分析

如气缸气压损失过大，应检查漏气位置，以下为可能出现漏气的部位及原因，泄漏源能通过分析下列几处的声音来确定位置：

- 进气管漏气：进气门烧蚀、弯曲或间隙不正确。
- 排气管漏气：进气门烧蚀、弯曲或间隙不正确。
- 机油加注口漏气：活塞环粘滞或破损、活塞破裂、活塞环或气缸壁磨损。

</td></tr>
</table>

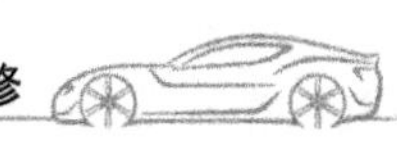

● 通过散热器漏气或膨胀箱内有气泡：气缸垫至水套烧穿或缸盖变形、损坏；若相邻气缸泄漏超过50%则相邻气缸之间气缸垫泄漏或气缸盖、气缸体中有裂缝。

说明：

1）即使在正常的发动机上，活塞环处也有泄漏。这是唯一允许有泄漏的地方，可使用机修工用听音器或橡胶软管作为测听装置。

2）如果探测到可能来自气门的泄漏，先检查相关气缸内的活塞是否在上止点上，然后试着将活塞设定在刚好上止点前并重新测试。

3）在相同发动机上重复进行测漏时，测量结果经常有差别，这是因为发动机冷却液温度(ECT)有变化并且活塞没有达到与上次测试相同的位置，同时还受到当时活塞环上机油量的影响。

4）在做气缸泄漏测试之前，最好先测试气缸压力。因为如果气缸压力足够大，就说明气缸不存在泄漏，所以也就没必要做气缸泄漏测试。

4. 进气系统漏气测试

（1）进气系统泄漏测试程序

准备作业：

检查确定所有软管完好无损，检查确定所有软管都安装到位，软管夹都已上紧。

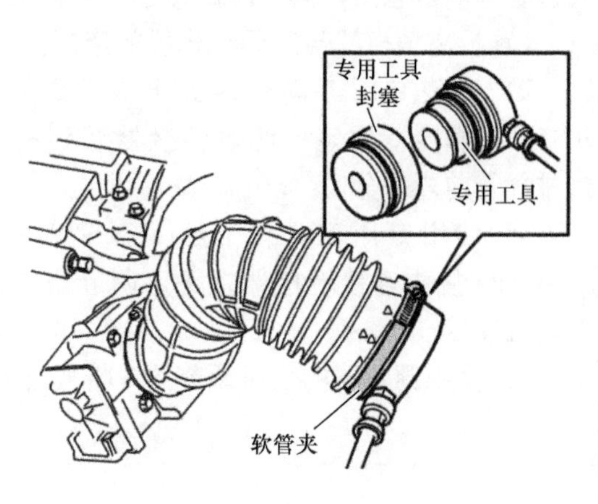

1）从空气流量（MAF）传感器拆卸进气软管。

2）将专用工具及压力调节器安装在新鲜空气进气管上，上紧软管夹2，如图所示。

3）拆除加机油口盖。

4）调整调节器以获得最大0. 3bar的压力。

5）如果怀疑有泄漏，在该处喷洒肥皂水，若有泄漏，肯定会冒气泡。

（2）进气系统泄漏测试结果分析

1）拆除加油盖，可能从加油口听到柔和的“嘶嘶”声，这是因进气阀打开而气缸压力通过活塞环泄漏而造成的。

2）节气门体和进气软管之间可允许有小泡沫（如果软管是塑料的），而橡胶软管不允许有泡沫。

3）检查炭罐净化阀是否有空气泄漏，不允许有泄漏，如图所示。

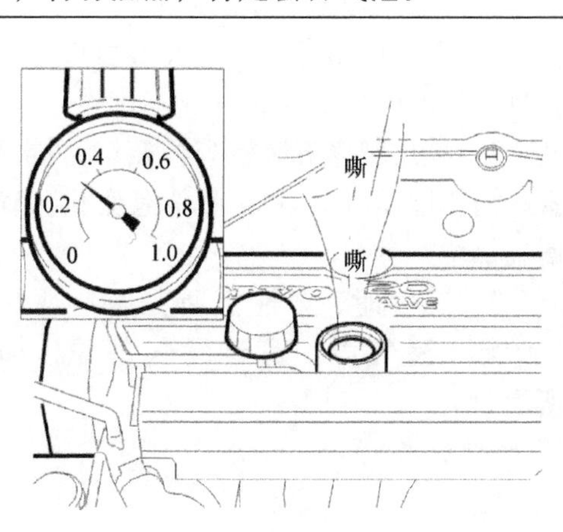

（3）泄漏部位

如果怀疑有气体泄漏，需要在该处喷洒肥皂水，检查任何气体泄漏部位，如图所示。有可能泄漏气体的部位：

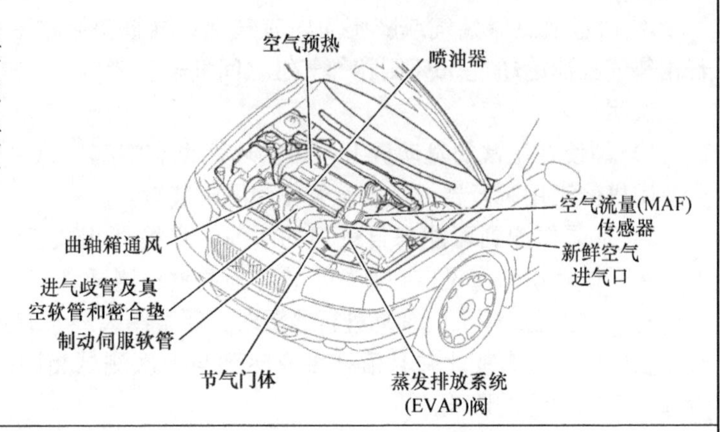

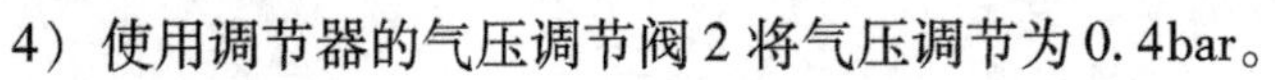

5. 排气泄漏测试

（1）排气泄漏测试程序

如图所示为车辆使用专用工具测试排气系统泄漏示意图，具体测试程序如下：

1）拆离消声器与三元催化段的连接。

2）安装专用工具转接器 P/N 999－7085，用螺栓 1 固定；此时转接器起到密封排气管前段部分。

3）使用专用工具调节器 P/N 999－5544 的快接头连接转接器接头，调节器的另一端连接气管。

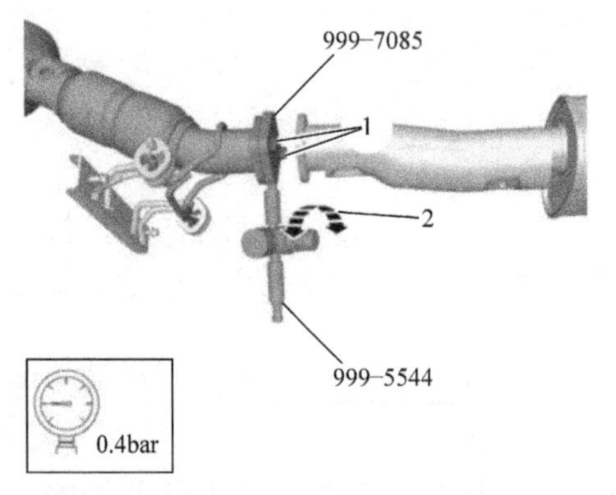

4）使用调节器的气压调节阀 2 将气压调节为 0. 4bar。

（2）排气泄漏测试结果分析

1）确保使用专用工具安装后接口无泄漏且调节器压力调至 0. 4bar。

2）使用肥皂溶液检查各接口、排气歧管、涡轮增压处，观察肥皂泡变化，确定漏气部位。

3）充气时，要注意听是否有明显的“嘶嘶”漏气声，确定漏气部位，如图所示。

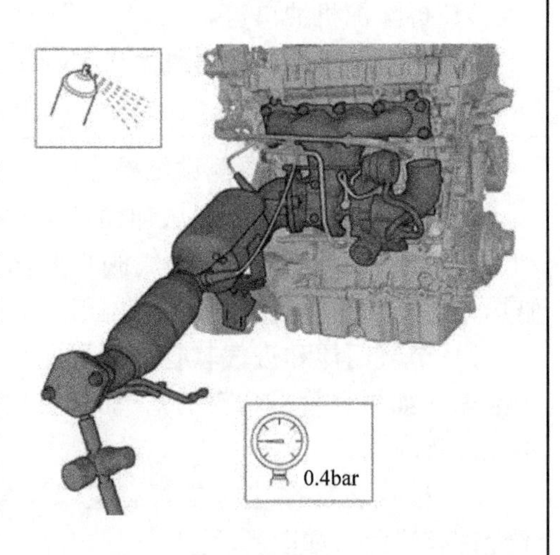

6. 润滑系统测量

润滑系统的基本任务就是将清洁、具有一定压力及温度适宜的机油不断供给运动零件的摩擦表面，使发动机能够正常工作，如果机油压力不足，则无法确保机油正常输送到各部件的摩擦表面中，造成发动机咬死或损坏，如图所示。

机油消耗的测量方法有 2 种：用量油尺测量、称重测量。

（1）用量油尺测量

车辆行驶 2000km 后，使用量油尺测试 2000km 前后机油油位标记，具体步骤如下：

1）更换机油、机油滤清器及空气滤清器，机油必须是主机厂家认可的。

2）驾驶汽车 20～30min，使发动机达到正常的工作温度。

3）让发动机关闭 15min。

4）检查油位，如有需要就添加机油，加到量油尺上的最高标记。

5）让发动机运行 5min，以使现有的机油和加注的机油混合。

6）关闭发动机 15min，记下油尺上的油位，在所附的表格中记下里程数和车辆资料。

7）驾驶汽车 2000km，或者直到机油油位下降到量油尺上的最低标记。

8）驾驶汽车 20～30min，使发动机达到正常的运作温度。

9）让发动机关闭 15min。

10）用卡尺测量油尺上的机油油位，记下结果，将该信息填入表格中。

（2）称重测量

车辆行驶 1000km 后测量油底壳中机油的重量，具体方法如下：

1）驾驶汽车 20～30min，使发动机达到工作温度。

2）从机油槽排放机油，排放时间约 15min。

3）更换机油滤清器及空气滤清器。

4）加入指定数量认可级别的机油。

5）驾驶汽车 20～30min，使发动机到正常的运作温度而且机油滤清器会充满油。

6）仔细地量出一个干净的空容器的重量（±1g），将机油从机油槽排放到容器中，排放时间约 15min，仔细地量出容器＋机油的重量。

7）给发动机加上所量出的机油，确保容器中倒出尽可能多的机油；量出空容器的重量。因为剩余的机油膜，容器的重量可能会比第一次量时更重，应从所称量的机油重量中减去重量差。

8）在所附的表格中记下机油重量，里程表和车辆资料。

9）驾驶汽车 1000km，或者直到机油油位下降到油尺上的最低标记；确保发动机处于正常运作温度。如有需要可驾驶到正常运作温度 20～30min，仔细地量出一个干净的空容器的重量（±1g），将机油从机油槽排放到容器中，排放时间约 15min。仔细量出机油和容器的重量。减去容器的重量。

10）将该信息填入表格中。

11）如果在测量时发现机油消耗异常，发动机需要如下修正。

（3）机油消耗检查事项

如果顾客指出汽车的机油消耗异常，就必须先进行以下检查，然后再进行修正措施：

- 询问顾客其驾驶状况如何。
- 检查是否漏油。
- 检查曲轴箱通气口没有阻塞。
- 检查确定发动机中的量油尺正确。检查确定油尺推到最底。

测量机油时汽车必须停放在平地上，发动机应在正常的运作温度下在道路上行驶（而非怠速）30min。然后必须让发动机放15min后才记下油位。

（4）机油消耗高的因素

在发动机运行时有一些机油消耗是正常的，机油消耗因为不同的因素而改变：

1）发动机状况（发动机维护的程度）：

- 活塞环沟槽磨损、活塞环磨损、刮伤、断裂或损坏。
- 刮油环受阻塞、活塞环安装不正确。
- 气缸壁磨损或刮伤。
- 曲轴箱通风阻塞导致曲轴箱中的压力过高。
- 曲轴及曲轴密封垫的磨损、外部泄漏。
- 阀导管或阀杆磨损、阀杆密封垫磨损、损坏或缺失。
- 机油导管之间的内部泄漏以及泄漏到燃烧室。

2）驾驶状况——负载较大，或怠速过多：

- 在较高发动机转速下长时间连续行驶会造成发动机温度较高。机油会变得稀薄，消耗会增加。在较高发动机转速下重度转弯会造成机油冲到气缸体的侧边和气缸壁上，从而造成机油消耗增加。
- 在市区交通状况下驾驶汽车时，如果发动机可能要长时间运转却只行驶较短的距离，这并不一定会增加机油消耗，但是机油消耗和行驶距离的比例可能会令人误解。

3）机油等级及黏度：如果机油过稀，机油就含有较大量的挥发性分子。过稀的机油难以在较高的温度下在气缸壁上保持充分的油膜，这就会造成发动机磨损增加并使机油消耗增加。

4）气缸容量：通常较大的气缸比较小的所消耗的机油量大。

5）发动机动力：动力较大的发动机比动力较小的所消耗的机油量大。

6）油位太高（超过量油尺的最大值），机油就会被逼到气缸壁上并且通过曲轴箱通风喷射出来，加注的油位不得超过量油尺上的最高标记。

7）空气滤清器堵塞或损坏：空气滤清器过滤效果不良，气缸会进入大量沙土加速气缸间隙磨损。

（5）机油压力测试

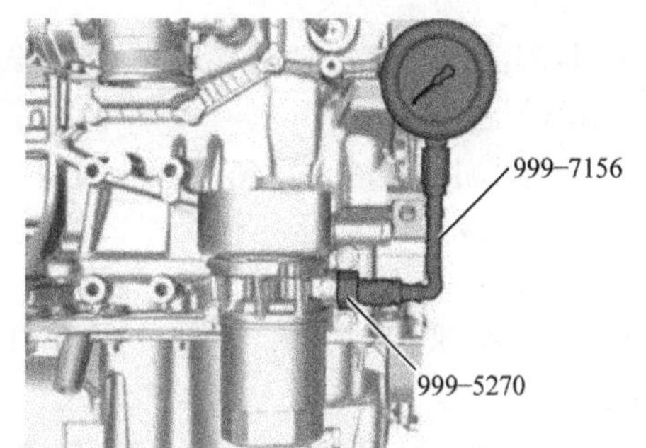

机油压力与发动机温度、发动机转速等因素相关，机油压力测试使用压力表来测量发动机中的实际油压，为了判断发动机的机油压力是否正常，可进行机油压力测试，如果机油压力过高或过低，需要加以修理。机油压力测试程序：（如图所示为四缸发动机测试示意图）

1）将发动机速度增加至2500r/min，并保持6min，或直到发动机达到正常操作温度（确保机油符合规格）。

2）拆卸机油压力传感器，安装专用工具转接器P/N 999－5270及连接机油压力表P/N 999－7156。

3）读取发动机不同转速下的油压：

- 在发动机转速为800～850r/min时，读取油压。
- 在发动机转速为4000r/min时：读取油压。

4）测试完毕后，安装机油压力传感器。

（6）机油压力测试结果分析

起动发动机，按照车辆维修信息查询系统里的转速运行发动机，读取测试压力表并与规范值比较，如机油压力过高或过低，均需要加以修理。

1）机油压力过大常见原因：

- 机油黏度过大。
- 机油滤清器或油道堵塞。
- 限压阀调整不当。

2）机油压力过小常见原因：

- 机油量不足。
- 机油泵停转。

3）车辆维修信息查询系统标准油压信息如下：

- 800～850r/min：1bar。
- 4000r/min：3.2～4.5bar。
- 具体与行驶里程、发动机型式有关。

7. 冷却系统测量

冷却系统泄漏测试的目的是判断散热器、水管以及发动机内部的水道是否存在泄漏故障。主要的测试程序有系统压力测试、泄漏测试、节温器测试。

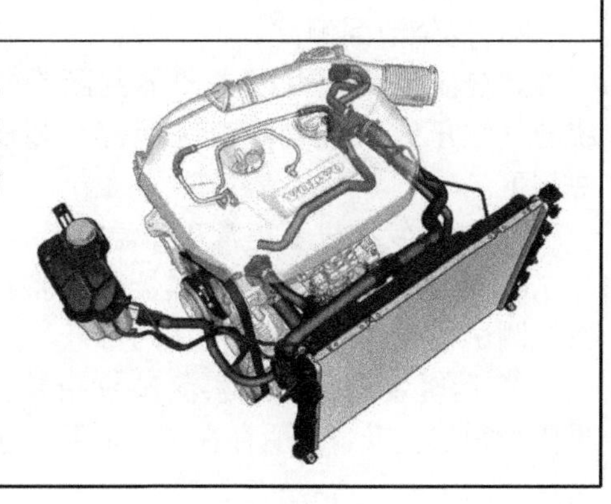

（1）冷却系统压力测试

要等待发动机冷却液温度降低，拧下膨胀箱上的散热器盖。

1）添加冷却液至正常液位位置。

2）把冷却系统压力专用测试仪盖951-2955安装到膨胀箱加注口上。使用测试仪（998-5496）向冷却系统加压，加压到1.5bar，如图所示。

3）观察测试仪的指针状态，是否能保持稳定，或存在缓慢、快速下降症状。

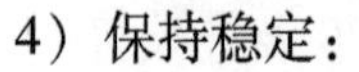

4）保持稳定：

如果指针维持稳定达2min，表明冷却系统不存在泄漏。然而，冷却系统可能确实存在内部泄漏却在通常的测试压力下检测不到，对于此情况，需要进一步进行内部泄漏测试。

5）缓慢下降：

表明存在小的泄漏或渗漏，可以用手电筒观察散热器以及冷却系统其他部件是否出现渗漏或轻微泄漏现象。

6）快速下降：

表明正发生严重的泄漏，需要对冷却系统进行外部泄漏检查。如果从外部看不到泄漏，则进行内部泄漏检测。

（2）泄漏测试

1）内部泄漏测试。

内部泄漏检查可以判断冷却液是否渗漏到机油中，检查方法如下。

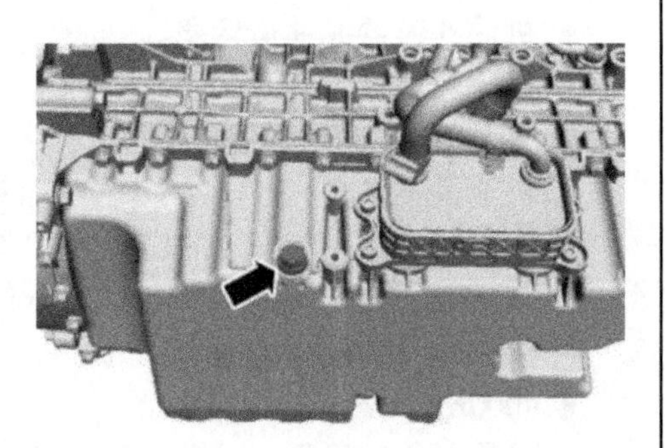

方法一：拧下发动机油底壳的放油螺栓，放出少量机油，从排出的机油形态判断是否存在内部泄漏。如果油底壳中存在冷却液，它将首先被排出，因为它的密度比机油大，如图所示。

方法二：运转发动机以搅动机油，快速取出机油尺，检查机油中是否有水珠。

2）燃烧泄漏测试。

燃烧泄漏测试可以方便地判断冷却系统与气缸压缩系统之间存在泄漏。测试方法如下。

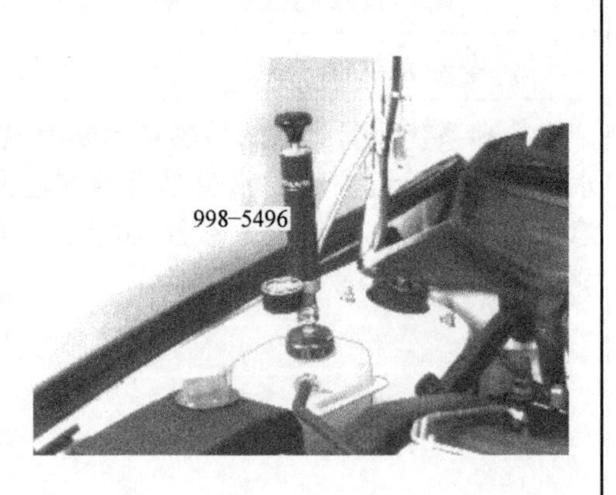

① 预热发动机至正常工作温度。

② 停机并小心拆下散热器盖，将冷却系统测试仪装在散热器加注口上。

③ 运转发动机，观察测试仪指针，如果压力很快上升，表明存在燃烧泄漏。这通

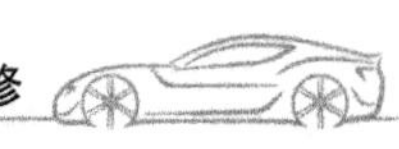

常是气缸垫泄漏或发动机开裂的结果。

④ 如果压力没有很快增长，则通过测试仪向冷却系统加压，直到指示压力达到110kPa。此时如果表针摆动，表明压缩或燃烧气体泄漏到冷却系统。

注意：

① 冷却系统加压时，不要超过110kPa，如果系统存在燃烧泄漏，压力将会很快上升。

② 不要让发动机运转时间过长，以免过热。

③ 拆下测试仪时要小心，不要一次性快速旋开测试仪的密封盖超过半圈。

8. 曲轴箱通风系统压力检查

（1）曲轴箱通风系统测试程序

如图所示为测试轿车曲轴箱通风系统，具体步骤如下：

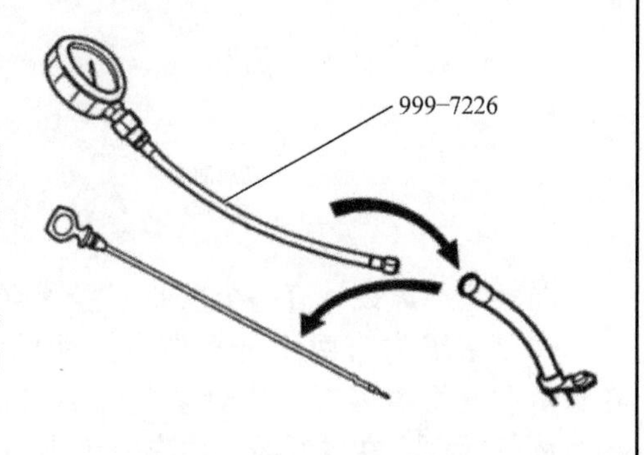

1）在发动机怠速状态下进行检查且发动机应处于相当于正常行驶15min的操作温度（100℃）。

• 如果不能确定机油油质、类型或机油滤清器的情况，必要时需要更换机油和滤清器。

• 关闭空调和其他电器装备。

2）拔下机油尺，使用真空表P/N 999－7226的软管直接插入机油尺底座进行测量。

3）读取气压计数值。

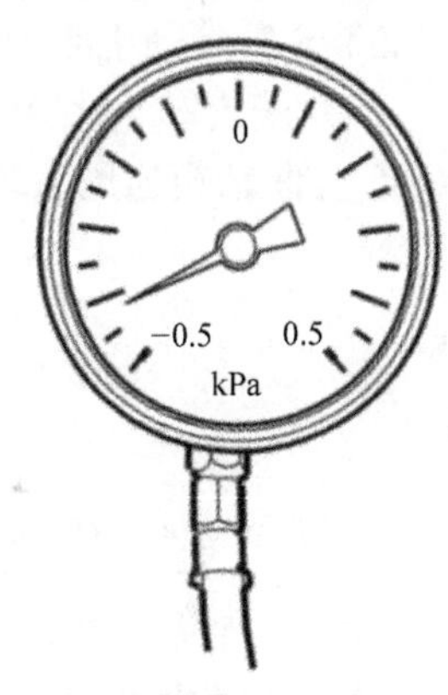

（2）曲轴箱通风系统压力结果分析

读取气压计数值，压力值是针对海平面提供的，高海拔地区会略微降低读值，如图所示。

• 对于洁净的曲轴箱通风，数值为－0.2kPa或更低。

• 若气压计显示数值从－0.2～0kPa，或是一个正值，说明曲轴箱通风已部分或完全堵塞，必须进一步检查。

特别提示：

曲轴箱通风系统的作用是将曲轴箱中的油气从曲轴箱中抽出然后回送到进气歧管烧掉，有助于防止发动机中油污积存阻塞油流和腐蚀轴承，还可防止有害气体排入大气。曲轴箱通风系统常见的故障是油气通风堵塞及气管漏气。通风堵塞会导致发动机异响及机油消耗过高，而气管漏气会导致燃油混合气过稀，下面分别介绍沃尔沃汽车各发动机曲轴箱通风系统。

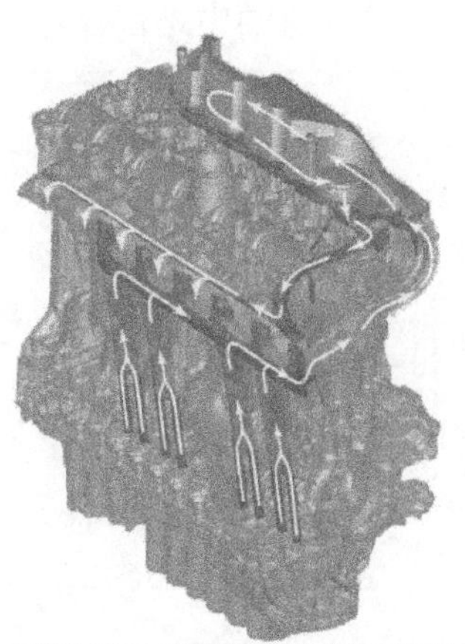

1）6缸发动机曲轴箱通风系统介绍。

沃尔沃6缸B6304T及B6324S发动机曲轴箱通风系统如图所示。

曲轴箱通风系统分布在发动机内部，分油器位于发动机凸轮轴护盖顶上，将曲轴箱中的油滴与空气分离。油滴收集在分油器中，然后流回发动机里面，到达油底壳。这就避免了使用外部管子，从而节省了额外的重量和空间。

2）4 缸发动机曲轴箱通风系统介绍。

沃尔沃汽车 4 缸 B4204T7 及 B4164T 发动机曲轴箱通风系统如图所示。

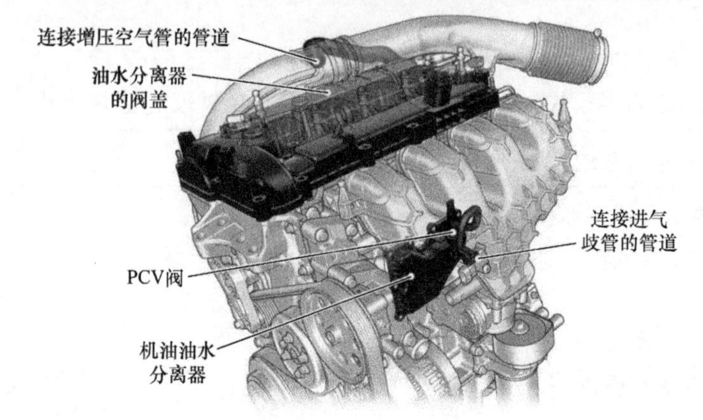

曲轴箱通风设计有一个按照“静置空间”原理作用的机油油水分离器。

在该系统内有两个分离器。上面的一个是在阀盖上，在新鲜空气管道内有一个剩余气体的出口，另一个是在发动机体的前面，在进气歧管内有一个出口。

3）5 缸发动机曲轴箱通风系统介绍。

沃尔沃汽车 5 缸 B5254T 发动机曲轴箱通风系统如图所示，5 缸曲轴箱通风系统过滤与机油滤清器集成一体。

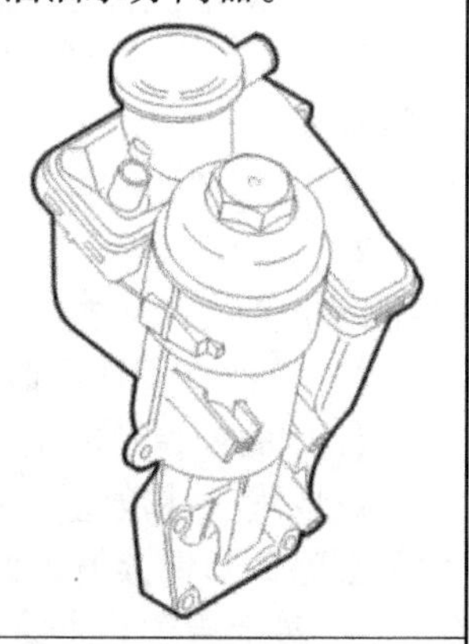

9. 机油含冷却液测试

有的厂家专门开发出一套使用化学试剂检测机油品质的方法，这种方法可以准确地判断机油中是否含有冷却液。

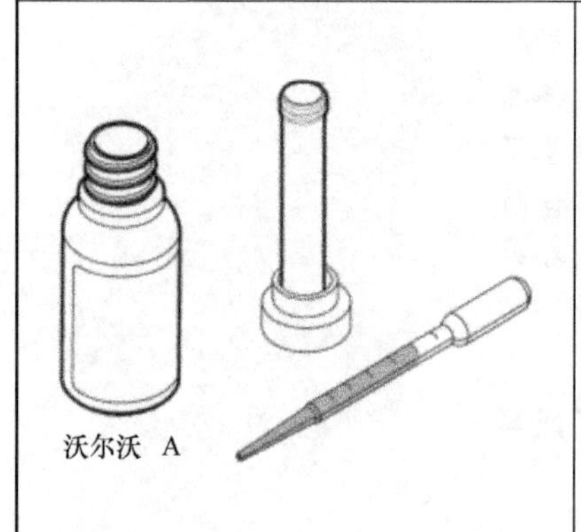

（1）机油含冷却液测试程序

测试机油含有冷却液分别使用三种沃尔沃专用试剂，需要逐步进行测试。

1）利用一根 3mL 塑料滴管，吸入 5mL 试剂（VOLVO A）于试管内，如图所示。

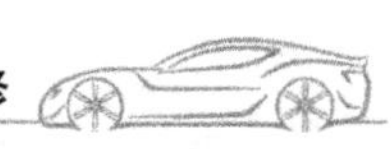

<table>
<tr><td colspan="2">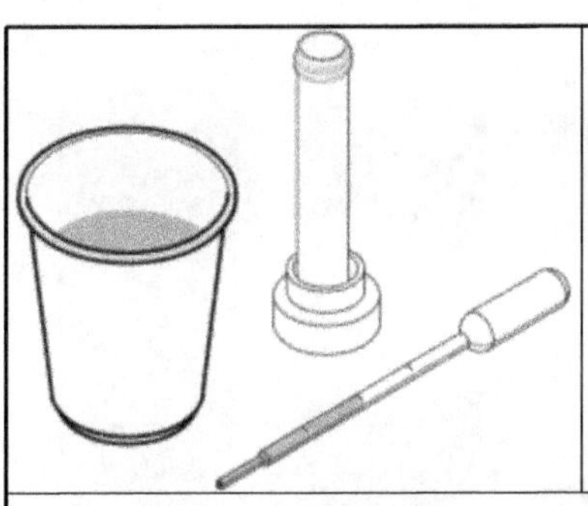</td><td colspan="2">2）用一根 1mL 塑料滴管，吸出 0.5mL 测试的机油（发动机机油或变速器油）加入到试管内如图所示。</td></tr>
<tr><td colspan="2">3）将一袋沃尔沃 B（白色粉末）中的试剂直接加入试管，盖上盖子，如图所示。
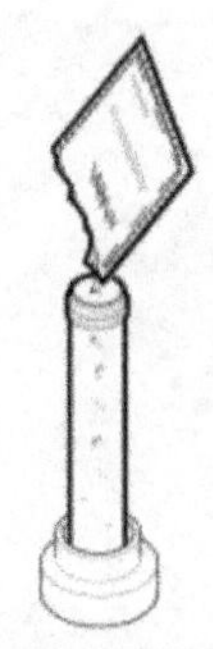</td><td colspan="2">4）小心摇晃，直到所有粉末都溶解在液体中为止，如图所示。
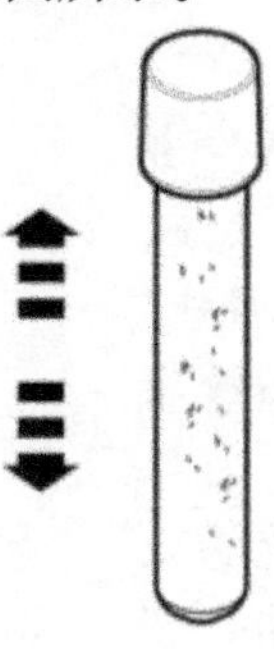</td></tr>
<tr><td colspan="2">5）等 20～25min，或者将试管放入热水中至少 5min，如图所示。
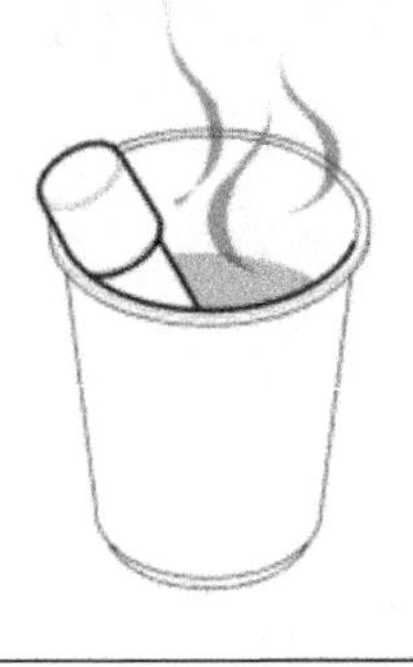</td><td colspan="2">6）旋开试管盖，将一袋沃尔沃 C（淡紫色粉末）中的内容直接加入试管，重新盖上盖子，如图所示。
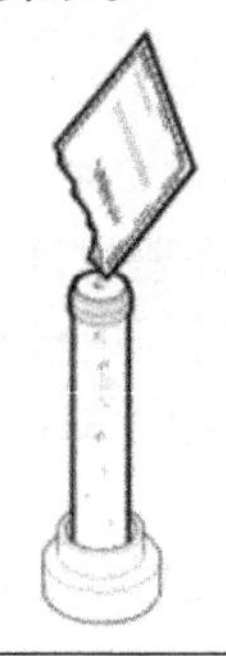</td></tr>
<tr><td colspan="2">7）小心摇晃，直到所有粉末都溶解在液体中为止，如图所示。
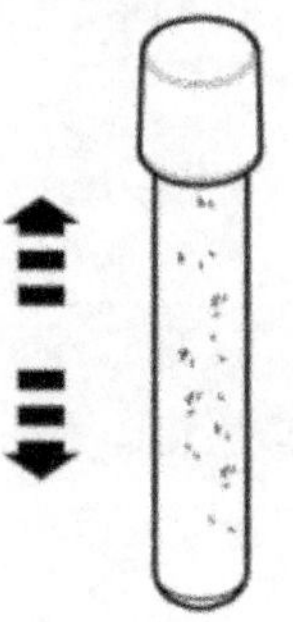</td><td colspan="2">8）等 75min，或者将试管放入热水中至少 20min，如图所示。
</td></tr>
</table>

通过试样颜色可以判断是否有甘醇污染，如图所示：

- 淡紫色表示机油中有甘醇，颜色越深，甘醇含量就越大，一定要等到试样出现最终颜色。
- 测试管（A）：机油中没有乙二醇。
- 测试管（B）：机油中有乙二醇。
- 如果发动机润滑系统有甘醇污染，就必须按 VIDA 及 TIE 要求维修。

这种方法同样适合变速器油，如果发现变速器油有甘醇污染，就必须更换变速器、散热器以及散热器和变速器之间的软管。

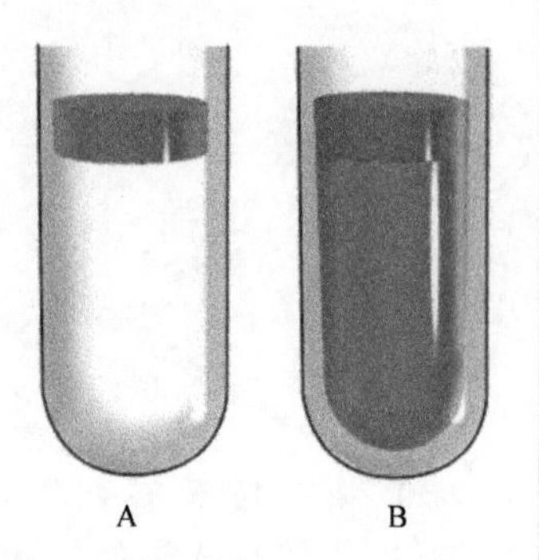

特别提示：

机油内若有冷却液渗入，机油会变质，直接影响发动机性能。

（2）润滑系统渗入冷却液

当润滑系统渗入冷却液后，机油会变成糊状。

（二）发动机曲柄连杆机构拆装与检测

对技术人员要求：

- 接收/检查修理单。
- 接收用于修理的订购零件。
- 在允许的时间内进行工作。
- 向技师领队确认工作完成。

技师领队：

- 对技术难度高的工作向技术人员提供指导和帮助。

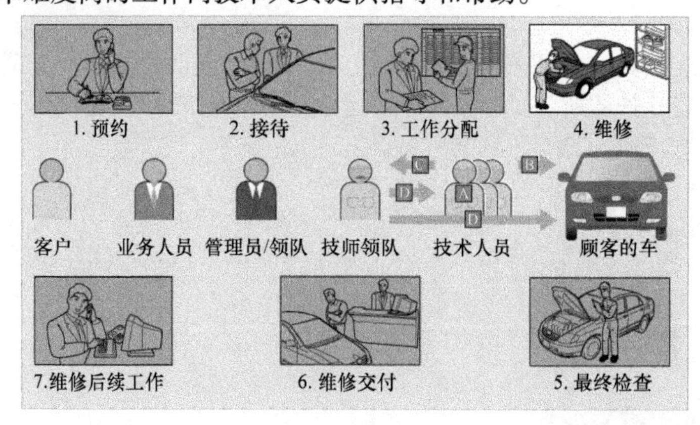

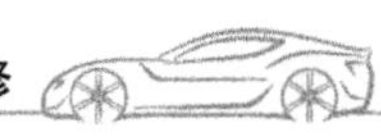

1. 活塞连杆组的拆装

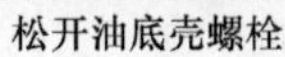

松开油底壳螺栓

拆卸油底壳

（1）拆卸活塞连杆组

1）翻转发动机，松开油底壳螺栓，拆卸油底壳，如图所示。

拆卸正时传动带张紧轮

拆卸曲轴正时传动带轮

拆卸发动机前端盖

拆卸发动机前端盖衬垫

2）拆卸正时传动带张紧轮和曲轴正时传动带轮。拆卸发动机前端盖及其衬垫，如图所示。

3）拆卸各缸活塞连杆组。安装曲轴螺栓。沿发动机旋转的方向转动曲轴，将1、4缸活塞转至上止点。注意不要看错气缸顺序。标记带连杆轴承盖的连杆，拆下2、3缸的4个连杆轴承并取下连杆轴承盖和连杆轴承。用锤子木柄分别推出2、3缸活塞连杆组，如图所示，沿发动机旋转方向转动曲轴180°。标记带连杆轴承盖的连杆。拆下1、4缸的4个连杆轴承盖螺栓并取下连杆轴承盖和连杆轴承。用锤子木柄分别推出1、4缸活塞连杆组。

拆下2、3缸的4个连杆轴承

推出2、3缸的活塞连杆组

注意：

连杆和连杆轴瓦的剪切表面形成独特的配合，不能互换，否则会损坏，也不要倒置剪切面；不要硬撬、硬敲，以免损伤气缸。取出活塞连杆组后，应将连杆轴承盖、螺栓、螺母按原缸位组装。活塞、连杆和连杆轴承盖上打上对应缸号。

4）分解活塞连杆组。

使用一字旋具拆下活塞销卡簧，将活塞销推出，如图所示。将活塞从连杆上分离。

注意：连杆和活塞的安装位置要做记号。

拆下活塞销的卡簧

将活塞销推出

用活塞环拆装工具从活塞上拆下第一道气环和第二道气环，如图所示。

注意：使用活塞环拆装工具时，用力要适度，否则会折断活塞环。

拆下第一道气环

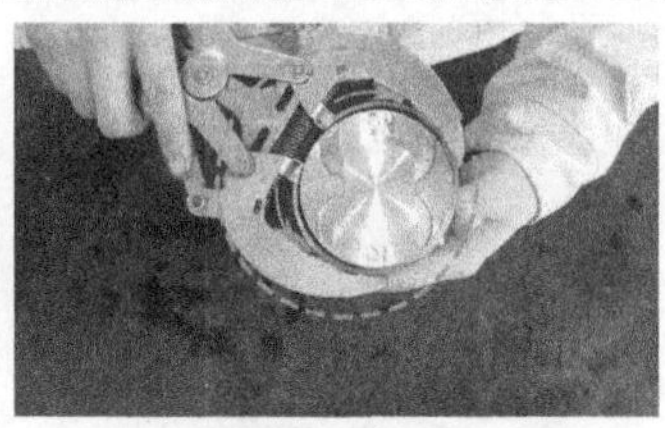
拆下第二道气环

在拆卸油环时，先用手将上、下刮油片从环槽上旋出，不要损伤活塞，然后用手将油环弹簧片取出，如图所示。

将上、下刮油片从环槽上旋出

将油环膨胀器取出

5）拆卸连杆轴承和轴承盖。

注意：要做上、下片安装记号。

（2）安装活塞连杆组

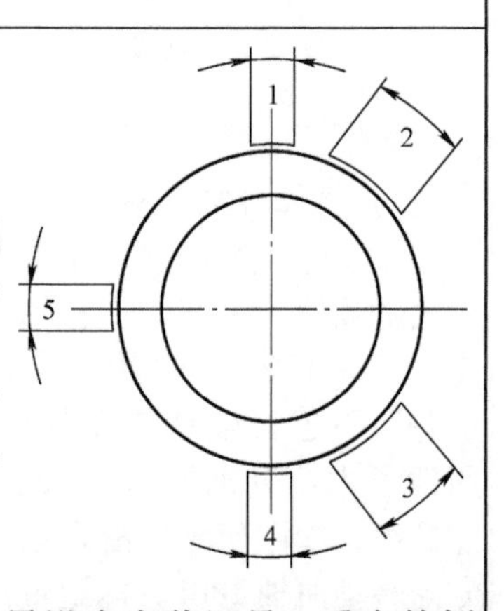

1）使用活塞环拆装工具安装活塞环，使“TOP”（顶部）朝上。

注意：不能用活塞环扩张器安装组合式油环，否则会损坏油环。在安装油环时，先用手将弹簧片装上，然后用手将上、下刮片从环槽上旋入，不要损伤活塞。

2）布置活塞环端隙如图所示。第一道活塞环（右侧活塞环）端隙在图中位置“1”，第二道活塞环（分活塞环）端隙在位置“2”，弹簧片端隙在位置“3”，上下刮片端隙分别在位置“4”和“5”。

注意：活塞环端口打有记号的一面要朝上安装，如果没有安装记号，看内外倒角，内倒角向上，外倒角向下。如果活塞环反向安装，活塞环会产生泵油现象。第一道气环镀铬，比较亮。第一道环和第二道环换装将造成活塞环过早磨损。安装前用清洁的机油润滑活塞环、活塞、连杆轴承、气缸孔内表面和活塞环压缩器。

3）将活塞连接至连杆。

注意：连杆活塞的安装位置要对齐。安装之前，先润滑活塞销。

4）用手将活塞销压入活塞和连杆中。将卡环装入活塞的环形槽，确保卡环牢固就位于凹槽内。

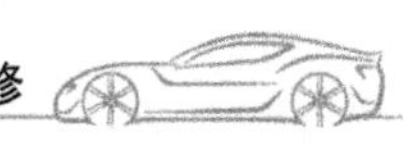

注意： 如果活塞销卡簧没有装入环形槽，活塞销会窜出，将对气缸造成严重的伤害。

5）用手指的力量将连杆轴承压入连杆轴承孔。安装轴承盖。

注意： 轴承的突肩对准连杆孔上的凹槽；安装轴承盖时，要注意与连杆上的安装方向对准，并看清连杆轴承上下片的安装记号。

6）润滑活塞连杆组总成和气缸壁。活塞上的箭头方向应朝向发动机前方。转动曲轴到1、4缸下止点，转动气缸体至水平位置，安装1、4缸活塞，用活塞环夹箍夹住活塞环，以压缩活塞环。用锤子木柄小心地将活塞连杆组推入气缸。润滑连杆轴承，安装连杆轴承和连杆轴承盖。安装新的连杆螺栓，将连杆螺母分3次拧到35N·m+45°+15°。转动曲轴到2、3缸下止点，安装2、3缸活塞，用活塞环夹箍夹住活塞环，以压缩活塞环。用锤子木柄小心地将活塞连杆组推入气缸。润滑连杆轴承，安装连杆轴承和连杆轴承盖。安装新的连杆轴承盖螺栓，每个螺栓分3次拧到35N·m+45°+15°，如图所示。

用锤子木柄将活塞连杆组推入气缸

安装连杆轴承盖螺栓

注意： 按连杆轴承和连杆轴承盖的标志位置安装连杆轴承和连杆轴承盖。

7）清洁发动机前端盖衬垫，安装发动机前端盖及其衬垫，拧紧至20N·m。安装正时传动带惰轮和曲轴正时传动带轮。

8）翻转发动机，清洁密封面。将密封胶涂抹在气缸体和油底壳上，安装油底壳，拧紧至10N·m。

9）安装气缸盖。

2. 曲轴飞轮组的拆装、主轴承间隙和曲轴轴向间隙的测量

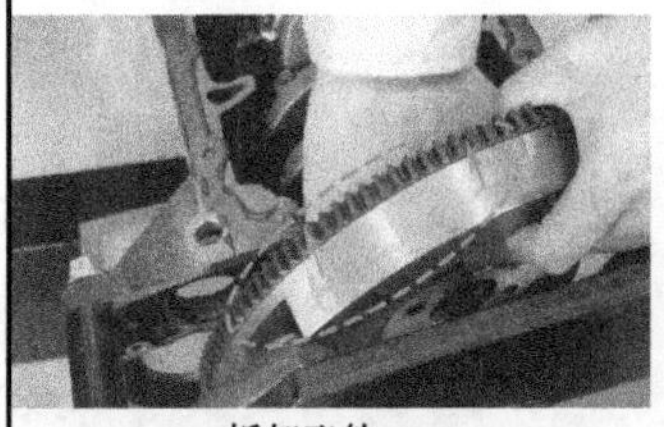

拆卸飞轮

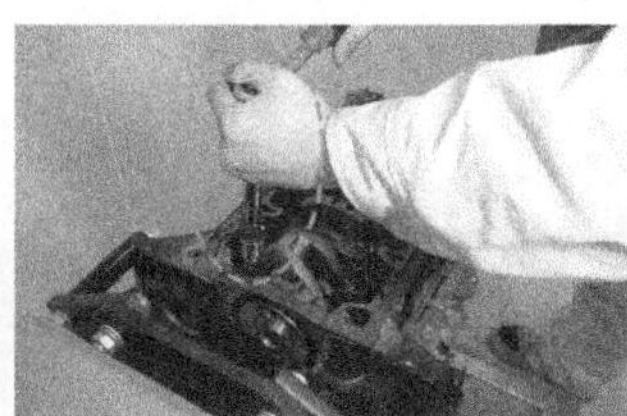

拧松主轴承盖螺栓

拆卸主轴承盖

抬出曲轴

（1）拆卸曲轴飞轮组

1）拆卸气缸盖、活塞连杆组。

2）拆卸飞轮。

3）拧松主轴承盖螺栓，拆卸主轴承盖，抬出曲轴，如图所示。

注意： 最后一道主轴承也是曲轴后端盖，拆卸时要特别小心，防止损坏曲轴后油封。

（2）曲轴飞轮组的安装

1）在每一道曲轴主轴承上涂上机油（背面不能涂机油）。

2）在曲轴主轴颈上涂上机油。

3）将曲轴安装在缸体上。安装轴承盖。

注意：轴承盖按1～5序号安装，不得错装。中间一道主轴承是带有翻边的推力轴承。

4）用力矩扳手紧固一道曲轴轴承盖螺栓，第一次拧紧至35N·m，第二次顺时针转45°，第三次顺时针转15°。测量主轴颈与主轴承之间的间隙，间隙值为0.005～0.059mm，如图所示。

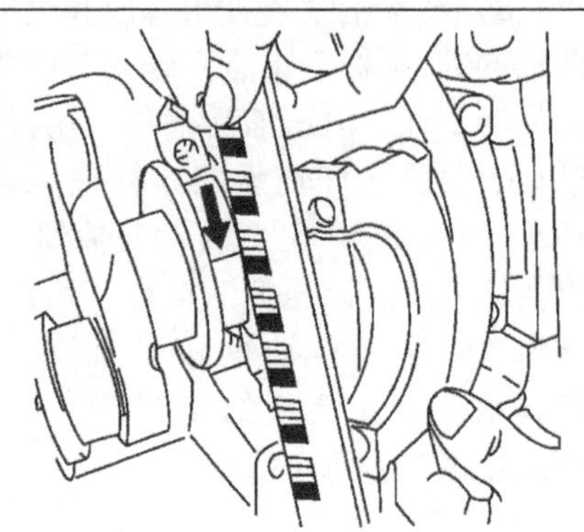

5）用力矩扳手紧固所有螺栓。

6）用百分表测量曲轴的轴向间隙，轴向间隙应在0.1～0.2mm之间，如图所示。

7）安装飞轮。

8）安装活塞连杆组与气缸盖。

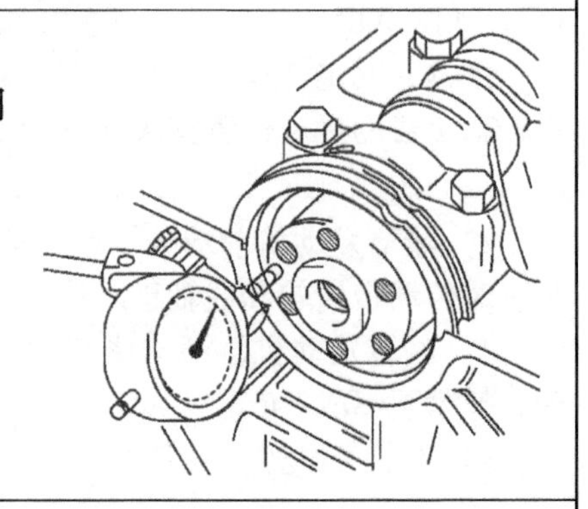

（三）配气机构拆装

对技术人员要求：

- 接收/检查修理单。
- 接收用于修理的订购零件。
- 在允许的时间内进行工作。
- 向技师领队确认工作完成。

技师领队：

- 对技术难度高的工作向技术人员提供指导和帮助。

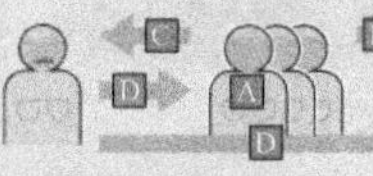

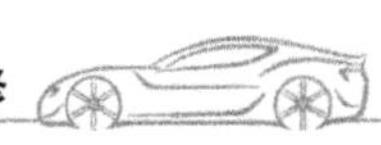

1. 气门拆卸

气门的拆卸步骤：

1）组装气门拆装工具，如图所示。

2）按图示位置安装气门钳，如图所示。

注意：气门钳的定位头必须顶住气门弹簧座，且保持与气门杆同轴。

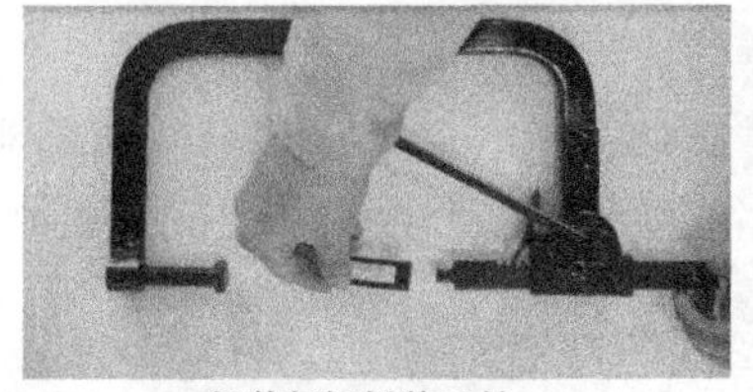

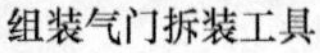
组装气门拆装工具

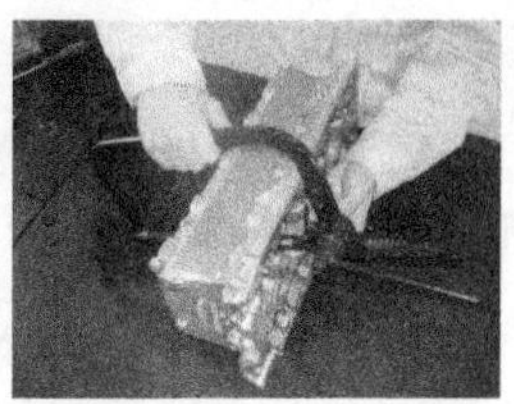

安装气门钳

3）按下手柄，压缩气门弹簧至极限位置。

4）用吸力棒从定位头的侧孔中吸出气门锁片，如图所示。

压缩气门弹簧至极限位置

吸出气门锁片

5）退回气门钳，取下气门，按顺序摆放在工作台上，如图所示。

6）拆下气门油封。

7）按此方法逐个拆卸其余 15 个气门。

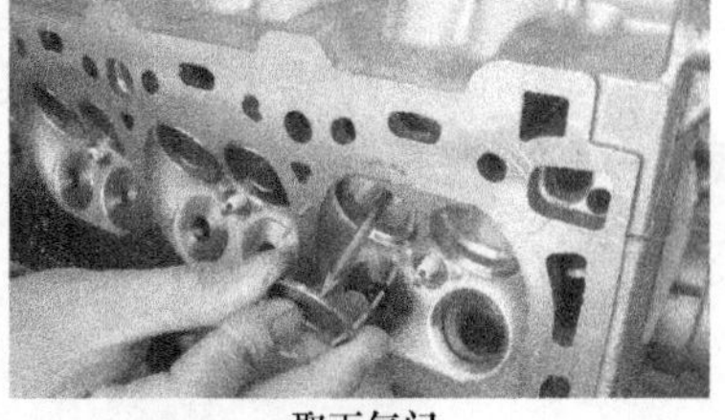

取下气门

2. 气门安装

1）将气缸盖倒置，将气门放入气门导管，用 10kg 砝码压住气门头，倒入煤油。1min 后，如果没有发现煤油从导管处渗漏，说明该气门密封性能良好。

2）给气门杆涂上机油。将气门穿过燃烧室。

3）在气门杆部套上新气门油封、气门弹簧和气门弹簧座，如图所示。

将气门穿过燃烧室

安装气门弹簧

4）安装气门钳，注意让定位头的两侧孔朝向左右两侧。压下手柄至气门弹簧极限位置。

5）在气门锁片上抹一些润滑脂，用螺钉旋具从定位头的侧孔中放入气门锁片。

注意：气门锁片的小头应朝向缸盖，如图所示。

6）退回气门钳，检查安装情况。

7）按此方法安装其余气门。

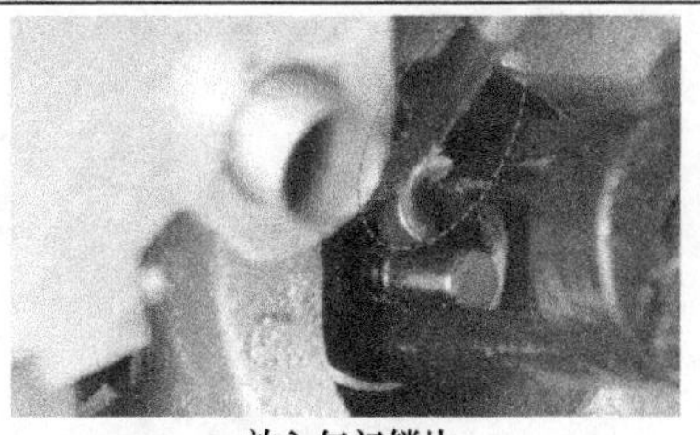

放入气门锁片

3. 拆卸凸轮轴

1）拆卸蓄电池负极。

2）断开空气流量传感器、进气温度传感器线束插头。松开空气滤清器进气管夹箍、松开排放软管，拆下空气滤清器进气管，如图所示。

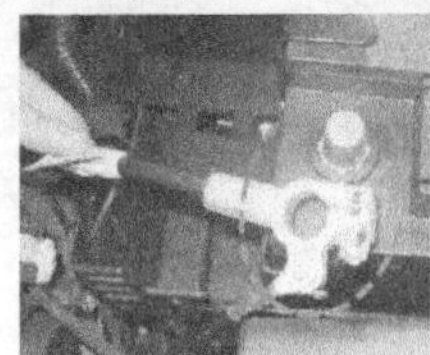
拆卸蓄电池负极

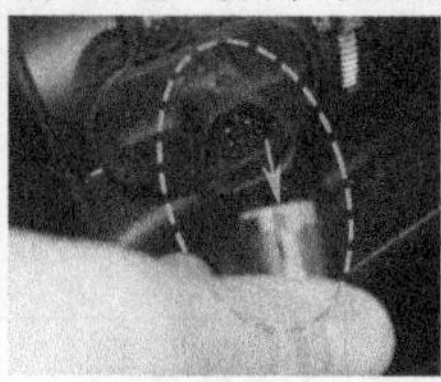
断开空气流量传感器

断开进气温度传感器线束插头

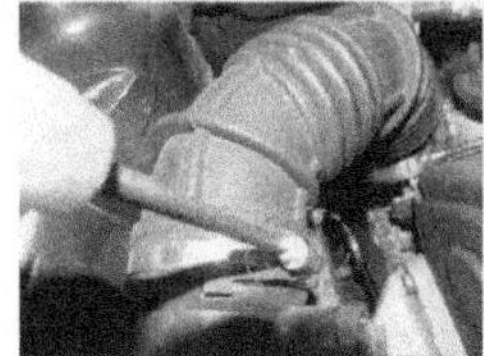
松开空气滤清器进气管夹箍

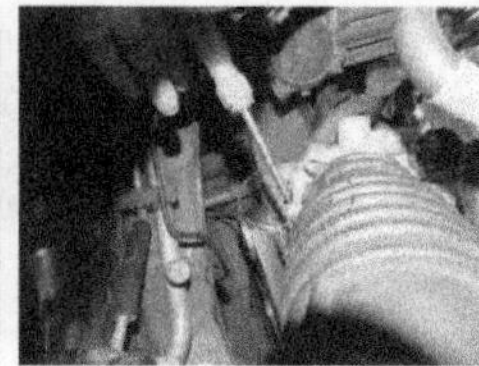
松开排放软管

拆下空气滤清器进气

3）松开发动机后部线束支架，沿箭头所指方向拆下点火线圈盖，断开点火线圈线束插头，拆下两个点火线圈螺栓。使用 EN－6009 点火模块拆卸/ 安装工具拆卸点火模块，如图所示。

松开发动机后部线束支架

拆下点火线圈盖

断开点火线圈线束插头

4）断开进、排气凸轮轴可变执行器电磁阀插头，拆下曲轴箱通风管，拔下发动机控制模块线束导管，如图所示。

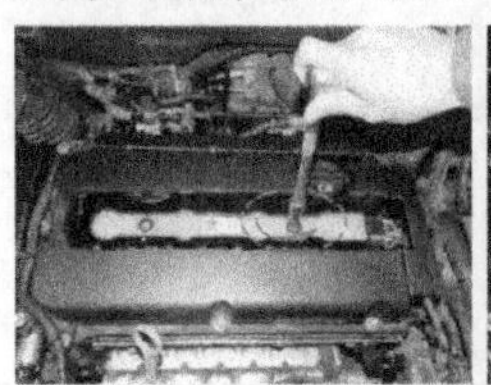
拆下2个点火线圈螺栓

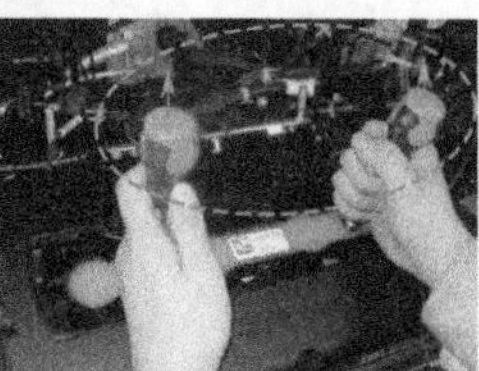
拆卸点火模块

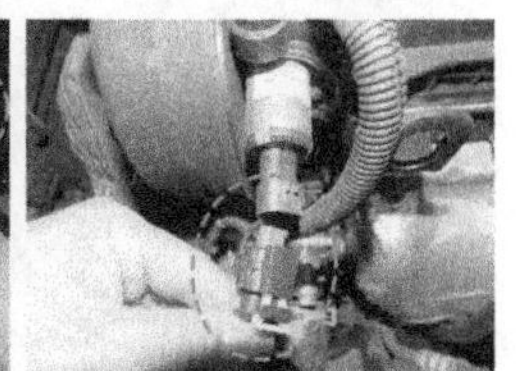
断开进气凸轮轴可变执行器电磁阀插头

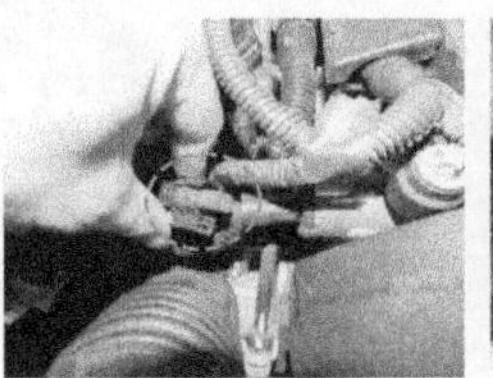
断开排气凸轮轴可变执行器电磁阀插头

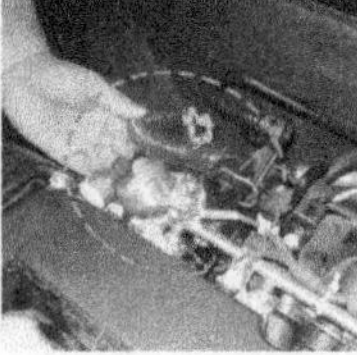
拆下曲轴箱通风管

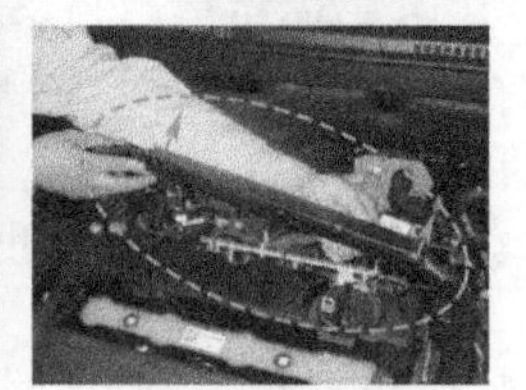
拔下发动机控制模块线束导管

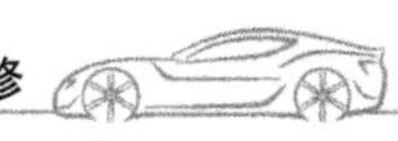

5）拆下 11 个凸轮轴盖螺栓，取下凸轮轴盖。

6）举升车辆，拆卸右前轮前舱防溅罩。拆下发电机传动带及传动带张紧器。将发动机曲轴传动带盘上的记号与正时传动带前下罩盖上的记号对准。

拆下凸轮轴盖螺栓

取下凸轮轴盖

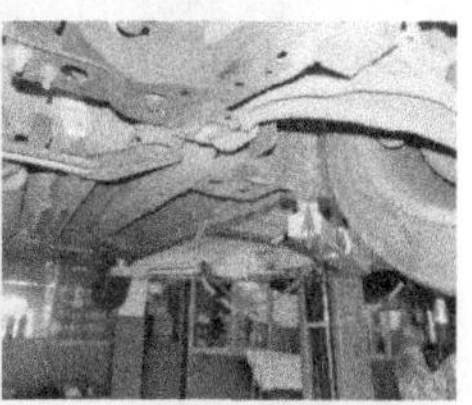
顶起车辆

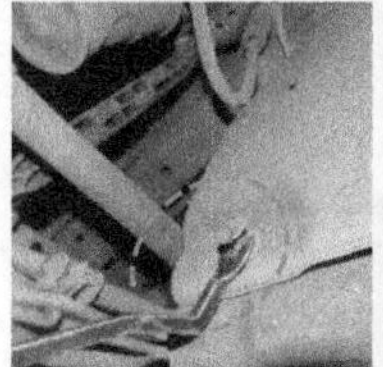
拆卸右前轮前舱防溅罩螺钉

拆卸右前轮前舱防溅罩螺栓

将发动机曲轴传动带盘上的记号与正时传动带前下罩盖上的记号对准

7）拆下变速器固定螺栓，安装 EN－6625 锁止装置以卡住曲轴，拆下曲轴扭转减振器螺栓并取下曲轴传动带盘。拆下 4 个正时传动带下盖螺栓，如图所示。

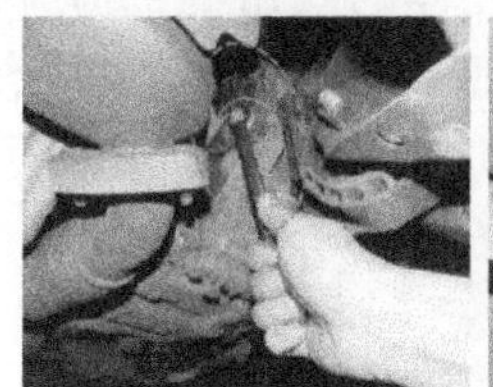
松开变速器固定螺栓

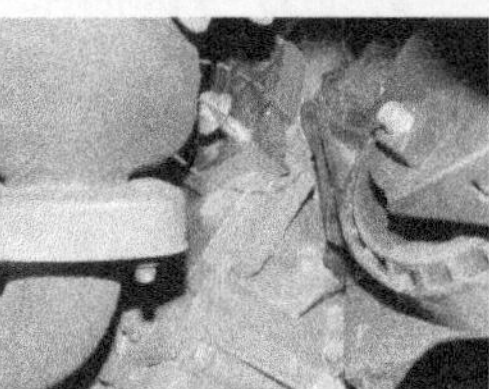
取下变速器固定螺栓

安装EN−6625锁止装置以卡住曲轴

拆下曲轴扭转减振器螺栓

取下曲轴传动带盘

8）降下车辆，千斤顶上放置一个橡胶块，顶在发动机油底壳下，并将车辆举升到合适的位置。

在千斤顶上放置一个橡胶块

将千斤顶顶在发动机油底壳下

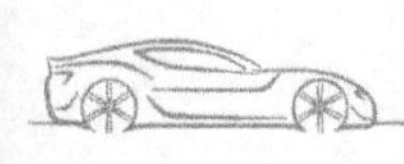

9）拧松发动机托架和支架螺栓，拆卸发动机托架和前支架，如图所示。

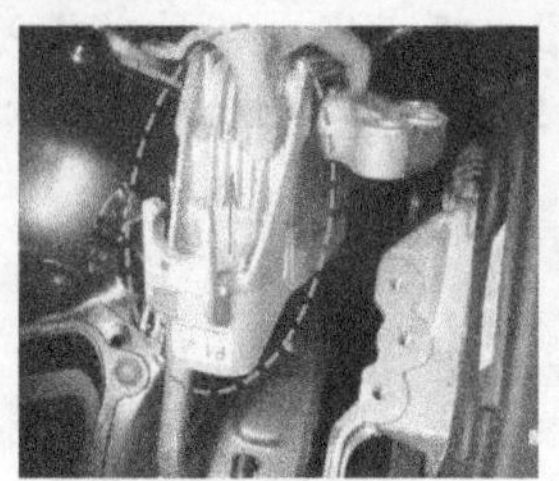
拆卸发动机托架

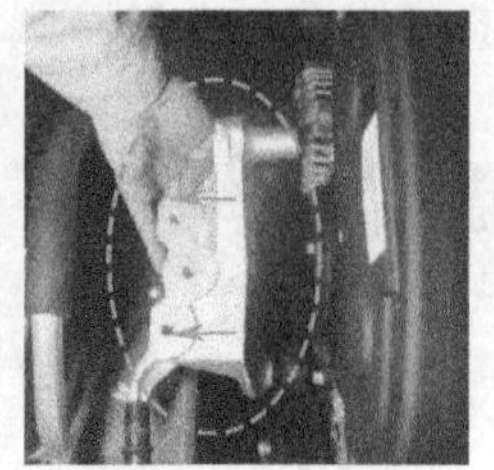
拆卸发动机前支架

10）拧松凸轮轴正时齿轮—正时传动带上前盖螺钉，拆卸正时传动带上前盖。拆卸正时传动带中部前盖，如图所示。

拆卸正时传动带上前盖

拆卸正时传动带中部前盖

11）检查正时传动带主动齿轮的记号与机油泵壳体的三角记号对齐，用 EN－6340 凸轮轴锁止工具固定凸轮轴。松开张紧轮，拆卸正时传动带，如图所示。

注意：记录传动带的方向。

对齐正时传动带主动齿轮与机油泵壳体的记号

用EN-6340凸轮轴锁止工具固定凸轮轴

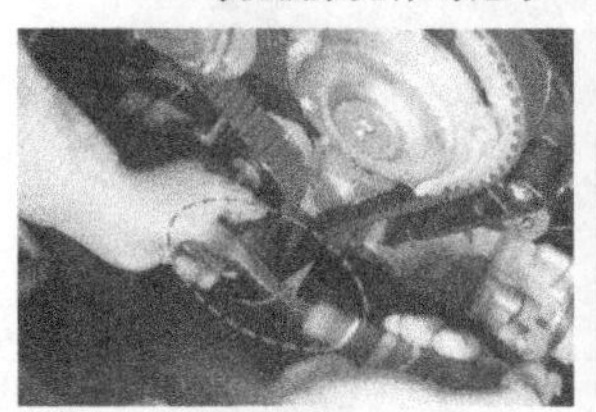
松开张紧轮

拆卸正时传动带

12）将接油盘置于车下，需要助手使用横断面较薄的 24mm 扳手固定相应凸轮轴的六角头。拧松并拆卸凸轮轴正时齿轮—凸轮轴执行器盖螺母，用力矩扳手拧松凸轮轴执行器螺栓，拆卸凸轮轴执行器。拆下正时传动带张紧轮。拧松螺钉，拆卸凸轮轴内护罩，如图所示。

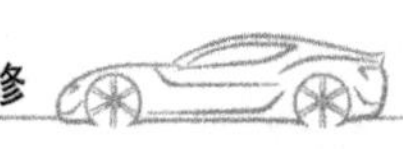

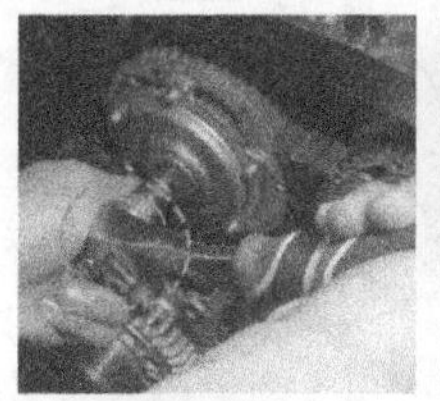
拧松凸轮轴正时齿轮—凸轮轴执行器盖螺母

拆卸凸轮轴正时齿轮—凸轮轴执行器盖螺母

拧松凸轮轴执行器螺栓

拆卸凸轮轴执行器

拆下正时传动带张紧轮

拧松螺钉

13）拧松螺栓，拆下第一道凸轮轴盖，并用橡胶锤轻敲将其取下。拆下进、排气凸轮轴油封。然后按照次序拆除其余的凸轮轴盖，用记号笔做好进、排气凸轮轴记号，取下进、排气凸轮轴，如图所示。

拧松螺钉

用橡胶锤轻敲第一道凸轮轴盖

取下第一道凸轮轴盖

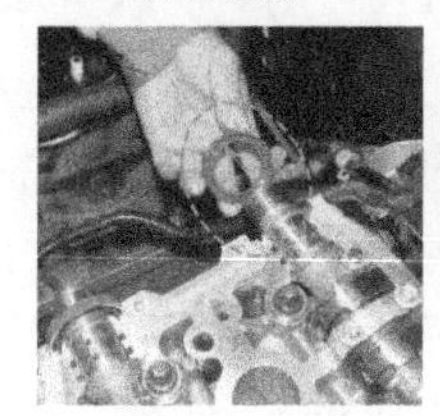
拆下进、排气凸轮轴油封

拆除其余的凸轮轴盖

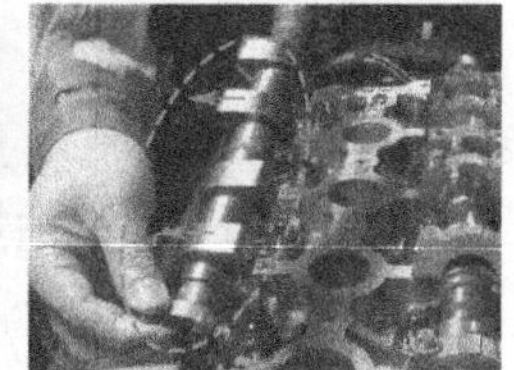
取下进、排气凸轮轴

4. 安装凸轮轴

1）安装进、排气凸轮轴。

注意：进、排气凸轮轴不能够互换，不要安装错误。安装前凸轮轴涂抹机油。

2）安装编号为 5 ~ 8 的 4 个进气凸轮轴轴承盖。安装编号为 1 ~ 4 的 4 个排气凸轮轴轴承盖，如图所示。

注意：记录凸轮轴轴承盖上的识别标记。安装前凸轮轴承盖内侧涂抹机油。清洁凸轮轴盖螺栓孔，安装 16 个进排气凸轮轴轴承盖螺栓，并从内向外以螺旋方式紧固至 8N · m。

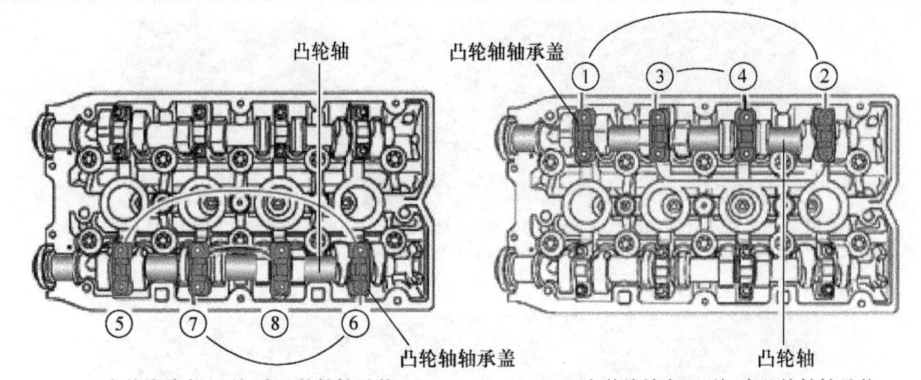

a) 安装编号为5~8的4个凸轮轴轴承盖　　b) 安装编号为1~4的4个凸轮轴轴承盖

3）用铲刀清洁第一个凸轮轴轴承支架和气缸盖密封面上的密封胶残余物，如图所示。

注意：密封面不得有油脂，凸轮轴上不得涂有密封胶。

4）将2个新的凸轮轴油封安装至凸轮轴上，直至其接触到气缸盖。在第一个凸轮轴轴承盖的密封面轻薄均匀地涂抹表面密封胶。将第一个凸轮轴轴承盖安装到气缸体上。安装第一个凸轮轴轴承盖的4个螺栓，并分两次紧固。第一遍紧固至2N·m，第二遍紧固至8N·m。

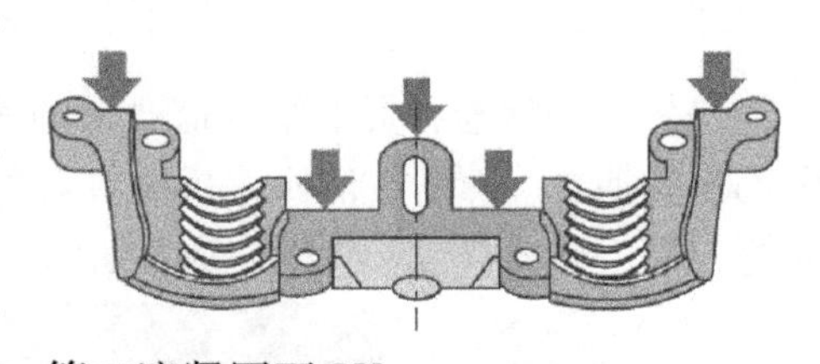

5）用塞尺检查气门间隙是否符合标准，若不符合标准需进行调整。

6）逆时针转动进气凸轮轴，安装EN－6628－A锁止工具。顺时针转动排气凸轮轴，安装EN－6628－A锁止工具。

7）安装4个正时传动带后盖螺栓，并紧固至6N·m。

注意：如果已被机油污染，需彻底清洁。

8）安装进、排气凸轮轴执行器（螺栓不能重复使用，必须更换），将EN－6340锁止工具安装至进、排气凸轮轴执行器之间，用手的力量拧紧进、排气凸轮轴执行器螺栓，使凸轮轴与凸轮轴执行器不能滑动，取下EN－6628－A专用工具。

9）需要助手使用横断面较薄的24开口扳手固定相应凸轮轴的六角，使用力矩扳手和EN－45059角度测量仪组件紧固进排、气凸轮轴位置执行器螺栓至50N·m＋150°＋15°。

10）安装2个凸轮轴封闭螺栓，并紧固至30N·m。注意：应安装新的密封圈。

11）清洁正时传动带张紧器螺纹孔，安装正时传动带张紧器，用力矩扳手和EN－45059测量仪分3次紧固至20N·m＋120°＋15°。

注意：正时传动带张紧器后部的凸起要与张紧器安装槽对准。

12）将正时传动带主动齿轮的记号与机油泵壳体的三角记号对齐，安装正时传动带。使用L形内六角扳手或等同工具插入张紧器内六角孔内，顺时针转动正时传动带张紧器，拆下EN－6333锁销，释放张紧器让其自动移至正确位置。拆下EN－6340锁止工具。

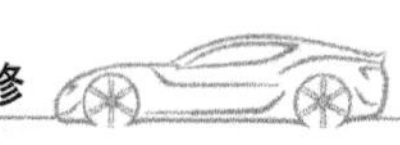

注意：如果安装的是使用过的正时传动带，则需要观察旋转方向。

13）安装发动机支座托架。举升车辆，拆下 EN－6625 飞轮锁止装置。

14）安装曲轴扭转减振器螺栓，沿发动机旋转方向，用曲轴扭转减振器螺栓转动曲轴 720°并且将正时传动带主动齿轮的记号与机油泵壳体的三角记号对齐。放下车辆，将 EN－6340 锁止工具插入凸轮轴执行器，将 EN－6628－A 锁止工具插入凸轮轴后部槽孔内。用于检查正时是否对准。

注意：进气凸轮轴执行器上的点形标记和 EN－6340 左侧的凹槽在此过程中不对应，但必须略高；排气凸轮轴位置执行器调节器上的点形标记必须与 EN－6340 右侧的凹槽相对应。

15）拆下 EN－6628－A 锁止工具，顶起车辆，安装 4 个正时传动带前下盖螺栓，并紧固至 6N·m。

16）使用 EN－6625 锁止装置锁住飞轮，安装曲轴扭转减振器。使用 EN－45059 角度测量仪组分 3 次安装和紧固曲轴扭转减振器螺栓，紧固至 95N·m＋45°＋15°。拆下 EN－6625 锁止装置，安装发动机与变速器连接螺栓，并紧固至 58N·m。

17）安装发动机传动传动带张紧器螺栓，紧固至 55N·m。安装发电机和空调泵压缩机传动带，通过逆时针转动张紧器上突出部位拔出 EN－6349 锁销缓慢释放张紧器张力，检查传动带安装情况。安装前舱防溅罩。

注意：确保传动带被定位在相关传动带轮槽内。

18）下降车辆，千斤顶上放置一块橡胶块，顶置在发动机油底壳下并顶到合适的位置。清洁凸轮轴盖螺栓及螺纹，在凸轮轴盖相应位置涂抹密封胶，更换新的凸轮轴盖密封垫，安装 11 个凸轮轴盖螺栓并紧固至 8N·m。

19）安装曲轴箱强制通风管，使用 EN－6009 拆卸/安装工具安装点火线圈，安装 2 个点火线圈螺栓，并紧固至 8N·m，沿箭头所指方向安装点火线圈盖。

20）拆下发动机支座托架，安装正时传动带中部前盖。安装正时传动带上前盖，安装 2 个正时传动带上前盖螺栓并紧固至 6N·m。

21）安装三个发动机支座托架螺栓并将其紧固至 62N·m，安装 4 个发动机支座螺栓并紧固至 62N·m，安装 3 个发动机支座螺栓并使用 EN－45059 角度测量仪组紧固，拧紧至 50N·m＋60°＋15°。

22）安装空气滤清器壳体，将空气滤清器前出气管安装至空气滤清器壳体，安装空气滤清器前出气管卡箍并紧固至 3.5N·m，将空气滤清器壳体排放软管安装至空气滤清器壳体上，将空气流量传感器线束固定卡夹夹到空气滤清器壳体上，连接空气流量传感器插头。

23）放下并拖出千斤顶，完全放下车辆，连接蓄电池负极。

（四）润滑系统的维护与检修

对技术人员要求：

- 接收/检查修理单。
- 接收用于修理的订购零件。

- 在允许的时间内进行工作。
- 向技师领队确认工作完成。

技师领队：

- 对技术难度高的工作向技术人员提供指导和帮助。

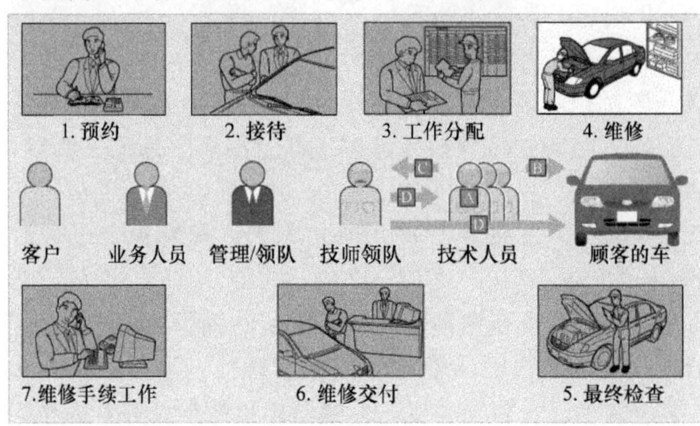

（1）拆卸机油泵

1）拆卸气缸盖，参见项目“气缸盖的拆卸”。

2）翻转发动机，松开油底壳螺栓，拆卸油底壳，如图所示。

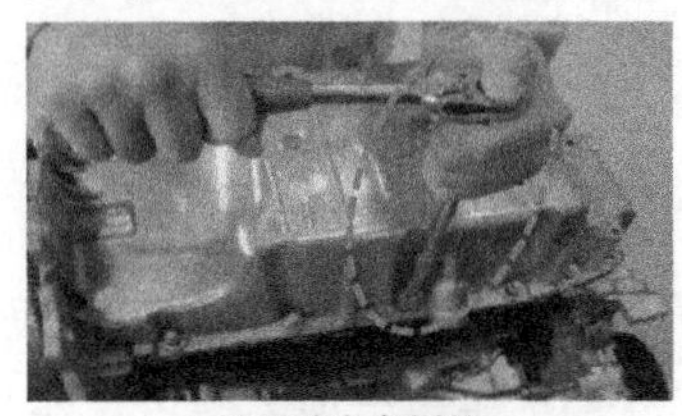
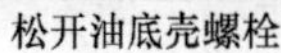
松开油底壳螺栓

拆卸油底壳

3）拆卸正时带张紧轮和曲轴正时带轮。拆卸发动机前端盖及其衬垫，如图所示。

拆卸正时带张紧轮

拆卸曲轴正时带轮

拆卸发动机前端盖

拆卸曲轴正时带轮

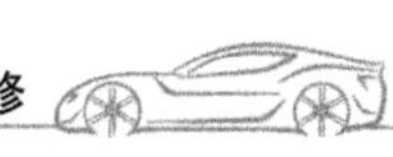

4）从前端盖上松开机油泵固定螺栓，取下机油泵主动齿轮和从动齿轮，如图所示。

松开机油泵固定螺栓

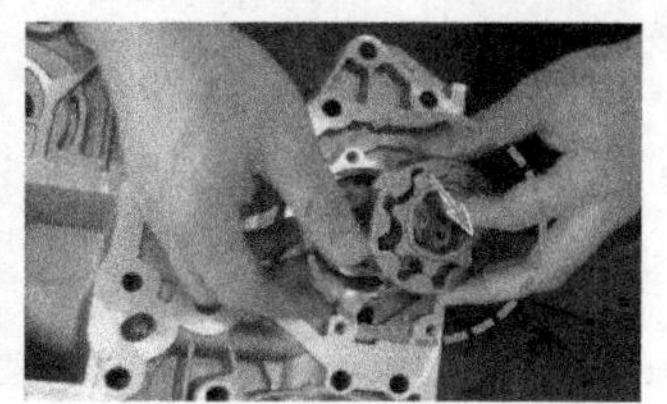
取下机油泵主动齿轮和从动齿轮

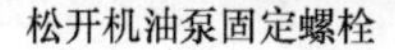

（2）安装机油泵

1）安装机油泵主动齿轮和从动齿轮，拧紧固定螺栓。

注意：安装时，齿轮上要涂上专用润滑脂。

2）清洁发动机前端盖衬垫，安装发动机前端盖及其衬垫，拧紧至20N·m。安装正时带张紧轮和曲轴正时带轮。

3）翻转发动机，清洁密封面。将约3.5mm厚的油底壳密封胶涂抹在连接处和油底壳上，拧紧至10N·m。

4）安装气缸盖，参见项目“气缸盖的安装”。

（五）检修冷却系统故障

对技术人员要求：

● 接收/检查修理单。

● 接收用于修理的订购零件。

● 在允许的时间内进行工作。

● 向技师领队确认工作完成。

技师领队：

● 对技术难度高的工作向技术人员提供指导和帮助。

1. 预约

2. 接待

3. 工作分配

4. 维修

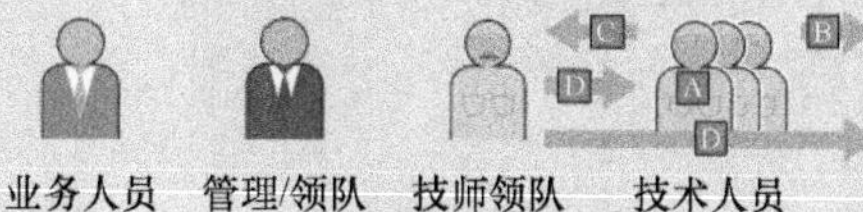

7.维修手续工作

6. 维修交付

5. 最终检查

1. 更换电子节温器

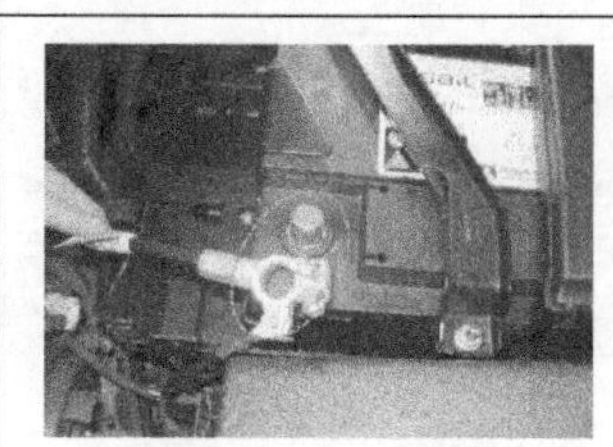
断开蓄电池负极接线柱

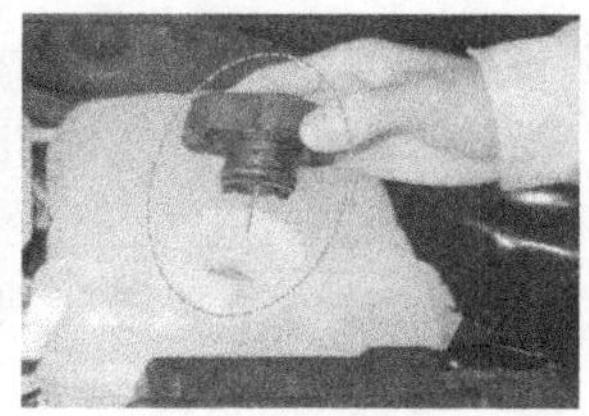
打开冷却液加注盖

（1）拆卸电子节温器的步骤

1）待车辆冷却后，断开蓄电池负极接线柱，如图所示。

2）打开冷却液加注盖，如图所示。

<table>
<tr><td>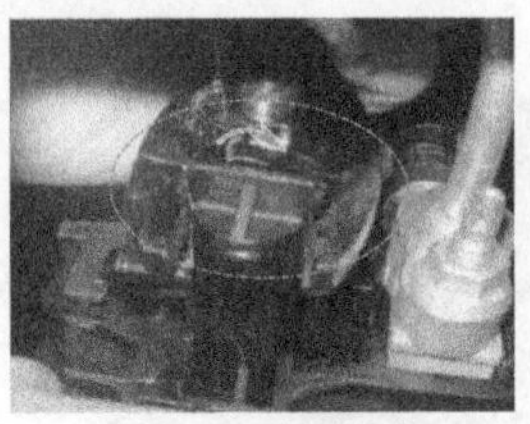
拧松冷却液排放塞
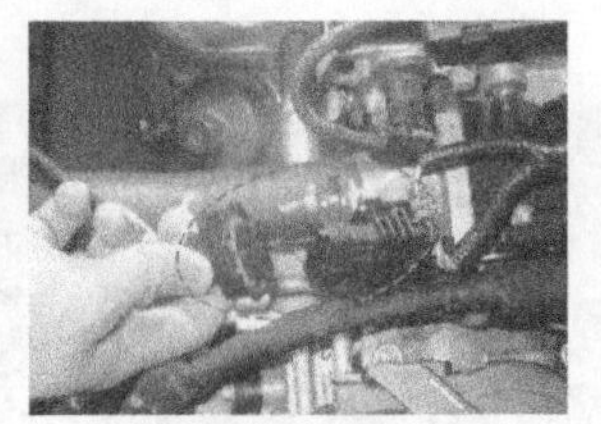
断开氧传感器1线束</td><td>3）将车辆举升到合适高度，在发动机冷却液排放口下方放置一个容器，用鲤鱼钳拧松冷却液排放塞，排放冷却液，如图所示。
4）下降车辆，断开氧传感器1线束，如图所示。</td></tr>
<tr><td>
断开电子节温器加热线线束

松开散热器进口软管卡箍</td><td>5）断开电子节温器加热线线束。松开散热器进口软管卡箍，如图所示。</td></tr>
<tr><td>
拔下进水管

拧松发动机冷却液节温器螺栓

拆卸发动机电子节温器总成</td><td>6）拔下进水管。拧松4个发动机冷却液节温器螺栓，拆卸发动机电子节温器总成，如图所示。</td></tr>
<tr><td colspan="2">（2）安装电子节温器
1）安装发动机电子节温器总成，螺栓拧紧至8N·m。安装散热器进口软管卡箍，连接氧传感器1线束，连接电子节温器加热线线束。
2）将节气门体上部的节气门体散热水管拔出，加注冷却液直至小孔内溢出冷却液。起动发动机，怠速转速最高为2500r/min时预热发动机，直到第一个散热器风扇设置开关接通。以2000r/min至2500r/min的转速，运行发动机1min。关闭发动机并使之自然冷却。检查冷却液液位，同时将冷却液加注至COLD（冷态）标记处。
3）连接蓄电池负极导线。</td></tr>
</table>

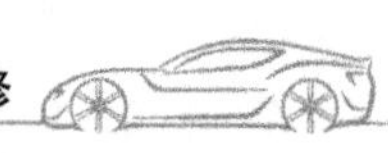

2. 更换水泵

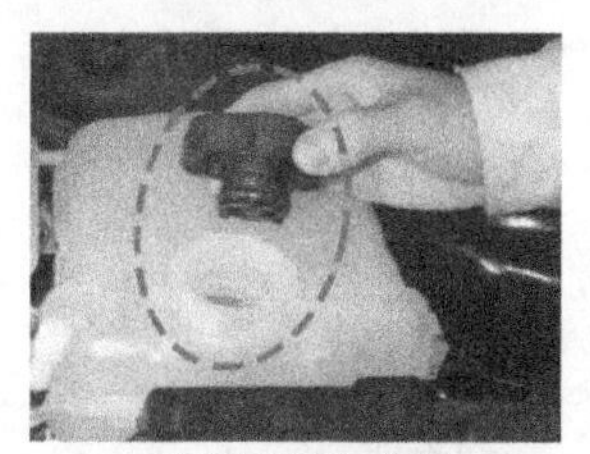

打开冷却液加注盖

拧松冷却液排放塞

（1）拆卸水泵的步骤

1）打开冷却液加注盖。将车辆举升到合适高度，在发动机冷却液排放口下方放置一个容器，用鲤鱼钳拧松冷却液排放塞，排放冷却液，如图所示。

断开空气流量传感器/进气温度传感器线束

取下空气滤清器总成

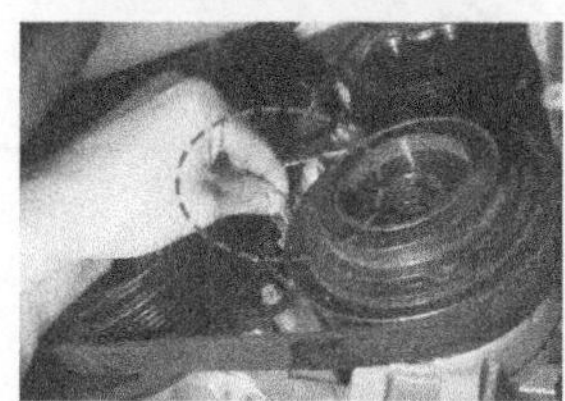

安装专用工具EN6349销

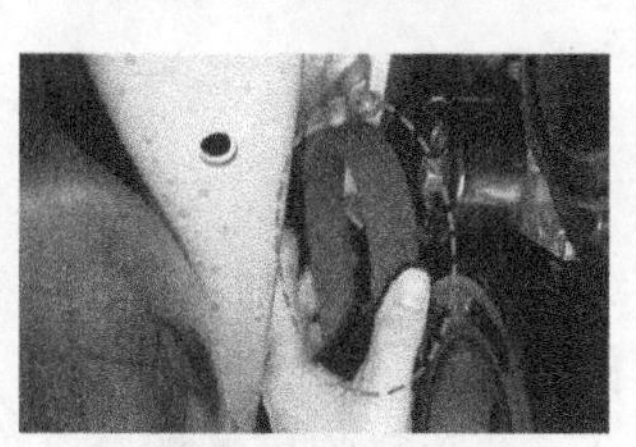

拆卸发动机传动带

2）断开空气流量传感器/进气温度传感器线束。用螺钉旋具松开空气滤清器与节气门体之间的夹箍，取下空气滤清器总成。安装专用工具 EN6349 销，拆卸发动机传动带，如图所示。

松开水泵传动带轮螺栓

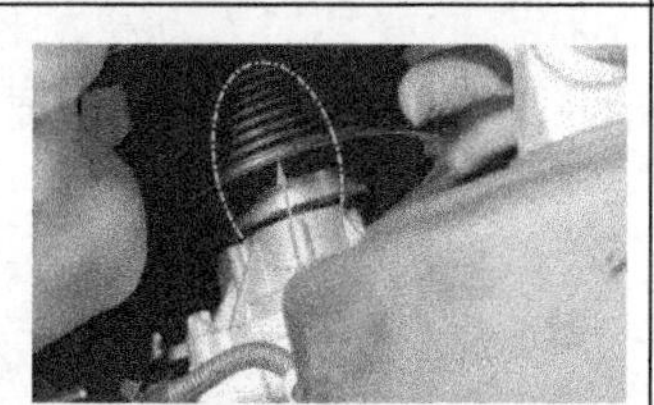

拆卸传动带轮

拆下水泵螺栓

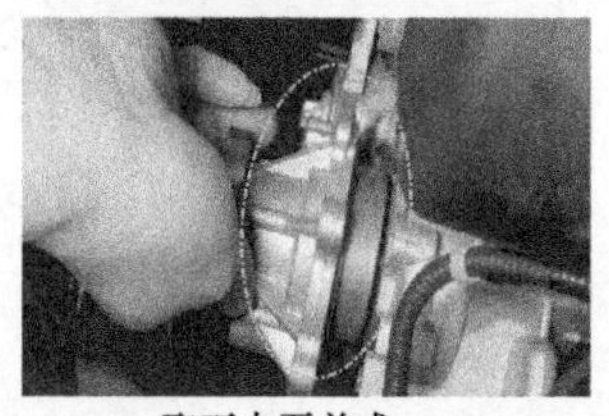

取下水泵总成

3）松开 3 个水泵传动带轮螺栓，拆卸传动带轮。拆下 5 个水泵螺栓，取下水泵总成，如图所示。

（2）安装水泵总成

1）清洁 5 个水泵螺纹，插入新的水泵密封圈。安装水泵总成，螺栓拧紧至 8N · m。安装传动带轮，螺栓拧紧至 20N · m。

2）将节气门体上部的节气门体散热水管拔出，加注冷却液直至小孔内溢出冷却液。起动发动机，怠速转速最高为 2500r/min 时预热发动机，直到第一个散热器风扇设置开关接通。以 2000r/min 至 2500r/min 的转速，运行发动机 1min。关闭发动机并使之冷却。检查冷却液液位，同时将冷却液加注至 COLD（冷态）标记处。

（六）发动机机械部分测量

对技术人员要求：

- 接收/检查修理单。
- 接收用于修理的订购零件。
- 在允许的时间内进行工作。
- 向技师领队确认工作完成。

技师领队：

- 对技术难度高的工作向技术人员提供指导和帮助。

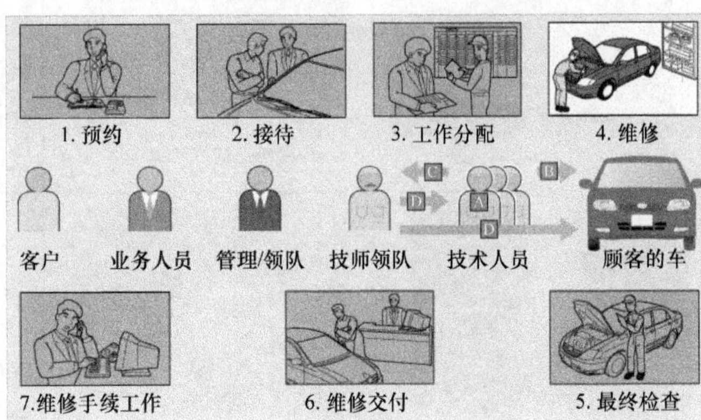

1. 发动机配气机构测量

配气机构的作用是按照发动机每一气缸所进行的工作循环和点火次序的要求，按时开启和关闭各气缸的进排气门，将新鲜的可燃混合气吸入气缸，并将燃烧后的废气从气缸内排出。配气机构工作状态的好坏对发动机的性能有重大的影响，因此对于配气机构的测量及检查是发动机维修过程中的一个重要项目，如图所示。

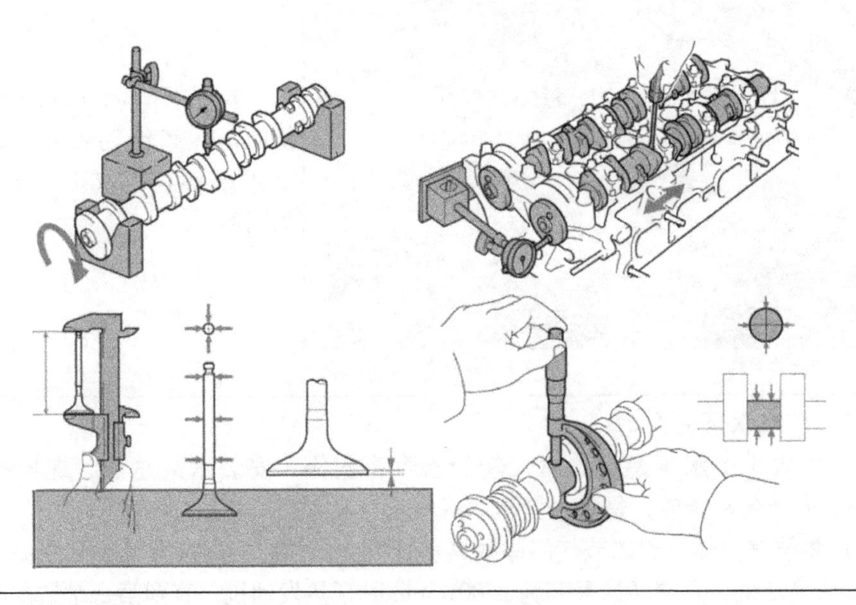

（1）气门测量

1）检查气门导管间隙测量。

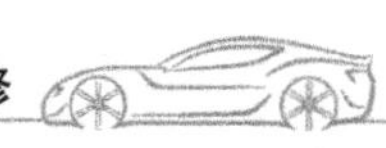

如图所示为气门导管间隙测量示意图，测量步骤如下：

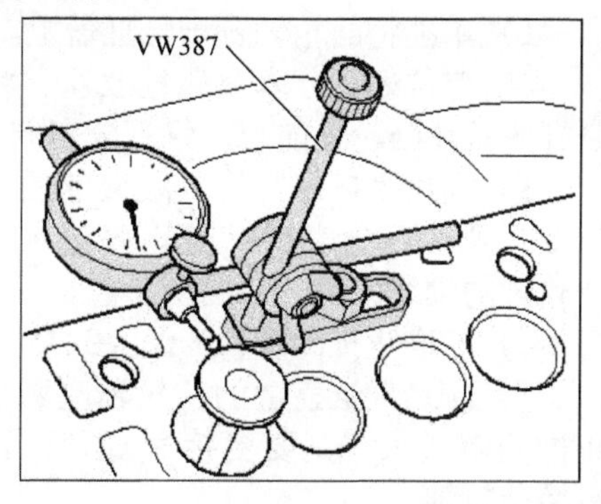

① 将气门向外拉出 2～3mm。

② 安装百分表和磁性表座，使百分表杆头顶住气门头。

③ 将百分表调零。

④ 沿着百分表顶杆轴向晃动气门，观察并记录百分表指示的变化数值。

⑤ 若所测数值不符合标准，则要更换气门及气门导管。

2）轿车气门和气门导管之间的间隙，标准数据如下：

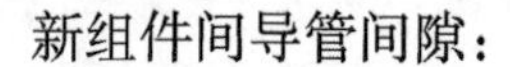

新组件间导管间隙：

- 进气：0.03～0.06mm。
- 排气：0.03～0.07mm。

旧组件的最大间隙：

- 进气/排气：150mm。

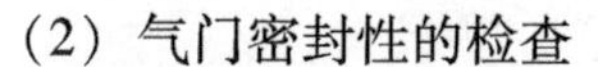

（2）气门密封性的检查

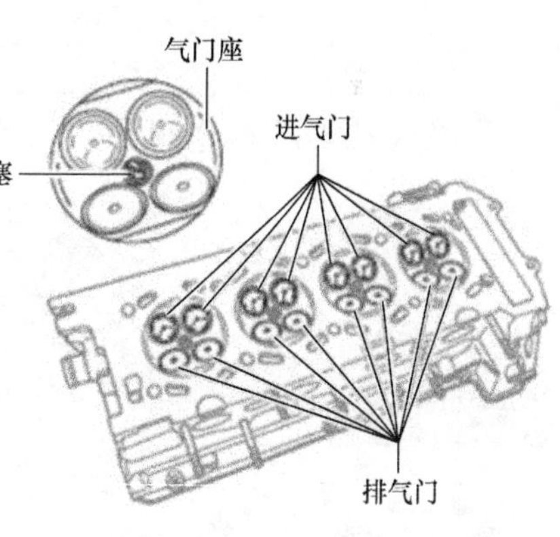

1）安装全部火花塞。

2）安放好全部进气门和排气门。

3）将酒精倒入各个气缸盖燃烧室内，检查进排气门与气门座之间是否泄漏，如图所示。

提示：

1）倒酒精时避免溅洒。

2）若看到气门杆以下没有潮湿或潮湿但液体不能流出来，说明气门密封性良好。

3）若能够看到气门杆以下有液体流出来，说明气门密封性差，须对气门座进行检查及研磨。

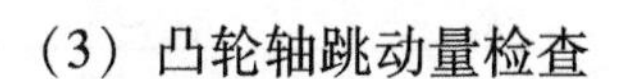

（3）凸轮轴跳动量检查

如图所示为凸轮轴跳动量检查示意图，具体步骤如下：

1）将凸轮轴放置在 V 型架上。

2）定位好百分表及磁性表座，将百分表杆头顶住凸轮轴凸缘，并将百分表调零。

3）缓慢转动凸轮轴，观察百分表指针变化并记录，计算凸轮轴中间轴颈的椭圆度。

4）通常如果跳动量超过 0.10mm 时，就必须更换凸轮轴。

（4）凸轮轴轴向间隙检查

1）单独将凸轮轴置于气缸盖上。

2）定位好百分表及磁性表座，将百分表杆头顶住凸轮轴前端，将百分表调零。

3）利用平口螺钉旋具缓慢前后移动凸轮轴，观察百分表指针变化并记录，计算凸轮轴的轴线间隙，如图所示。

4）标准止推间隙：0.08～0.35mm。

5）若是气缸盖上的凸轮轴座磨损造成止推间隙过大，则要更换气缸盖，否则应更换凸轮轴。

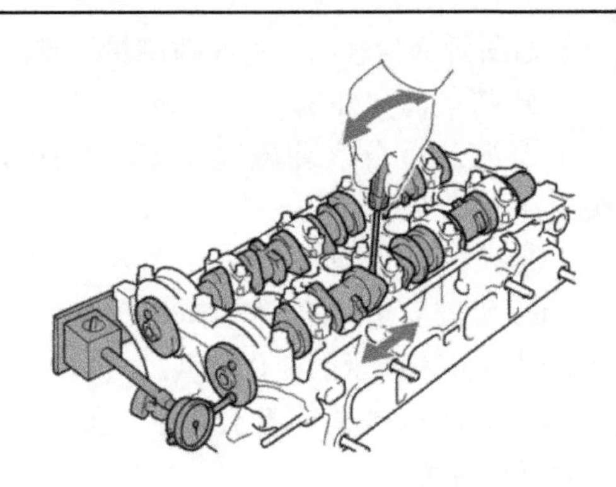

（5）凸轮轴轴颈测量

1）使用千分尺分别测量进、排气凸轮轴凸轮的直径，如图所示。

2）如果测量值低于某发动机信息查询系统参考数值时，则必须更换凸轮轴。

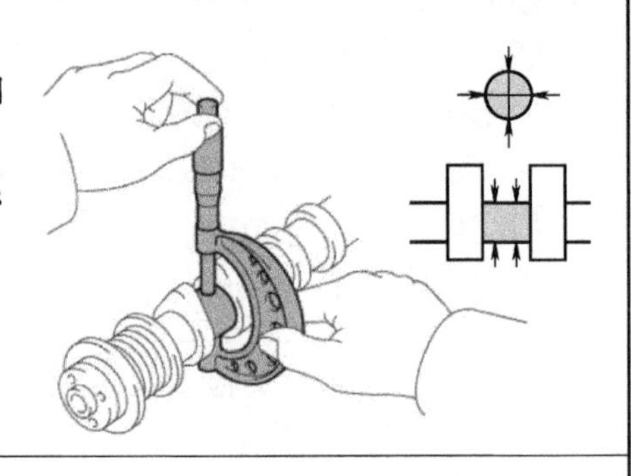

2. 气缸盖与气缸体测量

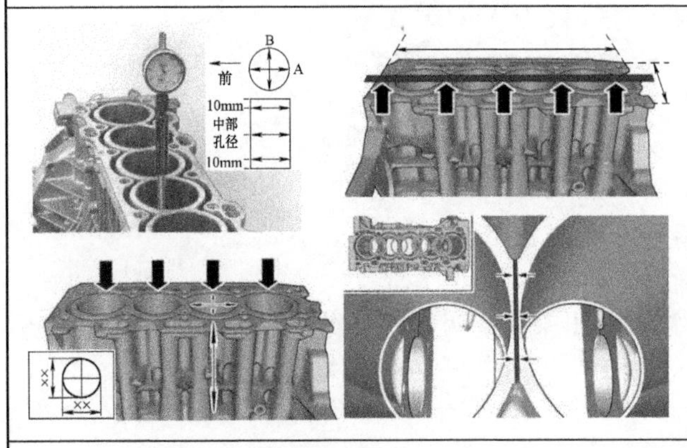

气缸盖与气缸体是发动机的核心部件。

气缸体总成中的曲柄连杆机构的性能好坏，决定了发动机能否继续运转，对它的测量是发动机维修中最重要的部分，如图所示。

（1）气缸盖检查和测量

为了确保各部件精确地安装在气缸盖上及气缸盖安装的密封性，必须彻底地清洁气缸盖表面残余的密封胶，以及螺纹孔内的杂质。

1）气缸盖检查。

- 清理火花塞螺纹。
- 清理气缸盖燃烧室和气门座的积炭，注意不可擦破或划伤金属的表面。
- 目视检查有无损坏，如图所示。

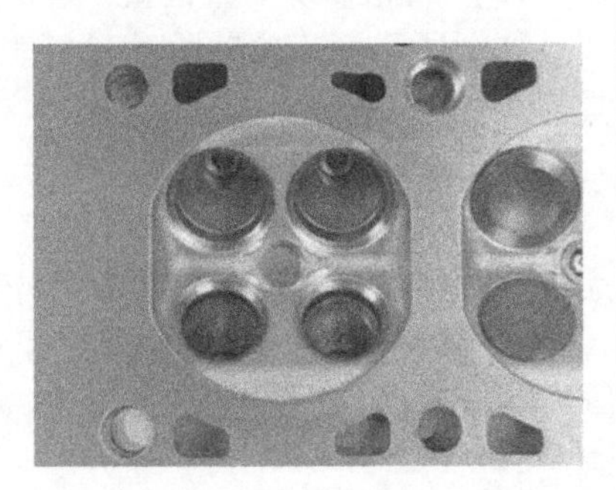

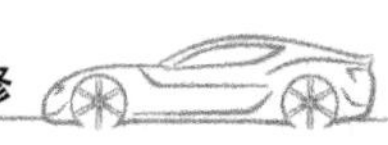

2）气缸盖平面度测量。

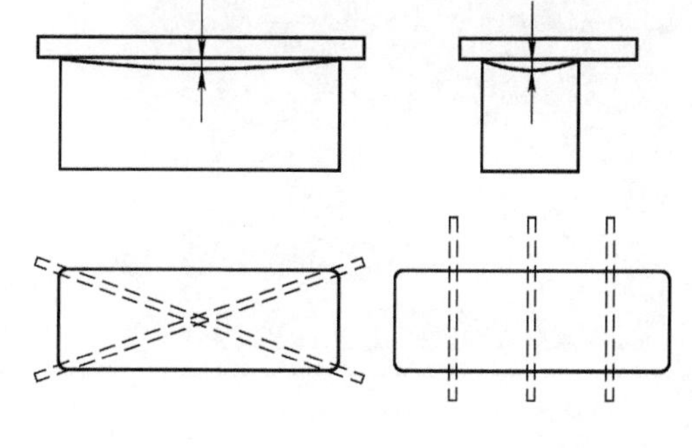

如图所示使用量缸平面尺及塞尺检查气缸盖表面5个方向的间隙。

- 如果间隙超出标准数据要求的数值，必须安装新的组件。

因发动机型号不同，标准间隙值稍有不同，具体参照信息查询系统“大修说明”。例如，B5244S型发动机的标准数据如下：

- 缸盖最大失真度：
- 对角测量：0.50mm。
- 侧向测量：0.20mm。
- 气缸盖高度：（129.0±0.05）mm。
- 最大机械加工：0.30mm。

注意：

- 发动机过热，可能会使气缸盖翘曲变形。
- 平面度误差过大时，可能会造成燃烧压力泄漏、发动机动力不足。

（2）气缸体检查和测量

1）气缸体平面度测量。

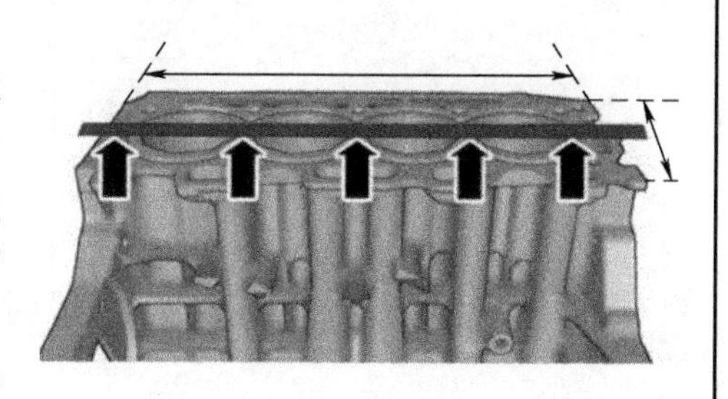

- 测量前，先彻底清洁水垢、积炭及清除螺纹孔周围的突起。
- 如图所示，使用量缸平面尺和塞尺进行测量，塞入塞尺的最大厚度就是平面度误差。
- 如果超出指定的数值，必须安装新的组件。

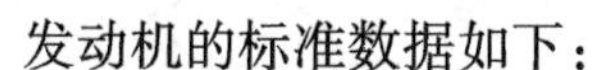

发动机的标准数据如下：

- 最大纵向变形：0.1mm。
- 最大横向变形：0.1mm。
- 气缸高度：125.77mm。

2）气缸筒间距测量。

对于开放式水套缸体，测量缸筒间距，可知道发动机缸体是否发生变形。

- 使用塞尺检查2个气缸之间水道间距，如图所示。
- 标准长度：0.7~1.0mm。

<table>
<tr><td>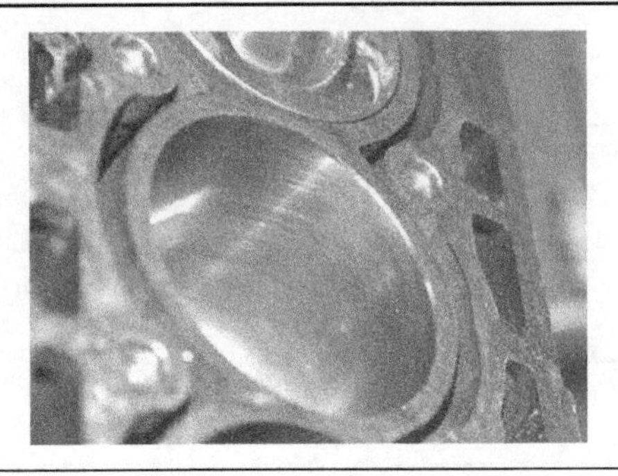</td><td>（3）气缸测量
1）气缸磨损检查。
如图所示为气缸拉伤后的照片。
• 首先清洁气缸内表面。
• 然后对它们作目视检查，检查气缸壁是否存在异常拉伤等磨损症状。</td></tr>
<tr><td>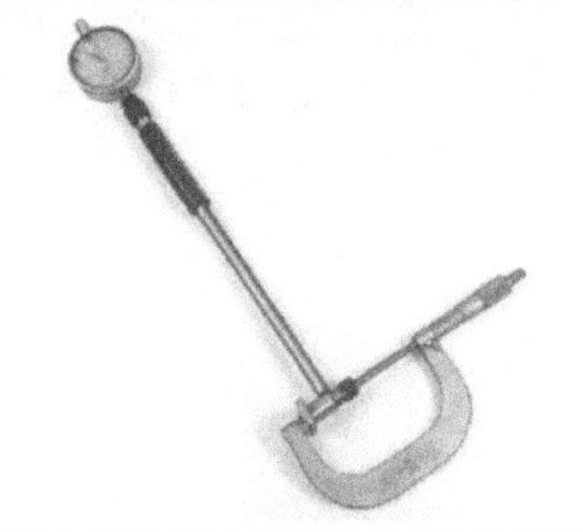</td><td>2）校准量缸表。
• 使用内径规（50～100mm）、千分尺及千分尺支架测量气缸内径。
• 利用气缸体上的标记将千分尺设定为最大气缸内径公差。
• 在千分尺上校准量缸表，如图所示。</td></tr>
<tr><td>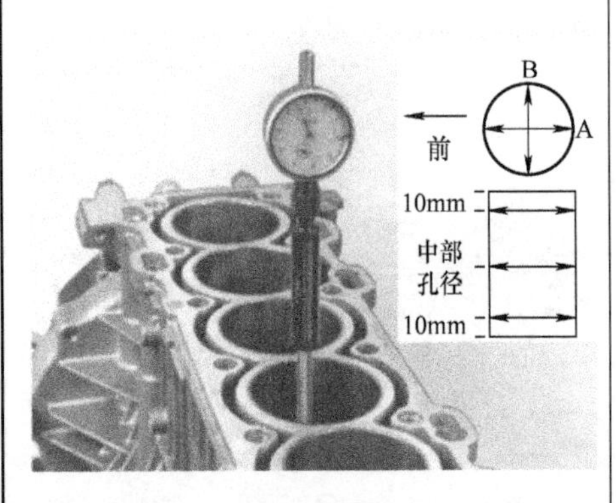</td><td>3）气缸内径测量。
如图所示使用量缸表测量气缸内径，在气缸的上、中、下截面分别测量气缸纵向和横向的内径，并计算圆度和圆柱度。
测量发动机上部极限位置最大磨损，距气缸平面大约10mm处。
在下部极限位置沿发动机长度方向进行测量，检查最小磨损量，距气缸平面大约10mm处。</td></tr>
<tr><td colspan="2">4）圆度和圆柱度。
圆度：将同一个截面中互相垂直方向上测得的两个内径值相减，除以2，便得到此截面的圆度，比较3个截面的圆度，最大值为此气缸的圆度。
圆柱度：将测得的6个气缸内径值中的最大值减去最小值，除以2，便可得到气缸的圆柱度。
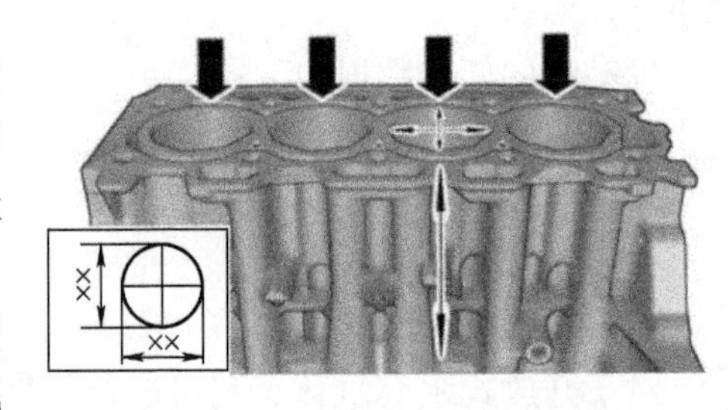
如果圆度和圆柱度超过最大值，或者镗缸后超过最大值，需要更换气缸体，如图所示。
例如，发动机圆度与圆柱度标准值：
• 圆度极限值为0.013mm。
• 圆柱度极限值为0.013mm。</td></tr>
</table>

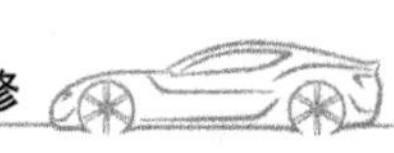

3. 曲轴测量

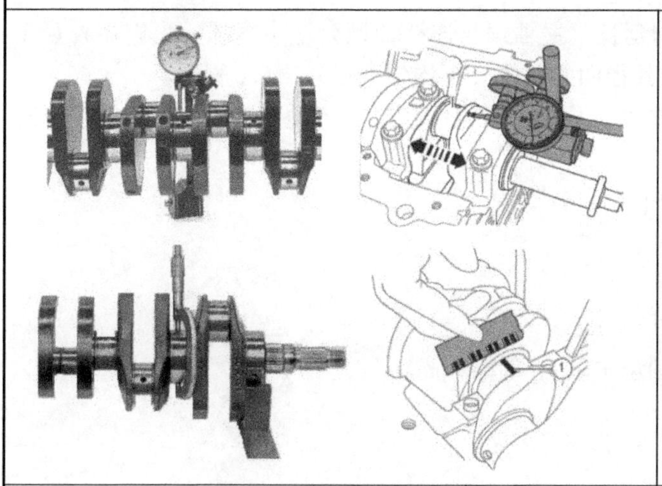

曲轴承受连杆传来的力，并将其转变为转矩向车辆提供动力。曲轴由主轴颈、连杆轴颈、平衡重组成，在曲轴中间，还加工了连接主轴颈与连杆轴颈的油道，如图所示。

（1）曲轴径向跳动量检查

• 使用百分表和磁力固定架。

• 用曲轴两个外主轴承把曲轴放置在V形架内。转动曲轴，在其他主轴承颈上测量径向跳动偏差，如图所示。

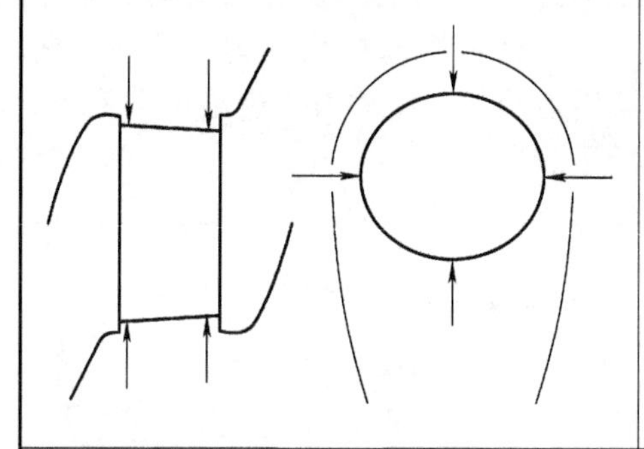

（2）曲轴径向跳动量测量点

如图所示，取不同的轴向位置进行径向测量。如果超过VIDA标准值，就要修理或更换曲轴。

例如：发动机曲轴径向跳动量标准值：

• 主轴承颈径向跳动量：≤0.040mm。

• 主轴承轴颈径向偏差：0.019～0.043mm。

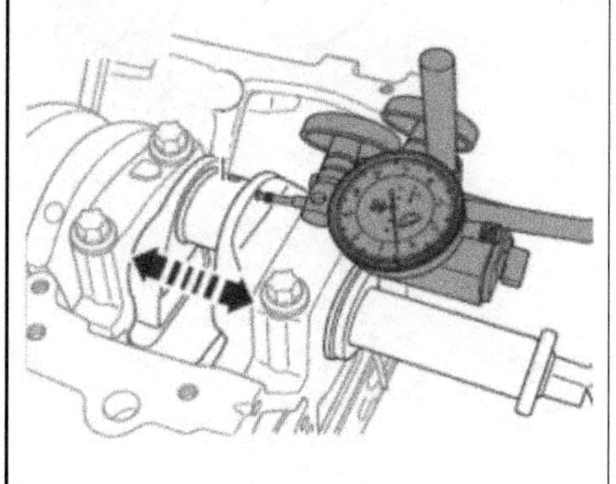

（3）曲轴轴向间隙检查

• 在曲轴箱内装上主轴承、曲轴、曲轴止推片和主轴承盖，并按规定力矩拧紧主轴承盖螺栓。

• 固定磁力座及百分表。

• 使用平头螺钉旋具左右撬动曲轴来测量曲轴轴向间隙，如图所示。

例如，发动机标准数据如下：

• 主轴承径向间隙：0.08～0.27mm。

（4）主轴颈和连杆轴颈磨损检查

• 随着发动机使用时间的延长，主轴颈与连杆轴颈会逐步磨损，可以用外径千分尺测量主轴颈或连杆轴颈在其径向的差值（不均匀磨损），如图所示。

• 主轴颈或连杆轴颈严重磨损，或不均匀地磨损，超过0.01mm时，就要修理或更换曲轴。

例如，发动机标准数据如下：

连杆大端曲轴轴颈：

• 直径标准：50mm。
• 轴承凹座宽：（26±0.15）mm。
• 最大平行度（相对主轴承中轴）：0.015mm。
• 最大直径变动量：0.01mm。

主轴轴颈

• 直径标准：65mm。

轴承凹座宽：（26±0.15）mm。

4. 活塞及连杆测量

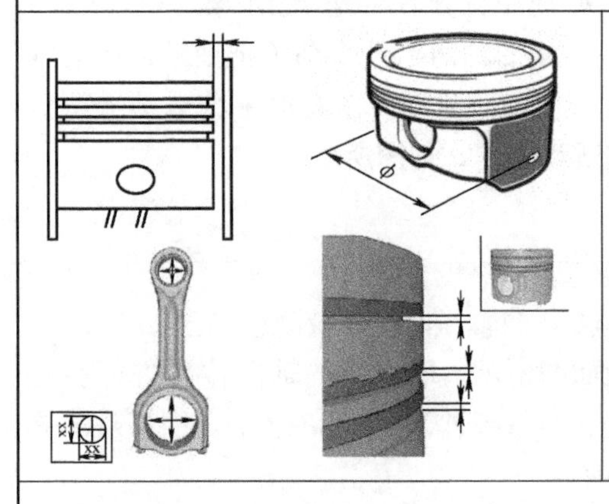

活塞与气缸盖、气缸体共同组成燃烧室，当发动机工作时，产生高温高压的燃烧气体，并推动活塞往下运行。

连杆通过活塞销与活塞连接，并安装在曲轴的连杆轴颈上。于是在发动机工作过程中，连杆将活塞的往复运动转换为曲轴的旋转运动，并将动力传递给传动系统，如图所示。

（1）活塞直径测量

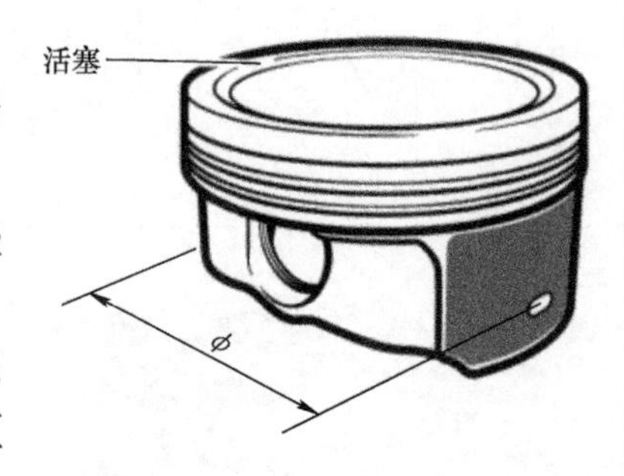

• 例如B5254T发动机，使用千分尺在距活塞底部12mm处测量直径，如图所示。

• 沃尔沃发动机活塞用C、D、E等活塞直径类别，其类别字母标示在活塞顶部。

发动机活塞直径标准尺寸可参阅信息查询系统“大修说明”，例如B6304T4每个级别的活塞直径如下：

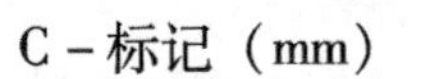

C－标记（mm）　81.95。
D－标记（mm）　81.96。
E－标记（mm）　81.97。
TDC 0.4－标记　82.35（加大活塞）。

（2）活塞运行间隙

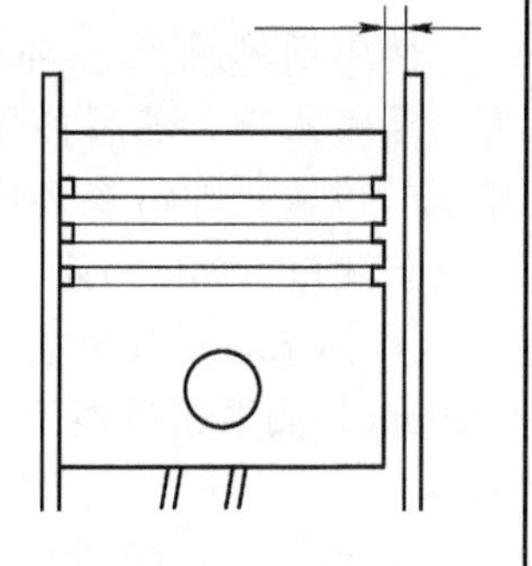

● 参考此前测得的气缸内径，可以计算出活塞与气缸壁之间的间隙，如图所示，活塞运行间隙计算参考如下计算方法：

例如 B6304T4 发动机，此间隙应在 0.04～0.06mm。

● 如果活塞与气缸壁之间的间隙不在以上范围内，则应将所有缸筒镗至下一个加大尺寸，并使用加大 0.4mm 活塞。

例如：发动机 B6304T4 活塞运行间隙计算：

实测气缸直径 82.010mm。

实测活塞直径 81.960mm。

活塞运转间隙为 0.050mm。

（3）活塞环侧隙测量

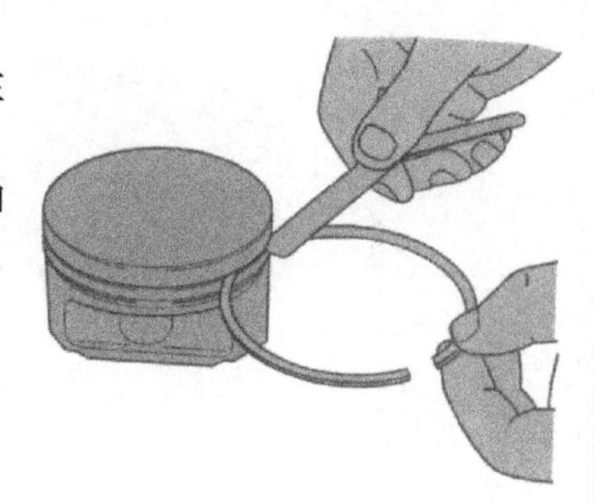

● 如图所示，使用塞尺测量每个活塞环在槽内的侧隙。

● 如果超过规定限度，则需要测量槽宽和活塞环厚度以决定是更换活塞还是更换活塞环，或两者都换。

● 标准值如下：

- 气环侧隙：0.03～0.07mm。
- 油环侧隙：0.02～0.166mm。

（4）活塞环高度测量

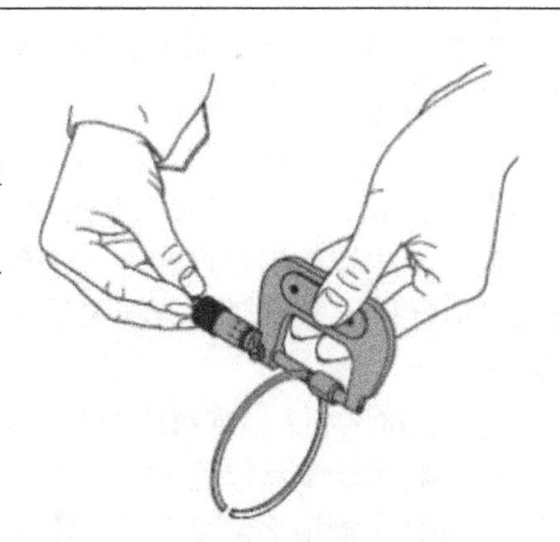

使用千分尺测量活塞气环和油环的环高及径向厚度，如图所示。

例如，发动机 B6304T4 活塞环的标准尺寸如下：

● 第一道气环

- 高度：1.20～0.01/－0.03mm。

· 第二道气环

- 高度：1.50～0.01/－0.03mm。

· 油环

- 高度：2.00～0.01/－0.136mm。

（5）活塞环开口间隙测量

使用活塞将活塞环推入气缸中，保持活塞水平，然后使用一个塞尺在规定的位置，即活塞环磨损最小的位置进行测量，如图所示。

- 活塞环开口间隙一般为0.15～0.20mm，如果超过限度，必须更换活塞环。
- 如果开口间隙过大，压缩压力会从开口间隙泄漏。
- 如果开口间隙过小，当活塞环膨胀时会划伤缸壁。

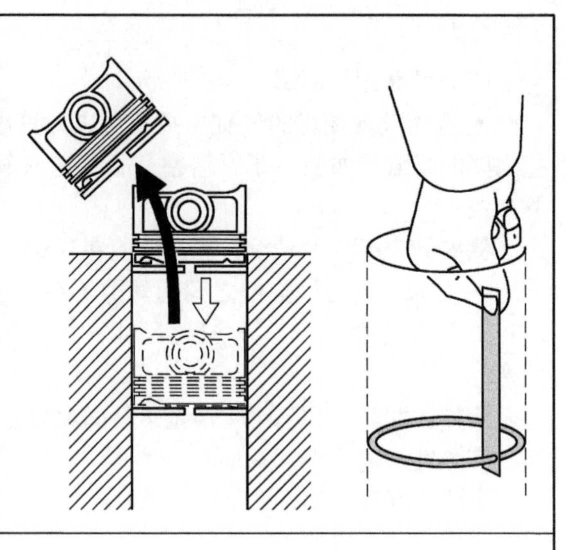

5. 连杆及销的测量

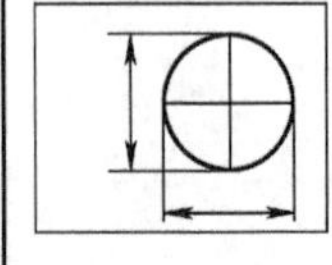

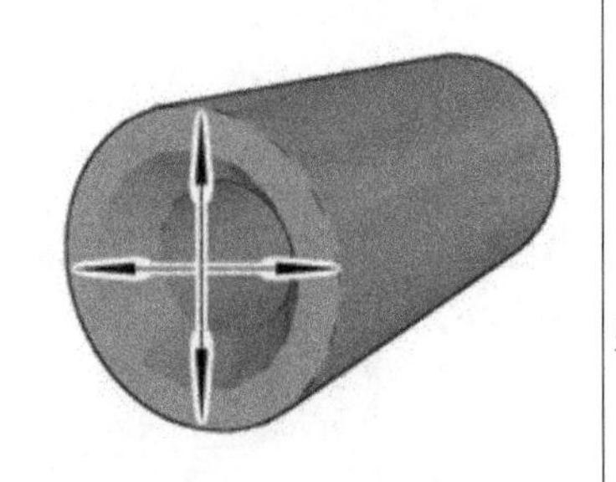

（1）活塞销直径测量

如图所示，使用外径千分尺对活塞销直径进行测量。

（2）连杆大端及小端轴颈测量

- 使用内径千分尺测量连杆大端及小端的内径，如图所示。
- 连杆小端的内径减去上述用外径千分尺测量的活塞销直径，可以算出活塞销的间隙。
- 连杆大端的内径减去上述用外径千分尺测量的曲轴直径，可以算出连杆大端与曲轴的配合间隙。

例如，B6304T4标准数据如下：

- 连杆大端轴承位置直径：53mm。
- 连杆小端轴承位置直径：21mm。
- 轴承凹座之最大椭圆度：0.006mm。

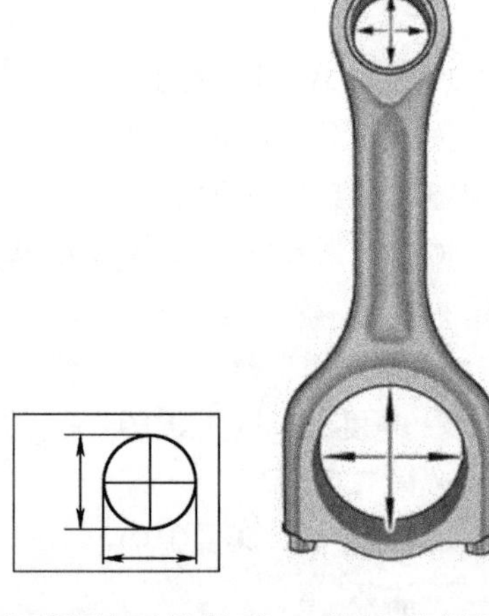

注意：如果护盖是以错误的方向拧紧，就会损坏断裂面的构造。若护盖损坏，必须废弃连杆。

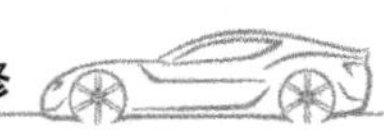

任务二　发动机燃油喷射系统检测

一、相关知识

（一）燃油系统工作原理

燃油供给与喷射系统的功用是根据发动机工况的不同要求，准确地计量空气与燃油的混合比，并将一定数量和压力的燃油喷射到进气歧管或直接喷射进气缸中。燃油供给与喷射系统主要由燃油箱、燃油泵、燃油滤清器、燃油管、燃油分配轨和喷油器等组成，如图所示。

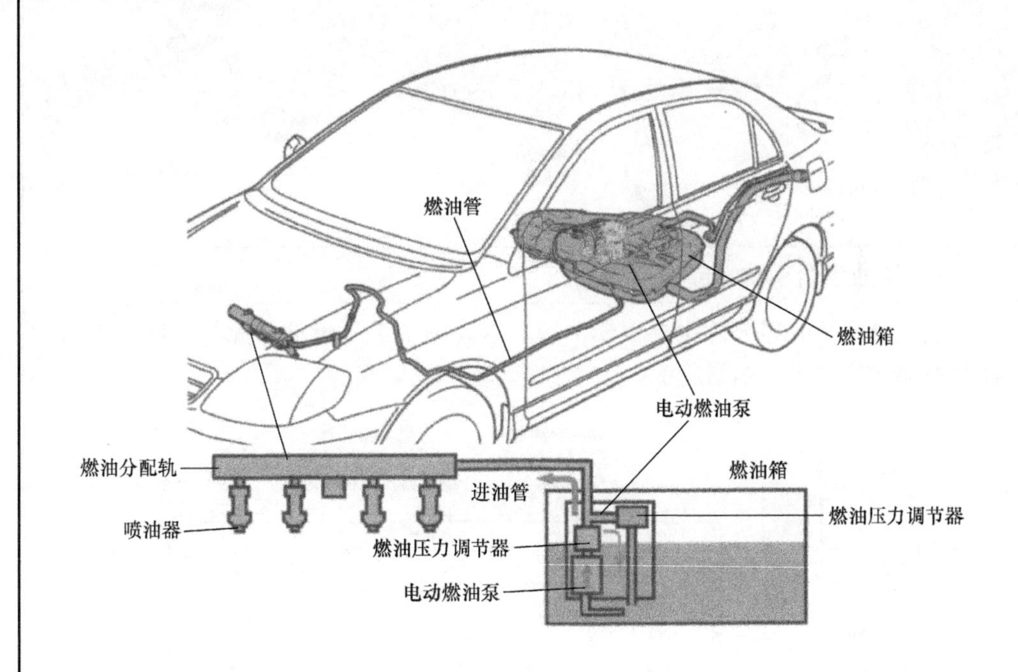

（二）电子燃油喷射系统总体构成

电子燃油喷射系统（EFI）以电控单元为控制中心，利用安装在发动机上的各种传感器测出发动机的各种运行参数，再按照 ECU 中预存的控制程序精确地控制喷油器的喷油量，使发动机在各种工况下都能获得最佳空燃比的可燃混合气。电子燃油喷射系统的组成如图所示。

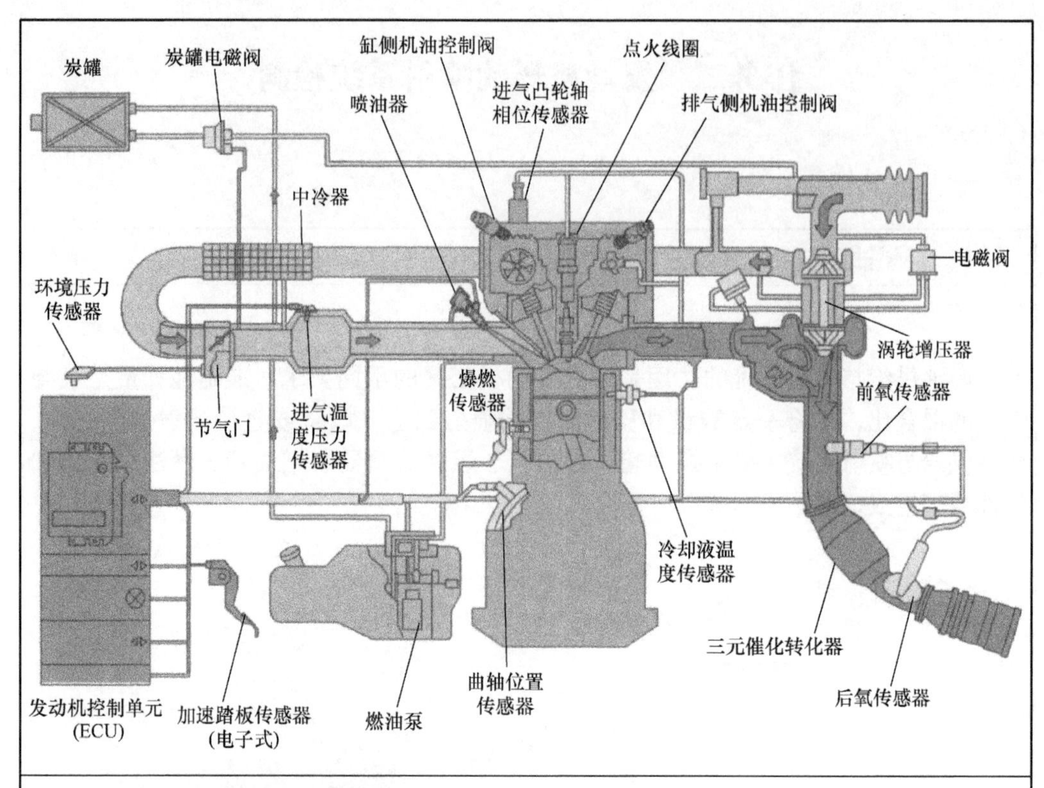

（三）燃油供给系统零部件

燃油供给系统的零部件主要由燃油箱、电动燃油泵、燃油分配轨、燃油压力调节器及喷油器等组成，如图所示。

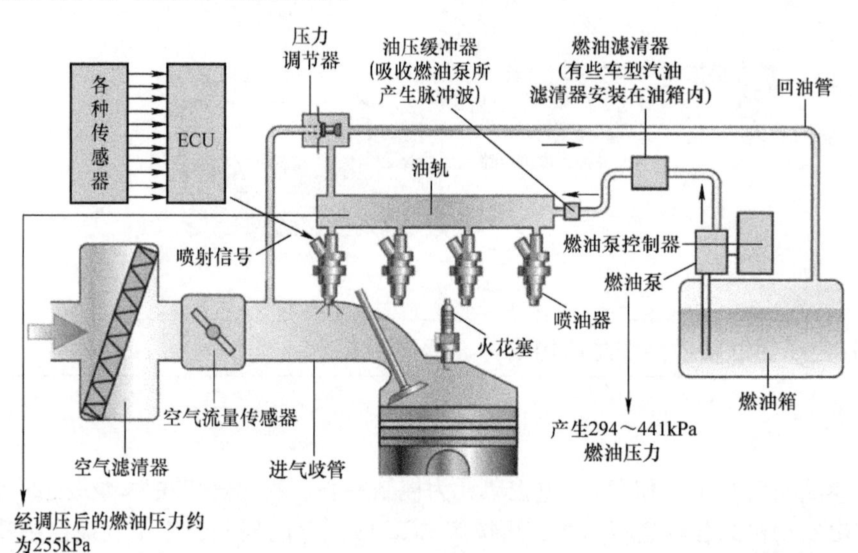

燃油系统的主要功能为将油箱的燃油经过燃油泵的作用，将燃油产生 294 ~ 441kPa（3.0 ~ 4.5kgf/cm^2）的液压油，经燃油滤清器之滤清后，将具有脉冲波的液压油送到油压缓冲器减缓液压油的脉冲波。

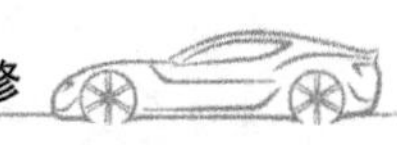

经油压缓冲器减缓脉冲波之后的液压燃油，再送压力调整器之压力调节后，令储存于油轨的燃油压力保持在与进气歧管之压力差为恒压的状态。各缸的喷油器进油口便在油轨的储油室中取得稳压的燃油送往喷油器的出油孔待命。喷油器一旦接获 ECU 的指令，开启喷油器的针阀，喷油器便开始喷油，针阀关闭则停止喷油，以喷油器针阀开启时间的长短来控制每一个工作循环的喷油量。

1. 电动燃油泵

电动燃油泵的功用是将燃油从油箱中吸出，并通过喷油器供给各气缸。电动燃油泵一般安装在油箱内，浸在汽油中。目前采用滚柱式和平板叶片式燃油泵。叶片式电动燃油泵如图所示，运转噪声小，油压脉动小，泵油压力高，叶片磨损小，使用寿命长。部分车型的电动燃油泵还内置了燃油滤清器。

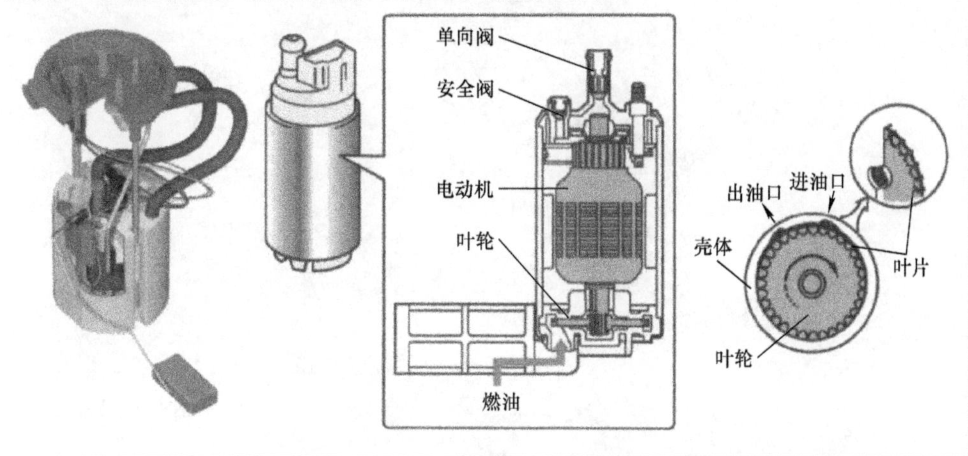

2. 高压共轨系统高压泵

燃油系统由低压系统和高压系统两部分组成，如图所示。

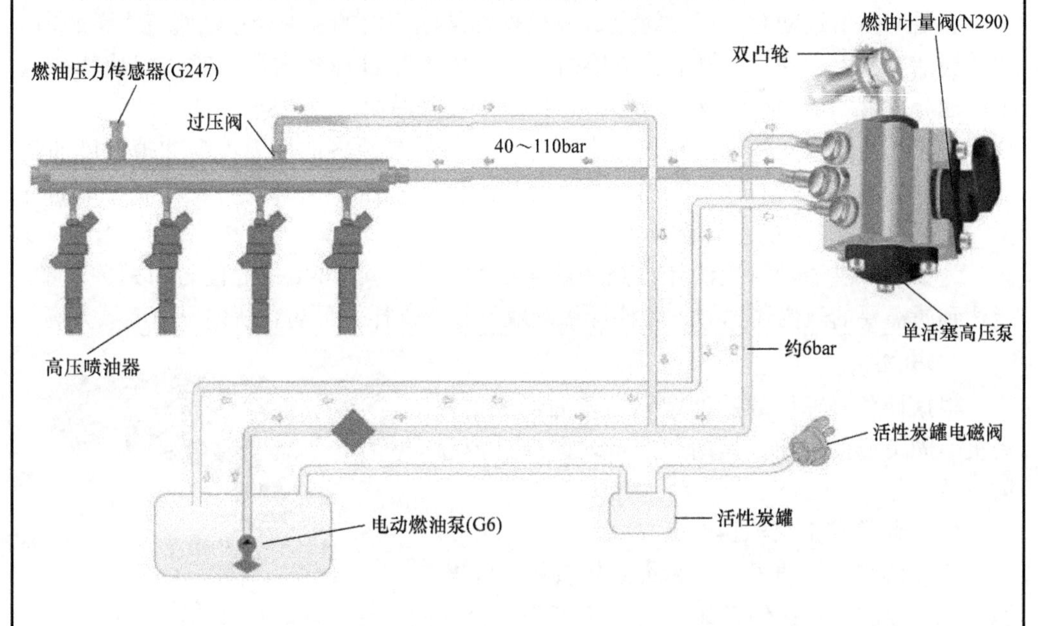

在低压系统中，电动燃油泵将约 6bar 的燃油经滤清器供应给高压泵。从高压泵来的回油直接进入燃油箱。

在高压系统中，单活塞高压泵将 40 ~ 110bar（取决于负荷和转速）的燃油送入燃油分配管，分配管再将燃油分配给四个高压喷油阀。过压阀用于保护工作在高压下的部件。它在压力高于 120bar 时会打开。过压阀打开时流出的燃油会进入高压泵的供油管内。

高压共轨系统采用单活塞高压泵，如图所示。

单活塞高压泵的供油量是可调的，单活塞高压泵由凸轮轴经双凸轮来机械式驱动，如图所示。电动燃油泵给高压泵供应最高为 6bar 的预压力。高压泵再产生供油轨内所需要的高压。

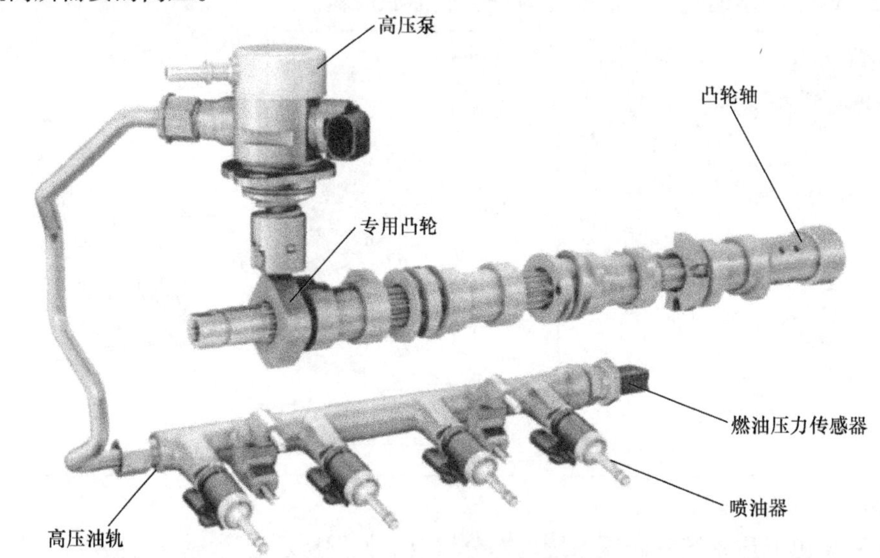

当活塞向下运动时，压力约为 6bar 的燃油从油箱内的泵中经进油阀流入泵腔内。

当活塞向上运动时，燃油就被压缩了，在压力超过油轨内压力时，燃油就被送入燃油分配管。燃油计量阀（可控阀）位于泵腔和燃油入口之间。

如果燃油计量阀在供油行程结束前打开，那么泵腔内的压力就会卸掉，燃油就流会到燃油进入口内。在泵腔和燃油分配管之间有一个单向阀，它在燃油计量阀打开时可阻止油轨内的压力下降。

为了调节供油量，燃油计量阀从油泵凸轮的下止点到某一行程之间是关闭的。当达到所需要的轨内压力时，燃油计量阀就打开，这样就可防止轨内压力继续升高。

3. 喷油器

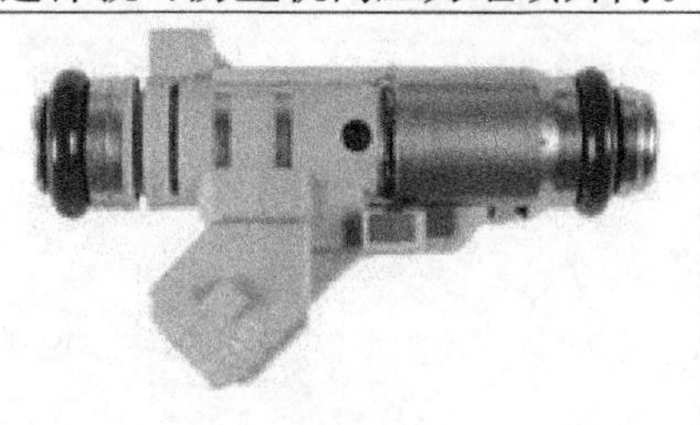

根据计算机提供的脉冲宽度，喷油器根据发动机不同工况的需要，定时、定量地向气缸内喷射燃油。

（1）歧管喷射喷油器

喷油器有 2 个端子，一为火线接脚接 12V 电源，二为控制线连接到 ECU，由 ECU 控制与搭铁间的导通性。在喷油器内部尚有电

磁线圈、柱塞、滤网、弹簧及针阀等。

（2）缸内喷射喷油器

高压喷油器是燃油分配管（轨）和燃烧室之间的连接体。

高压喷油器计量出一定量燃油，并将这些燃油在燃烧室中的一定区域中雾化，以便形成所需要的均匀燃油－空气混合气（分层充气或均质充气），如图所示。

由于燃油分配管（轨）和燃烧室之间有压力差，所以在高压喷油器动作时燃油就被直接送入燃烧室。

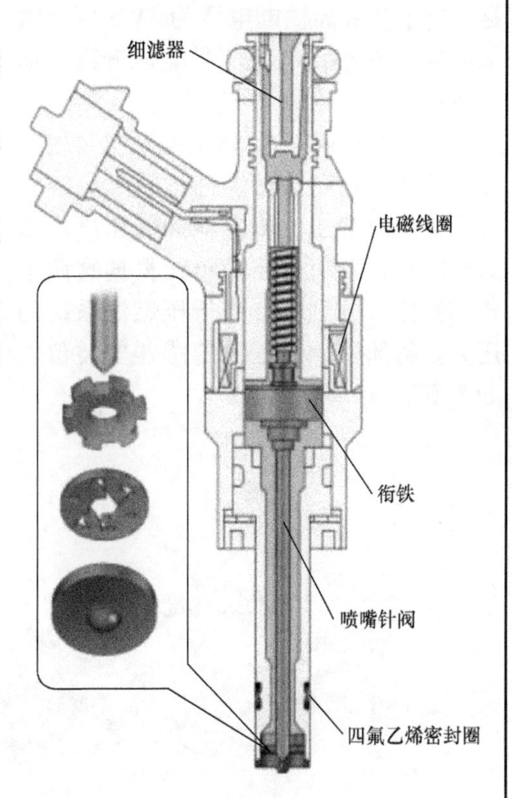

4. 空气流量传感器

空气流量传感器用于测量发动机进气量，进气量是用来确定基本喷油量的主要依据之一。

它一般设置在空气滤清器与节气门体之间，也有的安装在空气滤清器上，还有的将空气流量传感器与节气门体制成一体安装在发动机上。目前常用的是热线式空气流量传感器与热膜式空气流量传感器，如图所示。

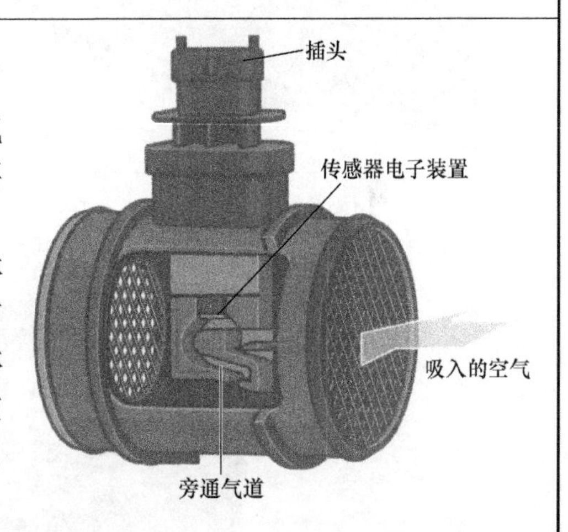

5. 燃油压力传感器

在整个系统中，燃油压力传感器的任务是测量燃油分配管（轨）内的燃油压力。燃油压力作为电压值送往发动机控制单元，用于调节燃油压力。

传感器内集成有分析用的电子装置，这个电子装置的供电电压为5V。压力增大时电阻变小，于是信号电压升高，如图所示。

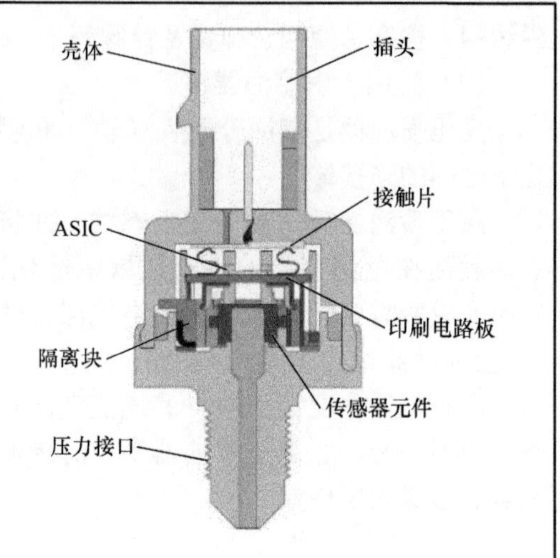

大众EA888 1.8/2.0T发动机采用双喷射系统，在高低压燃油油轨上分别安装有高压燃油压力传感器和低压燃油压力传感器，发动机控制单元根据这两个传感器信号分别调节高低压燃油系统的压力。高低压燃油压力传感器安装位置如图所示。

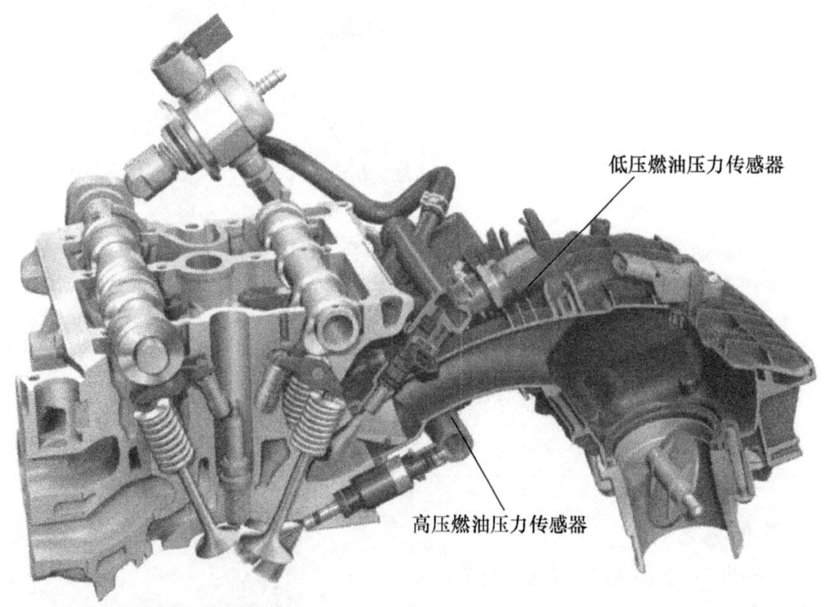

6. 节气门位置传感器

节气门位置传感器通常装在节气门体上，如图所示。

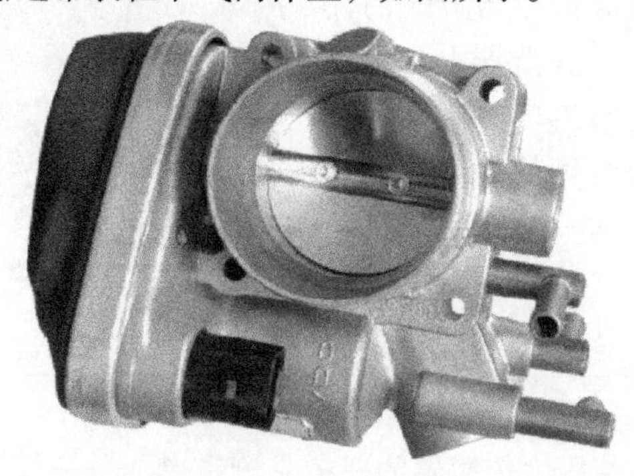

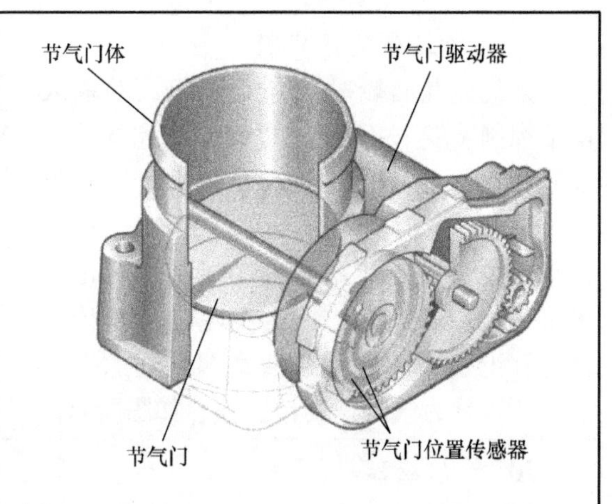

将节气门的位置信号传至 ECU，然后将它转变为节气门开度，如图所示，ECU 根据此参数进行如下控制：

ECU 决定发动机的开环和闭环运行。

怠速时，ECU 控制怠速的速度，并且控制炭罐和 EGR 阀的开闭。

气门全开时，ECU 会使发动机在开环的情况下运行，传递最大的燃油。

加速时，ECU 监视节气门开度的变化（确定混合气的情况），额外的供给燃油。

减速时，ECU 监视节气门开度的变化（确定混合气的情况），切断燃油的供给，减少 HC 和 CO 的排放，提高燃油的经济性。

7. 冷却液温度传感器

冷却液温度传感器主要功用为检测发动机冷却液出水口的温度，此处的冷却液温度就是发动机温度。发动机温度和发动机点火正时控制、喷射浓度修正、怠速控制及冷却系统风扇控制等关系都极为密切。CTS 便是将冷却液温度信号转换成电压信号送 ECU 工作，如图所示。

8. 曲轴位置传感器

发动机转速传感器（曲轴位置传感器）是发动机控制系统中最重要的传感器之一。可提供发动机的曲轴转角位置、气缸行程的位置信号及转速信号，以此确定发动机的基本喷油量、喷油正时、点火提前角及点火顺序。

曲轴位置传感器一般安装于曲轴前端、中部或变速器壳体靠近飞轮的位置，如图所示。

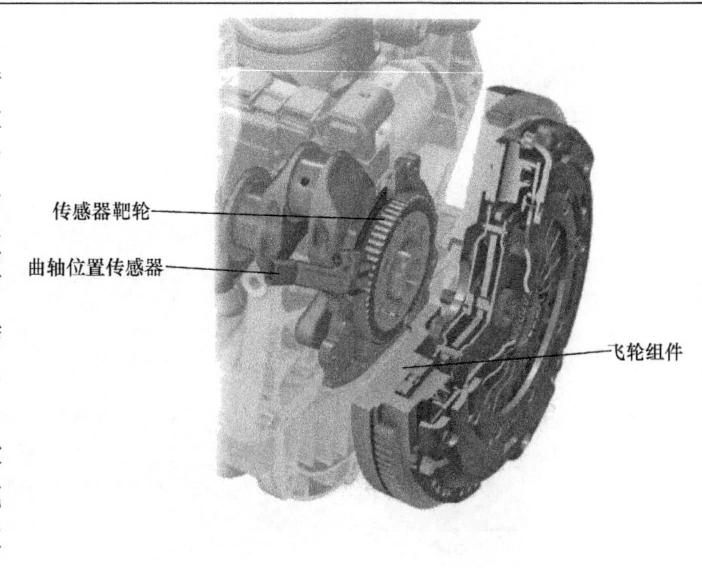

9. 凸轮轴位置传感器

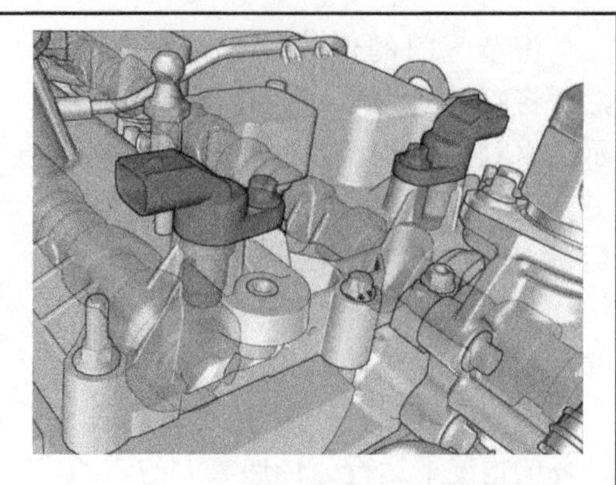

采集配气凸轮轴的位置信号，并输入电子控制装置（ECU），以便电子控制装置识别气缸 1 压缩上止点，从而进行顺序喷油控制、点火时刻控制和爆燃控制。此外，凸轮轴位置信号还用于发动机起动时识别出第一次点火时刻。因为凸轮轴位置传感器能够识别哪一个气缸活塞即将到达上止点，所以称为气缸识别传感器，如图所示。

10. 氧传感器

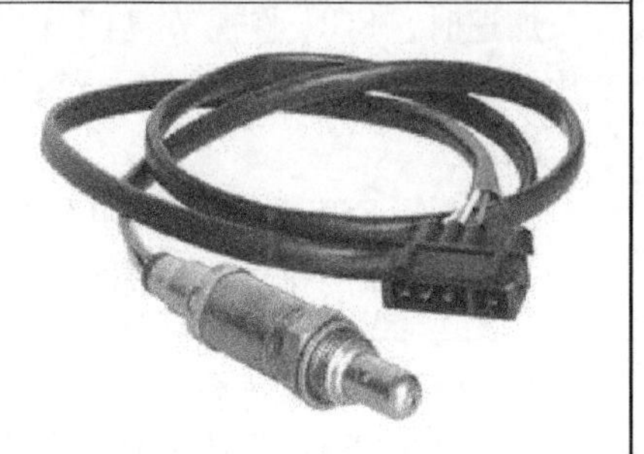

氧传感器是电子控制汽油喷射系统进行回馈控制的传感器，安装在排气管上，如图所示。

其主要由二氧化锆（ZrO_2）制成的陶体组成，并在陶体内外镀上一层薄薄的铂（Pt）金属，以利于产生触媒作用。

二、任务实施

燃油系统检测

对技术人员要求：

- 接收/检查修理单。
- 接收用于修理的订购零件。
- 在允许的时间内进行工作。
- 向技师领队确认工作完成。

技师领队：

- 对技术难度高的工作向技术人员提供指导和帮助。

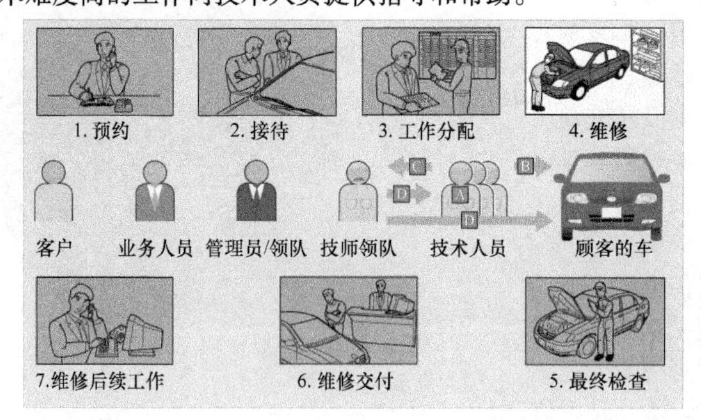

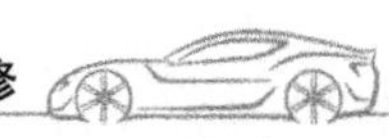

1. 燃油系统电路检测

如图所示为燃油泵电路简图，燃油泵要能作动，必须满足：

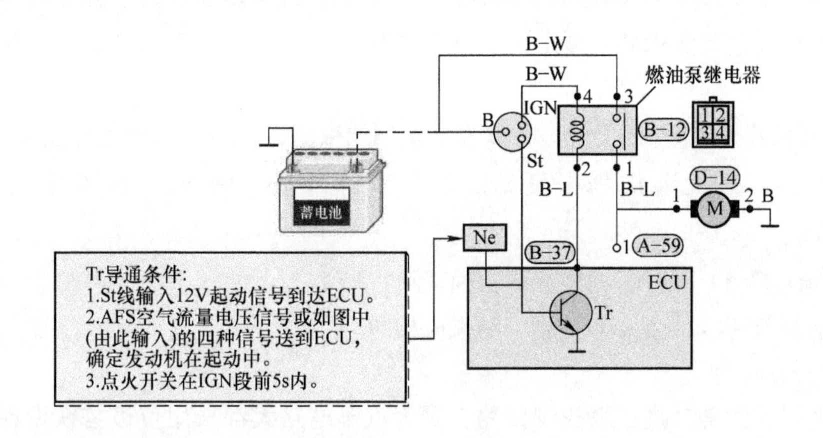

1）继电器 3 号脚接 $V_B=12V$ 电源。

2）继电器内线圈导通并产生磁力线，将继电器之 1、3 点接通，其满足条件为：继电器 4 号脚接 $V_B=12V$。ECU 内的功率晶体管导通。

继电器线圈导通产生磁力，使继电器的第 1、3 接脚导通，电源经继电器 1 号接脚送燃油泵 D－14 线盒的 1 号接脚。燃油泵是依据 D－14 线盒 1 号接脚供电与否决定燃油泵是否工作。如果经检测燃油泵无法作动，可以使用跳线从 D－14 线盒 1 号接脚提供 12V 电源，若燃油泵仍无法作动，很可能是燃油泵故障。

测量步骤：

1）查阅维修手册，调出燃油系统电路图，如图所示为三菱 Lancer 燃油系统电路图。

2）根据手册之导引，从实车中找到燃油系统主要组件、线盒的位置。

3）基本测量与检查。

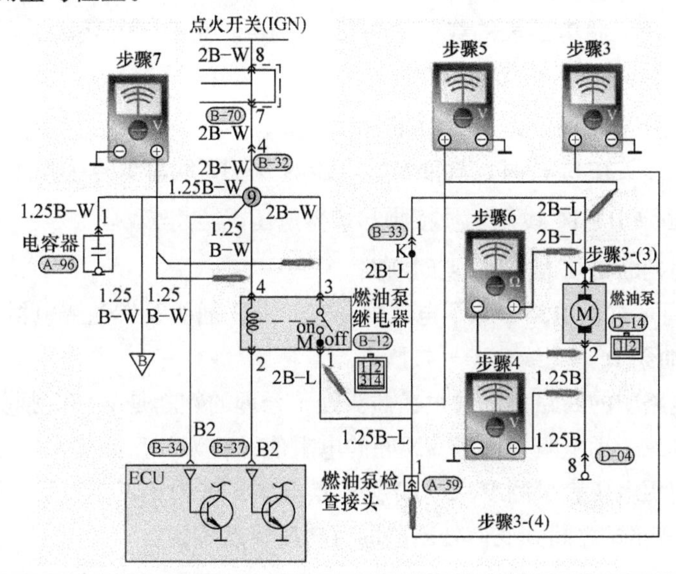

① 点火开关在ON，此时用手轻抓燃油泵之出油管，应有油压送出。其时间持续3～5s。

② 将燃油泵D－14线盒的1号脚拆下，利用跳线从燃油泵直接输入$V_B=12V$电源，此时燃油泵若能作动，表示燃油泵本身及D－14线盒2号端子到搭铁间电路作用正常。

③ 点火开关ON，拆下D－14线盒，量测线束侧，V_{1-E}＝蓄电池电压＝12V，经过3～5s后，若发动机仍未发动，亦未转到St档，则V_{1-E}应输出之电压为$V_{1-E}=0V$。

④ 承步骤3）－③，改成测量汽油泵检查插头A－59线盒之1号接脚的电压值应与汽油泵D－14线盒1号接脚，结果应相同。

4）搭铁检查。

所谓搭铁就是电路必须找到回路，因为汽车电路大都采用负极搭铁设计，将蓄电池负极用电缆线与汽车金属部分连接。因为金属为电的良导体，任何电路只需将其负极就近与汽车任何金属的部分连接，即可完成回路。

搭铁是方便的，但也必须保证电路搭铁良好，因为电路中的搭铁效果是否到位直接影响正常电路运作。

① 使用万用表检测搭铁。

将万用表档位开关拨在R×1Ω档，若为数字式万用表，则应拨在200Ω档位。

汽车电源切断后，通常只需将点火开关转在OFF档并将钥匙拔下即可。

万用表红色探棒接电路中应接搭铁的接脚，黑色探棒接车身金属部分，其电阻为0Ω或接近0Ω，表示搭铁正常。

② 使用电压表检测搭铁。

将万用表调到DCV档，指针式选DCV/50V，数字式选DCV/20V。

点火开关ON，将电压表的红色探棒接D－14线盒的2号接脚，黑色探棒搭铁，则电表应指示$V_{2-E}=0V$或接近0V。

5）使用电压表检测电路是否断路。

① 当点火开关在St档时，汽油泵继电器的B－12线盒1号接脚测得电压$V_{1-E}=12V$，但在汽油泵D－14线盒1号接脚却量得电压$V_{1-E}=0V$。

② 合理的判断是从M到N点间断路。

③ 从M到N这段电路中除了电线外尚有B－33插头及燃油继电器B－12线盒的1号接脚、燃油泵D－14线盒1号接脚。

④ 通常电路中的断路大都发生在插头处，合理的判断是B－33插头断路。

⑤ 切断电源，用电阻表测量MN间的电阻值，若为∞，证实MN之间确实断路。

⑥ 若再使用电压表量测B－33线盒K点电压，若为12V，表示MK之间电路是正常，只需检查KN之间到底何处断路即可将故障点找到。

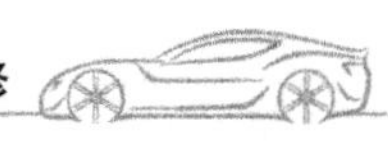

6）用电阻表测量燃油泵的电阻，判断故障点。

① 点火开关 OFF。

② 燃油泵 D－14 插头拆下。

③ 用电阻表测量电阻，R_{1-2} = 0.5～1.0Ω 之间，此电阻应参阅各修护手册。

7）拆下 B－12 线盒，点火开关 ON，使用电压表测量线束侧，V_{3-E} 及 V_{4-E} 均应 =12V。

8）如图所示为 B－12 线盒各接脚、电线颜色及接线示意图。

2. 燃油系统供油压力检测

1）拆卸燃油管路，并释放油管内的残压，若是实车操作，应留意椅座不要被燃油污染。

2）将油压表（如图所示）装在油轨与高压油管间。

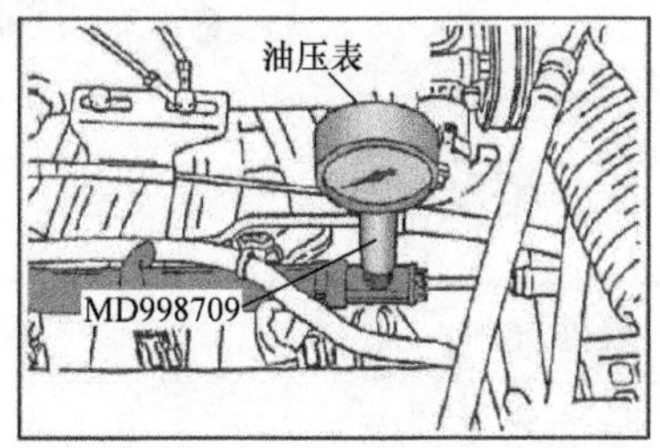

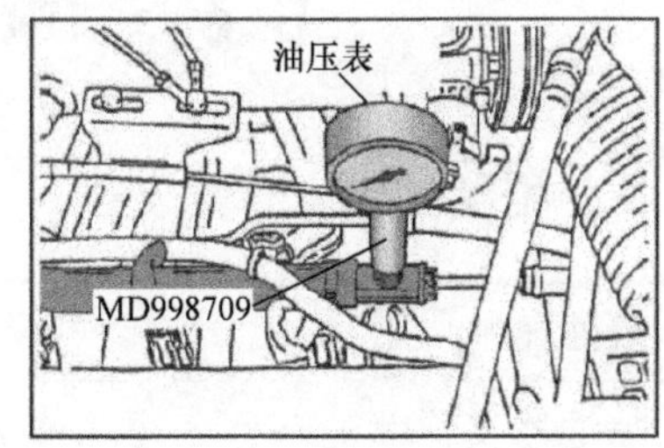

3）如图所示，用跳线将蓄电池的正极直接接燃油泵 D－14 线盒的 1 号接脚，使燃油系统正常供油。

4）检查燃油泵有否正常动作，油压表各接头有否漏油。

5）拆下燃油泵 D－14 跳线，并将原接线盒接线接回。

6）起动发动机，并保持在怠速运转。

7）测量发动机在怠速时的燃油压力值。

① 标准值约为 265kPa。

② 此值是经压力调节器调节后的油压。

③ 油压值会与发动机歧管压力（负压）同步变化。

8）将压力调节器之真空软管拆下，并用手指堵住，使真空无法导入压力调节器，测量燃油压力。此时的标准值为 324～434kPa。

9）将真空软管装回进气歧管，对发动机加速若干次后，油压应恢复到 265kPa 附近。

10）步骤 7）～9）若燃油压力不在标准值范围内，应参考下表所列可能原因，并排除故障。

编号	现象	可能原因	对策
1	燃油压力太低	燃油滤清器阻塞	更换燃油滤清器
2	发动机加速后燃油压力下降	由于油压调节器的阀座或弹簧不良，致使燃油泄到回油侧	更换油压调节器
3	回油管没有油压	燃油泵泵油压力太低	更换燃油泵
4	油压太高	油压调节器阀门卡死	更换油压调节器
		回油管阻塞	清洁或更换回油管
5	油压调节器的真空软管拆下及装回时，燃油压力并未改变	真空软管破损或接头阻塞	更换真空软管或清洁接头

任务三　喷油器及喷油电路控制

一、相关知识

喷油器

喷油器又称喷油嘴，主要功能为接受ECU的指令，提供适当的喷油量，与进入进气歧管的空气充分混合成适量的混合气及适当浓度的混合比，送至燃烧室燃烧做功。如图所示为ECU内的功率晶体管控制喷油器的搭铁端，决定喷油器的喷射时间长短，进而控制喷油量。

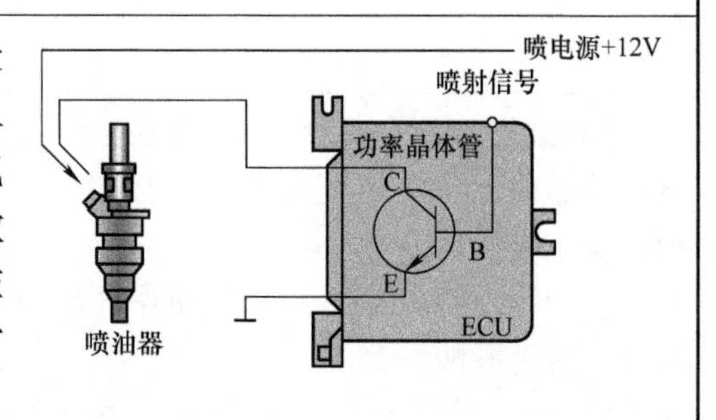

1. 喷油器构造

如图所示为喷油器内部构造示意图，喷油器从入油端引进$\Delta p = 250\text{kPa}$的燃油，电路插头有2只接脚，火线接脚接12V电源，另一接脚为搭铁线，连接到ECU，由ECU内的功率晶体管控制搭铁线与搭铁间的导通性。喷油器内部构造还有电磁线圈、柱塞、滤棒、弹簧及针型阀等。

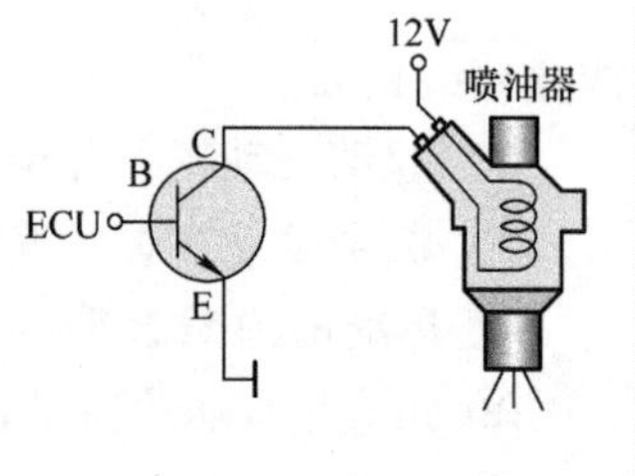

2. 喷油器的工作原理

1）汽油喷射发动机的喷油器为一常关型阀门（Normal Close Valve，NCV），所谓的常关型阀门是指此阀门经常都是关闭的，如果要开启此阀门，必须另外下指令，此阀门才会开启。

2）喷油器是否喷油取决于ECU内部功率晶体管Tr之基极（B极）电压V_{BE}。

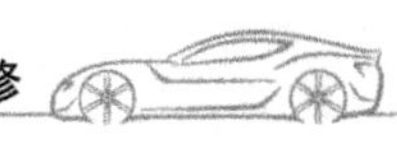

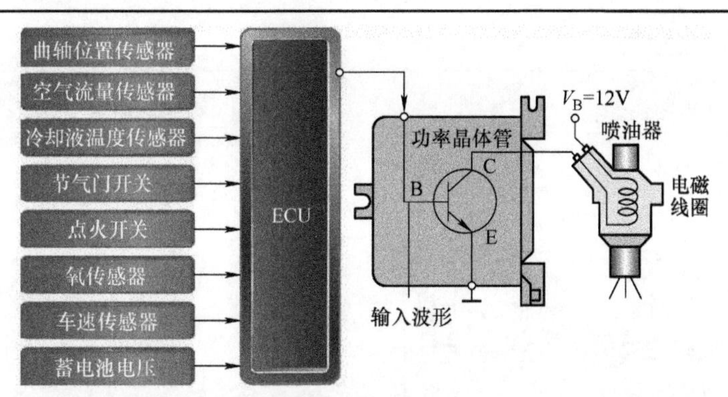

若 $V_{BE}<0.7V$，功率晶体管的CE间便无法导通，形成CE间断路状态。喷油器的电磁线圈因为无法顺利找到搭铁，使得喷油器关闭，喷油器停止喷油。

3）当功率晶体管 $V_{BE}>0.7V$ 时，功率晶体管的CE间被导通。喷油器的电磁线圈产生磁力，将喷油器针阀开启，喷油器开始喷油。

4）功率晶体管的B极电压控制则是依各传感器所传输到ECU的电压信号，并配合内建模块由ECU经逻辑运算后，下达电压指令，决定喷油器的喷油时间（量）。换句话说，ECU只需要控制输入功率晶体管的电压值 V_{BE}，即可达到控制喷油器喷油量的目的。

5）针型阀每一次的开启，柱塞在水平方向的行程都一样，因此针型阀有相同的扬程，再加上燃油压力与进气歧管间的压力差 Δp 已在燃油系统中调节成一个常数。因此，ECU只需控制各缸所属的功率晶体管的 V_{BE} 导通时间，便可控制喷油器的开启时间。精准地控制喷油器开启的时间，便可控制喷油量，以产生适当的混合气量、混合比浓度，适应发动机的工作。

二、任务实施

喷油器检测

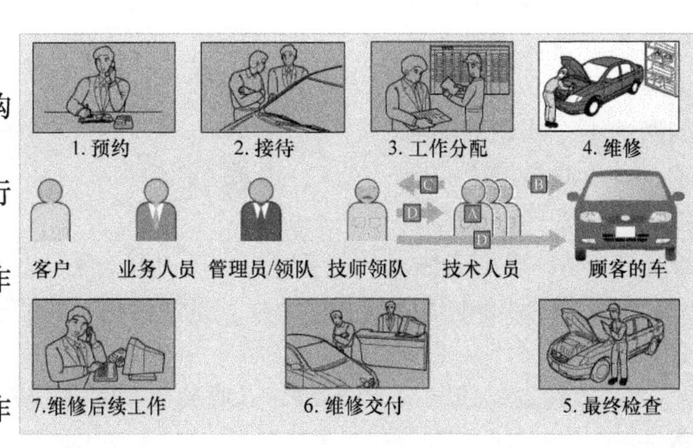

对技术人员要求：

- 接收/检查修理单。
- 接收用于修理的订购零件。
- 在允许的时间内进行工作。
- 向技师领队确认工作完成。

技师领队：

- 对技术难度高的工作向技术人员提供指导和帮助。

（一）喷油器检测

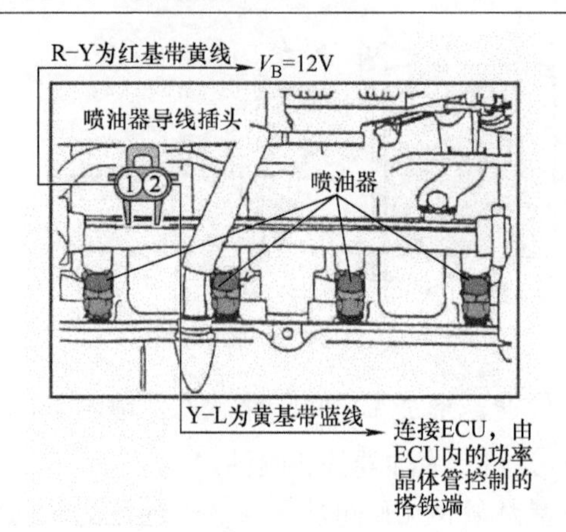

1）参阅维修手册找到实车喷油器的安装位置，并拆下喷油器线盒上的接线。喷油器安装位置及线盒接脚如图所示。

2）使用万用表电阻档测量喷油器接脚间的电阻，其标准值应在 $R=13\sim16\Omega$（各厂家之标准值不一，应参阅维修手册）。

接ECU搭铁
V_B=12V
Y-L线
R-Y线
Ω
接燃油系统中的油轨，油轨内的油压是经压力调节器调节的，其油压受进气歧管的变化而调节 Δp=265kPa

① 测量结果若为∞，表示喷油器的电磁线圈断路，必须更换喷油器。

② 测量结果若为 0Ω，表示喷油器的电磁线圈内部短路或搭铁，必须更换喷油器。

3）装回喷油器的插头。

4）要根据技能项目的释放燃油压力方法，进行释放燃油管路上的残压。

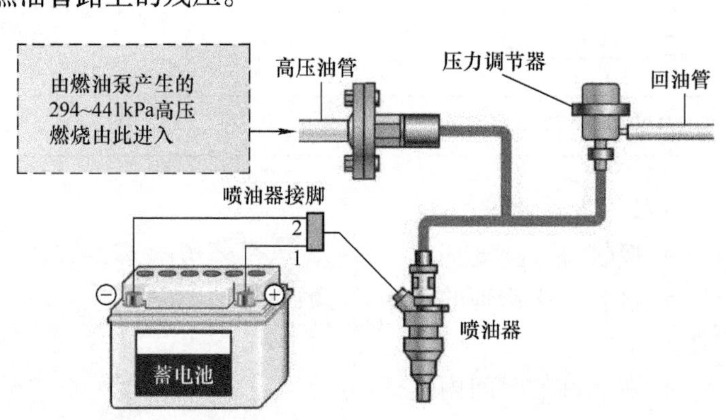

5）拆下喷油器，并将喷油器使用转接头连接，如图所示。

6）如图所示用蓄电池跳线直接从燃油泵检查插头送 $V_B=12V$ 电源到燃油泵，使燃油泵作动，燃油油轨建立正常油压。可直接在燃油泵检查插头 A－59 线盒输入 $V_B=12V$ 电源或由燃油泵 D－14 线盒的 1 号接脚输入 $V_B=12V$ 电源，即可令燃油系统之油轨建立正常油压。为了操作安全考虑，点火开关应置于 OFF 档。

7）直接以跳线供应 $V_B=12V$ 电源到喷油器火线接脚，搭铁接脚则接蓄电池负极。

8）检查喷油器的喷油作动及雾化状态。

9）移除搭铁线，喷油器停止作动，检查喷油器滴油状态。其标准值应在 1min 内喷油器低于 1 滴以下，超过标准值应更换喷油器。

10）停止燃油泵作动，停止燃油系统继续供油。

11）喷油器继续通电，直到喷油器不再喷油，燃油系统残压完全释放为止。

12）将喷油器装回，恢复原状。

（二）喷油器控制电路检测

1）参阅维修手册，找到实车喷油器控制电路各线盒及接脚位置。

2）如图所示为喷油器控制电路图，根据厂家要求的操作要求要领拆下喷油器线盒上的接线。

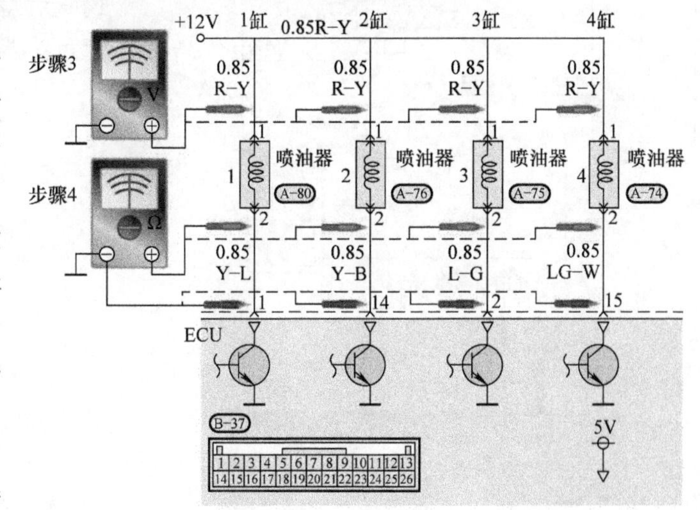

3）使用电压表测量线束端，当点火开关 ON，1 号端子与搭铁间电压值 V_{1-E} 应为蓄电池电压。

4）点火开关 OFF，使用万用表测量喷油器 A80 的 2 号接脚与 ECU B－37 的 1 号接脚导通性 $R_{2-1}=0\Omega$，同理测量 2、3、4 缸的 A－76、A－75、A－74 线盒 2 号接脚与 ECU 的第 14、第 2 及第 15 号接脚导通性 $R_{2/14}$、$R_{2/2}$ 及 $R_{2/15}$ 均应等于 0Ω。

5）如图所示为 ECU B－37 线盒第 1、2、14 及 15 号接脚、线束颜色及接线示意图，可以根据线束颜色量测其导通性。例如 1 缸从 ECU B－37 第 1 号接脚与 1 缸喷油嘴 A80 线盒第 2 号接脚间所选用电线为 Y－L（黄基带蓝线）、可从 ECU 侧出发依线束颜色使用万用表测量 ECU B－37 的第 1 号接脚与 1 缸喷油器 A80 第 2 号，接脚电阻 R＝0Ω。

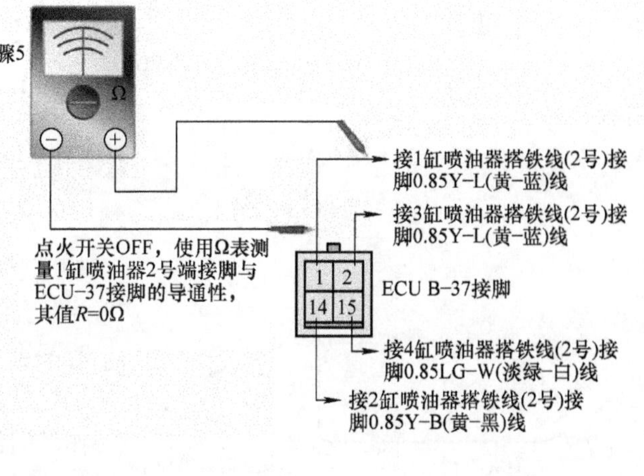

（三）喷油器波形检测

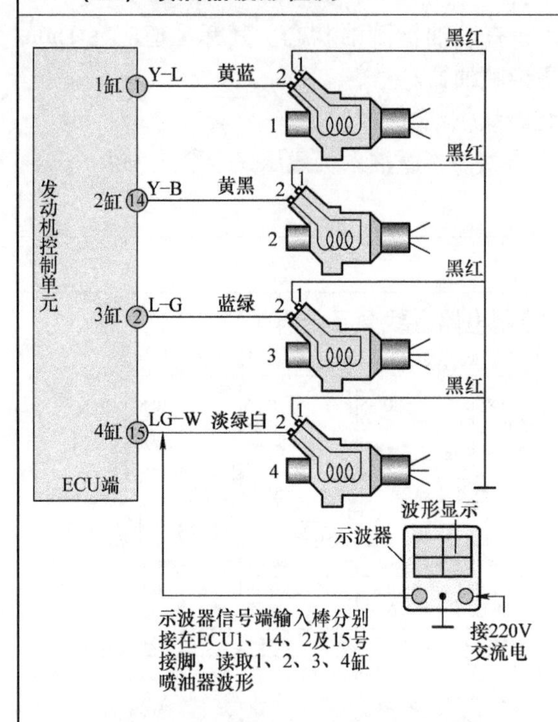

1）示波器接线如图所示，请按图示接上示波器。

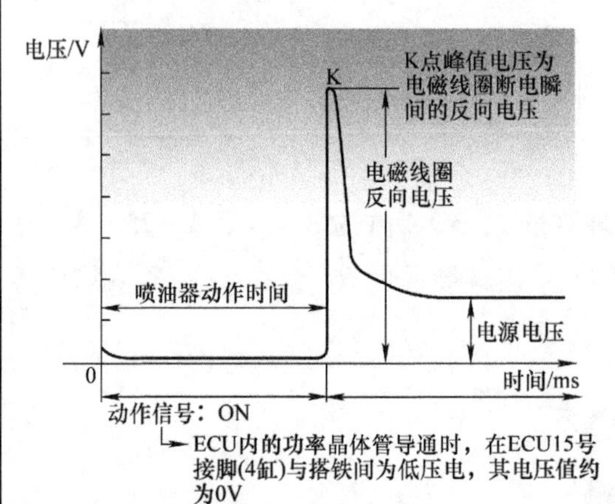

2）在教师指导下操作示波器之波形显示。

3）发动机在怠速工作时喷油器标准波形如图所示。

4）观察波形，若K点峰值电压很低或峰值不明显，最可能是喷油器电磁线圈短路。测量电磁线圈电阻，标准值为$R_{1-2}=13\sim16\Omega$，验证一下其R_{1-2}是否小于13Ω，甚至R_{1-2}近于0Ω。

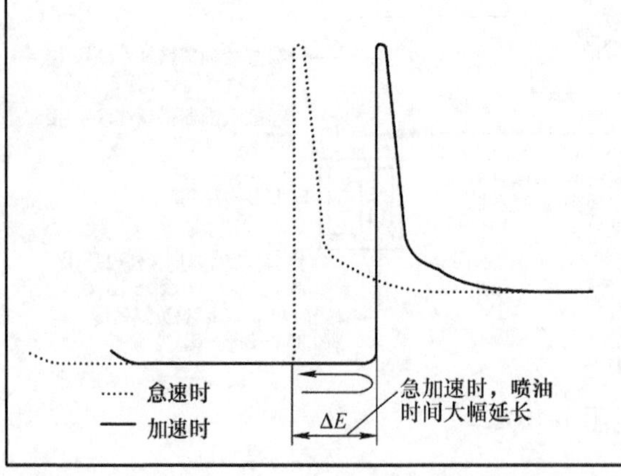

5）如图所示为发动机突然加速与怠速喷油器作动波形。正常情况下，当急加速时，喷油器的作动（开启）时间会大幅延长。接着很快会与以发动机转速相吻合之喷油量决定喷油器作动时间。

（四）各缸喷油器作动检测

1）起动发动机，并使发动机热车后以怠速运转。

2）用噪声侦测棒，听诊喷油器操作声音，正常状态应有针阀、电磁线圈及喷油等作动发出“咔咔咔”声响。如图所示为使用听诊法检测喷油器作动示意图。

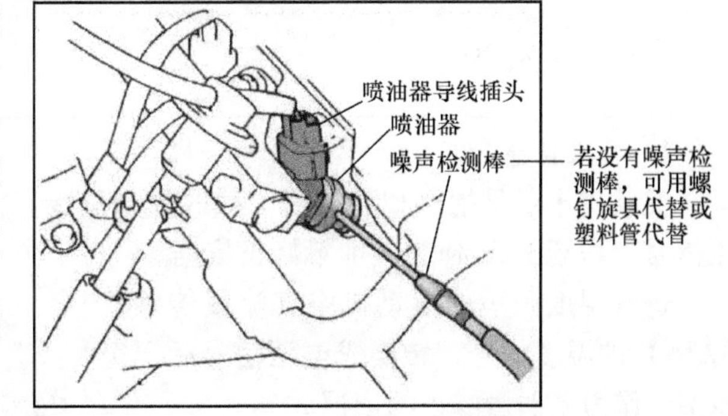

3）发动机熄火，拆下喷油器线盒的接线。

4）用万用表测量喷油器1、2号接脚，其电阻应为 $R_{1-2}=13\sim16\Omega$。

5）点火开关ON后，使用万用表测量喷油器线盒线束端1号接脚与搭铁间的电压应为蓄电池电压12V。

6）检查各缸喷油器线盒搭2号接脚与分别和ECU B37线盒的第1、14、2、15号接脚间必须导通，其电阻应接近0Ω。ECU中B37线盒第1、14、2、15接脚为1、2、3、4缸通往ECU内功率晶体管控制各缸喷油器作动的接脚。

7）经上述检修后，若发现某缸量测值不正常，发动机以怠速运转，然后逐一将各缸喷油器插头拆开。正常状态下，若拆下第一缸喷油器插头，发动机转速应下降而且运转不稳。反之，如果拆下1缸喷油器插头，发动机转速不变，且运转并无明显不稳，便很可能是1缸作用不良。

8）配合步骤2）~6）的检查，即可分析是哪一缸的喷油作用不正常，并排除。

如表所示为某发动机作动态检查各缸喷油器作动状态时发动机的转速记录。

步骤	发动机情景	发动机转速/r/min
1	发动机温车后以怠速运转	800
2	将1缸喷油器插头拆下，使1缸喷油器不工作	790
3	将2缸喷油器插头拆下，使2缸喷油器不工作	740
4	将3缸喷油器插头拆下，使3缸喷油器不工作	745
5	将4缸喷油器插头拆下，使4缸喷油器不工作	750

根据记录表可知1缸喷油作用状态不佳，而2缸喷油器作用状态较佳。因为2、3、4缸在动态检测时，其发动机转速降幅很接近，可以判定2、3、4缸喷油作用正常。

任务四　水温及进气温度传感器

一、相关知识

1. 水温传感器

发动机水温是指冷却液温度，截取发动机冷却液出水口的温度信号并转换成电压信号，送至 ECU 作为喷油量修正依据。

进气温度则截取发动机空气流量传感器（AFS）的温度信号，转换成电压信号后送至 ECU，作为喷油量修正的依据。

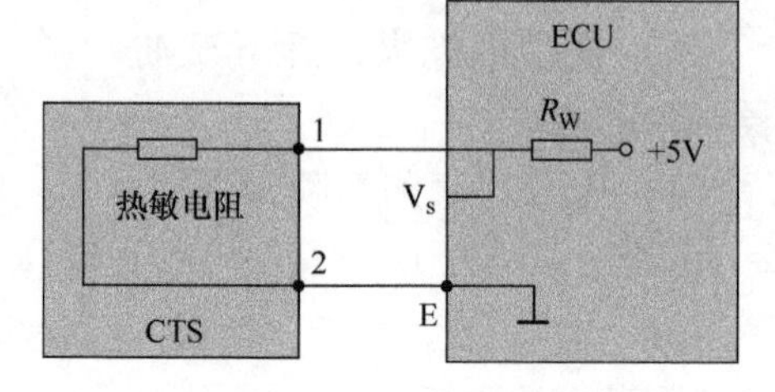

水温及进气温度传感器二者的工作原理相同，是以水温传感器工作原理说明如下：

如图所示为水温传感器基本电路图，水温传感器（CTS）内有一负温度系数热敏电阻，此热敏电阻电阻会依水温变化而变化。

如图所示为热敏电阻温度与电阻之间的关系，20℃ 时热敏电阻值为 2.1 ~ 2.7kΩ，80℃时热敏电阻值为0.26 ~0.36kΩ。

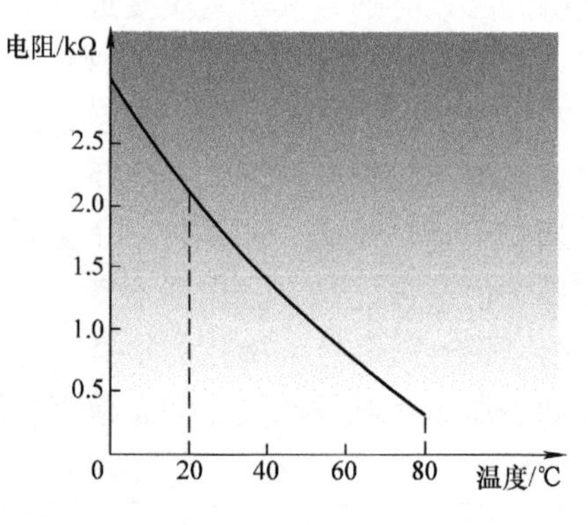

注意：负温度系数热敏电阻在温度高时，热敏电阻之电阻值低；反之，则电阻值高。

2. 进气温度传感器

进气温度传感器与 CTS 相同是利用负温度系数热敏电阻将温度信号转换成电阻信号，再将电阻信号转换成电压信号输出。当进气温度为 20℃时，ATS 的热敏电阻值，为 2.3 ~3.0kΩ；进气温度为 80℃时，电阻值为 0.30 ~0.42kΩ。ATS 输出信号电压与进气温度参照表见下表。

编号	进气温度/℃	ATS 输出信号电压/V	电阻值/kΩ
1	0	3.2 ~3.8	
2	20	2.3 ~2.9	2.3 ~3.0
3	40	1.5 ~2.1	
4	80	0.4 ~1.0	0.3 ~0.42

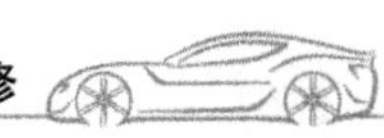

二、任务实施

温度传感器检测

对技术人员要求：

- 接收/检查修理单。
- 接收用于修理的订购零件。
- 在允许的时间内进行工作。
- 向技师领队确认工作完成。

技师领队：

- 对技术难度高的工作向技术人员提供指导和帮助。

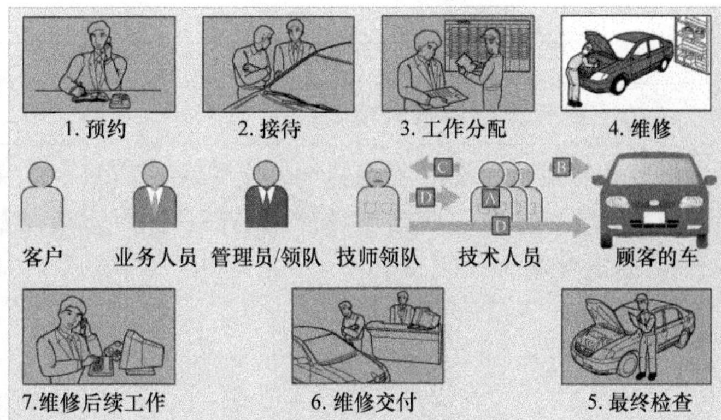

（一）水温传感器检测

1）根据维修手册导引找到CTS的A-72线盒及其线路图，如图所示。

2）拆下A-72线盒接脚。

3）将点火开关ON，使用电压表测量线束侧1号端子的黄/绿线与搭铁之间电压$V_{1-E}=5V$。

4）拆下CTS A-72线盒接线，点火开关OFF，使用电阻表测量CTS传感器侧R_{1-2}的电阻应随温度的提高而降低，其标准值在20℃时$R_{1-2}=2.1\sim2.7k\Omega$，水温80℃时，$R_{1-2}=0.26\sim0.36k\Omega$。

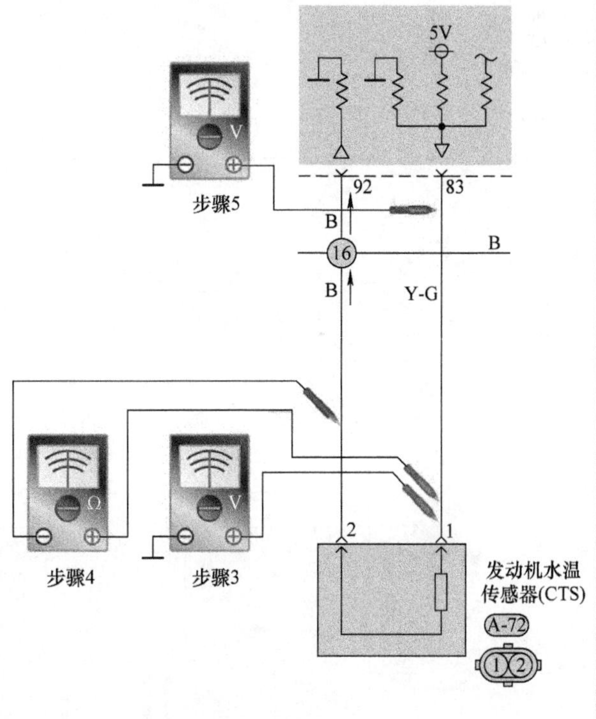

5）装回线盒，点火开关ON或起动发动机，利用大头针引出ECU 83号接脚或CTS 1号接脚，使用电压表量测V_{1-E}或V_{83-E}，其电压应随着水温升高而降低。CTS在不同的水温下所输出的信号电压参考值见下表。

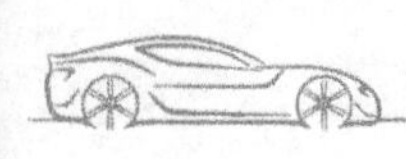

编号	水温/℃	CTS 输出信号电压/V
1	0	3.2~3.8
2	20	2.3~2.9
3	40	1.3~1.9
4	80	0.3~0.09

（二）进气温度传感器检测

1）根据维修手册导引找到空气流量传感器 AFS 及 AFS 的 A-61 接线盒。

2）如图所示为空气流量传感器 AFS、进气温度传感器 ATS 及大气压力传感器 APS 共享电路图。

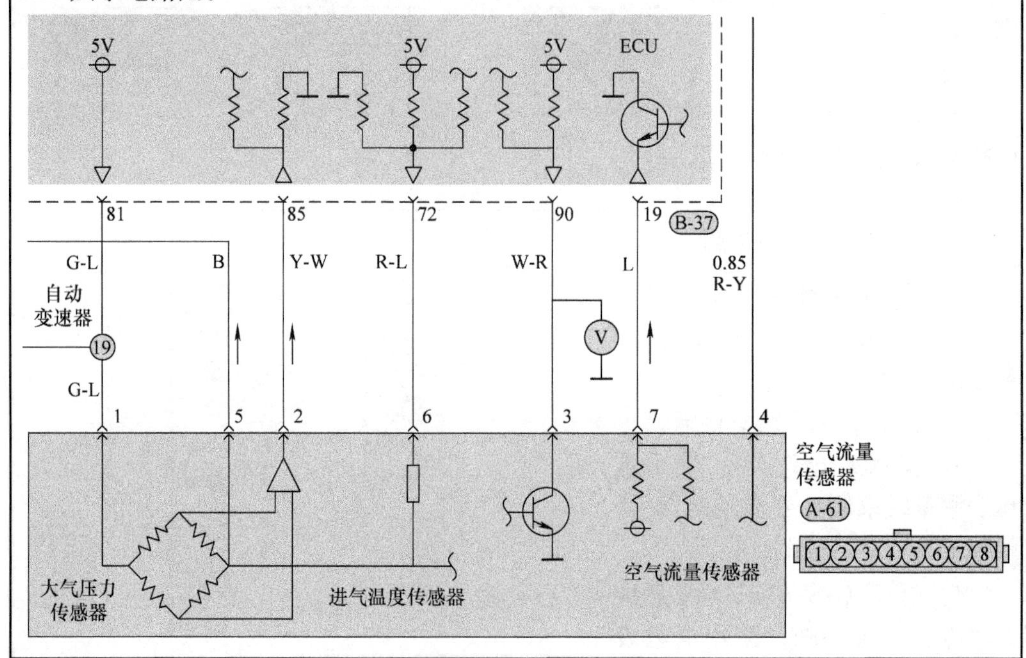

将与 ATS 有关的电路重新绘制成如图所示的简图。

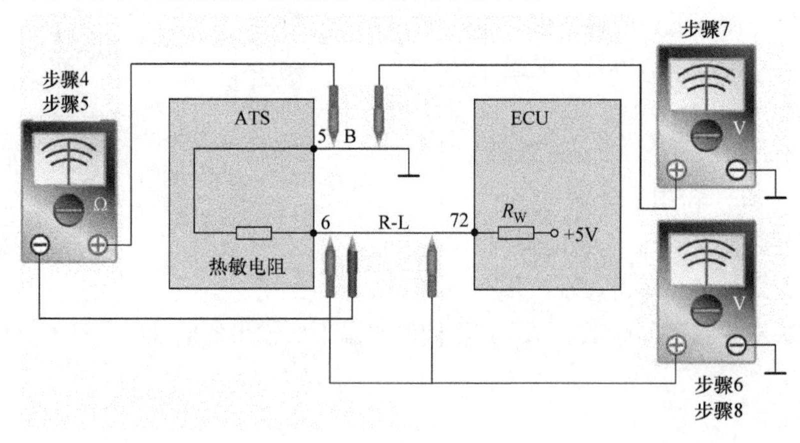

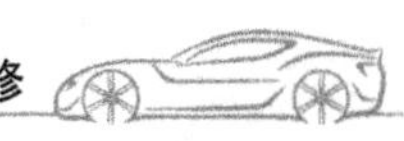

3）拆下空气流量传感器接线插头。

4）使用电阻表测量 ATS 侧的 5 号与 6 号接脚间电阻值。当温度为 20℃时，R_{5-6} = 2.3 ~ 3.0kΩ，当温度为 80℃时，R_{5-6} = 0.30 ~ 0.42kΩ。

5）步骤 4 的测量，在冷车时量测 R_{5-6} 的数值，然后对 ATS 热敏电阻用吹风机加温，其 R_{5-6} 的电阻值应较加温前低。

6）拆开 A-61 线盒，点火开关 ON，使用电压表测量线束侧的 6 号接脚搭铁之间电压 V_{6-E} = V_{72-E} = 5V。

7）装回 A-61 线盒接线，点火开关 ON，使用电压表测量 5 号接脚与搭铁之间电压 V_{5-E} = 0V。

8）装回线盒各接脚，点火开关 ON，使用电压表测量 ECU 的 72 号接脚与搭铁间的电压，V_{72-E} 值是 ATS 的输出信号电压。其参考值为：

进气温度 0℃时，V_{72-E} = 3.2 ~ 3.8V。

进气温度 20℃时，V_{72-E} = 2.3 ~ 2.9V。

进气温度 40℃时，V_{72-E} = 1.5 ~ 2.1V。

进气温度 80℃时，V_{72-E} = 0.4 ~ 1.0V。

任务五　歧管绝对压力传感器

一、相关知识

歧管绝对压力（Manifold Absolute Pressure，MAP）传感器，其主要功能为检测发动机进气歧管之真空度（负压）大小，据以判断发动机的工作负荷大小。如果歧管真空突然下降，表示发动机在重负荷工作。电子控制式喷射发动机的 ECU 便会依据 MAP 所检测到的信号，增加喷油量，以满足发动机工作需要。

进气歧管真空大，发动机是在无负荷或低负荷下工作，此时 MAP 输出较低的信号电压，ECU 根据此较低的信号电压，下达减少喷油量之指令，指挥喷油器工作。

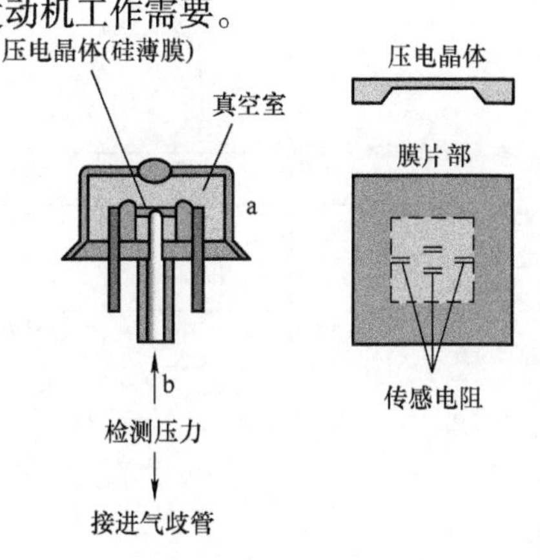

硅膜片压电晶体管式 MAP 如图所示。MAP 中的硅薄膜压电组件将 MAP 分成上、下两室，上室为真空室，真空室内的压力接近绝对真空，下室则用真空管连接进气歧管，截取进气歧管真空信号。

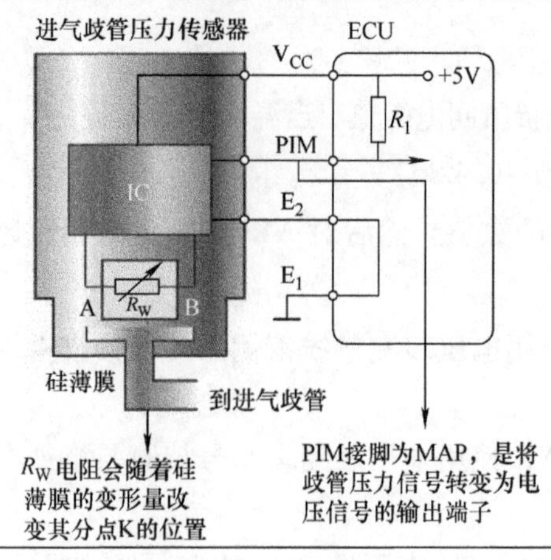

利用MAP上、下室间压力差，让硅膜片产生不同程度的形变量。如图所示当进气歧管的真空小时，上、下室间压力差大，硅膜片向上形变量愈大，则可变电阻的分点K愈向A点移动，PIM接脚输出之信号电压愈大；当进气歧管的真空大时，上、下室间的压力差小，硅膜片向上形变量小，可变电阻之K点向B点移动，PIM接脚输出之信号电压低。

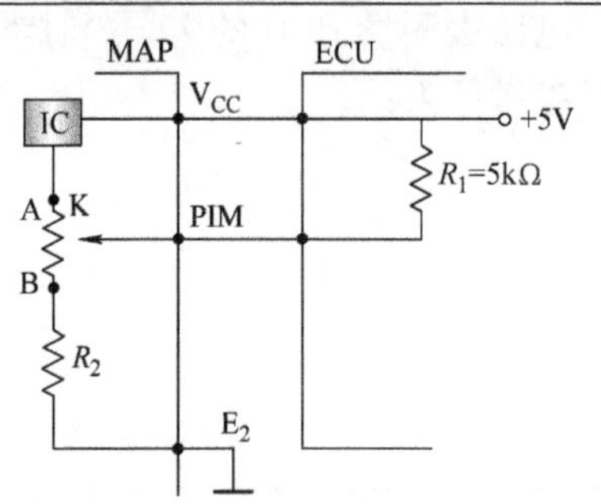

仿真简化电路图如图所示，由硅膜片所控制的可变电阻 R_{AB} 会随着MAP上、下室的压力差变化而改变 R_{AB}上分点K的位置。MAP便是根据K点变化，改变 V_K 输出信号电压值送ECU决定喷射增量。

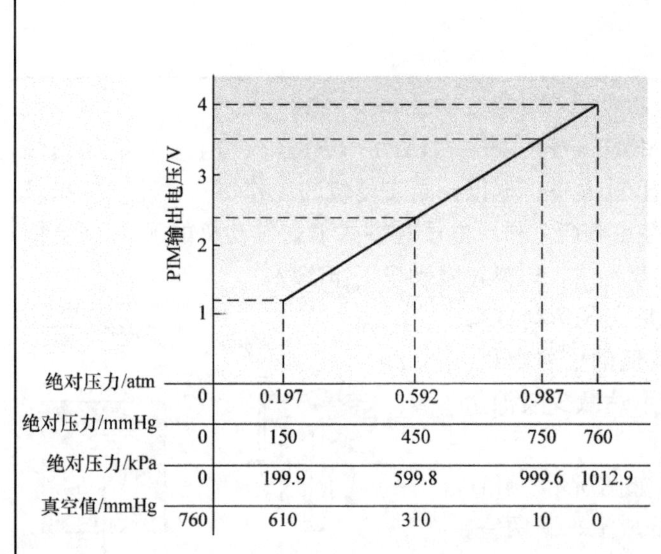

① 如果将下室的真空管拔除，则下室的真空度为0，上、下室的压力差最大。R_{AB}之分点K向A点方向移动。PIM接脚的输出电压信号值为3.5～4.0V。

② 当歧管的真空度大时，MAP之上、下室压力差小，硅膜片之形变小，R_{AB}的分点K向B点方向移动，PIM接脚的输出电压信号值低。MAP之输出信号电压值最低为1.0V左右。

如图所示为MAP歧管、真空度、绝对压力与输出信号电压关系图。MAP的输出信号电压值便是在1.0～4.0V，随着歧管真空度的变化而改变其输出信号电压。

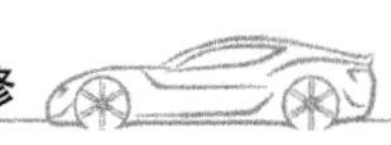

二、任务实施

岐管绝对压力传感器检测
对技术人员要求： ● 接收/检查修理单。 ● 接收用于修理的订购零件。 ● 在允许的时间内进行工作。 ● 向技师领队确认工作完成。 技师领队： ● 对技术难度高的工作向技术人员提供指导和帮助。 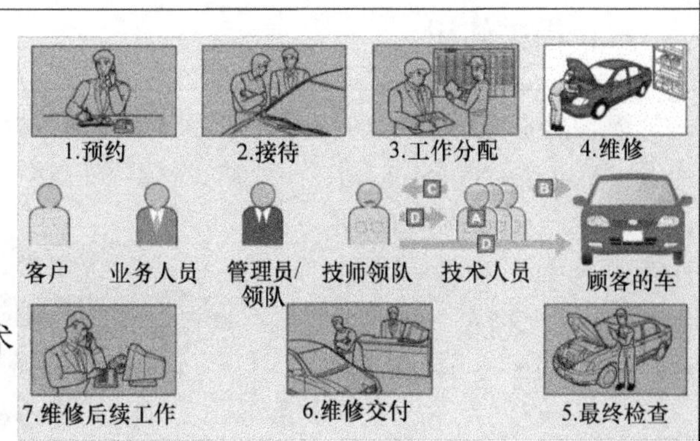

岐管绝对压力传感器检测
1）如图所示为 MAP 外观与接脚图。 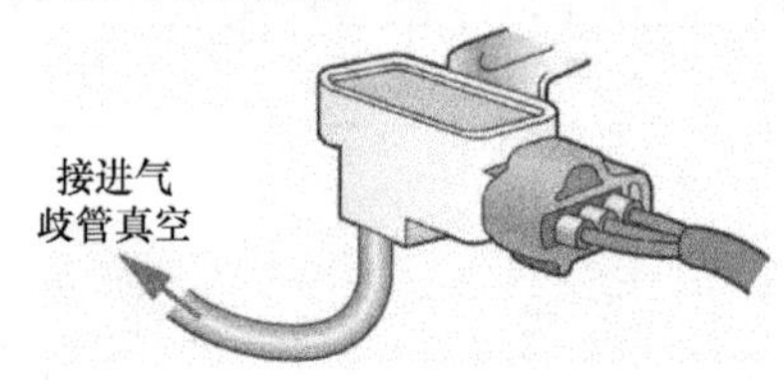 2）如图所示为丰田 4A－FE 发动机岐管绝对压力传感器 MAP 电路图。 3）拆下 MAP 线盒上的接线，点火开关 ON，使用电压表测量线束端 V_{cc} 接脚与 E_2 之间电压，其参考值应为 4.8 ~ 5.2V（有些维修手册中标准值为 4 ~6V）。 4）使用电阻表量测 E_2 接脚与搭铁间之电压值 $R_{E-搭铁}=0\Omega$。 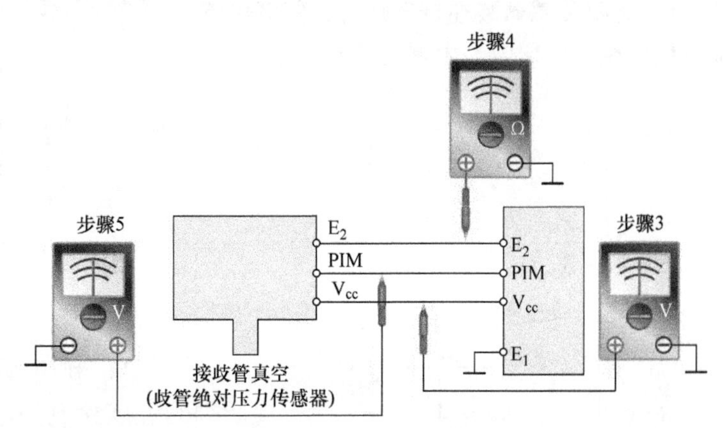 5）将 MAP 线盒的接线接回，使用大头针引出 MAP 的 PIM 接脚的电压信号，使用电压表量测 PIM 与 E_2 或搭铁之间电压，其电压会随着岐管绝对压力增大（真空度降低）而提高，PIM 接脚输出信号电压为 1.0 ~4.0V。 6）发动机发动温车后，以怠速无负荷运转，因进气岐管有较大的真空，此时的 $V_{PIM}=1.0V$。若将岐管真空管拔下，MAP 的下室为大气（真空度为 0），此时的 $V_{PIM}=4.0V$。

任务六　氧传感器检测

一、相关知识

氧传感器安装在发动机排气歧管上，检测发动机废气中的 O_2 浓度，并将此 O_2 浓度信号反馈给 ECU。ECU 再根据氧传感器信号，调整喷油量，使发动机能调整到在“理论混合比”或“理论混合比附近”工作。

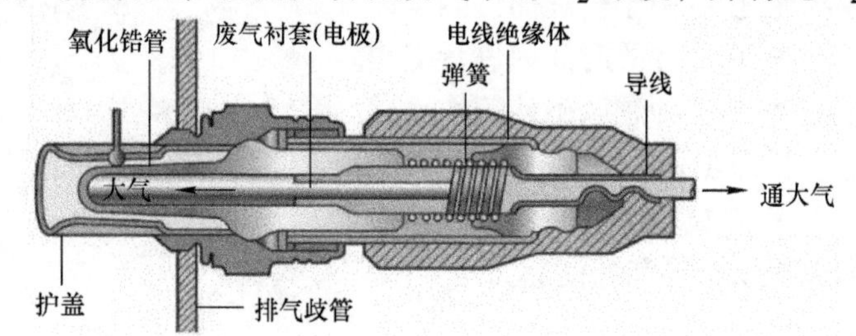

如图所示为氧传感器构造图。其主要构造包含：由二氧化锆（ZrO_2）制成的陶体，并在陶体内、外镀上一层薄薄的白金（Pt）金属，以利于产生触媒作用。

1）将氧传感器装在排气歧管，使氧传感器外侧由废气所覆盖，内侧则导入大气。

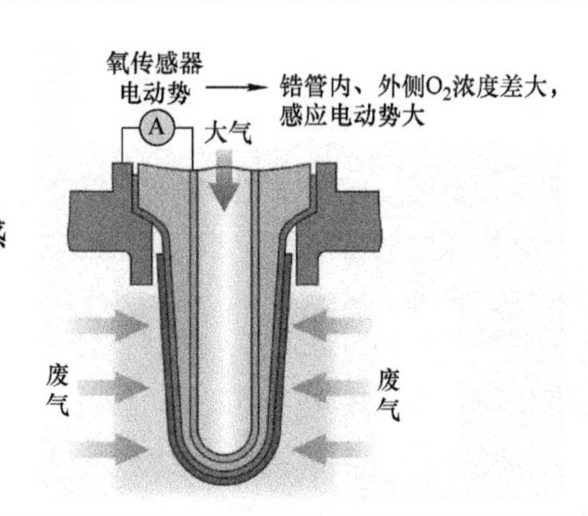

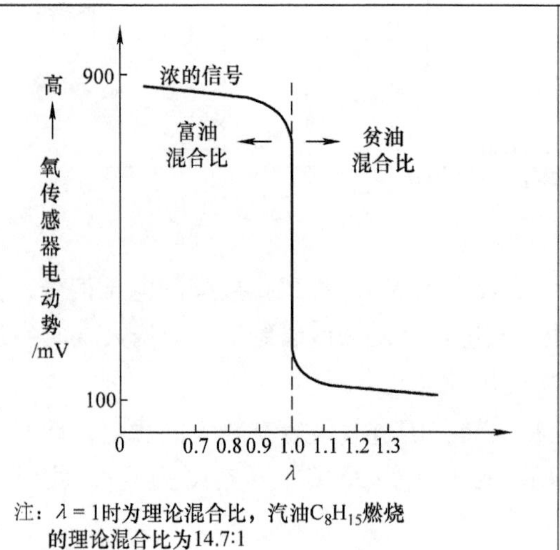

注：$\lambda=1$时为理论混合比，汽油C_8H_{15}燃烧的理论混合比为14.7:1

2）利用排气热对氧传感器加热，当温度达到 300℃ 时，因二氧化锆管内、外两侧之 O_2 浓度不同，锆管便可依内、外两侧 O_2 浓度不同，而如同微型交流发电机般感应出 100～900mV 微弱交流电压信号。氧传感器感应电动势与空气过剩率 λ 的关系如图所示。

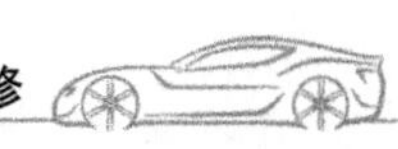

3）如图所示，当发动机在富油混合比情境下工作时，因为空气供应量不足，废气中的 O_2 含量较少，此 O_2 含量较少的废气流经氧传感器的外侧，与氧传感器内侧的大气 O_2 浓度相比较，具有较大的 O_2 浓度差，氧传感器便感应出大于450mV的感应电动势。

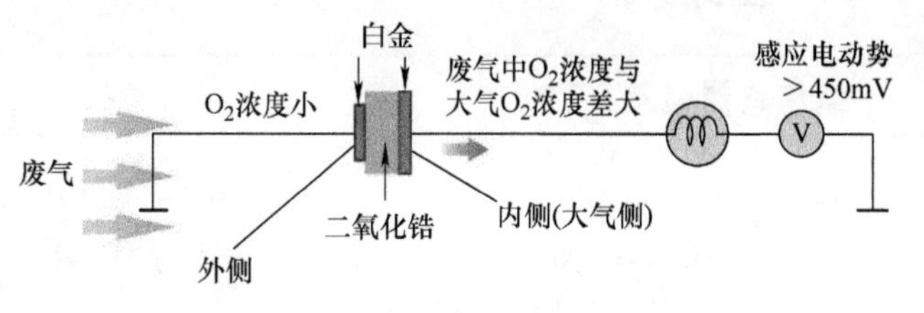

4）如图所示，当发动机在贫油混合比情境下工作时，因为燃烧过程中有过剩的空气参与燃烧的过程，因此废气中的 O_2 浓度稍大，与氧传感器内侧之大气 O_2 浓度相比较，其 O_2 浓度较少，氧传感器感应出小于450mV的感应电动势。

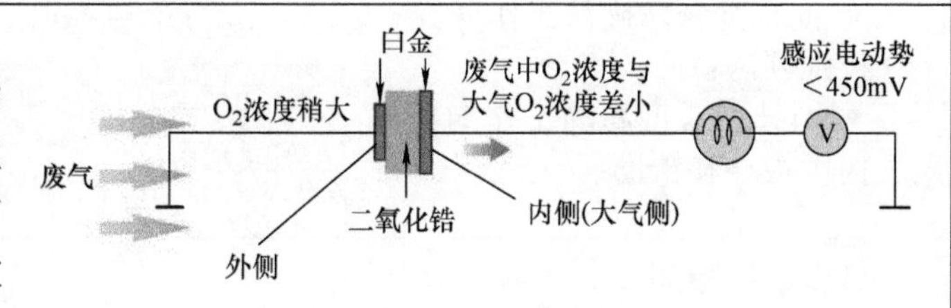

5）如图所示为氧传感器电路图，当废气中的 O_2 浓度低时，氧传感器感应出大于450mV的感应电动势。ECU接到此信号，遂发出减少喷油量的指令，调整混合比浓度变稀。因混合比变稀，废气中的 O_2 浓度提高，氧传感器感应电动势下降，直到其电动势 =450mV为止，ECU减少喷油量指令解除。若氧传感器发出信号电压小于450mV，ECU便下达增加喷油量指令，使混合比变浓，直到氧传感器信号电压达到450mV为止。发动机可以靠氧传感器及反馈控制电路，使发动机能保持在理论混合比或理论混合比附近工作，以达到环保、节省油耗的目的。

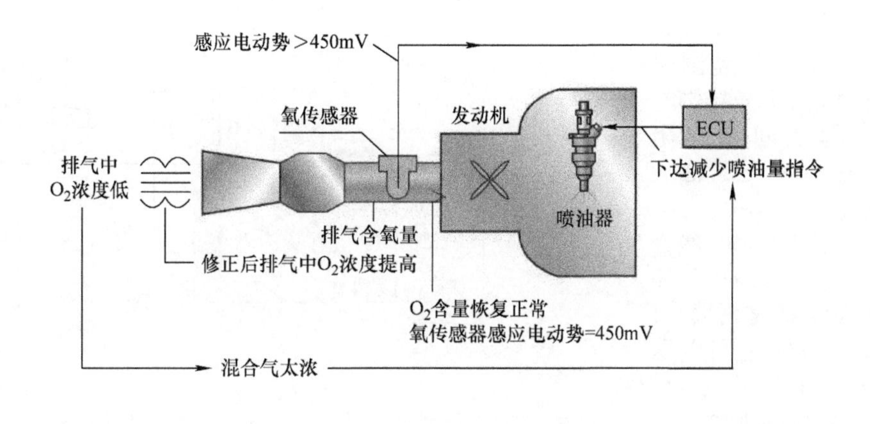

二、任务实施

氧传感器检测

对技术人员要求：

- 接收/检查修理单。
- 接收用于修理的订购零件。
- 在允许的时间内进行工作。
- 向技师领队确认工作完成。

技师领队：

- 对技术难度高的工作向技术人员提供指导和帮助。

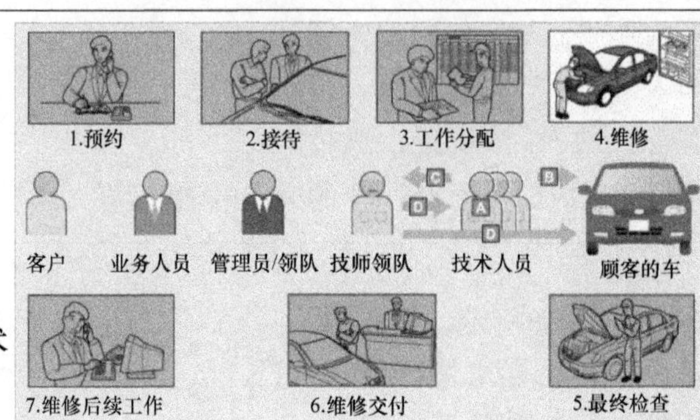

氧传感器检测

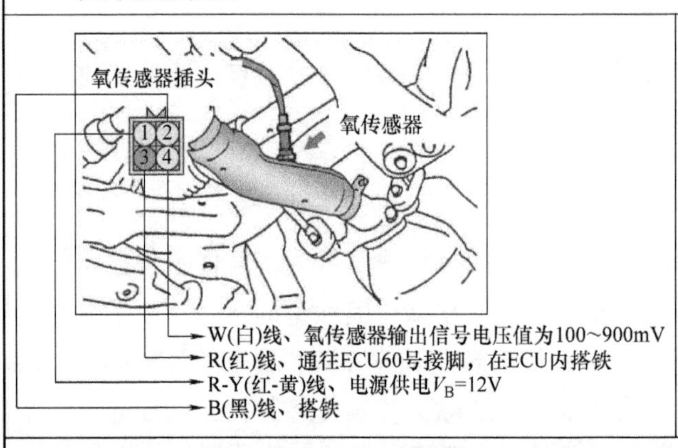

1）如图所示为氧传感器位置图，通常氧传感器位于排气歧管上。

2）如图所示为氧传感器电路图，氧传感器的A－87线盒有4个接脚，其中第4号接脚即氧传感器输出信号电压。

3）拆下A－87线盒接脚，使用电阻表测量氧传感器侧，1号接脚与3号接脚之间的电阻R_{1-3}，在20℃时其值应7～40Ω。

4）拆下A－87线盒接线，点火开关ON，使用电压表测量线束端，1号接脚与搭铁之间电压V_{1-E}应为12V，$V_{3-E}=0$V。

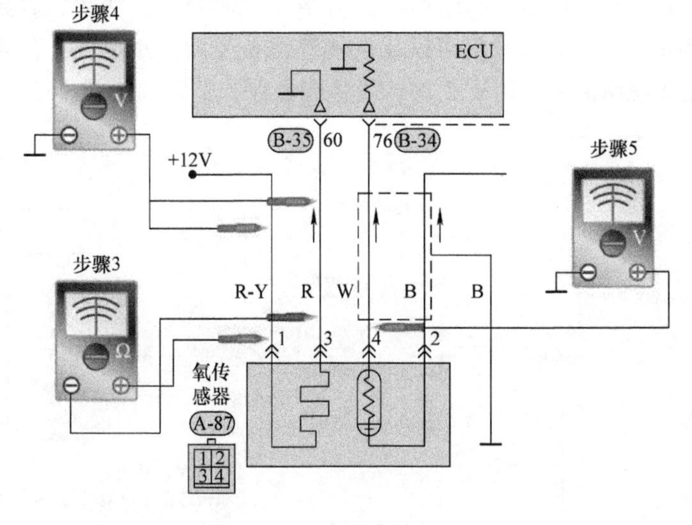

5）发动机热车后，检测氧传感器4号接脚的信号，使用电压表量测量V_{4-E}，当发动机反复加速时，V_{4-E}电压应在0.1～0.9V之间变化。

任务七　爆燃传感器检测

一、相关知识

爆燃系指混合气燃烧过程中，混合气受到温度、压力影响，而自行燃烧，此自行燃烧点又自成一个新的火焰峰，致使火焰的速度和形状发生突变，产生极高的压力波，此压力波与火花塞点燃的火焰波所形成的压力波相互撞击，此突变压力波又拍击到气缸壁，产生类似金属敲击的声音，此一现象，称之为爆燃。发动机一旦发生爆燃，对其性能及寿命影响甚大。严重的爆燃将造成气缸、气缸盖破裂、活塞损坏、活塞环断裂。轻微的爆燃则会形成发动机无力，耗油、发动机过热等弊端。而造成发动机爆燃的主要原因有：

1）汽油辛烷值太低。

2）点火时间太早。

3）混合比太稀。

4）发动机压缩比太高。

5）发生预燃（局部热点）。

设计发动机时，不管其压缩比、点火时间或是混合气浓度，都希望发动机在性能、油耗乃至降低公害等环节上都能有较好的发挥。发动机发生爆燃时，点火时间的设定，是发动机性能的主要指标。如果行车中发动机有发生爆燃时，便启动反馈电路，将点火时间延后，即可达到防止爆燃发生的效果。

爆燃传感器（Knocking Sensor，KCS），其安装位置通常在气缸体上，如图所示为发动机 KCS 安装位置示意图。发动机在工作中，一旦发生爆燃或有爆燃时，因为发动机爆燃本身为一高频振动波，如果此高频振动波与 KCS 内部的压电组件产生共振效果（其共振频率为 25kHz），KCS 内的压电组件遂送出一个高电压信号至 ECU。

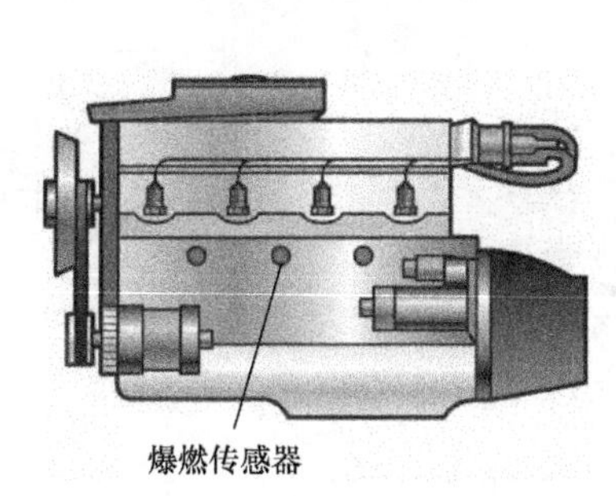

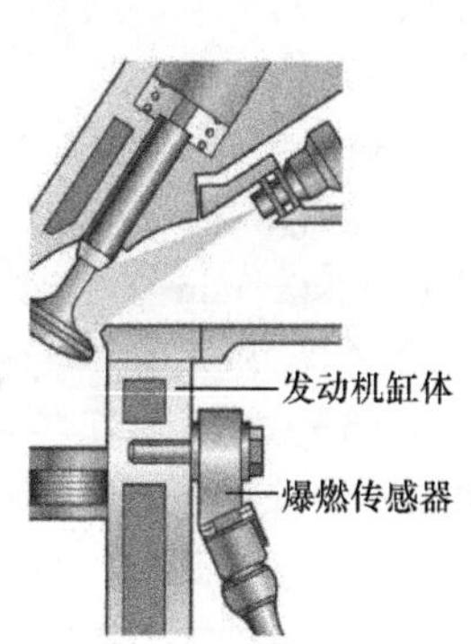

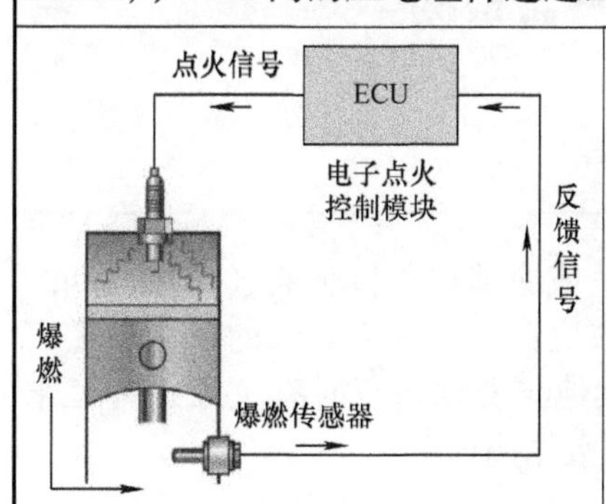

如图所示为 KCS 反馈控制电路图。当 KCS 因振动波而产生反馈电压信号，并将此反馈电压信号送回 ECU 时，ECU 便下达将点火时间延迟的指令，且每秒钟点火时间便从标准点火时间延迟 1°，连续延迟到爆燃不再发生为止。每一厂家对 KCS 所延迟的最大角度都有规范。

二、任务实施

爆燃传感器检测

对技术人员要求：
- 接收/检查修理单。
- 接收用于修理的订购零件。
- 在允许的时间内进行工作。
- 向技师领队确认工作完成。

技师领队：
- 对技术难度高的工作向技术人员提供指导和帮助。

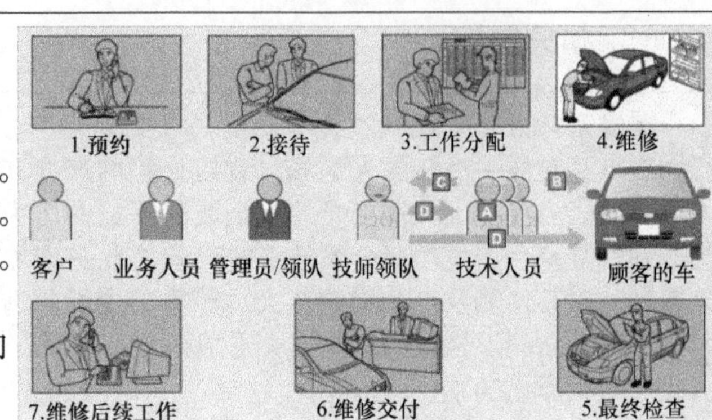

爆燃传感器检测

1）根据维修手册找到爆燃传感器位置。

2）爆燃传感器电路图及线盒接脚图如图所示，将A－64线盒之接线拆下，使用电阻表测量线束侧2号接脚与搭铁之间的电阻$R_{2-E}=0\Omega$。

3）装回A－64线盒，起动发动机后，发动机转速在5000r/min以上时，使用示波器测量爆燃传感器输出信号电压，其尖峰值在曲轴每转12圈，应连续200次低于0.06V。

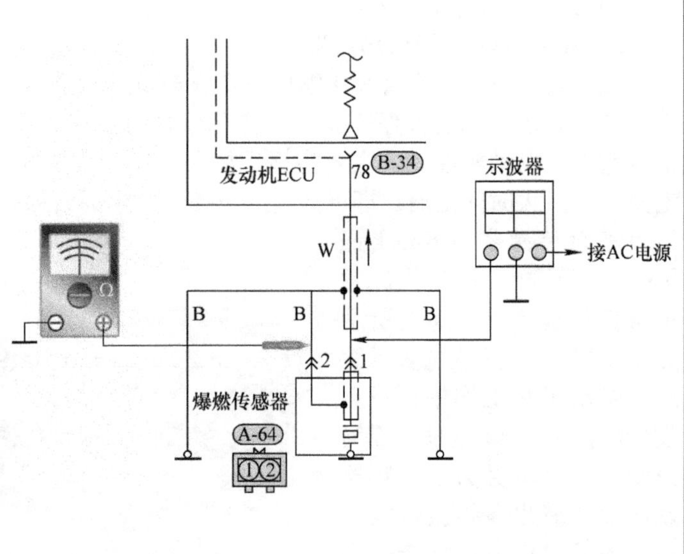

任务八　曲轴位置传感器检测

一、相关知识

曲轴位置传感器（Crank Position Sensor，CPS）或曲轴转角传感器（Crank Angle Sensor，CAS）的主要功能为检测发动机的曲轴工作位置，并将检测到的工作位置信号输入ECU，作为发动机点火系统、燃油系统及其他与发动机正时有关之系统工作的依据，利用CPS信号作为计算发动机转速信号的数据源。

在四冲程发动机中，发动机曲轴转速为发动机凸轮轴的 2 倍。有些发动机系侦测凸轮轴位置信号，取代曲轴位置信号，名为凸轮轴位置传感器（Camshaft Position Sensor，CPS）。因此，CPS 的安装位置系位于发动机曲轴或飞轮附近。另外，CPS 所检测到的信号，送往仪表板，作为发动机转速表的信号源。有些发动机更利用 CPS 所输出的转速信号，作为燃油泵应否工作的重要依据。

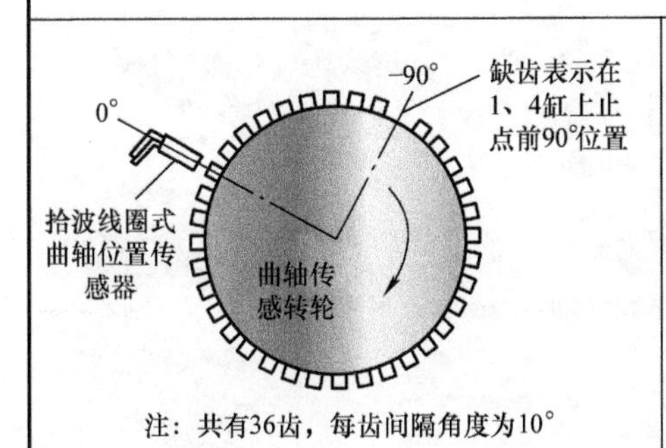

如所示为曲轴位置传感器安装位置及构造图。在曲轴感应转轮外缘设有 36 - 1 = 35 齿，每齿间相隔角度为 360°/36 = 10°，并在第 1、4 缸上止点前 90°设一缺齿，CPS 拾波器安装位置在缺齿后方 90°处，经过如此巧妙的设计，便使得通过拾波器处即为第 1、4 缸工作位置在上止点。厂家的不同磁阻轮轮齿的齿数是不一样的，有采用 58 齿的磁阻轮轮齿，也有采用 35 齿的。

CPS 拾波器所发出的信号经过曲轴感应齿轮之作用后，其输出波形如图所示。

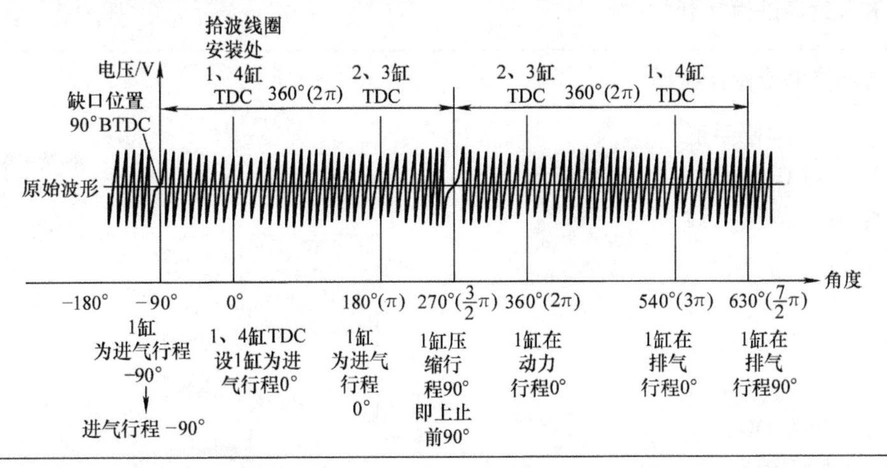

再将滤波转换成方波信号输出至 ECU，如图所示为将原始波形滤波后，以方波型式输出至 ECU 示意图。ECU 便根据此信号精准地掌握发动机工作位置，作为控制点火时间及令点火系统能顺利感应高压电的重要依据。ECU 亦可根据此方波信号计算出发动机转速。

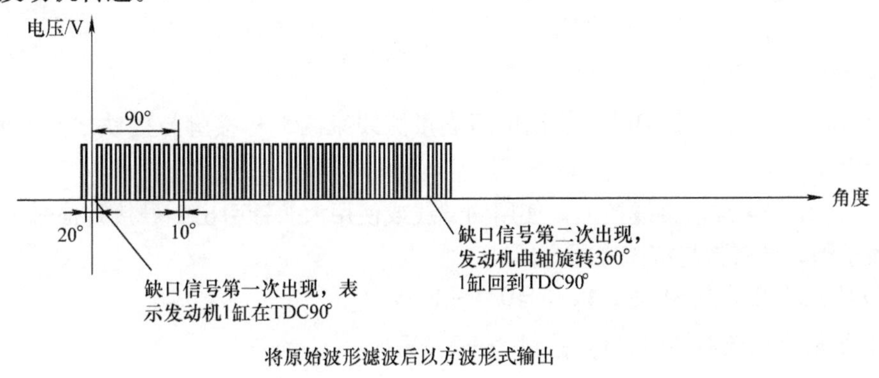

将原始波形滤波后以方波形式输出

二、任务实施

曲轴位置传感器检测

对技术人员要求：

- 接收/检查修理单。
- 接收用于修理的订购零件。
- 在允许的时间内进行工作。
- 向技师领队确认工作完成。

技师领队：

- 对技术难度高的工作向技术人员提供指导和帮助。

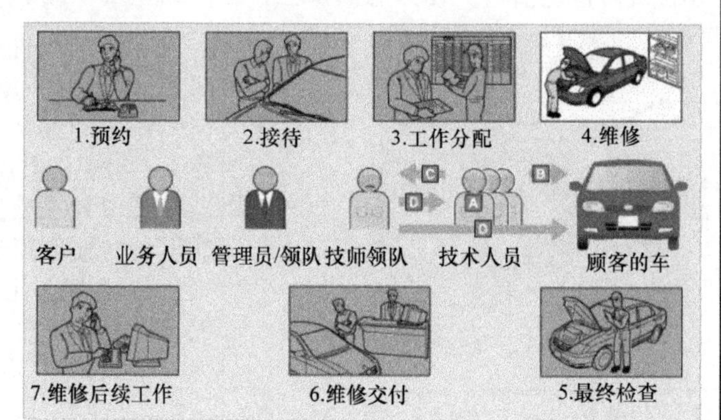

曲轴位置传感器检测

1）根据维修手册的导引找到CPS的位置及相关电路图、线盒接脚图。

2）如图所示为CPS电路图及线盒接脚图，拆下A－84线盒，点火开关ON，使用电压表量测线束侧，3号接脚与搭铁之间的电压 $V_{3-E}=12V$。

3）2号接脚与搭铁之间电压 $V_{2-E}=4.8\sim5.2V$。

4）将点火开关开到OFF，使用电阻表量测线束的1号接脚与搭铁之间导通性，$R_{1-E}=0\Omega$。

5）将A－84线盒接线接上，使用测试线或使用大头针引出2号接脚信号，使用电压表量测2号接脚与搭铁之间电压：

① 将点火开关在ST时，$V_{2-E}=0.4\sim4.0V$。

② 发动机怠速运转时，$V_{2-E}=1.5\sim2.5V$。

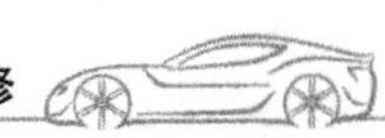

任务评价

一、请通过思考以下问题进行结果检验

1. 如何测量气门?
2. 如何测量凸轮轴的直线度?
3. 如何测量凸轮轴轴向间隙?
4. 如何测量气缸盖及气缸体平面度?
5. 如何测量曲轴径向跳动量?
6. 如何测量曲轴主轴颈和连杆轴颈磨损?
7. 如何测量活塞的直径?
8. 如何测量气缸的直径?
9. 如何计算活塞的运转间隙?
10. 如何测量活塞环的侧隙、开口间隙?
11. 如何测量连杆及活塞销尺寸?

二、不定项选择题

1. 使用百分表测量气门的径向跳动量时，反映的是：

A. 气门的磨损程度

B. 气门杆的弯曲度

C. 气门与阀座的密封性

D. 气门工作时的振动程度

2. 关于气缸盖平面度的描述，正确的是：

A. 使用塞尺和精密直尺测量气缸盖的平面度

B. 测量平面度时，需在对角、侧向、共 5 个位置测量

C. 对角测量允许最大偏差为 0.5mm，侧向最大偏差为 0.3mm

D. 平面度过大时，可能会造成燃烧压力泄漏，发动机动力不足

3. 发动机气缸磨损最大的部位可能性最大的是：

A. 气缸孔顶部

B. 活塞环上止点位置

C. 气缸孔中部

D. 活塞环下止点位置

4. 使用量缸表测量气缸内径时，设定 80.000mm 为“0”点，测量时量缸表指针沿顺时针方向的最大偏差位置如下图所示，则测得的气缸内径值为：

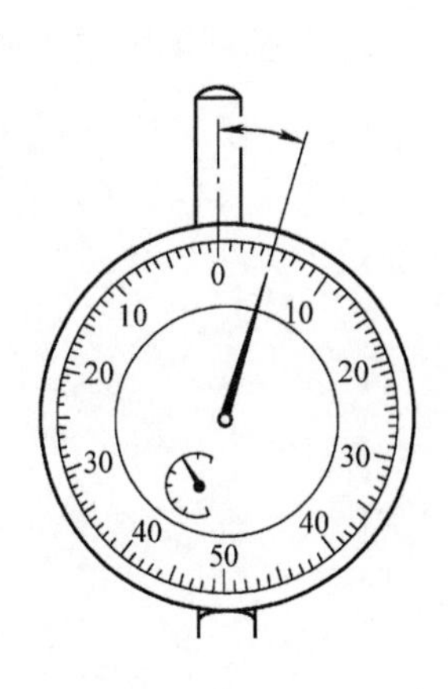

A. 75.000mm

B. 85.000mm

C. 79.950mm

D. 80.050mm

5. 关于活塞环检测的描述，正确的是：

A. 使用塞尺测量活塞环与环槽的间隙，此为侧隙

B. 活塞环侧隙过大，会造成机油消耗过多

C. 测量活塞环开口间隙时，将环置于上止点位置

D. 活塞环开口间隙为0mm最佳，因为机油消耗最少

6. 关于曲轴检测的描述，正确的是：

A. 检测曲轴径向跳动量时，需在所有主轴颈上安装主轴承，并固定百分表

B. 如果曲轴的径向跳动量为0.100mm，则需要修理或更换曲轴

C. 主轴颈磨损严重的话，可以使用减小主轴承厚度的方法维修

D. 使用量缸表和千分尺可以测得主轴颈与轴承间的油隙

7. 发动机连杆的检查项目有：

A. 连杆的长度

B. 大头的止推间隙

C. 小头与活塞销之间的间隙

D. 连杆的弯曲度

三、问答题

1. 如何测量缸盖的平面度？

2. 如何计算活塞的运行间隙？

四、思考讨论题

1. 简述气缸磨损的规律。

2. 活塞环侧隙过大或过小对发动机有何影响？

项目四

汽车底盘故障诊断与维修

项目描述

王先生的一辆2018年大众POLO手动档轿车，行驶里程将近6万km。有一天王先生用低速档起步时，松抬离合器踏板后，汽车不能起步或起步困难；汽车加速行驶时，车速不能随发动机转速的提高而提高，感到行驶无力，严重时产生焦煳味或冒烟等现象。维修技师该如何对该车出现的故障进行检测会诊呢？

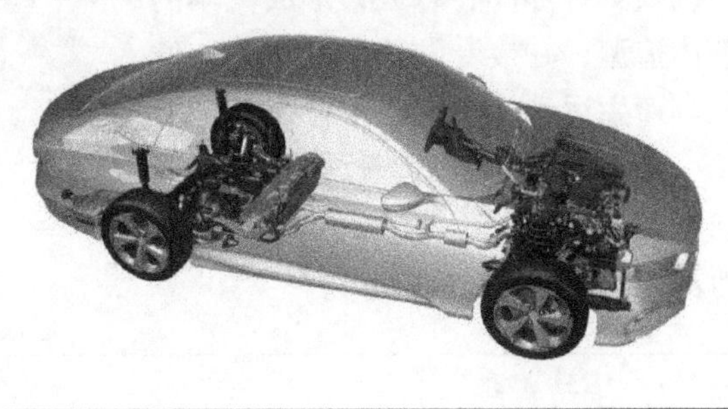

学习目标

知识目标

1. 能分析离合器故障诊断。
2. 能掌握和理解汽车底盘故障的成因。
3. 能掌握和理解汽车底盘故障诊断的原则。
4. 能掌握汽车底盘故障诊断的基本方法。
5. 能掌握汽车底盘故障诊断的基本流程。

技能目标

1. 能分析和掌握传动系统、制动系统故障诊断与维修。
2. 能分析和掌握转向系统、行驶系统的故障诊断与维修。
3. 能区分汽车底盘系统的人为故障和自然故障。
4. 能掌握汽车底盘故障诊断的基本技能。
5. 能掌握汽车不同类型底盘系统故障诊断流程的方法和技巧。

素养目标

1. 严格执行汽车底盘故障诊断规范，养成严谨科学的工作态度。
2. 培养团队协作精神。
3. 能够“最大化”利用有限时间。

4. 阅读资料划出关键技术点，归纳整理故障诊断方法。

5. 能够找出“简单”的技术系统诊断方法。

6. 能够清晰、友好且有趣地向他人口头转述信息。

7. 能够解决棘手的问题。

8. 树立目标并制订实现目标的计划。

9. 客观公正地自评和评价他人。

10. 能够与合作伙伴良好地交流和相互理解。

11. 能够养成自觉遵守技术标准和要求规定、规范操作、安全、环保、“6S”作业的习惯。

12. 能够养成劳动光荣、创造伟大的思维和创新意识。

底盘的作用是支撑、安装汽车发动机及其各部件、总成，形成汽车的整体造型，并接受发动机的动力，使汽车产生运动，保证正常行驶。

底盘由传动系统、行驶系统、转向系统、制动系统四部分组成，如图所示。

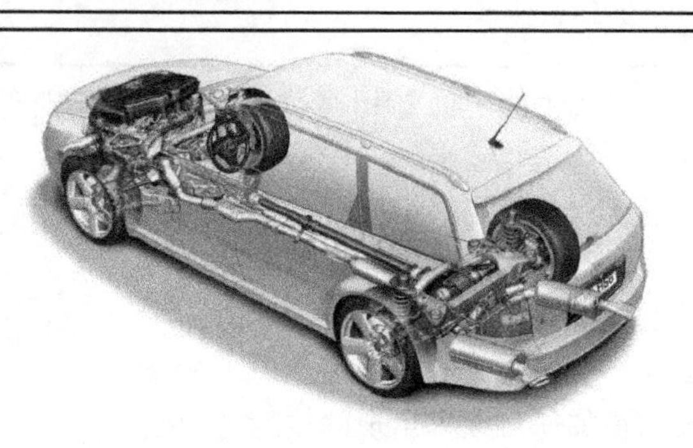

1. 传动系统

	作用：	组成：
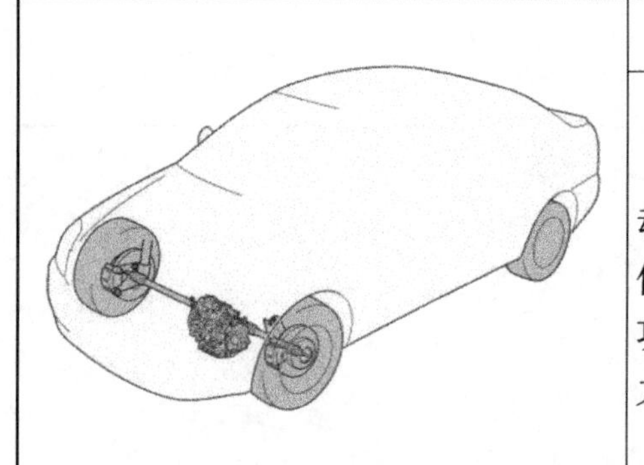	是从发动机到驱动车轮之间所有动力传递装置的总称。其功用是将发动机的动力传给驱动车轮。	由离合器、手动变速器、万向传动装置（万向节和传动轴）、驱动桥（主减速器、差速器、半轴、桥壳）等组成。

2. 行驶系统

	作用：	组成：
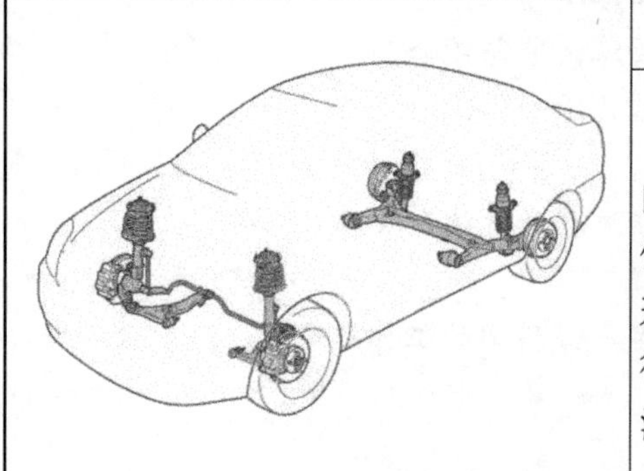	是支撑并承受车内、车外各种载荷的作用，把传动系统传来的转矩转化为汽车行驶的牵引力，保证汽车平顺行驶。	一般由车架、悬架、车桥和车轮等组成。

3. 转向系统		
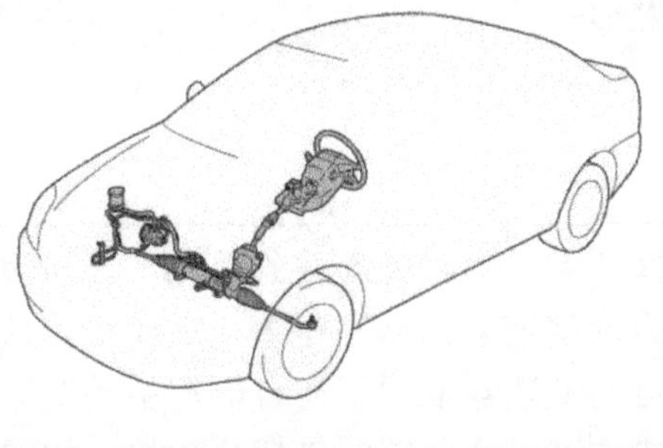	作用：	组成：
	汽车转向系统的功能就是按照驾驶人的意愿控制汽车的行驶方向。	一般由齿轮齿条式转向器、转向力矩传感器、转向柱、转向横拉杆、EPS 控制单元、电动机、减速器等部件组成。
4. 制动系统		
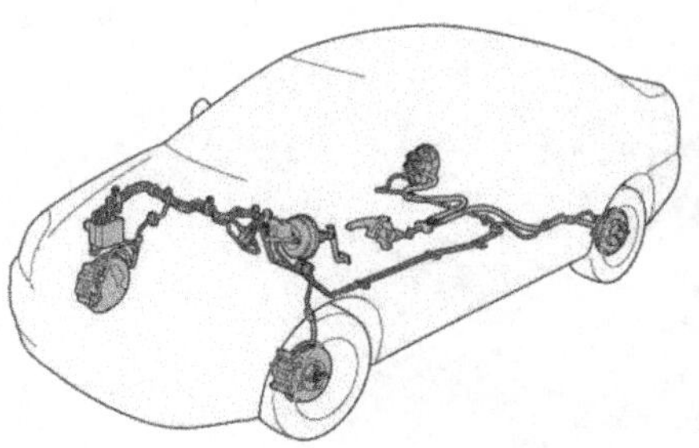	作用：	组成：
	是使汽车减速、停车并能保证可靠地驻停。汽车制动系统一般包括行车制动器和驻车制动器两套相互独立的制动系统，每套制动系统都包括制动器和制动传动机构。	由制动踏板、制动助力器、制动主缸、配量阀（P 阀）、盘式制动器或鼓式制动器组成。
（1）行车制动器	作用：	组成：
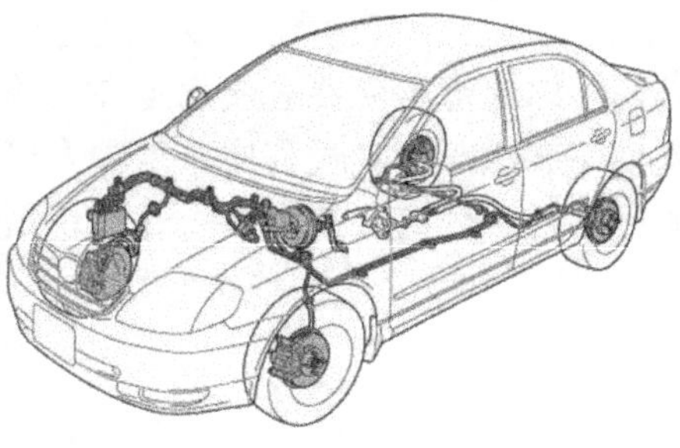	行车制动器用于控制车辆速度和停下车辆。一般来说，盘式制动器用在车轮上。	由制动踏板、制动助力器、制动主缸、配量阀（P 阀）、盘式制动器、鼓式制动器组成。
（2）驻车制动器	作用：	组成：
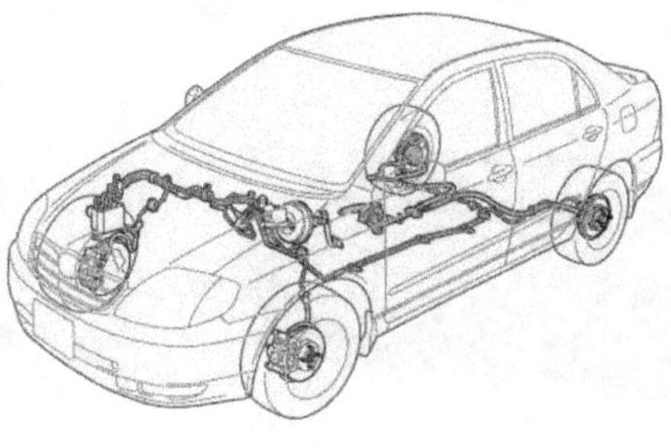	驻车制动器主要在车辆停放时使用，它们对后轮进行机械锁定。	由驻车制动器操纵杆、驻车制动缆线、后制动器组成。

任务一　检修离合器

一、相关知识

汽车传动系统是指从发动机到驱动车轮之间所有动力传递装置的总称。其功用是将发动机的动力传给驱动车轮。轿车中采用自动变速器的越来越多，其底盘包括自动变速器、万向传动装置、驱动桥等，即用自动变速器取代了离合器和手动变速器；如果是越野汽车（包括 SUV，即运动型多功能汽车），还应包括分动器，如图所示。

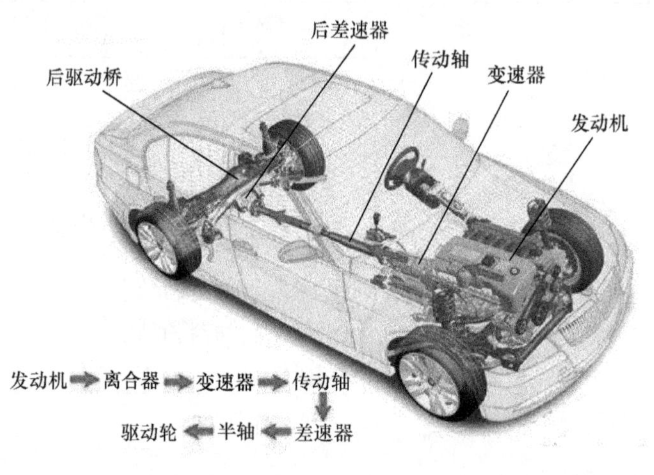

离合器位于发动机和变速器之间的飞轮壳内，用螺栓将离合器总成固定在飞轮的后平面上，离合器的输出轴就是变速器的输入轴。在汽车行驶过程中，驾驶人可根据需要踩下或松开离合器踏板，使发动机与变速器暂时分离和逐渐接合，以切断或传递发动机向变速器输入的动力，如图所示。

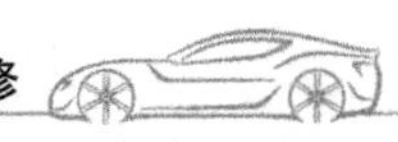

离合器位于发动机和变速器或驱动桥之间，用于接通或切断发动机和传动系统间的动力传递。当驾驶人踩下离合器踏板后，切断了从发动机传递到变速器或驱动桥的动力。随着驾驶人慢慢抬起离合器踏板，离合器将发动机和变速器或驱动桥逐渐连接起来，车辆开始移动。本项目以手动变速器为例，对组成零件进行介绍，如图所示。

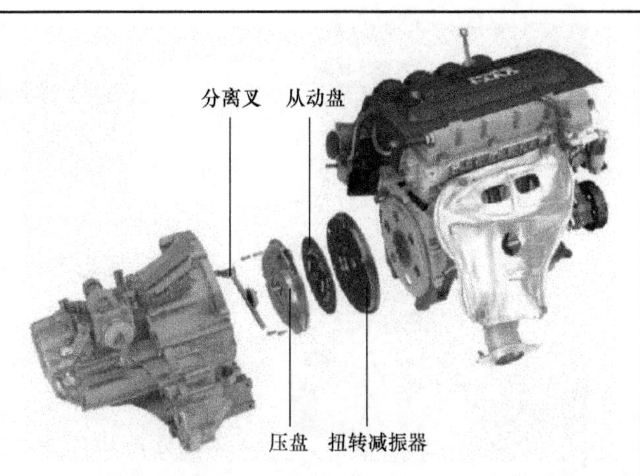

离合器由主动部分、从动部分和操纵部分等组成，在维修过程中这些组成部分中，任何一部分发生故障都会导致离合器不能正常工作，如图所示。在本学习任务我们归纳总结出常见的离合器故障，并对这些故障的简单诊断方法进行介绍，这些故障分别是：

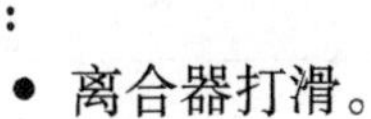

- 离合器打滑。
- 离合器抖动。
- 离合器分离困难。
- 离合器异响。

（一）离合器打滑

离合器打滑是离合器系统常见的故障之一，究其原因，可分为两部分，一是正常使用磨损导致；二是由于非正常使用或故障导致的零件损坏，无论是什么原因导致的离合器打滑，我们都可以通过简单方法进行判断，判断方法如下：

- 第一，起动发动机并使其达到正常工作温度。
- 第二，起动驻车制动，踩下离合器踏板，挂入3档。
- 第三，提高发动机转速至1500r/min，缓抬离合器。

按以上三步操作，当离合器完全抬起时，发动机熄火，则说明离合器没有打滑；反之，如果发动机继续运转，车辆也没有起步，则说明离合器打滑。这种方法也称为“失速实验法”。

下面我们举例介绍导致离合器打滑的故障零件。

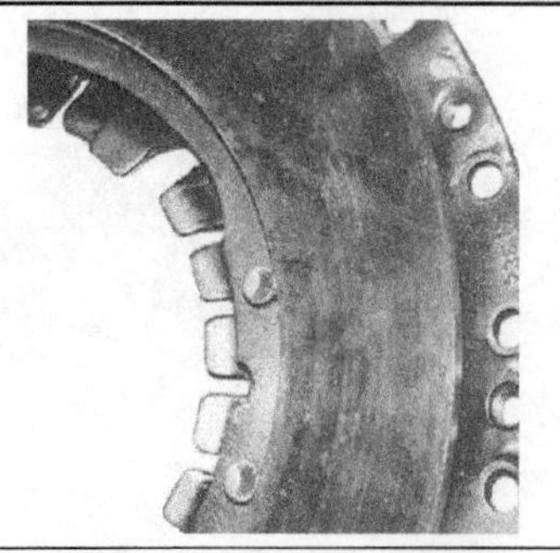	1）离合器压盘过热原因如图所示： ● 离合器片上有油脂（摩擦系数下降），通常是离合器液压管路泄漏导致。 ● 分离轴承间隙过小，导致长时间半联动。 ● 离合器操纵系统损坏。
	2）膜片弹簧指端磨损原因： ● 分离轴承损坏造成与压盘的非正常磨损，使得离合器长时间处于半联动状态，如图所示。
	3）离合器片侵油原因，如图所示： ● 曲轴后油封损坏。 ● 变速器前油封损坏。 ● 离合器工作缸漏油。
	4）离合器片磨损原因，如图所示： ● 正常磨损。 ● 长时间半联动导致。
案例：离合器打滑 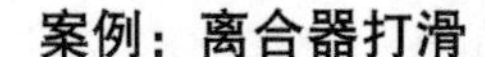	
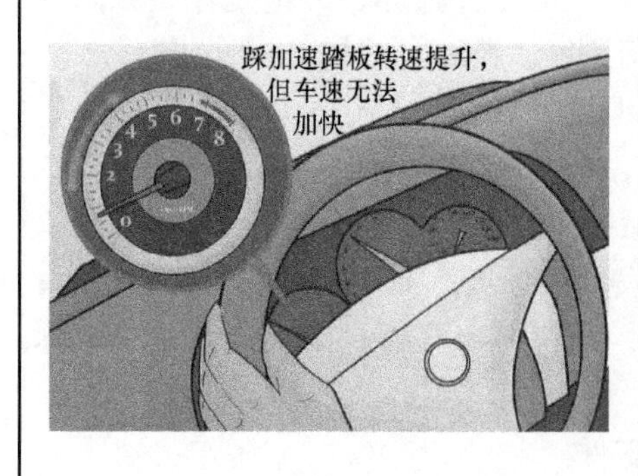 	1. 故障现象 汽车用低速档起步时，松抬离合器踏板后，汽车不能起步或起步困难；汽车加速行驶时，车速不能随发动机转速的提高而提高，感到行驶无力，严重时产生焦煳味或冒烟等现象。 2. 故障原因 1）离合器踏板没有自由行程，使分离轴承压在分离杠杆上。

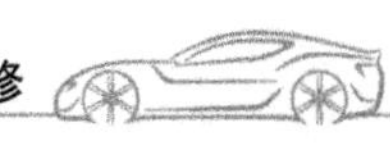

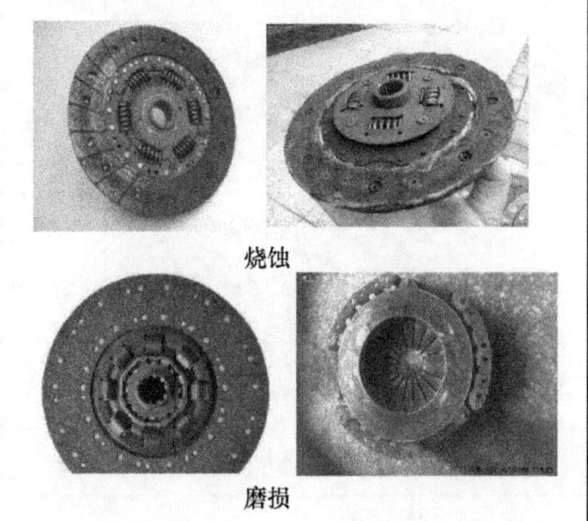

2）从动盘摩擦片、压盘或飞轮工作面磨损严重，离合器盖与飞轮的连接松动，使压紧力减弱。

3）从动盘摩擦片油污、烧蚀、表面硬化、铆钉外露、表面不平，使摩擦系数下降。

4）压力弹簧疲劳或折断，膜片弹簧疲劳或开裂，使压紧力下降。

5）离合器操纵杆系卡滞，分离轴承套筒与导管间油污、尘腻严重，甚至造成卡滞，使分离轴承不能复位。

6）分离杠杆弯曲变形，出现运动干涉，不能复位。

3. 诊断与排除

1）检查离合器踏板自由行程，如不符合规定，应予以调整。

2）如果自由行程正常，应拆下变速器壳，检查离合器与飞轮连接螺栓是否松动，如果松动，则予以拧紧。

3）如果离合器仍然打滑，应拆下离合器检查从动盘摩擦片的状况。如果有油污，一般可用汽油清洗并烘干，然后找出油污来源并设法排除。如果摩擦片磨损严重或有铆钉外露，应更换从动盘。

4）如果从动盘完好，则应分解离合器，检查压紧弹簧，如果弹力过软则应更换。

（二）离合器抖动

通常离合器抖动故障是驾驶人反映的离合器踏板抖动，这种故障是由于离合器旋转部件运转不平稳所导致，在离合器工作过程中（无论是分离过程，还是接合过程中）分离轴承接触离合器压盘，如果此时离合器旋转部件运转不稳定，则该不稳定运动通过分离轴承及其控制部分反映到离合器踏板上。检查离合器抖动的方法很简单，在发动机运转过程中，反复缓慢踩踏离合器踏板感觉踏板是否抖动。

1）离合器片花键毂变形原因如图所示：

- 过度磨损导致。
- 零件质量问题。

2）离合器压盘膜片弹簧指端变形原因如图所示：

- 压盘过热。
- 零件质量问题。

案例：离合器抖动

1. 现象

汽车用低速档起步时，按操作规程逐渐放松离合器踏板并徐徐踩下加速踏板，离合器不能平稳接合且产生抖振，严重时甚至整车产生抖振现象。

2. 原因

1）分离杠杆内端高度不处在同一平面内。

2）从动盘或压盘翘曲变形，飞轮工作端面的端面圆跳动严重。

3）从动盘摩擦片厚度不均匀、油污、烧焦、表面不平整、表面硬化、铆钉头露出、铆钉松动或切断、波形弹簧片损坏。

4）压紧弹簧的弹力不均、疲劳或个别折断，膜片弹簧疲劳或开裂。

5）从动盘上的缓冲片破裂或减振弹簧疲劳、折断。

6）发动机支架、变速器、飞轮、飞轮壳等的固定螺栓松动。

7）分离轴承套筒与导管油污、尘腻严重、分离轴承烧蚀，使分离轴承不能复位。

压盘翘曲变形

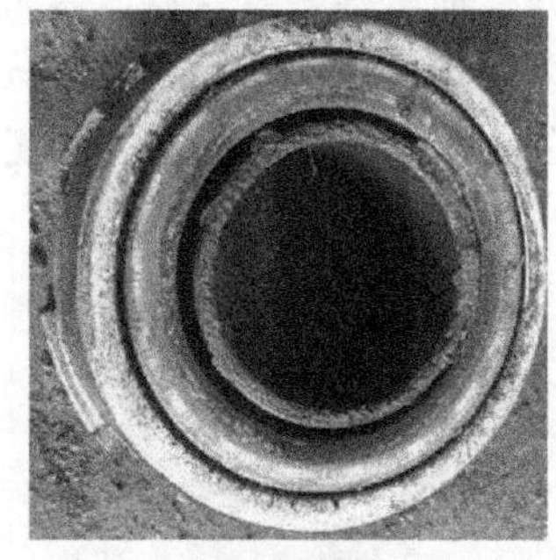

分离轴承烧蚀

3. 诊断与排除

1）检查离合器踏板、分离轴承等复位是否正常，如果正常则继续检查。

2）检查发动机支架、变速器、飞轮、飞轮壳等处螺栓是否松动，如果是，则拧紧螺栓，否则继续检查。

3）检查分离杠杆的内端是否在同一平面，如果是，则继续检查。

4）检查压盘、从动盘是否变形，铆钉是否松动、外露，压紧弹簧的弹力是否在允许范围内，否则应更换或修理。

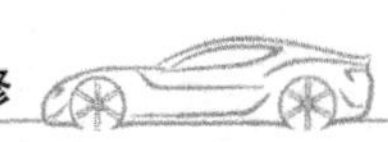

（三）离合器分离困难

离合器分离困难，会导致无法换档或换档困难等故障，这是相对复杂的故障，其故障点可能是离合器的操纵部分，也可能是离合器的主、从动部分。要准确地判断故障点，首先要区分它们。

- 通过对操控部分进行动作检查可判断操纵部分运转是否正常。
- 如果动作不正常，可对离合器的液压操纵部分进行排气/油处理，然后检查是否正常。

通过以上方法可以准确地区分故障点是否在离合器的操纵部分。如果确定故障发生在离合器的主、从动部分，就要对离合器进行拆卸检查。

1）离合器片花键毂损坏原因如下：

- 安装错误。
- 离合器片不配套。

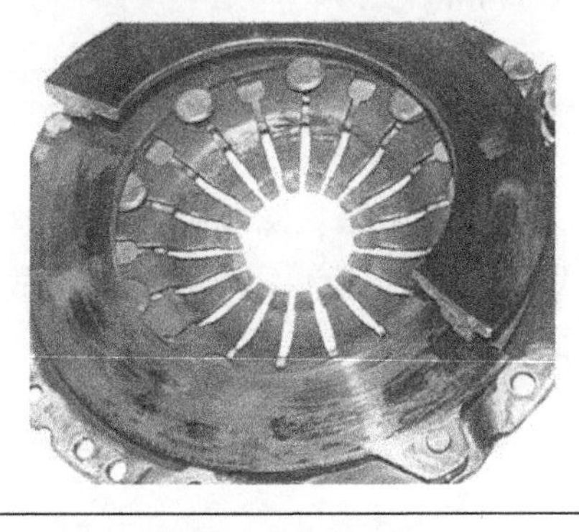

2）离合器压盘断裂原因如下：

- 长时间半联动导致离合器过热，产生热衰退。
- 离合器片磨损打滑后过热。

案例：离合器分离不彻底

1. 现象

发动机怠速运转时，踩下离合器踏板，换档时有齿轮撞击声且难以换入；如果勉强换上档，则在离合器踏板尚未完全放松时，发动机熄火。

2. 原因

1）离合器踏板自由行程过大。

2）双片离合器中间压盘限位螺钉调整不当，个别分离弹簧疲劳、高度不足或折断，中间压盘在传动销上轴向移动不灵活。

3）从动盘钢片翘曲、摩擦片破裂或铆钉松动。

4）新换的摩擦片太厚或从动盘正反装错。

5）从动盘花键孔与变速器第一轴花键轴卡滞。

6）离合器液压操纵机构漏油、油量不足或有空气。

7）膜片弹簧弹力减弱。

8）发动机支承磨损或损坏，发动机与变速器不同心。

3．诊断与排除

1）检查离合器踏板自由行程。如果自由行程过大，则应调整，否则对于液压操纵机构检查储液罐油量是否不足或管路中有空气，并进行必要的排除。如果不是上述问题，应继续检查。

2）检查分离杠杆内端高度。如果分离杠杆高度太低或不在同一平面，则应调整，否则检查从动盘是否装反。如果都没问题，则继续检查。

3）检查从动盘是否翘曲变形，铆钉是否脱落，从动盘是否轴向运动卡滞等，如果是，则应更换或修理。

（四）离合器异响

声音是由物体的振动产生的，离合器在工作过程中作旋转运动时产生振动从而发生声声，这个声音属于正常噪声，那么离合器在运转过程中由于零件故障导致的异常响声，我们称之为离合器异响。离合器异响是由于零件发生故障，运转过程中异常振动而产生的。要检查离合器异响，首先要了解离合器的结构，通过故障现象结合原理进行逻辑性的分析，从而判断故障的原因和故障点。

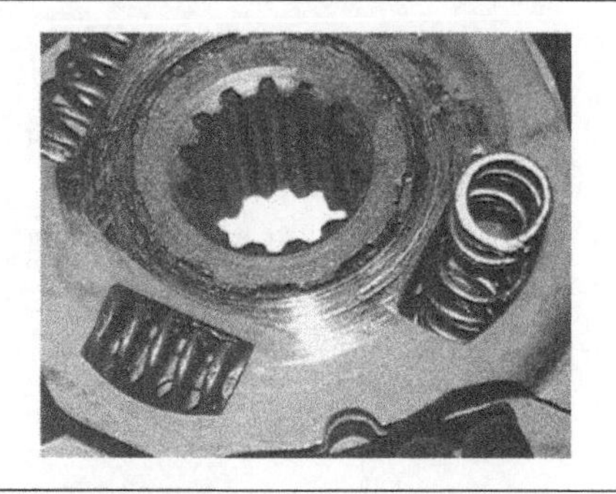

1．离合器片减振弹簧损坏

如图所示，离合器片减振弹簧损坏造成机械干涉，产生异响。故障原因如下：

- 安装错误。
- 离合器片不配套。

2．离合器片损坏

如图所示，离合器片损坏，造成其在旋转过程中失去原有的动平衡，造成异常振动，产生异响，故障原因如下：

- 操作错误，发动机在低转速时换高档长时间行驶。
- 离合器片不配套或安装错误。

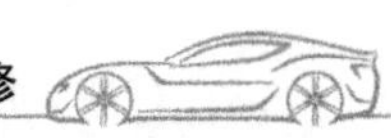

3. 分离轴承损坏

如图所示，分离轴承损坏，造成异响，通常分离轴承异响发生在踩踏离合器踏板的过程中，因为只有在此过程中分离轴承工作，导致分离轴承损坏的原因：

- 非正常操作，驾驶人将左脚长时间放置在离合器踏板上，导致分离轴承长时间运转。
- 分离轴承润滑不良。

特别提示：

本项目列举了部分离合器故障，在日常工作中，离合器故障还有很多，在诊断离合器故障的过程中，要根据其工作原理和结构，进行逻辑性的分析。

案例：离合器异响

1. 现象

离合器分离或接合时发出不正常的响声。

2. 原因

1）分离轴承缺少润滑剂，造成干磨或轴承损坏。

2）分离轴承与分离杠杆内端之间无间隙。

3）分离轴承套筒与导管之间油污、尘腻严重或分离轴承回位弹簧与踏板回位弹簧疲劳、折断、脱落，使分离轴承回位不佳。

4）从动盘花键孔与其花键轴配合松旷。

5）从动盘减振弹簧退火、疲劳或折断。

6）从动盘摩擦片铆钉松动或铆钉头外露。

7）双片离合器传动销、中间压盘及其销孔磨损、松旷。

3. 诊断与排除

1）稍稍踩下离合器踏板，使分离轴承与分离杠杆接触，如果有“沙沙”声，则为分离轴承响；如果加油后仍响，说明分离轴承磨损过度、松旷或损坏，应更换。

2）踩下、抬起离合器踏板，如果出现间断的碰撞声，说明分离轴承前后有窜动，应更换分离轴承回位弹簧。

3）连踩离合器踏板，如果离合器刚接合或刚分开时有响声，说明从动盘摩擦片铆钉松动或铆钉头外露，应更换从动盘。

二、任务实施

检修离合器故障

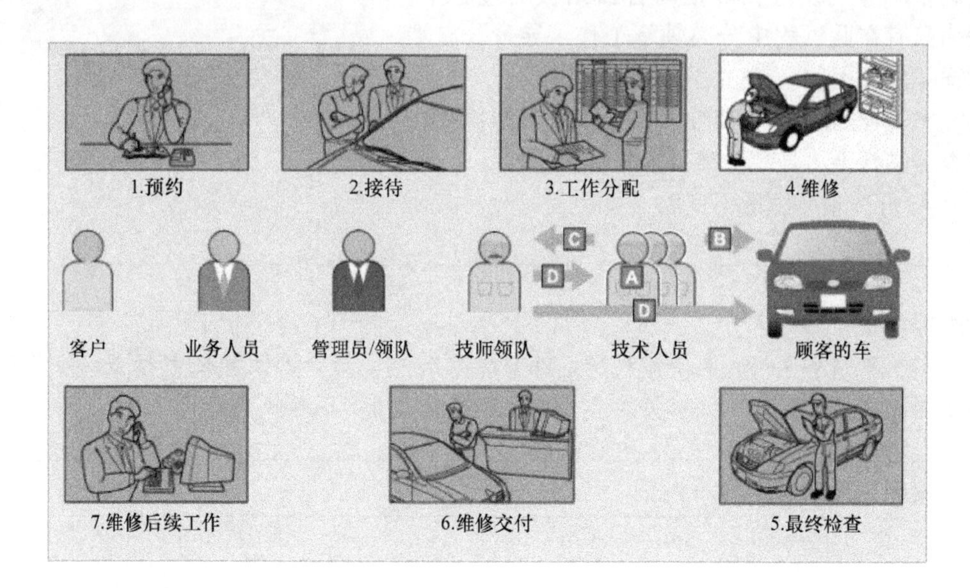

对技术人员要求：

- 接收/检查修理单。
- 接收用于修理的订购零件。
- 在允许的时间内进行工作。
- 向技师领队确认工作完成。

技师领队：

- 对技术难度高的工作向技术人员提供指导和帮助。

（一）离合器的操纵机构的检查

离合器的操纵机构包括踏板机构、液压系统，在本学习任务我们将对离合器踏板自由行程的检查与液压系统的排气检查进行描述。

1. 离合器踏板自由行程的检查

在离合器开始分离之前，离合器踏板能够踩下去很小一段距离。这段行程表明离合器踏板放松后离合器能够完全接合。如果离合器没有自由行程，则表明离合器没有完全接合。这有可能是离合器拉索或者离合器过度磨损造成的，而且通常会伴随着离合器打滑的现象。所以对离合器踏板自由行程的检查是十分重要的，使用直尺可以对其进行相应检查，通常离合器踏板自由行程在10~20mm之间，如图所示。

<table>
<tr><td colspan="2">
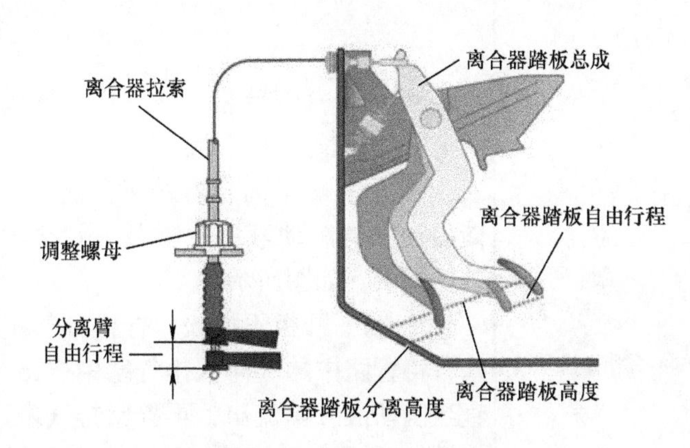

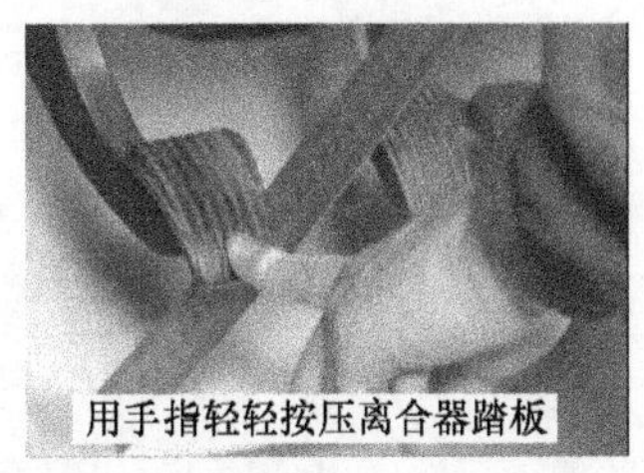

</td></tr>
<tr><td>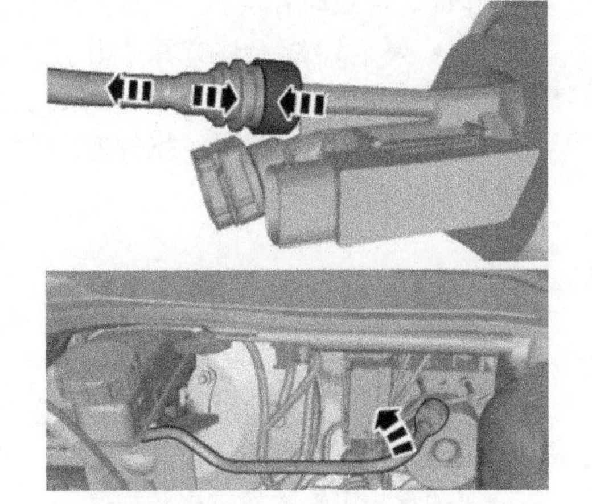</td><td>2. 离合器液压系统的泄漏检查
离合器液压操纵机构是一套完整的液压系统，该系统由离合器主缸、液压管路、离合器工作缸组成。对离合器液压系统各接头的泄漏检查是很有必要的，对管路接头的检查如图所示。</td></tr>
<tr><td>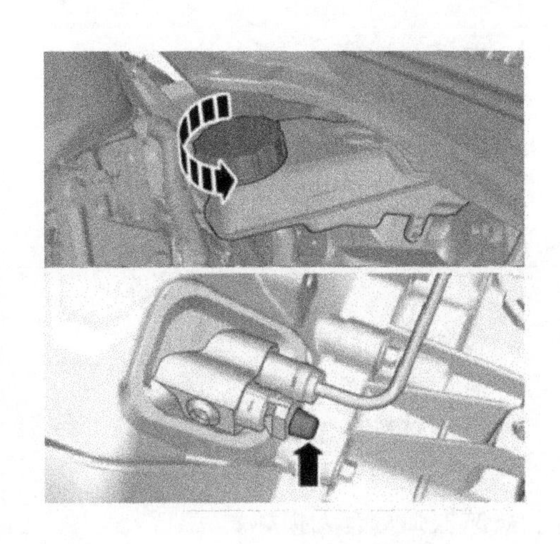</td><td>3. 离合器液压系统的排气检查
离合器在工作时，离合器主缸将液压油压入管路，管路将压力传导至离合器工作缸，压力转化为机械能输出，从而推动分离轴承工作。
当离合器储液罐液面降低很多或拆开管路时，易使空气进入液压系统。离合器液压系统中若有空气必须及时排出，否则会影响离合器工作，如图所示。排气步骤如下：
● 将离合器储液罐装满制动液。
● 取下离合器工作缸后部排气塞上的防尘帽。</td></tr>
</table>

<table>
<tr>
<td>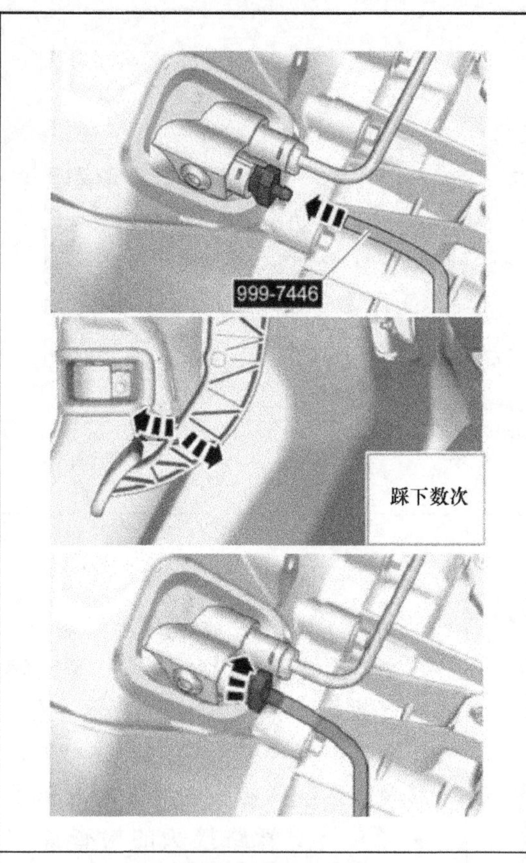
</td>
<td>• 将排气塞旋松，在工作缸排气阀上装一根长度适当的胶管。
• 反复踩下离合器踏板数次，使储油杯中的制动液由主缸泵入管路和工作缸中，如图所示。
• 踩下踏板不放松，拧松排气螺塞，将管路中的气体从排气塞中排出，直至制动液开始流出，再拧紧排气塞。在排气过程中，如果储油杯中制动液减少时，应及时补足。
• 要连续按上述方法操作几次，直至制动液中不见气泡为止。
• 将排气塞旋紧，拔掉塑料管，套上防尘帽，如图所示。</td>
</tr>
<tr>
<td colspan="2">（二）离合器执行机构的检查</td>
</tr>
<tr>
<td colspan="2">离合器执行机构主要包括分离轴承、离合器片、离合器压盘、发动机飞轮，在本学习任务我们将对离合器片、离合器压盘、分离轴承与飞轮的检查进行描述。</td>
</tr>
<tr>
<td></td>
<td>1. 离合器的检查
• 离合器片的外观检查。
• 离合器片端面跳动量的检查。
• 摩擦材质厚度的检查。</td>
</tr>
<tr>
<td></td>
<td>2. 离合器片的外观检查
• 有无油脂污染。
• 摩擦材料有无缺失。
• 有无过热变形。
• 减振弹簧有无损坏。
• 离合器花键的检查。</td>
</tr>
</table>

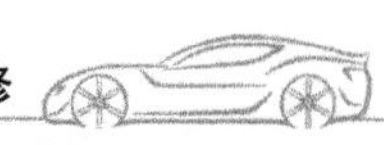

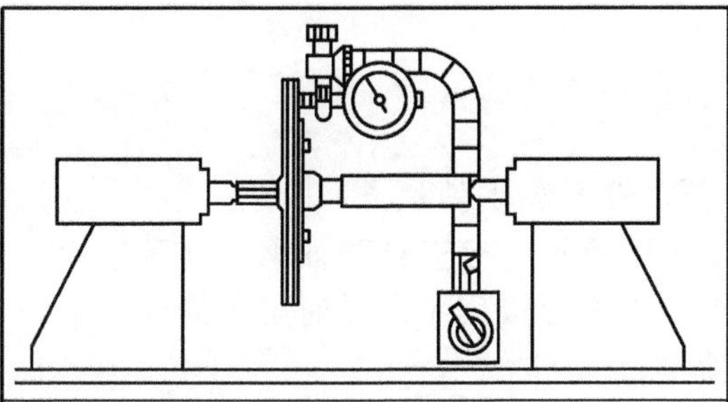

3. 离合器片端面跳动量的检查

如图所示，对离合器片的端面跳动量进行检查，检查结果应该符合维修手册中的标准要求。

离合器片端面跳动量	<0.8mm

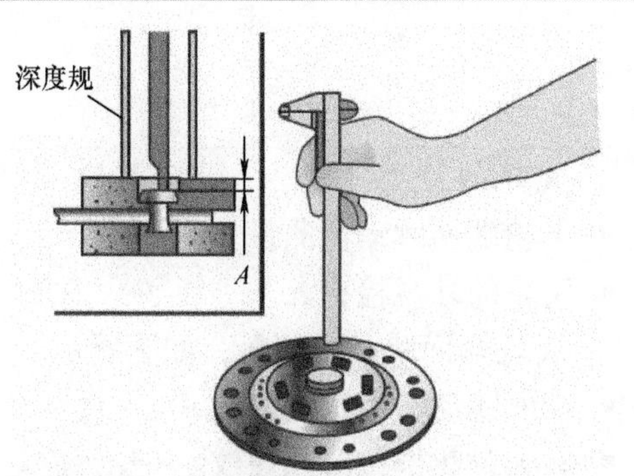

4. 摩擦材质厚度的检查

如图所示，从铆接处测量离合器片摩擦材料的深度，测量结果应该符合维修手册中的标准要求。

离合器从动盘铆钉深度	>0.3mm

5. 离合器压盘的检查

- 离合器压盘外观检查。
- 离合器压盘膜片的端跳动量的检查。
- 离合器压盘膜片磨损的检查。
- 离合器压盘面磨损是否均匀。

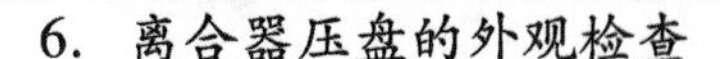

6. 离合器压盘的外观检查

- 有无锈蚀。
- 是否有过热部位或热裂纹。
- 膜片弹簧或螺旋弹簧是否损坏。
- 与分离轴承接触的分离杠杆是否损坏。
- 离合器压盘各分离爪的平行度。

离合器压盘平面度	<0.2mm

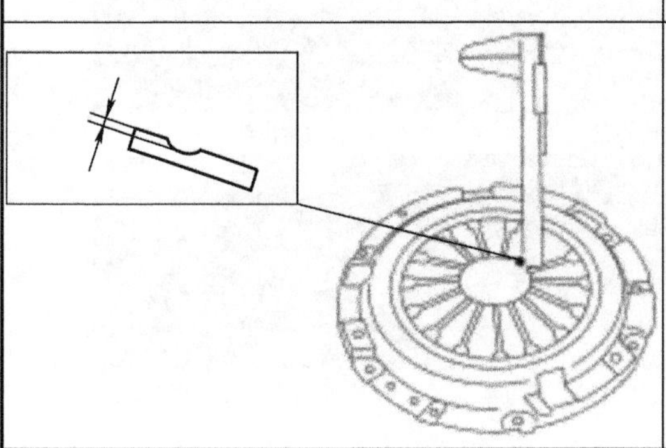

7. 检查膜片弹簧的磨损程度

用游标卡尺测量膜片弹簧内端磨损的深度和宽度，如图所示，宽度≤5.0mm，深度≤0.6mm，若超过上述极限值，应更换膜片弹簧。

检查离合器盖和飞轮的接合平面的平面度公差应符合规定值（0.5mm）。如果有翘曲、裂纹或变形，应更换新件。

8. 分离轴承的检查

如图所示，检查分离轴承，分离轴承如果旋转不灵活或用手旋转时发出异响，就要更换它。

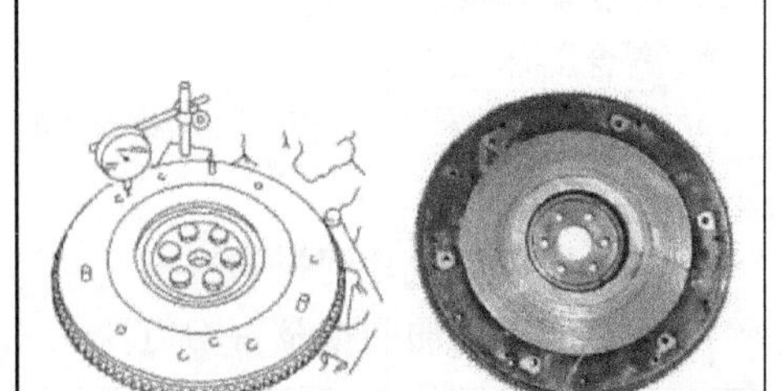

9. 飞轮的检查

- 飞轮端面跳动量测量。
- 飞轮的外观检查。

1）飞轮端面跳动量测量，如图所示。

- 端面跳动是否过大。
- 有无过热部位或热裂纹。
- 有无磨损凹槽。
- 飞轮齿圈是否损坏。

离合器飞轮总成端面跳动量	<0.1mm

2）飞轮外观检查，如图所示。

- 飞轮摩擦表面有无异常磨损。
- 有无锈蚀。
- 飞轮工作面有无断裂，退火等。
- 目视检查飞轮的磨损和变形情况。

（三）拆卸离合器总成

1）拆下蓄电池的正、负极和蓄电池熔丝盒，拆下蓄电池。拔下蓄电池电流传感器，将发动机控制模块托架从蓄电池托架上松开，拆下3个蓄电池托架螺栓，取下蓄电池托架，如图所示。

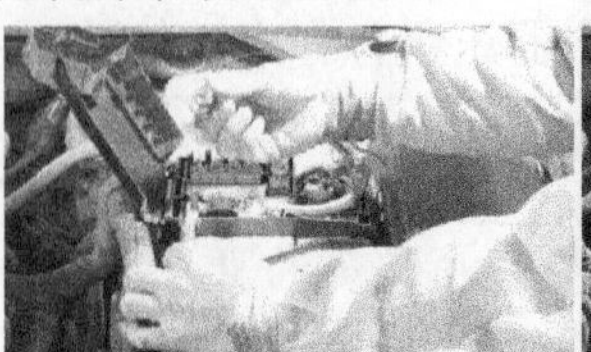
拆下蓄电池的正、负极

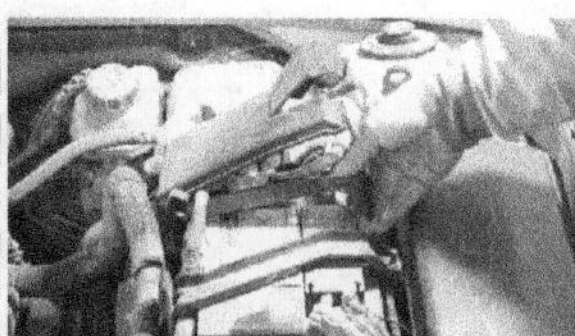
拆下蓄电池熔丝盒

拆卸蓄电池

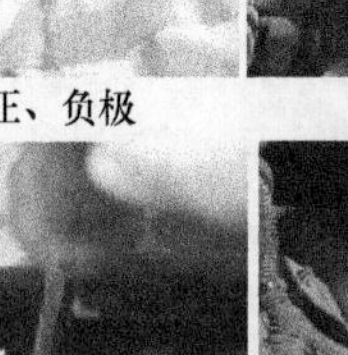
拔下蓄电池电流传感器

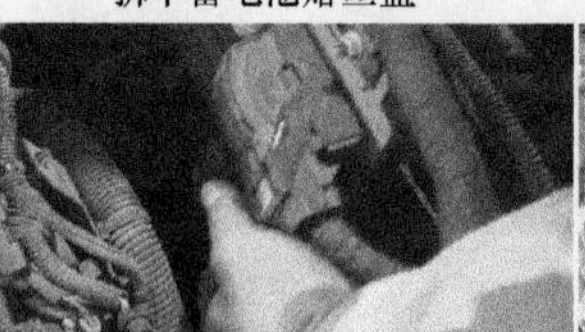
将发动机控制模块托架从蓄电池托架上松开

拆下3个蓄电池托架螺栓

2）从变速杆和变速杆拉索托架上断开变速杆拉索，如图所示。

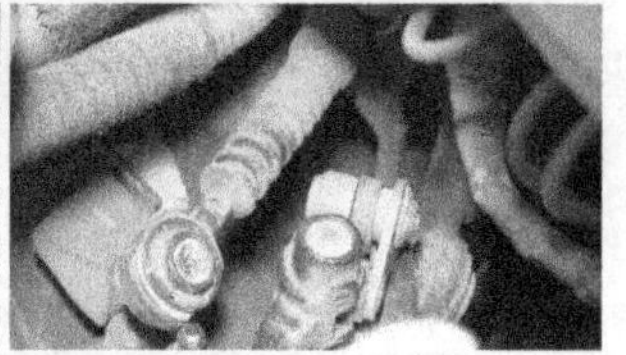

断开变速杆拉索

3）将接液盘置于动力总成下面，将离合器执行器缸前管从2个固定件上断开。打开固定件卡夹，将离合器执行器缸前管从离合器执行器缸管弯头上断开，并用塑料纸包住，防止进灰，如图所示。

将接液盘置于动力总成下面

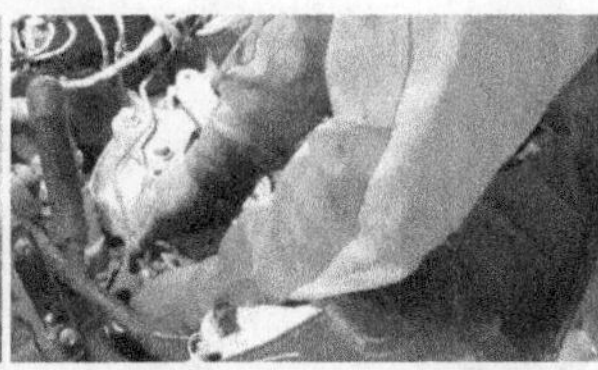

断开离合器执行器缸前管

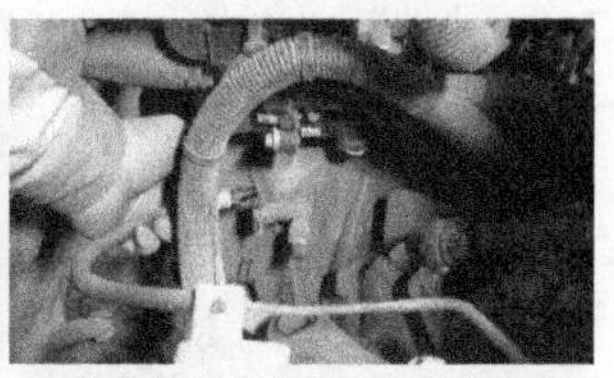

将离合器执行器缸前管从离合器执行器缸管弯头上断开

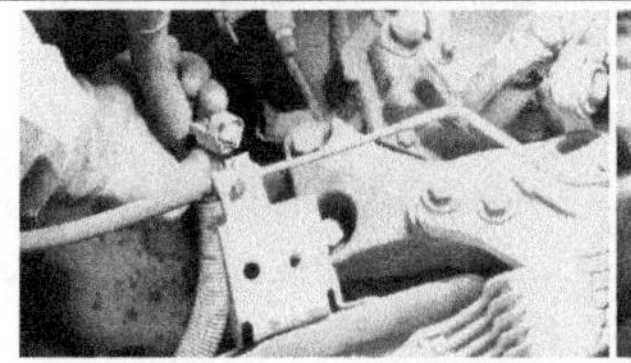

断开倒车灯开关电气插接器

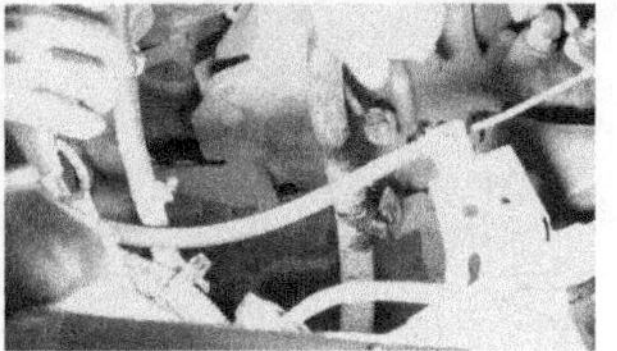

拆下线束托架卡口

4）断开倒车灯开关电气插接器。拆下线束托架卡口，如图所示。

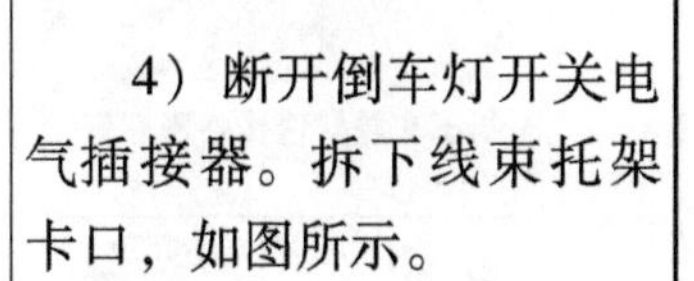

用细铅丝支撑散热器和冷凝器

5）用细铅丝支撑散热器和冷凝器，如图所示。

6）拆下4颗变速器上螺栓，安装EN－47649支撑夹具。拆下6颗变速器支座螺栓，如图所示。

拆下4颗变速器上螺栓

安装EN-47649支撑夹具

拆下6颗变速器支座螺栓

拆下前舱隔振垫

7）举升和顶起车辆，拆下轮胎和车轮总成。

8）拆下前舱隔振垫。拆下前舱防溅罩，如图所示。

拔下氧传感器插头

拆下前排气管至排气消声器的2个螺母

拆下三元催化转化器至前排气管的3个螺母

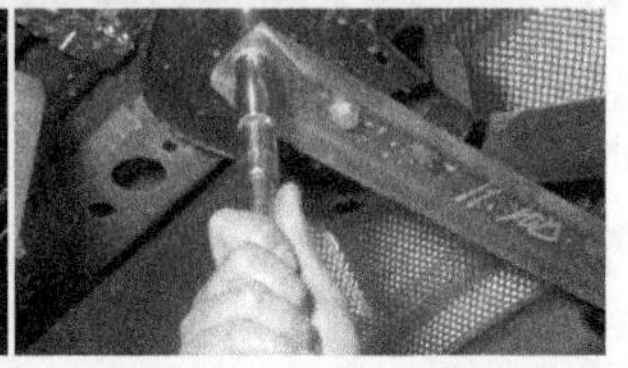
拆下排气管前吊架托架螺栓(2个)

9）拔下后氧传感器插头，（需要助手托住排气管）拆下前排气管至排气消声器螺母（2个）和取下衬垫，拆下三元催化转化器至前排气管螺母（3个）和取下衬垫。拆下排气管前吊架托架螺栓（2个）。等排气管冷却后拆除前排气管，应先佩戴好护目镜和手套，如图所示。

10）拆下车轮转速传感器螺钉，将车轮转速传感器线束从两侧的车架上拆下。将线束固定件从车架和下控制臂上拆下，从车架上拆下散热器线束，如图所示。

拆下车轮转速传感器螺钉

将车轮转速传感器线束从两侧的车架上拆下

从车架上拆下散热器线束

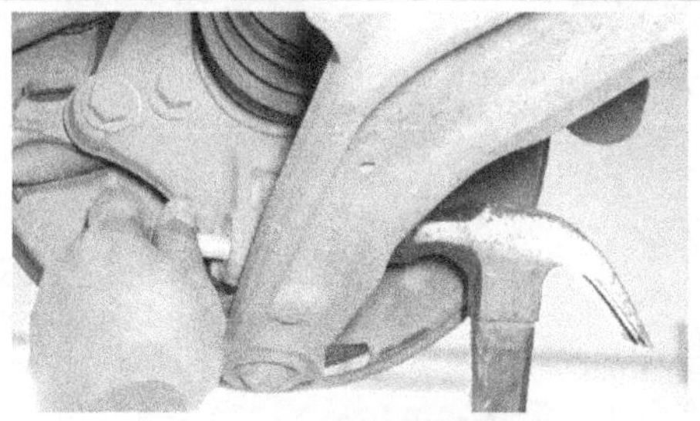
拆下球节至转向节的螺母和螺栓

11）拆下球节至转向节的螺母和螺栓，如图所示。

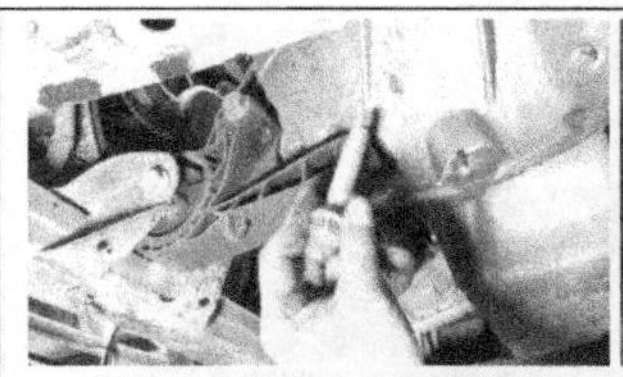
拆下变速器前支座托架螺栓

拆下变速器后支座托架螺栓

12）拆下变速器前后支座托架螺栓，如图所示。

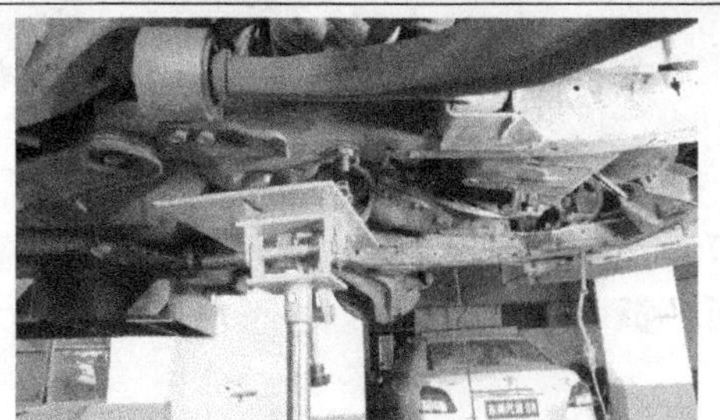
用2个千斤顶同时顶住车架前后端

13）用2个千斤顶同时顶住车架前后端，松开前保险杠吸能器托架螺栓，如图所示。

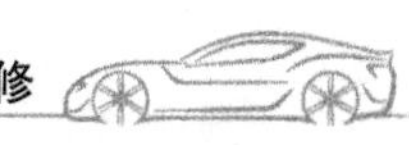

14）依次拆下车架前螺栓、车架后螺栓、平衡杆螺栓。用细铅丝固定转向器总成，将左、右下控制臂球头与转向节分离，然后缓慢放下前后 2 个千斤顶从而拆下车架，如图所示。

拆下车架前、后螺栓

拆卸平衡杆螺栓

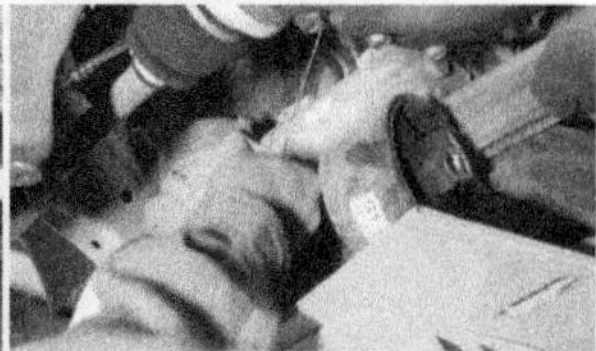

用细的铅丝固定转向器总成

将左、右下控制臂球头与转向节分离

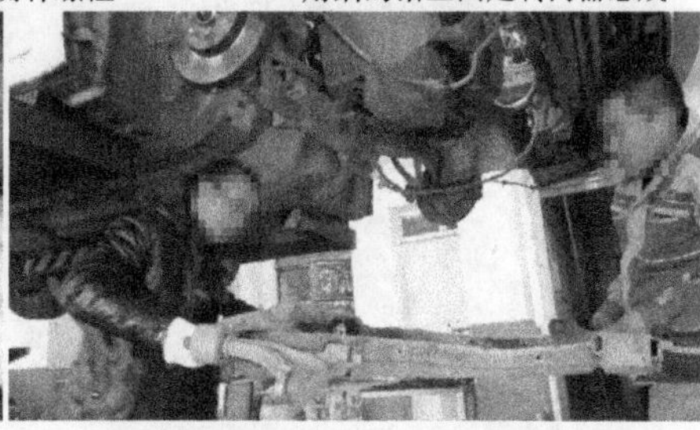

缓慢放下前后2个千斤顶从而拆下车架

15）使用 CH－313 惯性锤将左、右传动轴与变速器分离，拔出传动轴，盖上盖帽，如图所示。

拔出传动轴

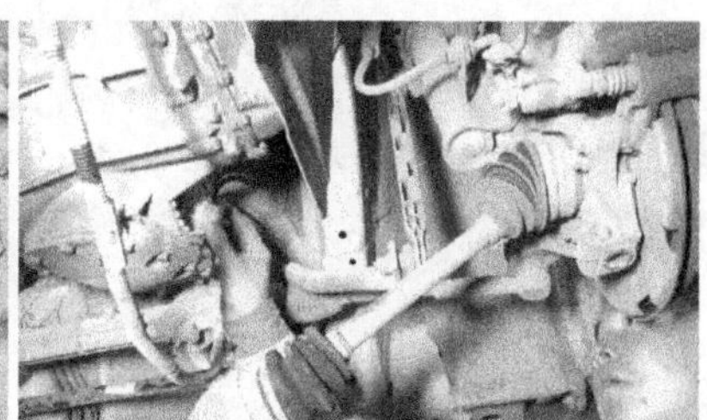

盖上盖帽

16）使用液压顶泵将变速器托住，拆下变速器下部的 5 颗螺栓，将变速器与发动机分离，缓慢降下液压顶泵，然后抬下变速器，如图所示。

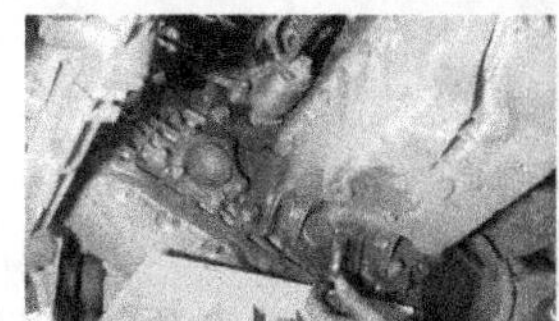

拆下变速器下部的5颗螺栓

将变速器与发动机分离

缓慢降下液压顶泵然后抬下变速器

17）从离合器执行器缸上脱开离合器执行器缸管，拆下 3 颗离合器执行器缸螺栓，拆下离合器执行器缸及其密封件，如图所示。

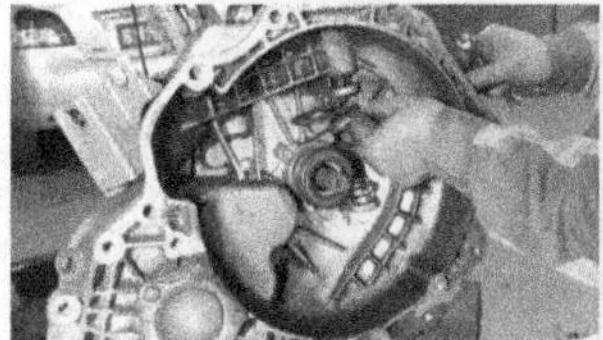

从离合器执行器缸上脱开离合器执行器缸管

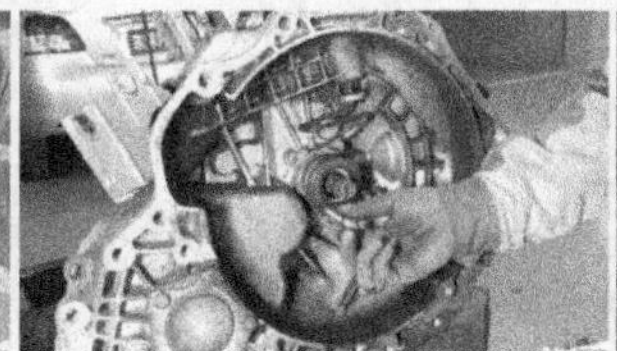

拆下3颗离合器执行器缸螺栓

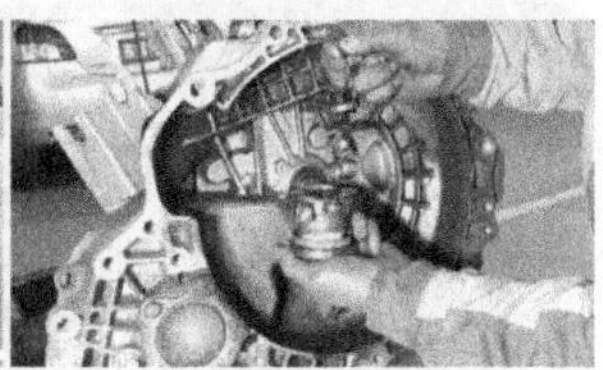

拆下离合器执行器缸及其密封件

18）助手将曲轴前端固定住，安装离合器与飞轮对准工具，拆下 6 个离合器压盘螺栓，取下离合器压盘和离合器从动盘，如图所示。

助手将曲轴前端固定住

安装离合器与飞轮对准工具

拆下6个离合器压盘螺栓

取下离合器压盘和离合器从动盘

（四）安装离合器总成步骤

1）使用与离合器对中的专用工具安装至曲轴末端的安装孔中，安装离合器从动盘和离合器压盘。注意：安装离合器从动盘时，必须使盘上的单词“etriebe－seite”（意思是变速器）朝向变速器。用工具将曲轴前端固定住，安装 6 个新的离合器压盘螺栓，按照车型将螺栓紧固至规定力矩：15N·m，如图所示。

专用工具安装至曲轴末端的安装孔中

紧固至规定力矩15N·m

2）安装离合器执行器缸及其密封件，安装 3 个离合器执行器缸螺栓并均匀牢固紧固至 7N·m，将离合器执行器缸管接合至执行器缸，并紧固至 18N·m。使用干净不起毛的抹布清除离合器毂和输入轴上的碎屑和污物，将一薄层润滑脂涂抹到输入轴上，如图所示。

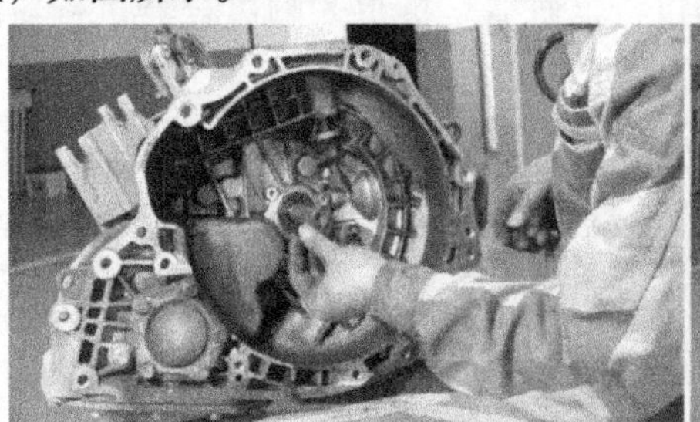
安装离合器执行器缸及其密封件

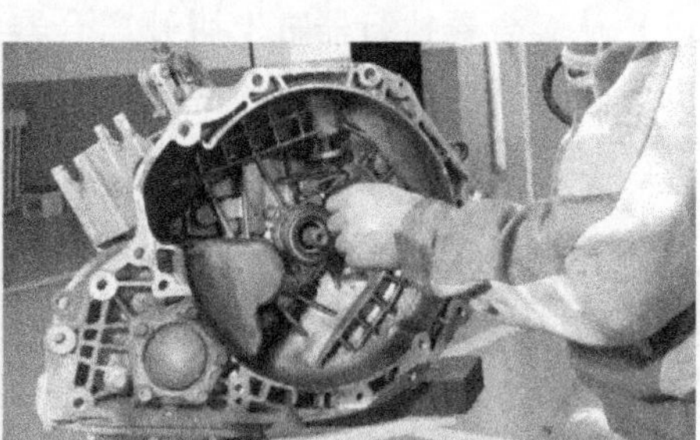
将离合器执行器缸管接合至执行器缸

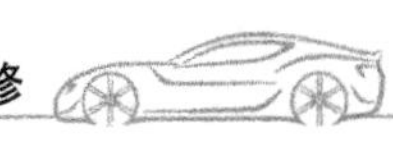

 安装变速器螺栓	3）由两三人将变速器抬到千斤顶上。举升至合适的高度后将变速器放置于发动机上，安装前后上部 2 颗变速器螺栓并固定至 75N · m，安装下部 3 颗螺栓并紧固至 45N · m。降下千斤顶，降下车辆，如图所示。
 安装变速器支座螺栓	4）安装变速器支座螺栓，但不紧固。举升车辆，如图所示。
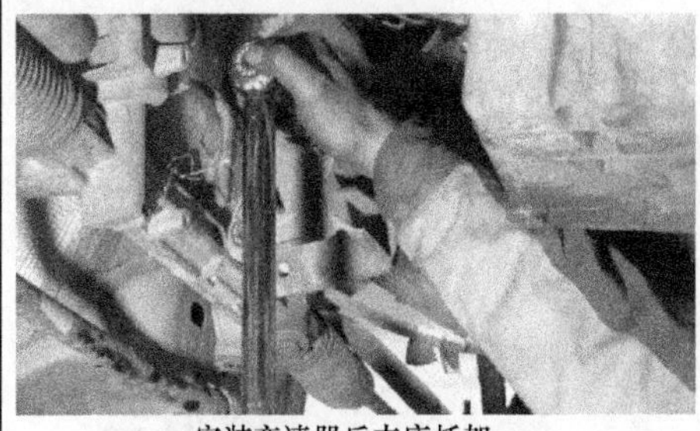 安装变速器后支座托架	5）安装变速器后支座托架并紧固螺栓至 100N · m，如图所示。
 安装变速器前支座	6）安装变速器前支座并紧固螺栓 100N · m，如图所示。
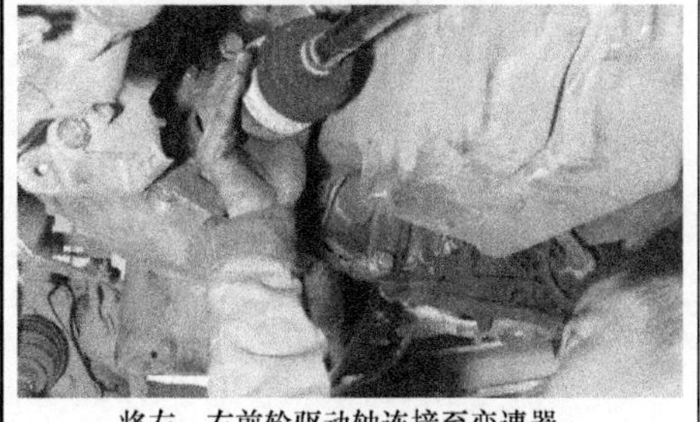 将左、右前轮驱动轴连接至变速器	7）将左、右前轮驱动轴连接至变速器，如图所示。

8）安装前副车架。安装副车架前螺栓，并紧固至160N·m。安装副车架后螺栓，用手带紧即可，如图所示。

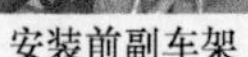
安装前副车架

安装副车架前螺栓

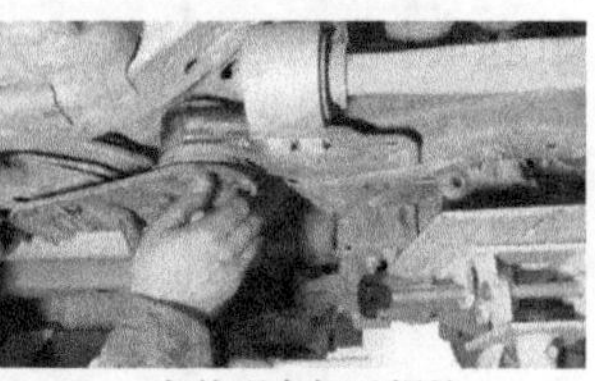
安装副车架后螺栓

安装左右ABS轮速传感器线束

9）安装左右ABS轮速传感器线束及传感器螺钉，如图所示。

10）安装平衡杆固定螺栓（参见转向器的安装），剪去转向器固定铅丝（参见转向器安装步骤）。

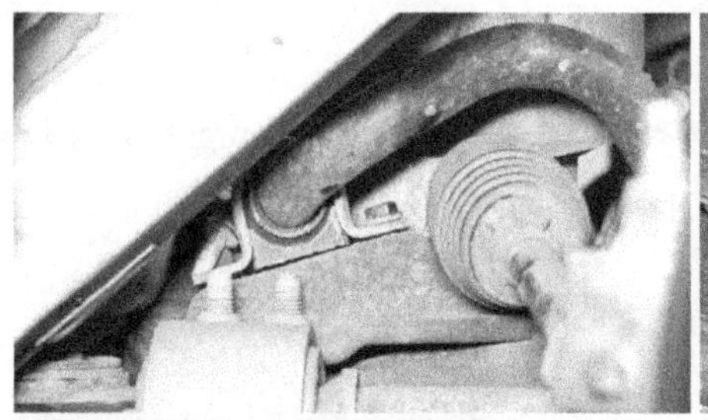
安装平衡杆固定螺栓

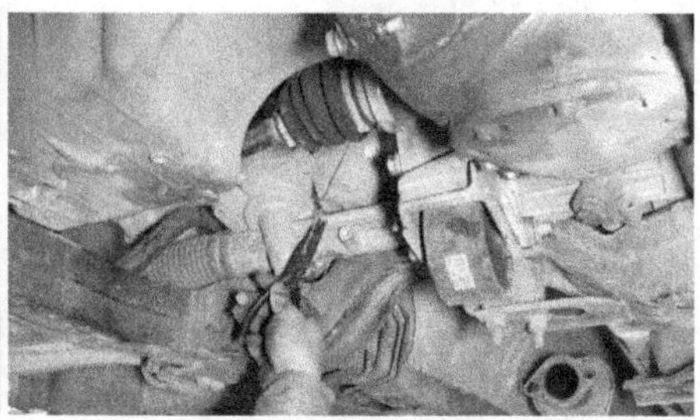
剪去转向器固定铅丝

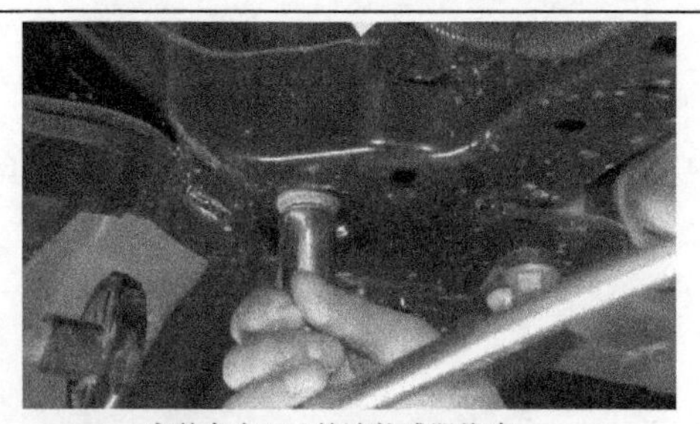
安装左右ABS轮速传感器线束

11）安装转向器固定螺栓及螺母（参见转向器安装步骤），如图所示。

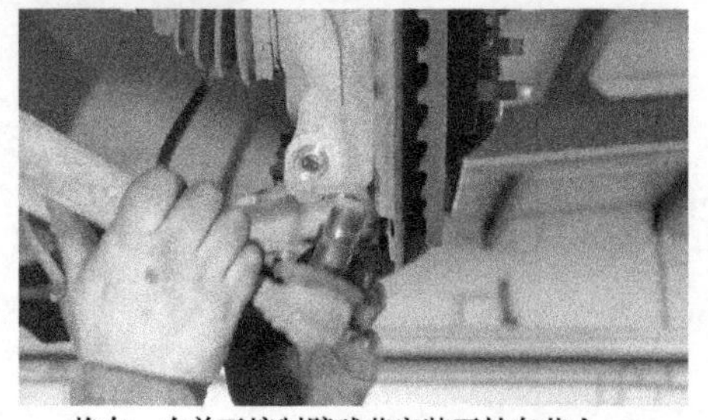
将左、右前下控制臂球节安装至转向节上

12）将左、右前下控制臂球节安装至转向节上，安装前下控制臂螺母和螺栓并紧固至30N·m+65°，如图所示。

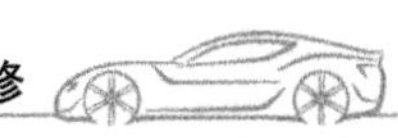

13）降下液压顶柱，轻微晃动发动机以便于安装前变速器安装螺栓、后变速器安装螺栓，并紧固至 100N · m，如图所示。

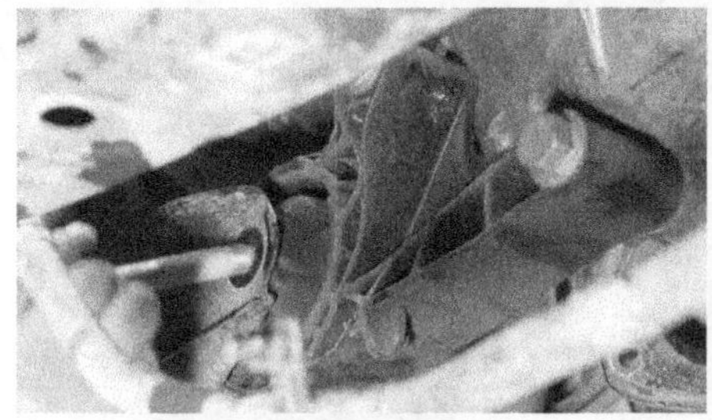
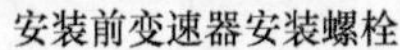
安装前变速器安装螺栓

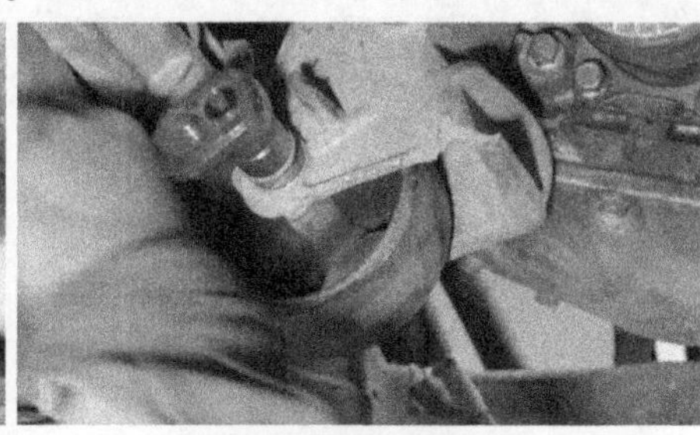
安装后变速器安装螺栓

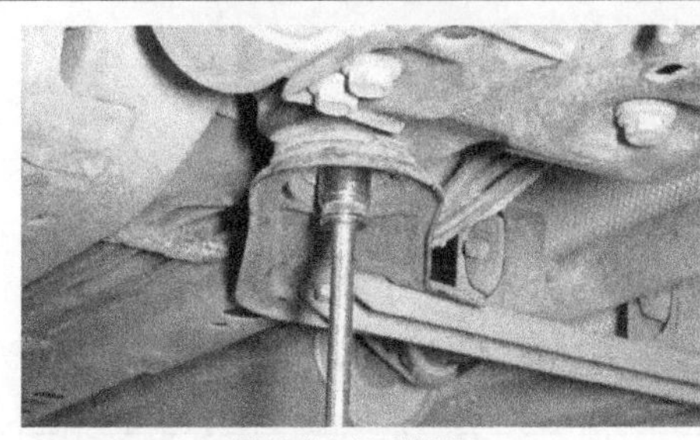
紧固副车架后螺栓

14）安装前排气管，消声螺母 17N · m，三元催化转化器螺母 22N · m，氧传感器 42N · m。（转至转向器的安装图），紧固副车架后螺栓，如图所示。

15）安装并紧固发动机两侧侧盖上的 4 个紧固件。安装并紧固前发动机舱盖的 4 个紧固件，安装前舱屏蔽板 3N · m（参见转向器的安装步骤），如图所示。

16）降下车辆，拆下 EN－47649 支撑夹具，将变速器支座螺栓紧固至 62N · m，如图所示。

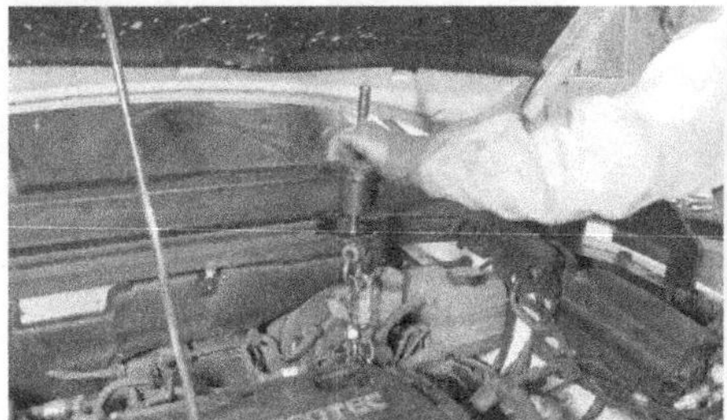
拆下EN-47649支撑夹具

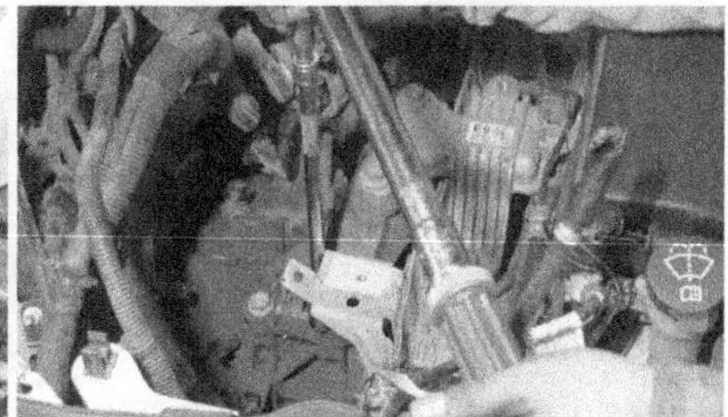
将变速器支座螺栓紧固至62N·m

17）安装 4 颗变速器螺栓并紧固至 75N · m，连接倒车灯开关线束。

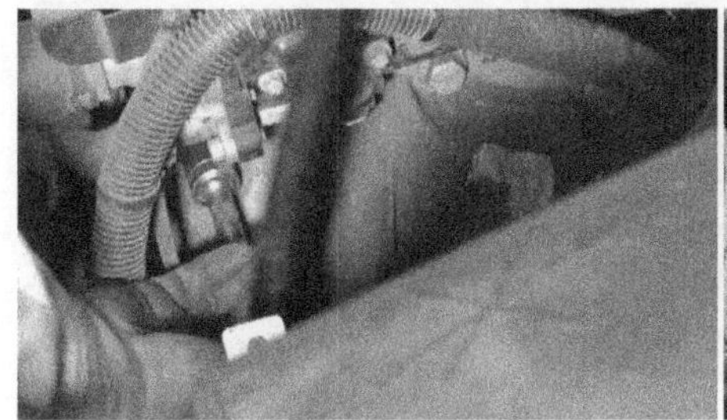
安装4颗变速器螺栓

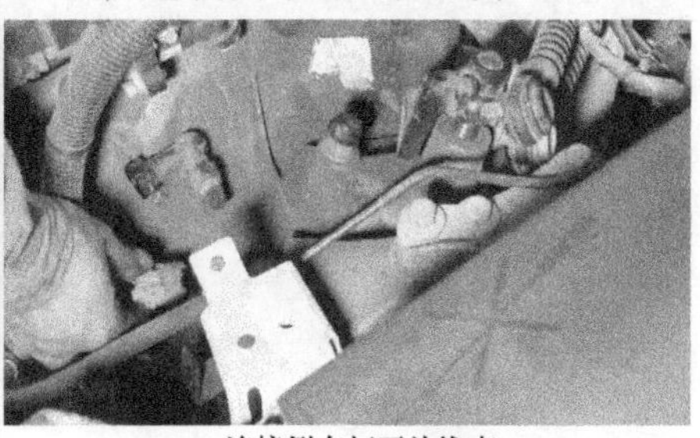
连接倒车灯开关线束

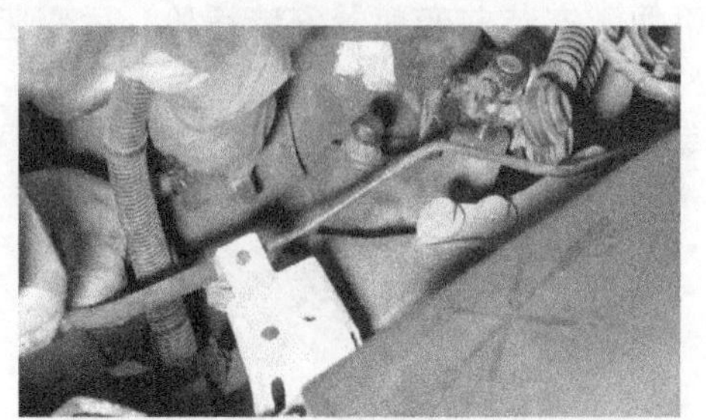
将离合器执行器缸前管连接至离合器执行器缸管弯头

18）将离合器执行器缸前管连接至离合器执行器缸管弯头，锁止离合器执行器缸前管固定件，如图所示。

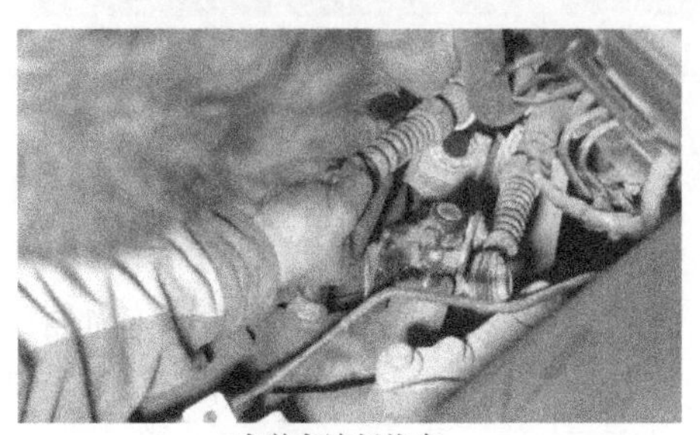
安装变速杆拉索

19）安装变速杆拉索，如图所示。

20）由助手在车内踩离合器踏板，拧松离合器工作缸排气螺栓，排出离合器液压系统中的空气安装盖帽，如图所示。

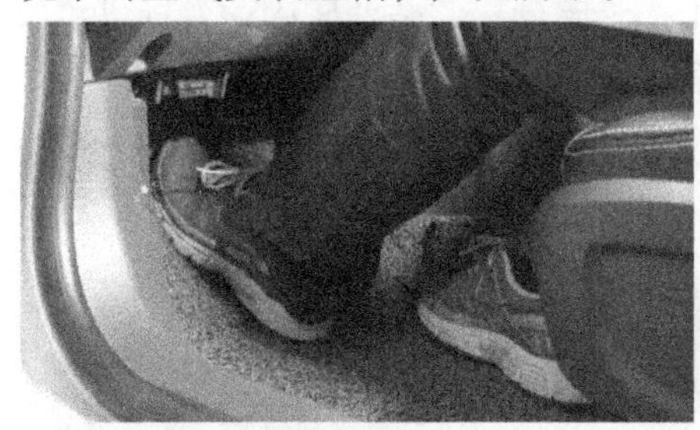
踩离合器踏板

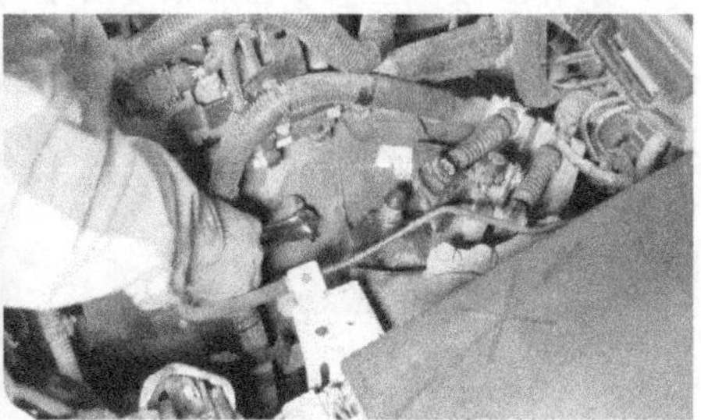
拧松离合器工作缸排气螺栓

21）拆下变速器油位检查螺塞，放置托盘于车下，降下车辆。拆下加油口盖和加油螺塞加注并检查变速器油。必要时添加变速器油，安装加油螺塞和加油口盖并紧固至35N·m 。安装发动机控制模块。举升车辆，安装变速器油检查螺塞并紧固最后一遍至6N·m，最后紧固变速器油检查螺塞一圈，如图所示。

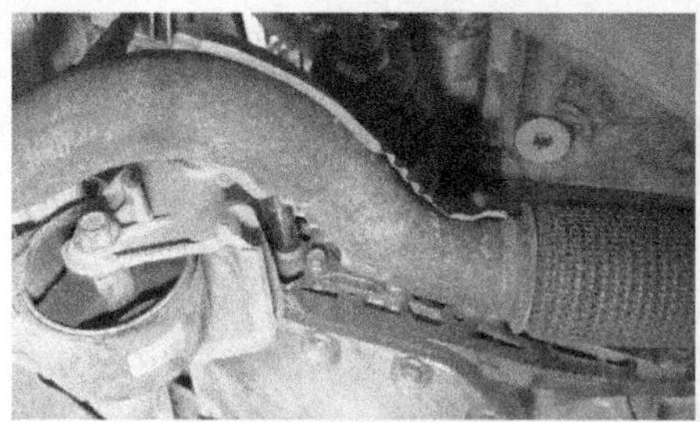
拆下变速器油位检查螺塞

拆下加油口盖和加油螺塞

剪去散热器左右固定铅丝

22）剪去散热器左右固定铅丝，如图所示。

23）安装蓄电池托架及 3 个蓄电池托架螺栓并紧固至 15N · m，安装发动机控制模块至蓄电池托架并固定线束连接件，安装蓄电池电流传感器，安装蓄电池，安装蓄电池托架，安装蓄电池正极电缆盖并锁止 2 个固定凸舌，安装蓄电池正极电缆，将蓄电池上的蓄电池正极电缆螺母紧固至 9N · m，在蓄电池托架上安装蓄电池压板紧固件，安装蓄电池压板固定螺母并紧固至 9N · m，连接蓄电池负极电缆，如图所示。

安装轮胎和车轮总成。将车轮定位标记对准轮毂。安装车轮螺母，按顺序将车轮螺母紧固至 140N · m 试车。

安装蓄电池托架

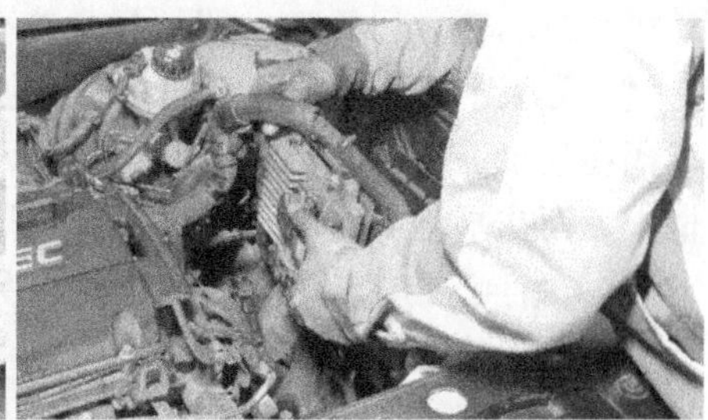

安装发动机控制模块至蓄电池托架并固定线束连接件

安装蓄电池电流传感器

安装蓄电池托架

安装蓄电池正极电缆盖

（五）检查离合器运行情况

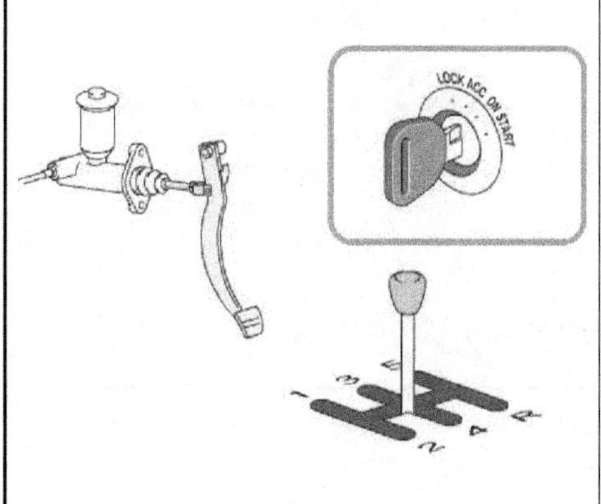

移动变速杆到倒档齿轮位置，确保不要发生异常的齿轮噪声。

停止车辆后，踩下离合器踏板并将变速杆移动到倒档齿轮位置。确保可以顺利移动，不产生异常齿轮噪声，如图所示。

注意：

如果发生异常的齿轮噪声，齿轮不能移动，离合器很可能会拖滞。

提示：

在倒档齿轮上安装同步齿轮系时，即使存在少许离合阻力，也不会产生异常的齿轮噪声。

任务二　检修手动变速器

手动变速器（Manual Transmission，MT）又称机械式变速器，即必须用手拨动变速杆（俗称“档把”）才能改变变速器内的齿轮啮合位置，改变传动比，从而达到变速的目的。轿车手动变速器大多为四档或五档有级式齿轮传动变速器，并且通常带同步器，换档方便，噪声小。手动变速在操纵时必须踩下离合器，方可拨动变速杆，如图所示。

汽车需要变速器，这是由汽车发动机的物理特性决定的。任何发动机都有速度极限，转速超过这个最大值，发动机就会损坏。发动机的转矩达到最大值时，发动机的转速变化范围很小。例如，发动机可能在5500r/min时产生最大功率。在汽车加速或者减速时，变速器能使发动机与驱动轮之间的齿比能够发生变化。通过改变齿比，就能使发动机转速保持在速度极限以下，并且使发动机接近最佳性能转速区，如图所示。

车辆在起步、爬坡及重负载时，需较大的驱动力，以免车辆因转矩不够而抖动，甚至熄火；而在平坦路面高速行驶时，则不需太大的驱动力，反而要有较高转速，以节省燃料；且必要时，车辆要能倒退。另外，变速器的各档变速齿轮，可提高车辆的行驶性能，使发动机在最经济、有效的情况下使用，且变速段分得越多，车辆的行驶性能越理想，但速段分得太多，会导致行车操控不易，故各速段间的齿轮减速比应存在一定的关系，使行车操控方便。

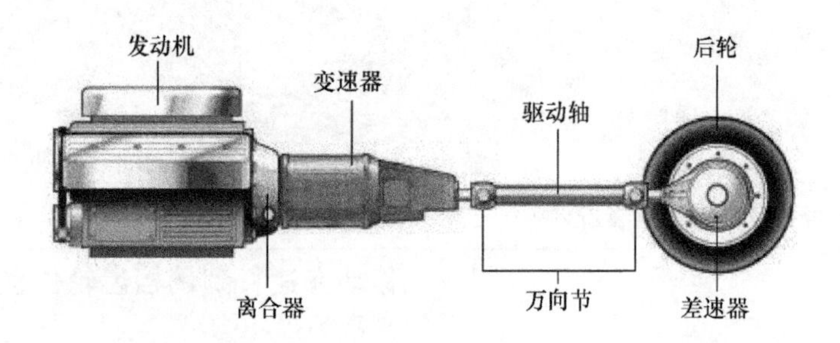

综上而言，变速器应具备下列功能：

- 增加减速比，以增大车轮转矩。
- 增加车轮的转速，以节省燃料。
- 改变车轮的转动方向，以利倒车行驶。
- 利用空档的作用，切断发动机与车轮之间的动力。

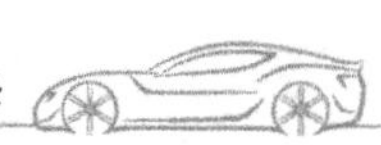

一、相关知识

（一）变速器换档困难

1. 故障现象与原因

换档困难是指变速器换入或摘下某档位时不顺畅，或无法换档，属于机械故障。导致换档困难故障的常见原因如下：

- 换档拨叉轴弯曲变形。
- 自锁或互锁钢球破裂。
- 变速杆调整不当或损坏。
- 变速器轴弯曲变形或花键损坏。
- 同步器损坏或有缺陷等，如图所示。

2. 分析方法

手动变速器由齿轮机构、同步器、换档机构等组成，在分析故障原因时要结合手动变速器的构造、原理对其进行逻辑分析，如图所示。例如，如果变速器在某一档位入档困难，可以在发动机熄火的状态下进行换档操作，如果在发动机熄火状态下换档正常，那么就可以判断换档操纵机构正常，故障在换档执行机构中。

3. 检查方法

在离合器分离彻底、齿轮油质量和数量正常的情况下，可按下述方法进行检查与排除：

- 检查变速杆及操纵机构调整是否合适，有无变形、卡滞现象。
- 拆下变速器盖，检查换档拨叉轴是否弯曲变形，进而检查自锁和互锁钢球是否损坏，锁止变速叉轴弹簧是否过硬。
- 如果以上检查均正常，对于安装同步器的变速器，还应检查同步器是否损坏。主要检查同步器锥面螺旋槽是否磨损严重，同步器是否散架，同步器滑块是否磨损过度，同步器弹簧弹力是否过弱等，如图所示。
- 如果同步器正常，还应检查变速器轴是否弯曲变形，其花键是否磨损。

案例：换档困难

一台配有手动变速器的车辆行驶10万km，换1档入档困难，如果想换入1档需要在踩下离合器踏板的状态下，首先换入2档，然后直接从2档换入1档，才能够实现。维修人员对变速器进行了拆解，但未发现问题，装复后更换了变速器油，故障依旧。

维修人员求助于技术总监，技术总监经过分析，初步判断1档同步器花键毂、锁环、齿轮结合齿有磨损，对变速器进行拆检发现同步器锁环的啮合齿磨损，导致换档困难。

1. 现象

离合器技术状况良好，但挂档时不能顺利换入档位，经常出现齿轮撞击声。

2. 原因

1）同步器故障。

2）拨叉轴弯曲、锁紧弹簧过硬、钢球损伤等。

3）一轴花键损伤或一轴弯曲。

4）齿轮油不足或过量、齿轮油不符合规格。

3. 故障诊断与排除方法

1）检查同步器是否散架、锥环内锥面螺旋槽是否磨损、滑块是否磨损、弹簧弹力是否过软等。

2）如果同步器正常，检查一轴是否弯曲、花键是否磨损严重。

3）检查拨叉轴移动是否正常。

在对变速器进行拆解检查之前，首先要通过现象结合结构和原理进行逻辑性的分析，根据分析结果有目的地检查相应的零件，这样才能够有效地，准确地进行维修作业。

（二）变速器脱档

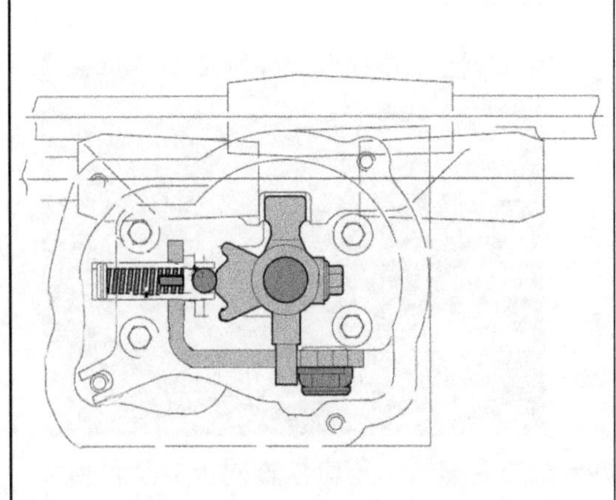

汽车在某档位行驶过程中，当受到冲击载荷或某种外部振动时，变速杆自动跳到空档位置，档位齿轮脱离啮合状态，这种故障叫作变速器脱档。

1. 导致故障的原因

变速器齿轮、接合套或同步器锥面轮齿磨损过量。

- 变速器轴承磨损松旷，变速器输入、输出轴之间轴的平行度超差。
- 变速器齿轮啮合长度不足，尤其是内外齿环的啮合长度不足更易引起脱档。
- 自锁装置磨损严重或弹簧过软、折断等，如图所示。
- 同步器锁销松动或同步器损坏。

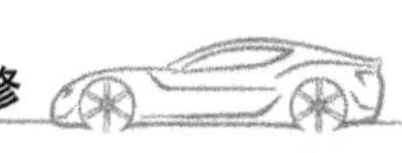

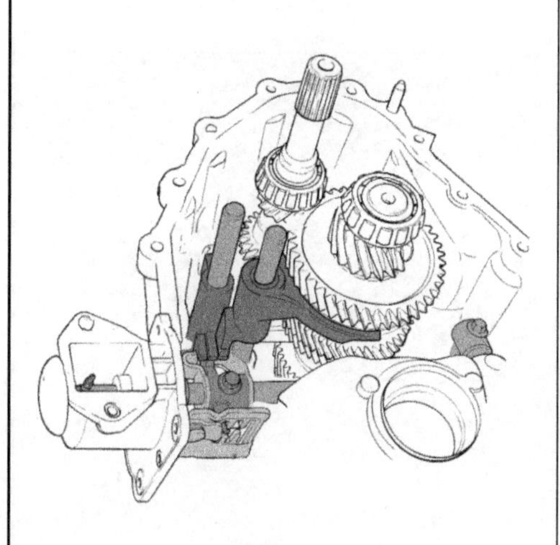

2. 分析与检查的方法

脱档故障常出现在高档位上，在受到冲击振动时容易发生，如图所示。判定变速器有无脱档故障，可采用以下方法：

- 行驶中，急剧改变车速，即突然加/减速、快踩/抬加速踏板。
- 利用汽车上坡或平路上，在中、高速行驶时踩制动踏板，“拖档”后快踩加速踏板。
- 在不平路面上行驶，使汽车颠簸振动来判断有无脱档。

案列：变速器脱档

1. 现象

汽车在加/减速、爬坡或剧烈振动时，变速杆自动跳回空档位置。

2. 原因

1）自锁装置的钢球未进入凹槽内或换档后齿轮未达到全齿长啮合。

2）自锁装置的钢球或凹槽磨损严重，自锁弹簧疲劳过软或折断。

3）齿轮沿齿长方向磨损成锥形。

4）一、二轴轴承过于松旷，使一、二轴和曲轴三者轴线不同心或变速器壳与离合器壳接合平面相对曲轴轴线的垂直变动。

5）二轴上的常啮合齿轮轴向或径向间隙过大。

6）各轴轴向或径向间隙过大。

3. 故障诊断与排除方法

先确知跳档档位：走热全车后，采用连续加、减速的方法逐档进行路试便可确定。

将变速杆换入跳档档位，发动机熄火，小心拆下变速器盖，观察跳档齿轮的啮合情况。

1）未达到全长啮合，则故障由此引起。

2）达到全长啮合，应继续检查。

3）检查啮合部位磨损情况：磨损成锥形，则故障可能由此引起。

4）检查二轴上该档齿轮和各轴的轴向和径向间隙，间隙过大，则故障可能由此引起。

5）检查自锁装置，若自锁装置的止动阻力很小，甚至手感钢球未插入凹槽（把变速器盖夹在台虎钳上，用手摇动变速杆），则故障为自锁效能不良；否则，故障为离合器壳与变速器接合平面与曲轴轴线垂直变动等引起。

（三）变速器锁档

变速器锁档故障是变速器常见的故障之一，其主要原因是变速器锁止在某个档位，即便变速杆在空档位置。当变速杆在空档位置时，此时抬起离合器踏板，动力仍然能够通过变速器传到传动机构，此时如果换入另一个档位（与故障锁止档位不同的档位），抬起离合器踏板，发动机熄火，原因是此时变速器同时换入了两个档位。

1. 导致故障的原因

- 变速器换档操纵机构损坏。
- 变速器同步器烧结。
- 变速器换档齿轮与轴之间的轴承损坏，如图所示。

2. 分析与检查方法

在对锁档故障进行诊断时，首先要排除离合器与传动系统的故障，对于离合器的检查，参见项目一内容。在对传动系统进行检查时，应将车辆升起，使驱动轮离地，对驱动轮的运转进行检查即可判断。在排除离合器和传动系统的故障可能性之后，我们要对变速器进行检查，与变速器其他的诊断方法类似，结合构造和原理对故障现象进行分析，确定故障点后进行维修，如图所示。

案例：变速器锁档

一辆配有手动变速器的车辆出现了1档起步熄火，空档抬离合器车辆行驶的故障，经维修技师分析后确定为变速器内部齿轮机构出现了锁档故障，预对变速器进行拆检。此时车间技术总监给这位维修技师提出了一个问题，问题是："你能否判断变速器锁档故障究竟锁的是哪个档位?"

技师听到问题后思考片刻，继续对车辆进行检查，该技师起动发动机后挂入1档缓慢抬起离合器，发动机熄火，换入2档缓慢抬起离合器，发动机熄火，换入3档缓慢抬起离合器，发动机没有熄火并有车辆行驶的趋势，此时技师将发动机熄火，并对技术总监说："我现在可以确定是3档齿轮与轴之间烧结所导致的故障，并且3档同步器没有问题"。技术总监听后很满意，点点头离开了。

1. 现象

在离合器技术状况正常的情况下，变速器同时换上两个档或换需要的档位时，结果换入别的档位。

2. 原因

1）互锁装置失效：如拨叉轴、互锁销或互锁钢球磨损过度等。

2）变速杆下端弧形工作面磨损过大或拨叉轴上拨块的凹槽磨损过大。

3）变速杆球头定位销折断或球孔、球头磨损过于松旷。

总之乱档的主要原因是变速器操纵机构失效。

3. 故障诊断与排除方法

1）换需要的档位时，结果换入了别的档位：摇动变速杆，检查其摆转角度，若超出正常范围，则故障由变速杆下端球头定位销与定位槽配合松旷或球头、球孔磨损过大引起。变速杆摆转360°，则为定位销折断。

2）如果摆转角度正常，仍换不上或摘不下档，则故障由变速杆下端从凹槽中脱出引起（脱出的原因是下端弧形工作面磨损或导槽磨损）。

3）同时换入两个档：则故障由互锁装置失效引起。

本故障案例告诉我们两点需要学习和总结的内容，第一，在分析和诊断故障时，要“求甚解”，“知其然，还要知其所以然”，这位技师没有确定故障点就准备对变速器拆检，技师在这一点上显然工作不到位，并对其工作经验的积累和学习没有什么好处，后在技术总监的要求下，对故障做了进一步的分析后确认了故障点的位置；第二，在对故障进行分析时，一定要对变速器的构造及其工作原理非常熟悉，并结合故障现象做进一步的分析，从这一点看，这位技师的基础知识、逻辑思维能力还是很强的。

（四）变速器异响

通常变速器噪声是由齿轮或轴承发出的。对有噪声的汽车进行路试时，要注意噪声发生时的外部情况（包括档位、车速、加速、减速等）和噪声的变化规律（包括何时变大、何时减小等）等因素。

1. 齿面点蚀

如图所示，齿面点蚀是齿轮的一种常见故障，也是产生噪声的原因之一，究其原因包括：

- 齿轮材质问题。
- 变速器润滑不良。
- 腐蚀。
- 车辆长时间高负荷运转。

<table>
<tr><td>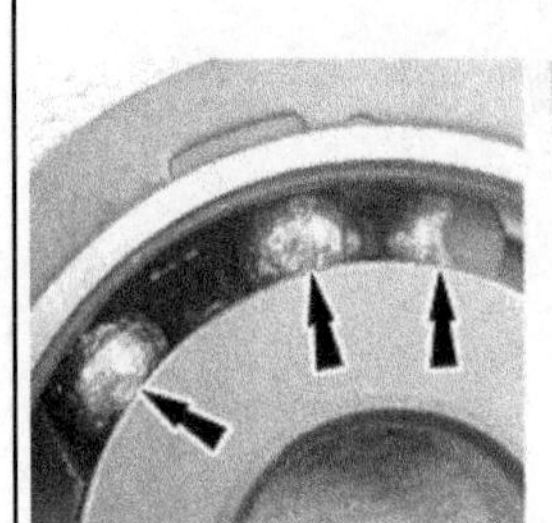 </td><td>2. 轴承损坏
轴承的噪声在负荷下也会增大，通常表现为随车速加快而增大的隆隆声，如图所示。如果噪声在换到各档时都一直存在，则很可能是主轴轴承的噪声，而不是齿轮损坏。轴承噪声诊断起来非常困难。对动力流知识的掌握能为诊断工作提供很大的帮助。维修技师应知道，轴承在负载时，轴承的噪声会增加。由于这个缘故，噪声可能只出现在特定的档位，噪声产生时该档位的轴承正承受最大的压力。</td></tr>
<tr><td colspan="2">案列：变速器异响</td></tr>
<tr><td colspan="2">1. 现象
变速器异响是指变速器工作时发出的异常响声。
2. 原因
（1）齿轮异响
齿轮磨损过度变薄，间隙过大，运转中有冲击；齿面啮合不良，例如修理时没有成对更换齿轮。新、旧齿轮搭配，齿轮不能正确啮合；齿面有金属疲劳剥落或个别齿损坏折断；齿轮与轴上的花键配合松旷，或齿轮的轴向间隙过大；轴弯曲或轴承松旷引起齿轮啮合间隙改变。
（2）轴承响
轴承磨损严重；轴承内（外）座圈与轴颈（孔）配合松动；轴承滚珠碎裂或有烧蚀麻点。
（3）其他原因发响
变速器内缺油，机油过稀、过稠或质量变坏；变速器内掉入异物；某些紧固螺栓松动；里程表软轴或里程表齿轮发响等。
3. 故障诊断与排除
1）变速器发出金属干摩擦声，即为缺油和油的质量不好。应加油和检查油的质量，必要时更换。
2）行驶时换入某档若响声明显，即为该档齿轮轮齿磨损；若出现周期性的响声，则为个别齿损坏。
3）空档时响，而踏下离合器踏板后响声消失，一般为一轴前、后轴承或常啮合齿轮响；如换入任何档都响，多为二轴后轴承响。
4）变速器工作时发生突然撞击声，多为轮齿断裂，应及时拆下变速器盖检查，以防机件损坏。
5）行驶时，变速器只有在换入某档时齿轮发响，在上述完好的前提下，应检查啮合齿轮是否搭配不当，必要时应重新装配一对新齿轮。此外，也可能是同步器齿轮</td></tr>
</table>

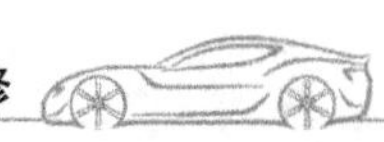

磨损或损坏，应视情况修复或更换。

6）换档时齿轮相撞击而发响，则可能是离合器不能分离或离合器踏板行程不正确、同步器损坏、怠速过大、变速杆调整不当或导向衬套紧等。遇到这种情况，先检查离合器能否分离，再分别调整怠速或变速杆位置，检查导向衬套与分离轴承配合的松紧度。

经过上述检查排除后，如果变速器仍发响，应检查各轴轴承与轴孔配合情况、轴承本身的技术状态等；如果完好，再查看里程表软轴及齿轮是否发响，必要时予以修理或更换。

（五）变速器漏油

手动变速器中加注有变速器专用的润滑油，变速器漏油通常是密封不良所导致，当发现变速器漏油时，首先要判断泄漏或渗漏出的油液是否是变速器油，有可能是发动机机油或其他油脂。

故障原因：

- 变速器油过多。
- 变速器油选用不当。
- 加/放油螺栓密封不良。
- 变速器通气孔堵塞。
- 油封损坏。
- 变速器壳体损坏，如图所示。

案例：变速器漏油

一车主反映自己的汽车下方每天都可以看到一滩油迹，维修技师对其车辆进行检查时发现，变速器壳体处有很小的裂纹，因而断定变速器壳体损坏导致漏油。当技师将变速器拆下时发现，漏油位置并不是变速器壳体的裂纹，该裂纹只是变速器壳体在加工时划痕，实际漏油的位置是发动机曲轴后油封。

1. 现象

变速器周围出现齿轮润滑油，变速器齿轮箱的油量减少，则可判断为润滑油泄漏。

2. 原因及排除方法

1）润滑油选用不当，产生过多泡沫，或润滑油量太多，此时需更换润滑油或调节润滑油。

2）侧盖太松，密封垫损坏，油封损坏，密封和油封损坏应更换新件。

3）放油塞和变速器箱体及盖的固定螺栓松动，应按规定力矩拧紧。

4）变速器壳体破裂或延伸壳油封磨损而引起的漏油，必须更换。

5）里程表齿轮限位器松脱破损，必须锁紧或更换；变速杆油封漏油，应更换油封。

<table>
<tr><td colspan="2">本故障案例告诉我们，在检查变速器漏油的故障时，首先要判断泄漏的油液是不是变速器油，否则就会出现上文中技师的情况。</td></tr>
<tr><td colspan="2">（六）齿轮的检查</td></tr>
<tr><td> </td><td>在手动变速器中齿轮是传递动力的主要零件，其质量和性能直接影响变速器的使用，在对手动变速器中的齿轮进行检查时，我们要检查以下内容：
1. 齿轮齿面
如图所示，齿轮在啮合运转过程中，齿面承受较大的载荷，齿面一旦出现问题势必会影响变速器的性能。</td></tr>
<tr><td>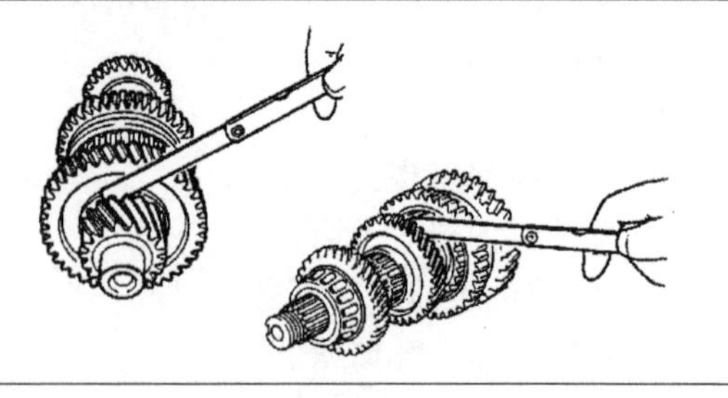</td><td>2. 齿轮的装配
齿轮安装在变速器中的轴类零件上，其安装质量会影响变速器装配的精度，从而影响变速器的性能。如图所示，齿轮在装配时要按照标准保持其位置误差。</td></tr>
<tr><td colspan="2">（七）同步器的检查</td></tr>
<tr><td>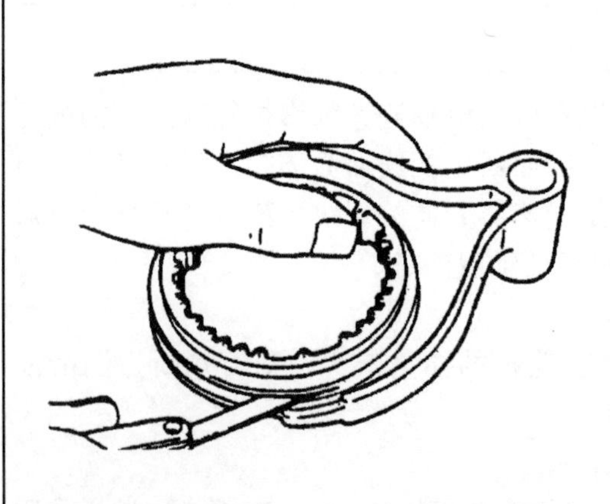</td><td>通过同步器学习任务的介绍，我们了解到同步器的作用是在换档时使输入零件与输出零件的转速一致，从而实现换档。那么同步器的状态会直接影响手动变速器的换档质量。在装配和检修时对同步器的检查至关重要。
1. 同步器接合套的检查
如图所示为同步器接合套与换档拨叉间间隙的检查，其测量结果如超过标准值，则会对变速器换档的质量及变速器使用的稳定性造成影响。</td></tr>
<tr><td>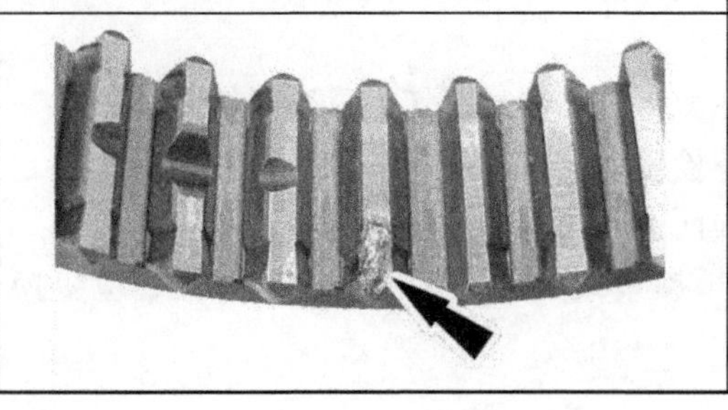</td><td>2. 接合套内圈结合齿的检查
如图所示，接合套内圈的滑动啮合齿损坏，在检查过程中如果发现这种故障，要更换该零件，并同时检查与之相配合的零件是否损坏，如发现有损坏，则一起更换。</td></tr>
</table>

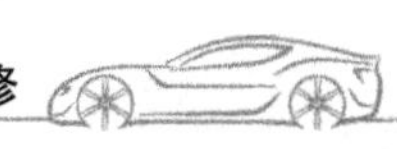

<table>
<tr><td>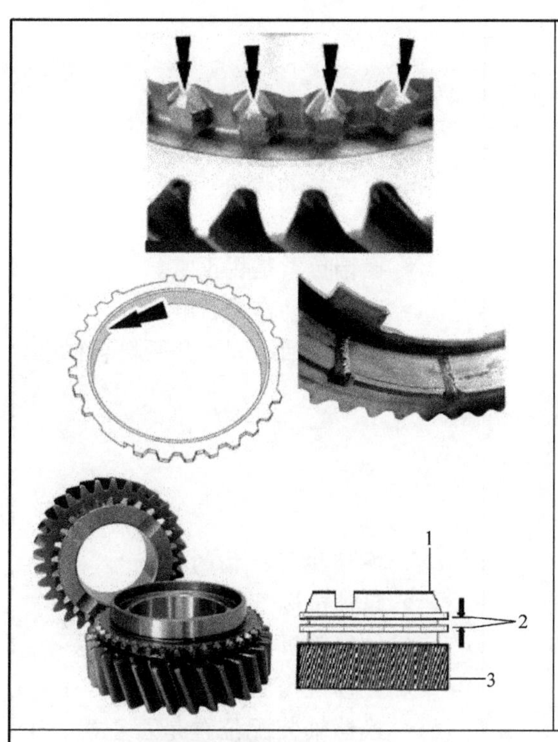
</td><td>

3. 同步器锁环的检查

检查同步器锁环外圈齿形的状态，它将直接影响同步器的工作状况，其与接合套的内圈齿相互接触配合工作，如图所示。

检查同步器锁环的槽是否磨宽、啮合齿是否磨圆及内表面是否变平滑。同步器锁环内表面加工有破坏油膜的凹槽。如果磨损或磨平，必须予以更换。有些同步器锁环在内表面有摩擦材料，检查摩擦材料是否磨损过度或损坏，如图所示。

检查同步器锁环与啮合齿之间的间隙。如果间隙过小，说明同步器锁环磨损或扭曲。确保同步器锁环与啮合齿之间的间隙符合维修手册中的规范值，如图所示。

</td></tr>
<tr><td colspan="2">（八）换档机构的检查</td></tr>
<tr><td>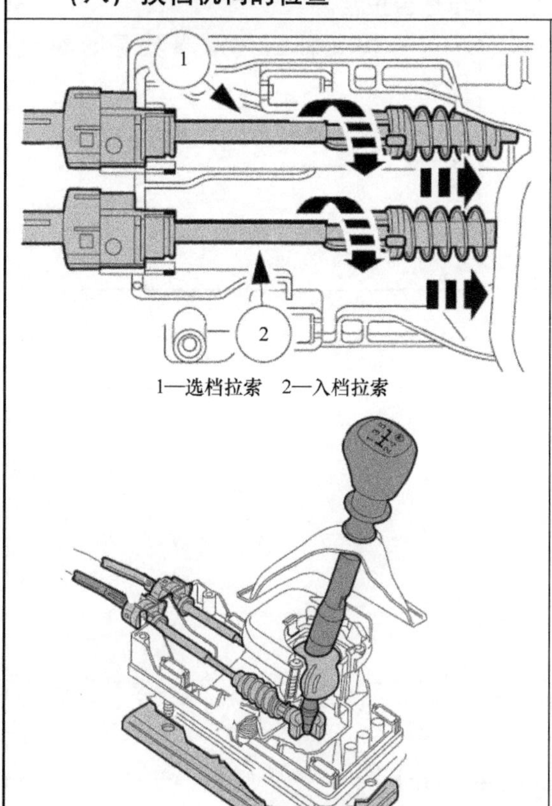

1—选档拉索　2—入档拉索</td><td>

换档机构的性能会影响手动变速器的使用性能，驾驶人对换档机构的感觉也是非常敏感的，所以对换档机构的检查是十分必要的。

1. 换档操纵机构的检查

● 拉索是否损坏，内部的钢丝是否断裂等。

● 拉锁是否锈蚀。

● 固定和连接是否正确。

2. 变速器换档轴连接的检查

● 拉索与换档轴的连接是否正确。

● 换档轴是否润滑正常、有无锈蚀等。

</td></tr>
</table>

<table>
<tr>
<td>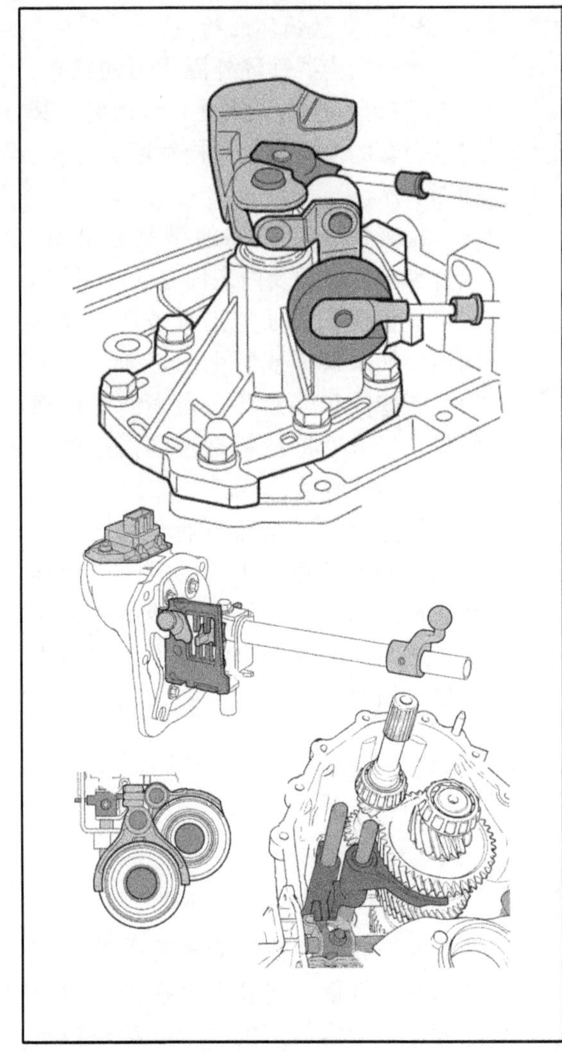</td>
<td>
3. 变速杆的检查
● 倒档保护锁是否正常。
● 换档拉索是否正常。
● 变速杆动作是否顺畅。
● 变速杆活动间隙是否符合标准。

4. 换档执行机构的检查
● 自锁机构工作是否正常。
● 倒档锁机构工作是否正常。
● 互锁机构工作是否正常。
● 换档轴装配位置是否正确、工作是否正常。
● 拨叉轴的技术参数是否符合标准。
● 拨叉轴与拨叉连接是否正常。
</td>
</tr>
</table>

二、任务实施

检修变速器
对技术人员要求： ● 接收/检查修理单。 ● 接收用于修理的订购零件。 ● 在允许的时间内进行工作。 ● 向技师领队确认工作完成。 技师领队： ● 对技术难度高的工作向技术人员提供指导和帮助。

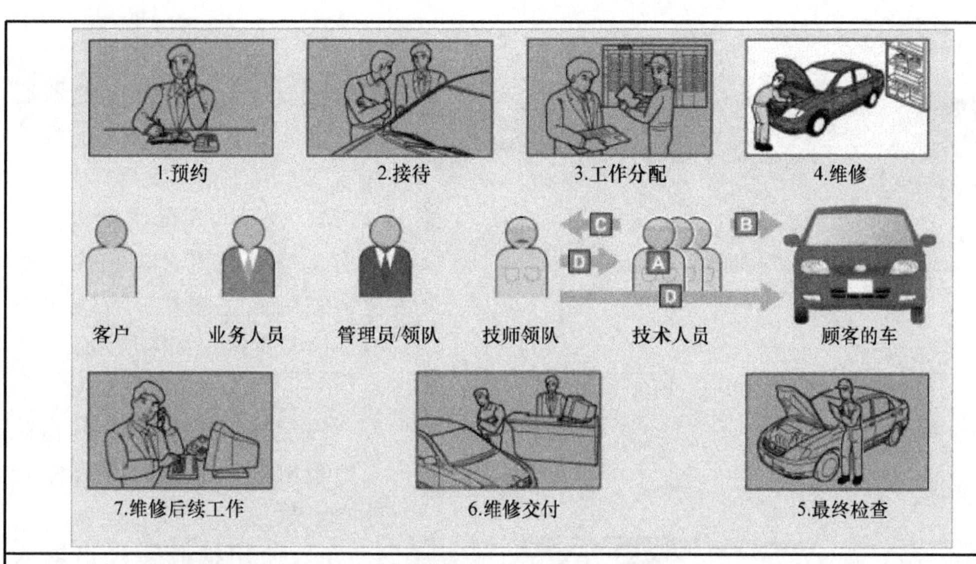

（一）变速器油量检查与更换

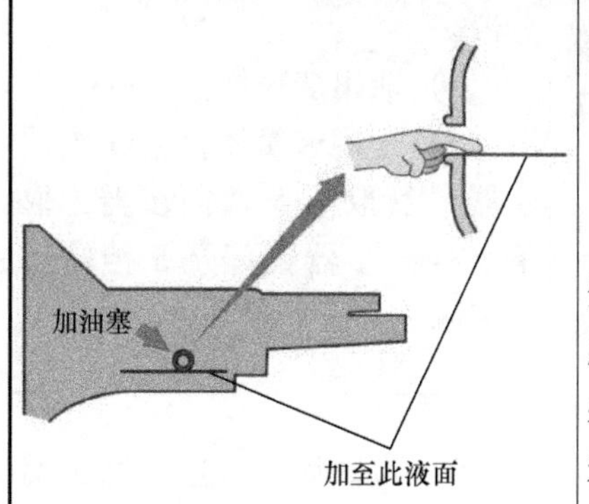

1. 检查变速器油量

1）用顶车机（千斤顶）顶起车辆。

2）检查变速器周围有无漏油迹象。

3）如图所示，在发动机未发动情况下，拆下变速器加油塞，用手指伸入加油孔内检查油面高度，其油面高度应与加油口齐平；若是油量不足，必须检查各油封、垫片及放油塞等处是否泄漏，并油量添加至规定油面高度。

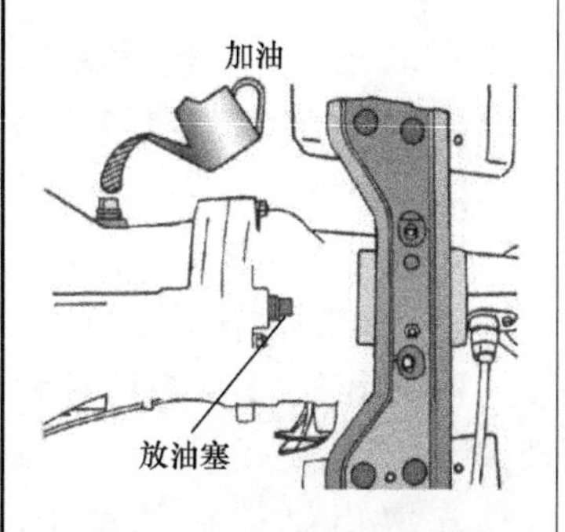

2. 更换变速器油

1）必须在发动机达到工作温度时，熄火后更换。

2）如图所示，拆下变速器放油塞时，小心不要被高热的变速器油烫伤；待变速器油放除干净后，依规范力矩锁紧放油塞。

3）从加油塞处添加规定的变速器油（如 SAE90 号齿轮油），直到达到规定油面高度后，锁回加油塞。

4）废油应统一回收，不可随意倾倒。

（二）检修手动变速器

取下变速器换档机构

步骤一　变速器总成的分解

1）选用套筒棘轮扳手，拧松变速器换档机构固定螺栓。

2）旋出固定螺栓并取下变速器换档机构，如图所示。

  取下变速器后端盖 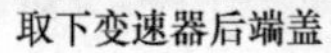 取下5档换档拨叉机构	3）使用套筒、接杆和指针式力矩扳手对角拧松变速器后端盖固定螺栓，旋出固定螺栓并取下，取下变速器后端盖。 4）选用合适的内六角扳手拧松5档换档拨叉机构固定螺栓，旋出固定螺栓，取下5档换档拨叉机构，如图所示。
  取出变速器齿轮机构 拆卸5档同步器卡簧	5）使用套筒、接杆和指针式力矩扳手对角拧松变速器壳体固定螺栓。 6）使用橡胶锤轻击输入轴，使变速器齿轮机构与壳体分离。 7）取出变速器齿轮机构。 8）使用卡簧钳拆卸5档同步器卡簧取下5档同步器，取下5档同步器锁环及5档输出轴齿圈，如图所示。
 取下3、4档换档轴 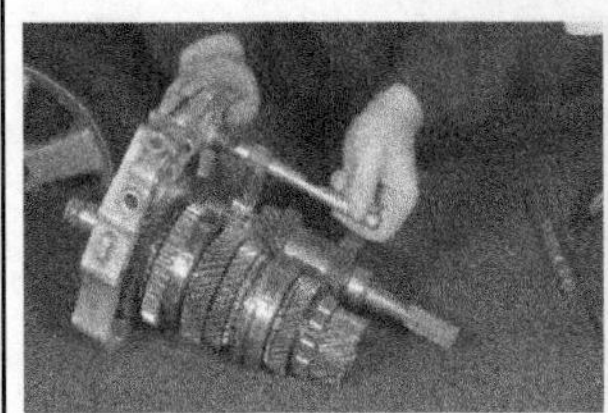  取下1、2档换档轴 取下输入轴	9）以同样的方法拆卸5档输入轴齿圈。 10）取出3、4档拨叉锁销，取出3、4档换档轴和换档拨叉，如图所示。 11）取出5档拨叉连杆。 12）同样的方法取出1、2档锁销，取出1、2档换档轴和换档拨叉。 13）取出倒档拨叉锁销，取出倒档换档轴和换档拨叉。 14）取出输入轴，如图所示。 15）取出输出轴和倒档惰轮。 16）取出输入轴滚动轴承。

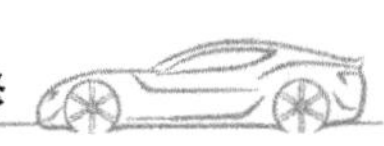

步骤二　变速器齿轮轴的分解

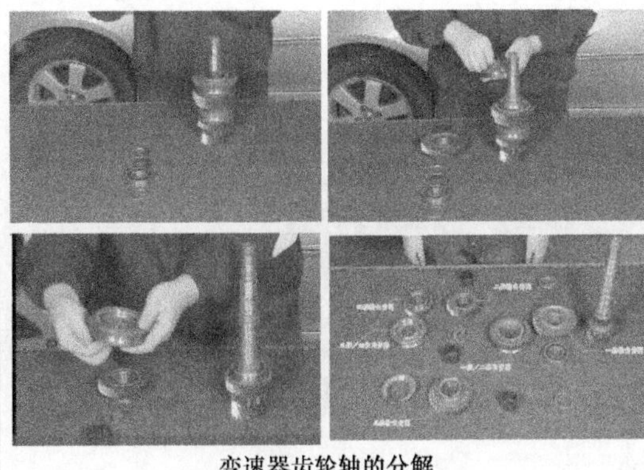
变速器齿轮轴的分解

1）取出止推卡环及锁片。

2）取输入轴滚轮轴承。

3）取出止推片及平面轴承。

4）取出 1 档输出齿圈、滚针轴承。

5）取出 1、2 档同步器，分离上下两侧锁环。

6）取出 2 档输出齿圈、滚针轴承。

7）取出止推卡环及锁片。

8）取出 3 档输出齿圈、滚针轴承。

9）取出 3、4 档同步器，分离上下两侧锁环。

10）取出 4 档输出齿圈。

步骤三　分解同步器

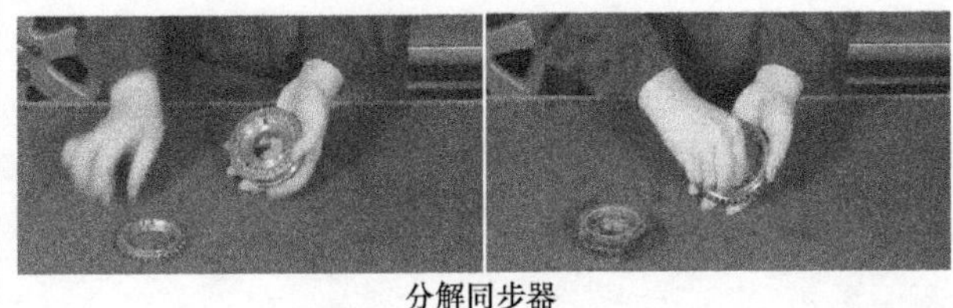
分解同步器

1）取下 3、4 档两侧同步器锁环，取下两侧卡簧。

2）分离接合套和花键毂。

3）取出 3 个同步器滑块。

4）以同样的方法拆卸 1、2 档同步器。

步骤四　组装同步器

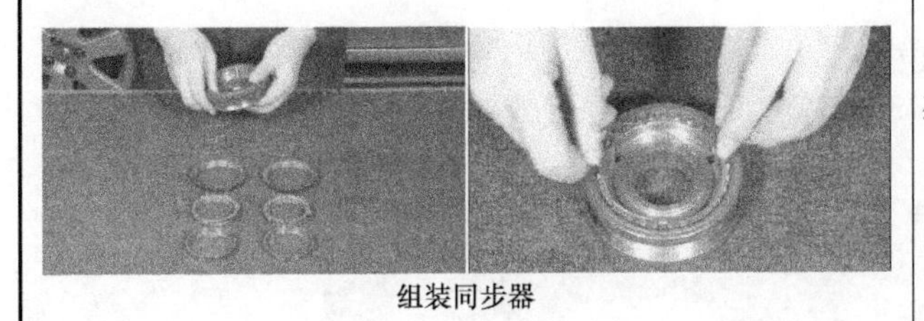
组装同步器

1）对齐安装位置，将接合套安装在花键毂上。

2）将 3 个滑块安装到相应的卡槽内。

3）安装两侧卡簧和锁环。

4）以同样的方法安装 1、2 档同步器。

组装同步器

步骤五 测量各档位输出轴齿轮的径向间隙

1）首先将磁力表座在变速器固定架上安装牢固，调节支撑杆位置。
2）将百分表在支撑杆上安装到位。
3）调节百分表位置，让活动量杆与5档齿轮测量点垂直接触，并预压2~3mm固定。
4）调整表盘，将指针与表盘0刻度对齐。
5）径向拨动输出轴5档齿轮，观察百分表跳动量，如图所示。

指针与表盘零刻线对齐

拨动输出轴5档齿轮

6）实测输出轴5档齿轮径向间隙0.03mm。
7）拆卸百分表。
8）使用同样的方法测量其他档位齿轮的径向间隙。

步骤六 检查输入轴弯曲度

1）将磁力表座安装在桌面上，安装百分表。
2）使活动量杆与输入轴测量点垂直接触，并预压2~3mm固定。
3）调整表盘，让指针与表盘零刻度对齐。
4）轻轻旋转输入轴，观察百分表跳动量，如图所示。

调表

读数

5）跳动量为0.02mm，正常。

步骤七 检查换档拨叉和接合套之间的间隙

1）轻轻取下接合套和换档拨叉。
2）使用游标卡尺测量接合套卡槽宽度，实测数值为7mm。
3）再次使用游标卡尺测量换档拨叉厚度，实测数值为6.40mm，如图所示。

测量接合套卡槽宽度

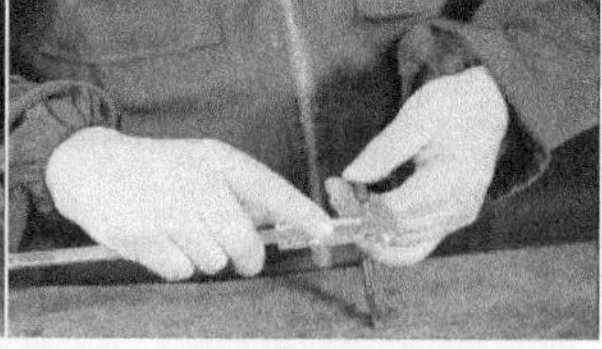
测量换档拨叉厚度

4）计算间隙为0.60mm，超出极限值，需要维修。

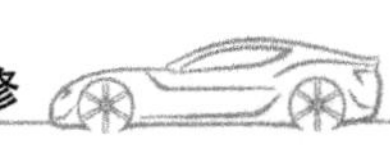

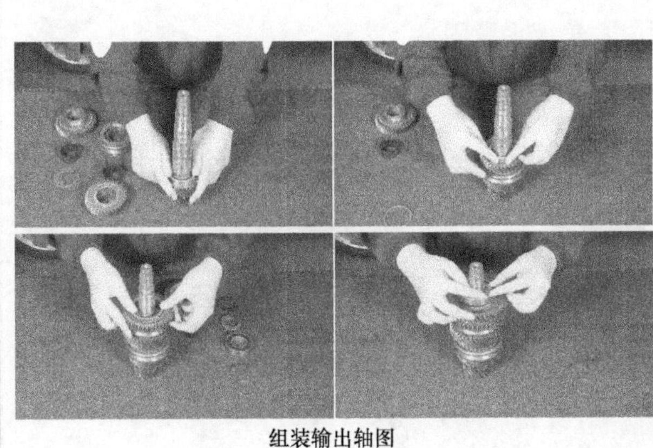

组装输出轴图

步骤八　组装输出轴

1）安装4档输出齿圈。

2）安装3、4档同步器。

3）安装止推片，安装3档滚针轴承、输出齿圈。

4）安装止推卡环及锁片。

5）安装2档滚针轴承、输出齿圈。

6）安装1、2档同步器。

7）安装止推片，安装1档滚针轴承、输出齿圈。

8）安装止推片及平面轴承。

9）安装输入轴滚轮轴承。

10）安装止推卡环及锁片。

步骤九　组装变速器

1）啮合输出轴和输入轴。

2）安装倒档齿轮，并将输入轴和输出轴安装到底板上。

3）将倒档齿轮啮合到位。

4）安装倒档拨叉、倒档轴、锁止销。

5）安装3、4档拨叉、换档轴、锁止销。

6）安装5档拨叉连杆。

7）安装1、2档拨叉、换档轴、锁止销。

8）组合5档同步器。

9）安装5档输入齿圈。

10）安装5档滚针轴承及输出、入齿圈。

11）安装锁止卡簧。

12）安装5档同步器。

13）安装输出轴卡簧，如图所示。

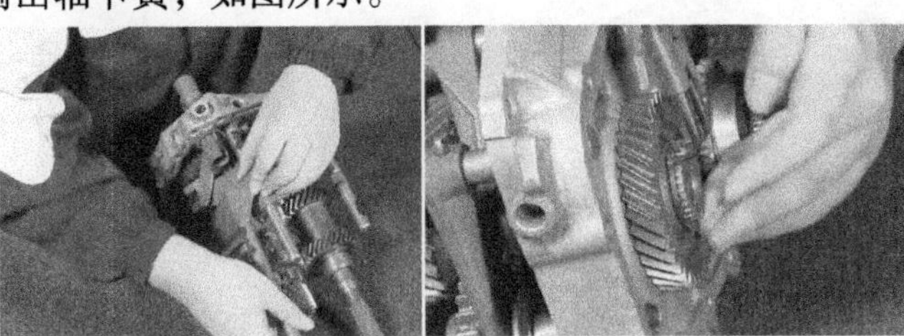

安装换档轴　　安装输出轴卡簧

14）对齐安装孔，将变速器传动机构安装到壳体内。

15）使用橡胶锤轻击壳体四周，确保安装到位。

16）旋入壳体固定螺栓，均匀旋紧。

17）使用套筒、接杆、力矩扳手将螺栓紧固至规定力矩。

18）将5档拨叉安装到位。

19）对角旋入固定螺栓，使用内六角扳手紧固。

20）安装变速器后端盖。

21）安装换档机构。

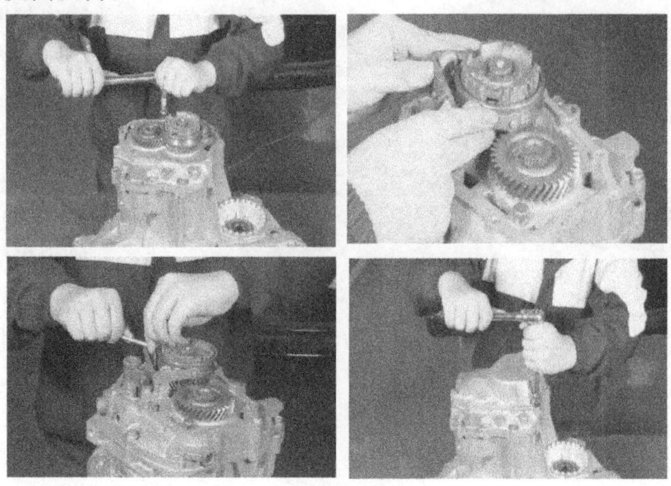

组装变速器

（三）检修手动变速器操纵机构

步骤一　拆卸换档操纵机构

1）按照维修手册选用套筒、棘轮扳手拆卸主副驾驶座椅。

2）选用十字螺钉旋具拆卸前后地板控制台，如图所示。

3）拆卸变速杆止动卡箍，然后取下换档手柄。

4）选用套筒、棘轮扳手，拆卸前地板控制台支架固定螺栓。

5）选用套筒、接杆、棘轮扳手，拆卸换档拉杆卡箍固定螺栓。

6）将换档拉杆与连杆总成分离，拆下拉杆固定卡箍。

7）取下换档波纹管和海绵垫片。

8）将变速杆壳体与拉杆向后取出，如图所示。

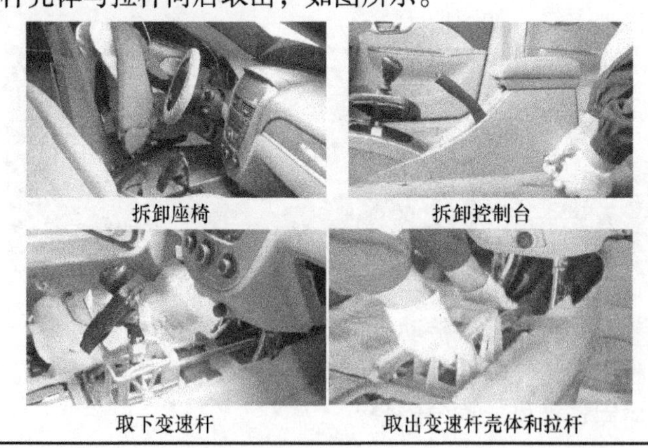

拆卸座椅　拆卸控制台

取下变速杆　取出变速杆壳体和拉杆

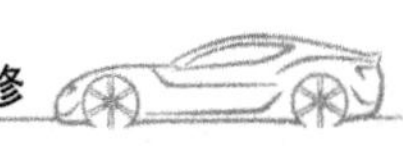

9）沿卡夹的缺口方向，从选档拉杆与万向节固定销上，推出固定卡夹，然后取下固定销。

10）分离连杆与万向节，拆卸换档摇臂连杆总成上固定轴销。

11）从变速驱动桥后支架上取下换档摇臂连杆总成。

步骤二　检查与调整变速杆

1）将变速杆换至1档和2档中间位置，用螺钉旋具穿过变速杆上调整孔和换档壳体上调整孔，固定变速杆。

2）拧紧拉杆卡箍固定螺栓。

3）取下固定变速杆的螺钉旋具。

4）将变速杆依次换入各个档位，确保换档正常。

5）如果不能换档或换档困难，重复以上步骤直至正常为止，如图所示。

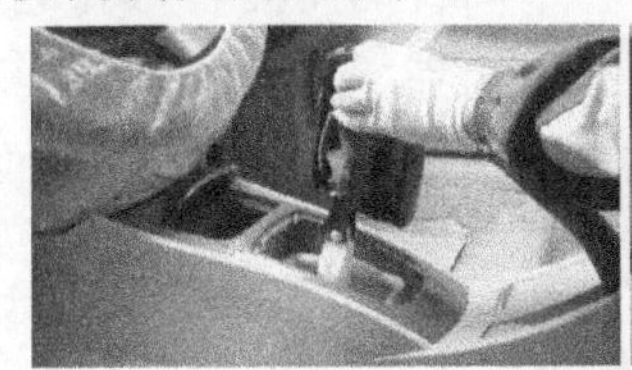
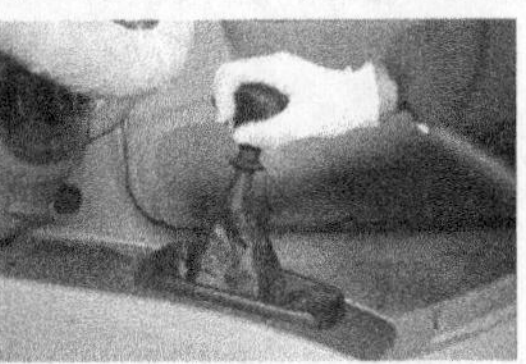

调整变速杆

步骤三　检查内部换档机构

1）拆下变速器盖。

2）检查换档轴是否弯曲。

3）检查换档拨叉是否磨损严重或变形。

4）检查定位锁止装置，主要检查自/互锁定位槽、定位钢球磨损情况和定位弹簧弹力情况，如果有异常，应予以更换。

步骤四　安装换档操纵机构

按照与拆卸相反的顺序安装即可。

任务三　检修自动变速器

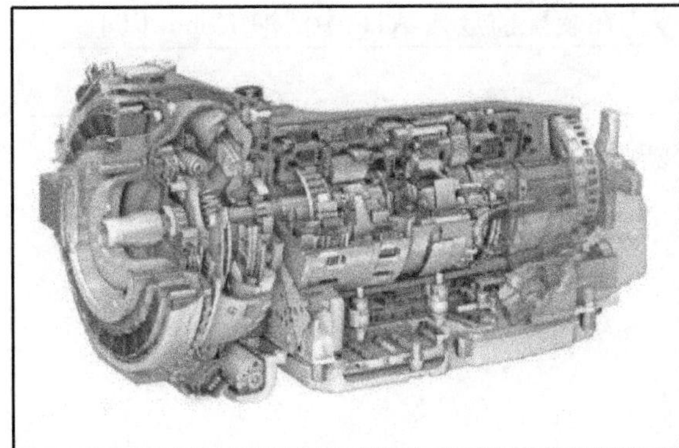

自动变速器（Automatic Transmission，AT）是一种可以在车辆行驶过程中自动改变齿轮传动比的汽车变速器，从而使驾驶人不必手动换档。目前自动变速器的自动换档等过程都是由自动变速器电控单元（ECU，俗称电脑）控制的，因此自动变速器又可简称为EAT、ECAT、ECT等，如图所示。

一、相关知识

（一）自动变速器的基本组成

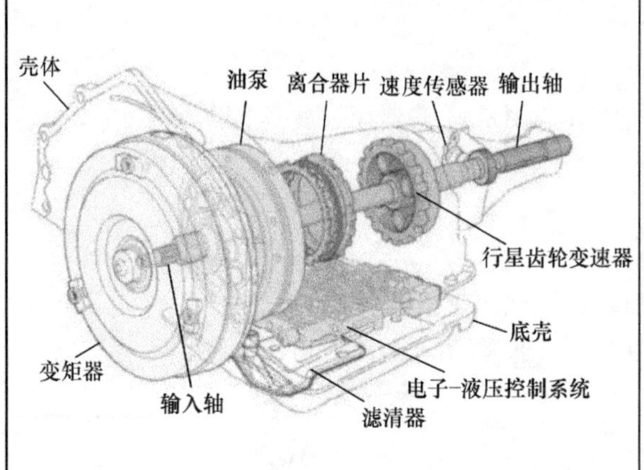

自动变速器的厂牌型号很多，外部形状和内部结构也有所不同，但它们的组成基本相同，都是由液力变矩器和齿轮式自动变速器组合起来的。常见的组成部分有液力变矩器、行星齿轮机构、离合器、制动器、油泵、滤清器、管道、控制阀体、速度调压器等，按照这些部件的功能，可将它们分成液力变矩器、变速齿轮机构、供油系统、自动换档控制系统（电子控制系统）和换档操纵机构五部分，如图所示。

自动变速器的很多常见故障是由于发动机怠速不正常、ATF 液面高度不正确、油质不良、变速杆位置不准确等造成的，对这些方面的检查就是自动变速器的初步检查。初步检查是自动变速器检修中要首先进行的，具体来说包括：ATF 检查和更换、变速器漏油检查、节气门拉索检查和调整、变速杆位置检查和调整、空档起动开关检查和调整、发动机怠速检查。这些项目也是自动变速器维护项目。

（二）故障诊断与检修注意事项

1）诊断、检修时要遵循由简入繁、由表及里的原则。

2）要根据厂家推荐的程序进行。

3）拆卸自动变速器时应先清洗外部。

4）分解时应将零部件按原顺序放好。

5）液压件及油路应用同型号的 ATF 清洗，油路用压缩空气吹通，不能用抹布擦拭。

6）零部件装配时应涂抹 ATF。

7）更换新的离合器片或制动器片等应在装配前放入 ATF 中浸泡 15min 以上。

（三）故障诊断与排除的基本程序

电控自动变速器一般采用的故障诊断与排除程序如下：

1）初步检查。

2）读取故障码。

3）手动换档试验。

4）失速试验。

5）油压试验。

6）换档迟滞试验。

7）道路试验。

8）电控系统检查。

9）车上和车下修理。

当自动变速器故障车辆进厂后，维修人员询问、分析车主的陈述，然后通过道路试验等方法确认故障。故障确认后，先进行初步检查，自动变速器的很多故障可以通过初步检查而排除，然后再进行故障码的读取及数据分析。如果有故障码，可以按故障码的提示去检修；如果没有故障码，要进一步判断故障是发生在机械、液压部分还是电控系统，方法是进行手动换档试验。如果是电控系统故障，要逐步检查、修理或更换；如果是机械和液压系统的故障，要进行失速试验、油压试验、换档迟滞试验、道路试验，以判断故障部位并进行修理，最后进行试车检验。

（四）ATF 检查和更换

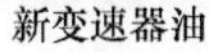

新变速器油　　旧变速器油

1. 变速器油（ATF）品质的检查

ATF 的质量直接影响自动变速器的性能和寿命，因此对 ATF 品质的检查尤为重要。

- 新的变速器油大多数是鲜红色的。
- 如果变速器油中有悬浮杂质，则需要更换变速器油。
- 如果变速器油的颜色发黑且有焦煳味，则需要更换变速器油，并且需要进一步检查变速器。

特别注意：

车辆中不同的自动变速器所使用的 ATF 类型也不尽相同。不同类型的 ATF 不得混用。

在保养过程中，要根据零件编号选择对应的零件，零件编号的获得以信息查询系统中相关信息为准。

2. 大众、奥迪 09G 型自动变速器换油保养项目

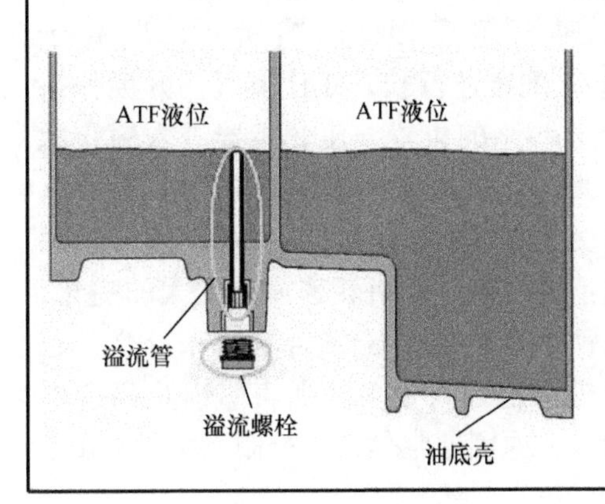

1）拆下变速器油底壳并放掉 ATF，更换滤清器。

2）装上油底壳从加注位置加注 ATF。

3）发动机处于工作状态（怠速运转），变速器不得进入故障运行模式，变速器变速杆置于 P 位。

4）变速器温度不得超过 30℃（连接 VAG1551 或 1552，进入地址 02 – 功能 08 – 数据组 06，观察第一区，即为 ATF 温度）。

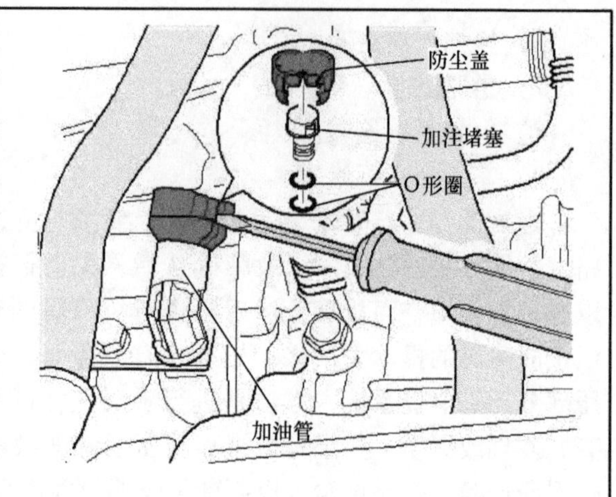

对于09G变速器ATF的加注位置有两种，早期的大众甲克虫、途安等车型所用的09G变速器的ATF加注位置，在变速器左侧的电磁阀插头附近处有一根很短的加油管（与大众01M相似），通过先打开上面的防尘密封帽，然后再打开上面的螺栓进行加注；现在一汽－大众速腾、迈腾、宝来、上海大众朗逸、斯柯达等系列09G型变速器ATF加注位置有所改变，原有的位置已经被堵死，新的位置则设置在变速器的右侧差速器附近，该加注位置利用一个螺栓取代过去的加油管，如图所示。

注意：无论是更换ATF还是日常检查，都应按照标准严格遵循ATF的检查要求及操作步骤，同时一定要选用符合厂家标准要求的ATF，否则可能导致变速器严重损坏。

（五）变速器的检查

1. 换档质量的检查

换档质量的检查内容主要是检查有无换档冲击。正常的自动变速器只能有不太明显的换档冲击，特别是电控自动变速器的换档冲击应十分微弱。若换档冲击太大，说明自动变速器的控制系统或换档执行元件有故障，其原因可能是主油压高或换档执行元件打滑，应做进一步的检查，如图所示。

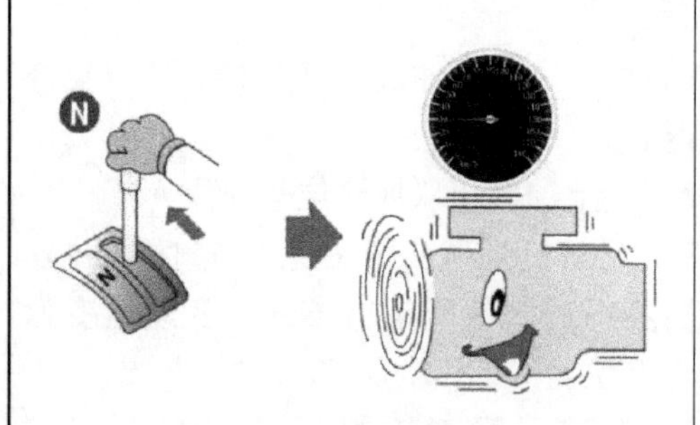

2. 锁止离合器工作状况的检查

锁止离合器工作是否正常也可以采用道路试验的方法进行检查。试验中，让汽车加速至超速档，如图所示，以高于80km/h的车速行驶，并让节气门开度保持在低于50%的位置，使变矩器进入锁止状态。此时，快速将加速踏板踩下，使节气门开度超过85%，同时检查发动机转速的变化情况。若发动机转速没有太大的变化，说明锁止离合器处于接合状态；反之，若发动机转速升高很多，则表明锁止离合器未接合，原因通常是锁止控制系统有故障。

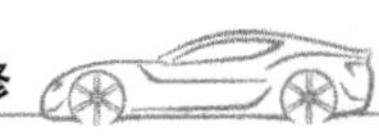

（六）油压试验

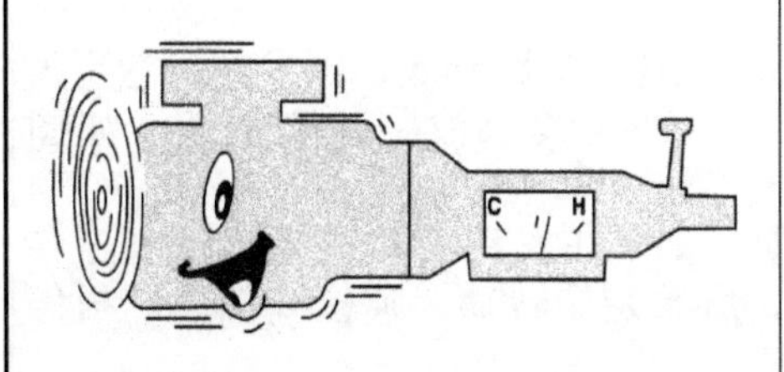	油压试验一般是做主油压测试，也可做进气门油压、速控油压、蓄能器背压测试。 1. 注意事项 1）运转发动机，使发动机和变速器温度正常。 2）拔去变速器壳体上的检查接头塞，连接压力表。 在正常工作油温时进行该试验（50～80℃）。 油压试验应由两人完成，一人应观察车轮及车轮塞木状况，另一人进行试验，如图所示。
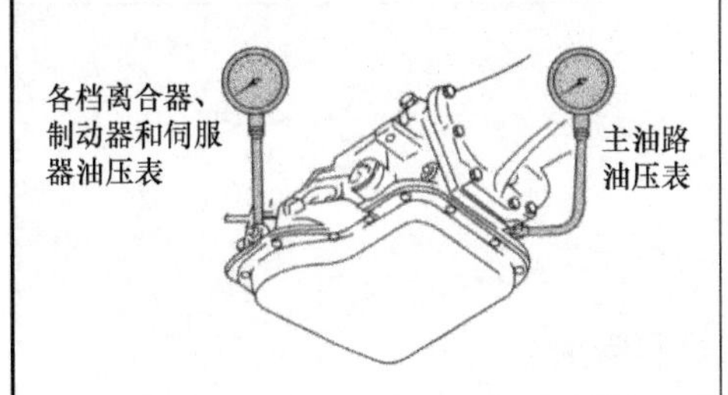	2. 油压试验方法 1）运转发动机，使发动机和变速器温度正常。 2）拔去变速器壳体上的检查接头塞，连接压力表，如图所示。
	3）拉紧驻车制动器操纵手柄，塞木塞住四个车轮，如图所示。
	4）起动发动机，检查怠速转速，如图所示。
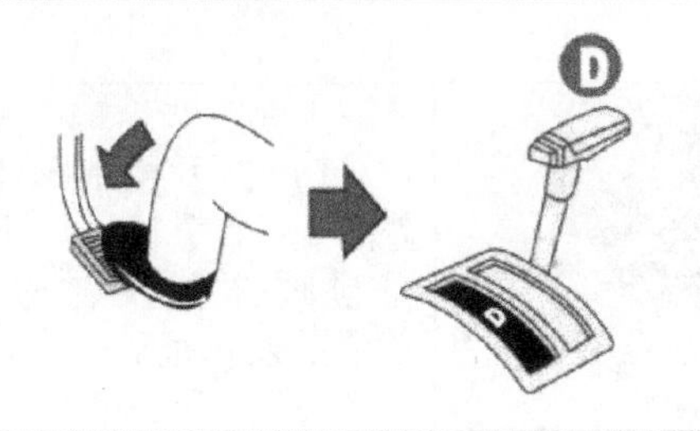	5）左脚踩下制动踏板，将变速杆换入D位，如图所示。

	6）发动机怠速时测量主油压，如图所示。
	7）将加速踏板踩到底，当发动机达到失速转速时，迅速读取油路最高压力，如图所示。 **注意：**如果在发动机转速未达到失速转速之前，后轮开始转动，则松开加速踏板停止试验。

二、任务实施

分解自动变速器

对技术人员要求：

- 接收/检查修理单。
- 接收用于修理的订购零件。
- 在允许的时间内进行工作。
- 向技师领队确认工作完成。

技师领队：

- 对技术难度高的工作向技术人员提供指导和帮助。

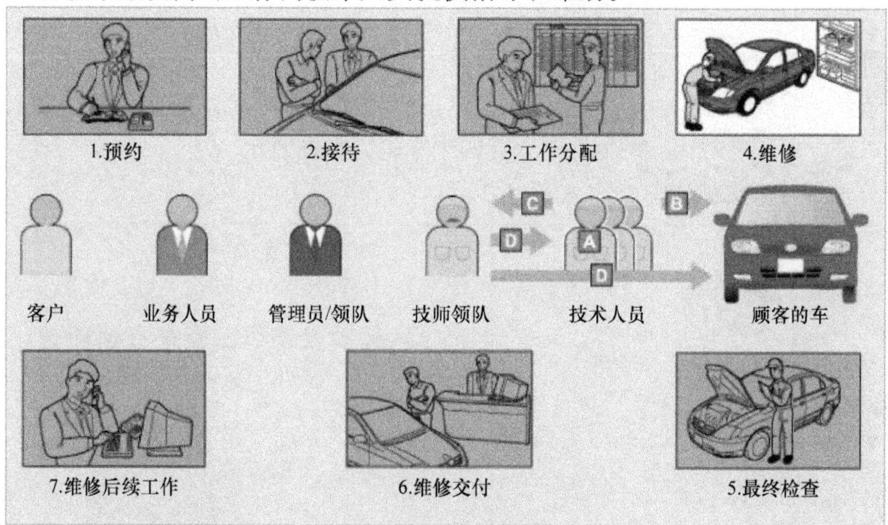

（一）变速器的分解

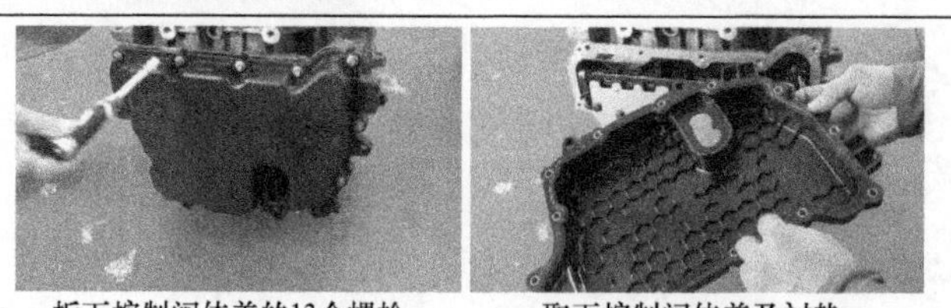 拆下控制阀体盖的13个螺栓　　取下控制阀体盖及衬垫	1）拆下控制阀体盖的13个螺栓，取下控制阀体盖及衬垫，必须更换衬垫。

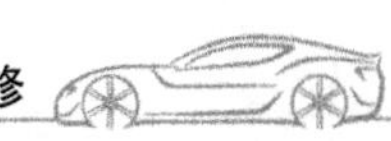

<table>
<tr><td colspan="2">

2）拔下换档位置开关、输出轴转速传感器和输入轴转速传感器的插接器插头，如图所示。

拔下换档位置开关插头

拔下输出轴转速传感器插头

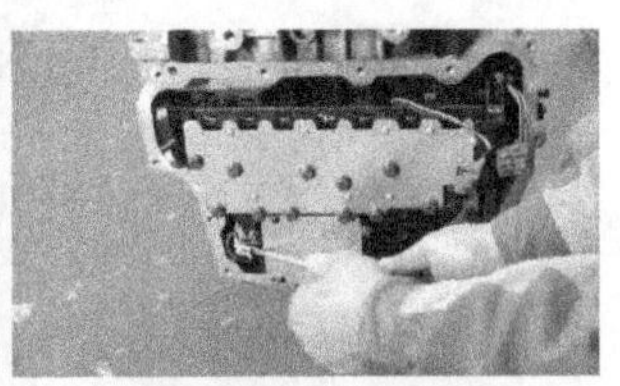

拔下输入轴转速传感器的插接器插头

</td></tr>
<tr><td>

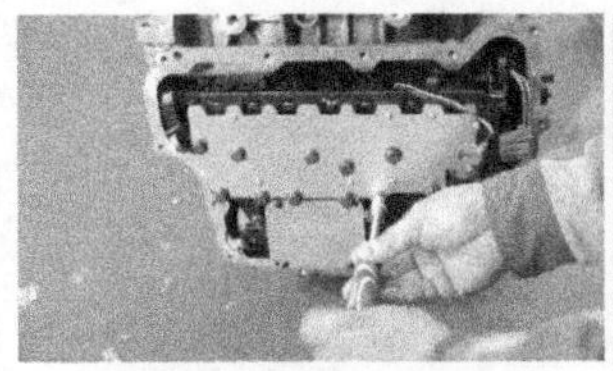

拆卸变速器控制模块总成

拆卸控制电磁阀总成过滤板

</td><td>

拆下控制阀体上的15颗螺栓，并取下变速器控制模块总成和控制电磁阀总成过滤板，如图所示。

警告：拆卸或安装过滤板总成时一定要小心，破损或缺失的固定凸舌不能完全将过滤板固定至控制电磁阀总成，有可能导致损坏或污染，过滤板不可再次使用。

</td></tr>
<tr><td>

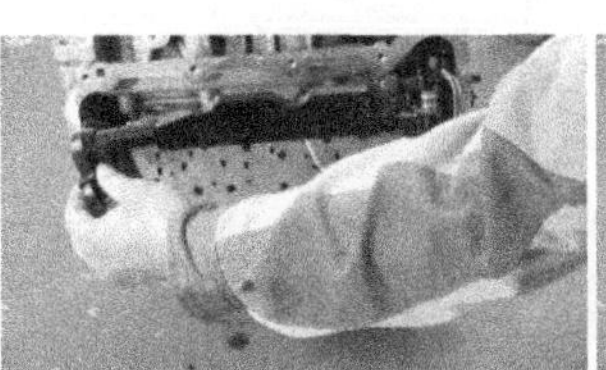

拔出油位控制阀

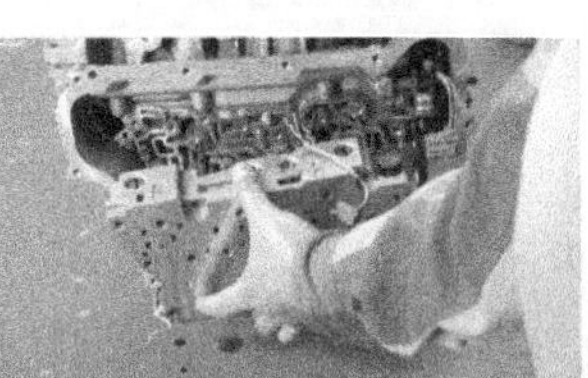

取下控制阀体

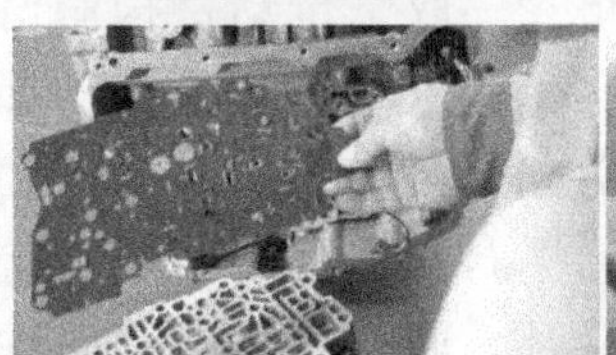

取下阀体隔板垫

拔出1-2-3-4档及低速档、倒档油道密封件

</td><td>

3）拔出油位控制阀，拆下控制阀体总成11颗螺栓，取下控制阀体和阀体隔板垫。拔出低速档、倒档离合器油道密封件并报废，如图所示。

</td></tr>
</table>

 拧下输入轴转速传感器的螺栓  取下输入轴转速传感器总成 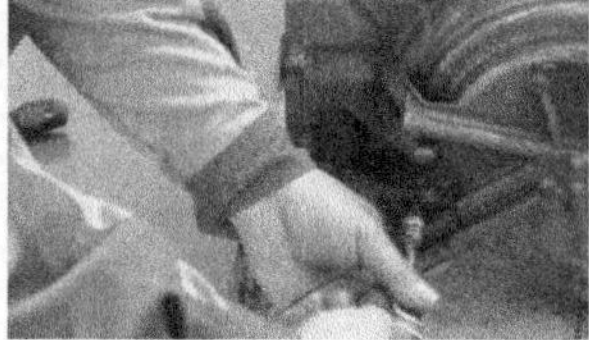 拧下输出轴转速传感器的螺栓 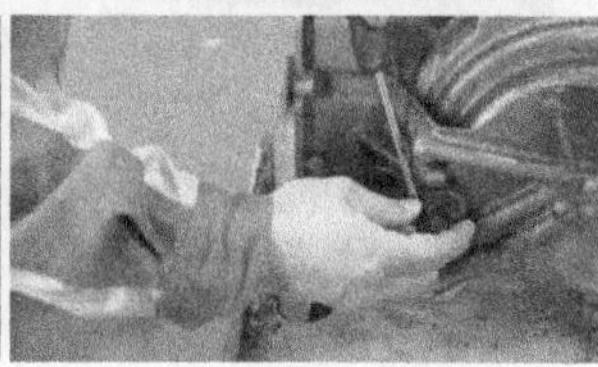 取下输出轴转速传感器总成	4）拧下输入轴转速传感器的螺栓，取下输入轴转速传感器总成。报废输入轴传感器传感器密封件。拧下输出轴转速传感器的螺栓，取下输出轴转速传感器总成。报废输出轴传感器密封件，如图所示。
 拆下15颗变速器壳体螺栓 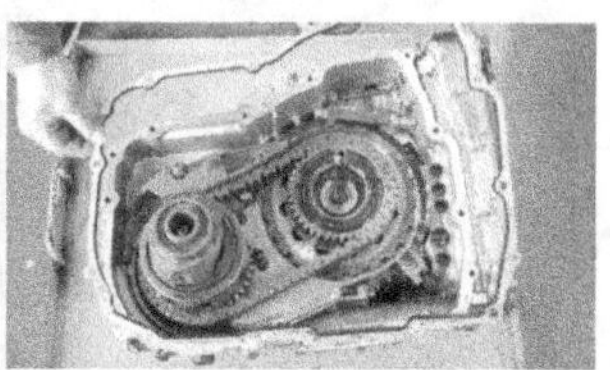 取下壳体和衬垫	5）拆下 15 颗变速器壳体螺栓，取下壳体和衬垫（报废不可重复使用），如图所示。
 取出差速器总成和主减速器太阳轮	6）取出差速器总成和主减速器太阳轮。 **注意：**取下差速器轴承时千万不要掉落，如图所示。
 取下主从动链轮上的轴承和垫片  取下传动机构润滑口及其密封件  垂直拔出两个链轮及链条  取下链轮下部的轴承	7）取下主从动链轮上的轴承和垫片。取下传动机构润滑口及其密封件。两只手分别握住主动和从动链轮，尽量使两个链轮平行。垂直拔出两个链轮及链条，取下链轮下部的轴承，如图所示。

<table>
<tr>
<td>
拆下挡板螺钉，取下挡板

取下驻车棘爪的弹簧和棘爪

取下油泵总成及变矩器和差速器壳体密封件</td>
<td>8）拆下挡板螺栓，取下挡板。将驻车棘爪的弹簧力卸掉，然后取下驻车棘爪的弹簧和棘爪。取下油泵总成及变矩器和差速器壳体密封件，如图所示。</td>
</tr>
<tr>
<td>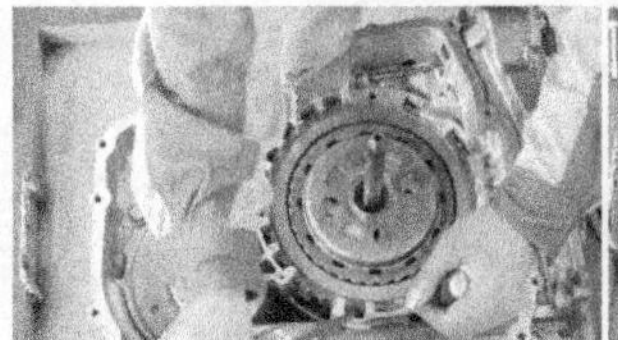
用一字螺钉旋具挑下1-2-3-4档离合器底板卡环

将35R及456离合器鼓总成，向上垂直提出</td>
<td>9）用一字螺钉旋具挑下1－2－3－4档离合器底板卡环。
警告：固定件保持张紧状态。拆下或安装卡环时要小心。否则可能会导致人身伤害。
双手紧握35R及456离合器鼓总成，向上垂直提出。提出后按照下列步骤分解。</td>
</tr>
<tr>
<td>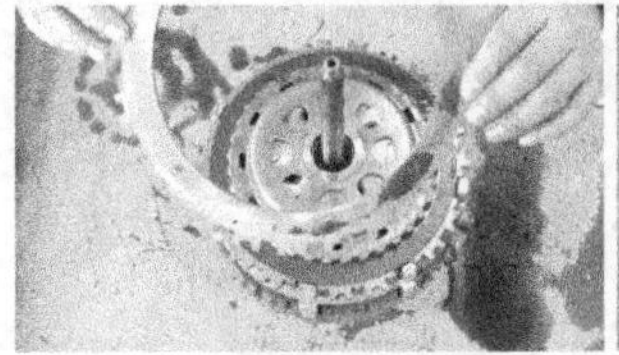
取下1-2-3-4档离合器盖板(1片)
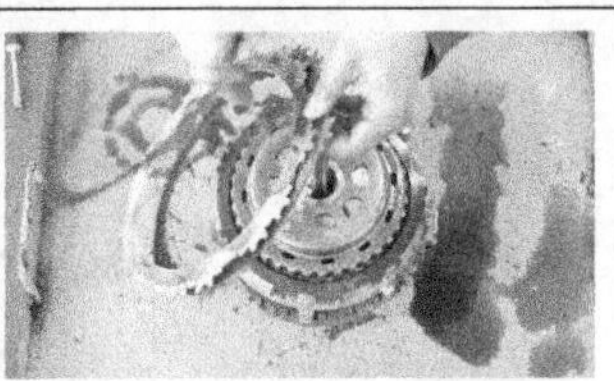
取下离合器片(2片)、钢板(2片)
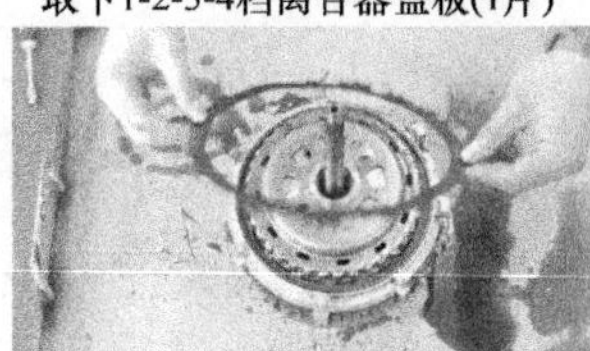
取下1-2-3-4档离合器波形片(1片)

取下输出太阳轮齿轮总成</td>
<td>如无法提出，则按照下列步骤依次拆除，直至能够提出为止。
10）取下1－2－3－4档离合器盖板（1片）、离合器片（2片）、钢板（2片）、波形片（1片）。
11）取下输出太阳轮齿轮总成，如图所示。</td>
</tr>
<tr>
<td>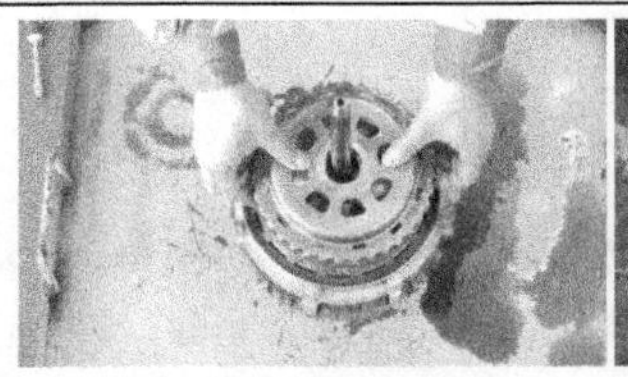
垂直拉出低速档-倒档和1-2-3-4档离合器壳体总成

拆卸低速档-倒档和1-2-3-4档离合器的卡环

取下复位弹簧和活塞</td>
<td>12）垂直拉出低速档－倒档和1－2－3－4档离合器壳体总成，拆卸低速档－倒档和1－2－3－4档离合器的卡环，分别取下复位弹簧和活塞，如图所示。</td>
</tr>
</table>

取下输出行星齿轮架

拆卸输出行星齿轮架止推轴承

拆卸输入太阳轮齿轮止推轴承

拆卸输入行星齿轮架总成、输入太阳轮

拆卸输入太阳轮齿轮止推轴承

拆卸输入行星齿轮架止推轴承

13）依次取下输出行星齿轮架、输出行星齿轮架止推轴承、输入太阳轮齿轮止推轴承、输入行星齿轮架总成、输入太阳轮、输入太阳轮齿轮止推轴承、输入行星齿轮架止推轴承，如图所示。

取下低速档和倒档离合器波形片(1片)、离合器片(3片)、钢板(3片)、底板(1片)

取下低速档和倒档单向离合器总成

14）取下低速档和倒档离合器波形片（1片），离合器片（3片）、钢板（3片）、底板（1片）。取下低速档和倒档单向离合器总成，如图所示。

取下2–6档离合器片(2片)及钢板(1片)

取下后排行星齿轮总成和止推轴承

15）取下2－6档离合器片（2片）及钢板（1片）。取下后排行星齿轮总成和止推轴承，如图所示。

由助手握住输入轴将3-5档、倒档和4-5-6档离合器壳体倒置

将涡轮轴卡环取下并报废

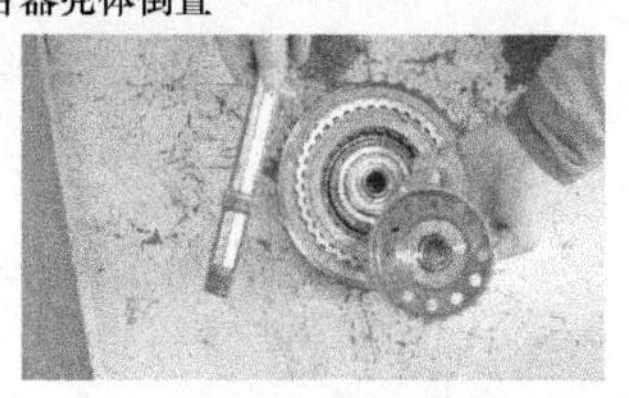
抽出涡轮轴，取下后排行星齿轮毂总成和止推轴承

16）由助手握住输入轴将3－5档、倒档和4－5－6档离合器壳体倒置，将涡轮轴卡环取下并报废，抽出涡轮轴，取下后排行星齿轮毂总成和止推轴承。

<table>
<tr>
<td>
取下4-5-6档离合器卡环

拿出4-5-6档离合器底板(1片)、离合器片(4片)和钢板(3片)，取下离合器压板和波形片各1片</td>
<td>17）取下4－5－6档离合器卡环，拿出4－5－6档离合器底板（1片）、离合器片（4片）、钢板（3片）、压板和波形片各1片，如图所示。</td>
</tr>
<tr>
<td>
使用DT-48903弹簧压缩工具将4-5-6档离合器活塞挡油板压缩至合适的位置，拆下4-5-6档离合器挡板卡环

解除DT-48903专用工具的压缩力，取下4-5-6档离合器活塞复位弹簧总成
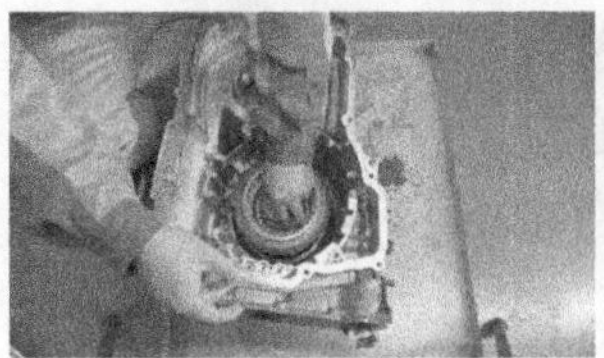
将3-5档、倒档和4-5-6档离合器壳体置于壳体内的支架毂上

用橡胶头气枪向4-5-6档离合器供油孔施加压缩空气

将挡板活塞和4-5-6档离合器活塞从离合器壳体上移出

拆下4-5-6档离合器活塞内、外密封件</td>
<td>18）使用DT－48903弹簧压缩工具将4－5－6档离合器活塞挡油板压缩至合适的位置，拆下4－5－6档离合器挡板卡环，解除DT－48903专用工具的压缩力，取下4－5－6档离合器活塞复位弹簧总成。将3－5档、倒档和4－5－6档离合器壳体置于壳体内的支架毂上。用橡胶头气枪向4－5－6档离合器供油孔施加压缩空气，将挡板活塞和4－5－6档离合器活塞从离合器壳体上移出。拆下4－5－6档离合器活塞内、外密封件，如图所示。</td>
</tr>
<tr>
<td>
使用DT-48866活塞弹簧压缩工具压缩磁阻轮至恰好离开卡环的位置。拆下输入轴转速传感器变磁阻环卡环

拆下输入轴转速传感器磁阻轮

拆卸3-5档、倒档离合器活塞

离合器活塞回位弹簧</td>
<td>19）使用DT－48866活塞弹簧压缩工具压缩磁阻轮至恰好离开卡环的位置。
注意：过度压缩磁阻轮可能损坏定位凸舌和离合器壳体。拆下输入轴转速传感器变磁阻环卡环、输入轴转速传感器磁阻轮，3－5档、倒档离合器活塞和离合器活塞回位弹簧。拆下3－5档、倒档离合器活塞内（变磁阻）密封件（黄色），3－5档、倒档离合器活塞内密封圈，3－5档、倒档离合器活塞挡板密封圈（黑色），如图所示。</td>
</tr>
</table>

 拆下3-5档、倒档离合器活塞内(变磁阻)密封件 拆卸3-5档、倒档离合器活塞内密封圈  拆卸3-5档、倒档离合器活塞挡板密封圈	
 拆下3-5档、倒档离合器底板环卡环  取下3-5档、倒档离合器底板(1片)、离合器片和钢板(各3片)、波形片(1片)	20）拆下3－5档、倒档离合器底板环卡环，取下3－5档、倒档离合器底板（1片）、离合器片和钢板（各3片）、波形片（1片），如图所示。
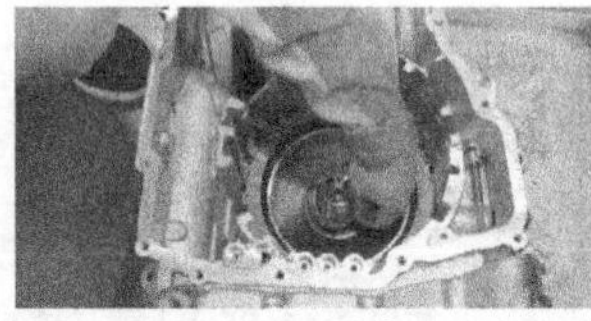 取下3-5档和4-5-6档离合器壳体止推轴承  取出2-6档钢板和波形片(各1片)	21）取下3－5档和4－5－6档离合器壳体止推轴承。取出2－6档钢板和波形片（各1片），如图所示。
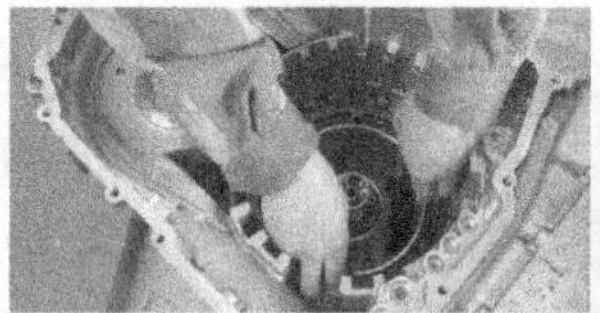 拆下2-6档离合器卡簧  取下2-6档离合器活塞回位弹簧  拆下2-6档活塞	22）取下2－6档离合器片，将2－6档离合器卡簧拆下，取下2－6档离合器活塞回位弹簧，用钳子拆下2－6档活塞，如图所示。
 拆下输入轴支座的3颗固定螺栓取下输入轴支座  取下3-5档、倒档和4-5-6档离合器	23）拆下输入轴支座的3颗固定螺栓取下输入轴支座，将3－5档、倒档和4－5－6档离合器油封取下并报废，如图所示。

<table>
<tr><td>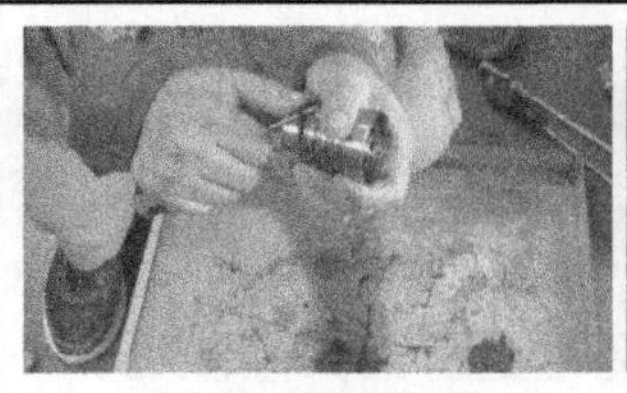
拆卸3-5档、倒档和
4-5-6档离合器油封</td><td>
用DT-23129密封件拆卸工具将
2个前轮驱动轴油封拆除</td><td>24）用 DT－23129 密封件拆卸工具将 2 个前轮驱动轴油封拆除，如图所示。</td></tr>
<tr><td colspan="3">（二）变速器的安装</td></tr>
<tr><td>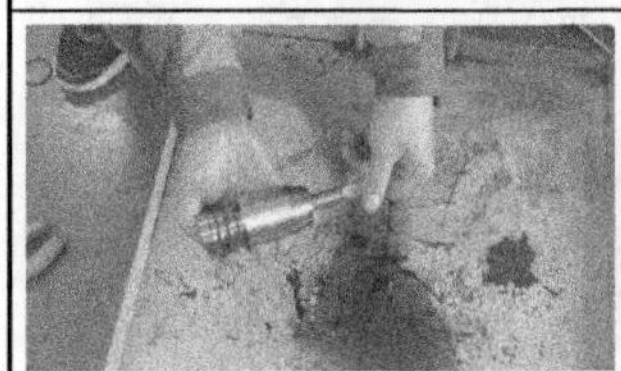
安装3-5档和4-5-6档离合器油封环DT-46620-3置于壳体毂上方，对其进行调节，以便只有密封圈的底部露出来</td><td>
将新的油封环置于DT-46620-3上，用DT-46620-2将油封环向下推到DT-46620-3上方，以将油封环推到毂环槽中

将DT-46620-1保持在密封件上至少60s</td><td>1）安装 3－5 档和 4－5－6 档离合器油封环将 DT－46620－3 置于壳体毂上方，对其进行调节，以便只有密封圈的底部露出来，将新的油封环置于 DT－46620－3 上，用 DT－46620－2 将油封环向下推到 DT－46620－3 上方，以将油封环推到毂环槽中。
重复以上步骤以安装所有 4 个油封环。安装 DT－46620－1 使大倒角端在油封环上，将DT－46620－1 保持在密封件上至少 60s，如图所示。</td></tr>
<tr><td colspan="2">
安装输入轴支座及3个固定螺栓</td><td>2）安装输入轴支座及 3 个固定螺栓，紧固至 12N · m，如图所示。</td></tr>
<tr><td>
安装2-6档离合器活塞总成

安装DT-48272弹簧安装工具</td><td>
安装2-6档离合器弹簧

安装2-6档离合器卡环</td><td>3）安装 2－6 档离合器活塞总成（见图）和离合器弹簧，安装 DT－48272 弹簧安装工具，使用 DT－48056 弹簧压缩桥将回位弹簧压缩至合适的高度，安装 2－6 档离合器卡环。拆下压缩工具，调节气压最大至 276kPa，向壳体上的离合器供油孔施加车间压缩空气，以确认活塞是否正常工作。</td></tr>
</table>

<table>
<tr><td>
调节气压最大至276kPa，向壳体上的离合器供油孔施加车间压缩空气，以确认活塞是否正常工作</td><td>警告：压力过高可能使活塞超出行程，从而损坏活塞密封件。卡环的开口应对准壳体底部花键上的最大空隙处，如图所示。</td></tr>
<tr><td>
安装3-5档、倒档和4-5-6档离合器壳体止推轴承

安装2-6档离合器波形片(1片)、钢板(1片)</td><td>4）安装3－5档、倒档和4－5－6档离合器壳体止推轴承，安装2－6档离合器波形片（1片）、钢板（1片），如图所示。</td></tr>
<tr><td>
依次安装3-5档、倒档离合器波形片(1片)、离合器片和钢板(各3片)、底板(1片)

安装3-5档、倒档离合器底板卡环</td><td>5）依次安装3－5档、倒档离合器波形片（1片）、离合器片和钢板（各3片）、底板（1片），安装3－5档、倒档离合器底板卡环，如图所示。</td></tr>
<tr><td>
安装3-5档、倒档离合器活塞挡板密封圈

安装3-5档、倒档离合器活塞内密封圈

安装3-5档、倒档离合器活塞内(变磁阻)密封件(橙色)

安装3-5档、倒档离合器活塞回位弹簧总成

润滑及安装3-5档、倒档离合器活塞

安装输入轴转速传感器磁阻轮

使用DT-47694活塞弹簧压缩工具压缩至合适的位置，安装输入轴转速传感器变磁阻环卡环</td><td>6）安装3－5档、倒档离合器活塞挡板密封圈（黑色），3－5档、倒档离合器活塞内密封圈，3－5档、倒档离合器活塞内（变磁阻）密封件（橙色），安装3－5档、倒档离合器活塞回位弹簧总成。润滑及安装3－5档、倒档离合器活塞，安装输入轴转速传感器磁阻轮。使用DT－47694活塞弹簧压缩工具压缩至合适的位置安装输入轴转速传感器变磁阻环卡环。
警告：压缩磁阻轮至恰好离开卡环的位置。过度压缩磁阻轮可能损坏定位凸舌和离合器壳体。取下压缩工具，如图所示。</td></tr>
</table>

<table>
<tr><td>

安装4-5-6档离合器活塞内、外密封件

安装4-5-6档离合器活塞回位弹簧

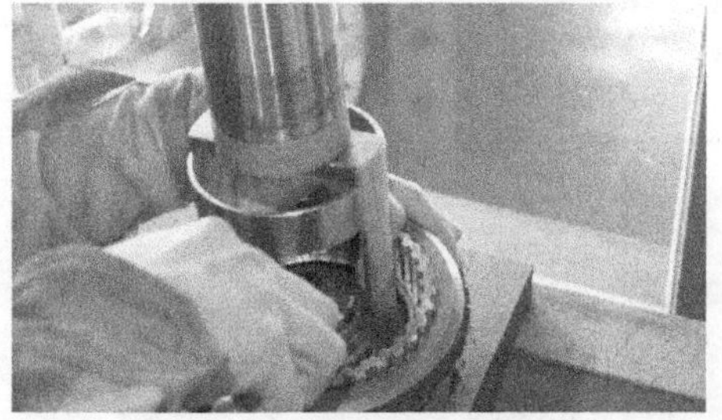
安装4-5-6档离合器活塞挡油板卡环
</td><td>
7）安装4-5-6档离合器活塞内、外密封件。安装4-5-6档离合器活塞回位弹簧，使用DT-47951-2弹簧压缩工具将4-5-6档离合器活塞安装到位。安装4-5-6档离合器活塞挡油板卡环，释放压力。

将壳体总成置于壳体内的输入轴支座上调节气压最大至276kPa，向壳体上的离合器供油孔施加压缩空气，以确认活塞是否正常工作。
</td></tr>
<tr><td>

取出3-5档和4-5-6档离合器壳体总成

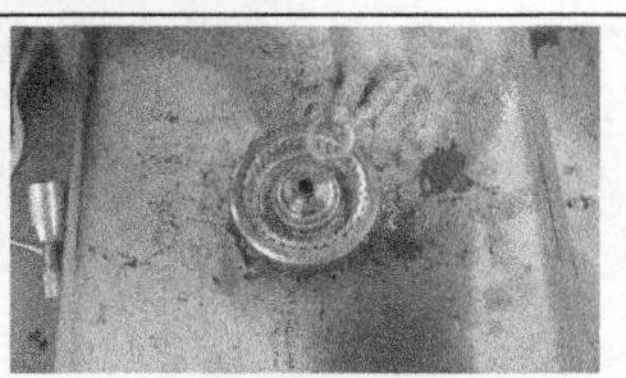
安装后排托架毂止推轴承

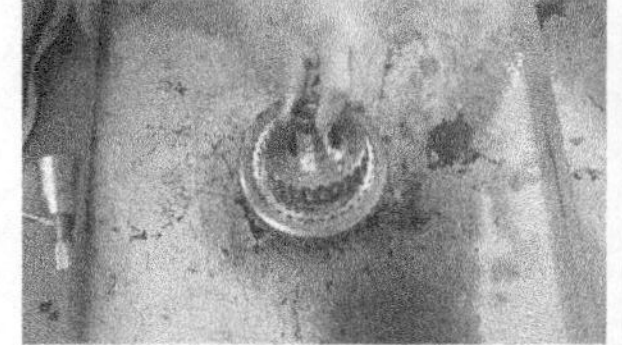
安装后排行星齿轮毂

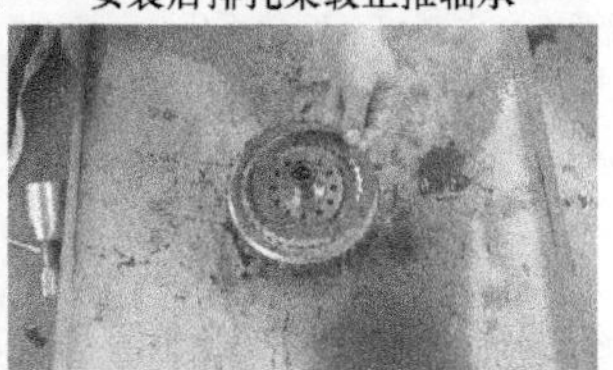
安装4-5-6档波形片(1片)、离合器片和钢板(各5片)、离合器底板(1片)

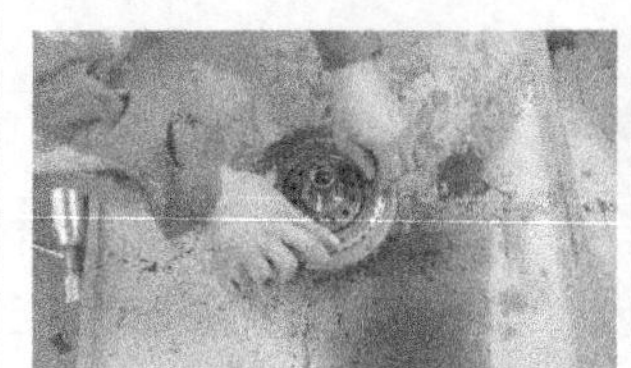
安装4-5-6档离合器卡环

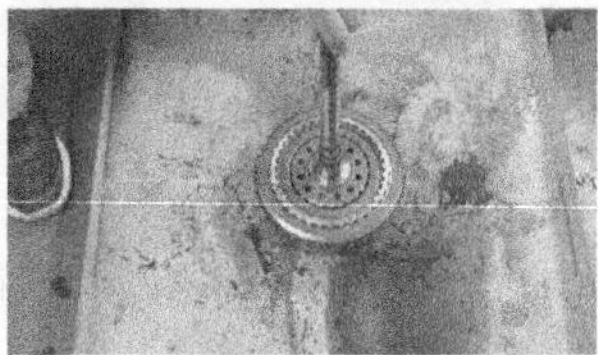
安装涡轮轴

安装涡轮轴卡环
</td><td>
8）取出3-5档和4-5-6档离合器壳体总成。依次安装后排托架毂止推轴承、后排行星齿轮毂、4-5-6档波形片（1片）、离合器片和钢板（各5片）、离合器底板（1片）和4-5-6档离合器卡环，如图所示。

9）安装涡轮轴和涡轮轴卡环，如图所示。
</td></tr>
<tr><td>

安装3-5档、倒档和4-5-6档离合器壳体总成

安装后排行星齿轮太阳齿轮止推轴承
</td><td>
10）安装3-5档、倒档和4-5-6档离合器壳体总成，安装反作用行星齿轮太阳齿轮止推轴承及反作用行星齿轮太阳齿轮。安装2-6档离合
</td></tr>
</table>

<table>
<tr><td>
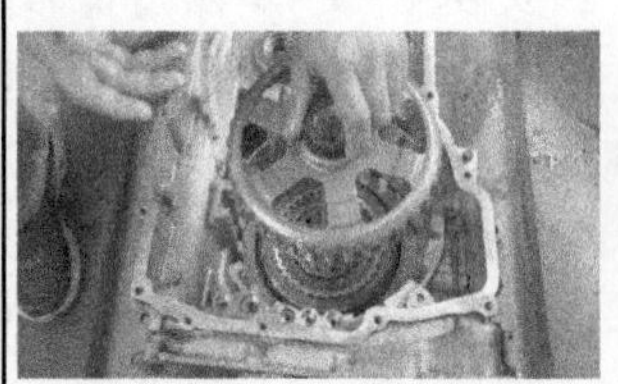
安装后排行星齿轮太阳齿轮

安装2-6档离合器片(2片)及钢板(1片)
</td><td>器片（2 片）及钢板（1 片），如图所示。</td></tr>
<tr><td>
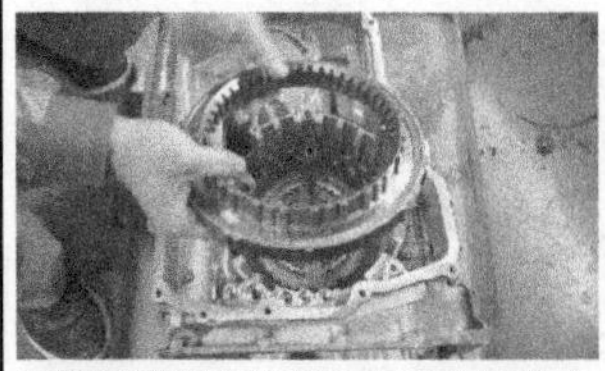
安装低速档和倒档单向离合器总成

安装低速档和倒档离合器底板(1片)

安装低速档和倒档离合器片及钢板(各3片)
安装低速档和倒档离合器波形片(1片)
</td><td>11）安装低速档和倒档单向离合器总成，安装低速档和倒档离合器底板（1 片）、离合器片及钢板（各 3 片）、波形片（1 片），如图所示。</td></tr>
<tr><td>

安装后排行星齿轮总成

安装输入行星齿轮架止推轴承和输入太阳齿轮止推轴承

安装输入太阳齿轮

安装输出行星齿轮架止推轴承

安装输出行星齿轮架总成
</td><td>12）依次安装后排行星齿轮总成、输入行星齿轮架止推轴承和输入太阳齿轮止推轴承。安装输入太阳齿轮、输入行星齿轮架总成。安装输入太阳齿轮止推轴承、输出行星齿轮架止推轴承、输出行星齿轮架总成，如图所示。</td></tr>
</table>

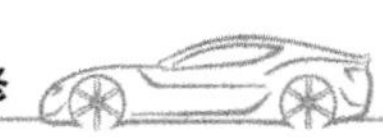

安装1-2-3-4档离合器活塞、回位弹簧、卡簧

安装低速档和倒档离合器活塞及回位弹簧

调节气压最大至276kPa，向离合器壳体内的离合器供油孔施加压缩空气，以确认活塞是否正常工作

安装低速档和倒档与1-2-3-4档离合器总成

13）安装1-2-3-4档离合器活塞、回位弹簧、卡簧，安装低速档和倒档离合器活塞、回位弹簧、卡簧。调节气压最大至276kPa，向离合器壳体内的离合器供油孔施加压缩空气，以确认活塞是否正常工作。安装低速档和倒档与1-2-3-4档离合器总成，如图所示。

提示：长边朝向壳体底部，油道朝向壳体的阀体端部。

安装输出太阳齿轮总成

安装1-2-3-4档离合器波形片(1片)，安装1-2-3-4档离合器片及钢板(2片)，安装1-2-3-4档离合器盖

安装1-2-3-4档离合器底板卡环

将驻车棘爪执行器安装至带换档轴位置开关的手动换档止动杆上

14）安装输出太阳齿轮总成，安装1-2-3-4档离合器波形片（1片）、离合器片及钢板（2片）、离合器盖、底板卡环，如图所示。

15）将驻车棘爪执行器安装至带换档轴位置开关的手动换档止动杆上，如图所示。

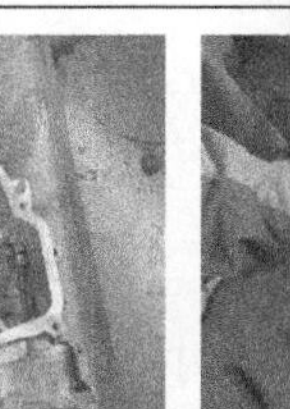

安装差速器前支座挡板及挡板的2颗螺栓

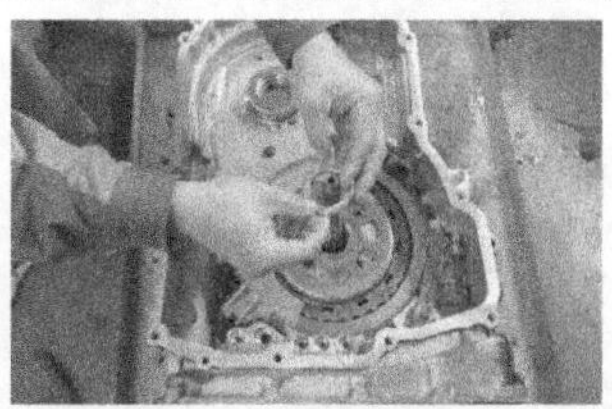

安装主/从动链轮轴承

安装主/从动链轮传动链条

安装传动机构润滑口及其密封件

16）安装差速器前支座挡板，紧固至12N·m。安装主/从动链轮轴承，安装主/从动链轮传动链条。安装传动机构润滑口及其密封件。

图示	说明
 安装主减速器太阳齿轮和差速器支座总成  安装差速器止推轴承和主动链轮上的轴承及垫片	17）安装主减速器太阳齿轮和差速器支座总成，安装差速器止推轴承和主动链轮上的轴承及垫片，如图所示。
 安装油泵密封件  安装变速器壳体床垫 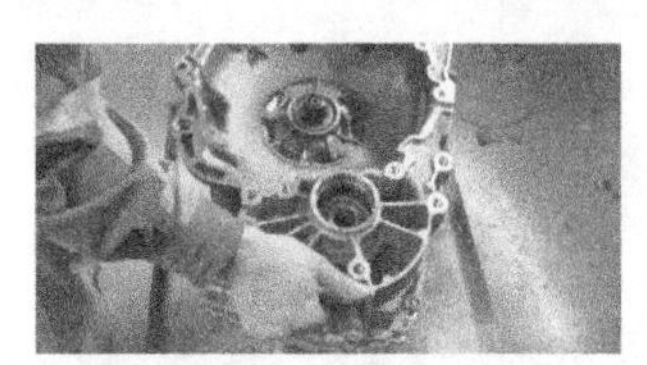 安装变速器壳体总成	18）安装油泵密封件和变速器壳体床垫。安装变速器壳体总成。按照顺序安装14颗变速器和差速器壳体螺栓，并将其紧固至10N·m+50°。
 安装输入/出轴转速传感器，紧固至9N·m	19）安装输入/出轴转速传感器，紧固至9N·m，如图所示。
 安装低速档和倒档及1-2-3-4档离合器油道密封件  安装油位控制阀及其衬垫 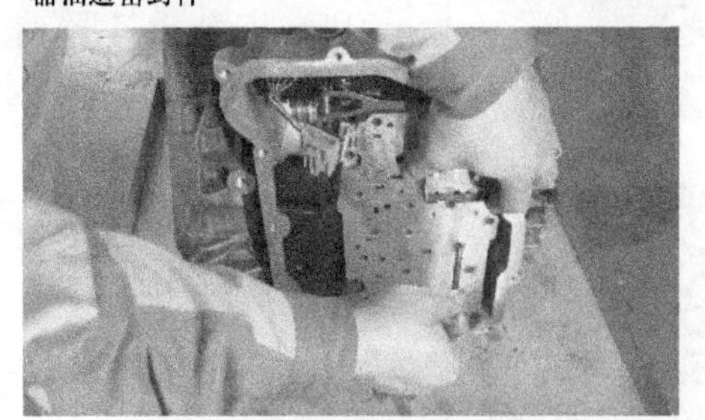 安装控制阀体隔板和控制阀体总成壳体	20）安装低速档和倒档及1－2－3－4档离合器油道密封件。安装油位控制阀及其衬垫。安装控制阀体隔板和控制阀体总成壳体上，紧固至11N·m，如图所示。

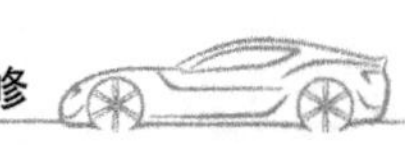

<table>
<tr><td>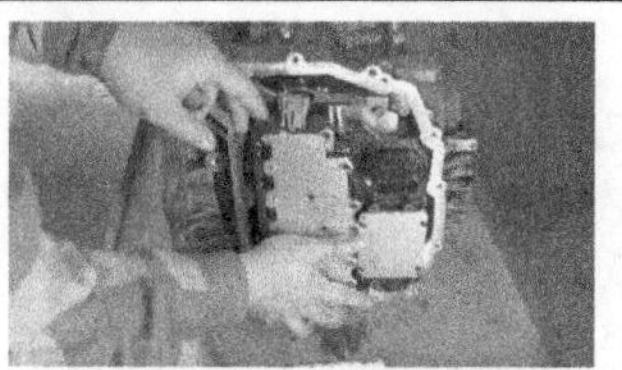
安装控制电磁阀总成过滤板及电磁阀
(带阀体和变速器控制模块)总成</td><td>21）安装控制电磁阀总成过滤板及电磁阀（带阀体和变速器控制模块）总成，如图所示。安装控制阀体螺栓，紧固至10N · m，安装控制阀体螺栓，紧固至7N · m。</td></tr>
<tr><td>
连接换档位置开关、输出轴转速传感器、输入轴转速传感器的插接器插头

安装13颗控制阀体盖螺栓，紧固至12N·m</td><td>22）连接换档位置开关、输出轴转速传感器、输入轴转速传感器的插接器插头。安装13颗控制阀体盖螺栓，紧固至12N · m，如图所示。</td></tr>
</table>

任务四　检修驱动桥

<table>
<tr><td>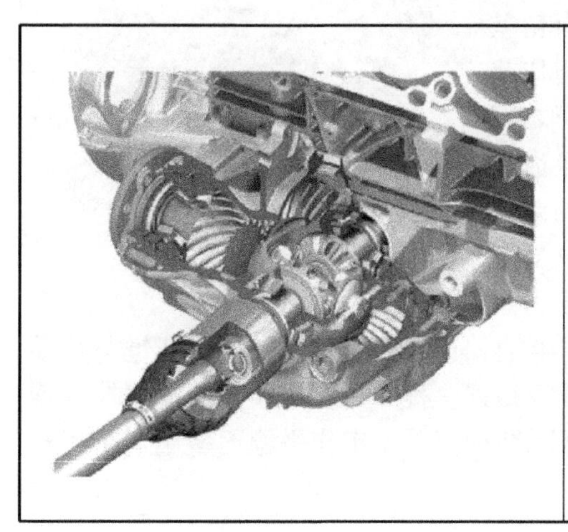</td><td>驱动桥一般由主减速器、差速器、车轮传动装置和驱动桥壳等组成。它的作用是将万向传动装置传来的动力折过90°角，改变力的传递方向，并由主减速器降低转速，增大转矩后，经差速器分配给左右半轴和驱动轮，如图所示。
汽车发动机的动力经离合器、变速器、传动轴，最后传送到驱动桥再左右分配给半轴驱动车轮，在这条动力传送途径上，驱动桥是最后一个总成，它的主要部件是主减速器和差速器。</td></tr>
</table>

一、相关知识

<table>
<tr><td>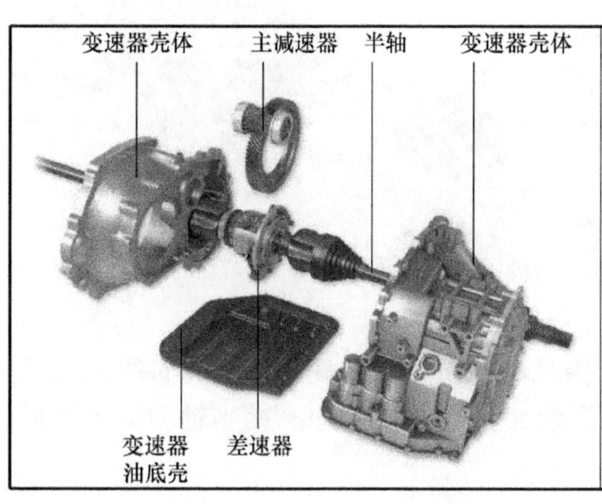
</td><td>对于前置前驱的汽车驱动桥而言，主减速器和差速器通常与变速器构成一个整体，统称为变速驱动桥，如图所示。</td></tr>
</table>

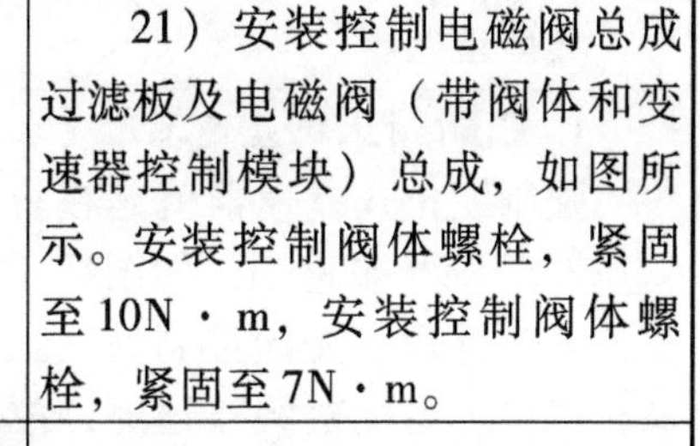

典型差速器
1. 强制锁止式差速器  强制锁止式差速器就是在行星锥齿轮差速器上设置差速锁，如图所示。强制锁止式差速器用电磁阀控制的气缸操纵一个离合机构。当电磁阀接通时，控制气路打开，推动活塞右移，使外接合套与内接合套压紧成为刚性连接，左侧半轴与差速器壳相接合，差速器被锁止。这就相当于把左右两侧半轴锁成一体而一同旋转。这样，当一侧驱动轮打滑而牵引力过小时，从主减速器传来的绝大部分转矩被分配到右侧驱动轮上，使汽车得以通过这样的路段。 强制锁止式差速器结构简单，易于制造，但必须在停车时进行操作。而且接上差速锁时，左右车轮刚性连接，将产生前驱转向困难、轮胎磨损严重等问题。当车辆驶入良好路面时，需及时松开差速锁。
2. 摩擦片式自锁差速器  摩擦片式自锁差速器是在普通行星锥齿轮差速器的基础上发展而成的，如图所示。为增加差速器内的摩擦力矩，在半轴齿轮与差速器壳之间装有摩擦片。十字轴有两根相互垂直的行星齿轮轴组成，其端部均切出凸 V 形斜面，相应的差速器壳上也有凹 V 形斜面。两根行星齿轮轴的 V 形面是反向安装的，每个半轴齿轮的背面有推力压盘和主、从动摩擦片。推力压盘以内花键与半轴相连，而其轴颈处用外花键与从动摩擦片相连。主动摩擦片则用花键与差速器壳相连。推力压盘与主、从动摩擦片均可做微小的轴向移动。摩擦片式自锁差速器因结构简单、工作平稳而多用于乘用车或轻型货车。
3. 托森差速器 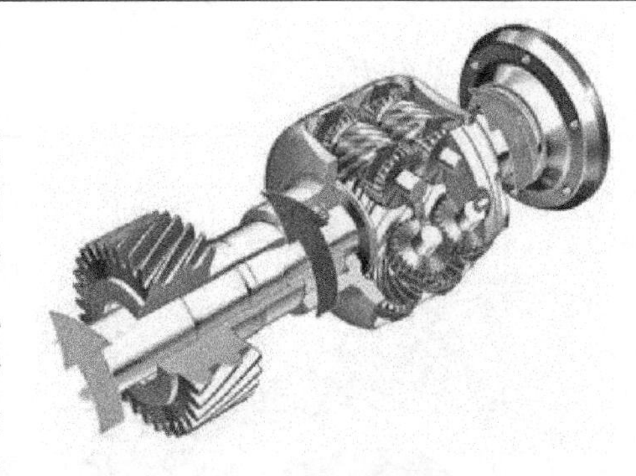 托森差速器又称蜗轮－蜗杆式差速器，是一种轴间自锁差速器，广泛用于四轮驱动车辆，其在传动系统中的安装位置如图所示（以奥迪 A4 为例）。发动机输出的转矩由驱动轴传入变速器，经过齿轮变速机构改变传动比后，由输出轴（空心轴）传至托森差速器外壳。通过差速器的差速作用，一部分转矩通过差速器主动齿轮传至前桥，另一部分转矩通过万向轴的法兰盘传至后桥，从而实现前后轴同时驱动和前后轴转矩的自动调节。托森差速器的锁紧系数 K 为 0.56，输出到两半轴的最大转矩之比 $K_b=3.5$。

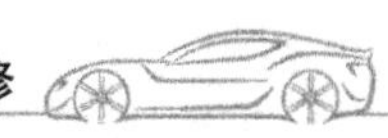

托森差速器由空心轴、差速器外壳、前轴蜗杆、后轴蜗杆、蜗轮轴及蜗轮等组成。空心轴和差速器外壳通过花键相连而一同转动，蜗轮通过蜗杆轴支撑在差速器外壳上，并分别与前后蜗杆相啮合。每个蜗轮上固定有两个正齿轮，每对蜗轮通过正齿轮相啮合。前轴蜗杆和前驱动轴为一体，后轴蜗杆和驱动后桥的万向轴的法兰盘为一体。

当汽车行驶时，来自发动机的转矩通过空心轴传至差速器外壳，然后通过蜗轮轴传至蜗轮，再传至蜗杆。前轴蜗杆通过前驱动轴将动力传递至前桥，后轴蜗杆通过万向轴的法兰盘将动力传递至后桥。当汽车转向时，前后桥将出现转速差，通过与蜗轮啮合的正齿轮的相对转动，使一轴转速提高，而使另一轴转速降低，从而实现差速作用。同时，差速器可使转速低的轴比转速高的轴分配到更大的转矩，从而提高了汽车通过坏路面的能力。

二、任务实施

检修驱动桥

对技术人员要求：

- 接收/检查修理单。
- 接收用于修理的订购零件。
- 在允许的时间内进行工作。
- 向技师领队确认工作完成。

技师领队：

- 对技术难度高的工作向技术人员提供指导和帮助。

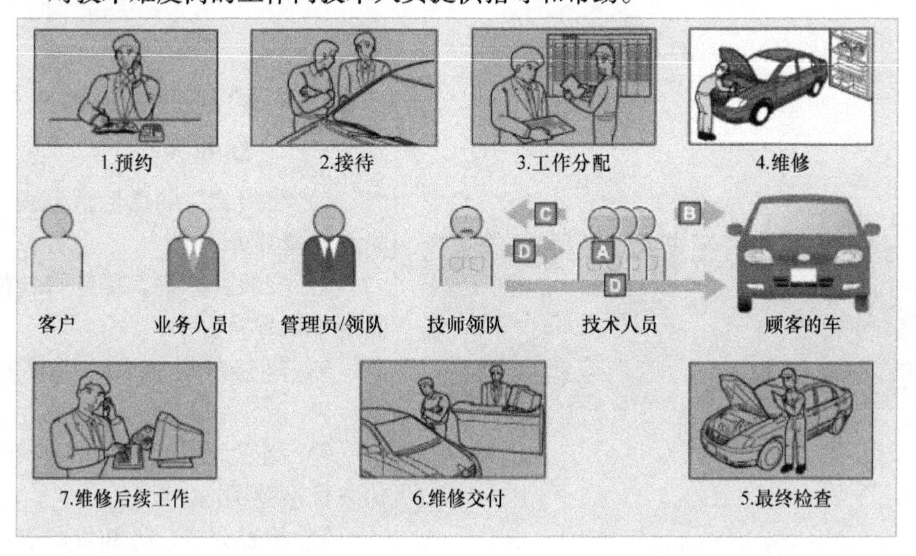

（一）检查主减速器

步骤一　拆卸主减速器

1）拆卸变速器，将其固定在支架上，拆下轴承支座和后盖。
2）取下车速里程表的传感器。
3）锁住传动轴，拆下紧固螺栓。
4）取下传动轴。
5）取下车速里程表的主动齿轮导向器和齿轮。
6）拆下主减速器盖。
7）从变速器壳体上取下差速器。
8）有夹具将变速器壳固定在台虎钳上，拆下从动齿轮的紧固螺栓。
9）取下从动锥齿轮。

安装百分表

转动主动轴法兰

步骤二　检查主减速器从动齿圈偏摆

1）将组装好的磁性百分表座吸附在工作台上。

2）安装百分表，并将百分表垂直地放在主减速器从动齿圈外圈上。

3）轻轻调整百分表，使大指针对准零刻线。

4）轻轻转动主动轴法兰，读取从动锥齿轮振动量。

5）检查完成，拆卸百分表及表座。

转动齿圈

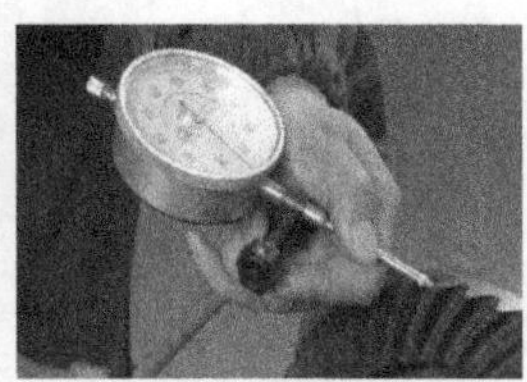
读取数值

步骤三　检查主减速器从动齿圈间隙

1）将组装好的磁性百分表座吸附在差速器外壳上。

2）安装百分表，使针脚与齿圈面的末端垂直。

3）轻轻转动齿圈，并测量间隙。

4）测量结果为 0.15mm，间隙值在标准范围内。

5）检查完成，拆卸百分表及表座。

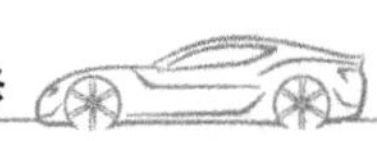

均匀涂抹红丹

清洁齿圈

步骤四　检查主减速器齿轮啮合印记

1）在从动锥齿轮上，每隔 120°，均匀涂抹红丹。

2）转动法兰，检查齿圈啮合情况。

3）如果各齿轮均沾染红丹，痕迹明显，说明啮合正常。

4）使用清洁剂，旋转齿轮，清洁表面红丹，并擦拭干净。

5）使用润滑油润滑从动锥齿轮。

步骤五　安装主减速器

1）在变速器输出轴上装上所有齿轮、轴承及同步器。

2）计算输出轴的调整垫片厚度。

3）将从动锥齿轮加热至 120℃，并将其装在差速器壳上，安装时用两个螺纹销作导向。

4）装上新的从动锥齿轮螺栓，并用 70N · m 的力矩交替拧紧。

5）将轴承支座架在变速器壳体上，并用新的衬垫。

6）装上变速器后盖。

7）将差速器装在变速器壳体上。

8）将主减速器盖装在壳体上，用 25N · m 的力矩拧紧螺栓。

9）装上车速里程表的主动齿轮和导向器。

10）装上车速里程表的传感器。

11）装上一个半轴凸缘，用凿子将它锁住，装上螺栓，用 20N · m 的力矩拧紧。

12）装上另一个半轴凸缘。

技术要求及标准

序号	内容	标准值
1	主减速器从动齿轮齿隙	0.13 ~ 0.18mm
2	主减速器从动齿轮端面跳动量	≤0.07mm

（二）拆卸差速器

使用卡簧钳拆卸行星齿轮轴

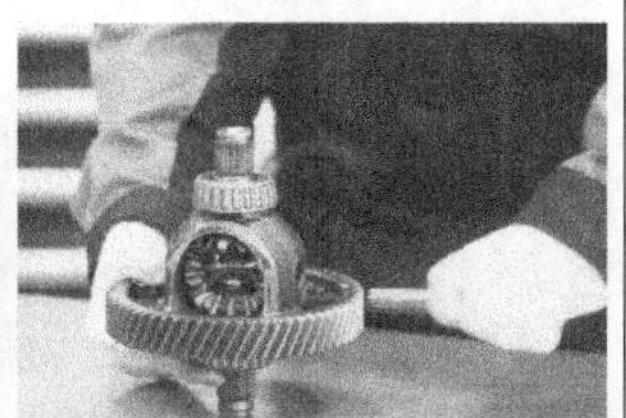

抽出行星齿轮轴

旋转大行星齿轮

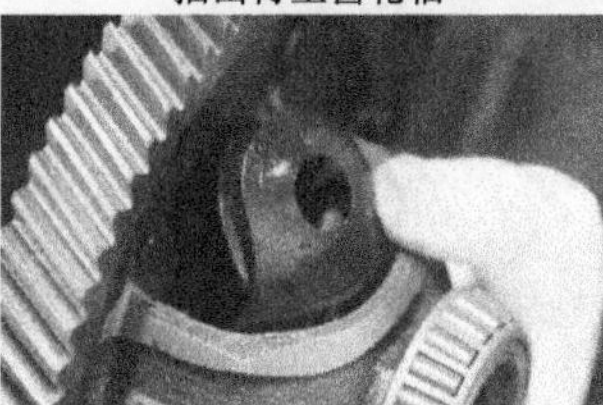

取下整体式止推垫圈

步骤一　拆卸差速器

1）使用卡簧钳拆卸行星齿轮轴一侧定位弹性挡圈。

2）使用铁锤及铜棒将齿轮轴敲出。

3）抽出行星齿轮轴。

4）旋转大行星齿轮，将小行星齿轮转出并取下。

5）使用卡簧钳顶住弹性挡圈两端，用力将弹性挡圈顶出。

6）将驱动法兰轴向外抽出，取下大行星齿轮。

7）取下整体式止推垫圈。

步骤二　检查差速器

1. 检查圆锥滚子轴承

1）目视圆锥滚子轴承的滚子应无斑点、严重黑斑或烧损变色。

2）检查保持架应无裂纹、过度磨损或滚子从保持架脱出等现象。

3）检查轴承外座圈的结合面应无斑点、严重黑斑或烧损变色等现象。

2. 检查齿轮

1）检查主动齿轮应无裂纹、斑点、锈蚀，齿面应无明显斑痕。

2）检查行星齿轮、半轴齿轮应无裂纹、斑点、锈蚀，齿面应无明显斑痕。

3）半轴齿轮、行星齿轮和差速器壳的锥面应无斑点、明显磨损。

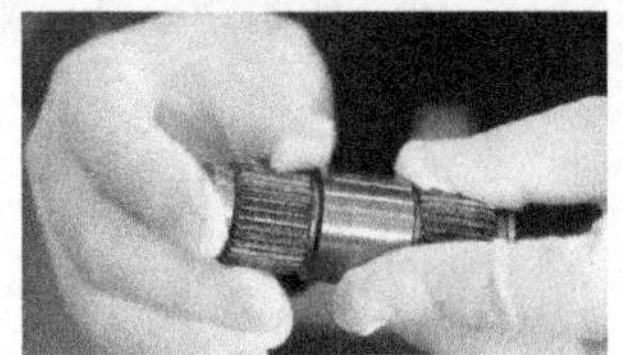
检查主动齿轮

检查半轴齿轮、行星齿轮

目视圆锥滚子轴承

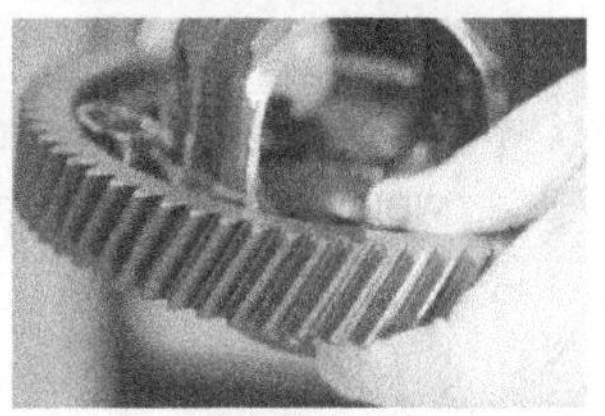
检查差速器壳

普通行星锥齿轮差速器由2个或4个圆锥行星齿轮、行星齿轮轴、2个圆锥半轴齿轮、垫片和差速器壳等组成，4个行星齿轮分别套在十字轴轴颈上，2个半轴齿轮与4个行星齿轮相互啮合，并一起装在差速器壳内，两半壳用螺栓紧固。中型以下乘用车传递转矩小，可用2个行星齿轮，而行星齿轮轴是一根带锁止销的直轴，差速器壳制成整体式框架。

磁性百分表座吸附在差速器外壳上

针脚与半轴齿轮垂直

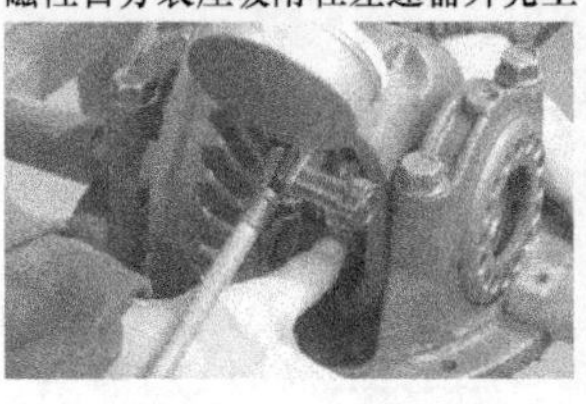
右手轻轻转动半轴齿轮

读取百分表数值

3. 检查轴与花键

1）检查半轴齿轮轴花键和半轴齿轮内花键应无损坏、缺齿、过度磨损。

2）检查半轴齿轮轴与半轴齿轮花键配合应无间隙。

4. 测量齿轮间隙

1）将组装好的磁性百分表座吸附在差速器外壳上。

2）安装百分表，使针脚与半轴齿轮垂直。

3）使用左手拇指，固定一个面向差速器壳的行星齿轮。

4）右手轻轻转动半轴齿轮。

5）读取百分表数值检测齿轮间隙。

6）拆下百分表及百分表座。

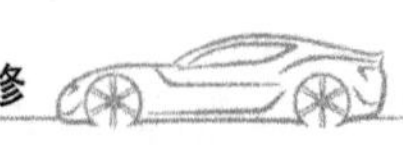

步骤三　安装差速器

1）齿轮油润滑整体式止推垫圈，并安装到位。

2）插入驱动法兰盘，安装大行星齿轮。

3）将弹性挡圈两端对准定位卡槽，使用铜棒将弹性挡圈推到位。

4）将两个小行星齿轮相对 180°与大行星齿轮啮合，转动大行星齿轮，使小行星齿轮转到位。

5）插入行星齿轮轴。

6）使用卡簧钳安装弹性挡圈。

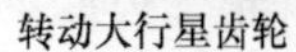

转动大行星齿轮

插入行星齿轮轴

（三）差速器故障的诊断

损坏的轴承

1. 差速器壳发出轴承噪声

当车轮转动时，差速器壳会发出轴承噪声。这种噪声可在任何档位上出现。但当车速增加时噪声会比较强烈。诊断这种类型的故障时，要特别注意发出噪声的位置。有时会把车轮轴承发出的噪声误认为是差速器轴承发出的噪声。在诊断时，当车辆处于行驶状态时，使用底盘听诊器确定噪声出自什么位置，如图所示。

损坏的齿轮

2. 差速器齿轮噪声

差速器不同的齿轮损坏所导致的噪声也会有差别，如图所示。

<table>
<tr><td>
半轴齿轮和差速器行星齿轮损坏</td><td>3. 半轴齿轮和差速器行星齿轮损坏
由于车辆在直线行驶时半轴齿轮和差速器行星齿轮均不转动，所以如果这些齿轮损坏，车辆在转弯时就会产生噪声。当车辆左转弯或右转弯时都可能发出噪声，车辆缓慢转急弯时噪声会更强烈。当车辆的车轮尺寸不一致时，行驶一段时间后就会使半轴齿轮和差速器行星齿轮遭到损坏。由于车轮尺寸不一致，造成车辆行驶时车轮的转速产生差异，导致半轴和差速器行星齿轮一直处于转动的状态。如果车辆驱动轮的尺寸不一致，半轴齿轮和差速器行星齿轮在车辆直线行驶时就会发出噪声，如图所示。</td></tr>
<tr><td>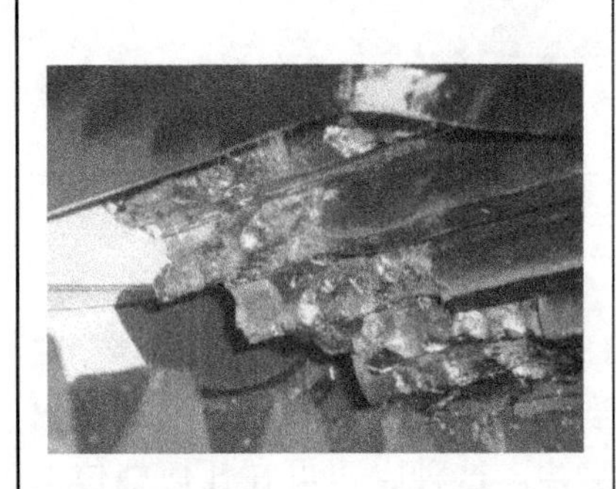</td><td>4. 输出齿轮、齿圈损坏
如果输出齿轮、齿圈的齿损坏，车辆在行驶时通常会发出类似咔哒声或敲击声的噪声。车辆在重载时噪声会非常剧烈。噪声可能出现在任何车速状态下。输出齿轮、齿圈的齿损坏不会使车辆在静止和空档时产生噪声。如果变速驱动桥在汽车处于空档静止状态且离合器踏板松开时发出类似“咔哒”声或敲击声，则噪声很可能是输出/入轴上的齿轮发出的，如图所示。</td></tr>
</table>

任务五　检修传动系统

<table>
<tr><td></td><td>汽车在行驶过程中，如果车轮受路面冲击，会使车轮和悬架产生振动，变速器的输出轴与驱动轮之间的相对位置就会发生变化。因此，变速器的输出轴与驱动轮之间不能通过刚性件连接并传动，因此采用万向传动装置，如图所示。万向传动装置的万向节、传动轴等结构可以实现变速器的输出轴与驱动轮之间动力的可靠传递。综上所述，万向传动装置的作用是在相对位置经常发生变化的两根传动轴之间传递动力，如图所示。</td></tr>
</table>

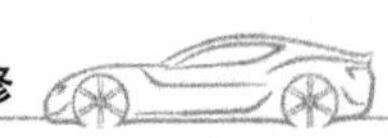

一、相关知识

乘用车万向传动装置主要包括万向节和传动轴。对于前置前驱汽车而言，其发动机大都横置而且不在车辆的中间位置，有一定的偏置。这种布置方式使得万向传动装置一般为不等距布置，即发动机动力经过变速器再传递到差速器，差速器通过两个不等长的万向传动装置分别传递到两侧车轮，如图所示。万向传动装置由两个万向节和两根传动轴组成，传动轴一根较长，另一根较短。

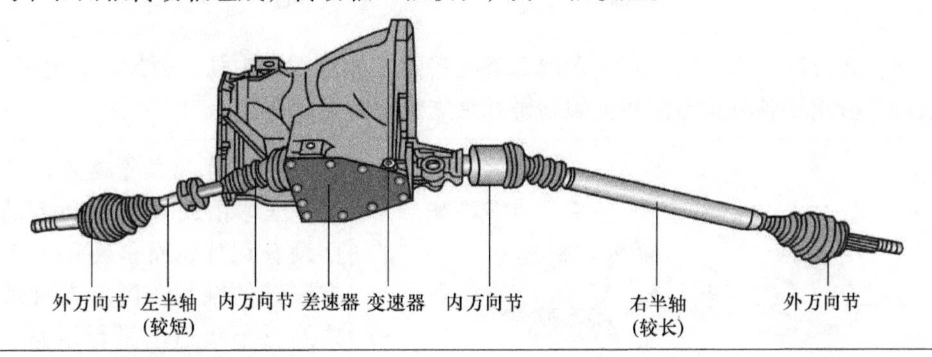

（一）万向传动装置结构

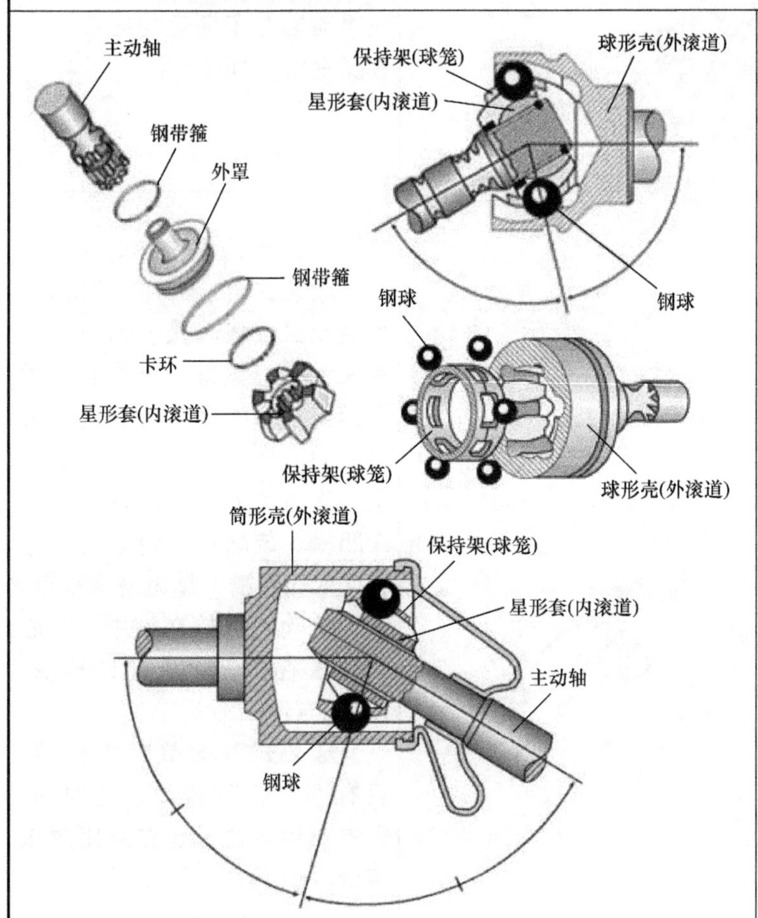

1. 球笼式等速万向节

球笼式万向节由六个钢球、星形套、球形壳和保持架等组成。万向节星形套与主动轴用花键固接在一起，星形套外表面有六条弧形凹槽滚道，球形壳的内表面有相应的六条凹槽，六个钢球分别装在各条凹槽中，由球笼使其保持在同一平面内。动力由主动轴、钢球、球形壳输出，如图所示。

球笼式万向节在传递转矩的过程中，主从动轴之间不仅能相对转动，而且可以产生轴向位移，如图所示。

内球笼式万向节和外球笼式万向节广泛应用于采用独立悬架的轿车转向驱动桥，外球笼式万向节用于靠近车轮处，内球笼式万向节用于靠近驱动桥处，如图所示。

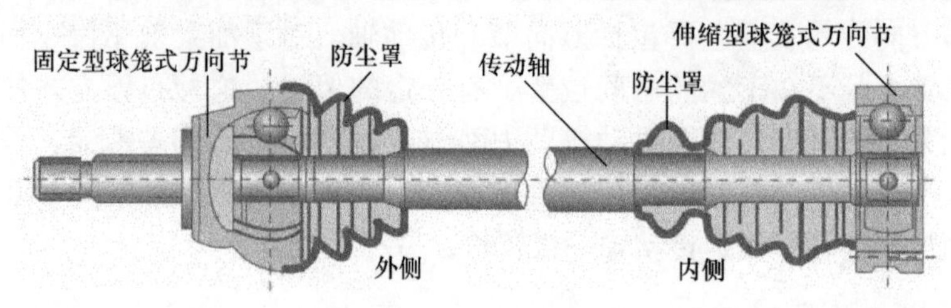

球笼式万向节工作时，六个钢球都参与传力，故承载能力强、磨损小、寿命长。它被广泛应用于各种型号的转向驱动桥和独立悬架的驱动桥。

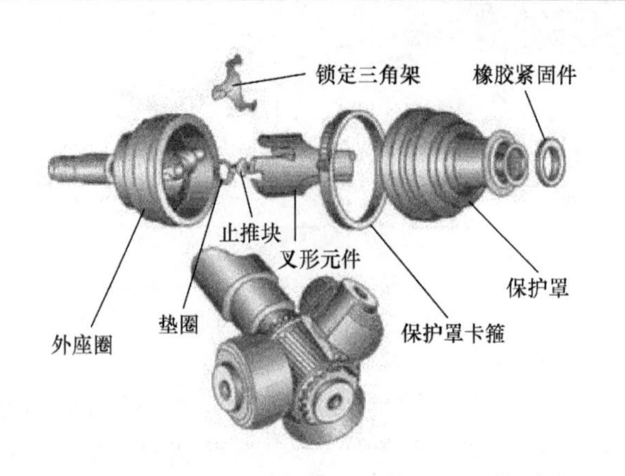

2. 三球销式等速万向节

三球销式等速万向节的里面没有钢球，而是使用三个带有滚针的轴承，可以在钟形壳内的三个轨道里进行滑移，可以向内和向外滑移，以此来适应驱动轴在车辆运动时产生的长度变化，如图所示。

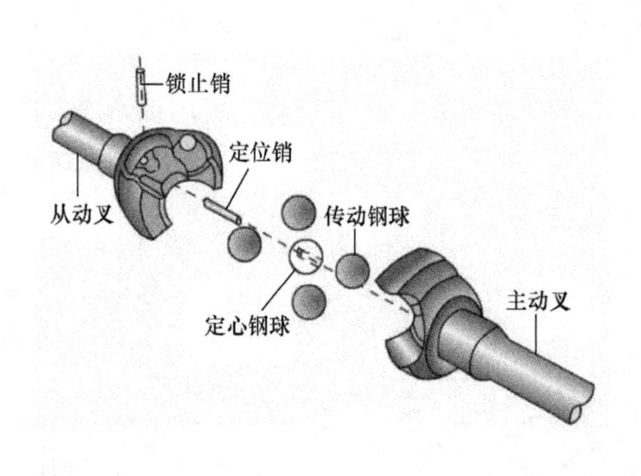

3. 球叉式等速万向节

球叉式万向节如图所示，由主动叉、从动叉、四个传动钢球、中心钢球、定位销、锁止销组成。主动叉与从动叉分别与内、外半轴制成一体。在主、从动叉上，分别有四个曲面凹槽，装配后，则形成两个相交的环形槽，作为钢球滚道。四个传动钢球放在槽中，中心钢球放在两叉中心的凹槽内，以定中心。

球叉式万向节在工作时，只有两个钢球传力，磨损快，影响使用寿命，现在应用越来越少。

4. 传动轴

传动轴的作用是与变速器、驱动桥一起将发动机的动力传递给车轮，使汽车产生驱动力。

传动轴有实心轴和空心轴之分。为了减轻传动轴的质量，节省材料，提高轴的强度、刚度，传动轴多为空心轴，一般用厚度为1.5～3.0mm的薄钢板卷焊而成，重型货车则直接采用无缝钢管，如图所示。

转向驱动桥、断开式驱动桥传动轴通常制成实心轴，如图所示。大部分轿车采用断开式驱动桥传动轴（即半轴）。

（二）传动轴的维修程序

传动轴的维修程序根据要维修的是内侧等速万向节还是外侧等速万向节而有所差异。在有些内侧等速万向节上，万向节本身无需维护。如果有多个等速万向节防尘套需要更换，则必须更换整个轴（具体维修方案要根据维修的标准）。维修程序根据要维修等速万向节的类型不同而有所差异。维修车辆半轴时，一定要参阅信息查询系统说明，了解特定的维修程序。

1. 拆卸程序

虽然每个车型的传动轴拆卸程序都不尽相同，但有些拆卸步骤还是适用于各种车型的。以下就是一些通用的拆卸程序，如图所示。按照下列通用的操作程序对传动轴进行分解/装配和检查操作。进行拆卸操作时，拆下等速万向节防尘套后，用手指从万向节上提取少量的万向节润滑脂，如果发现润滑脂中有杂质，说明润滑脂已经被污染。必须对等速万向节进行分解、清洗并涂抹新的润滑脂。在无润滑脂润滑的状态下使用的等速万向节不能修理，必须更换。在等速万向节上只能使用专用的等速万向节防尘套卡箍。在维修案例中有等速万向节防尘套拆装。决不能用软管夹和其他类型的夹子固定防尘套。防尘套卡箍只能用专用工具上紧。装配时，一定要安装新的弹簧挡圈或卡环。拆卸三销式内侧等速万向节，要将滚柱固定好，以免掉落。维护等速万向节时，只能使用专用高温等速万向节润滑脂或符合厂商规范的等效润滑脂。

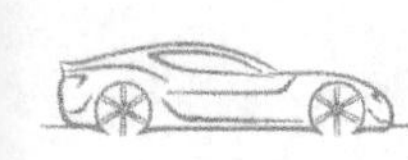

2. 安装程序

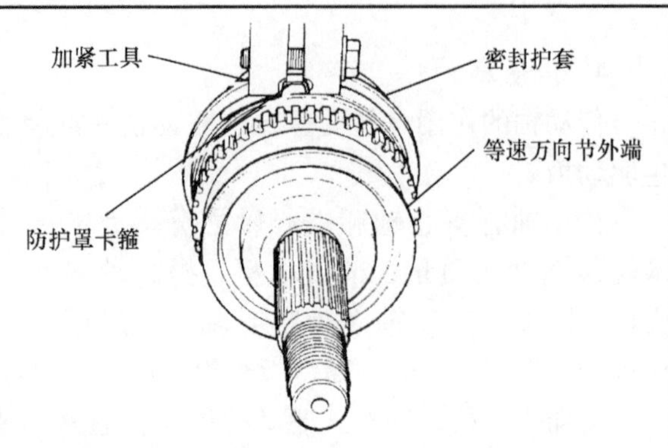

以下是一些通用的安装程序。安装半轴时，必须换装下列新元件：

1）前轴轮毂固定螺母。

2）前悬架下控制臂球节螺母。

3）开口弹簧挡圈。

等速万向节安装后，要确保内侧等速万向节的开口弹簧挡圈落座在手动变速驱动桥半轴齿轮内。用力拉动等速万向节确认万向节已落座并且卡紧到位。安装外侧等速万向节时，一定要使用专用维修工具。安装轮毂固定螺母前，必须将等速万向节过盈安装到位。不要用上紧螺母的方法将等速万向节拉入轮毂，如图所示。

提示：

为避免损坏万向节和防尘套，对于内侧传动轴接头，弯曲角度不要超过18°，对于外侧传动轴接头，弯曲角度不要超过45°。不要使半轴悬吊在内侧或外侧等速万向节上。

轮毂和外侧等速万向节轴是过盈安装的。拆卸外侧等速万向节时，一定要使用合适的拔拉工具将万向节轴从轮毂中拆出。

分解和装配时，如果使用压缩空气，会损坏轮毂轴承和等速万向节。

（三）传动轴的故障诊断

传动轴的故障现象一般表现为噪声和振动，所以在对半轴进行维修之前，要首先检查轮胎和车轮平衡是否正常。常见的半轴异响故障通常发生在转弯或加速时有“咔哒”声、砰砰声或摩擦噪声。

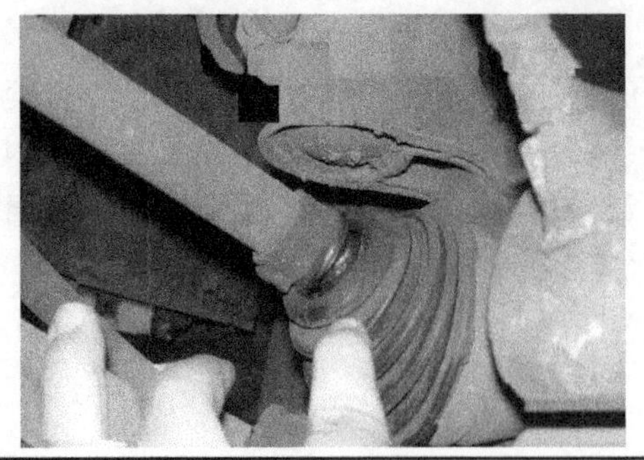

1. 检查外侧等速万向节

如图所示由于外侧等速万向节损坏而产生的一种常见的故障现象。在车辆低速急转弯时会产生噪声，也可能会在车辆加速时产生噪声。故障原因一般是等速万向节防尘套损坏导致污物进入万向节。当万向节产生“咔哒”声或“砰砰”声等噪声时，必须更换万向节。

如图所示，万向节防尘套密封不严或损坏导致润滑脂泄漏，如果万向节防尘套破裂或防尘套夹失效而使等速万向节泄漏润滑脂，则应更换防尘套和防尘套夹。

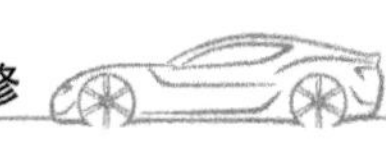

	2. 车辆加速时抖动或振动 这种故障一般是由于等速万向节运行角度过高引起的。检查车辆的行驶高度和弹簧刚度系数，确保悬架系统在合乎规范的状态下运行。如果半轴带有中间轴，中间轴承磨损或损坏也会导致这种故障。等速万向节损坏也可能是导致该故障的原因，但等速万向节的损坏一般是由于万向节防尘套破损导致污物进入万向节而产生的，通过目视检查就可检查出来，如图所示。
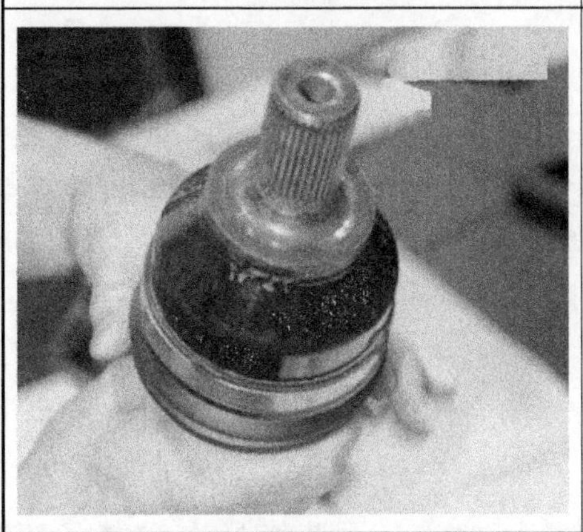	3. 车辆时速大于40km/h时发生振动 这种故障一般是由于车轮或轮胎不平衡造成的。然而，如果外侧等速万向节未能正确落座在轮毂上，也会导致这种故障。这一般是由于内侧等速万向节磨损过度造成的。如果半轴带有中间轴，中间轴承磨损或损坏也会导致这种故障，如图所示。
	4. 车辆不能行驶 如果传动轴或等速万向节卡死，或从差速器半轴齿轮上脱落，车辆会由于差速器不能作用而无法行驶。如果内侧等速万向节破裂或从差速器上脱落，一定要查找故障原因，手动变速驱动桥安装偏差、发动机支座损坏、悬架故障或其他部件的故障都有可能使手动变速驱动桥或车轮无法正常工作，如图所示。

二、任务实施

检修传动装置
对技术人员要求： • 接收/检查修理单。 • 接收用于修理的订购零件。 • 在允许的时间内进行工作。

- 向技师领队确认工作完成。

技师领队：

- 对技术难度高的工作向技术人员提供指导和帮助。

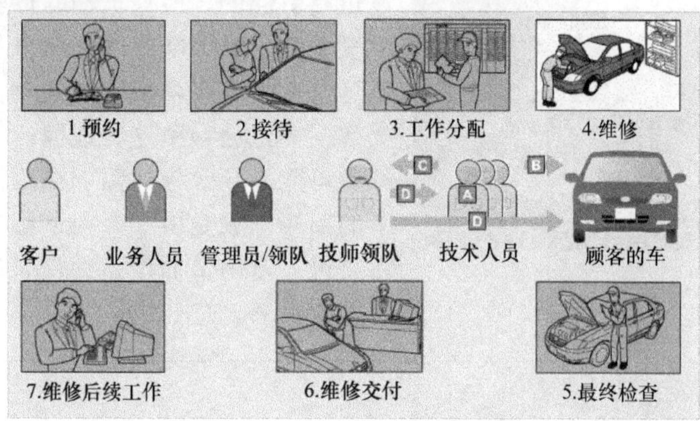

（一）拆卸传动轴

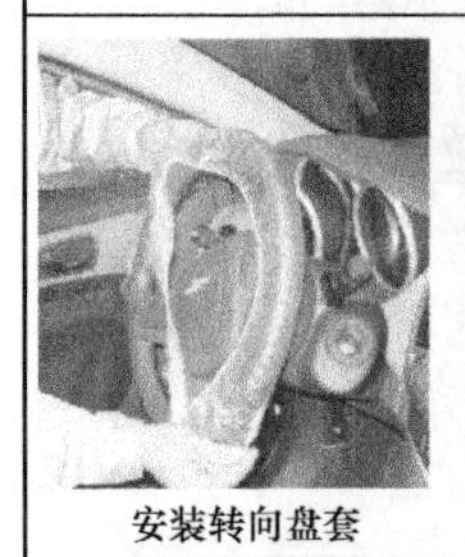
安装转向盘套

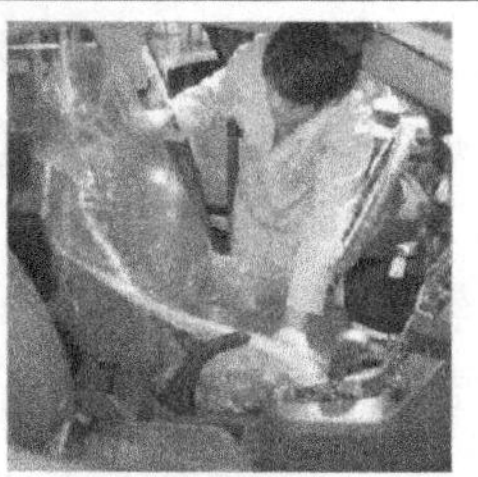
安装座椅套

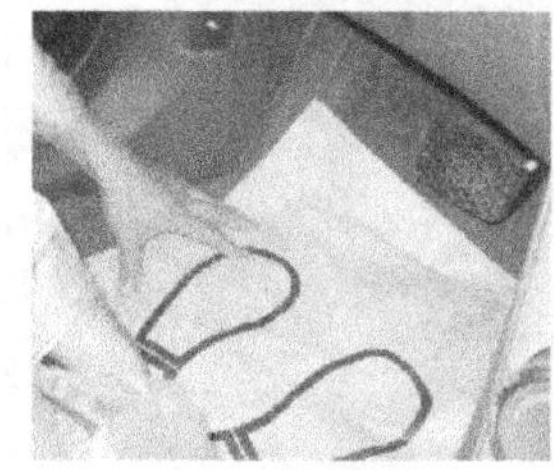
安装地板垫

安装格栅布

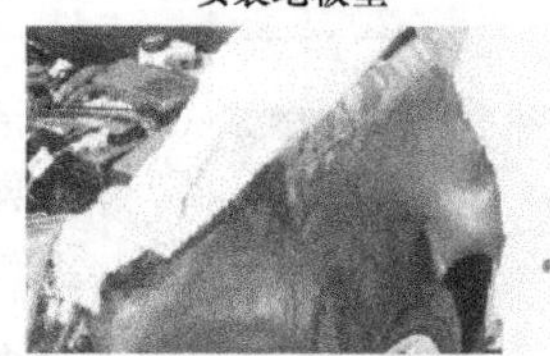
安装翼子板布

1. 安装准备

安装转向盘套、座椅套和地板垫，安装格栅布和翼子板布，如图所示。

拧松车轮传动轴螺母

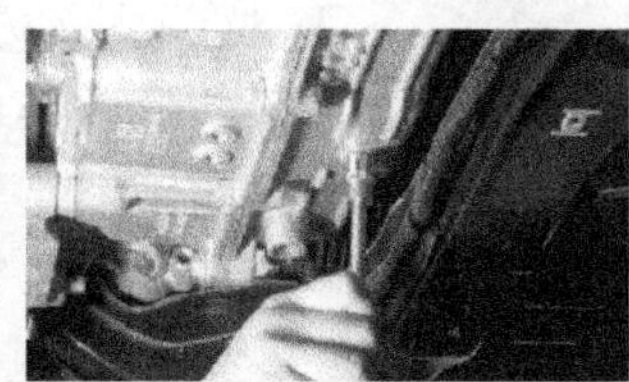
拆下放油螺栓

排放变速器油

安装放油螺栓

2. 拆卸传动轴

1）拆下车轮罩盖，拧松车轮传动轴螺母。拧松轮胎螺栓，举升并顶起车辆至合适位置，拆下轮胎和车轮总成。

2）拆下放油螺栓，排放变速器油，排尽后安装放油螺栓，如图所示，并紧固至12N·m。

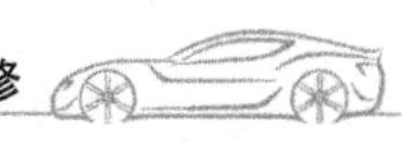

3）将一字螺钉旋具插入制动盘散热孔以固定制动盘，拆卸车轮传动轴螺母，抽出一字螺钉旋具。

4）拆下转向横拉杆螺母，使用 CH－161－B 拔出器拆卸转向横拉杆。

5）松开车轮转速传感器固定螺栓，拆卸车轮转速传感器线束。拧松制动钳下螺栓，将制动钳取下，并挂在减振器上。

6）拆下转向节的螺母和螺栓，将下控制臂从转向节上分开。

7）将悬架向外拉，直至传动轴外球笼花键从轴承孔中拉出，小心将其放下，如图所示。

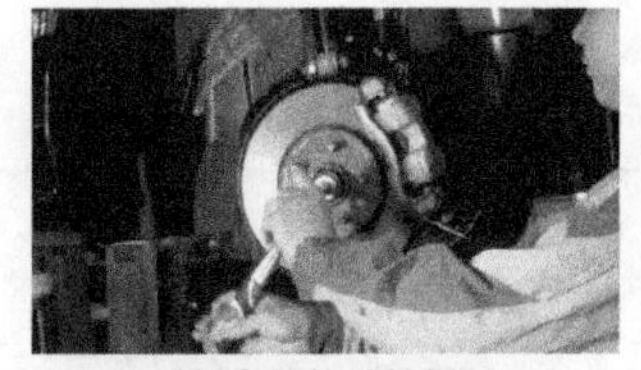
拆卸车轮传动轴螺母

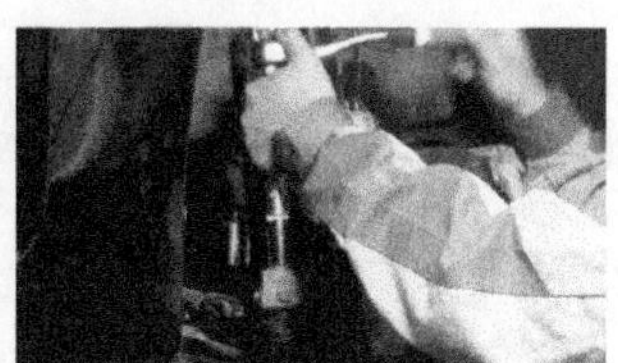
拆下转向横拉杆螺母

使用CH-161-B拔出器拆卸转向横拉杆

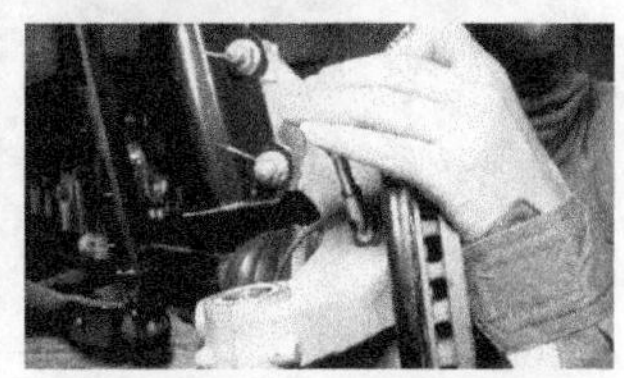
松开车轮转速传感器固定螺栓

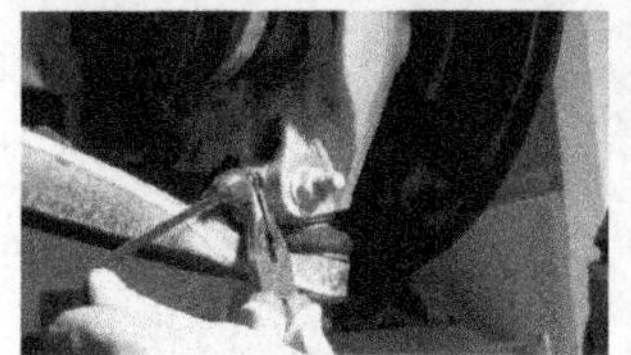
拆卸车轮转速传感器线束

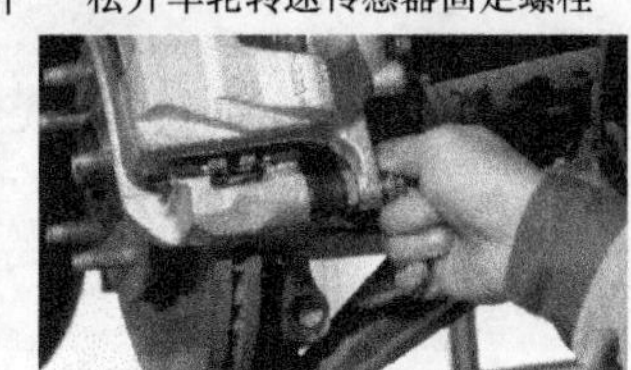
拧松制动钳下螺栓

将制动钳取下，并挂在减振器上

拆下转向节的螺母和螺栓

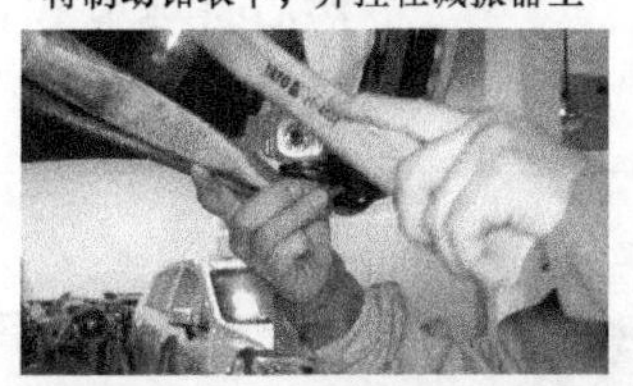
将下控制臂从转向节上分开

拉出传动轴外球笼花键

推出传动轴

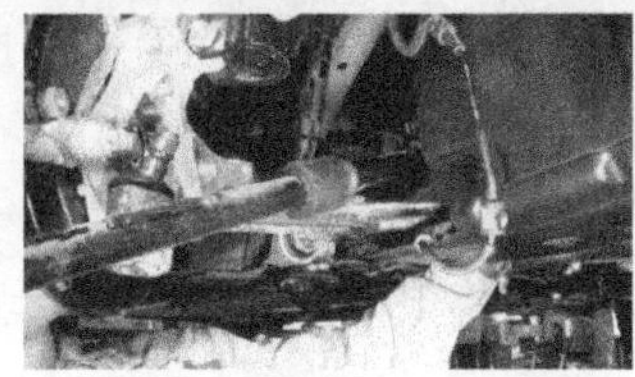
将传动轴从车辆上拆下

8）使用 CH－313 惯性锤和 CH－6003 拆卸工具，将传动轴从车辆上拆下。

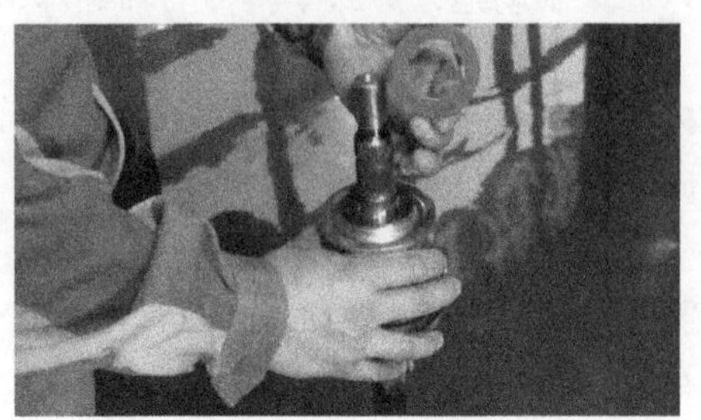
将垫圈从车轮传动轴上拆下

9）将垫圈从车轮传动轴上拆下，并报废，切勿重复使用垫圈。

（二）安装传动轴

将DT-6332保护工具安装到差速器输出轴密封件上

将传动轴安装到差速器上

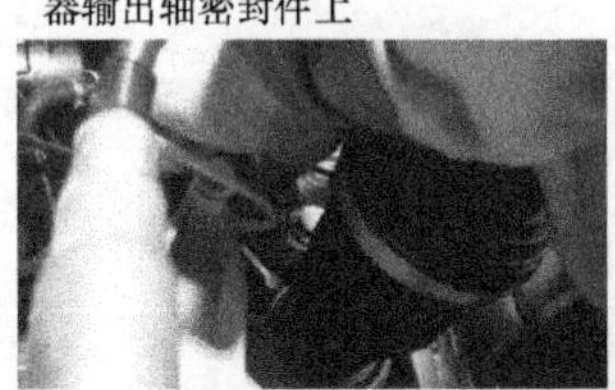
拆下DT-6332保护工具

安装垫圈

将传动轴外花键插进外球笼内花键中

安装下控制臂

1. 安装

1）将 DT－6332 保护工具安装到差速器输出轴密封件上，将传动轴安装到差速器上，将 DT－6332 保护工具从差速器输出轴密封件上拆下。抓住内侧万向节外壳并向外拉（前轮传动轴卡环要到达其安装位置），如图所示。

2）安装垫圈。将悬架向外拉，将传动轴外花键插进外球笼内花键中。将前轮传动轴安装到前轮轴承（轮毂）上，如图所示。

3）安装下控制臂，如图所示，拧紧转向节与下控制臂的螺母和螺栓并紧固至 30N · m，然后将球节和转向节的螺栓和螺母再转 60°～75°。

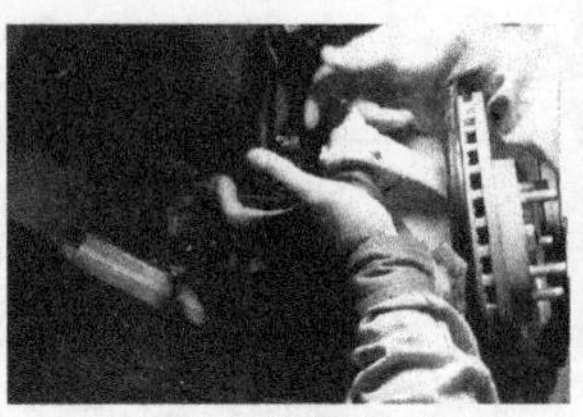
安装转向横拉杆外球头

加注变速器油

4）安装转向横拉杆外球头，将转向横拉杆螺母紧固至 35N · m。

5）安装制动钳总成并紧固至 28N · m。安装车轮转速传感器线束。

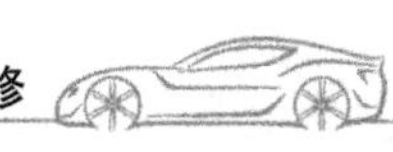

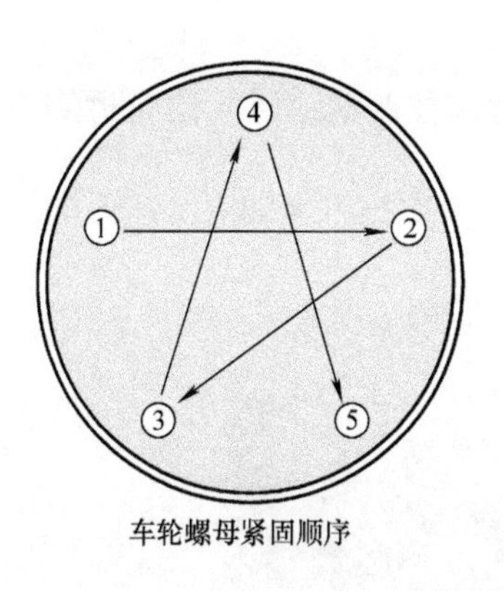

车轮螺母紧固顺序

6）将一把一字头螺钉旋具插入制动盘散热孔以固定制动盘，安装车轮传动轴螺母，并分3次紧固，第一次紧固至150N·m，然后松开45°，最后紧固至250N·m。

7）安装轮胎和车轮总成。将车轮定位标记对准轮毂上的定位标记。安装车轮螺母，降下车辆，按图所示顺序将车轮螺母紧固至140N·m。

注意：按图示顺序均匀、交替地紧固螺母。

8）加注变速器油。

2. 清洁、整理

1）拿下转向盘套、座椅套和地板垫。

2）清洁、整理工具箱和场地。

（三）检修球笼式等速万向节

放置轮胎限位块

拆卸半轴自锁螺母

拆卸车轮

取出半轴垫片

步骤一　拆卸前驱动轴外侧螺栓

1）拆下左前轮毂罩盖，在车轮前方放置轮胎限位块。

2）一名技师进入车内用力踩住制动踏板保持车辆不动，另一名技师使用力矩扳手、30mm套筒松开半轴自锁螺母。

3）使用力矩扳手、短接杆、17mm套筒松开轮胎固定螺栓，回收轮胎限位块，举升车辆使轮胎离开地面，取下轮胎放置在轮胎架上。

4）使用棘轮扳手、短接杆、30mm套筒拆卸半轴自锁螺母。

5）使用磁力吸棒取出半轴垫片。

步骤二　拆卸前驱动轴内侧螺栓

1）举升车辆至合适位置，并锁住保险，车内技师踩住制动踏板（防止拆卸内等速万向节时半轴转动）。

2）另一名技师使用棘轮扳手、短接杆、8mm 套筒依次拧出半轴内等速万向节与驱动法兰连接的 6 个螺栓。

3）用胶锤轻轻敲击内等速万向节使之与驱动法兰脱离。

4）降下车辆，车内人员下车。

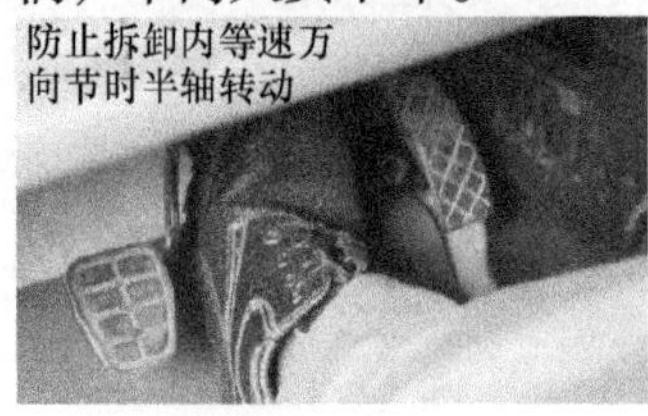

踩住制动踏板

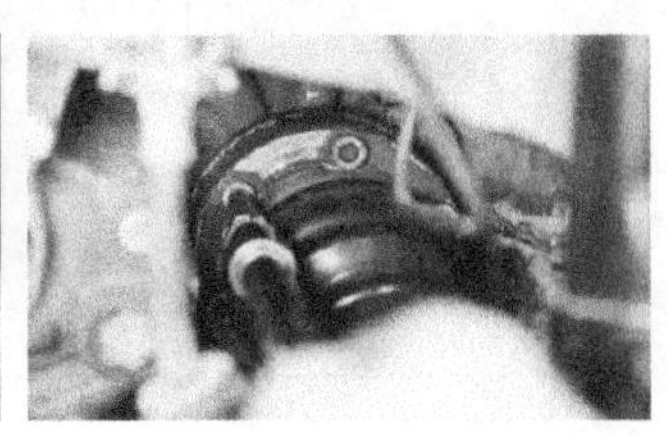

拆卸螺栓

步骤三　取下半轴

1）将车辆高度降至合适位置并锁住保险。

2）轮轴承壳与独立悬架上标记出二者的相对安装位置（否则必须调整外倾角）。

3）使用棘轮扳手、18mm 套筒及 19mm 扳手配合，拆卸车轮轴承壳与独立悬架的 2 个螺栓。

4）取下制动软管，将车轮轴承壳转向一侧，抽出外等速万向节，取下半轴总成（若外等速万向节无法抽出，可使用拉拔器压出外等速万向节，取下半轴总成）。

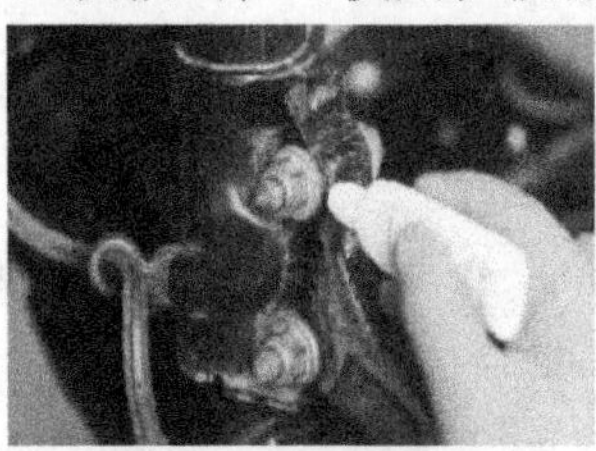

标记安装位置

拆卸悬架减振器螺栓

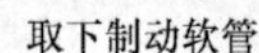
取下制动软管

取出半轴

步骤四　拆卸与分解球笼式等速万向节

1）将半轴放置在工作台上。

2）使用卡簧钳拆卸内球笼式等速万向节的弹性挡圈。

3）使用一字螺钉旋具拆卸内球笼式等速万向节的防护套卡箍。

4）使用专用工具和压力机压出内球笼式等速万向节，并取下碟型垫片和防护套。

5）使用一字螺钉旋具拆卸外球笼式等速万向节的防护套卡箍。

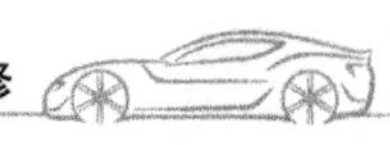

6）使用金属锤将外球笼式等速万向节从半轴上敲下。

7）取下止推垫圈、碟形垫圈和防护套。

8）在拆解外球笼式等速万向节前，先用电子划线器或滑石标出星形套与保持架和外座圈的相对位置。

9）转动外球笼式等速万向节星形套和保持架，拆卸掉所有钢球。

10）转动保持架，使两个长方形孔与保持架保持水平，取下星形套与保持架。

11）转动内球笼式等速万向节星形套和保持架至适当位置。

12）按钢球的运行轨道从保持架中压出星形套。

13）将钢球依次压出保持架，并取下星形套和保持架。

取下弹性挡圈

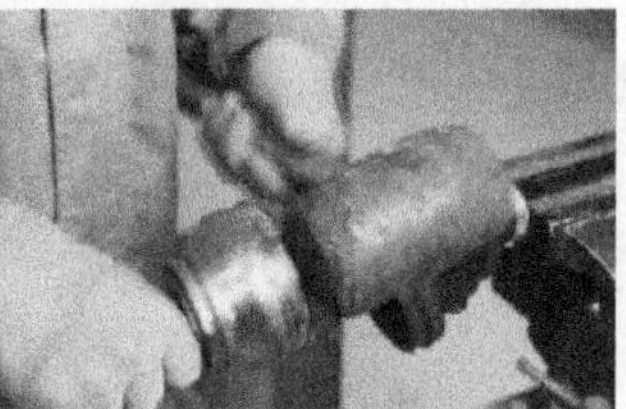

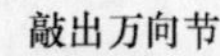

敲出万向节

取出钢球

拆卸万向节

步骤五　检查内外等速万向节

1）检查内、外等速万向节壳体是否存在过度磨损、出现麻点等问题。

2）检查球毂是否过度磨损、出现麻点等，花键是否过度磨损、缺齿等。

3）检查球保持架是否过度磨损、裂纹、断裂等。

4）检查钢球是否过度磨损、出现麻点等。

5）检查防护套是否破损、开裂、老化等。

6）检查通气孔是否畅通。

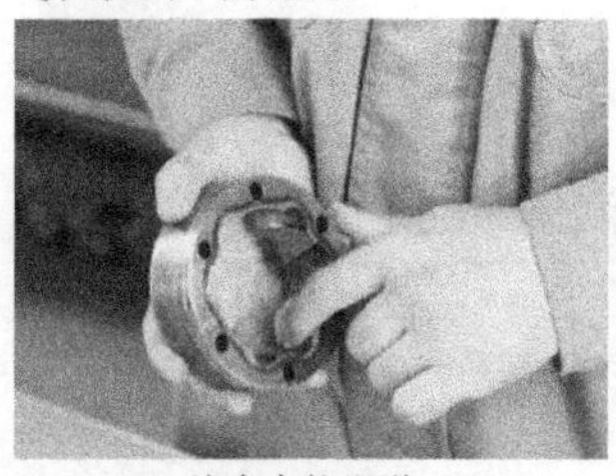

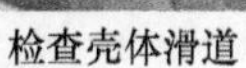

检查壳体滑道

检查防护套

步骤六　检查前驱动轴

1）目视检查前驱动轴是否有严重的弯曲和凹陷，如果有，应更换。

2）使用百分表检查前驱动轴的径向跳动量，应不大于0.8mm，否则应更换。

3）检查前驱动轴的花键磨损情况。

步骤七　组装内外等速万向节

1）将内等速万向节星形套插入保持架，把钢球压入保持架。

2）把星形套、保持架和钢球垂直嵌入万向节壳体，星形套内径上的凹槽必须面对万向节大直径端。

3）用力压保持架，把钢球和星形套完全装进万向节壳体。

4）在安装外球笼式等速万向节前，先向万向节压入一定量的润滑脂。

5）把带有星形套的保持架装入外座圈，保证星形套与保持架及外座圈的原位置，交替从侧面压入钢球。

6）在半轴外侧端安装外球笼式等速万向节防护套、碟形垫圈、止推垫圈和新的弹性挡圈。

7）将半轴沿轴线方向插入外球笼式等速万向节花键孔，并用金属锤敲击到位。

8）在防护套内压入定量的润滑脂，并将防护套小直径端拉开通气，使压力平衡。

9）装入防护套卡箍，并用大力钳紧固卡箍。

10）在半轴内侧端安装内球笼式等速万向节防护套、碟形垫圈。

11）将半轴沿轴线方向插入内球笼式等速万向节花键孔，并用卡簧钳装入新的弹性挡圈。

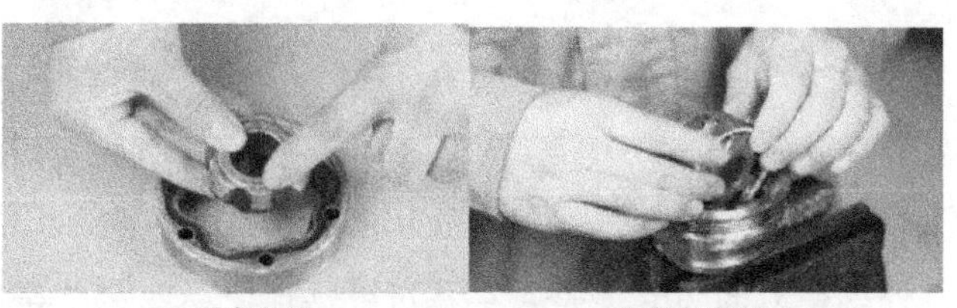

对齐安装　　安装外球笼

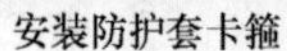

安装防护套卡箍　　安装弹性挡圈

技术要求及标准值

序号	内容	标准值
1	前半轴跳动量	0.05～0.20mm
2	内球笼式万向节标准润滑脂容量	175～185g
3	外球笼式万向节标准润滑脂容量	135～145g

步骤八　安装半轴

1）内等速万向节密封垫，安装时要注意螺纹孔的位置。

2）轴外等速万向节安装在轮毂内，并安装外侧半轴垫片及自锁螺母。

3）车轮轴承壳，预装独立悬架上的两个螺栓。

4）轴内等速万向节与驱动法兰复位，安装内等速万向节上的六个螺栓。

5）降下车辆，按照拆卸时制作的标记，使用扭力扳手、18mm 套筒及 19mm 扳手配合紧固轴承壳与独立悬架的两个螺栓至 95N · m，安装制动油管。

举升车辆至合适高度，使用力矩扳手、短接杆、8mm 套筒把内等速万向节六个螺栓紧固至 45N · m。

6）降下车辆安装轮胎，继续降下车辆使轮胎与地面接触，使用力矩扳手、短接杆、17mm 套筒紧固螺栓至 110N · m，然后在轮胎后部放置限位块。

7）使用力矩扳手、30mm 套筒紧固半轴外侧自锁螺母至 265N · m，车内技师下车。

8）安装轮胎护罩，回收轮胎限位块。

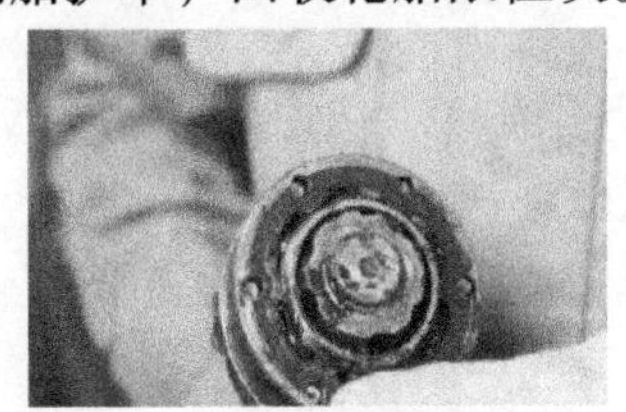

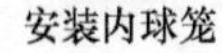
安装内球笼

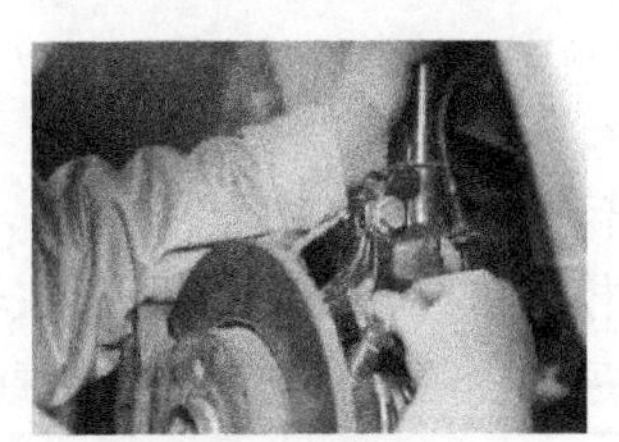

安装半轴总成

任务六　检修行驶系统

汽车在凹凸不平的路面上行驶时，坐在车里的人很少会感到剧烈颠簸或抖动，汽车在满载时也很少会发生明显的变形，这些都是如何实现的呢？今天我们就来认识一下支撑全车重量并保证汽车正常行驶的汽车行驶系统，如图所示。汽车行驶系统一般由车架、车桥、车轮和悬架四部分组成。

汽车行驶系统的基本作用如下：

1）接受由发动机经传动系统传递的转矩，并通过驱动轮与路面之间的附着作用，产生路面对驱动轮的牵引力，以保证汽车正常行驶。

2）支撑全车重量，传递并承受路面作用于车轮上的力及其所形成的力矩。

3）尽可能缓和不平路面对车身造成的冲击，并衰减其振动，保证汽车行驶平顺性。

4）与转向系统协调配合工作，实现汽车行驶方向的正确控制，以保证汽车操纵稳定性。

一、相关知识

<table>
<tr><td colspan="2">（一）悬架系统的作用</td></tr>
<tr><td colspan="2">汽车车架（或车身）若直接安装于车桥（或车轮）上，由于道路不平产生的地面冲击使人会感到十分不舒服，这是因为没有悬架装置。汽车悬架是车架（或车身）与车轴（或车轮）之间的弹性连接装置的统称，其作用包括：
● 弹性地连接车桥和车架（或车身），缓和行驶中车辆受到的冲击力。
● 保证货物完好和人员舒适。
● 衰减由于弹性系统引起的振动，使汽车行驶中保持稳定的姿势，改善操纵稳定性。
● 承担着传递垂直反力、纵向反力（牵引力和制动力）和侧向反力以及这些力所造成的力矩作用到车架（或车身）上，以保证汽车行驶平顺。
● 当车轮相对车架跳动时，特别在转向时，车轮运动轨迹要符合一定的要求，因此悬架还有使车轮按一定轨迹相对车身跳动的导向作用。</td></tr>
<tr><td></td><td>1. 前悬架
确保车辆行驶平顺性、操纵稳定性及舒适性，如图所示。
● 连接前轮与车身。
● 与转向系统共同实现车轮转向。
● 缓和冲击力。</td></tr>
<tr><td></td><td>2. 后悬架
后悬架连接后轮与车身，确保车辆行驶平顺性、操纵稳定性及舒适性，如图所示。</td></tr>
<tr><td colspan="2">（二）悬架系统组成</td></tr>
<tr><td></td><td>悬架一般由弹性元件、导向机构、减振器和横向稳定杆组成，如图所示。</td></tr>
</table>

1. 弹性元件

弹性元件，顾名思义就是用来起缓冲作用的部件，其中比较常见的就是螺旋弹簧、扭杆弹簧、钢板弹簧，随着科技的发展气体弹簧也不断地被应用，其中在乘用车上应用最多的是螺旋弹簧，而钢板弹簧主要应用在货车和客车上。

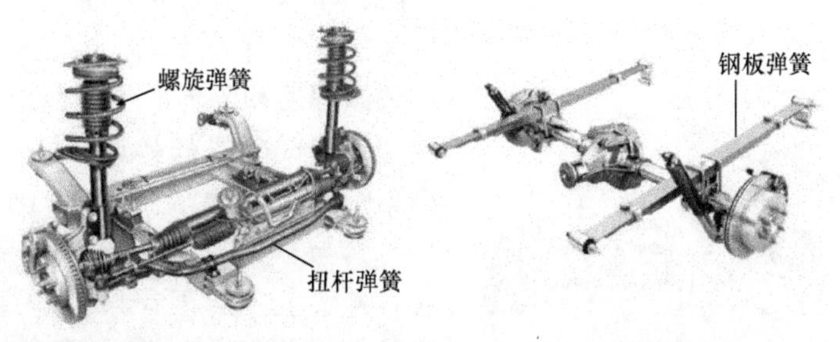

气体弹簧和橡胶弹簧是在车轮受到大的冲击时，动能转化为弹性势能储存起来，在车轮下跳或恢复原行驶状态时释放出来。

（1）螺旋弹簧

螺旋弹簧广泛地应用于前独立悬架。螺旋弹簧与钢板弹簧相比，具有无需润滑，不忌泥污，所占纵向空间不大，弹簧质量小等优点，如图所示。

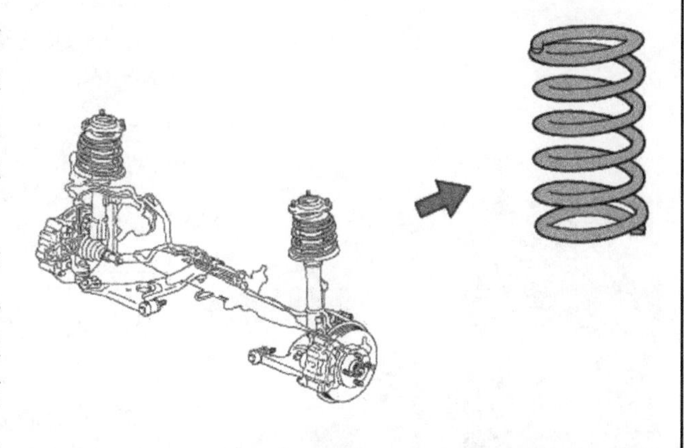

螺旋弹簧本身没有减振作用，因此在螺旋弹簧悬架中必须另装减振器。此外，螺旋弹簧只能承受垂直载荷，故必须装设导向机构以传递垂直力以外的各种力和力矩。螺旋弹簧通常用弹簧钢棒料卷制而成，可做成等螺距或变螺距的，前者刚度不变，后者刚度可变。

螺旋弹簧的特点是没有减振和导向功能，只能承受垂直载荷，如图所示。

- 螺旋弹簧本身不消耗能量，储存了位能的弹簧将恢复原来的形状，把位能重新变为动能。
- 在螺旋弹簧悬架中必须另装减振器和导向机构，前者起减振作用，后者用以传递垂直力以外的各种力和力矩，并起导向作用。
- 不需润滑，不怕污垢，重量小，空间占位少。

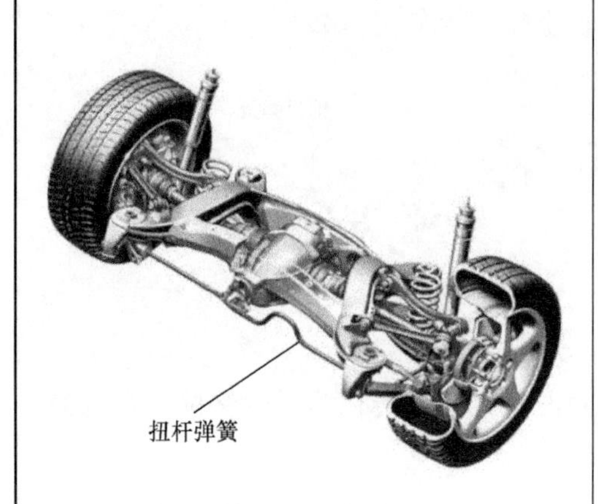 	（2）扭杆弹簧 扭杆弹簧又称防倾杆、平衡杆，是汽车悬架中的一种辅助弹性元件。它的作用是防止车身在转弯时发生过大的横向侧倾，尽量使车身保持平衡。目的是减少汽车横向侧倾程度和改善平顺性。横向稳定杆是用弹簧钢制成的扭杆弹簧，呈 U 形，横置在汽车的前端和后端。杆身的中部，用稳定杆衬套与车架铰接，杆的两端分别固定在左右悬架上。当车身只作垂直运动时，两侧悬架变形相同，横向稳定杆不起作用。当汽车转弯时，车身侧倾，两侧悬架跳动不一致，外侧悬架会压向稳定杆，稳定杆就会发生扭曲，杆身的弹力会阻止车轮抬起，从而使车身尽量保持平衡，起到横向稳定的作用，如图所示。
	（3）气体弹簧 空气悬架的基本技术方案主要包括内部装有压缩空气的空气弹簧和阻尼可变的减振器两部分。与传统钢制汽车悬架系统相比较，空气悬架具有很多优势，最重要的一点是弹簧的弹性系数也就是弹簧的软硬能根据需要自动调节。例如，高速行驶时悬架可以变硬，以提高车身稳定性，长时间低速行驶时，控制单元会认为正在经过颠簸路面，以悬架变软来提高减振舒适性，如图所示。
	（4）橡胶弹簧 利用橡胶的弹性起缓冲、减振作用的弹簧，如图所示。 ● 形状不受限制。 ● 对于突然冲击和高频振动的吸收以及隔声具有良好的效果。 ● 安装和拆卸简便，无需润滑，有利于维护保养。 ● 耐高低温和耐油性比螺旋弹簧差。

(5) 钢板弹簧

钢板弹簧是由若干片等宽但不等长的合金弹簧片组合而成的一根近似等强度的弹性梁，多数情况下由多片弹簧组成，如图所示。由于采用的是多片式，钢板弹簧有以下特点。

- 垂直方向缓冲、导向和传力的作用。
- 减振，在一些货车应用时可以不装减振器。
- 结构简单，工作可靠，成本低廉，维修方便。
- 只能用于非独立悬架，重量较重，刚度大，舒适性差。
- 纵向尺寸较长，不利于缩短汽车的前悬和后悬，与车架连接处的钢板弹簧销容易磨损。

（三）导向机构

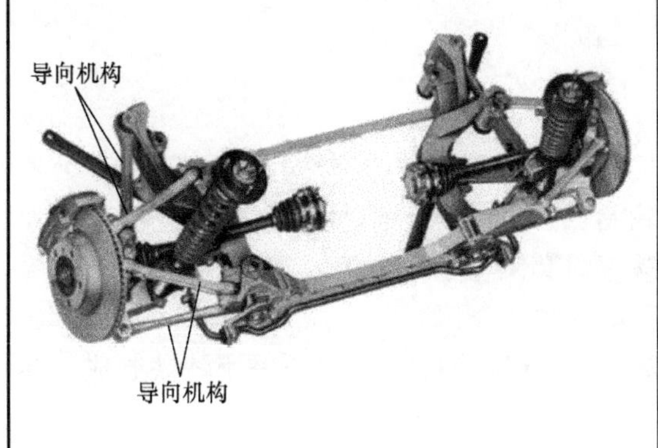

导向机构用来传递车轮与车身间的力和力矩，同时保持车轮按一定运动轨迹相对车身跳动，通常导向机构由控制摆臂式杆件组成。种类有单杆式或多连杆式。钢板弹簧作为弹性元件时，不需要另设导向机构，它本身兼起导向作用，如图所示。

悬架的主要作用是把路面作用于车轮上的垂直反力（支承力）、纵向反力（驱动力和制动力）和侧向反力以及这些反力所形成的力矩传递到车架（或承载式车身）上，以保证汽车的正常行驶。

1. 上控制臂

上控制臂大多采用铝合金制成，也有采用铸铁的。前驱车和四驱车的连杆臂不同，减振器类型也不同，如图所示。

- 对于标准减振器和前驱车，车辆左右两侧的控制臂是相同的。
- 对于车身自动水平调节系统、全时四驱车型，车辆左右两侧的控制臂是不同的。

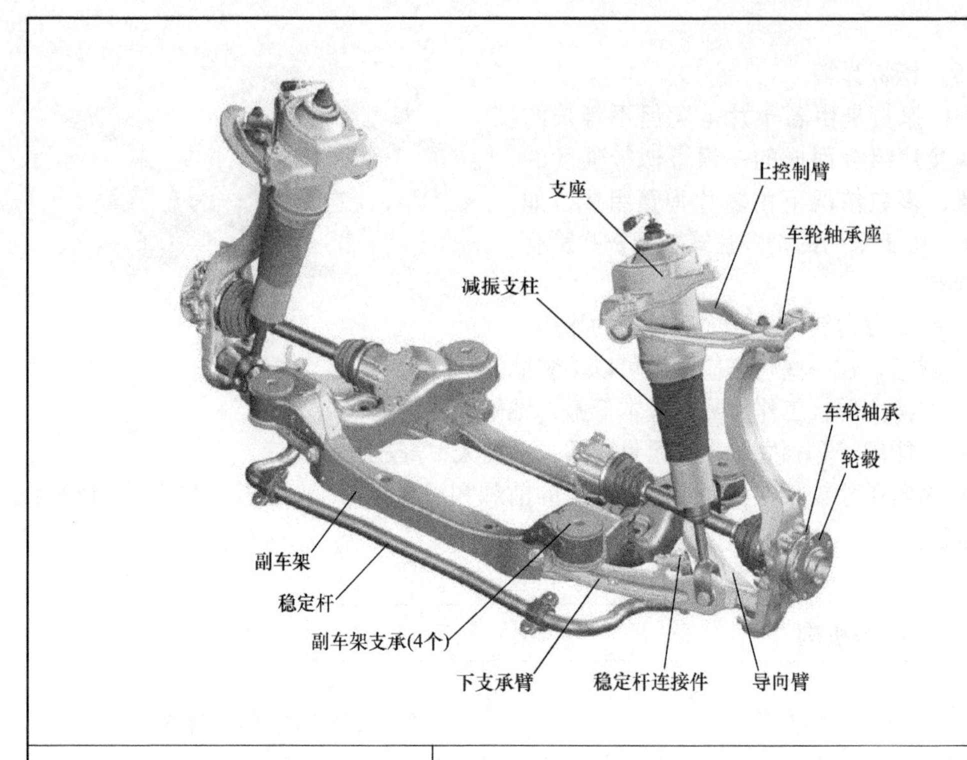

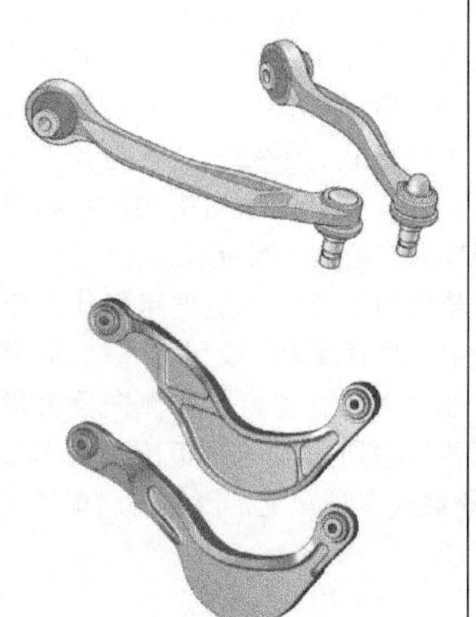

1）奥迪轿车的上控制臂均为铝制锻件。为了降低轮胎噪声并提高舒适性，导向臂通过一个大液压减振衬套来与副车架相联，如图所示。

2）沃尔沃轿车的上控制臂采用铸铁制成，如图所示。

2. 横拉杆

横拉杆使用铝合金或钢板制造，在车辆左右两侧是相同的，如图所示。

- 横拉杆的衬套不可作为更换零件提供。
- 在出现衬套磨损时，整个横拉杆都需要更换。

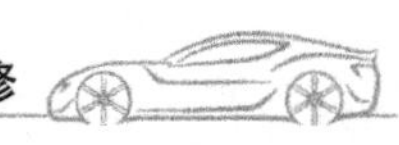

<table>
<tr><td colspan="2">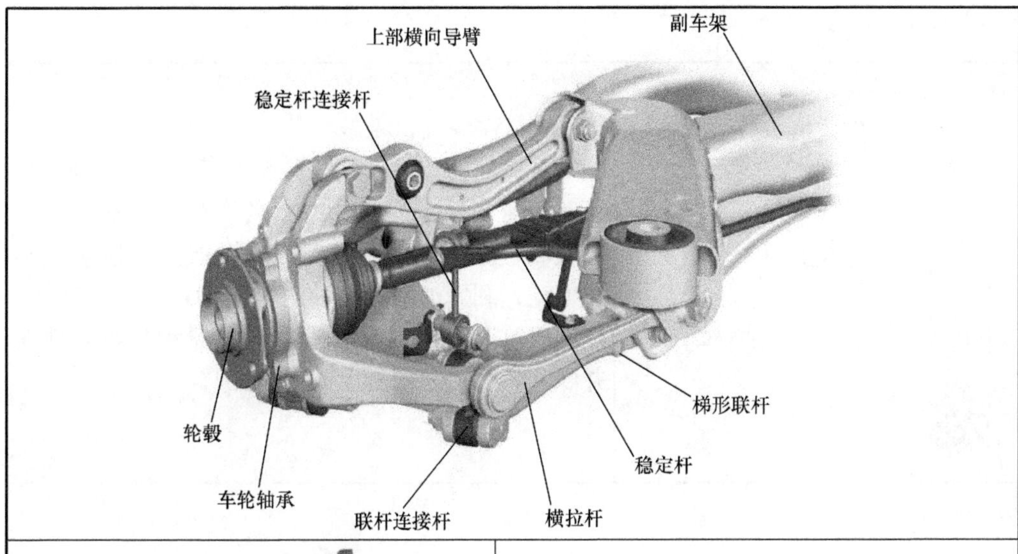
</td></tr>
<tr><td>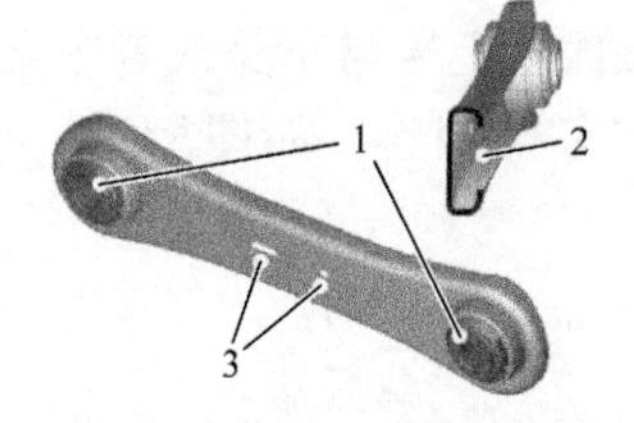

1—橡胶衬套　2—开口面向车辆后部
3—倾斜传感器的固定架</td><td>沃尔沃轿车的横拉杆使用钢板制造，如图所示。</td></tr>
<tr><td>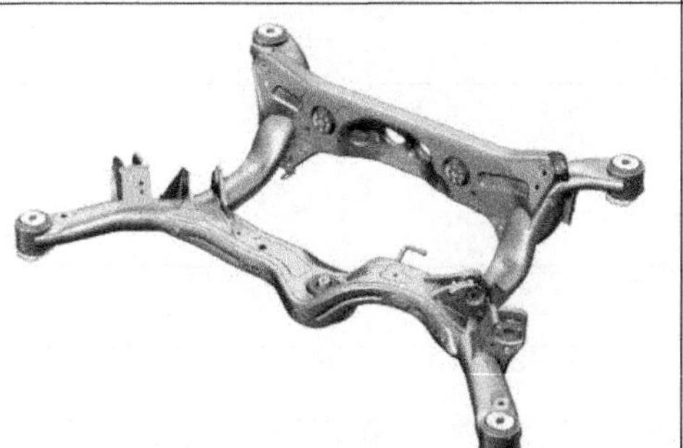</td><td>3. 副支架
副支架使用冲压钢板制造，由四个橡胶衬套安装在车体中，如图所示。
● 橡胶衬套有不同的横向和纵向刚性。因此，在更换衬套时，必须记下正确的位置。
● 根据发动机不同的型式，副支架也有不同的型式。</td></tr>
<tr><td>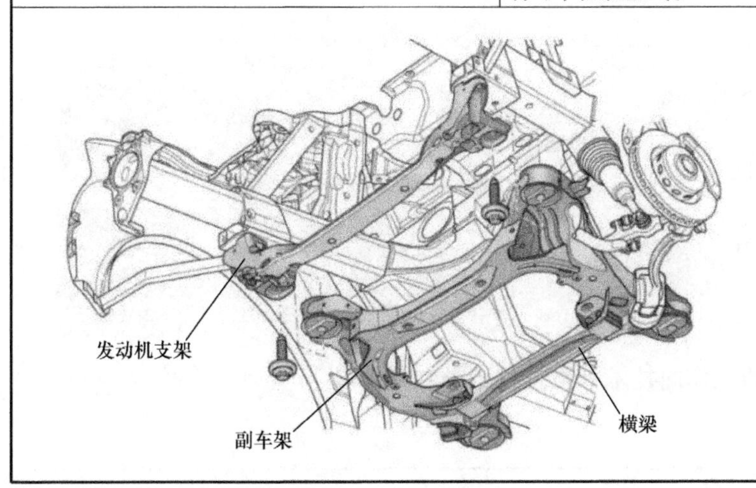
</td><td>奥迪 A8 轿车使用铝制副车架，因此与钢制结构相比，副车架重量减轻约 9kg。副车架在车身上的支承采用四个相同的液压衬套，如图所示。</td></tr>
</table>

（四）减振器	
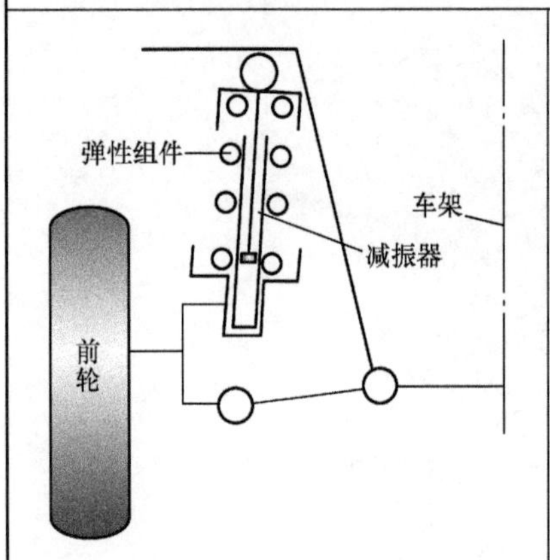	减振器的作用是吸收弹簧起落时车辆的振动，使其迅速恢复平稳的状态。当汽车在不平路面上行驶时，车身会发生振动，减振器能迅速衰减车身振动，利用油液流动的阻力来消耗振动的能量，以改善汽车行驶的平稳性。减振器和弹性元件是并联安装的，如图所示。
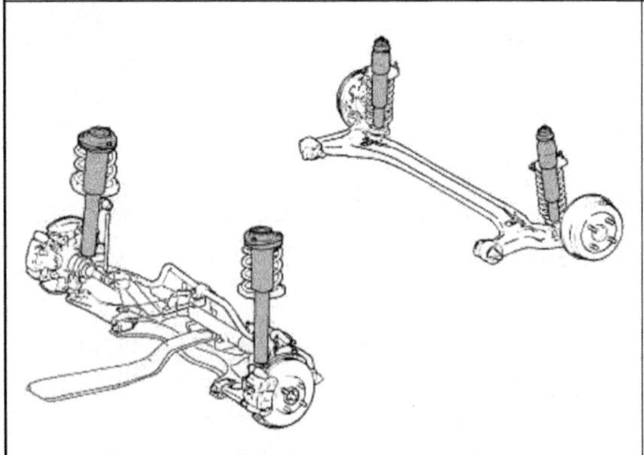	减振器上端与车身或者车架相连，下端与车桥相连，如图所示。减振器分为： ● 液力减振器。 ● 充气式减振器。 ● 阻力可调式减振器。

二、任务实施

检修悬架系统
对技术人员要求： ● 接收/检查修理单。 ● 接收用于修理的订购零件。 ● 在允许的时间内进行工作。 ● 向技师领队确认工作完成。 技师领队： ● 对技术难度高的工作向技术人员提供指导和帮助。 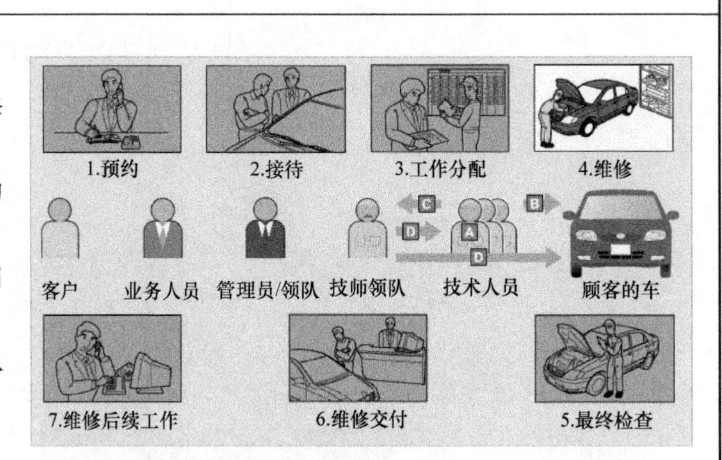

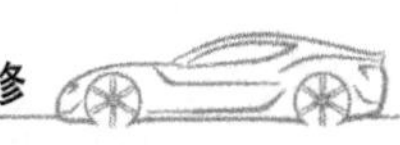

<table>
<tr><td></td><td>悬架系统元件拆装有标准的拆装步骤，本任务仅以乘用车为例，讲解部分悬架元件拆装步骤，悬架系统所有元件的拆装应严格按照信息查询系统信息中“拆除、更换与安装”的步骤，如图所示。</td></tr>
<tr><td colspan="2">（一）前悬架系统拆卸</td></tr>
<tr><td></td><td>在每次系统元件拆装过程中，都会有相应的拆装准备工作，包括需要使用的专用工具及注意事项在信息查询系统中都有详细的介绍，应严格按照信息查询系统中的拆装顺序及操作规范。本学习任务首先介绍的是专用工具，其次介绍的是拆装前准备，然后介绍前悬架拆装标准步骤，具体操作如下：
1. 拆卸车轮
拆卸车轮步骤，如图所示：
1）设置驻车制动，或者将变速器换到 P 位。
2）举升车辆至合适的位置。
3）按照对角线的方式，依次拆卸车轮螺栓。
4）取下车轮。</td></tr>
<tr><td></td><td>2. 拆卸稳定杆连杆
拆卸稳定杆连杆的上螺栓并将轮速传感器一并拆除，如图所示。</td></tr>
<tr><td>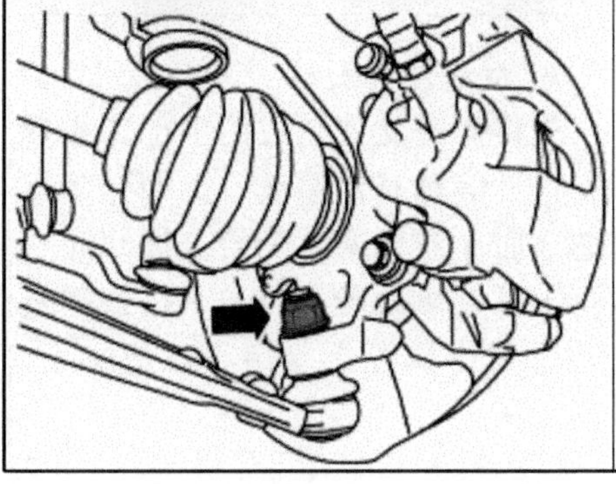</td><td>3. 拆卸臂球头螺栓
拆卸时应使用松动剂并用钢丝刷清洁螺纹，防止拆卸时打滑。此螺栓的拧紧力矩 100N · m，如图所示。</td></tr>
</table>

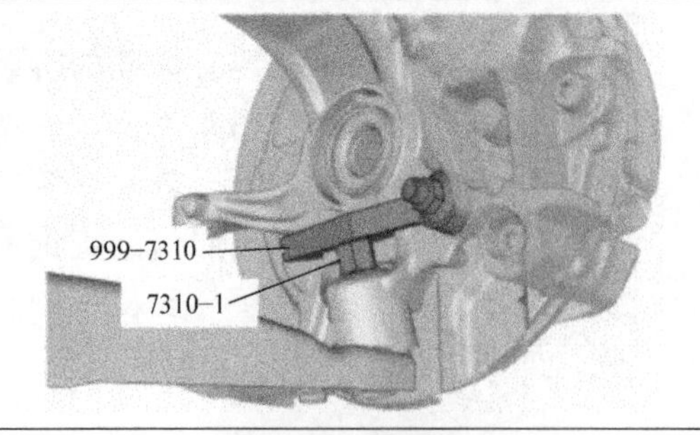	4. 拆下臂球头 拆卸时应使用专用工具，将球头顶出，如图所示。
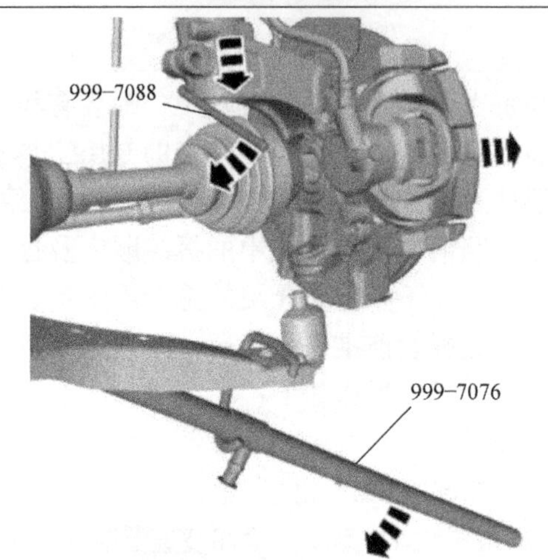	5. 分离转向节与弹簧支柱 需要两人配合拆卸时应使用专用工具，顺时针旋转 90°，将转向节开口张大，同时使用专用工具将下臂向下拉出。这样就能实现转向节与弹簧支柱的分离，如图所示。
	6. 转向节与弹簧支柱拆分 将分离后的转向节下球头重新装入并固定好转向节，如图所示。
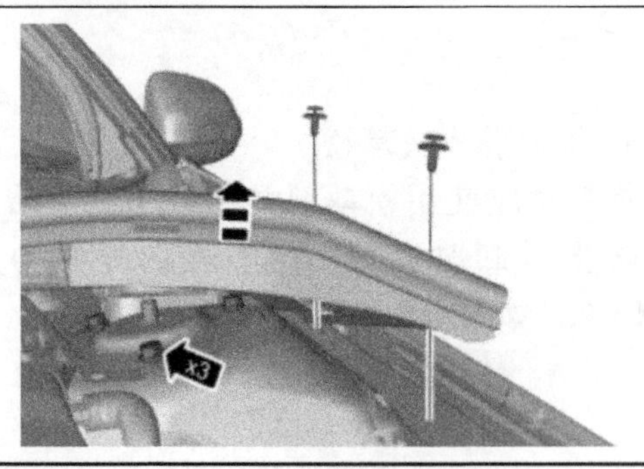	7. 拆下弹簧支柱 先将弹簧支柱总成的上部饰板拆除，详见信息查询系统，拆卸弹簧支柱总成时，需要两人配合。拆卸时一人拆上部三颗螺栓，另一人扶住弹簧支柱总成待螺栓拆除后将总成拆下，如图所示。

（二）后部悬架元件拆装

在每次系统元件拆装过程中，都会有相应的拆装准备工作，包括需要使用的专用工具及注意事项在信息查询系统中都有详细的介绍，应严格按照信息查询系统中的拆装顺序及操作规范。

本学习任务介绍后减振器拆装标准步骤，而装复的步骤按拆的反序安装即可，具体操作如下：

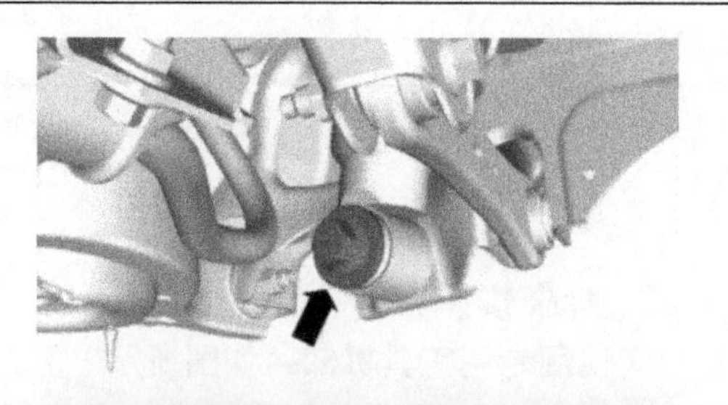	1. 减振器下部固定螺栓 将图中凸显的螺栓拆除即可释放减振器的束缚力。 减振器螺栓拆的顺序是逆时针。 如果拆装时感觉轮胎阻碍视线，可以将轮胎拆下。
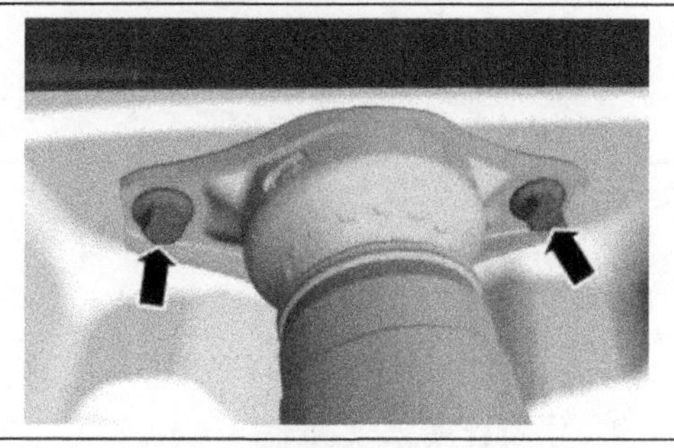	2. 减振器上部固定螺栓 减振器上部由两颗螺栓固定，当拆下一颗螺栓后需要一只手扶住减振器，另一只手将螺栓旋下后将减振器取下，如图所示。

（三）减振弹簧的拆装

在每次系统元件拆装过程中，都会有相应的拆装准备工作，包括需要使用的专用工具及注意事项在信息查询系统中都有详细的介绍，应严格按照信息查询系统中的拆装顺序及操作规范。

本任务首先介绍的是专用工具，其次介绍弹簧拆装标准步骤，具体操作如下：拆装前准备，需要把减振弹簧支柱总成提前做好标记。

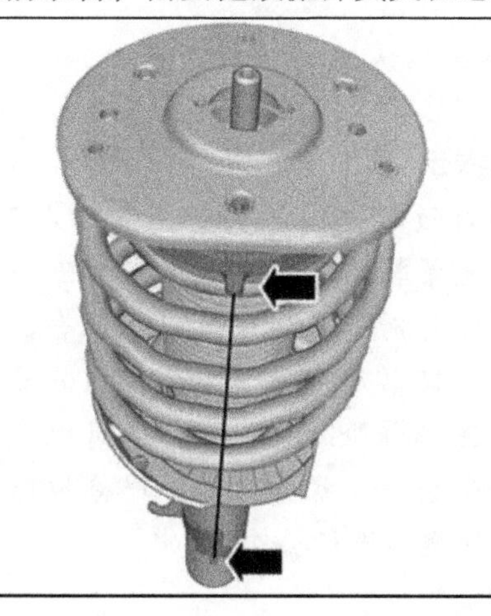	1. 拆卸前做标记 提前做好标记保证安装准确无误，如图所示。

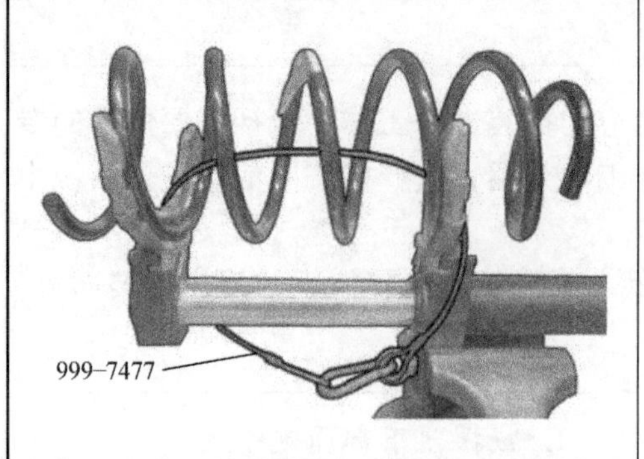	2. 压缩弹簧 应使用压缩专用工具并做好保险措施，如图所示。
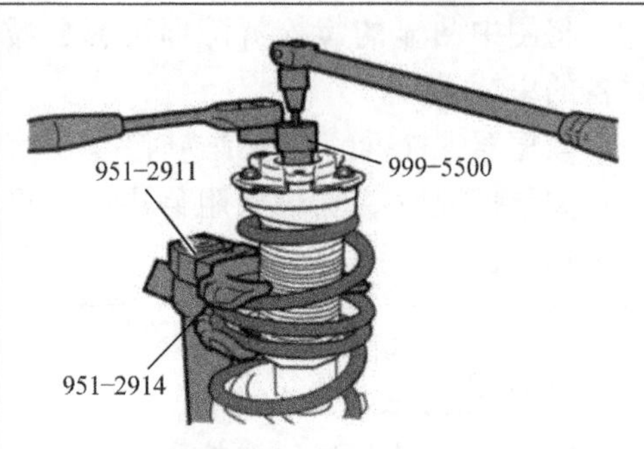	3. 拆除锁紧螺母 应使用专用工具拆卸，如图所示。
	4. 更换弹簧及其组件 安装顺序按与拆卸相反的顺序，如图所示。
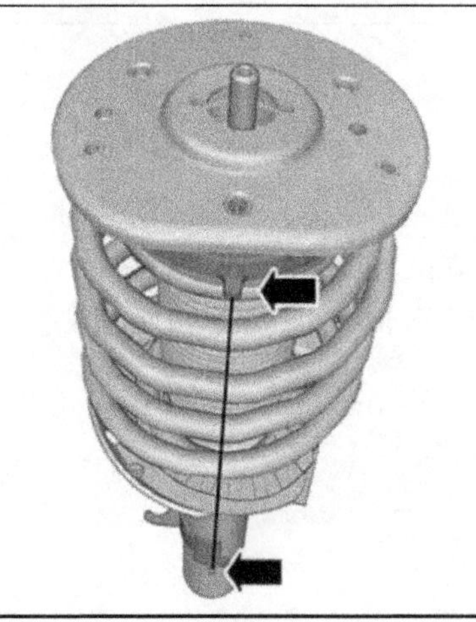	5. 再次确认标记 确认安装无误，如图所示。 **特别提示：** 在拆卸过程中，勿强行用蛮力拆除，在拆一些重量较重的零件或者在拆除一些较复杂的零件时，应两人或多人配合，合理使用举升工具及起吊工具，工作时做好安全防护穿工作服及安全鞋，适时佩戴手套，遵守车间安全操作规程，严格按照信息查询系统提示进行操作。

（四）典型车型前减振弹簧的拆卸

1. 安装准备

安装转向盘套（见图）、座椅套和地板垫，安装格栅布和翼子板布，如图所示。

安装转向盘套

安装座椅套

安装地板垫

安装格栅布

安装翼子板布

2. 拆卸前减振器

1）拧松轮胎螺栓，举升和顶起车辆，拆下轮胎和车轮总成。从前减振器上拆下制动软管。

2）拆下转向节螺母和螺栓。从前减振器上拆下稳定杆连杆螺母。

3）降下车辆，打开发动机舱盖，如图所示。

4）拆下减振器支座罩，拆下上减振器支座螺母。

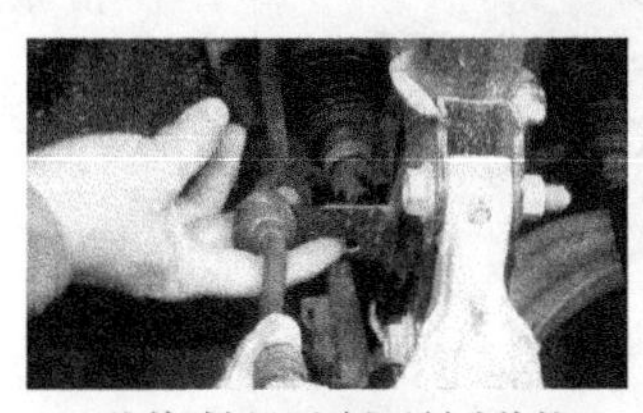

从前减振器上拆下制动软管

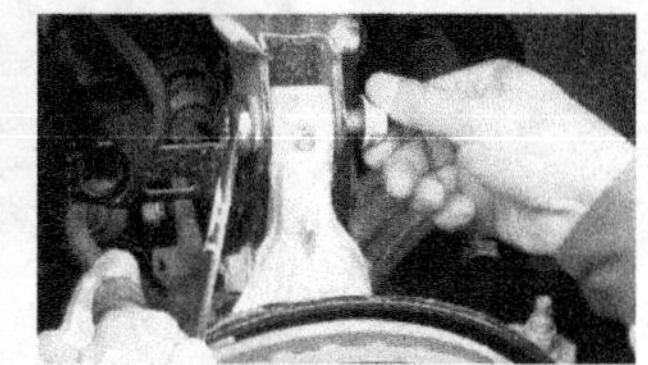

拆下转向节螺母和螺栓

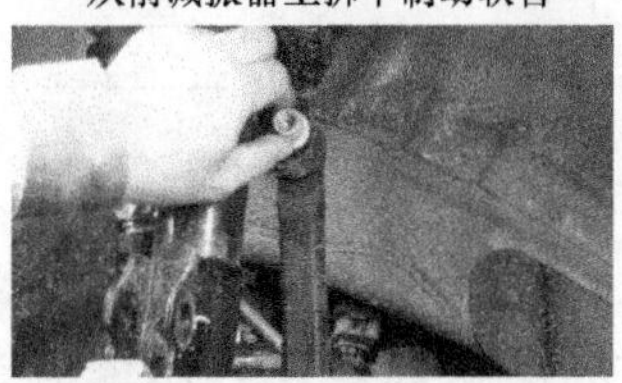

从前减振器上拆下稳定杆连杆螺母

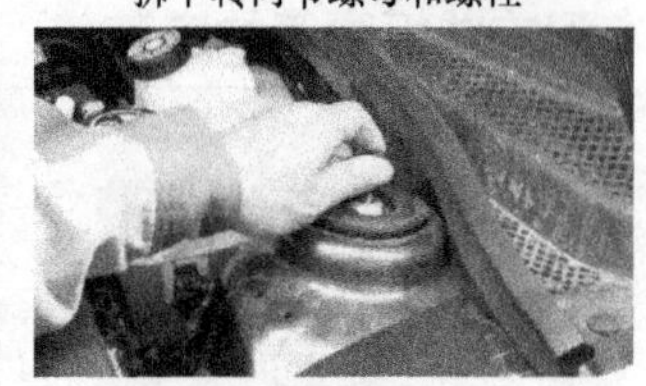

拆下减振器支座罩

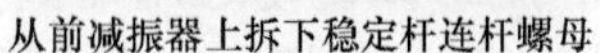

5）拆下减振器支座板，将前减振器总成从车辆上拆下。

6）将减振器安装至 CH－6066 夹具，张紧弹簧，使用 CH－6068 张紧器卸去上减振器支座上的弹簧张力，拆下减振器螺母，如图所示。

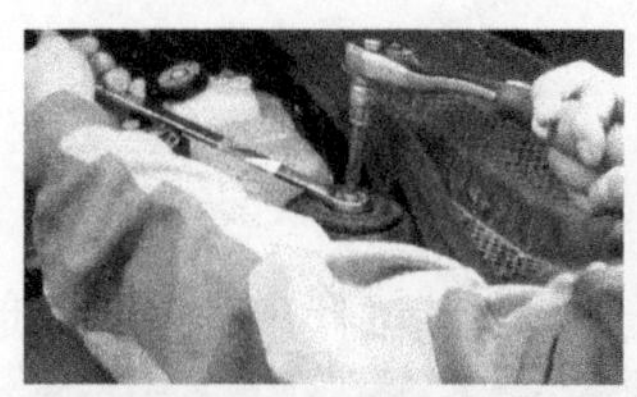
拆下上减振器支座螺母

拆下减振器支座板

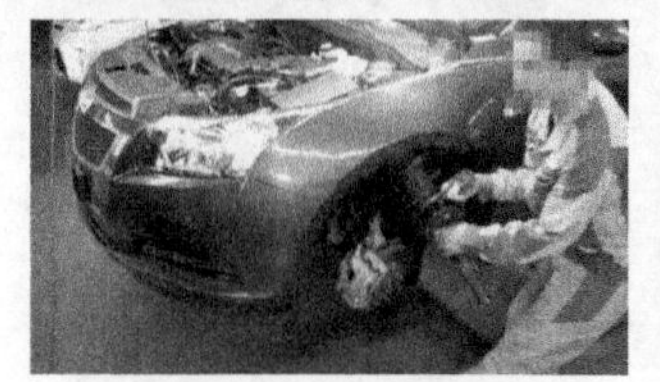
将前减振器总成从车辆上拆下

将减振器安装至CH-6066夹具

使用CH-6068张紧器卸去上减振器支座上的弹簧张力

拆下减振器螺母

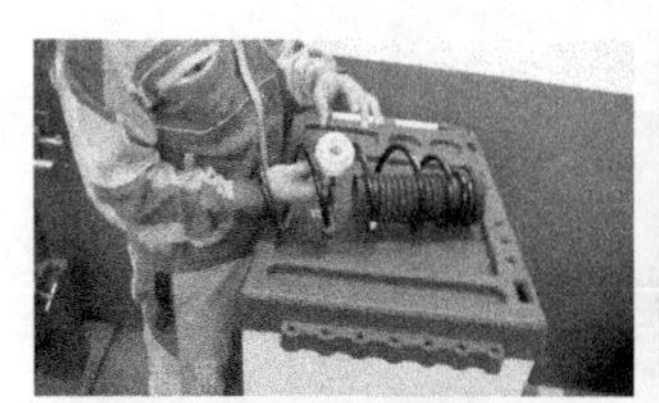
拆下下减振块

拆下支座隔振垫、支座轴承总成

拆下下隔振垫

分解支座隔振垫、支座轴承

7）拆下下减振块。

8）拆下支座隔振垫、支座轴承总成，拆下下隔振垫。分解支座隔振垫、支座轴承，如图所示。

（五）典型车型前减振弹簧的安装

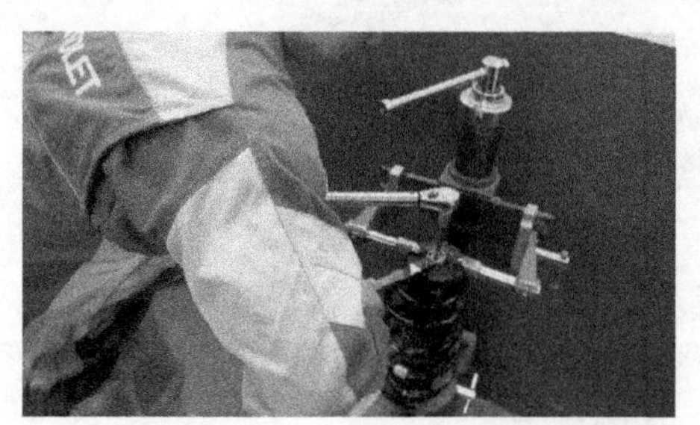
安装减振器螺母并紧固至70N·m

1）安装前减振器的弹簧和减振器的部件，压缩弹簧使之压缩到达合适的位置，安装前减振器螺母，并紧固至70N·m，如图所示。将前减振器从CH－6066夹具上拆下。

<table>
<tr><td colspan="2">

2）由助手将前减振器总成放入汽车前减振器支座并向上托住，另一名维修人员安装前减振器支座板，使用 CH－49375 扳手安装上减振器支座螺母并紧固至 45N·m，安装减振器支座罩。

3）将前减振器插入转向节。安装转向节螺母和螺栓，并紧固至 90N·m，再转 60°～75°紧固。安装稳定杆连杆螺母，并紧固至 65N·m。将制动软管安装至减振器。

4）安装轮胎和车轮总成，紧固至 140N·m。检查前端定位参数。

</td></tr>
<tr><td colspan="2">案例：（一）检修前悬架</td></tr>
<tr><td colspan="2">

故障现象确认：

客户反映 2018 款大众迈腾 B8L 轿车在行驶中底盘前部有异响，打转向盘时变沉。维修人员对车辆进行路试，发现行驶中底盘右前部确实有异响，车身摆动，转弯打转向盘时变沉，尤其是经过颠簸路面时还会出现金属撞击声。

故障原因初判：

车辆底盘右前部异响的故障原因有很多，如轮胎、轴承、下摆臂、前悬架、稳定杆、半轴、制动器等故障都会造成异响，询问客户得知不久前车辆刚刚更换过制动摩擦片，同时对半轴和轮胎都检查过，没有异常。使用故障诊断仪 VAS5052A 对此车的转向助力系统进行检查，没有发现故障。检查稳定杆及橡胶支座没有发现异常。因此将故障点聚焦到前悬架、下摆臂、轴承等部件。

</td></tr>
<tr><td>

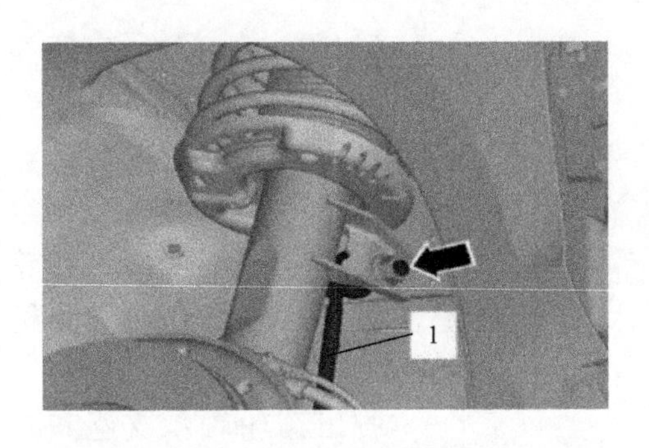

</td><td>

1. 拆卸前悬架

1）脱开传动轴在轮毂上的螺栓，拆下右前车轮。

2）拧下螺母，并拔出减振器上的连杆 1，从支架上取下 ABS 轮速传感器的导线，如图所示。

</td></tr>
<tr><td>

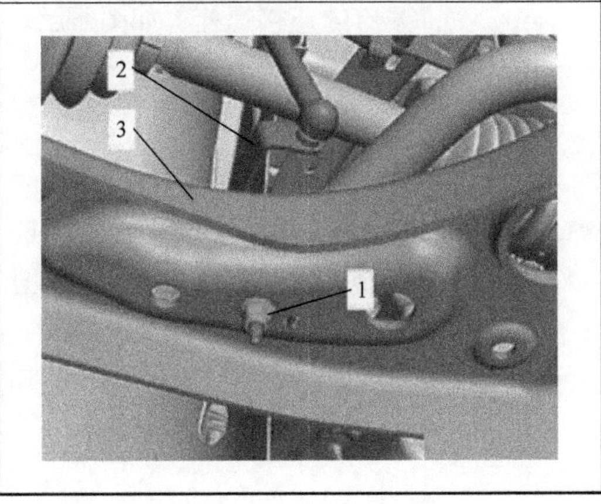

</td><td>

3）拧下螺母 1，拉出车身高度传感器支架 2，如图所示。

</td></tr>
</table>

<table>
<tr><td></td><td>4）拧下3颗螺母，拉出主销中的下摆臂，如图所示；将传动轴外万向节从轮毂上脱出，用绑带固定到车身上。</td></tr>
<tr><td>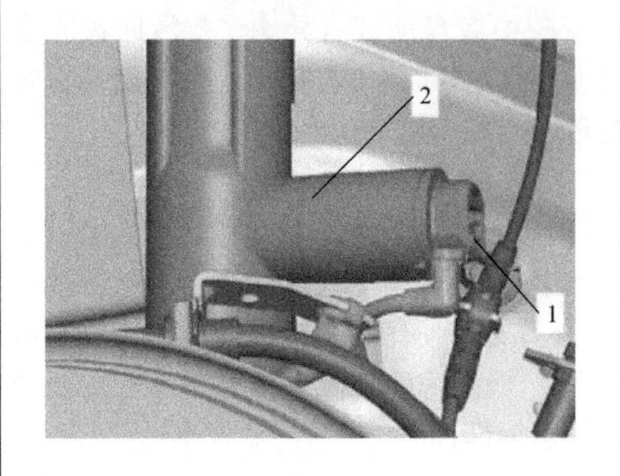</td><td>5）脱开减振器2上自适应底盘调节系统的连接插头1，如图所示。</td></tr>
<tr><td>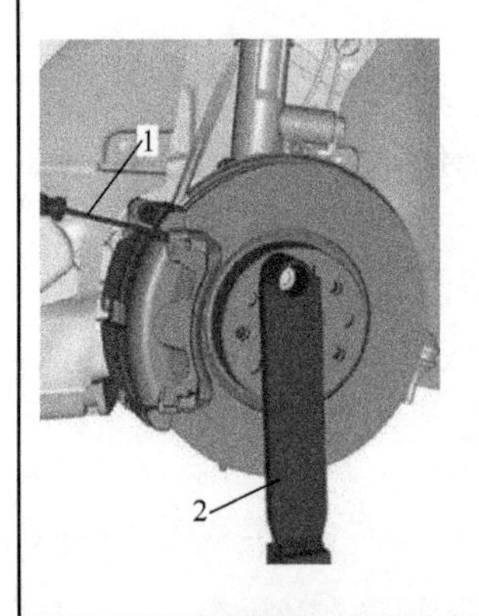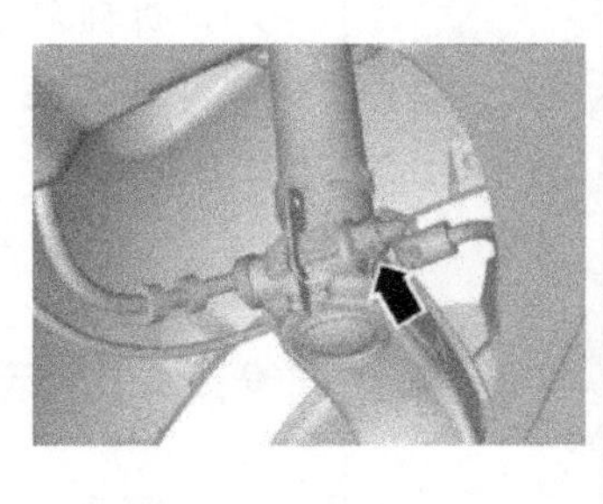</td><td>6）拧出车轮轴承支座和减振器的连接螺栓前，要在制动钳和支架之间的制动盘内插入螺钉旋具1，将专用定位件2一端用螺栓固定在轮毂上，另一端固定在发动机和变速器举升平台上。
拧出车轮轴承支座和减振器的连接螺栓，如图所示。</td></tr>
<tr><td>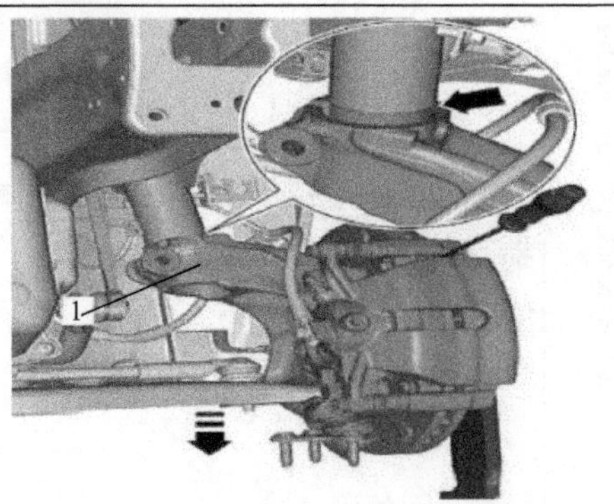</td><td>7）降下车轮轴承支座1，直至减振器管脱开，如图所示。</td></tr>
</table>

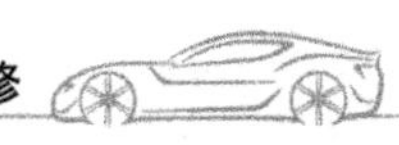

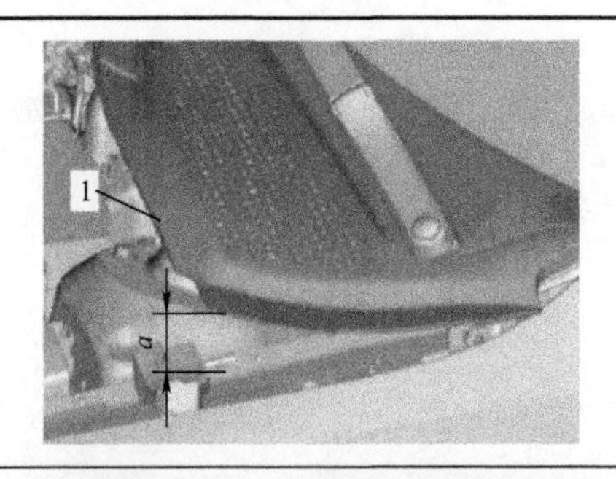	8）脱开排水槽盖板上整条密封件，脱开夹子，抬起排水槽盖板 1 最多 60mm，如图所示。
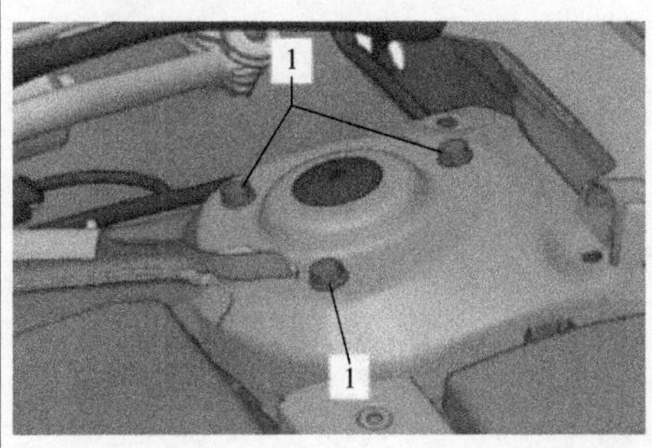	9）拧下减振器上部固定螺栓 1，取出减振器，如图所示。
	2. 分解、检查前悬架 1）用减振弹簧压缩器夹紧螺旋弹簧，直至上部的推力球轴承可以自由移动，如图所示。
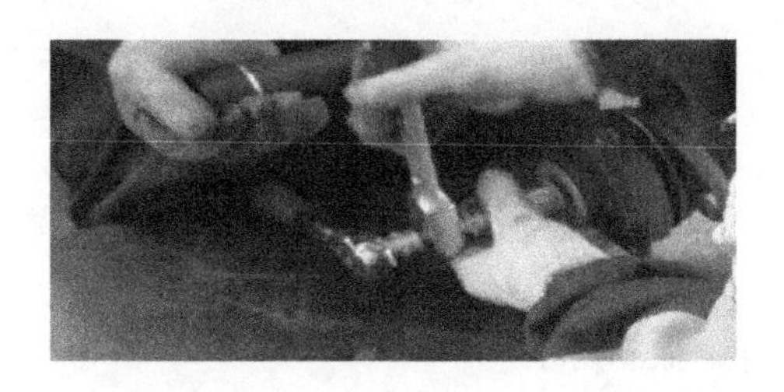	2）使用减振器套件拧出推杆的六角螺母，如图所示。
 	3）对前悬架所有零部件进行检查，发现推力球轴承安装错位，如图所示，减振器活塞杆已严重磨损松旷，螺旋弹簧与弹簧支座发生干涉，如图所示，所以需要更换前悬架总成。

<table>
<tr><td>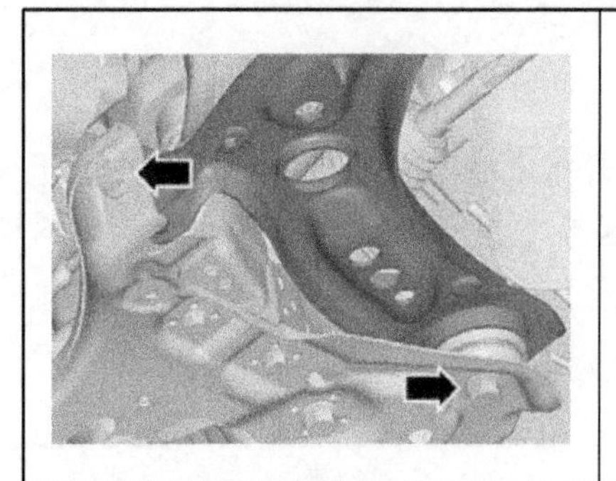</td><td>3. 拆卸下摆臂
1）旋出如图所示的2颗固定螺栓。</td></tr>
<tr><td>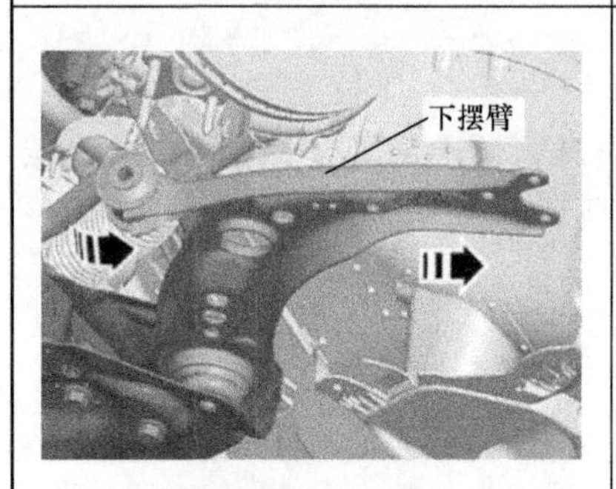
</td><td>2）沿图中箭头方向从副车架上拔下下摆臂。</td></tr>
<tr><td></td><td>4. 检查、维修下摆臂
对拆下的下摆臂进行检查，发现其前部橡胶金属支座老化严重，如图所示，需要对其进行更换。</td></tr>
<tr><td>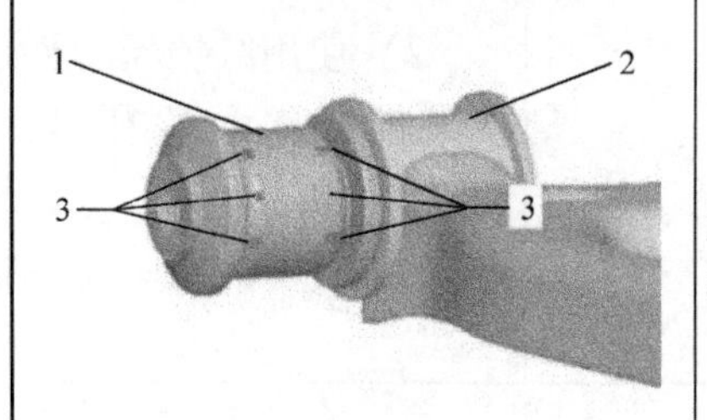
</td><td>1）压出旧的橡胶金属支座。
2）在橡胶金属支座外部涂抹装配润滑油，橡胶金属支座1对准下摆臂2，凹槽3必须朝向下摆臂，如图所示。</td></tr>
<tr><td>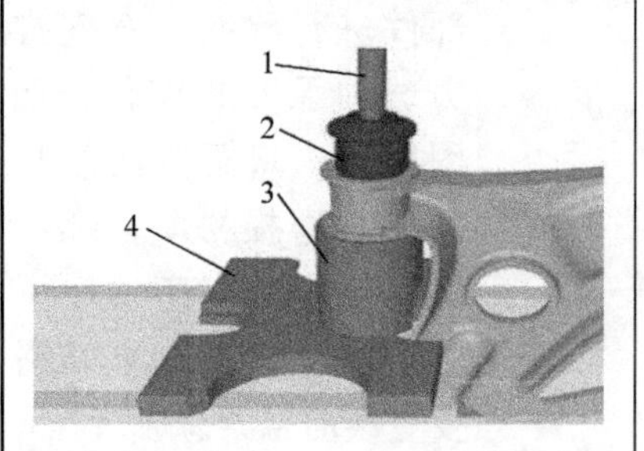
</td><td>3）使用专用工具1、3、4压入新的橡胶金属支座2，如图所示。</td></tr>
</table>

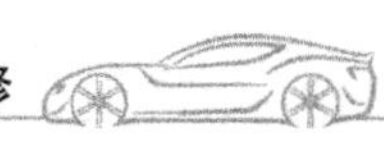

<table>
<tr>
<td>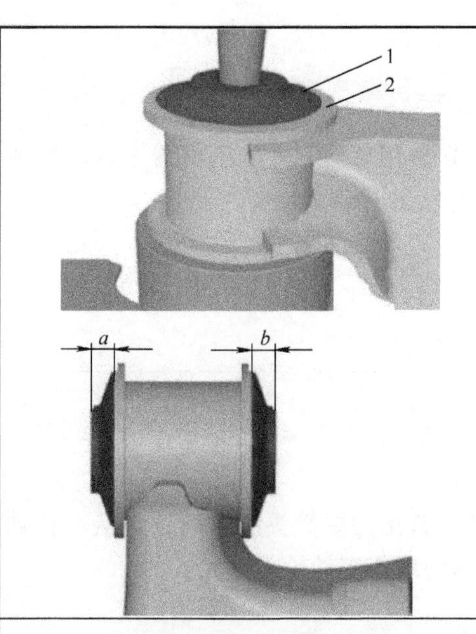</td>
<td>提示：
① 开始压入时，前部橡胶金属支座会短时自动倾斜，之后会慢慢恢复直立状态。
② 压入前部橡胶金属支座，直至橡胶金属支座 1 与下摆臂上的孔 2 位于同一个高度，如图所示。
压入后的前部橡胶金属支座，两侧露出的距离应相等（$a = b$），如图所示。</td>
</tr>
<tr>
<td></td>
<td>4）压入后的下摆臂，如图所示。</td>
</tr>
<tr>
<td>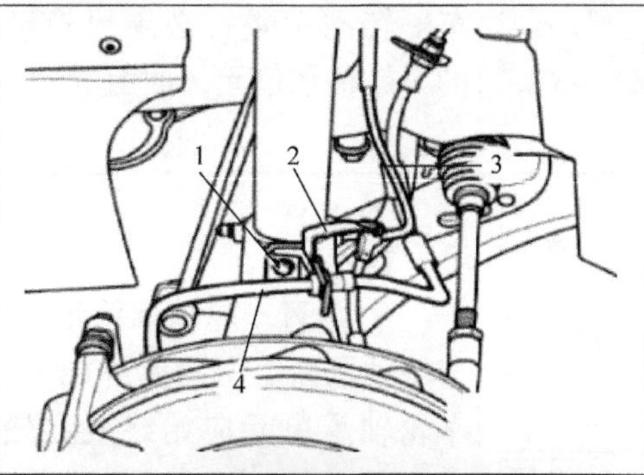</td>
<td>5. 拆卸车轮轴承
1）拆下制动钳，用金属丝挂在车身上。
2）拆下轮速传感器和制动盘。
3）拧出螺栓 1，将制动管 4 和 ABS 线束 3 置于一边，如图所示。</td>
</tr>
<tr>
<td>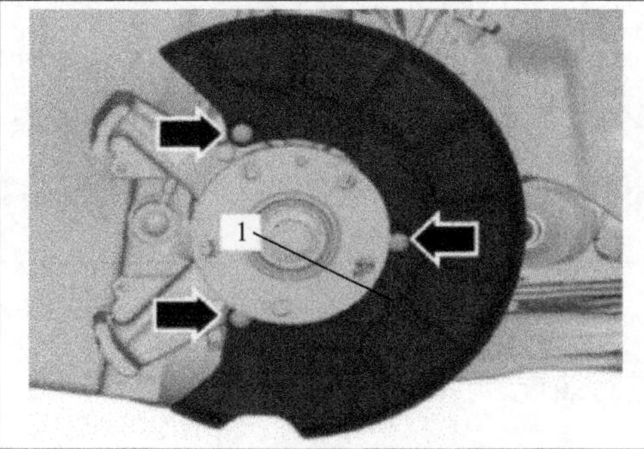</td>
<td>4）拧下车轮轴承支座中的盖板 1 的紧固螺栓，并取下盖板，如图所示。</td>
</tr>
</table>

<table>
<tr><td>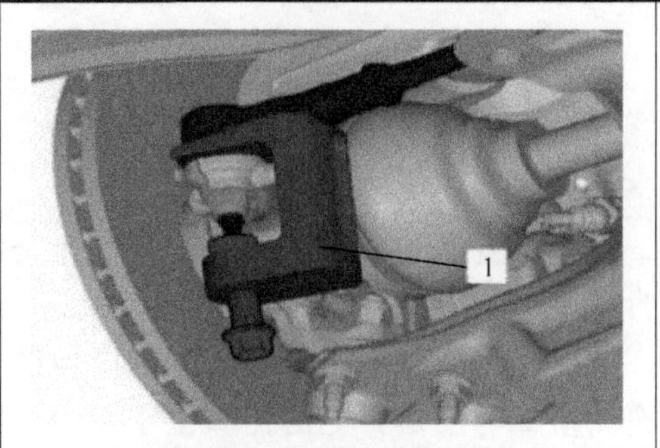</td><td>5）使用球形万向节压出器 1 从车轮轴承支座中压出转向横拉杆并拧下螺母，如图所示。</td></tr>
<tr><td>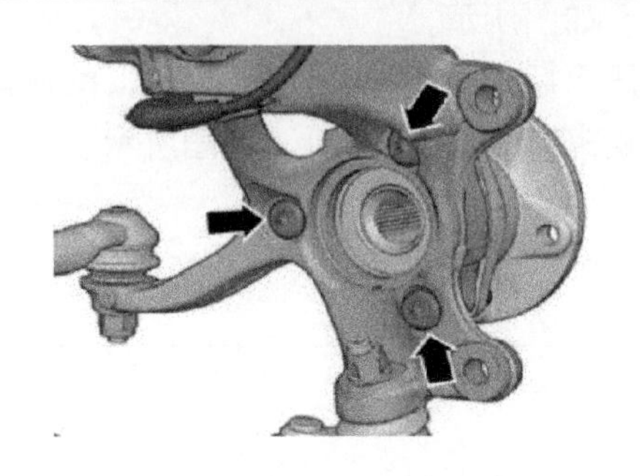</td><td>6）拧出图中箭头所指螺栓，从车轮轴承支座中取出车轮轴承单元。</td></tr>
<tr><td> </td><td>6. 检查车轮轴承
对拆下的车轮轴承单元进行检查，发现轴承外圈有大量锈蚀，如图所示，轴承已经锈死，无法转动，导致车辆转向沉重，必须更换新的车轮轴承单元，如图所示。</td></tr>
<tr><td> 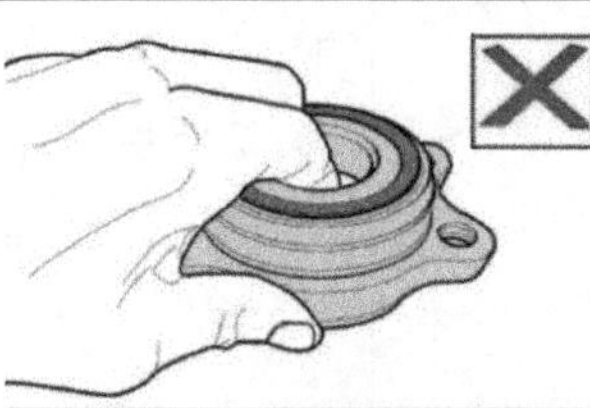
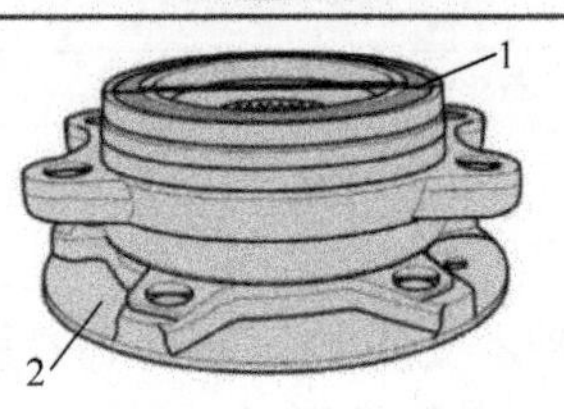 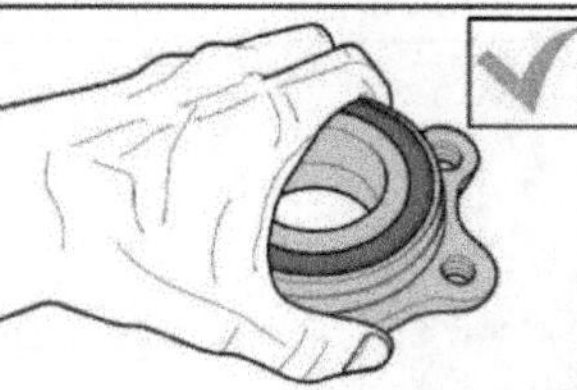</td><td>提示：
● 放置车轮轴承单元时，车轮轴承面 1 必须始终朝上，车轮轴承单元应始终放在轮毂 2 上。
● 拿起车轮轴承时，切勿向内侧抓住，车轮轴承只能从外部抓住，如图所示。</td></tr>
<tr><td colspan="2">7. 安装
将更换的新零部件按照拆卸的倒序步骤进行装配。</td></tr>
</table>

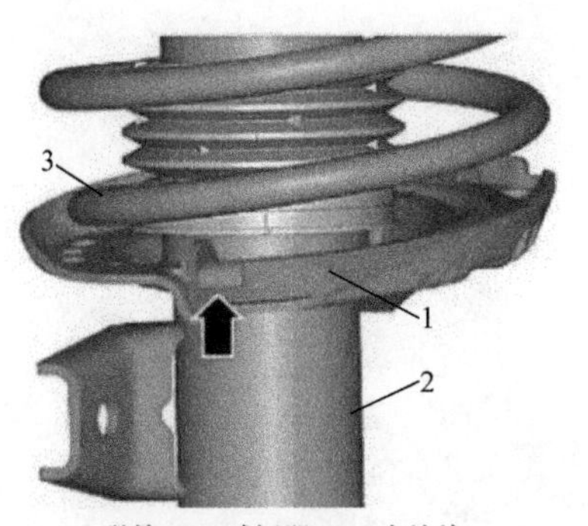

1—弹簧　2—减振器　3—止挡块

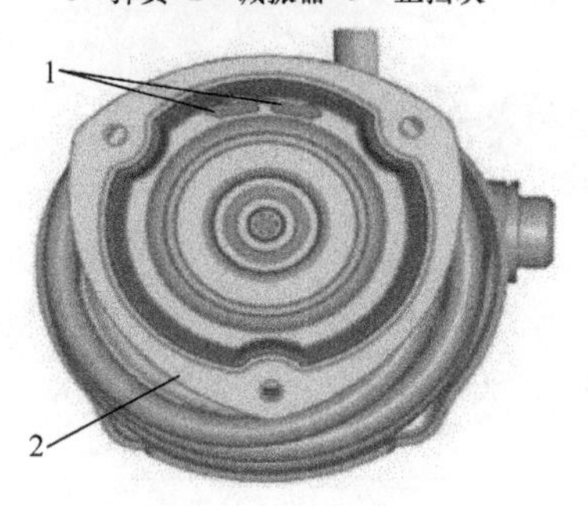

1—箭头　2—弹簧座

提示：

1）必须在空载时拧紧橡胶金属支座上的所有螺栓。

2）车身高度传感器的操作杆必须指向汽车外侧，车身高度传感器的螺纹必须拧入主销的外侧孔中，安装后要对车轮减振电子装置进行基本设置。

3）安装前悬架螺旋弹簧时，弹簧圈的端部必须紧贴止挡块，如图所示。

4）安装前悬架时，弹簧座 2 上 2 个箭头 1 中的 1 个必须指向行驶方向，如图所示。

5）必须在空载时拧紧下摆臂与主销连接的 3 颗螺母及另外两颗连接螺栓。

6）自锁螺母安装时必须更换新的，所有螺栓按照规定力矩拧紧。

7）安装完成后，需要对车轮进行定位。

故障排除验证：

维修人员对车辆进行路试，故障现象消失，故障排除。

案例：（二）检修后悬架

故障现象确认：

客户反映 2018 款大众迈腾 B8L 轿车在行驶时车后噪声较大，时速在 80～100km/h 时最大，车速再高反而小了。维修人员对车辆进行路试，发现车辆低速噪声不明显，但能听到间歇性的噪声，随车速增加噪声增大，至 80～100km/h 噪声最大，继续提高车速噪声与风声，胎噪声混合，不易区分，行驶时往左/右打转向，噪声不变。

故障原因初判：

根据路试判断，声音大致为车辆左后侧发出。首先检查轮胎胎面，未发现异常磨损，包括锯齿状边缘，检查左右后轮轴承，间歇正常，转动灵活无卡滞，转动时也未听到有噪声发出，为验证是否由轮胎发出，进行轮胎换位后试车，噪声依旧无任何变化，排除了轮胎因素。对车辆左后桥进行拆卸，对零件进行检查。

后悬架的组成，如下页图所示。

<table>
<tr><td colspan="2">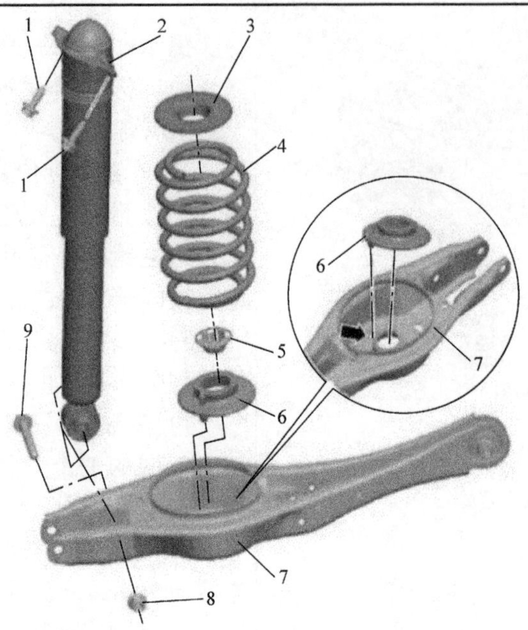

1—螺栓 2—减振器 3—上部弹簧垫圈 4—弹簧 5—夹子
6—下部弹簧垫圈 7—下部横摆臂 8, 9—螺母</td></tr>
<tr><td>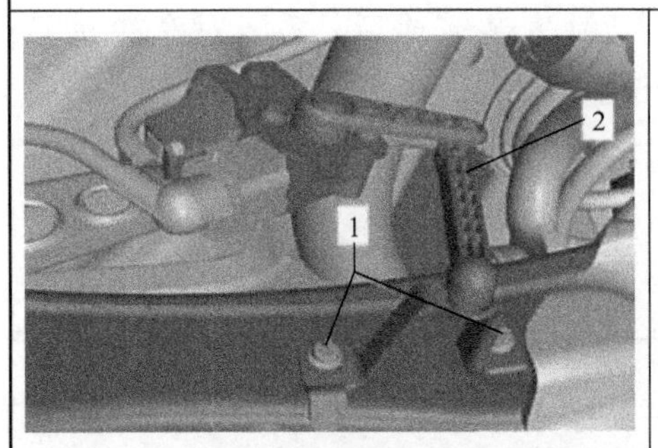
</td><td>1. 拆卸后悬架
1）拆下左后车轮及轮速传感器。
2）拧下螺栓 1，取下车身高度传感器支架 2，如图所示。</td></tr>
<tr><td>
</td><td>3）脱开减振器 2 上的自适应底盘调节系统连接插头 1 和导线 3，如图中箭头所示。</td></tr>
<tr><td>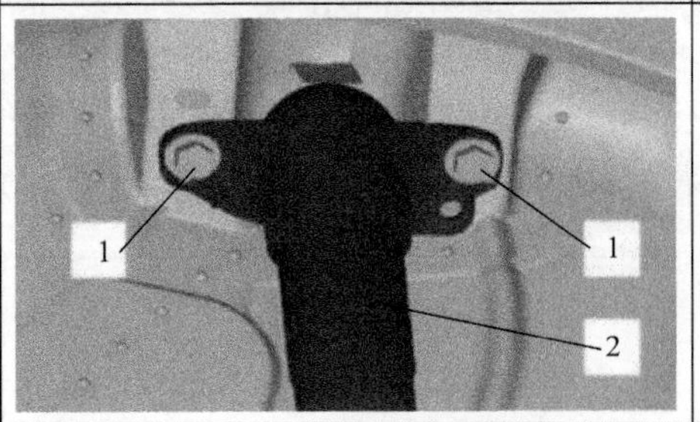
</td><td>4）拧下减振器 2 上的减振器支座连接螺栓 1，如图所示。</td></tr>
</table>

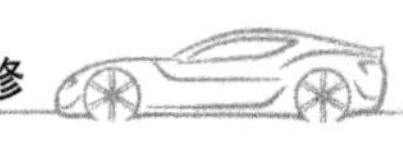

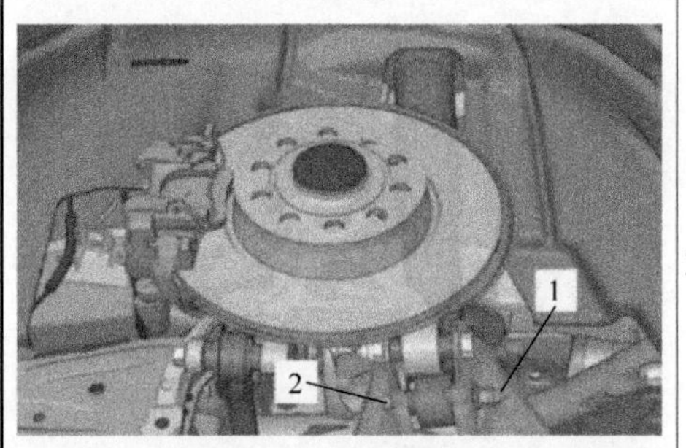	5）拧下减振器与下部横摆臂的连接螺栓2和螺母1，如图所示。
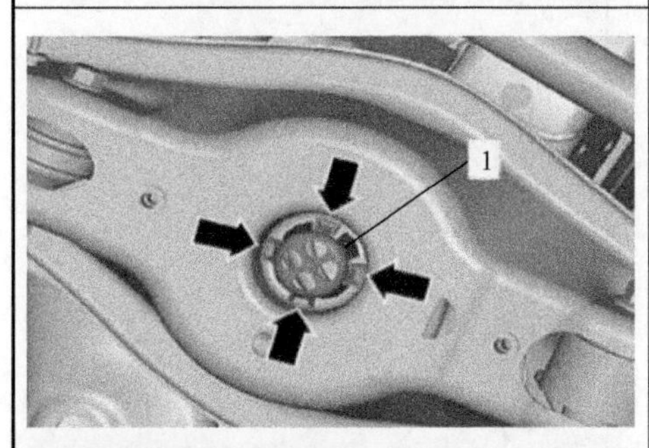	6）取出减振器。 7）向内按压装配辅助件1的凸耳并取出，如图所示。
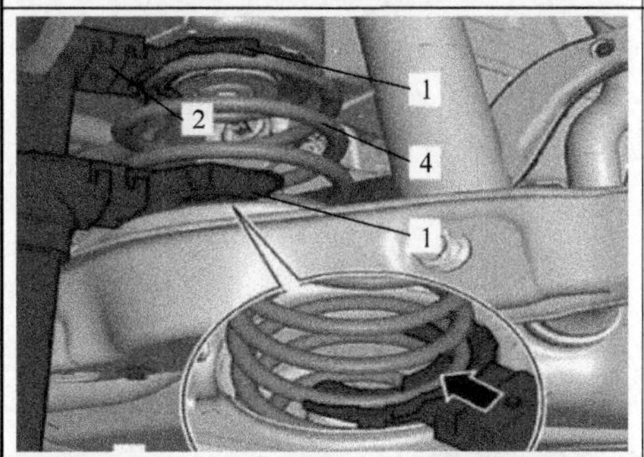	8）装入弹簧张紧装置，用扳手将弹簧张紧装置拧到一起，张紧螺旋弹簧，如图所示。
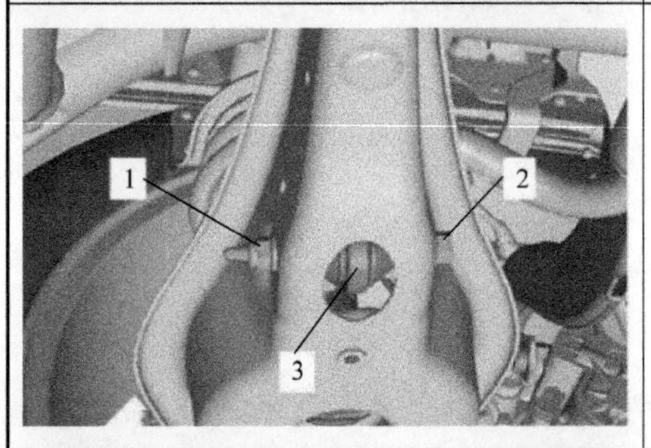	9）拧下连接杆3与下部横摆臂的连接螺栓2和螺母1，如图所示。
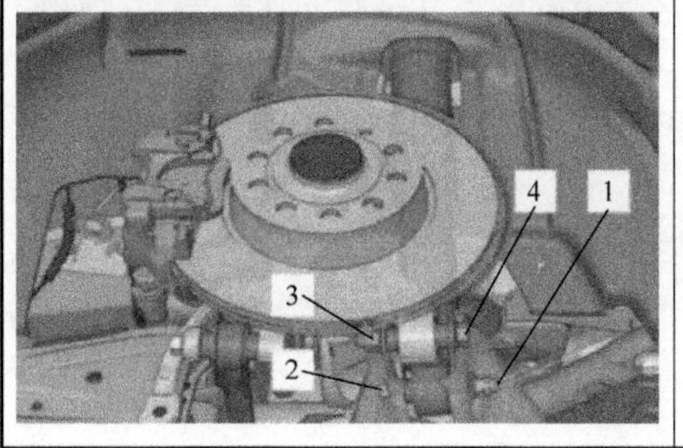	10）拧下车轮轴承罩与下部横摆臂的连接螺栓4和螺母3，如图所示，取下张紧的弹簧。

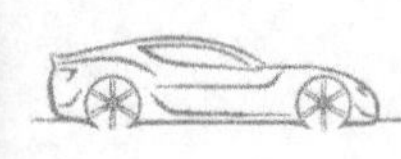

2. 分解、检查后悬架

减振器的组成，如图所示。

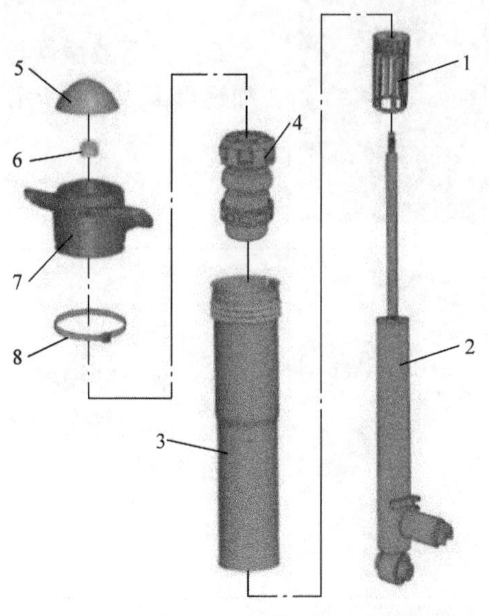

1—挡圈 2—减振器 3—保护套 4—限位缓冲块
5—盖板 6—螺母 7—减振器支座 8—扎带

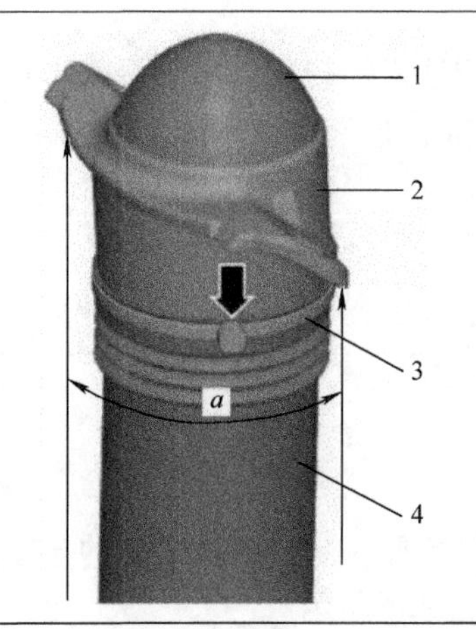	1）将盖板1从减振器支座2上取下，切断保护套4上的扎带3，如图所示。
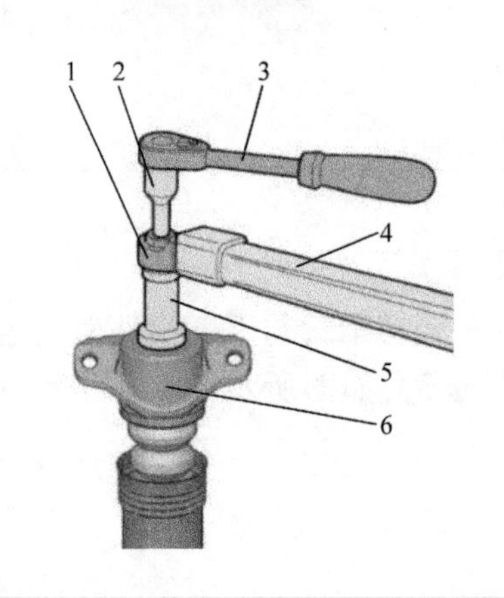	2）使用力矩扳手4、棘轮扳手3及相应的接头1、2、5，拧下减振器支座6的连接螺栓，如图所示。 3）取下减振器支座、限位缓冲块、保护套、挡圈。 4）对后悬架所有零部件进行检查，均未发现异常。

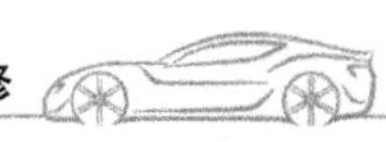

3. 拆卸摆臂、横拉杆

后悬架检查原则：

1）不能因为活塞推杆密封件上泄漏少量机油就更换减振器。

2）机油溢出是可见的，但是暗淡、无光泽并且可能由于灰尘而干结，应视为正常。

3）如果减振器已损坏，在行驶过程中，尤其是在路面不佳时，随着车轮的跳跃会听到由其发出很响的扑腾声。

4）如果减振器已损坏，机油损耗会激增。

5）减振器是免维护的，减振器机油也无法添加。

6）用手压紧减振器，活塞推杆必须能够在整个冲程范围内沉重而平稳地均匀移动，脱开活塞推杆，在减振器中具有足够的充气压力时，活塞推杆会自动返回起始位置。

7）如没有充气压力，只要没有出现较大的机油损失，减振功能也完全正常，但噪声特性可能越变越坏。

8）螺旋弹簧应检查弹簧高度，两侧弹簧作对比，高度应相同且无弯曲变形、开裂现象，否则需更换。

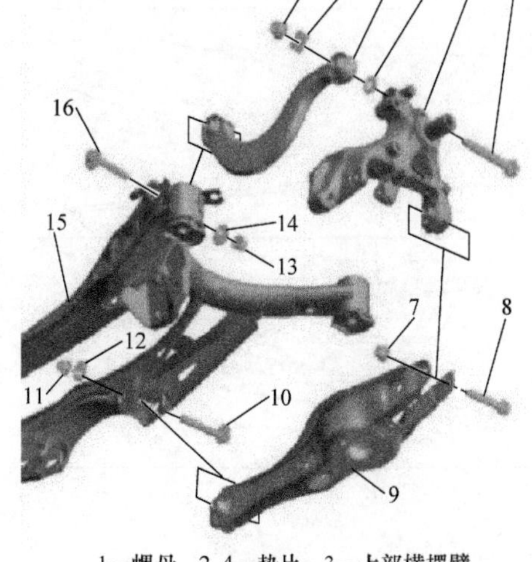

1—螺母 2, 4—垫片 3—上部横摆臂
5—车轮轴承罩 6—螺栓 7, 8, 11, 13—螺母
9—下部横摆臂 10, 16—偏心螺栓
12, 14—偏心垫圈 15—副车架

9）检查保护套应无破损、变形等状况；限位缓冲块和挡圈应无变形、破损。

横摆臂的组成如图所示。

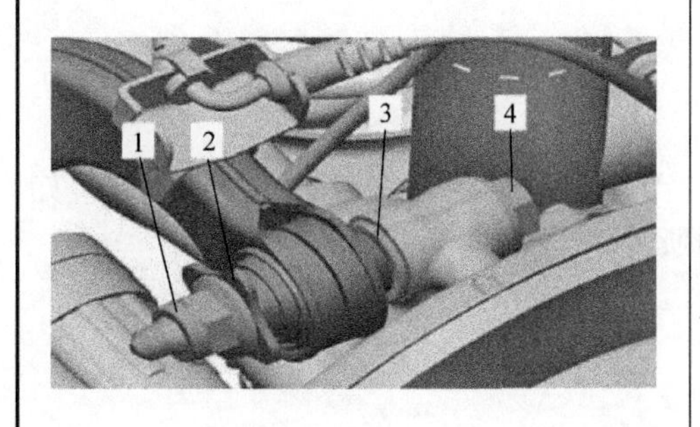

拆卸步骤：

1）拧下上部横摆臂与车轮轴承罩的连接螺栓4、螺母1，取出垫圈2、3，如图所示。

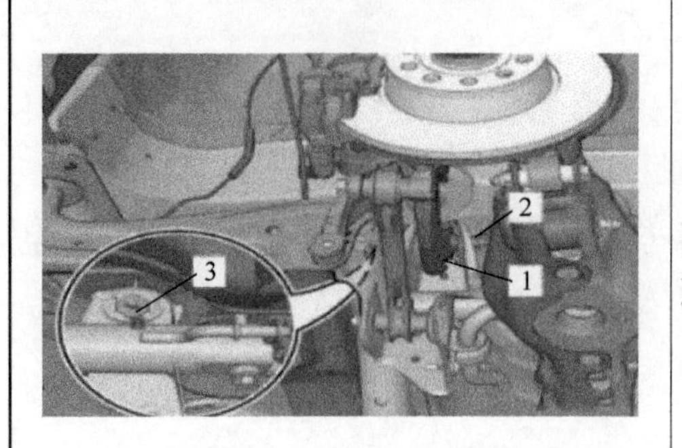	2）用记号笔标记出偏心螺栓 3 相对于副车架的位置，拧下螺母 2 和偏心螺栓 3，取出上部横摆臂 1，如图所示。
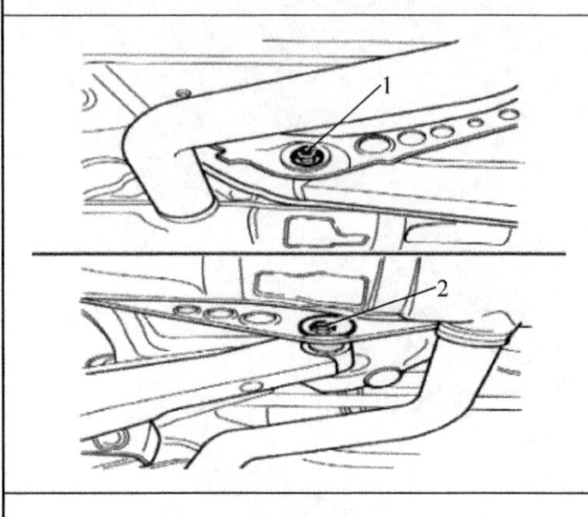	3）用记号笔标记出偏心螺栓 2 相对于副车架的位置，拧下螺母 1 和偏心螺栓 2，取出下部横摆臂，如图所示。
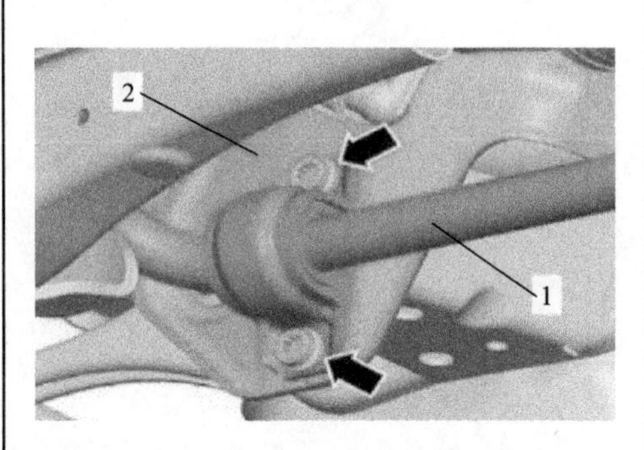	4）拧下稳定杆 1 在副车架上的两颗连接螺栓 2，如图所示。
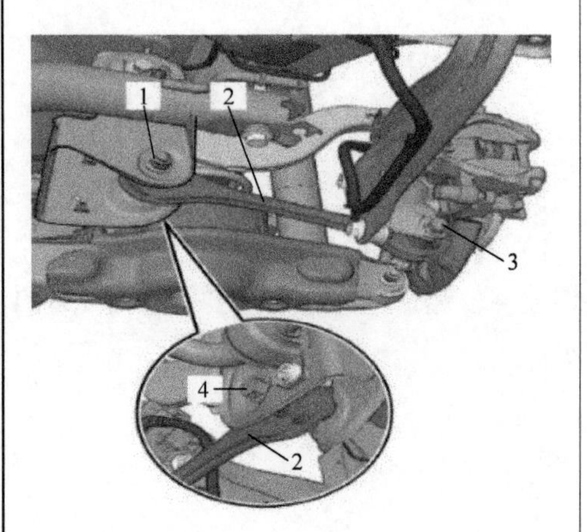	5）拧下螺栓 3、4，取出横拉杆 2，如图所示。

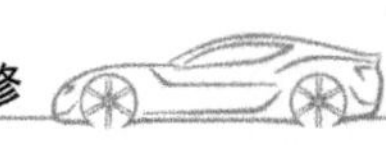

<table>
<tr><td colspan="2">

4. 检查摆臂、横拉杆

横拉杆的组成如图所示。

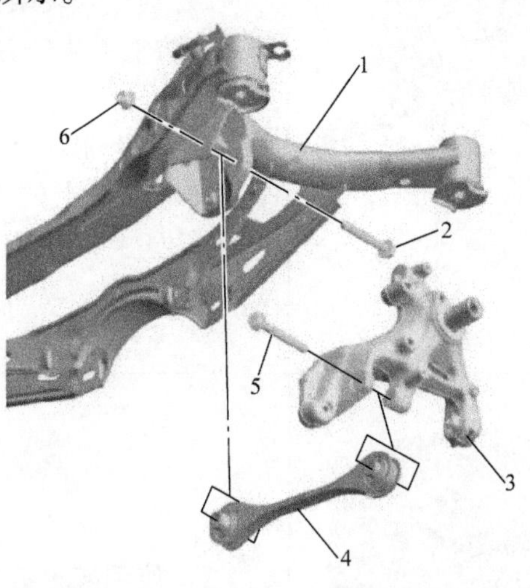

1—副车架　2, 5—螺栓　3—车轮轴承罩
4—横拉杆　6—螺母

</td></tr>
<tr><td></td><td>检查拆下的上部横摆臂、下部横摆臂、横拉杆有无弯曲等变形情况，查看橡胶金属支座是否损坏，如图所示。</td></tr>
<tr><td>

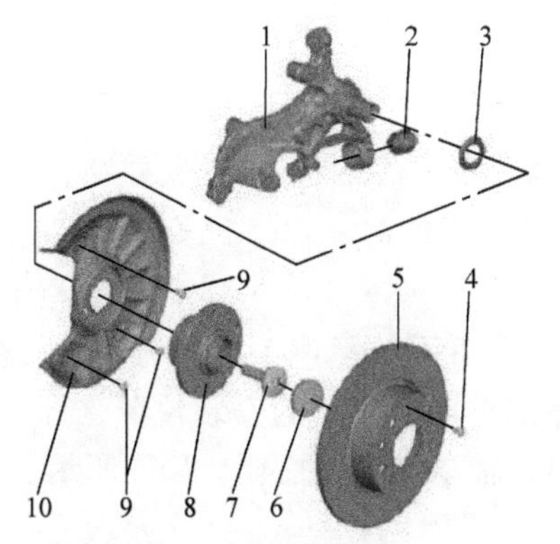

1—车轮轴承罩　2—橡胶金属支座　3—垫片
4, 7, 9—螺栓　5—制动盘　6—防尘罩
8—车轮轴承单元　10—隔热板

</td><td>

5. 拆卸车轮轴承、纵摆臂

后车轮轴承的组成如图所示。

</td></tr>
</table>

<table>
<tr><td>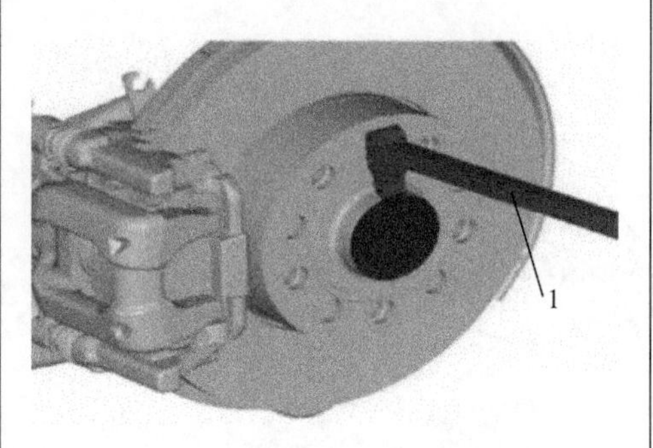</td><td>1）通过轻轻敲打轮毂盖起拔器1的卡爪，将防尘罩从位置上脱开，顶出防尘罩，如图所示。
2）拆下制动器支架与制动钳，脱开驻车制动电动机上的电气插头，并用金属丝挂到车身上，拧出制动盘螺栓，拆下制动盘。</td></tr>
<tr><td>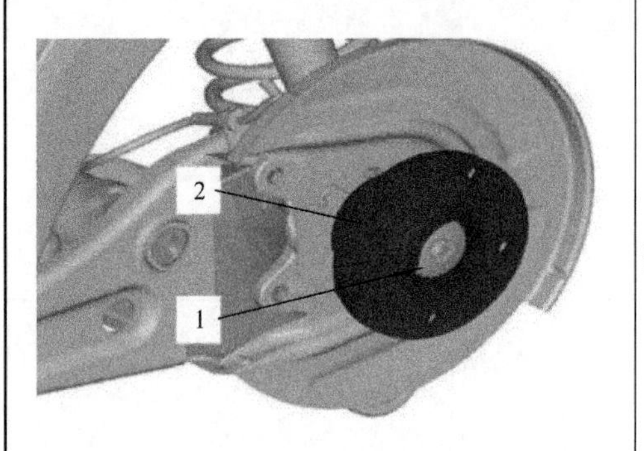</td><td>3）使用棘轮扳手将螺栓1拧下，从轴颈上取下车轮轴承单元2，如图所示。</td></tr>
<tr><td>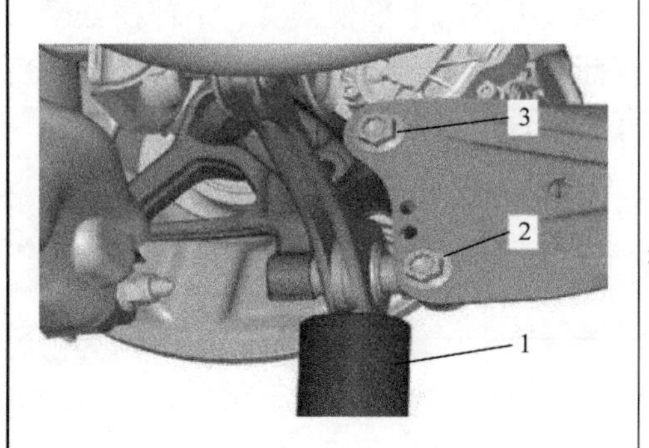</td><td>4）拆卸隔热板，拧下纵摆臂的两颗连接螺栓2、3，如图所示，取下车轮轴承罩。</td></tr>
<tr><td>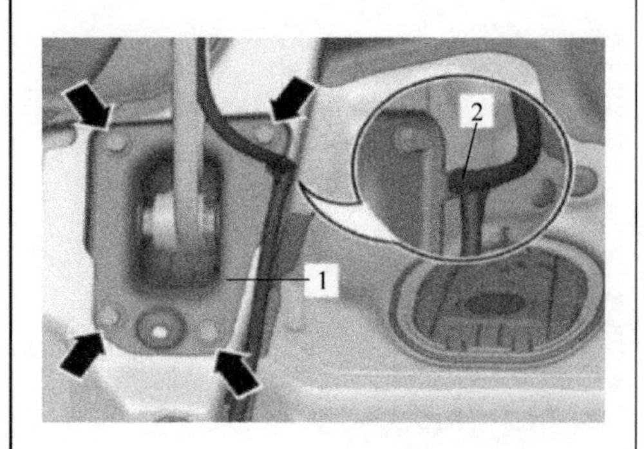</td><td>5）拆下轴承座1上的导线2，在车身上标记出轴承座1的安装位置，拧出螺栓，取出带轴承座的纵摆臂，如图所示。</td></tr>
</table>

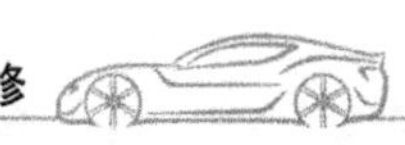

6. 检查车轮轴承、纵摆臂

纵摆臂的组成如图所示。

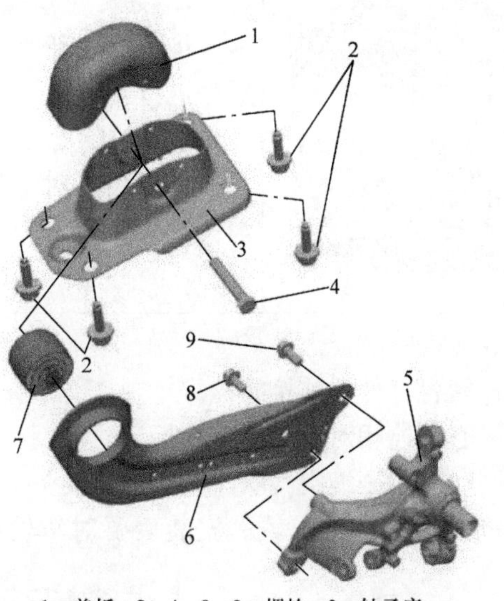

1—盖板　2，4，8，9—螺栓　3—轴承座
5—车轮轴承罩　6—纵摆臂　7—橡胶金属支座

1）对后车轮轴承进行检查，转动自如，未发现异常，如图所示。

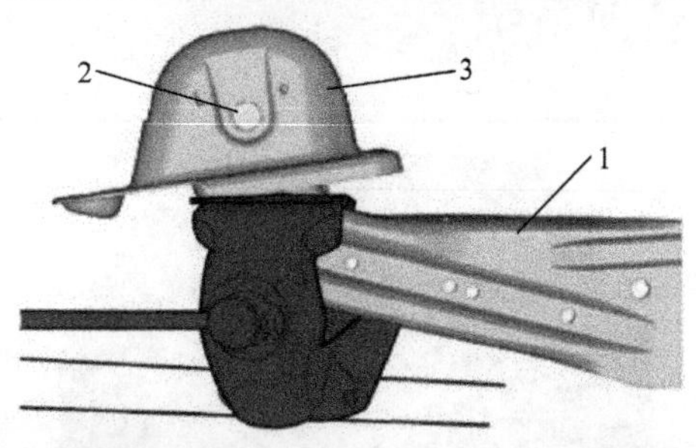

2）将纵摆臂夹 1 在台虎钳上，拧下螺栓 2，从纵摆臂 1 上取下轴承座 3，如图所示。

3）发现纵摆臂的橡胶金属支座已经严重老化，需要更换。

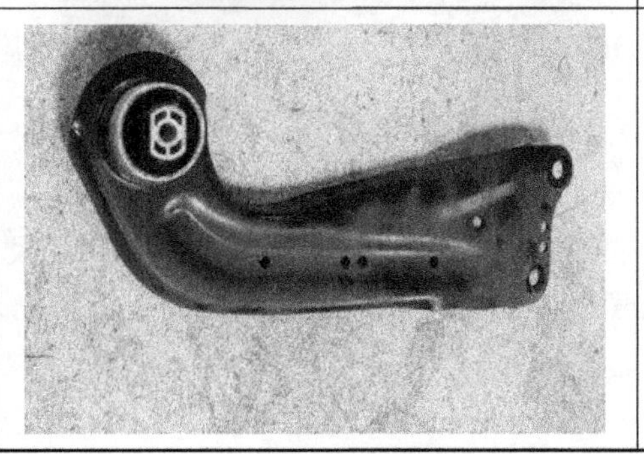

4）使用专用工具压出旧的橡胶金属支座，压入新的橡胶金属支座，如图所示。

7. 安装

将更换的新零部件按照与拆卸相反的顺序进行装配，如图所示。

故障排除验证：

维修人员对车辆进行路试，故障现象消失，故障排除。

后桥的安装原则：

1）必须在空载时拧紧各杆件的连接螺栓。

2）安装时，注意偏心螺栓相对于副车架的标记。

3）当插头区域受潮时，用压缩空气吹净减振器和插头上的触点。

4）对于配备车身高度传感器的车辆，安装后要对车轮减振电子装置进行基本设置。

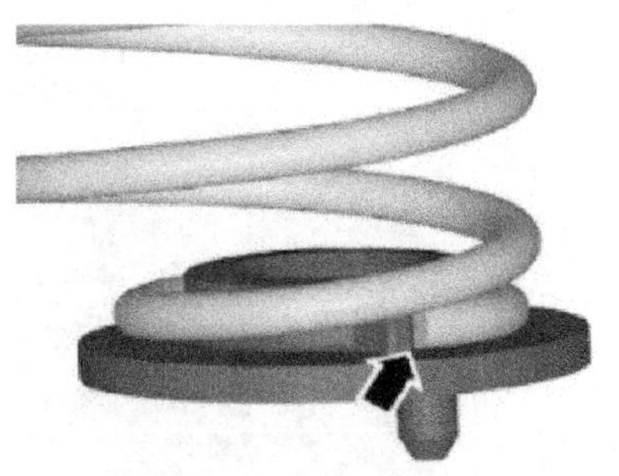

5）将保护套管 4 推到减振器支座 2 上，并用扎带 3 固定。

6）安装弹簧前，检查垫圈是否损伤，必要时更换，垫圈装到下部螺旋弹簧上，弹簧端部如图箭头所示，必须紧贴弹簧垫圈的止挡块，下部弹簧垫圈的轴销必须安装在下部横摆臂的钻孔内。

7）安装完成后，需要对车轮进行定位。

任务七　检修转向系统

用来改变或保持汽车行驶或倒退方向的一系列装置称为转向系统。转向系统的功能就是按照驾驶人的意愿控制汽车的行驶方向。转向系统对汽车的行驶安全至关重要，因此转向系统的零件都称为保安件。

转向系统分为两大类：机械转向系统和动力转向系统。

完全靠驾驶人手力操纵的转向系统称为机械转向系统 。

借助动力来操纵的转向系统称为动力转向系统 。动力转向系统又可分为液压动力转向系统和电动助力动力转向系统，以及气压动力转向系统。

对现代转向系统的要求：

- 确保转向能力与行驶状态相匹配。

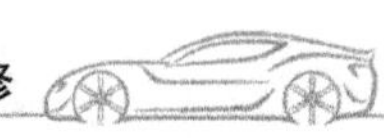

- 考虑到功能、舒适性和安全性方面。
- 减振。
- 将相关路面信息传输给驾驶人。
- 转弯行驶后车轮回正。

今天，人们对轿车转向系统提出了多方面的要求。仅仅促进车辆向所要求的方向发展已无法满足时代的要求。转向过程必须考虑到功能、舒适性和安全性方面。车辆应能对很小的转向移动作出精确且目标准确的反应，不需要通过转向盘进一步进行校正。

但是，此时不允许车辆反应过于迅速。迅速转动转向盘时车辆不得突然转向。当转向移动量较小且车辆快速直线行驶时，车轮上的转向力不得提升过快。其目的是提高舒适性。舒适性还包括转向盘转动圈数较少，以便停车入位时不费力。为了在车速较高时也能可靠操控车辆，转向系统必须与道路接触良好。驾驶人应该还能“感知”路面情况。此外，坑洼或沟槽等不平路面不应造成转向盘脱手或车辆偏转。动平衡较差的车轮不应导致转向盘振动较大，如图所示。

因此对转向系统的减振方面也提出了要求。转向系统必须具有传输相关路面信息和过滤干扰因素的功能。每次转向操纵之后，转向盘都应平稳地返回到中间位置，必须能够引导车辆并为驾驶人提供关于行驶状态和路面状况的反馈信息。

一、相关知识

使用机械转向装置可以实现汽车转向，当转向轴负荷较大时，仅靠驾驶人的体力难以顺利转向。动力转向系统就是在机械转向系统的基础上加设一套转向加力装置而形成的。转向助力装置减轻了驾驶人操纵转向盘的作用力。转向动力来自驾驶人的体力和发动机（或电动机），其中发动机（或电动机）占主要部分，通过转向加力装置提供。正常情况下，驾驶人能轻松地控制转向。但在转向助力装置失效时，就回到机械转向系统状态，一般来说还能由驾驶人独立承担汽车转向任务。

这种转向器结构简单、操纵灵敏性高、转向操纵轻便，而且由于转向器完全封闭的，平时不需检查调整。

转向系统检测

转向系统检测主要介绍转向系统维修操作的标准流程与部件、功能的检测方法，如图所示。这些检测包括：

- 液压系统排气。
- 转向助力压力测试。

<table>
<tr><td colspan="2">

- 转向力测量。
- 最大转向角调整。
- 转角梯形检测 。

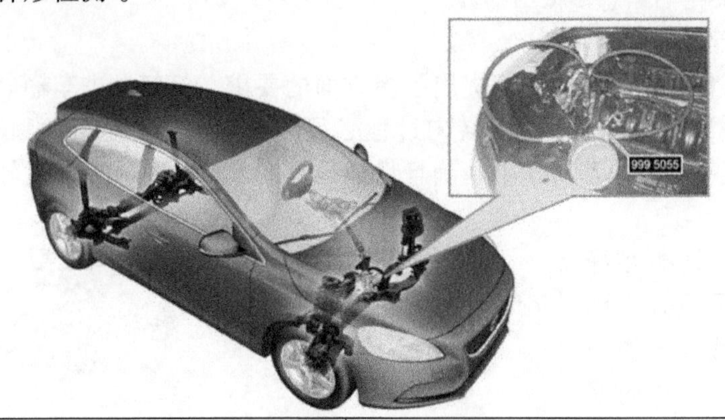

</td></tr>
<tr><td>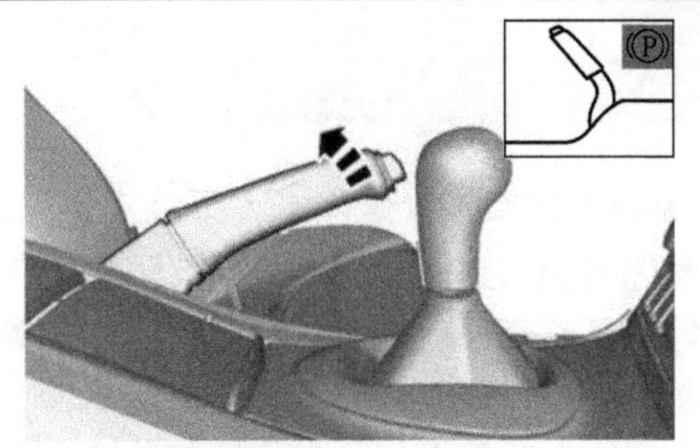</td><td>

1. 液压系统排气

更换液压助力转向系统部件时，需要进行液压系统排气，如果不进行此操作，可能导致转向系统出现噪声或转向助力效果差。

第一步：拉起驻车制动器，如图所示。

</td></tr>
<tr><td>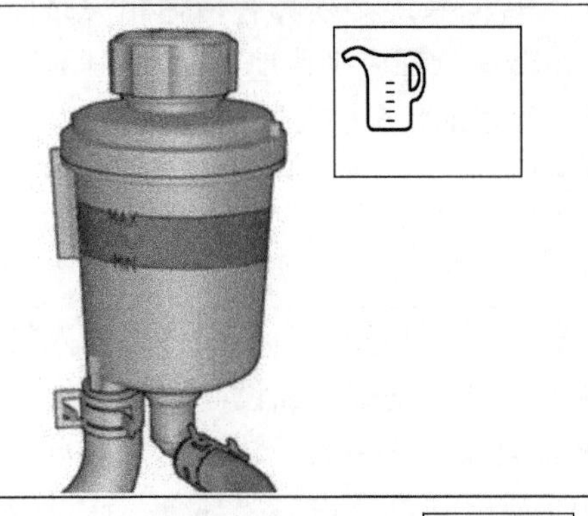</td><td>第二步：加注转向液到 MAX 位置，如图所示。</td></tr>
<tr><td>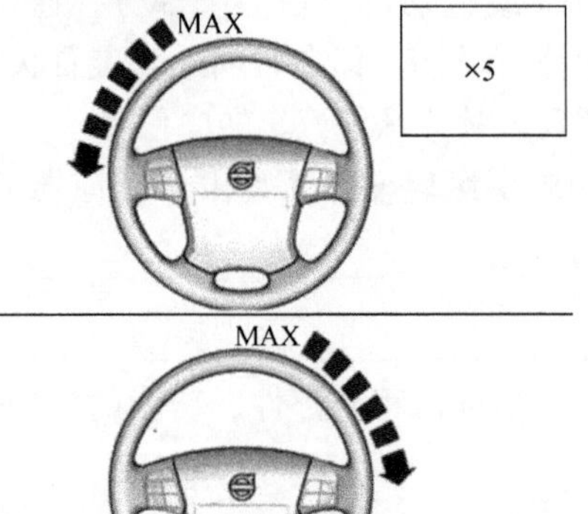
</td><td>第三步：向左旋转转向盘到极限位置，再向右旋转转向盘到极限位置。重复上述步骤 5 次，如图所示。</td></tr>
</table>

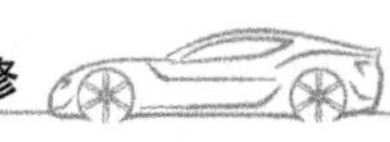

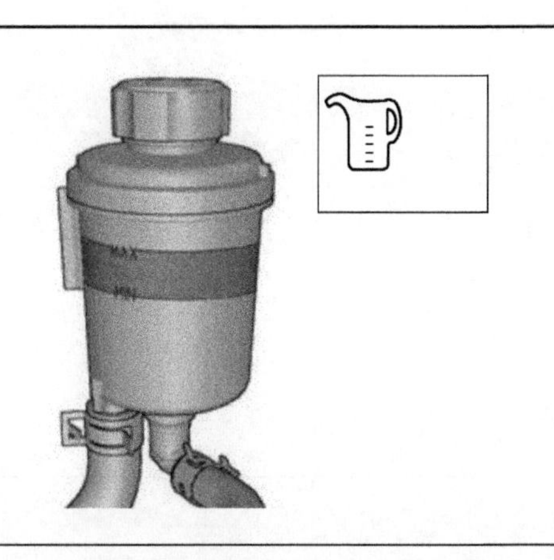	第四步：加注转向液到 MAX 位置，如图所示。
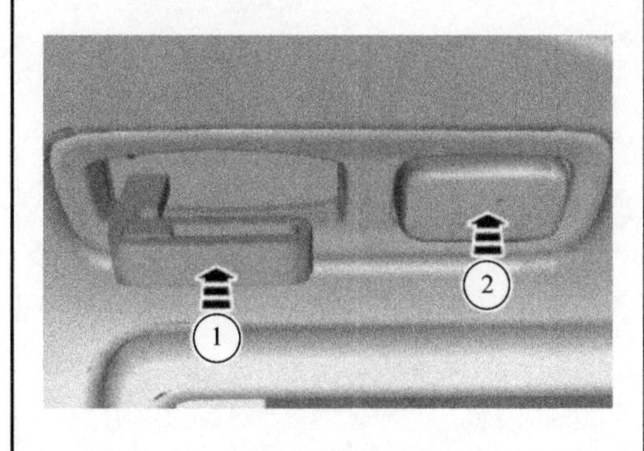	第五步：起动发动机，如图所示。
	第六步：使发动机怠速运转，发动机转速保持在 500 ~ 1000r/min，如图所示。
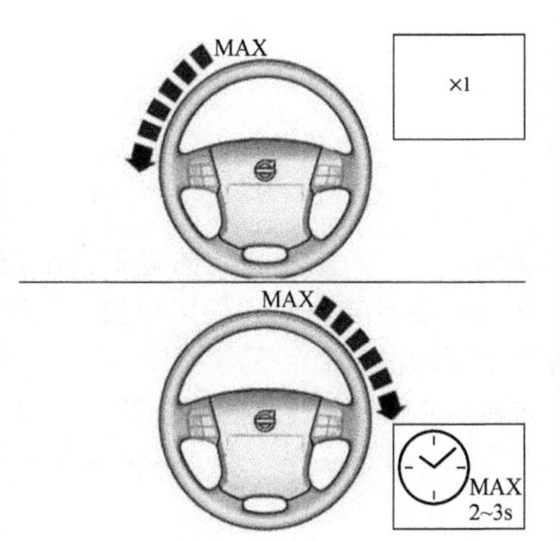	第七步：向左旋转转向盘到极限位置，再向右旋转转向盘到极限位置，如图所示。 **注意**：在极限位置不能超过 3s。

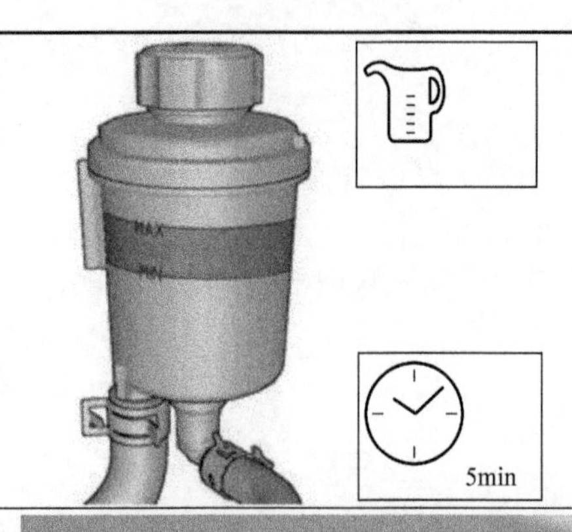	第八步：等 5min 后，加注转向液到 MAX 位置，如图所示。
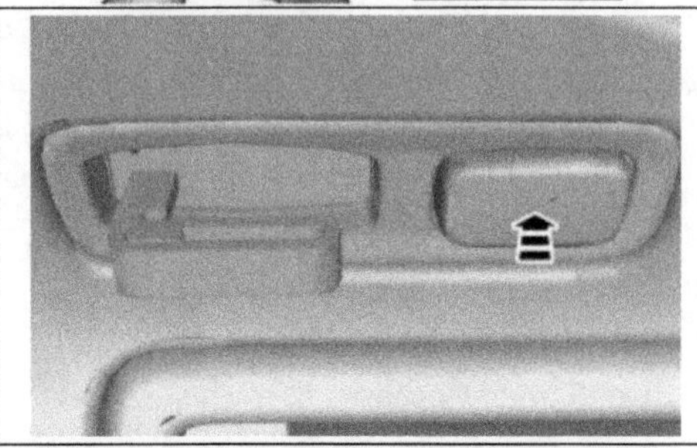	第九步：关闭发动机，如图所示。
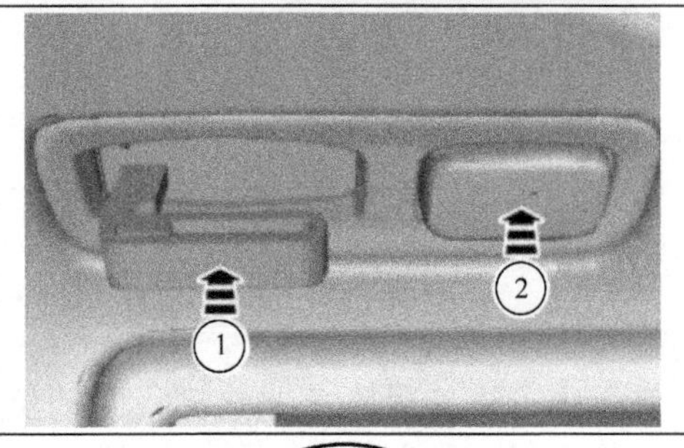	第十步：起动发动机，如图所示。
	第十一步：使发动机怠速运转，发动机转速保持在 500～1000r/min，如图所示。
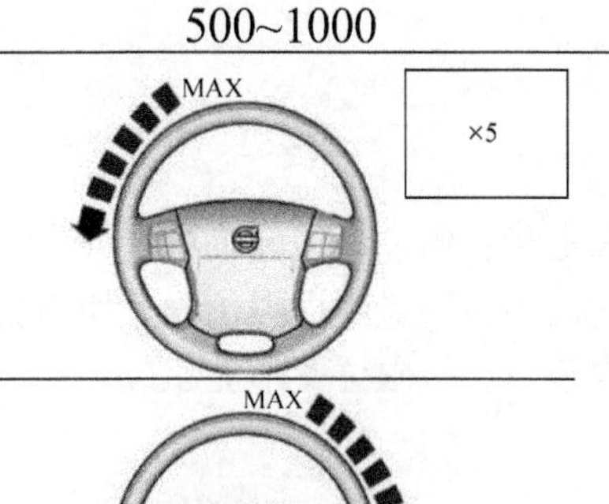	第十二步：向左旋转转向盘到极限位置，再向右旋转转向盘到极限位置，如图所示。重复动作 5 次。 **注意：**在极限位置不能超过 3s。

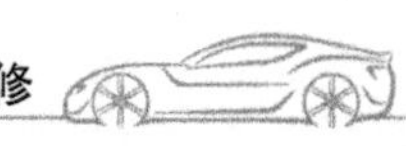

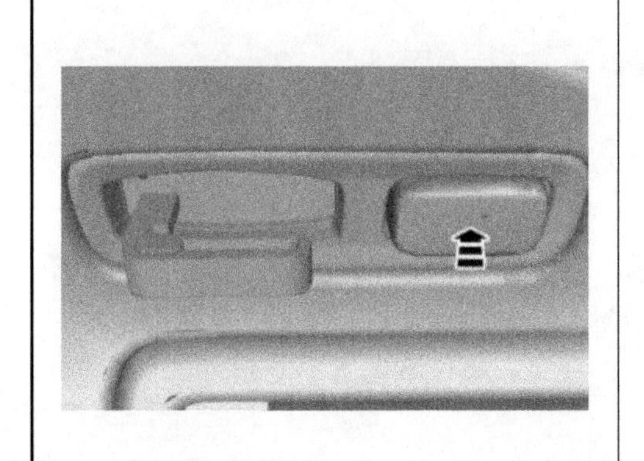	第十三步：关闭发动机。
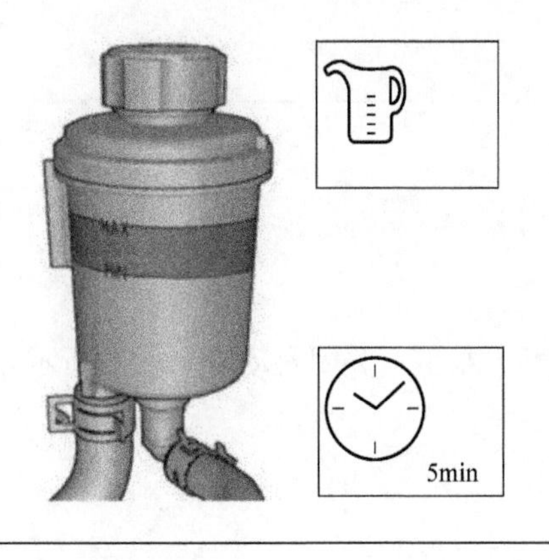	第十四步：加注转向液到 MAX 位置，如图所示。
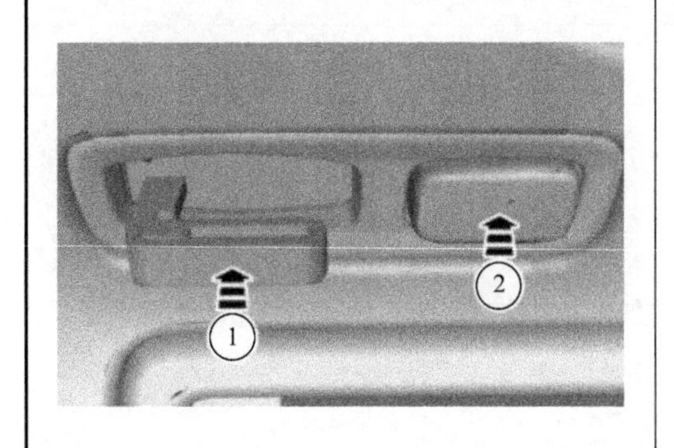	第十五步：起动发动机，如图所示。
	第十六步：使发动机怠速运转，发动机转速保持在 500 ~ 1000r/min，如图所示。

<table>
<tr><td>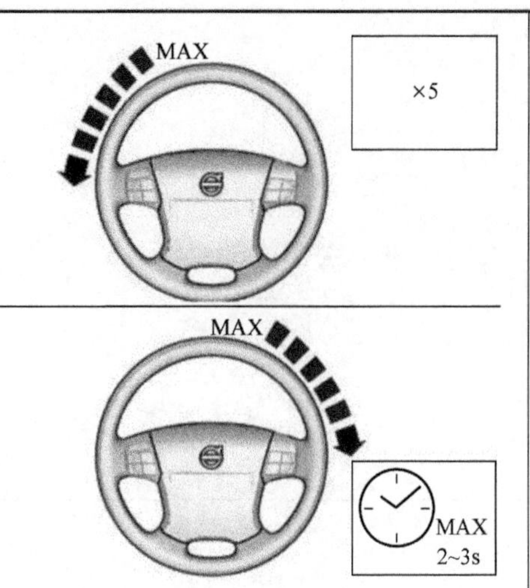
</td><td>第十七步：向左旋转转向盘到极限位置，再向右旋转转向盘到极限位置，如图所示。重复动作5次。
注意：在极限位置不能超过3s。</td></tr>
<tr><td>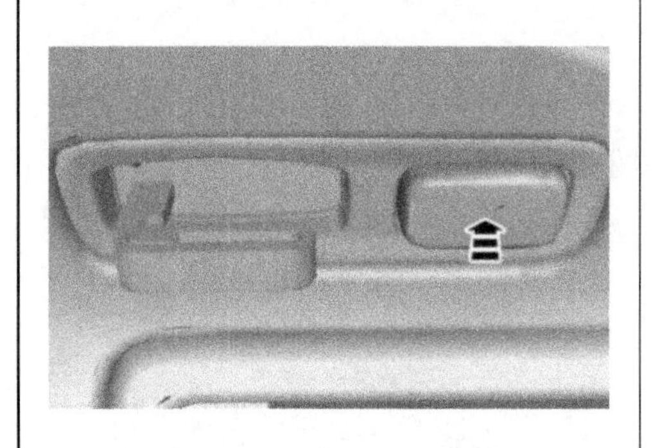</td><td>第十八步：关闭发动机，如图所示。</td></tr>
<tr><td>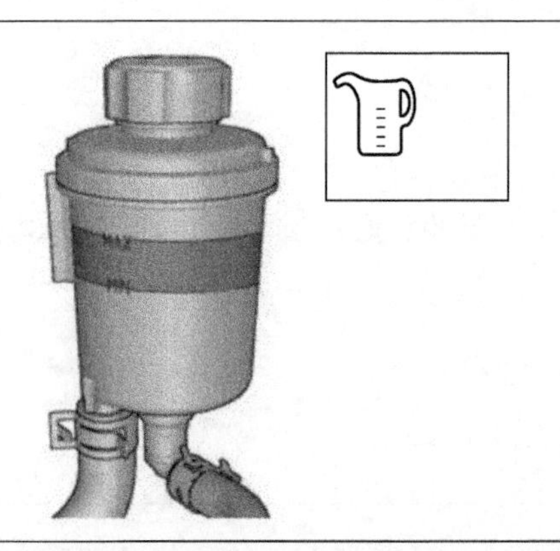</td><td>第十九步：加注转向液到MAX位置，如图所示，完成液压系统排气。</td></tr>
<tr><td>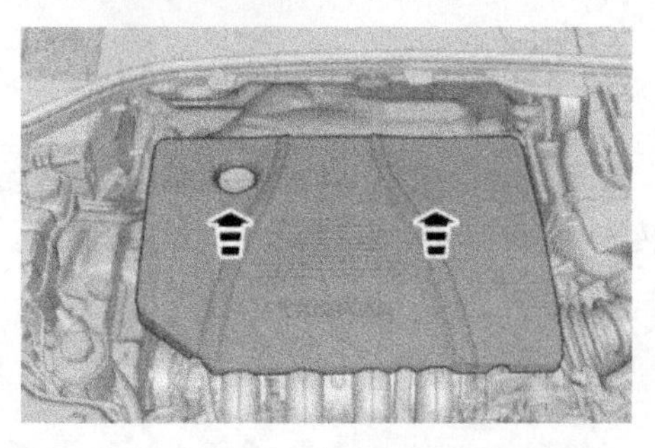</td><td>2. 转向助力压力测试
当怀疑转向系统有故障时，要进行转向系统压力测试，压力测试有助于诊断转向助力泵、转向器的工作状态。
第一步：拆除发动机护罩，如图所示。</td></tr>
</table>

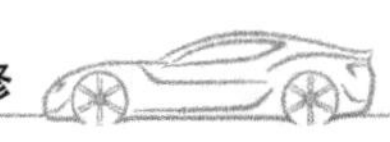

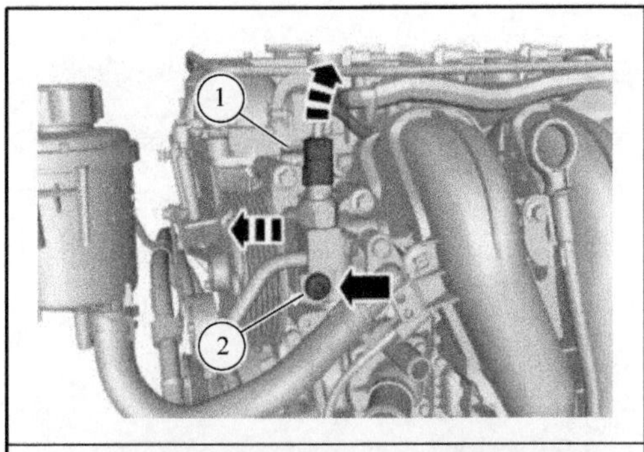	第二步：松开转向助力泵上的出油管，如图所示。 **注意：**由于转向液是可燃的，不要让转向液溅到发动机上。
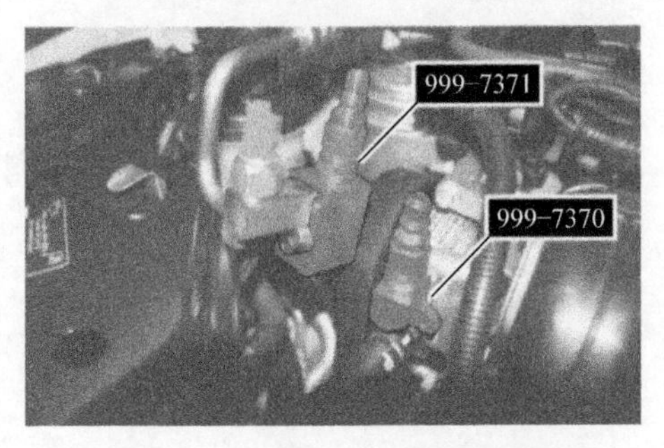	第三步：分别在油管上与转向助力泵上安装专用检测接头，如图所示。
	第四步：安装转向压力表（处于开关阀与油泵之间），同时要求开关阀处于打开位置，如图所示。
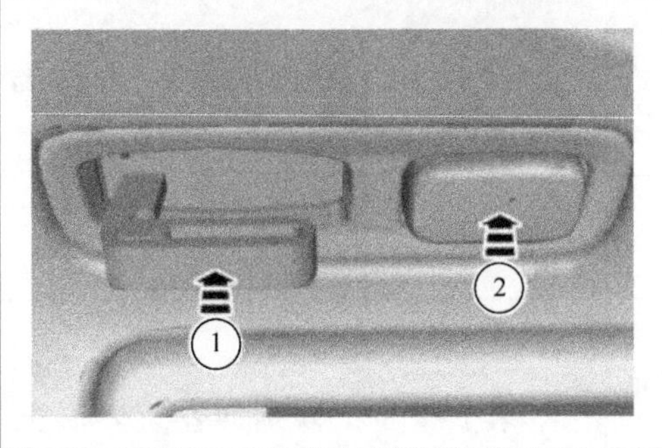	第五步：起动发动机，如图所示。
	第六步：使发动机怠速运转，发动机转速保持在 500 ~ 1000r/min 之间，如图所示。

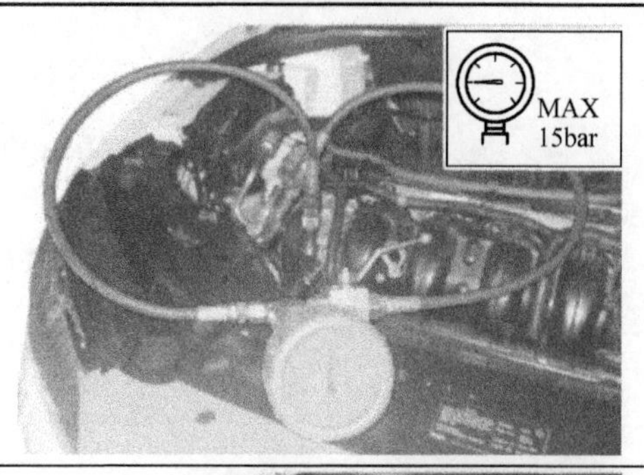	第七步：此时压力表读数应不超过15bar，如果压力过高，说明转向器内部堵塞或油管堵塞，如图所示。
	第八步：关闭开关阀，准备测试转向助力泵，如图所示。
	第九步：此时油表的读数应该不低于90～100bar，否则说明转向助力泵损坏，如图所示。 **注意**：开关阀处于关闭的时间不能超过3s。
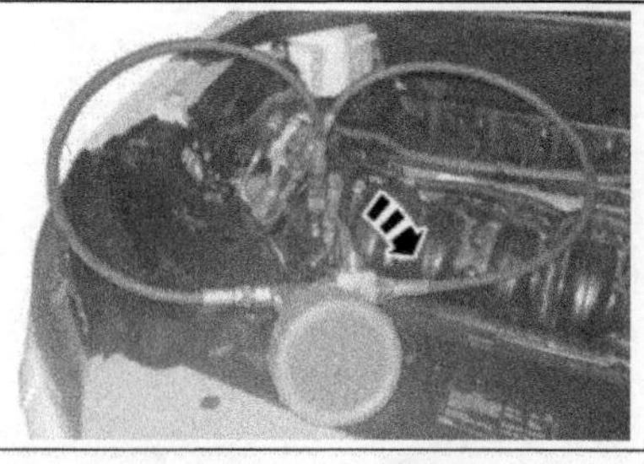	第十步：打开开关阀，如图所示。
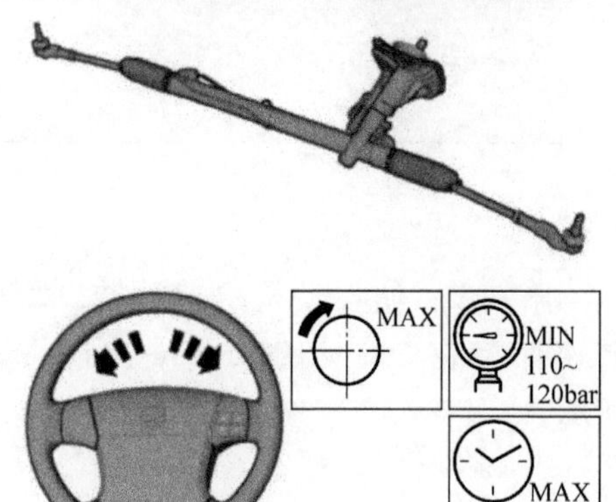	第十一步：分别向左旋转转向盘到极限位置，再向右旋转转向盘到极限位置，观察油表的读数应该不低于110～120bar，说明转向器可能损坏，如图所示。 **注意**：旋转转向盘到极限位置的时间不能超过3s。

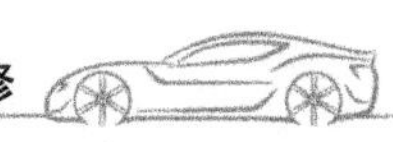

<table>
<tr><td></td><td>第十二步：拆除压力油表，如图所示。
注意：由于转向液是可燃的，不要让转向液溅到发动机上。</td></tr>
<tr><td>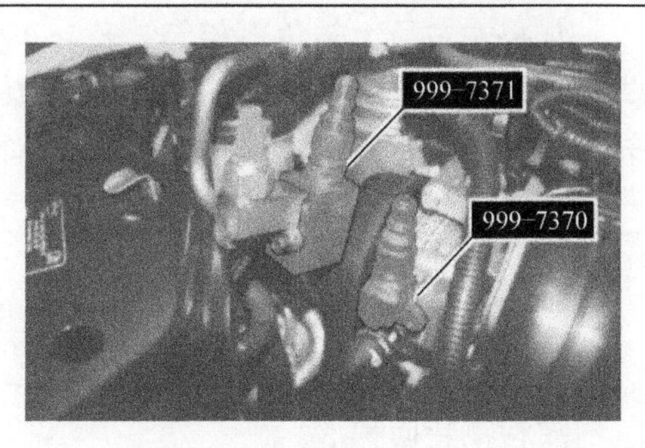</td><td>第十三步：拆除油表接头，恢复助力泵油管连接，如图所示。</td></tr>
<tr><td>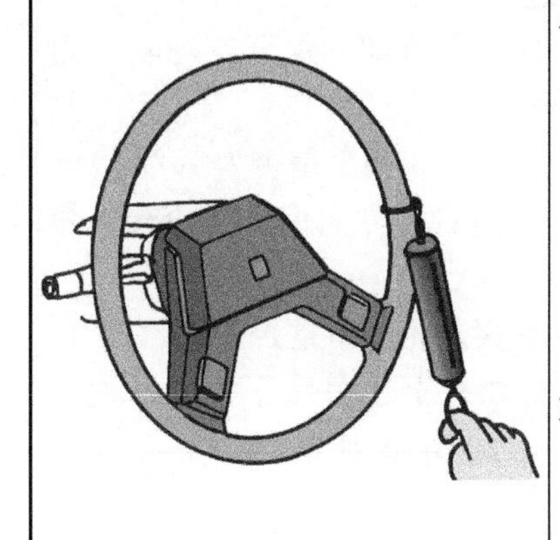</td><td>3. 转向力测量
当客户抱怨转向沉重时，需要进行转向力测量，用来判断该车辆是否存在故障。
转向力测量按以下流程进行：
● 保证下列正常：
- 轮胎尺寸和轮胎压力。
- 助力液液面高度。
- 驱动带的松紧。
● 将车轮停在坚硬、水平的路面上，并使车轮朝正前方向。
● 起动发动机并使动力转向液升温至50～60℃。
如图所示，将转向盘从中间位置旋转一圈360°后，以弹簧秤勾住转向盘外缘，沿切线转向拉动，其始动拉力应合乎规范（一般在4kgf以下）。</td></tr>
<tr><td></td><td>4. 最大转向角调整
当客户抱怨车辆左右转向时，最大转向角不同时，需要调整最大转向角。
（1）最大转向角调整
最大转向角测量按以下流程进行，如图所示：</td></tr>
</table>

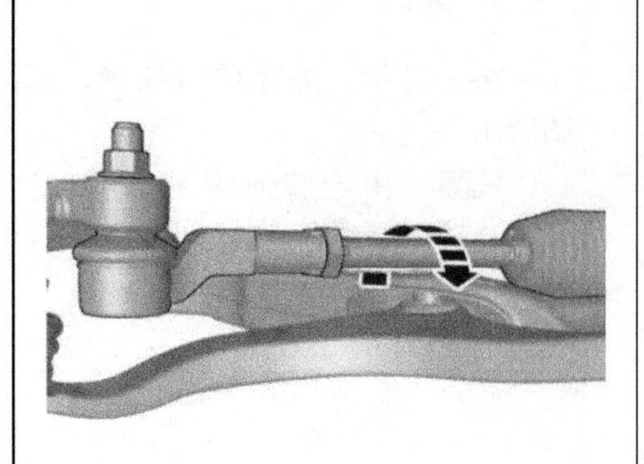

- 当车辆放在四轮定位仪上。
- 松开转角盘的固定销子。
- 记录转角盘的零位。
- 向左旋转方向到极限位置，观察左前轮的最大转向角，记录数据。
- 向右旋转方向到极限位置，观察右前轮的最大转向角，记录数据。

（2）最大转向角调整

如果左右最大转角不相等，升起车辆，先松开转向横拉杆的锁止螺母，然后旋转转向横拉杆，保证左右横拉杆的螺纹伸出长度偏差在3mm之内，如图所示。

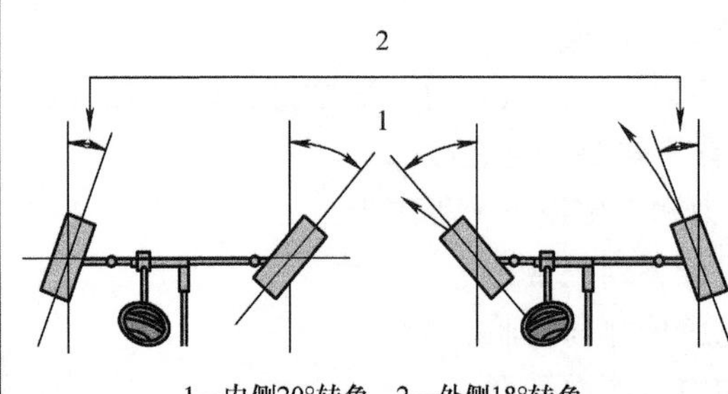

1—内侧20°转角　2—外侧18°转角

5. 转向梯形检查

当客户车辆打方向时，车轮出现噪声或转向车轮出现异常磨损时，需要检测转向梯形。

（1）转向梯形检查

把车辆放在四轮定位仪上，按以下流程进行如图所示：

- 向左打方向，保证左轮转向角度为20°。
- 观察右轮转角是否为18°。
- 再向右打方向保证右轮转向角度为20°。
- 观察左轮转角是否为18°。

（2）如果上述角度不正确，说明转向梯形结构出现变形，需要进行维修。

二、任务实施

诊断转向系统故障
对技术人员要求： • 接收/检查修理单。 • 接收用于修理的订购零件。 • 在允许的时间内进行工作。 • 向技师领队确认工作完成。

技师领队：

- 对技术难度高的工作向技术人员提供指导和帮助。

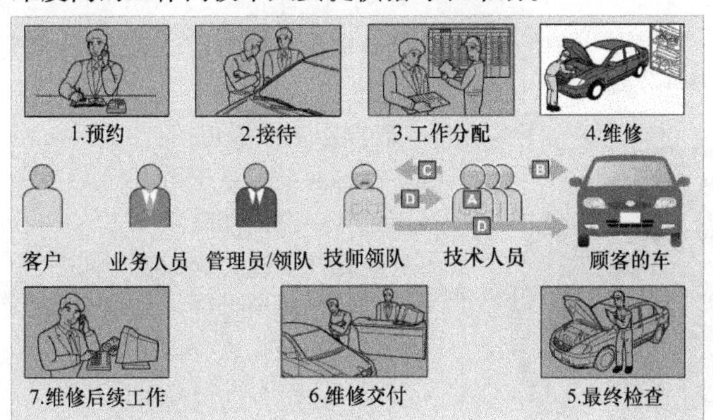

（一）转向系统常见故障诊断

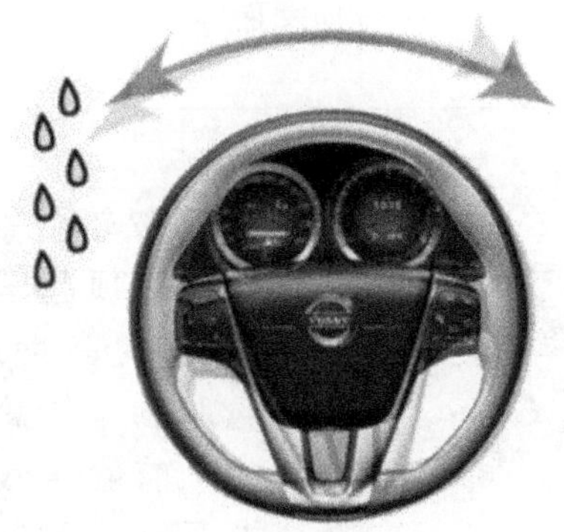

当客户抱怨以下问题时，需要进行转向系统故障诊断：

- 转向盘反冲。
- 转向助力。

（1）转向盘反冲

转向盘反冲是指车辆行驶到不平路面时，驾驶人从转向盘处感到振动，如图所示。

转向盘反冲的原因包括：

- 转向横拉杆外球头松旷。
- 转向横拉杆内球头松旷。
- 转向器内部齿条磨损。
- 转向器安装松动。

（2）快速转向沉

快速转向沉是指慢速打方向时，转向力正常，当迅速打方向时，转向力突然增大，如图所示。

快速转向沉的原因包括：

- 转向液少。
- 转向助力泵传动带打滑。

<table>
<tr><td></td><td>

- 转向器内部泄漏。
- 助力泵内部磨损，油压不足。

(3) 转向沉

转向沉是指驾驶人旋转转向盘的力比正常值大。

转向沉的原因包括：

- 转向助力泵压力不足。
- 转向器内部阻滞。
- 转向传动机构球头卡滞。
- 轮胎压力过低。
- 转向油污染。

(4) 转向力忽大忽小

转向力忽大忽小是指转向力不均匀，转向力一会儿正常，一会儿沉，如图所示。

转向力忽大忽小的原因：

- 转向柱变形。
- 转向器内齿条变形。

</td></tr>
<tr><td colspan="2">(二) 拆卸电动助力转向系统的转向器</td></tr>
<tr><td>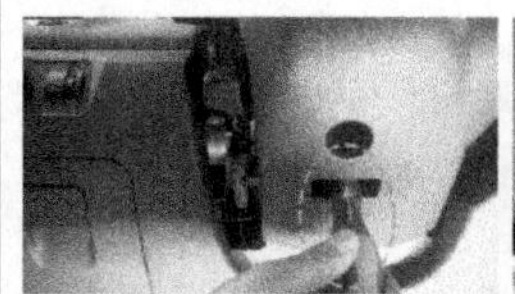
锁住转向盘
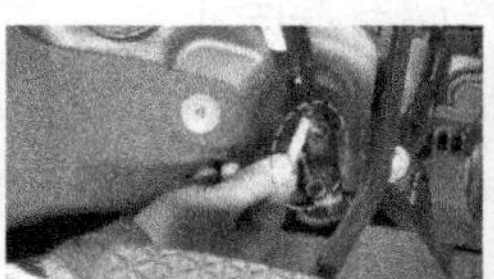
拆下中间轴上螺栓
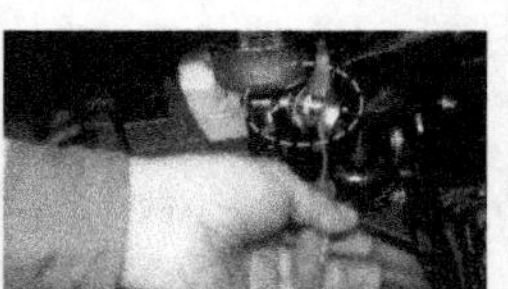
拆下中间轴下螺栓</td><td>1) 使车轮朝向正前方，用螺钉旋具锁住转向盘。断开蓄电池负极，拆下中间轴上螺栓、下螺栓，将中间轴从转向器上拆下，如图所示。</td></tr>
<tr><td>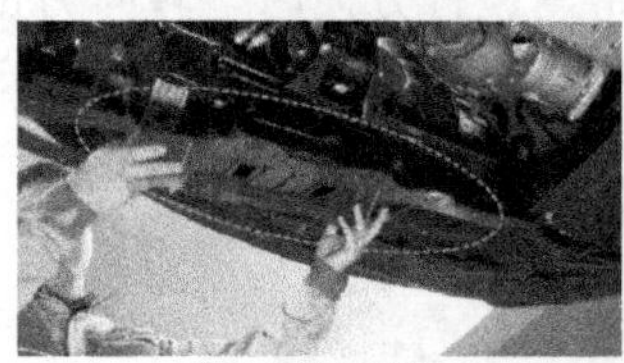
拆下前舱屏蔽板
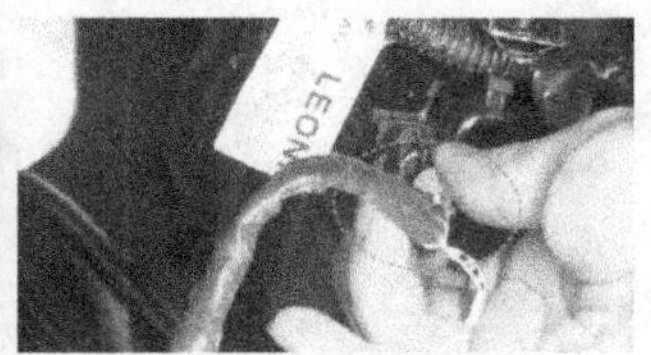
拔下氧传感器插头</td><td>2) 拧松轮胎螺钉，举升并顶起车辆至合适的高度，拆下轮胎和车轮总成。拆下前舱屏蔽板，拔下氧传感器插头，如图所示。</td></tr>
</table>

  拆下前排气管至排气消声器的2个螺母　将前排气管和排气管消声器分开	3）拆下前排气管至排气管消声器的2个螺母，将前排气管和排气管消声器分开，如图所示。
  拆下三元催化转化器至前排气管的3个螺母　将三元催化转化器和前排气管分开	4）拆下三元催化转化器至前排气管的3个螺母，将三元催化转化器和前排气管分开，如图所示。
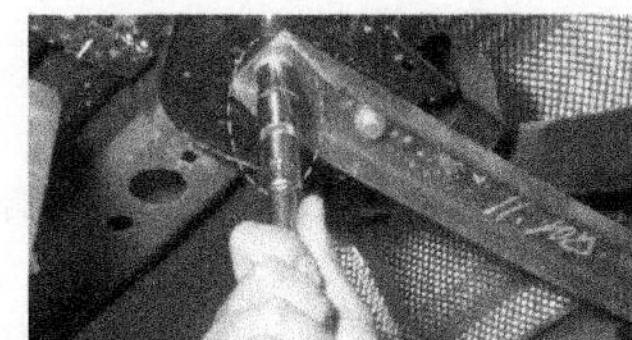  拆下排气管前吊架托架的4个螺栓　取下排气管床垫和前排气管	5）拆下排气管前吊架托架上的4个螺栓，取下排气管床垫和前排气管，如图所示。 **注意**：等排气管冷却后，再拆除排气管。
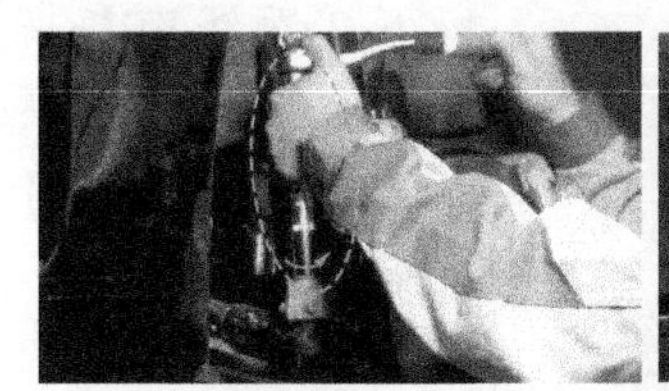  拆下转向横拉杆螺母　使用CH-161-B拔出器拆卸转向横拉杆	6）拆下转向横拉杆螺母，拆卸转向横拉杆，如图所示。
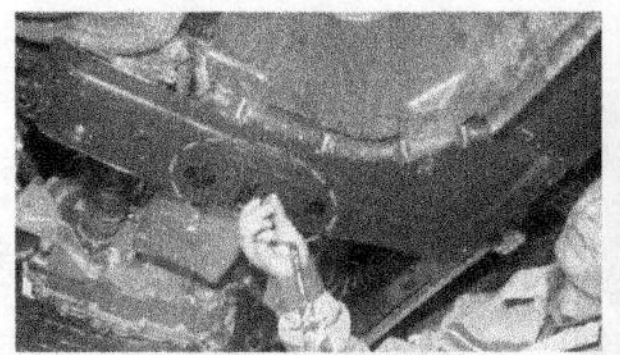  拆卸发动机下护板螺栓　取下发动机下护板	7）拆卸发动机下护板螺栓，取下发动机下护板，如图所示。

 将副车架前部2颗紧固螺栓拧松3~5圈 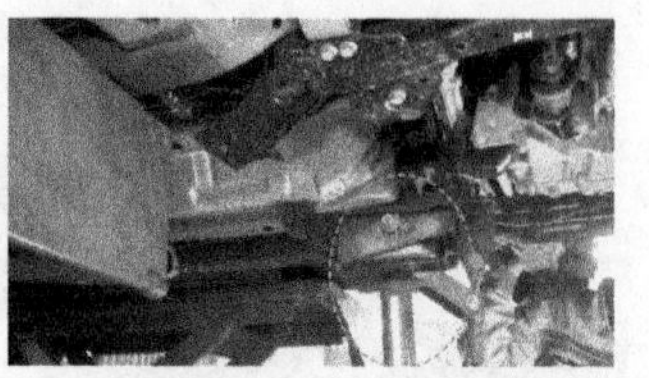 举升机托住副车架后部	8）将副车架前部2颗紧固螺栓拧松3～5圈。举升机托住副车架后部，如图所示。
 拆下2颗副车架后部螺栓  拆下变速器后部支座螺栓  将副车架后部放低至合适的位置 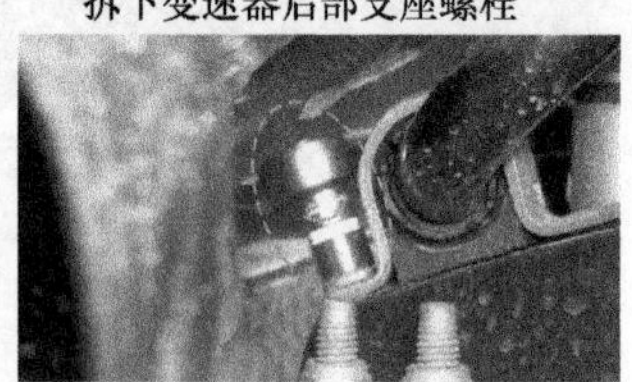 拆下稳定杆螺母	9）拆下2颗副车架后部螺栓。拆下变速器后部支座螺栓。将副车架后部放低至合适的位置。拆下左右共4个稳定杆螺母并用铅丝将稳定杆向上固定，拆下稳定杆处的稳定杆连杆，如图所示。
 将一个线束插头从转向器上断开 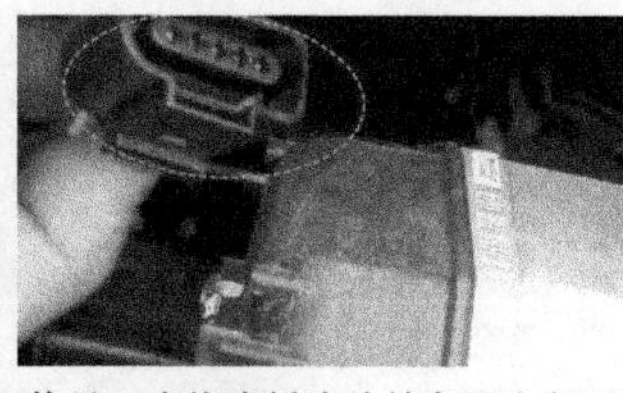 将另一个线束插头从转向器上断开 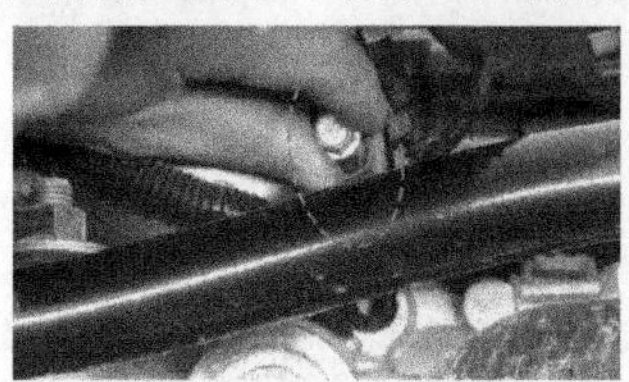 拆下2颗线束托架螺栓 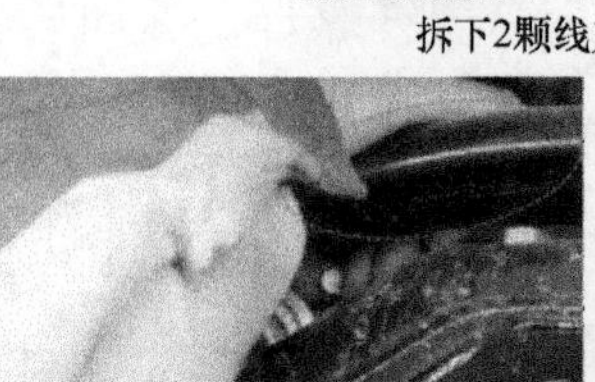 将线束护圈从转向器上卸下	10）将2个线束插头从转向器上断开。拆下2颗线束托架螺栓，将线束护圈从转向器上卸下，如图所示。
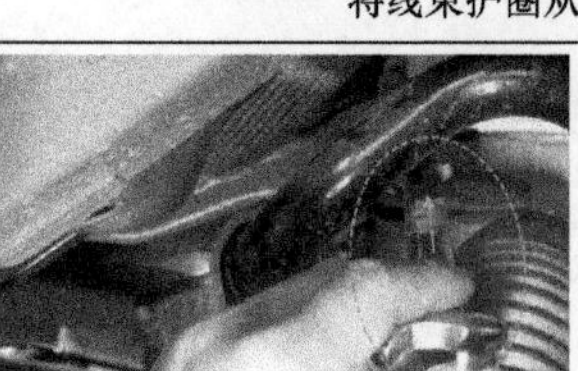 用扳手在转向器上方将转向器螺母固定住 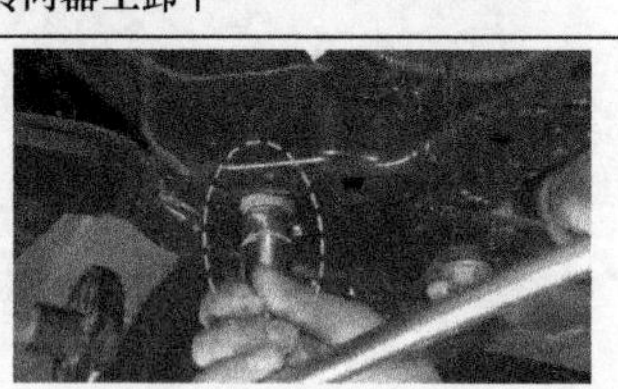 用力矩扳手松开2颗转向器螺栓	11）用扳手在转向器上方将转向器螺母固定住，用力矩扳手松开2颗转向器螺

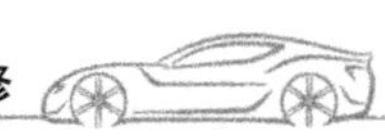

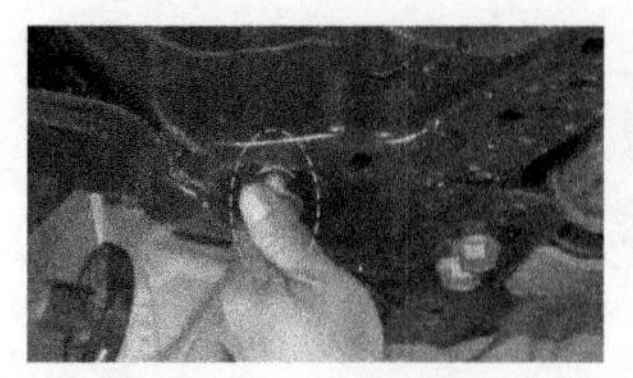 从前副车架上拆下2个转向器螺栓和螺母  将转向器从右侧拆下	栓，从前副车架上拆下2个转向器螺栓和螺母，拆下右稳定杆上的2个隔振垫夹紧螺栓。将稳定杆悬挂至车身。将转向器从右侧拆下，如图所示。

（三）安装电动助力转向系统的转向器

安装步骤：

1）将转向器从右侧安装到指定位置，安装转向器螺栓和螺母，拧紧至110N·m后，再转动150°~165°。

2）将副车架举升至合适位置，安装2个发动机线束托架螺栓，并紧固至9N·m。连接2个线束插头。

3）将稳定杆和托架置于副车架上，安装右稳定杆隔振垫夹紧螺栓，并紧固至22N·m，再转动30°。

4）举升车架，安装车架后部螺栓，并紧固至160N·m。

5）安装前、后变速器支座螺栓并紧固至100N·m。

6）安装并紧固前发动机舱盖的4个紧固件。

7）安装前排气管至排气管消声器的2个螺母。安装三元催化转化器至前排气管的3个螺母。安装排气管前吊架托架的4个螺栓，连接氧传感器插头。

8）将转向传动机构外转向横拉杆安装至转向节。

9）安装稳定杆连杆，将两侧的新稳定杆连杆下螺母紧固至65N·m。

10）安装轮胎和车轮总成，放下车辆。

11）将中间转向轴安装至转向器，对准转向盘转角传感器，检查并调整车轮定位。

案例：（一）维修汽车转向器

故障现象确认：

客户反映自己的2018款大众迈腾B8L轿车在低速行驶时打转向盘底盘有异响，与客户一同试车，发现打转向盘时底盘会发出“滋滋”声。

故障原因初判：

将此车举升起来检测判断，发现此时声音是从转向器部位发出的，于是重新紧固底盘螺栓，但未发现有松动，并且响声还存在，用手触摸转向器助力电动机部位，能感觉有明显的振动感，此时怀疑声音应该是从转向器助力电动机里发出的，而迈腾B8L轿车的转向器、助力电动机及控制单元为一体式，所以需要对转向器整体进行更换。更换前，需要使用诊断仪读取转向器助力电动机控制单元编码，并记录下来。

故障诊断维修：

1. 拆卸转向器

1）将转向盘转到正前打直位置并拔出钥匙，以锁死转向盘锁。

2）断开蓄电池接线。

3）拆卸驾驶人侧仪表板脚部空间盖板。

4）向后翻起地板垫。

转向器的组成如图所示。

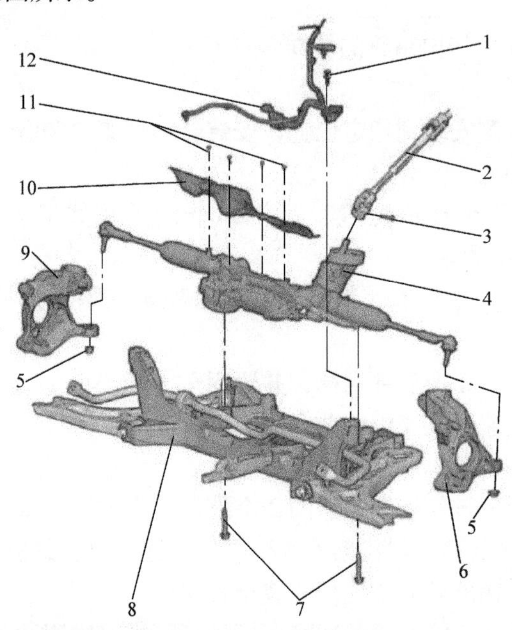

1—膨胀夹　2—转向柱　3、7、11—螺栓　4—转向器
5—螺母　6—左侧车轮轴承罩　8—副车架
9—右侧车轮轴承罩　10—隔热板　12—线束

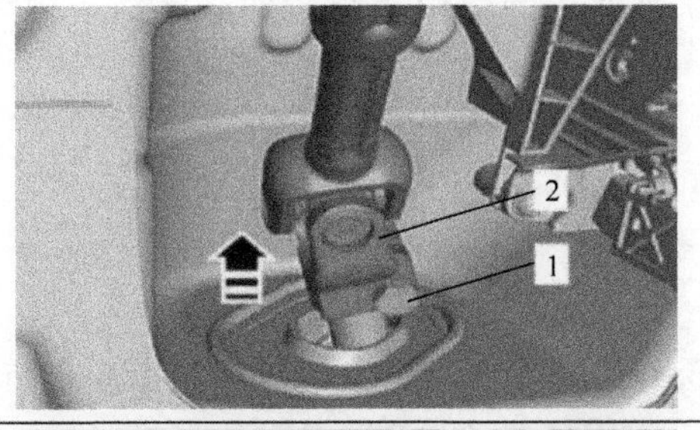

5）如图所示，将螺栓1从万向接头2上拧出，然后将万向接头沿箭头方向脱开。

6）脱开车轮连接螺栓，升高汽车，拆下车轮。

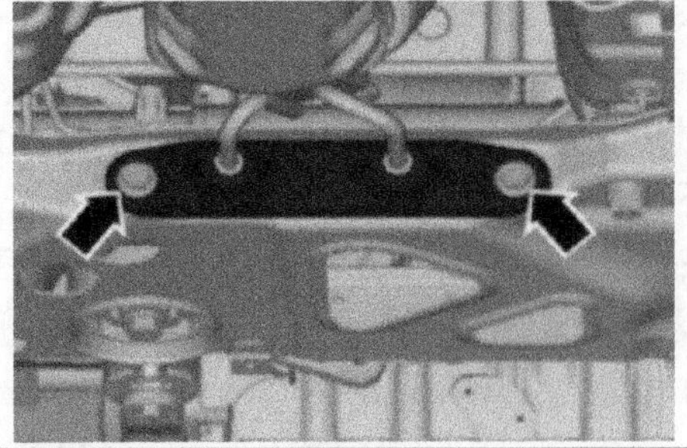

7）拆卸下部隔声垫，拧出图中箭头所示螺栓，并从副车架上脱开排气装置支架。

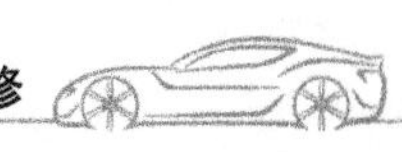

<table>
<tr><td></td><td colspan="2">8）拧出摆动支承的螺栓 1，如图所示。</td></tr>
<tr><td>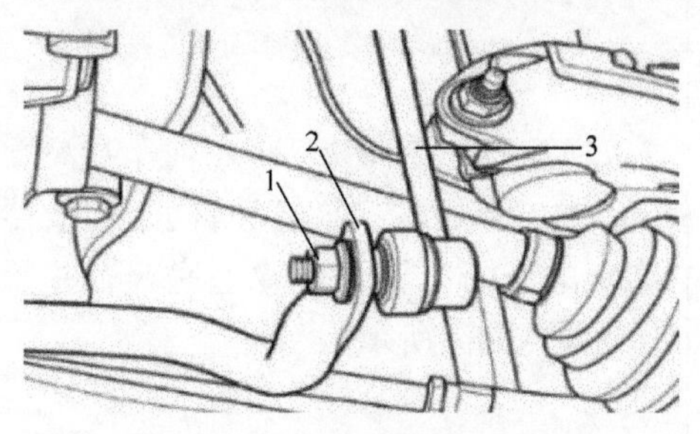</td><td colspan="2">9）拧下连接杆 3 左右侧的六角螺母 1，将左右两侧的连接杆 3 从稳定杆 2 中拉出，如图所示。</td></tr>
<tr><td></td><td colspan="2">10）拧下左侧和右侧的螺母，如图箭头所示，从主销中取出摆臂。</td></tr>
<tr><td colspan="2">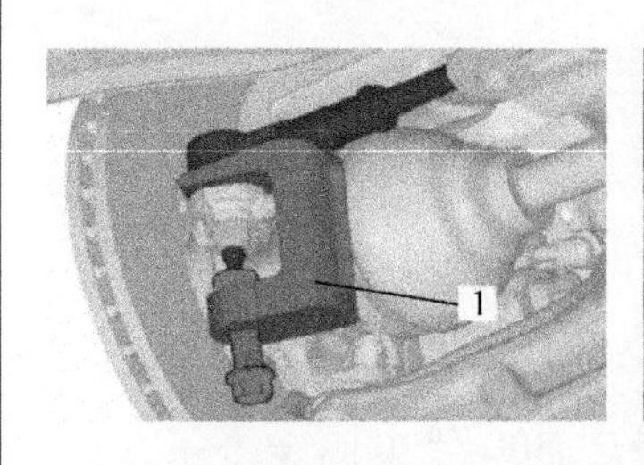 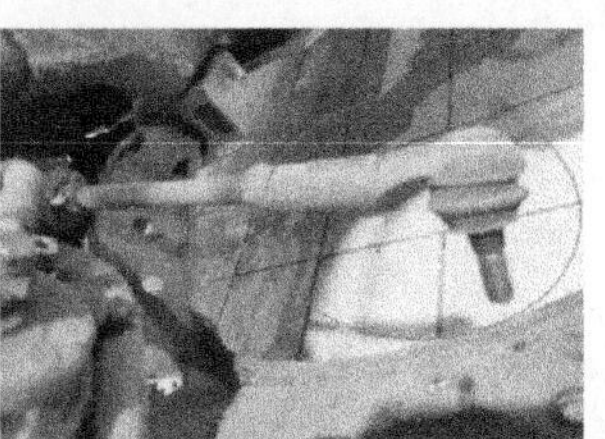</td><td>11）用球形万向节压出器压出横拉杆球头并拧下螺母，如图所示。</td></tr>
<tr><td colspan="2">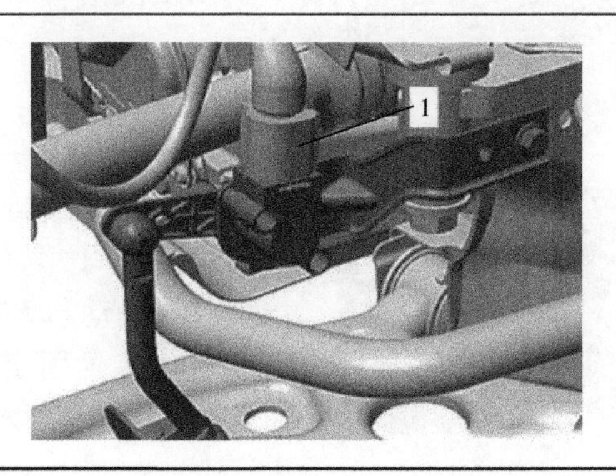</td><td>12）将插头连接 1 从左前车身高度传感器 G78 或右前车身高度传感器 G289 上脱开，如图所示。</td></tr>
</table>

<table>
<tr><td>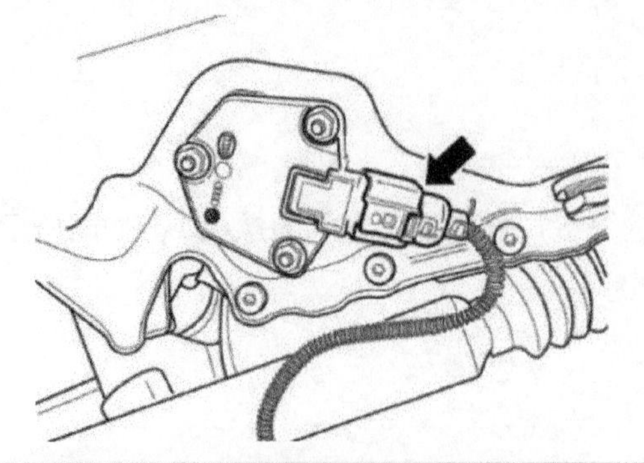</td><td>提示：
在脱开车身高度传感器的连杆后，应脱开机油油位和机油温度传感器G266的插头连接，如图所示。</td></tr>
<tr><td>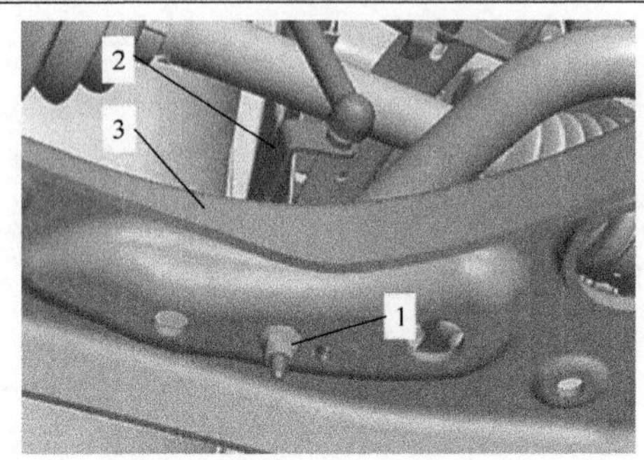
</td><td>13）拧出螺母1，将左前车身高度传感器G78和右前车身高度传感器G289的连杆2从下摆臂上脱开，并置于一旁，如图所示。</td></tr>
<tr><td>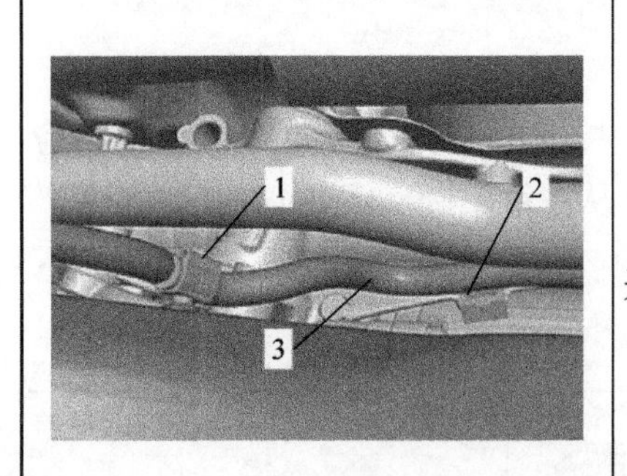
</td><td>14）脱开副车架和转向器上夹住电线束3的夹子1和2，如图所示。</td></tr>
<tr><td>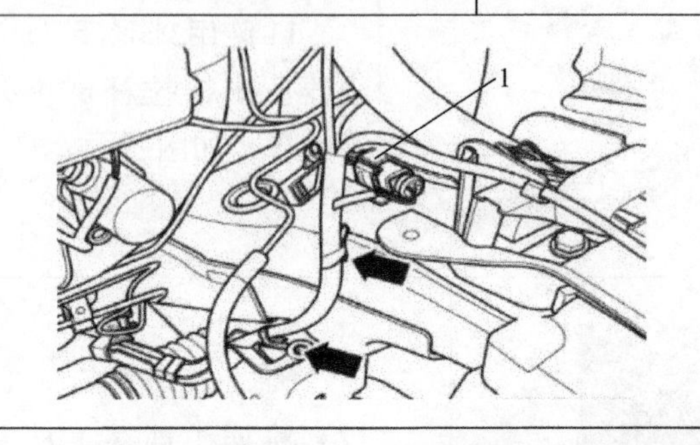
</td><td>15）脱开副车架上的电控机械式转向器助力电动机控制单元J500线束固定卡子，如图中箭头所示。</td></tr>
<tr><td>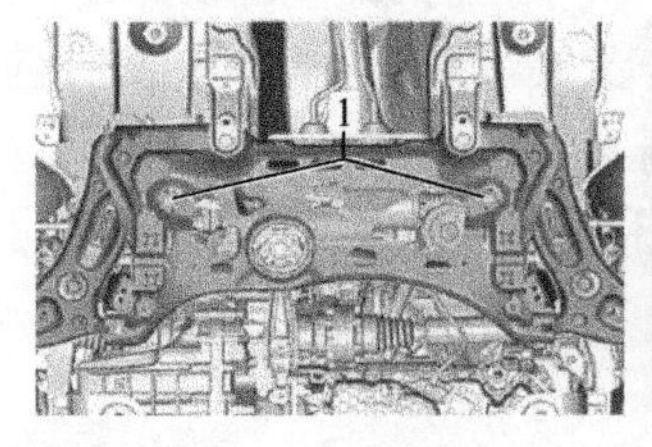

</td><td>16）拆卸转向器固定螺栓1，如图所示，将发动机和变速器举升装置固定在副车架下，如图所示。</td></tr>
</table>

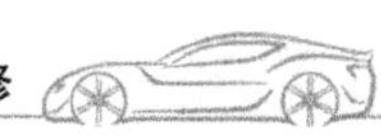

<table>
<tr><td>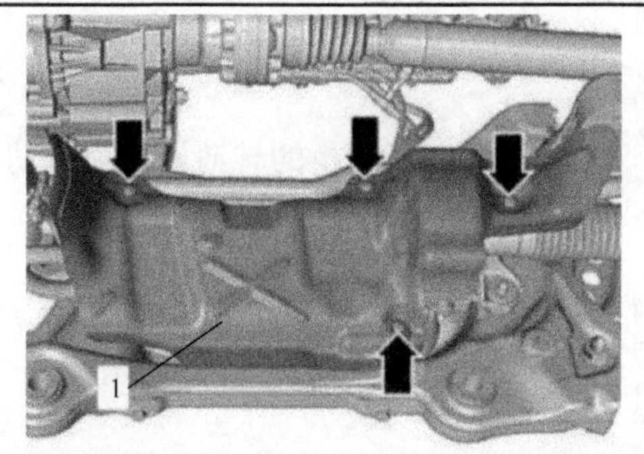
</td><td>提示：
根据发动机配置不同，车辆需安装不同的隔热板 1，对于有些发动机配置，即使不拆卸隔热板也可以够到转向器的插头连接，但带有长隔板的汽车则需要拆卸隔板，拧出隔板固定螺栓并取下隔板，如图所示。</td></tr>
<tr><td>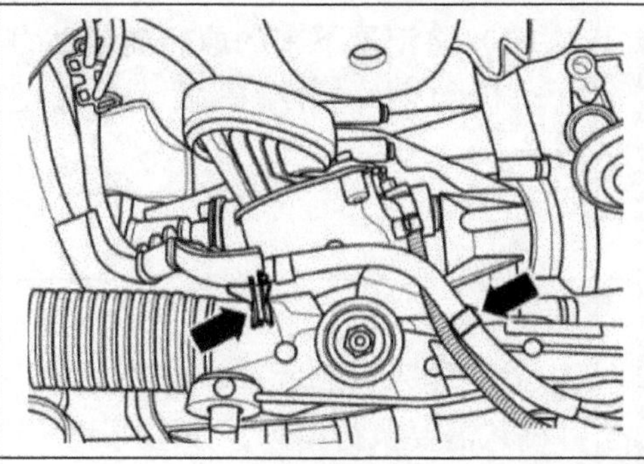</td><td>17）根据导线长度略微降低副车架约 10cm，从电控机械式转向器助力电动机控制单元 J500 上脱开线束固定卡子，如图中箭头所示。</td></tr>
<tr><td>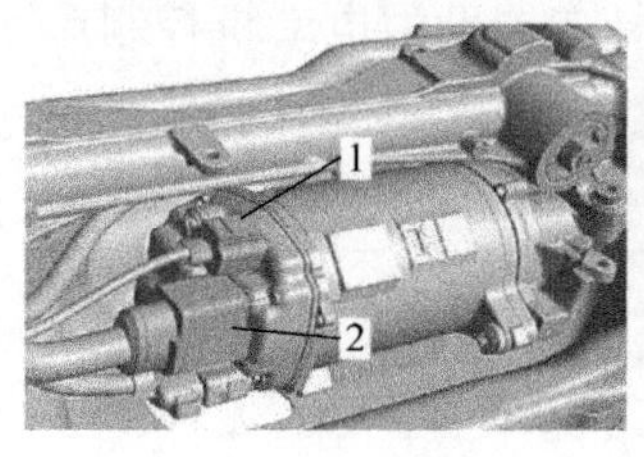

</td><td>18）脱开转向器上的插头连接 1 和 2，如图所示。从副车架上脱开转向器，并向后取出，如图所示。</td></tr>
<tr><td colspan="2">2. 安装转向器
更换全套的新转向器，并以倒序进行安装。
3. 转向器助力电动机控制单元匹配
使用诊断仪 VAS6150D，打开控制单元联网图，找到转向助力控制单元。</td></tr>
<tr><td colspan="2">提示：
在什么情况下需要对汽车的某些电器配件进行匹配？
1）在影响到电控单元与节流阀体协调工作的因素时，需进行匹配。
2）更换电控单元后，电控单元内还没有存储节流阀体的特性，需进行匹配。
3）电控单元断电后，电控单元存储器的记忆丢失，需进行匹配。
4）更换节流阀体后，需进行匹配。
5）更换或拆装进气道后，影响到电控单元与节流阀体协调工作，即对怠速的控制，需进行匹配。
对上述部件进行维修或更换后，如果不进行匹配，电控单元与怠速控制元件的工作会出现不协调，表现就是怠速控制不精确，不稳定，如怠速忽高忽低。但这种不良表现是暂时的，这是因为电控单元具有学习并自动适应的功能。只是这个学习与适应过程不如基本设置快速、准确。匹配操作需要使用专用诊断仪进行。</td></tr>
</table>

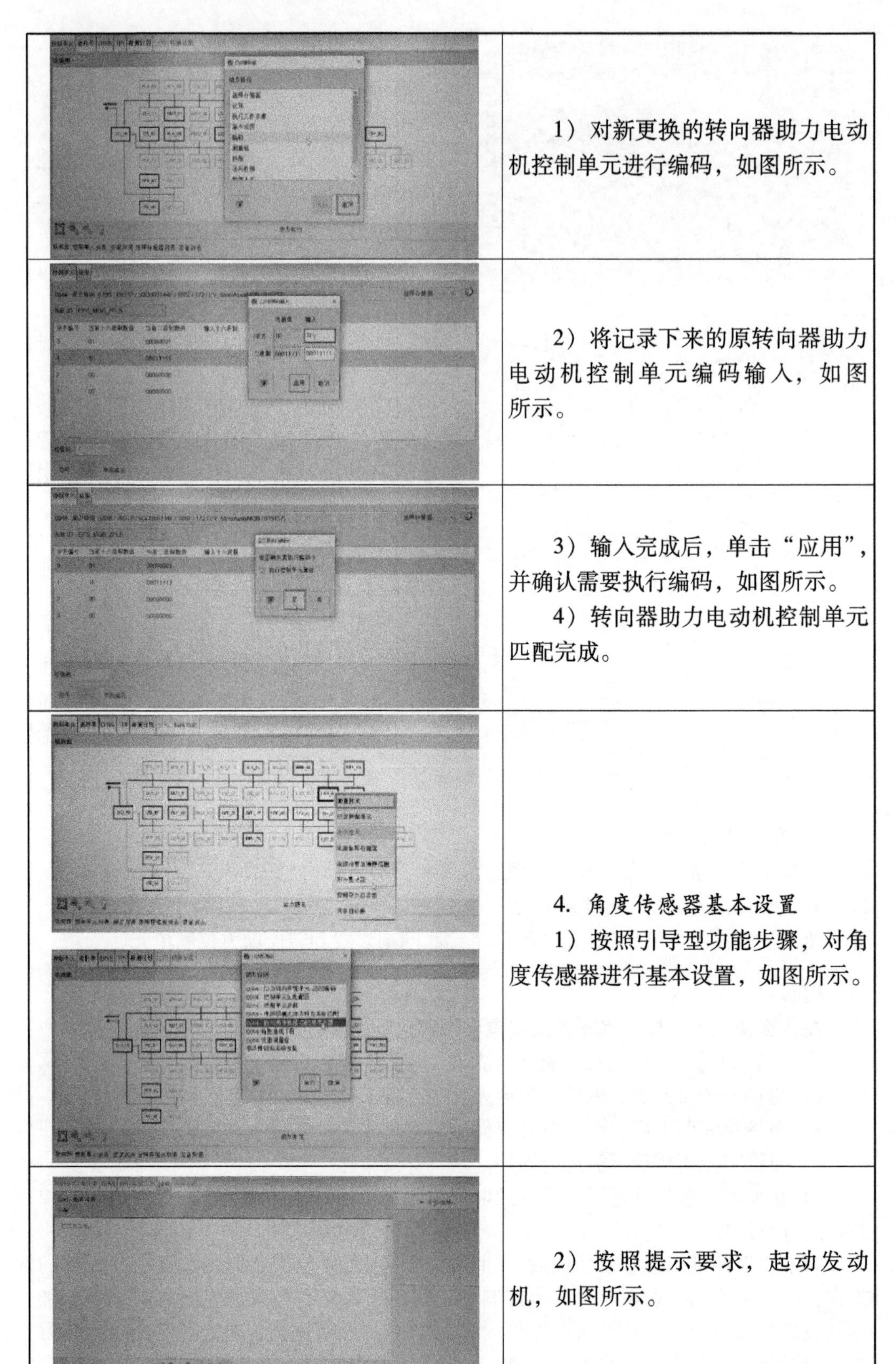

1）对新更换的转向器助力电动机控制单元进行编码，如图所示。

2）将记录下来的原转向器助力电动机控制单元编码输入，如图所示。

3）输入完成后，单击“应用”，并确认需要执行编码，如图所示。

4）转向器助力电动机控制单元匹配完成。

4. 角度传感器基本设置

1）按照引导型功能步骤，对角度传感器进行基本设置，如图所示。

2）按照提示要求，起动发动机，如图所示。

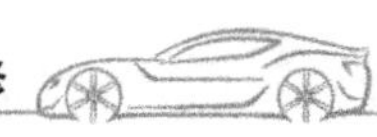

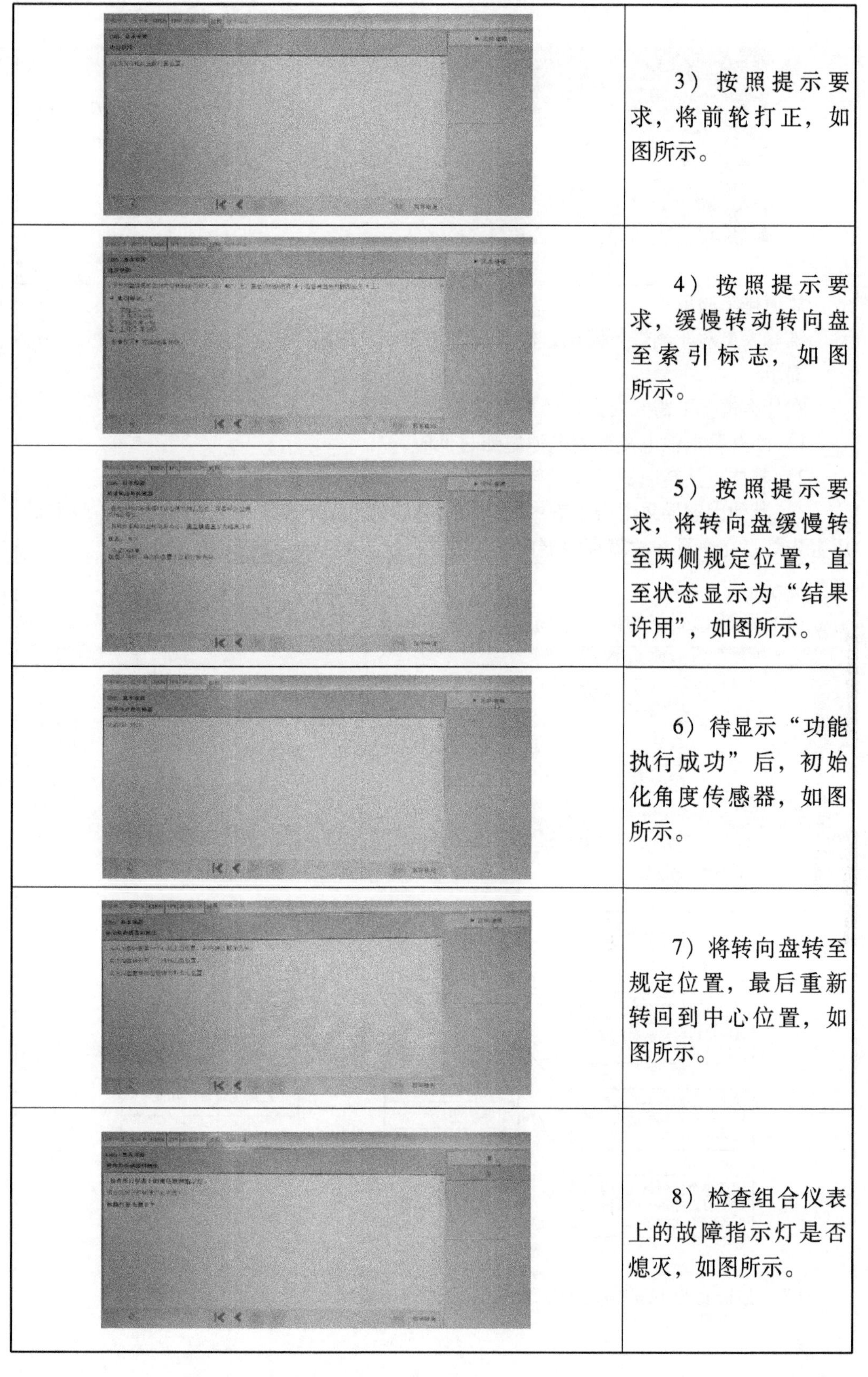

	3）按照提示要求，将前轮打正，如图所示。
	4）按照提示要求，缓慢转动转向盘至索引标志，如图所示。
	5）按照提示要求，将转向盘缓慢转至两侧规定位置，直至状态显示为“结果许用”，如图所示。
	6）待显示“功能执行成功”后，初始化角度传感器，如图所示。
	7）将转向盘转至规定位置，最后重新转回到中心位置，如图所示。
	8）检查组合仪表上的故障指示灯是否熄灭，如图所示。

9）关闭发动机，程序到此结束，如图所示。

故障排除验证：

维修人员对车辆进行路试，故障现象消失，故障排除。

提示：

在什么情况下需要对角度传感器进行基本设置？

1）断开蓄电池电缆或蓄电池电压过低时。

2）整体更换转向器（包括转向助力部分）时。

3）其他因素导致组合仪表中转向助力警告灯、ABS 警告灯、防侧滑警告灯和胎压警告灯点亮，且在故障存储器内存储某些故障码时。

提示：

（1）故障诊断仪的网络布局图

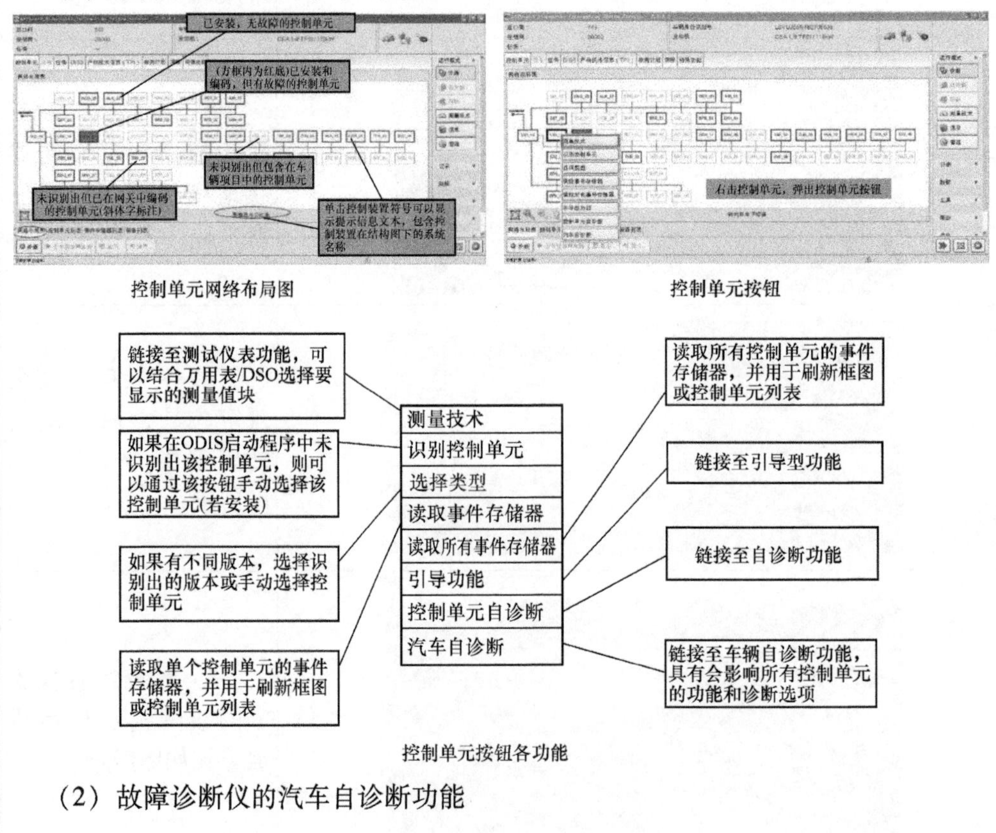

控制单元网络布局图　　控制单元按钮

控制单元按钮各功能

（2）故障诊断仪的汽车自诊断功能

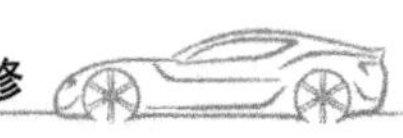

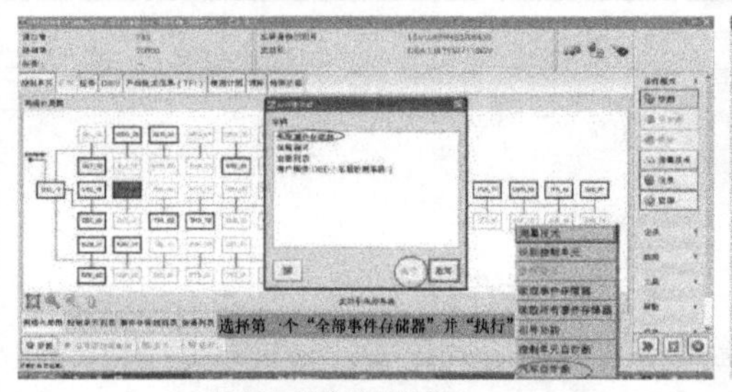

执行全部事件存储器

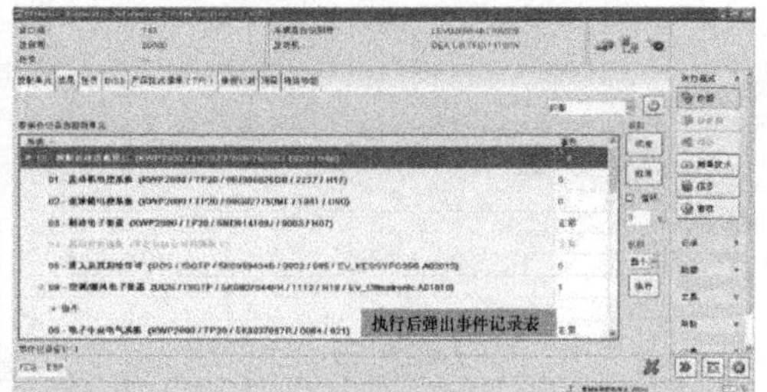

事件记录表

（3）故障诊断仪的控制单元自诊断"匹配"功能

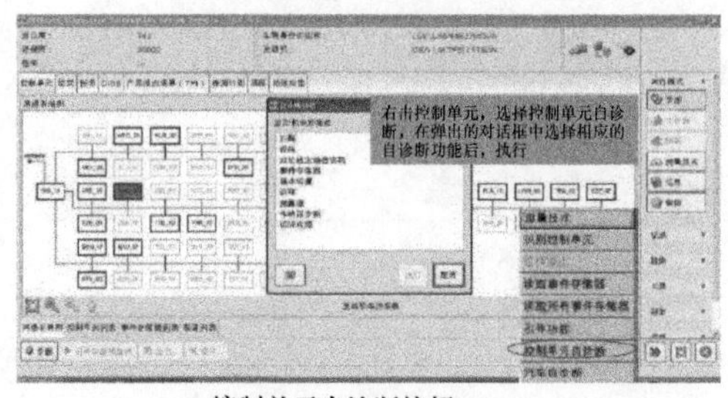

控制单元自诊断按钮

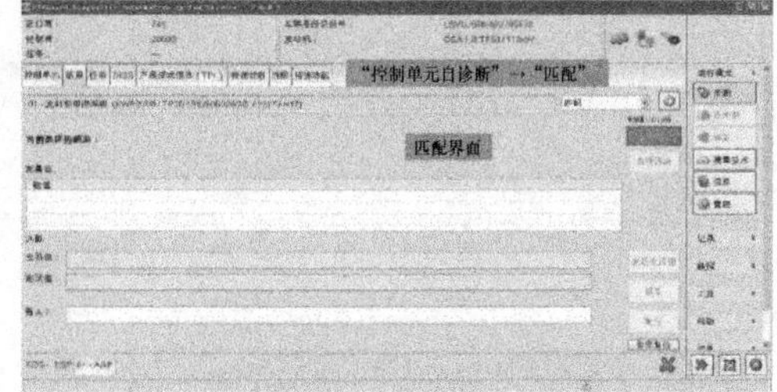

控制单元自诊断中的"匹配"功能

（4）故障诊断仪的控制单元自诊断"设码"功能

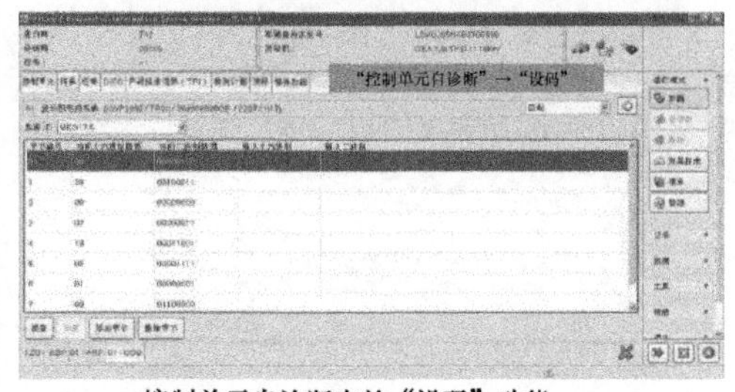

控制单元自诊断中的"设码"功能

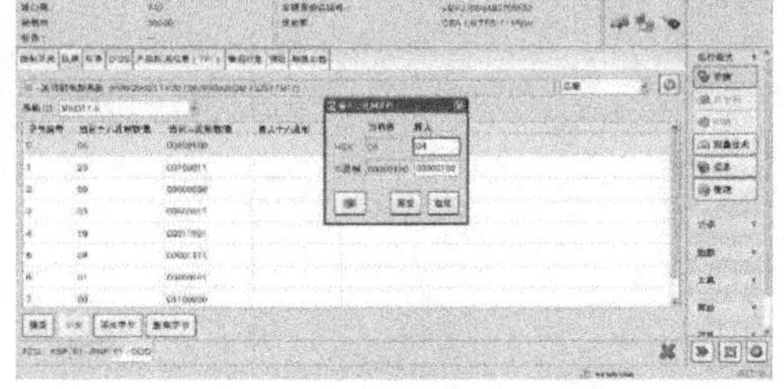

设置编码

案例：（二）助力转向控制单元

故障现象确认：

客户反映 2018 款大众迈腾 B8L 在行驶过程中，转向系统故障指示灯点亮，转向时转向盘沉，无助力。与客户一同试车，发现车辆故障现象与客户的描述一致。通过客户了解到，该车曾经在外地进行过左前部的事故维修。

故障原因初判：

初步判断此车为转向助力系统故障，需要使用故障诊断仪读取故障码，针对故障范围内的零部件及线路进行检测，从而找出故障点。如果零部件出现故障，需对转向器进行整体更换；如果线路出现故障，需对线路进行更换或维修。

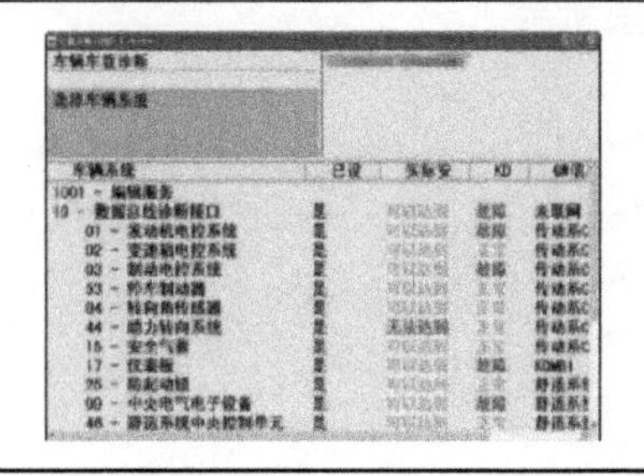

1. 读取故障码

1）使用故障诊断仪 VAS6150 进行检测，发现网关列表中很多控制单元存在故障，并且助力转向系统控制单元无法到达，如图所示。

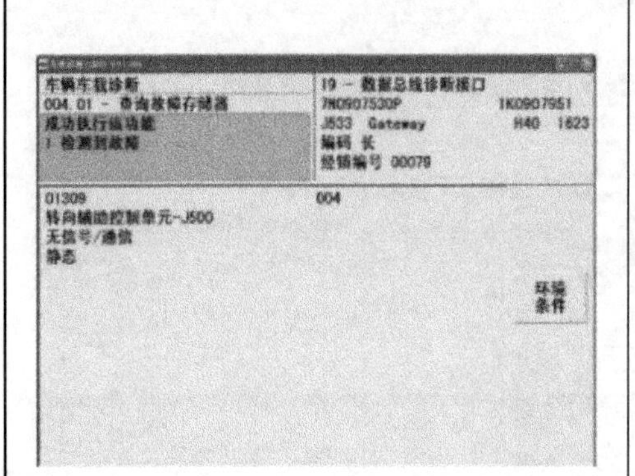	2）查询故障存储器，19 – 数据总线诊断接口报故障码 01309：转向辅助控制单元无信号/通信，静态，如图所示。
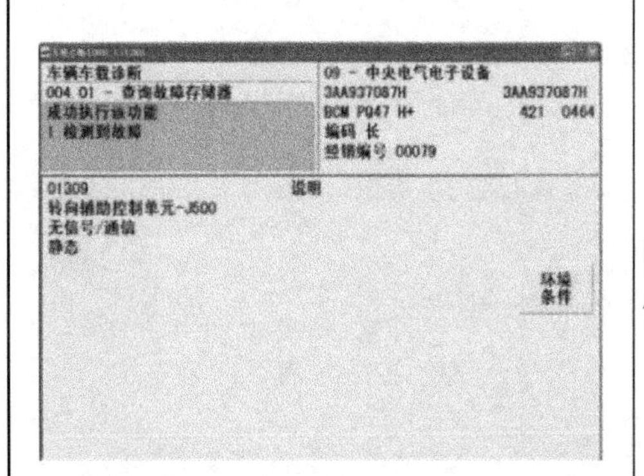	3）09 – 中央电气电子设备报同样的故障码 01309：转向辅助控制单元无信号/通信，静态，如图所示。
	2. 确定故障范围 通过故障码分析确定故障范围： 1）助力转向控制单元 J500 供电、搭铁故障。 2）J500 和 J533 之间的通信故障。 3）助力转向控制单元 J500 内部故障，实物如图所示。
提示： 助力转向控制单元 J500 供电电路图：	

迈腾 B8L　　电路图

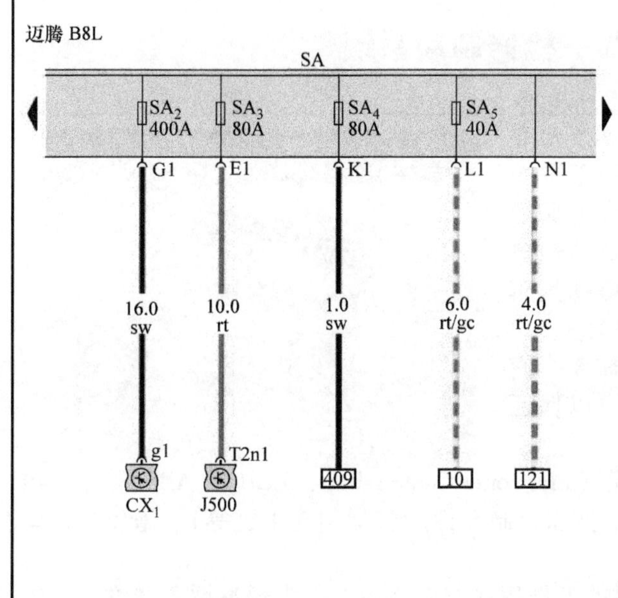

熔丝架A

CX_1 –带电压调节器的交流发电机
J500 –助力转向控制单元
SA –熔丝架A
SA_2 –熔丝架A上的熔丝2
SA_3 –熔丝架A上的熔丝3
SA_4 –熔丝架A上的熔丝4
SA_5 –熔丝架A上的熔丝5
T2nl –2芯插头连接，黑色

ws =白色
sw =黑色
rt =红色
br =棕色
gn =绿色
bl =蓝色
gr =灰色
li =淡紫色
ge =黄色
or =橙色
rs =粉红色

15 16 17 18 19 20 21 22 23 24 25 26 27 28

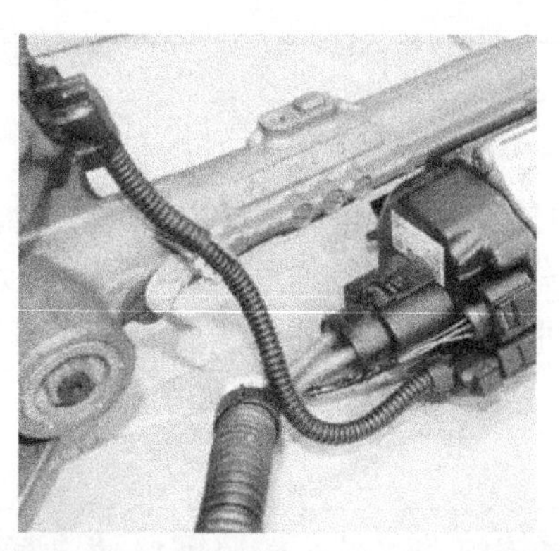

3. 检查线路

1）用万用表检查 J500 插接器的针脚 T2nl/2，供电线路电压正常。

2）检查 J500 插接器的针脚 T2nl/1，搭铁线路正常。

3）从电路图上可知，J500 和 J533 之间的 CAN 线在发动机舱内左侧和车内下部左侧有两个插头，因此需要分段对导线进行测量。测量时发现，T6cv/2 到 T17i/3 之间断路，导致 J500 和 J533 之间无信息通信，如图所示。

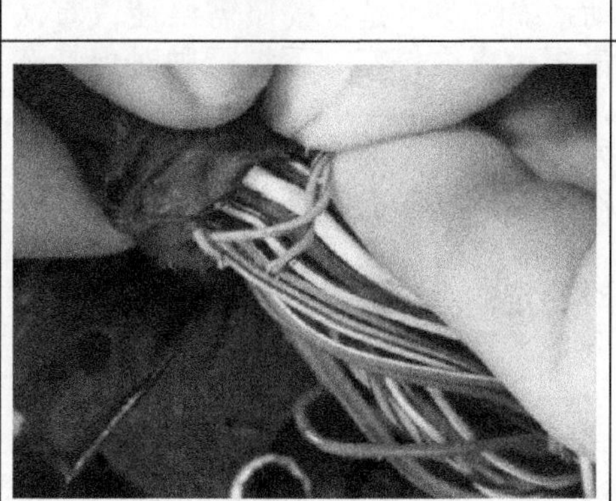

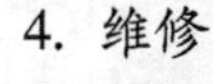

4. 维修

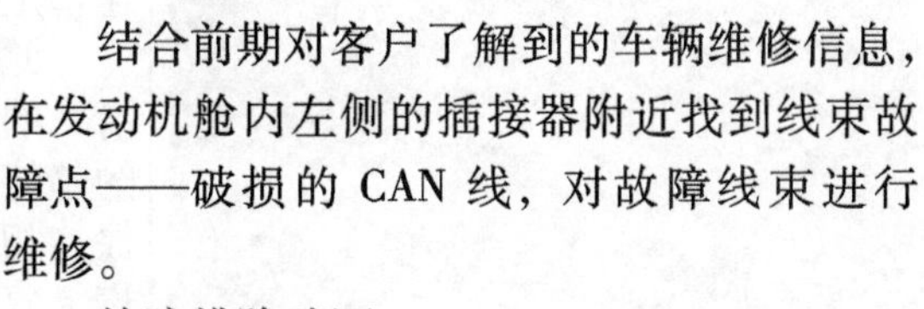

结合前期对客户了解到的车辆维修信息，在发动机舱内左侧的插接器附近找到线束故障点——破损的 CAN 线，对故障线束进行维修。

故障排除验证：

维修人员对车辆进行路试，故障现象消失，故障排除。

任务八　检修制动系统

汽车在行驶过程中也会遇到复杂多变的路面状况，例如进入弯道、遇到不平的道路、两车交会、突遇障碍物，为了保证行驶安全，就要求汽车在尽可能短的距离内将车速降低，甚至停车。为了提高汽车安全行驶的性能，汽车设置了制动系统。

汽车制动系统的功用是根据需要，使汽车减速或在最短的距离内停车，以保证行车的安全，如图所示。

制动系统主要由电子控制单元（Electronic Control Unit，ECU）、ABS 泵（电控制动系统才有该元件）、制动踏板、液压控制元件（包括制动主缸等）、增压器、车速传感器和制动器等元件组成。

当驾驶人踩下制动踏板时，驾驶人作用在制动踏板上的力通过增压器增大，传递到制动主缸，制动主缸将传递过来的力转变成液压力，送入 ABS 泵。ABS 泵根据车速、路面的附着力等因素调节油压，并将调节过油压的油液传入制动轮缸，制动轮缸再将油液传递的力传递给制动器，制动器上的制动片相互作用，依靠产生的摩擦力实现制动。

一、相关知识

（一）制动系统定义

汽车上用以使外界（主要是路面）在汽车某些部分（主要是车轮）施加一定的力，从而对其进行一定程度的强制制动的一系列专门装置，统称为制动系统，如图所示。

制动系统的功用是：按照需要使汽车减速或在最短距离内停车，下坡行驶时保持车速稳定，使停驶的汽车可靠驻停。

此外，汽车下长坡时，在重力产生的下滑力的作用下，汽车有不断加速到危险程度的趋势，此时应将车速限定在安全值内，并保持相对稳定；对停驶的车辆，特别是在坡道上停驶的汽车应使之可靠地驻留在原地，如图所示。

为完成汽车制动系统的作用，现代汽车上一般设有以下几套独立的制动系统。

<table>
<tr><td> </td><td>1. 行车制动系统
用于使行驶中的车辆减速或停车，如图所示，制动器安装在全部的车轮上，通常由驾驶人用脚操纵，如图所示。</td></tr>
<tr><td>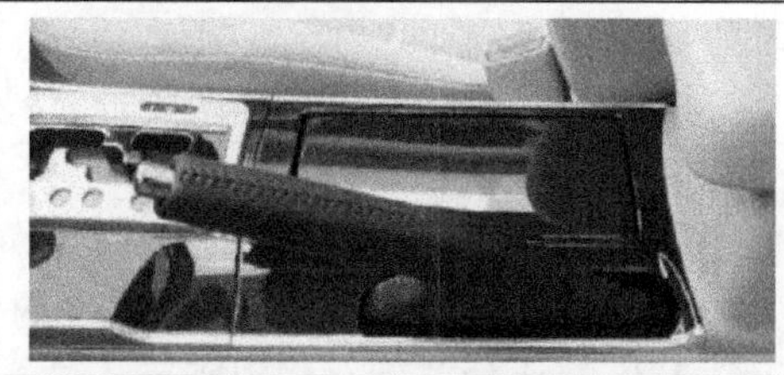</td><td>2. 驻车制动系统
用于使停驶的汽车驻留在原地，通常由驾驶人用手操纵，如图所示。</td></tr>
<tr><td></td><td>3. 应急制动、安全制动和辅助制动系统
1）应急制动装置是用独立的管路控制车轮的制动器作为备用系统，其作用是在行车制动装置失效的情况下保证汽车仍能减速或停车。
2）安全制动装置是在制动气压不足时起制动作用，使车辆无法行驶。
3）辅助制动装置是为了下长坡时减轻行车制动器的磨损而设计的，其中利用发动机排气制动应用最广，如图所示。</td></tr>
<tr><td>
a) 气压制动系统
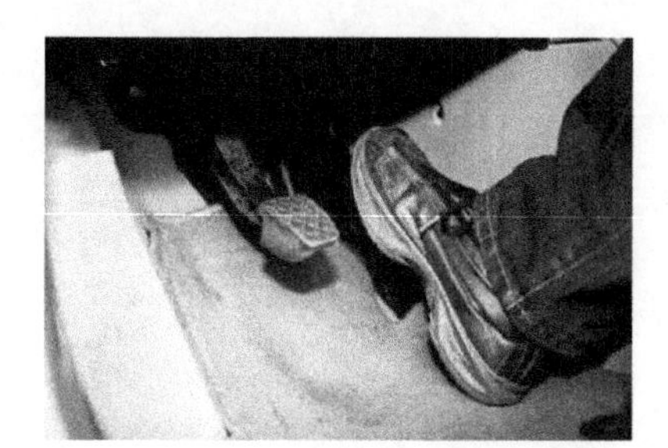
b) 液压制动系统
供能装置</td><td>汽车上设置有彼此独立的制动系统，它们起作用的时刻不同，但它们的组成相似，一般由以下 4 个部分组成。
1）供能装置　包括供给、调节制动所需能量以及改善传能介质状态的各种部件。</td></tr>
<tr><td>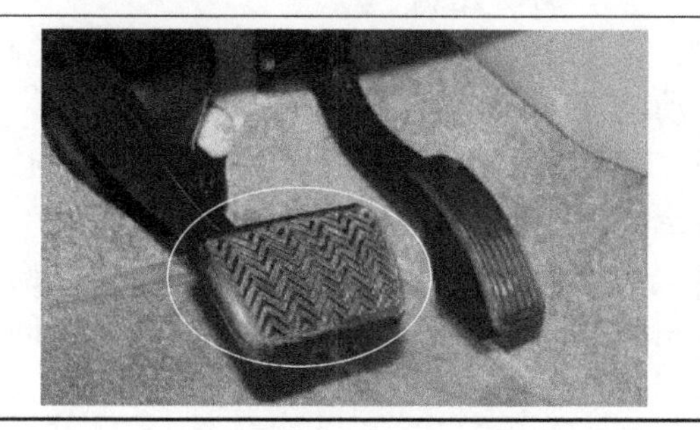</td><td>2）控制装置　包括产生制动动作和控制制动效果的各种部件，例如制动踏板等，如图所示。</td></tr>
</table>

	3）传动装置　将驾驶人或其他动力源的作用力传到制动器，同时控制制动器的工作，从而获得所需的制动力矩，包括将制动能量传输到制动器的各个部件，例如制动主缸、制动轮缸等，如图所示。
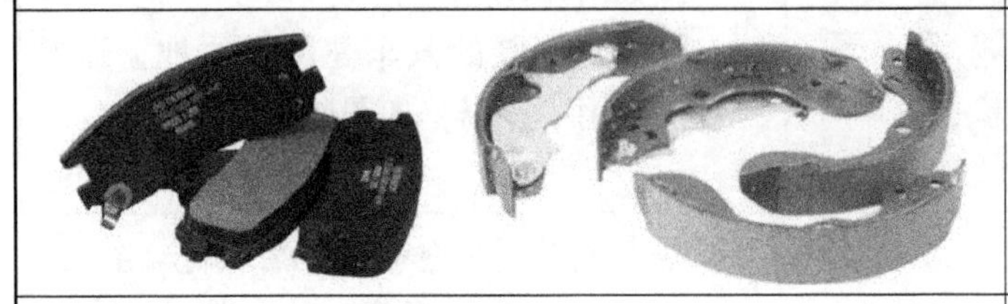	4）制动器　产生阻碍车辆的运动或运动趋势的力的部件，如图所示。
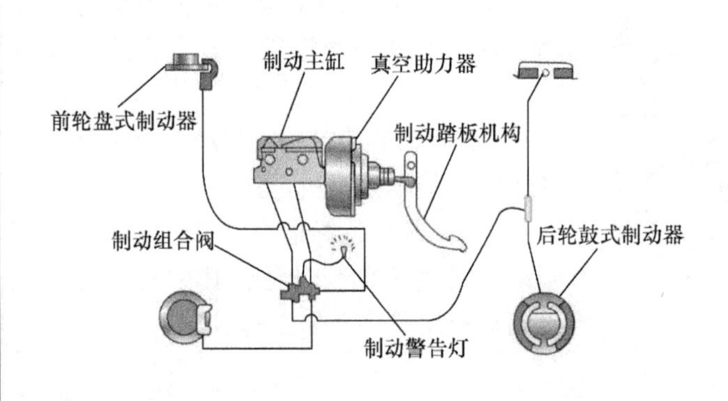	较为完善的制动系统还有制动力调节装置以及报警装置、压力保护装置等，如图所示。如用来调节前后车轮制动力的分配元件、防抱死制动系统（ABS）、电子制动力分配（EBD）系统、电子稳定系统（ESP）和驱动防滑系统（或称牵引力控制系统，TRC或ASR）。
（二）制动性能与效果	
制动性能评价指标： 评价车辆制动性能的指标有很多，较为常见的有： ● 制动效能。 ● 制动抗热衰退性。 ● 制动稳定性。	
	1. 制动效能 制动效能中两个较为重要的指标是制动距离和制动时间，如图所示。 制动距离：驾驶人踩下制动踏板到完全停止时间段内车辆行驶过的距离。 制动时间：包括驾驶人反应的时间，制动系消除间隙的时间、制动持续时间、制动消除时间。

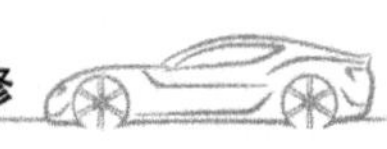

<table>
<tr><td></td><td>2. 制动抗热衰退性
制动抗热衰退性是衡量制动效能恒定性的一个指标，如图所示。
● 制动抗热衰退性能是指汽车高速制动，短时间内重复制动或下长坡连续制动时制动效能的热稳定性。
● 制动过程中制动器温度不断升高，制动器摩擦系数下降，制动器摩擦阻力矩减小，从而使制动能力降低，这种现象称热衰退现象。
● 用制动器处于热状态时能否保持冷状态时的制动效能来评价汽车制动抗热衰退性能。</td></tr>
<tr><td></td><td>3. 制动稳定性
制动稳定性是指制动时汽车的方向稳定性，如图所示。
● 制动跑偏：由于左右轮制动力不等，或转向杆系悬架导向杆系不协调造成。
● 制动侧滑：车轮抱死时，后轮附着力下降，受侧向力影响出现甩尾等现象。
● 失去转向能力：前轮抱死时，失去转向能力。</td></tr>
<tr><td></td><td>4. 制动效能的影响因素
制动效能与汽车结构、技术状况、使用条件有关。下面给出 5 个主要的影响因素：
（1）制动系的技术状况
制动系统的结构形式，例如盘式制动器或鼓式制动器（制动器也称盘式制动器或鼓式制动器）；制动器的尺寸等因素都对制动效能有影响，如图所示。</td></tr>
<tr><td></td><td>（2）道路与气候条件
车轮的最大制动力受到道路的附着系数的限制，所以道路的状况对充分发挥汽车的制动效能有着决定性的影响，如图所示。</td></tr>
</table>

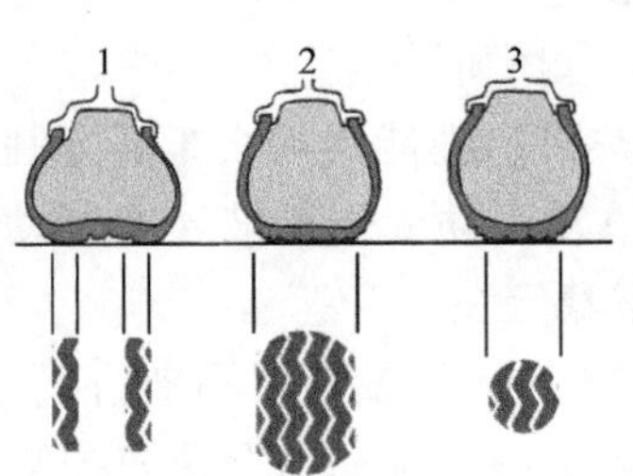

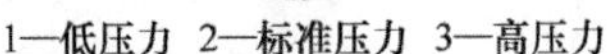
1—低压力 2—标准压力 3—高压力

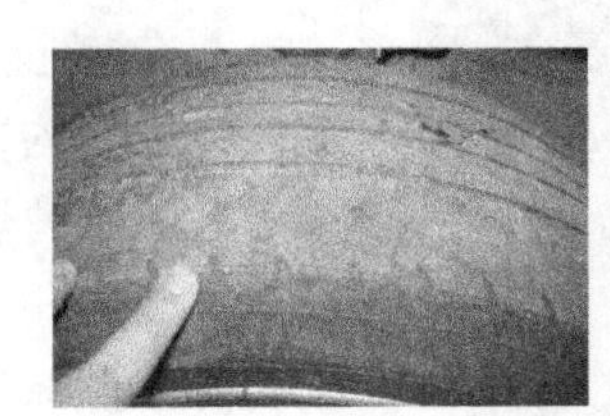

(3) 汽车车轮的技术状况

轮胎气压、轮胎花纹磨损程度不同，轮胎与地面的附着能力也不同，汽车制动时其制动力也就不同，从而导致汽车制动跑偏，应尽量保证汽车在同一车轴上的左右轮胎具有相同的花纹、磨损程度相近，并具有相同的气压，如图所示。

(4) 车速

汽车的制动距离随车速的增加而成正比的增加，在制动最大效能阶段，制动距离随车速的二次方成正比的增加，如图所示。

(5) 驾驶人反应时间

驾驶人的反应快慢对汽车制动的安全有着举足轻重的影响，反应时间是一个评价参数。反应时间长短与驾驶人的驾驶状态相关。例如，注意力不集中、疲劳驾驶或长时间高速行驶等原因，均会引起反应时间的延长，如图所示。

(三) 制动系统组件安装位置

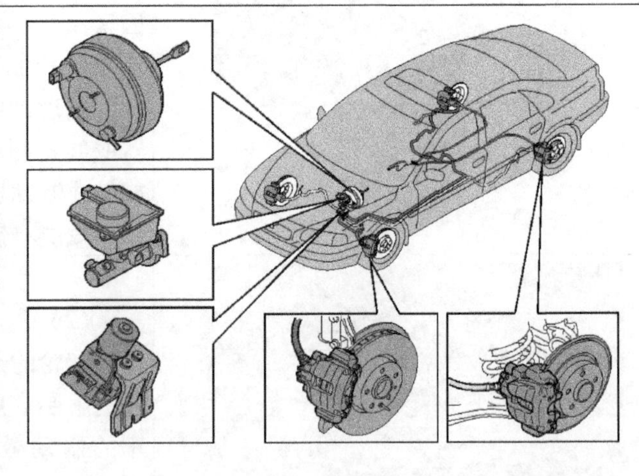

液压式制动系统在目前的乘用车、轻型货车的行车制动系统上得到了广泛的应用。液压式制动系统的组成如图所示，主要由制动主缸、液压管路、制动器中的制动轮缸等组成。一般制动踏板机构和制动主缸都装在车架上，而车轮是通过弹性悬架与车架联系的，主缸与轮缸之间的相对位置经常变化，故主缸与轮缸间的连接油管除用金属管（铜管）外，还采用了特制的橡胶制动软管。各液压元件之间及各段油管之间还有各种管接头。制动前，整个液压系统中应充满专门配置的制动液。

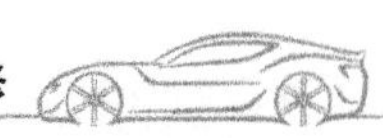

当踩下制动踏板时，制动液由制动主缸中的活塞推动，经油管压入制动轮缸和制动钳中，将制动蹄或制动块推向制动鼓或制动盘。

在制动间隙消失并开始产生制动力矩时，液压与踏板力方能继续增长，直到完全制动。从开始制动到完全制动的过程中，由于在液压作用下，油管（主要是橡胶软管）的弹性膨胀变形和摩擦元件的弹性压缩变形，踏板和轮缸活塞都可以继续移动一段距离，如图所示。

放开制动踏板，制动蹄和轮缸活塞在复位弹簧的作用下复位，将制动液压回主缸，如图所示。

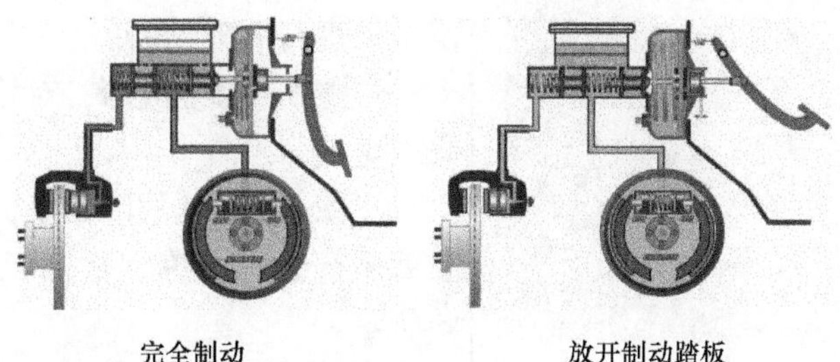

完全制动　　放开制动踏板

（四）诊断策略

制动系统利用摩擦材料将动能转变为热，摩擦材料使用寿命达到终点时需要更换。制动片使用寿命的长短会因工作状态不同而异。

总是在高速公路上行驶的汽车，由于只是偶尔施加制动，通常不需要经常维修制动器。相同型号的汽车在重载和城市交通环境下行驶，就需要经常维修制动器。

在诊断制动故障时，必须考虑上述因素。

1. 故障案例

一辆已行驶了60000km且从未维修过制动器的汽车来维修站，其制动片可能是因正常使用而磨完了。而如果一辆汽车更换制动片后只行驶了10000km，却发现已经磨光了，很可能是非正常磨损。确定故障现象不是最重要的，还需要确定引起故障的原因。如果制动轮缸螺杆锈蚀使轮缸无法自由滑动，就会使制动片很快磨光。如果只更换了制动片，而没有清除螺杆上的积锈，那么新的制动片还会很快磨光，还可能损坏其他制动器部件，如图所示。

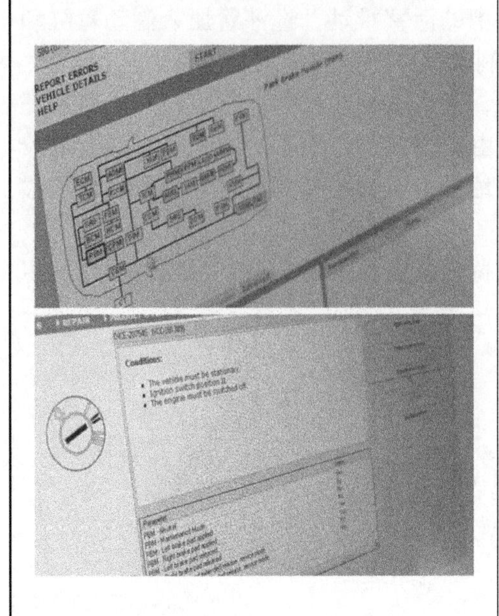

2. 诊断策略

步骤1：确认故障，与客户确认故障现象。

步骤2：收集信息，即收集更多的故障现象以及收集支持车辆诊断的信息。

步骤3：分析信息，例如分析制动系统故障现象帮助判断故障原因。

步骤4：诊断故障，根据故障现象及测试结果进行故障诊断。

步骤5：修复故障，对故障部件进行维修或更换。

步骤6：确认故障修复，对客户抱怨的故障进行试车，确认故障已彻底排除，如图所示。

（五）制动声音分析

客户有时会因为各种制动噪声问题进厂维修，有些噪声是由于故障引起的，此时需要尽快找出故障根源并维修。而客户有时听到的噪声是属于正常情况的，需要对客户解释声音产生的原因。

在正常工作情况下，制动系统可能会在施加制动时发出间歇性的啸叫声或“嘎吱”声，一般发生在早晨最初的几次制动或倒车制动时。这些噪声在制动时都可能听到，而且还会因环境条件而加剧，例如遇冷、热、水汽、道路尘土、融雪剂或泥泞时。

1. 正常噪声

偶发的制动器噪声多半属于正常现象，并不表示汽车的制动器性能出了问题，如图所示。

- ABS 起作用时发出“咔嗒”声。

紧急制动时听见液压泵电动机及阀发出噪声属于正常现象，表示 ABS 工作正常；ABS 正在释放并重新施加制动以防车轮抱死；告知客户，在 ABS 起作用时应踩住制动踏板，以获得 ABS 的最佳性能。

- 早晨时发出啸叫声。

由潮气及制动盘和制动片温度低所致；在施加几次制动及制动盘和制动片升温后，噪声便会消失；在汽车开到经销商处或制动器变热后，无法再现当时的噪声状况。

- 缓慢行驶时发出“吱吱”声。

确保制动片没有磨尽。如果制动片没有磨尽，不会影响制动器的性能或安全性；可能发生在汽车停住，驾驶人缓慢释放制动踏板让汽车向前慢慢滑动时。

- 刷刷噪声

发生在行车初期轻踩制动时；由摩擦面尚未充分“磨合”的新制动盘及摩擦衬片引发；经过大约 100 次制动，等摩擦面充分“磨合”之后，噪声将消失。

2. 异常噪声

此类噪声确实表示汽车需要维修，如图所示：

- 持续刺耳的摩擦噪声。
- “咔嗒”声。
- “吱吱”声。
- “嘶嘶”声。

3. 噪声诊断

持续刺耳的摩擦噪声有可能是制动片磨尽，如图所示。

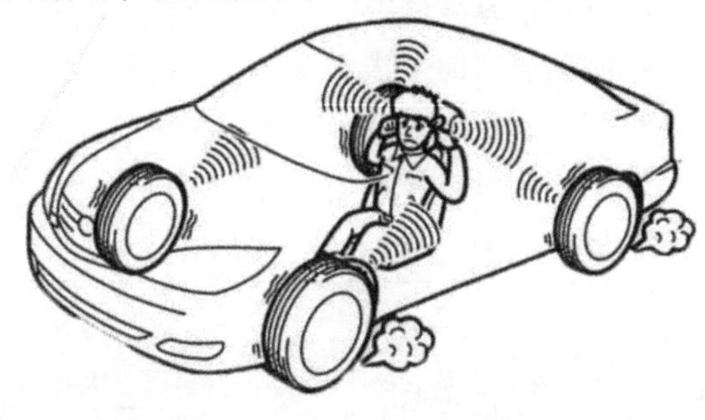

前围板下面的“咔嗒”声或“吱吱”声可能是因为：

- 踏板衬套发生故障。
- 推杆错位。
- 开关错位或安装不正确。

前围板下面的“嘶嘶”声可能是因为：

- 真空助力器泄漏。
- 驻车制动器自动释放开关或伺服器总成泄漏。

检查每个车轮制动器总成有无磨损、损坏或安装不当的部件，包括：

- 制动蹄和制动片。
- 防振弹簧和卡子。
- 制动轮缸滑块机构。
- 复位弹簧。
- 定位弹簧。
- 驻车制动器机构。

<table>
<tr><td colspan="2">（六）制动振动</td></tr>
<tr><td colspan="2">制动时如果座椅、转向盘或制动踏板等位置发生的振动称为制动振动。</td></tr>
<tr><td colspan="2">1. 正常振动</td></tr>
<tr><td></td><td>在配置了 ABS 的车辆中，当驾驶人执行制动时踏板会出现脉动现象，这属于正常现象，如图所示。</td></tr>
<tr><td colspan="2">2. 异常振动</td></tr>
<tr><td colspan="2">制动踏板脉动，如图所示。
一般由以下原因引起：
● 制动盘厚度偏差。
● 制动盘横向偏摆。
由下列情况引起转向盘振动：
● 制动盘厚度偏差。
● 制动盘横向偏摆。
● 制动盘表面腐蚀。
● 摩擦材料转移。
由下列情况引起座椅或车身抖动或振动：
● 制动盘厚度偏差。
● 制动盘横向偏摆。
● 制动盘表面腐蚀。
● 制动片材料转移。
</td></tr>
<tr><td colspan="2">3. 振动诊断</td></tr>
<tr><td></td><td>测试前，确保制动系统工作正常，选择平坦良好的高速公路试车，试车时应符合以下条件：
● 通过空档滑行，排除车轮或传动系统不平衡造成的振动。
● 制动器升温至正常工作温度。
● 轻踩制动踏板，使车速降低至45km/h，感知振动部位。
● 尝试以客户抱怨制动振动时的车速进行试车，如图所示。</td></tr>
</table>

（七）制动踏板反应异常

制动踏板感觉的改变往往是制动系统出现故障的前兆，对于经常驾驶同一辆汽车的驾驶人而言，制动踏板的任何细小变化都很容易被感觉到。典型的异常反应包括：

- 制动踏板低或感觉绵软。
- 踏板缓慢下移。
- 踏板下降速度快或踏板行程过大。
- 踏板力过大。
- 踏板复位缓慢或不完全。

1. 制动踏板低或感觉绵软

当驾驶人制动时，如果制动踏板不能提供一种坚实均匀的感觉，则被视为绵软。制动踏板绵软可由下列情况引起：

- 制动液液面高度低。
- 制动系统外部泄漏。
- 液压系统内存气。
- 主缸储液罐盖排气孔堵塞。
- 车桥轮毂固定螺母松动。
- 制动器过热。

2. 制动踏板低或感觉绵软诊断

进行下列测试可找到制动踏板绵软的原因如图所示：

- 检查主缸制动液液面高度。

如果液面高度过低，检查制动系统及储液罐密封点有无泄漏。

- 检查液压系统有无外部泄漏。
- 检查加注口盖上的通气孔有无堵塞。

如果通气孔堵塞，根据情况进行清洗和疏通。

- 检查车桥轮毂固定螺母是否松动。

如果螺母松动，检查轴承是否损坏，如果轴承损坏，应更换轮毂固定螺母并按规范紧固。

- 为制动系统排气。

3. 踏板缓慢下移

如果向踏板施加坚实均匀的压力，而踏板速度缓慢地向地板下移，表示制动系统压力不足。踏板向地板下移速度缓慢可由下列情况引起：

- 制动液渗过主缸内密封件。
- 管路或软管上有微孔泄漏。
- 制动轮缸密封有渗漏。
- 系统内存气。

4. 踏板缓慢下移诊断

通过下列测试，可诊断踏板下移缓慢故障，如图所示：

- 检查主缸制动液液面高度。
- 检查主缸有无外部漏泄。
- 检查液压系统有无外部漏泄。

发动机处于怠速状态，变速器置于P位，向制动踏板施加坚实压力。如果踏板缓慢下移，而且没有发现外部漏泄，检查有无下列情况：

- 液压系统内存气。
- 主缸内部渗漏。

- 为制动系统排气。

5. 踏板下降速度快/踏板行程过大

如果制动踏板下降速度快，可能说明制动器液压系统中存在过度压力损失或制动轮缸严重失调。操作汽车前，一定要检查汽车制动器工作情况是否正常。踏板下降速度太快，可由下列情况引起：

- 液压系统泄漏。
- 液压系统内存气。
- 主缸内部泄漏。
- 盘式制动器（轮缸活塞）严重“回缩”。
- 由于制动盘横向偏摆过大或轴承磨损而将制动轮缸活塞推入制动轮缸内时行程过大。
- 制动片磨损严重。

6. 踏板下降速度快/踏板行程过大诊断

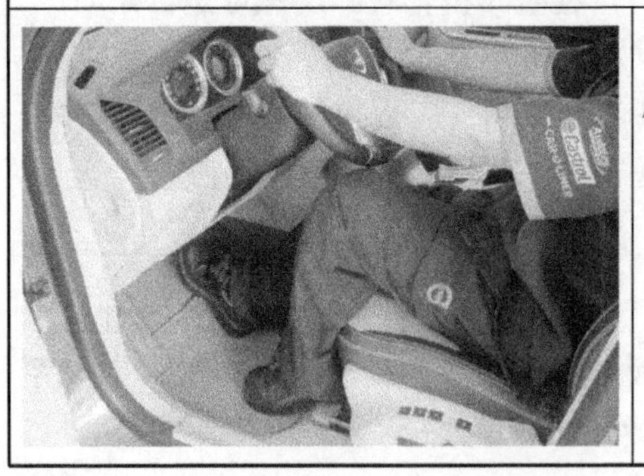

通过下列测试，可找到制动踏板下降速度快的原因，如图所示：

- 检查主缸制动液液面高度是否正常。
- 检查液压系统有无外部漏泄。
- 检查主缸有无外部漏泄。
- 检查主缸有无内部泄漏。
- 检查轮缸活塞有无“回缩”现象。
- 为液压系统排气。

<table>
<tr><td colspan="2">7. 踏板力过大</td></tr>
<tr><td colspan="2">制动踏板力过大的特点是制动踏板踩上去非常费力，并且制动距离加大。制动踏板力过大可由下列情况引起：
• 真空助力器工作不正常，或由其他一些情况引起，例如真空管路泄漏或阻滞、助力器单向阀有故障、发动机真空不足。
• 制动踏板轴套粘结。
• 制动压力控制阀故障。</td></tr>
<tr><td colspan="2">8. 踏板力过大诊断</td></tr>
<tr><td>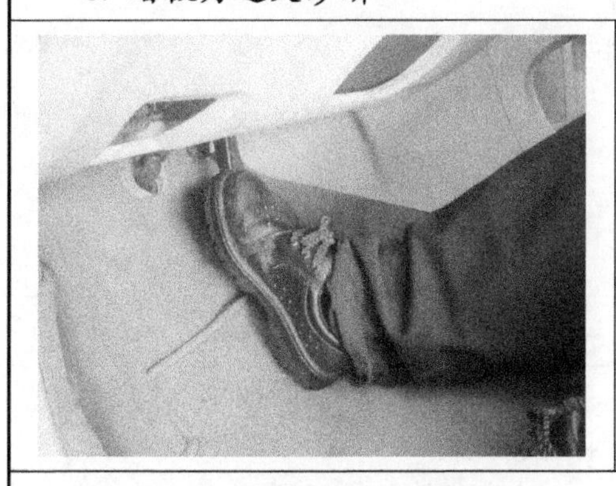</td><td>通过下列测试，可以确定制动踏板力过大的原因，如图所示：
• 检查制动助力器的工作情况。
• 检查制动踏板轴套有无粘结和磨损。
• 检查制动压力控制阀有无堵塞。</td></tr>
<tr><td colspan="2">9. 踏板复位缓慢或不完全</td></tr>
<tr><td colspan="2">当制动踏板无法完全返回初始位置时，就会发生踏板复位缓慢或不完全的情况。踏板复位缓慢或不完全可由下列情况引起：
• 制动踏板轴套或杆系磨损。
• 真空助力器工作异常。
• 主缸工作异常。</td></tr>
<tr><td colspan="2">10. 踏板复位缓慢或不完全诊断</td></tr>
<tr><td>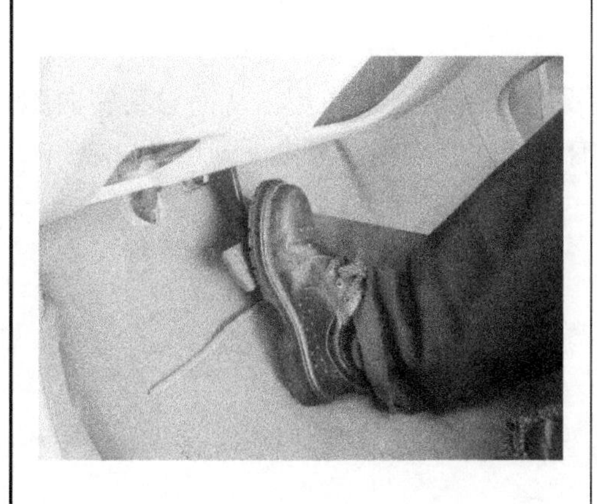</td><td>通过下列测试，可以确定制动踏板复位缓慢或不完全的原因，如图所示：
• 检查制动踏板轴套和杆系。
• 从真空助力器上松开主缸螺栓，踩下制动踏板然后松开。
- 如果制动踏板不返回其原始位置，更换助力器。
- 如果制动踏板返回其原始位置，更换制动主缸。</td></tr>
</table>

（八）制动跑偏

制动时，如果汽车不能沿直线行驶，说明左右车轮制动力不均衡。制动跑偏可由下列情况引起：

- 制动器调整不当或调节机构损坏。
- 制动轮缸卡滞。
- 制动片磨损或损坏。
- 制动片上沾有油脂或油液。
- 制动盘护罩安装螺栓松动或损坏。
- 盘式制动器（轮缸活塞）严重“回缩”。

制动跑偏还可能由下列非制动器故障引起：

- 车轮定位不当。
- 各轮胎气压不等。
- 轮胎尺寸不匹配。
- 车轮轴承预加负载调整不当。

制动跑偏诊断

通过下列测试，可以找到制动跑偏的原因如图所示：

- 检查各轮胎的气压。
- 检查制动盘护罩和安装螺栓有无损坏和松动。
- 检查制动片有无损坏或附有异物。
- 检查制动轮缸有无卡滞。
- 检查轮缸活塞有无“回缩”现象。
- 检查车轮轴承的预加荷载。
- 检查车轮定位。

（九）制动拖滞

制动拖滞的特点是在没踩制动踏板的情况下，制动器起作用，从而导致转向跑偏、加速不良及里程油耗加大，还可能伴随有异味。制动拖滞可由下列情况引起：

- 制动系统部件粘结或卡滞。
- 驻车制动器机构调整不当。
- 助力器推杆错位或调整不当。
- 由下列情况引起液压积存：
- 制动软管内部老化。
- 制动管路和软管卷曲。

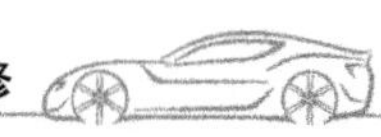

制动拖滞诊断

通过下列测试，可以确定制动拖滞的原因，如图所示：

- 检查制动器部件有无粘结或卡滞，包括：
  - 驻车制动器拉索、支杆、调整装置，进行调整。
  - 制动轮缸和制动轮缸滑动机构。
- 检查助力器推杆的定位和调整。
- 检查受影响车轮有无液压积存现象。
  - 用举升器举升汽车。
  - 分别转动每个车轮，确定哪个车轮拖滞。
  - 从主缸到制动轮缸，依次松开管路和软管接头，直到剩余压力释放为止。

（十）制动警告灯常亮

如果制动警告灯常亮，表示制动器可能存在故障。操作汽车前，一定要检查汽车制动器工作情况是否正常。制动警告灯可由下列情况点亮：

- 驻车制动器没有完全释放。
- 制动主缸制动液液面高度低。
- 警告灯线路故障。

制动警告灯常亮诊断

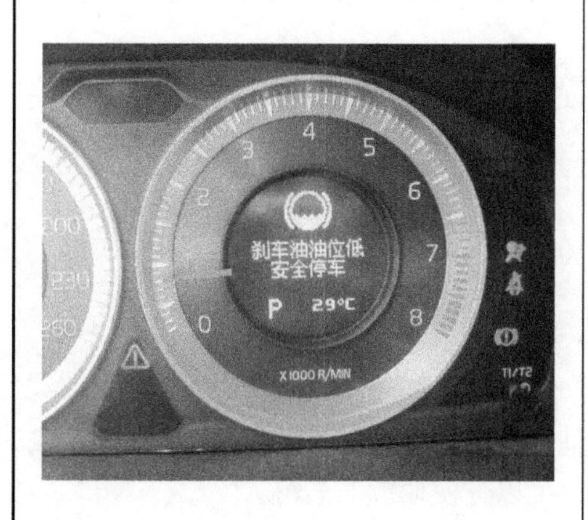

通过下列检查，可以确定制动警告灯点亮的原因，如图所示：

- 确保驻车制动器完全释放。
- 检查储液罐的液面高度。
- 检查制动主缸有无外部漏泄。
- 检查液压系统有无外部漏泄。
- 检查制动警告指示灯线路有无故障。

二、任务实施

维修任务实施：制动系统诊断与维修

对技术人员要求：

- 接收/检查修理单。
- 接收用于修理的订购零件。
- 在允许的时间内进行工作。
- 向技师领队确认工作完成。

技师领队：

- 对技术难度高的工作向技术人员提供指导和帮助。

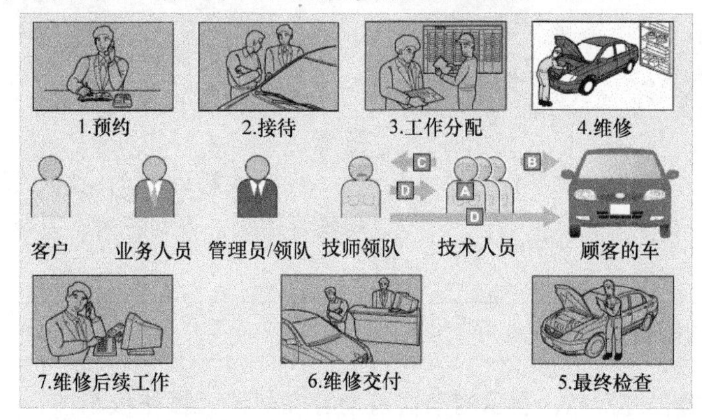

（一）拆卸后轮鼓式制动器

1）拉紧驻车制动器操纵手柄，举升车辆（至合适位置但车轮不要离地），松开车轮螺母。

2）拉起并完全释放驻车制动器操纵手柄几次，检查以确保驻车制动器已完全释放。举升并顶起车辆至合适位置，将轮胎螺母完全拧下，拆下轮胎和车轮总成，如图所示。

松开车轮螺母

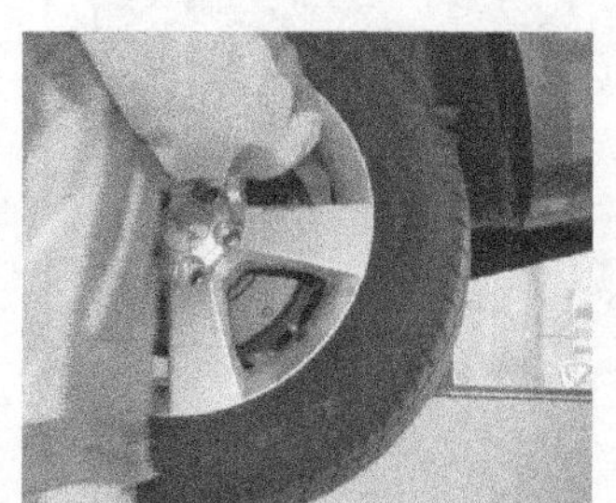
拆下轮胎和车轮总成

注意：拆卸车轮时可能会比较困难，这是由于车轮与轮毂/制动盘之间有异物或之间装配过紧。用橡胶锤轻轻敲击轮胎侧壁，可以方便地拆下车轮。

3）拆下制动鼓螺钉（左图），拆下制动鼓（中图）。清洁制动鼓和轮毂/法兰结合面表面的锈蚀（右图）。

注意：勿磨损制动器摩擦衬片；清洁时，勿用干刷或压缩空气清理车轮制动零件。

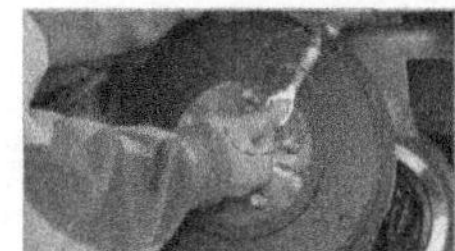

拆下制动鼓螺钉

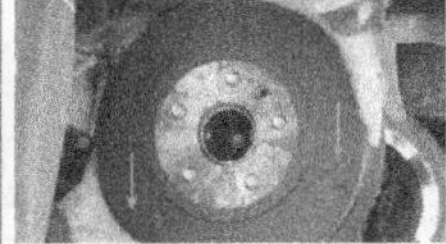

拆下制动鼓

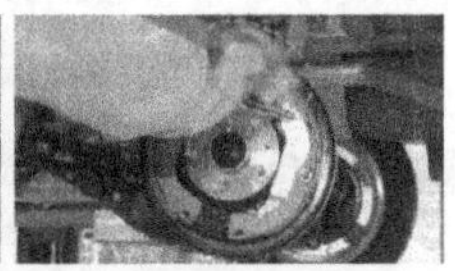

清洁制动鼓

4）拆下调节器复位弹簧。将调节器弹簧弯钩端与调节器执行器杠上的凸舌分离，如图所示。将调节器执行器杆与调节器总成分离，拆下调节器总成。

拆下调节器复位弹簧

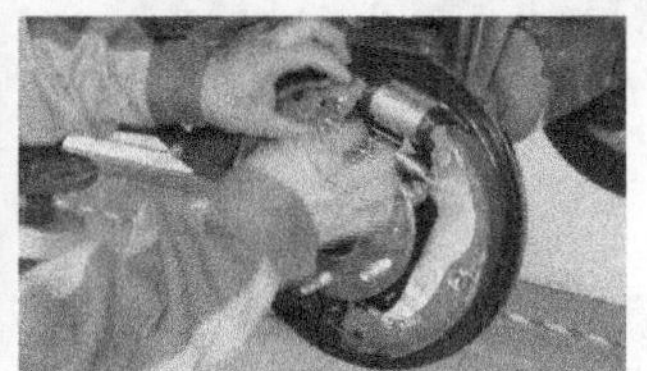

将调节器弹簧弯钩端与调节器执行器杠上的凸舌分离

5）使用鲤鱼钳拧下弹簧帽，拆下前制动蹄支承销弹簧。拆下前制动蹄，将下复位弹簧从前制动蹄上拆下。用相同的方法拆下后制动蹄，将驻车制动器拉索从驻车制动器拉杆上拆下，如图所示。

拆下前制动蹄支承销弹簧

将下复位弹簧从前制动蹄上拆下

拆下驻车制动器拉索

注意：某些车型或某些售后安装的制动零件可能含有一定的石棉纤维，人吸入含有石棉纤维的粉尘会严重损害身体。因此拆装过程中要用湿抹布清理制动零件上的所有粉尘。

（二）安装后轮鼓式制动器

润滑制动蹄各接合面

旋进调节器，安装调节器总成

1）润滑制动蹄各接合面。将驻车制动器拉索安装至驻车制动器拉杆上。安装后制动蹄，将下复位弹簧安装至前制动蹄上，安装前制动蹄。旋进调节器，安装调节器总成。安装调节器弹簧，确保弹簧上的搭扣与执行器杆上的凸舌充分结合。

2）安装制动鼓，安装鼓式制动器螺钉，并紧固至7N·m。

3）安装轮胎和车轮总成，将车轮上的定位标记与轮毂上的标记对齐。安装车轮螺母。降下车辆，按顺序将车轮螺母紧固至140N·m。

注意：按顺序交替均匀地紧固螺母，以避免跳动量过大。

4）试车，反复踩踏制动踏板直至制动力正常。

（三）拆装前轮盘式制动器

1）举升车辆（至合适位置但车轮不要离地），松开车轮螺母。

拆下轮胎和车轮总成

拆下制动钳下导销螺栓

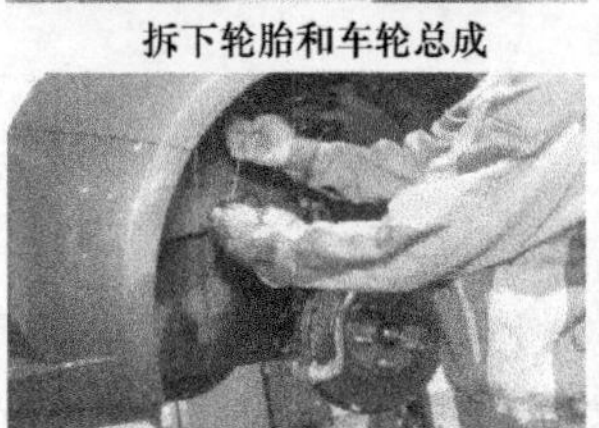

用粗钢丝固定制动钳

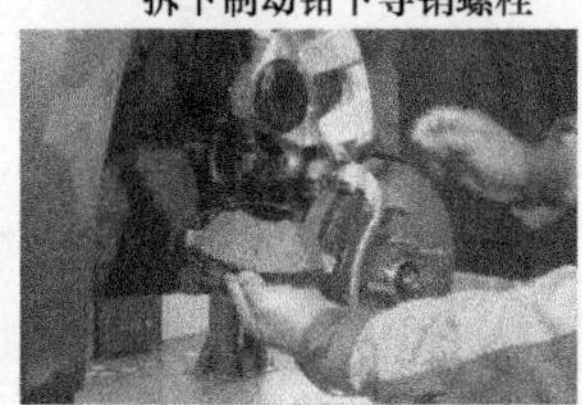

将制动片从制动钳安装托架上拆下

2）举升车辆至合适位置，拧下轮胎螺母，将轮胎和车轮总成从车辆上拆下。

注意：拆卸车轮时可能会比较困难，这是由于车轮与轮毂/制动盘之间有异物或装配过紧。用橡胶锤轻轻敲击轮胎侧壁，可以方便地拆下车轮。

3）拆下制动钳下导销螺栓。不要断开液压制动器挠性软管，向上转动制动钳，并用粗钢丝固定制动钳，如图所示。

4）将制动片从制动钳安装托架上拆下，如图所示。

注意：吸入含有石棉纤维的粉尘会严重损害身体，应用湿抹布清理制动零件上的粉尘。

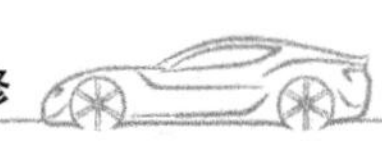

<table>
<tr><td>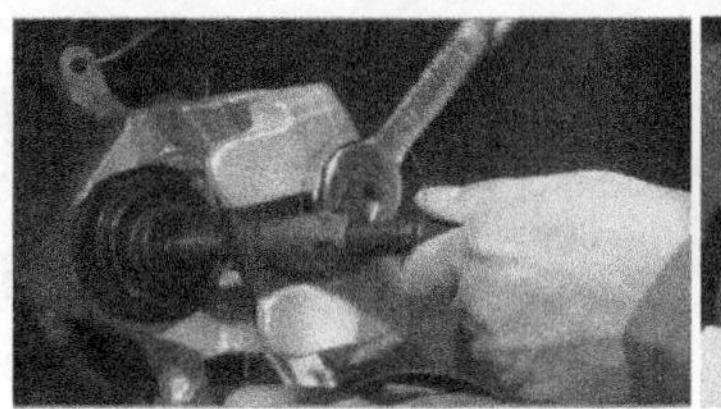
安装CH-6007-B安装工具
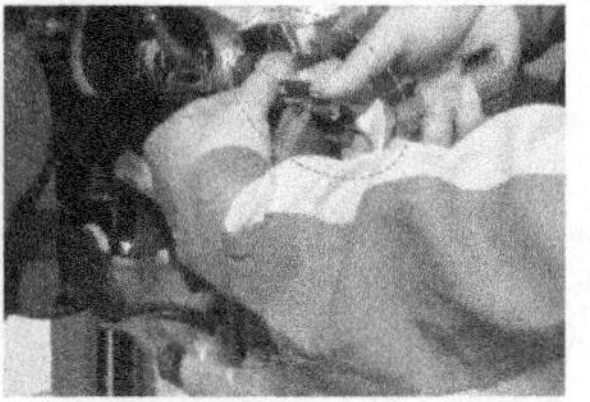
将制动片固定弹簧从制动钳托架上拆下</td><td>5）使用CH－6007－B安装工具将盘式制动器制动钳活塞推入制动钳孔中。将制动片固定弹簧从制动钳托架上拆下，如图所示。</td></tr>
<tr><td>
清洁制动钳托架
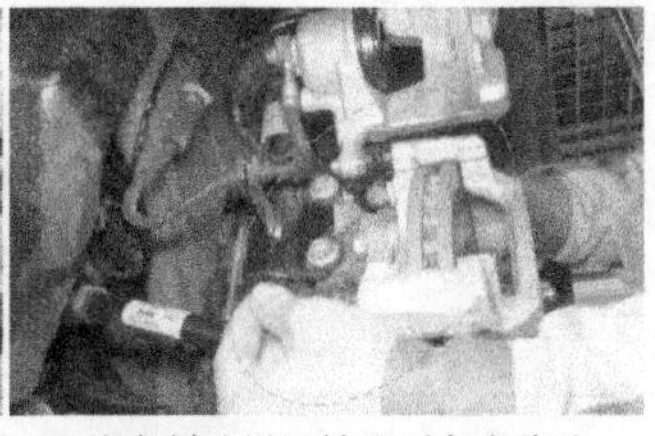
检查制动钳导销能否自由移动</td><td>6）清洁制动钳托架上的制动片构件接合面处的所有碎屑和腐蚀物。检查制动钳导销能否自由移动，并检查导销护套，如图所示。检查制动管路连接是否可靠、有无泄漏。</td></tr>
<tr><td colspan="2">（四）安装前轮盘式制动器</td></tr>
<tr><td colspan="2">1）将制动片固定弹簧安装至制动钳托架上，并在制动片固定件上涂抹薄薄一层耐高温硅润滑剂。按同样的方法润滑制动片，如图所示。最后，将制动片安装到制动钳托架上。
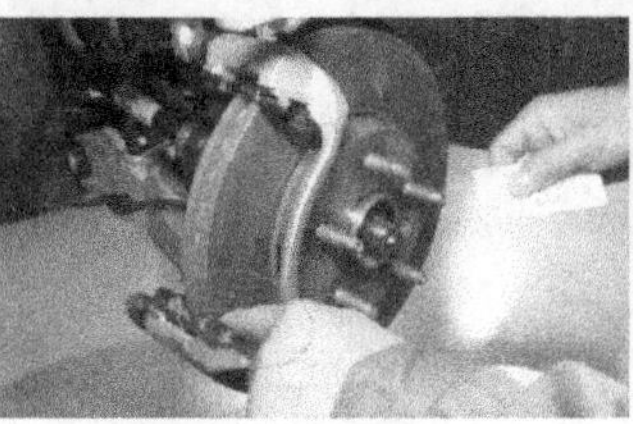
润滑制动片固定件
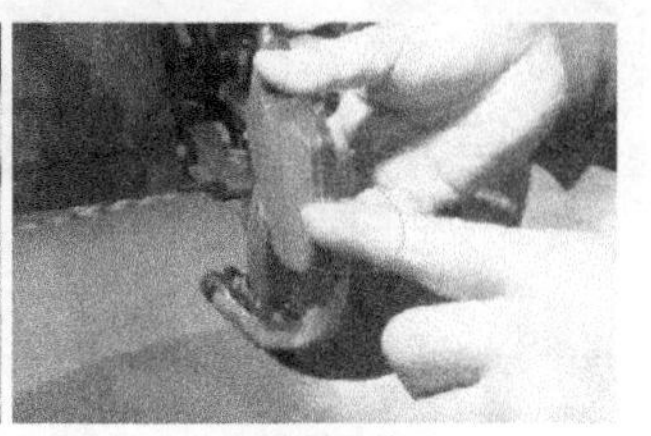
润滑制动片
2）拆下钢丝，将制动钳转动到位，安装制动钳导销下螺栓，并紧固至28N·m。
3）安装轮胎和车轮总成，将车轮定位标记对准轮毂上的定位标记，安装车轮螺母。
注意：按顺序均匀地交替紧固螺母，以避免跳动量过大。
4）降下车辆，按图示顺序将车轮螺母紧固至140N·m。
5）反复踩踏制动踏板直至制动力正常，然后试车。</td></tr>
<tr><td colspan="2">（五）拆装后轮盘式制动器</td></tr>
<tr><td>
松开车轮螺母</td><td>1）拉紧驻车制动器，举升车辆（至合适位置但车轮不要离地），松开车轮螺母，如图所示。
放开驻车制动器操纵手柄，举升车辆至合适位置，拧下轮胎。</td></tr>
</table>

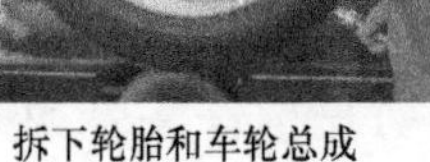
拆下轮胎和车轮总成

拆下消声片

2）螺母，将轮胎和车轮总成从车辆上拆下。

注意：拆卸车轮时可能会比较困难，这是由于车轮与轮毂/制动盘之间有异物或之间装配过紧。用橡胶锤轻轻敲击轮胎侧壁，可以方便地拆下车轮。

3）拆下消声片，如图所示。

拆下制动钳下导销螺栓

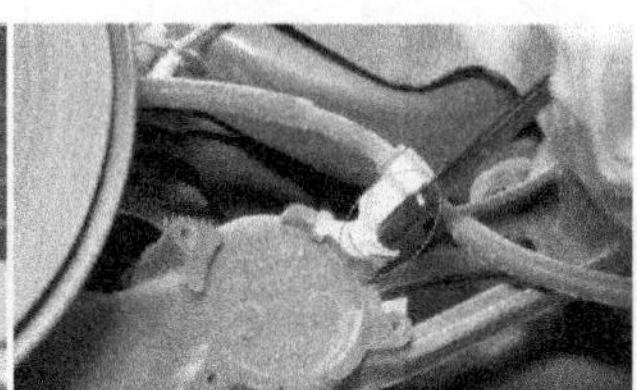
松开制动软管固定螺栓

4）拆下制动钳下导销螺栓。不要断开液压制动器挠性软管，松开制动软管固定螺栓。

用粗钢丝固定制动钳

将制动片从制动钳安装托架上拆下

5）向上转动制动钳，拆卸制动钳，并用粗钢丝固定制动钳。

将制动片从制动钳安装托架上拆下，如图所示。

注意：吸入含有石棉纤维的粉尘会严重损害身体，应用湿抹布清理制动零件上的粉尘。

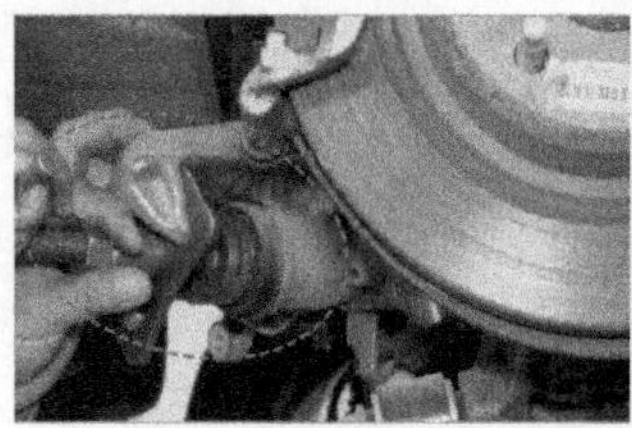
将盘式制动器制动钳活塞推入制动钳孔中

将制动片固定弹簧从制动钳托架上拆下

6）使用 CH－6007－B 安装工具将盘式制动器制动钳活塞推入制动钳孔中。

将制动片固定弹簧从制动钳托架上拆下，如图所示。

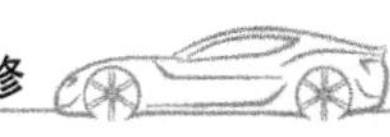

（六）安装后轮盘式制动器

清洁制动钳托架上的制动片构件接合面

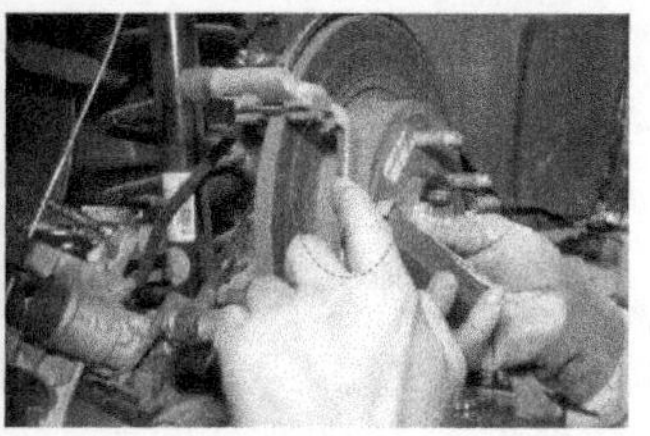

润滑制动片

1）清洁制动钳托架上制动片构件接合面处的所有碎屑和腐蚀物。

将制动片固定弹簧安装至制动钳托架上，润滑制动片接合面，如图所示。最后，将制动片安装到制动钳托架上。

润滑制动钳上导销

润滑制动钳下导销

2）润滑制动钳上导销。拆下钢丝，将制动钳转动到位，润滑制动钳下导销，如图所示。安装制动钳导销下螺栓，并紧固至28N·m。安装消声器和制动软管固定螺栓。

3）安装轮胎和车轮总成，将车轮定位标记对准轮毂上的定位标记，安装车轮螺母。

注意：按顺序均匀地交替紧固螺母，以避免跳动量过大。

4）降下车辆，按图所示顺序将车轮螺母紧固至140N·m。

5）反复踩踏制动踏板直至制动力正常，然后试车。

（七）制动警告灯测试

制动警告灯用以警告驾驶人制动系统可能存在危险状况。每次打开点火开关后，制动警告灯应该点亮以检查警告灯能否正常点亮。

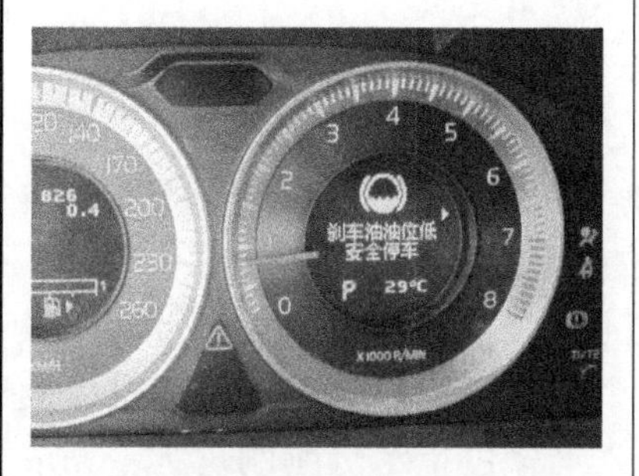

制动警告灯测试：

发动机起动和驻车制动器操纵手柄完全松开后制动警告灯应该熄灭，如果该灯保持不灭，说明制动系统出现故障，如图所示。

（八）制动液检查

制动液检查包括对制动液进行液位检查和制动液品质检查。

<table>
<tr><td></td><td>从储液罐的外面观察制动液的液面高度，制动液的液面必须在最低刻度和最高刻度之间，如图所示：
● 如果制动液液位低于最低刻度，应及时添加制动液，同时立即进行制动系统检查。
● 如果制动液液位高于最高刻度，则应通过抽吸等方法将制动液调整至刻度以下，以免制动液在受热时溢出。</td></tr>
<tr><td>
新制动油

旧制动油</td><td>1. 制动颜色检查
新的制动液颜色透明、鲜艳。旧的制动液颜色更深，发暗无光泽，这是因为制动液长时间使用后混入了水分或杂质。正因为如此，制动液需要定期更换。检查制动液时，如果观察到其颜色变得太深，或存在悬浮物，如果闻到焦煳味，则应立即更换制动液，并检查制动系统。
注意：融入水分的制动液，其沸点会降低，制动时可能出现沸腾而产生气泡，严重影响车辆的制动性能。此外，水分会造成制动系统部件的腐蚀，如图所示。</td></tr>
<tr><td>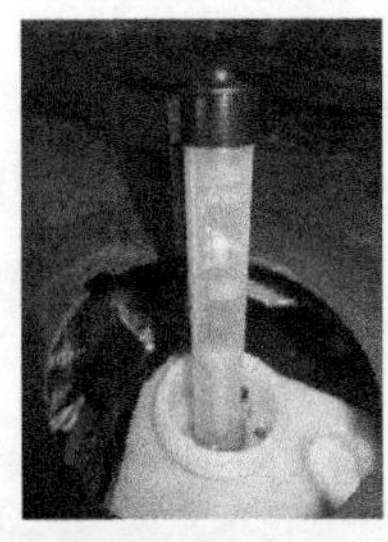
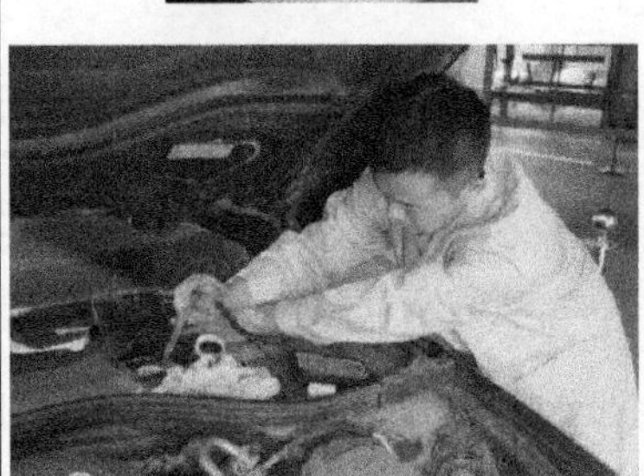</td><td>2. 简易制动液检测仪
制动液检测仪用来检测制动液品质，其组成由外壳、电路板和电池组成。检测时，顶部是开关，底部接触待测制动液，如图所示：
● 绿灯点亮表示合格。
● 黄灯点亮表示不合格。
● 红灯点亮表示严重变质。
3. 用制动液检测仪检测含水量
制动液检测仪的使用方法如下：
1）擦干净探测头的外表面，将它置于干燥的空气中或完全插入新的制动液中，如图所示。
2）一直按下红色开关数秒后，按顺时针旋转微调旋钮，直至第 2 个绿色指示灯亮起，再逆时针旋转微旋钮，调到第 2 个绿色指示灯刚刚熄灭。完成上述步骤，就可以测试制动液的性能了。
3）测量时，将探测头完全插入待测量的制动液中，一直按下红色按钮开关数秒后，根据工作指示灯</td></tr>
</table>

判断制动液液体的状态。所有的绿色指示灯亮，表示制动液是正常的，含水量低于0.5%；黄色的指示灯亮，则表示制动液不良，水分含量已经高于0.5%，可选择更换；红色警告灯亮，并伴随着蜂鸣器响，则说明制动液严重变质，含水量已经高于2.5%，制动力严重下降，必须更换。

4）待测试完毕，应清理且归位探头与仪器。

（九）制动管路检查

车辆制动系统中处处压力相同，制动管路当然也不例外，这就要求金属制动管和制动软管都应坚韧耐用。

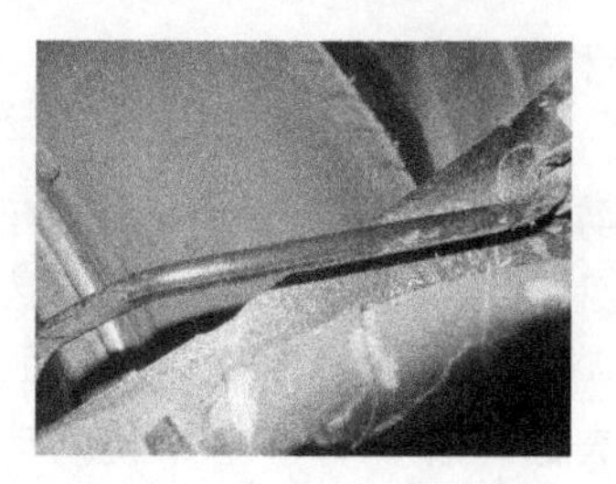

1. 金属制动管

乘用车的制动管路更换需要使用厂家提供的预制制动管，如图所示。

- 对于具体车型更换管路的提示，需参见信息查询系统。
- 如果金属制动管某处损坏或因锈蚀强度减弱，就必须更换整段金属管。
- 维修时，不能使用软管来替换金属管。

2. 制动软管

如果发现任何裂纹、端头松动、渗漏，或其他磨损或损坏，整根软管必须更换。提示：切勿分接或试图用软管夹子来修理制动软管；当制动软管显现磨损或损坏时，更换整个软管总成，如图所示。

（十）制动器检查

在乘用车中大部分都采用盘式制动器，制动盘必须检查有无磨损和损坏。直观检查只能发现明显的磨损和损坏。为了准确确定盘式制动器制动盘是否可维修，需要使用精确的测量仪器。测量包括：

- 直观制动盘检测。
- 制动盘磨损极限检测。
- 制动盘跳动量检测。
- 制动片厚度检测。

1. 直观制动盘检测

通常，不需拆下制动盘即可对其进行直观检查。车轮拆下后，制动盘的外表面便暴露出来。内表面可能被防溅板遮住，可以用一个手电筒，从防护板和制动盘之间检查制动盘的内表面。直观检查一般应查看有无两种类型的损伤：裂纹或划痕。只要制动盘有裂纹，就应更换。划痕是最明显的制动盘损伤，程度有重有轻。制动盘的轻微划痕是正常的，不代表有问题。如果划痕严重致使制动盘表面变得粗糙或产生沟槽，制动盘就必须更换，如图所示。

2. 制动盘磨损极限检测

在制造过程中，对制动器盘和制动面的平面度、厚度和端面跳动量进行了严格控制。但在使用过程中，制动器盘上会产生凹坑，可能导致制动时制动力不足和踏板抖动。制动器盘表面的粗糙度也十分重要，表面粗糙度不够会导致制动跑偏和摩擦片快速磨损，必须更换。

使用千分尺检查制动盘的厚度及平行度。测量制动器盘圆周 4 个以上点的厚度，其厚度不可少于10mm，而其制动盘各处的厚度差（不平行度）不可大于 0.03mm，以免造成车轮（轮胎）的振动导致车辆损坏，必须更换，如图所示。

3. 制动盘端面跳动的检查

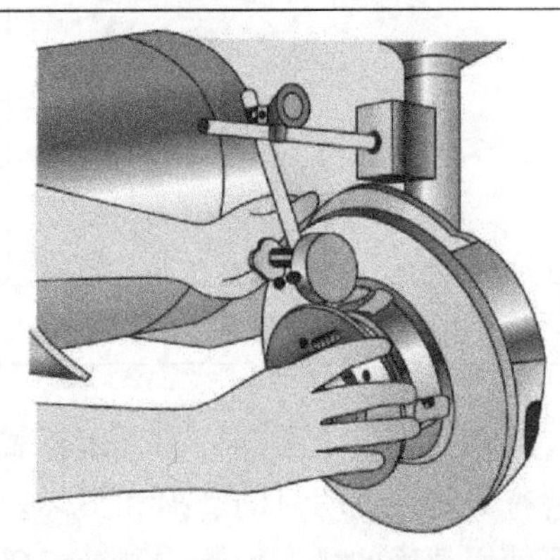

制动盘的跳动量是指在靠近制动盘外摩擦表面所测得的左右摆动量。跳动量是由制动时产生的热使制动盘弯翘扭曲造成的。制动踏板脉动常常说明制动盘跳动量过大。检查制动盘跳动量之前，必须保证消除车轮轴承的所有游隙。如果制动盘跳动量过大，而且汽车的制动盘为装在轮毂车轮螺栓上的“盘中鼓”式制动盘，那么在清洁轮毂表面之后，还要检查轮毂的跳动量情况。检查制动盘跳动量之前，要保证消除制动片的任何拖滞。通过将制动轮缸活塞微微推入缸筒，可以消除摩擦片拖滞。

1）将变速杆置于空档。

2）拆卸制动盘。

3）用车轮螺栓将制动盘紧固在轮毂上。

4）将千分表固定在制动钳上。

5）将表尖调整到距离制动盘外缘约10mm处，垂直于制动盘并预压缩，如图所示。

6）转动制动盘一周，观察千分表指针的摆动范围，读出端面跳动值。拆卸千分表和制动盘与轮毂之间的连接螺栓。

7）最大允许跳动值为0.03mm，否则更换制动器盘。

（十一）制动器摩擦片的检查

每10000km维护时，应对各个车轮的制动块磨损情况进行检查。

1）找出最大磨损处。

2）测量摩擦片的厚度不能小于7mm，如图所示。

3）使用专用工具测量。

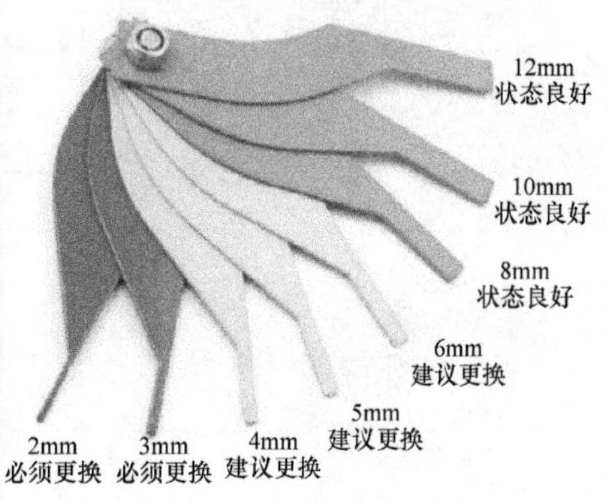

（十二）驻车制动检查

由于不同形式的驻车制动系统的操纵机构有区别，所以在检查驻车制动时，三种不同形式的驻车制动系统的检查方法也有所不同。

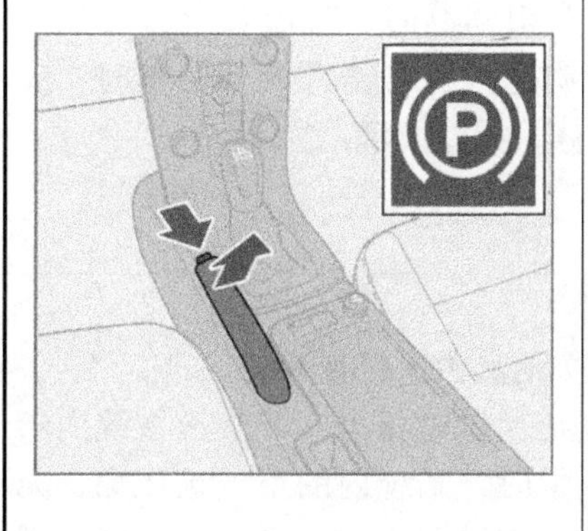

1. 手拉式驻车制动的功能检查

1）拉起驻车制动手柄，在拉起到第一个刻度之前，驻车制动警告灯应亮起。

2）驻车制动手柄拉起的正常行程应该是6~8个刻度。拉起的力矩应为20N·m。

3）举升车辆，尝试手动转动后轮，后轮应被完全锁止。

4）释放驻车制动手柄，驻车制动警告灯应熄灭。

5）再次手动转动后轮，后轮应能够自由转动。

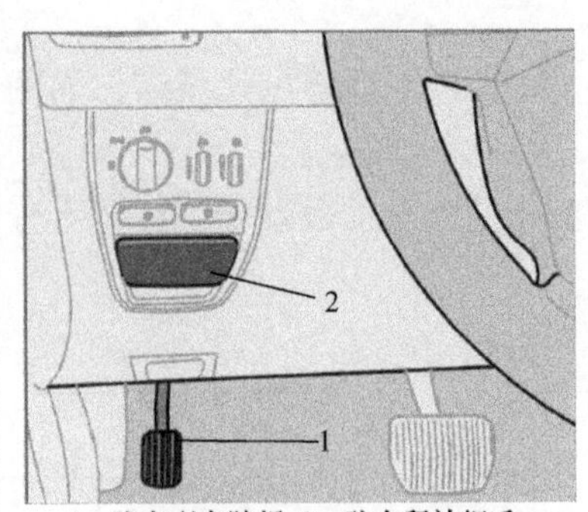

1—驻车刹车踏板 2—驻车释放把手

2. 脚踏式驻车制动的功能检查

1）踩下驻车制动踏板到极限位置，驻车制动警告灯应亮起。

2）举升车辆，尝试用手转动后轮，后轮应被完全锁止。

3）拉动驻车制动放松把手，驻车制动警告灯应熄灭。

4）再次手动转动后轮，后轮应能够自由转动。

3. 电子式驻车制动锁止功能检查

1）踩下制动踏板，按下控制按钮，仪表板的驻车制动警告灯闪烁然后持续点亮。

2）举升车辆，尝试手动转动后轮，后轮应被完全锁止。

4. 电子驻车制动手动松开功能检查

1）确保遥控钥匙在点火开关内或者点火开关处于Ⅰ档或Ⅱ档。

2）踩下制动踏板，拉起控制按钮，仪表板的驻车制动警告灯会熄灭。

3）举升车辆，尝试用手转动后轮，后轮应能自由转动。

（十三）制动系统维修与调整

制动系统检测出问题时，就需要及时对故障部件进行维修或调整，当驾驶人发现问题时，应第一时间进行维修，如图所示。

1. 制动液更换

更换制动液的标准流程可在信息查询系统的相关信息中进行查询。

制动液压系统系利用制动液的不可压缩性，以传递制动压力，若液压系统内渗入空气，则因空气是可压缩的，因而当制动踏板踩下时，系统内的空气被压缩，无法将制动油压传达到制动装置，即无制动作用；放松制动踏板时，系统内空气又膨胀占住了管路空间，因而踩下制动踏板时，空气又被压缩，感觉软绵绵的。

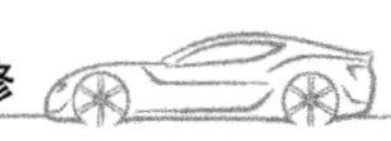

空气进入制动液压系统中的原因如下：制动主缸储油量不足、通气孔堵塞、接头不紧密等，而排放空气的方法有高压法、低压法及加压法等。

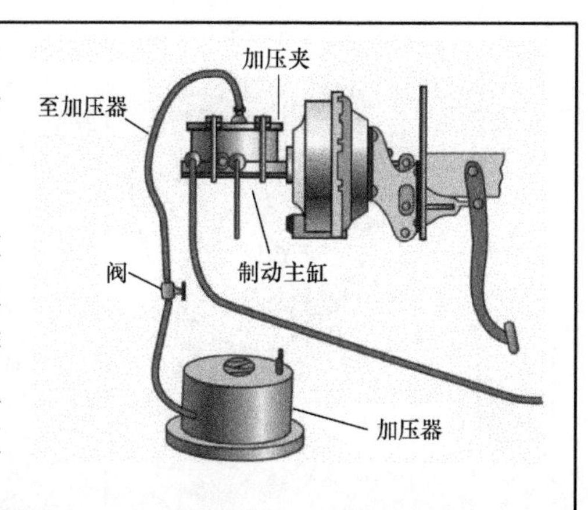

1）高压法由两人操作，一人连续踩放制动踏板数次，直到有制动压力踩紧踏板后，另一人在车底下旋松放气螺钉，以排放空气，并锁紧放气螺钉后，驾驶室的人才可将踏板缓慢放松；重复如此动作，直到空气排放干净。

2）低压排放法和高压法皆需由两人共同操作，差异是在车底下的人先旋松放气螺钉后，驾驶室的人再缓慢踩下制动踏板，让制动液排放，以带走系统内的空气，并在放气螺钉锁紧后，才能放松踏板，并重复上述动作，直到空气排尽。

3）加压法系利用制动液加压器，以排放空气及制动液更换等，此法只需一人操作，能快速、有效排尽空气，如图所示。

注意：

制动液具有强的吸湿性，能通过微孔或密封部位吸收空气中的水分，随着吸收水分的增加，水分将会腐蚀制动系统并使制动液变浓，导致制动踏板踩上去很软，所以许多汽车制造厂建议定期更换制动液，作为汽车日常维修标准的组成部分。推荐换制动液的周期为两年或48000km，达到两条件之一时，就应更换制动液。对装有防抱死制动系统（ABS）的车辆更为重要，因为污染的制动液将导致ABS昂贵的零部件磨损和腐蚀以致调节失灵出现故障。

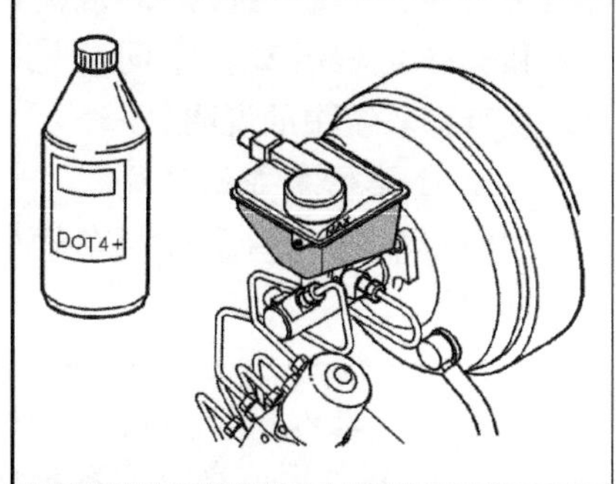	2. 制动液的更换步骤 1）乘用车一般采用专用的DOT4＋制动液，如图所示。
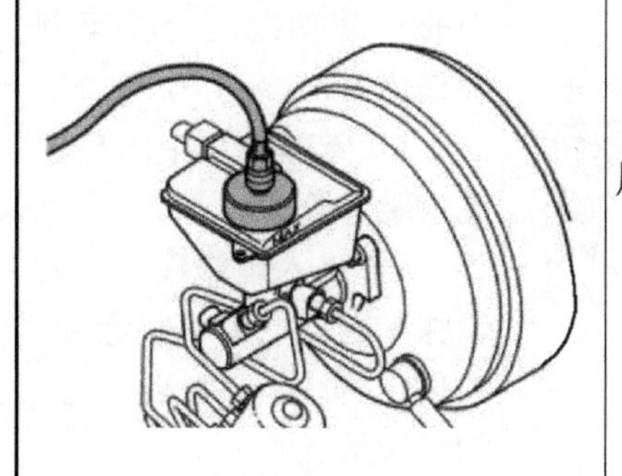	2）连接排放单元至制动液储液罐，如图所示。 3）给制动系统增压（增加至0.2～0.3MPa）。 4）检查制动液储液罐接头。 5）升起车辆并拆卸车轮。

<table>
<tr><td>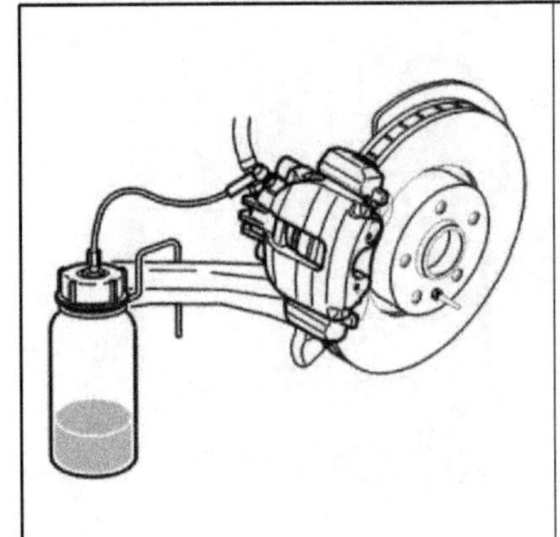</td><td>6）从排放嘴拆下保护盖，连接收集瓶的软管。
7）打开排放嘴，当从收集器软管流出的油中不再有气泡时，拧紧排放嘴，如图所示。
8）从排放嘴拆下软管装回保护盖。
9）依照此方法，排放其他车轮。
10）排放以右后、左后、右前、左前为顺序进行。
11）检查排放嘴是否泄漏。</td></tr>
<tr><td>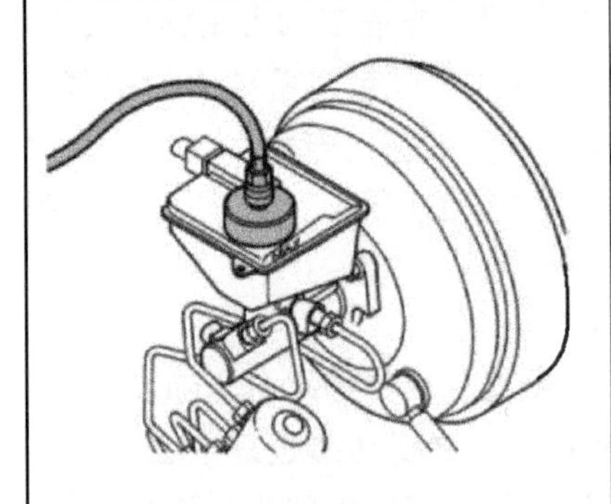</td><td>12）制动系统减压。
13）制动液更换结束后，关闭排放单元，如图所示。
14）打开一个排放嘴后迅速将其关闭，给制动系统减压。
15）检查制动系统有无空气以及制动液是否泄漏。</td></tr>
<tr><td colspan="2">（十四）制动片更换</td></tr>
<tr><td>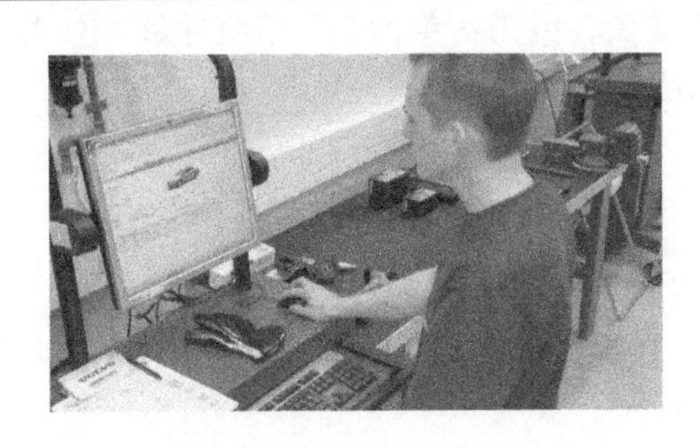</td><td>保养时，更换制动片是一项常规的工作，相应的规范流程和操作可根据车型不同参见信息查询系统中的说明。
1. 连接信息查询系统
使用信息查询系统与车辆进行通信。</td></tr>
<tr><td> </td><td>2. 进入维修模式
1）使用信息查询系统中的诊断功能，与驻车制动模块通信。
2）选择菜单中的按钮进入维修模式。
3）进入维修模式，后轮驻车制动电动机将起动，并使其动作至维修位置，如图所示。</td></tr>
</table>

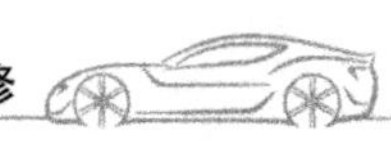

 松开制动轮缸连接器  松开连接制动轮缸的两个螺栓	3. 更换制动片 1）松开制动轮缸连接器。 2）松开连接制动轮缸的两个螺栓，如图所示。
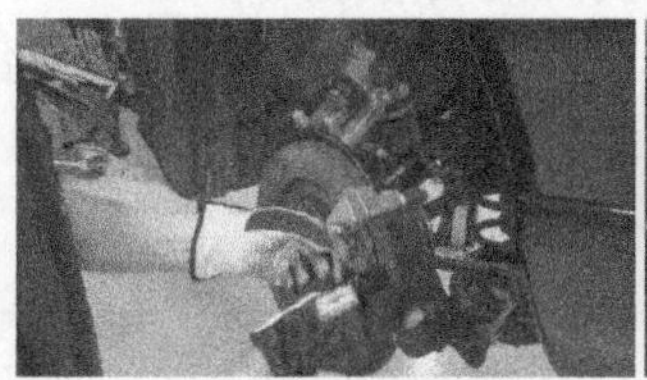 取下旧的制动片 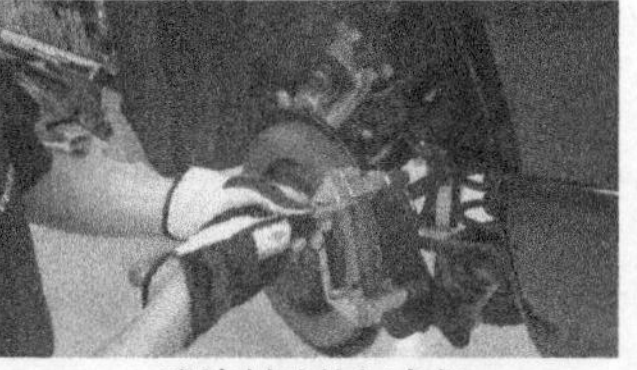 清洁制动轮缸支架	3）取下旧的制动片。 4）取下旧的衬板。 5）清洁制动轮缸支架。
 将后制动轮缸活塞复位 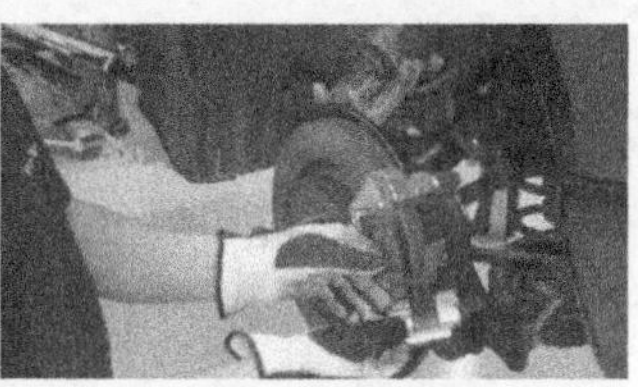 安装新的制动片衬板	6）将后制动轮缸活塞复位。 7）安装新的制动片衬板（有橡胶面在上）。
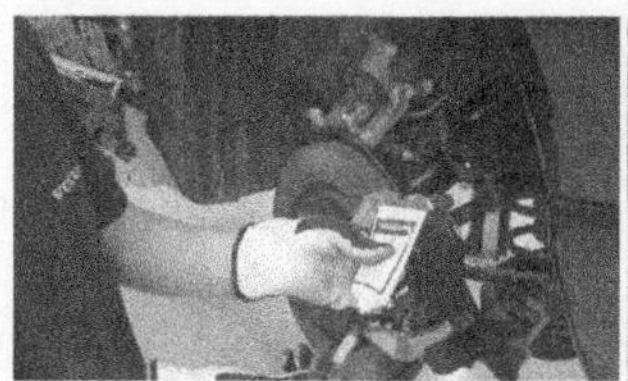 给新制动片涂抹硅脂润滑剂  安装新的制动片	8）给新制动片涂抹硅脂润滑剂。 9）安装新的制动片。
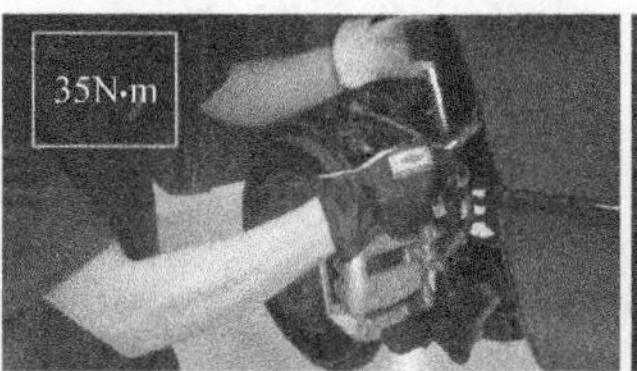 拧紧轮缸固定螺栓  安装制动轮缸连接器	10）安装后制动轮缸。 11）拧紧轮缸固定螺栓（35N · m）。 12）安装制动轮缸连接器。
	4. 后续作业 1）操作信息查询系统，退出维修模式。

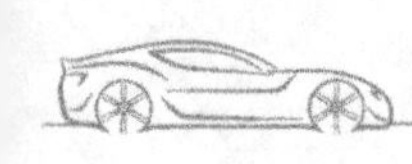

<table>
<tr><td> 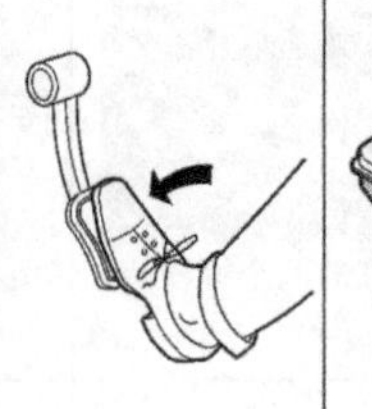 
后制动轮缸电动机会自动检查制动液储液罐的油位</td><td>2）后制动轮缸电动机会自动运转 2 次，以恢复正常状态。
3）检查储液罐中的制动液油位。
4）踩几次制动踏板，检查制动液储液罐的油位。
5）如有需要，就加满储液罐。</td></tr>
<tr><td colspan="2">（十五）制动轮缸更换</td></tr>
<tr><td>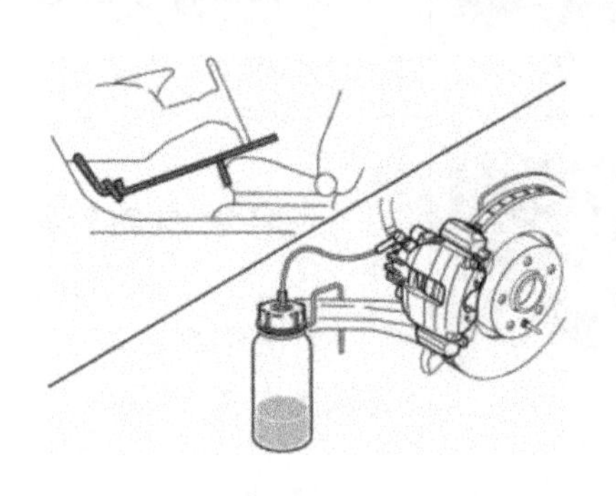</td><td>制动轮缸更换步骤：
1）拆卸后轮，固定制动踏板，通过排气阀排气，如图所示。</td></tr>
<tr><td>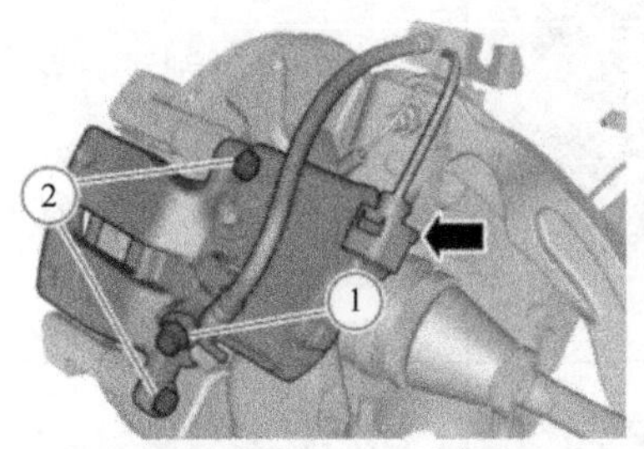
1—管路连接螺栓 2—固定螺栓</td><td>2）拆卸电气插头和连接管路，如图所示。
3）松开固定螺栓。
4）更换轮缸后，以相反次序进行安装。最后执行制动系统放气。</td></tr>
<tr><td colspan="2">（十六）拆装 ABS 泵</td></tr>
<tr><td>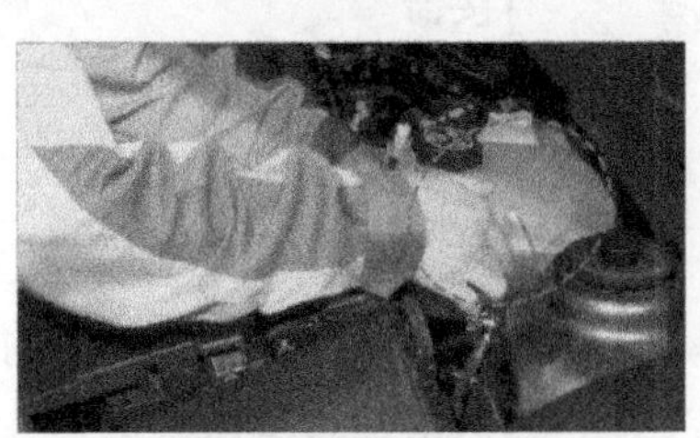
将散热器缓冲罐放置在一边</td><td>1）将点火开关置于 OFF 位。断开蓄电池负极。拆下散热器缓冲罐的两个夹子，将散热器缓冲罐放置在一边，如图所示。
注意：切勿断开发动机冷却液软管。</td></tr>
</table>

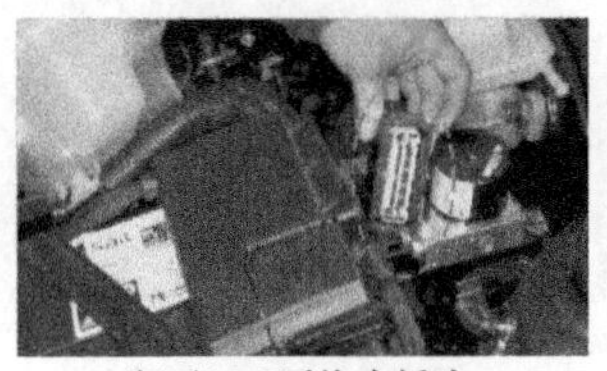 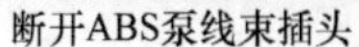 断开ABS泵线束插头  安装CH-558-10盖	2）断开 ABS 泵线束插头，拆下制动液储液罐盖，安装 CH－558－10 盖（防止制动液流失和污染），如图所示。
 在底部放置集油托盘  从ABS泵上拆下6根制动管	3）放置集油托盘，从 ABS 泵上拆下 6 根制动管，如图所示。
注意： ① 盖上制动管接头，以防止制动液流失和污染。 ② 制动液会刺激眼睛和皮肤。一旦接触，应采取以下措施：如果不慎入眼，用清水彻底清洗；如果接触皮肤，用肥皂和清水清洗；如果吸入，立即就医。 ③ 避免制动液溅到涂漆表面、电气插头、接线或电缆上。制动液会损坏涂漆表面并导致电气部件腐蚀。如果制动液接触到涂漆表面，应立即用水冲洗接触部位。如果制动液接触到电气插头、接线或电缆，用干净的抹布擦除制动液。	
 拆下2个ABS泵托架螺栓  拆下ABS泵	4）拆下 2 个 ABS 泵托架螺栓，拆下 ABS 泵托架总成。拆下 3 个 ABS 泵托架螺栓，拆下 ABS 泵，如图所示。
（十七）安装 ABS 泵	
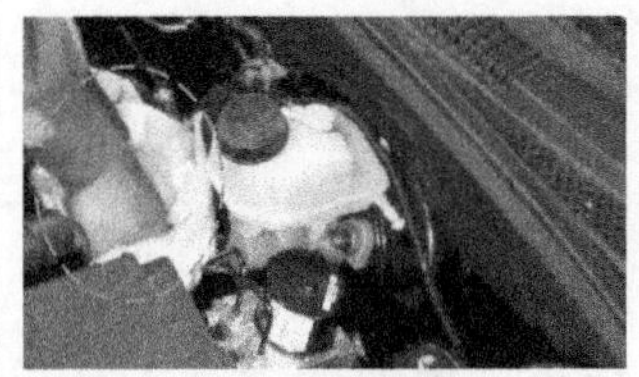 将清洁的抹布放在制动主缸下方 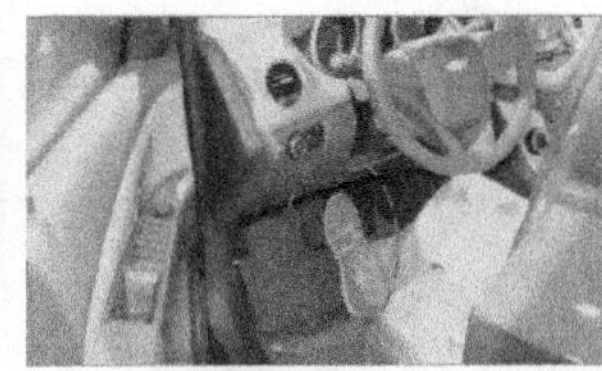 踩下制动踏板3～5次	1）安装 3 个 ABS 泵托架螺栓，并紧固至 10N·m。安装 2 个 ABS 泵托架螺栓，并紧固至 20N·m。 2）将 6 根制动管安装至 ABS 泵，用手的力量拧紧。 3）制动主缸排气（使用 GM 推荐的制动液，或同等 DOT4 制动液），过程如下：将清洁的抹布放在制动主缸下方以防止制动液溢出。当点

火开关置于 OFF 位置且制动器处于冷态时，踩下制动踏板 3～5 次。拆下储液罐盖和膜片，加注制动液至最满位置。将制动主缸连接至 ABS 泵的制动管完全松开，让少量制动液在重力作用下从部件开口处流出，将制动管重新连接紧固好，让助手缓慢地将制动踏板踩到底，并保持稳定的压力。松开该制动管排出空气，紧固制动管。然后让助手缓慢地松开制动踏板。等待 15s，再次踩下制动踏板，松开制动管放出空气直到从主缸的同一端口处排尽空气，如图所示。

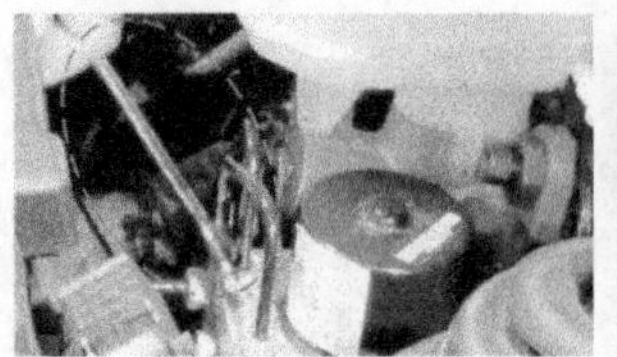

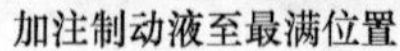

加注制动液至最满位置

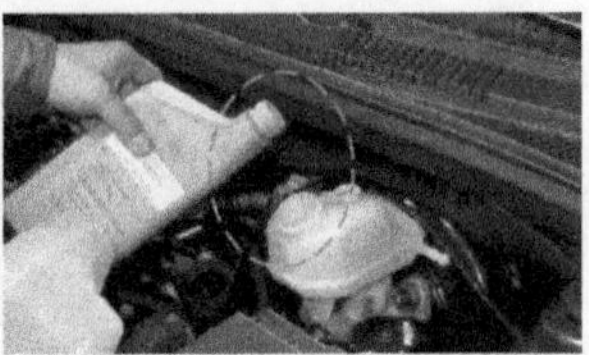

排出空气

4）按照上述方法，逐一排出 ABS 泵处所有连接口的空气后，确保每个制动管至部件的接头都正确紧固。将 6 根 ABS 制动管紧固至 18N·m，清洁接口处的制动液，并检查是否漏油。

5）连接 ABS 泵线束和蓄电池负极。拆下 CH－558－10 盖并安装制动液储液罐盖。安装散热器缓冲罐及其夹子。

6）拆下制动主缸储液罐盖，将制动器排气适配器安装至制动主缸储液罐。加注制动液到半满位置。将制动器压力排气器连接至制动器压力排气器适配器。将制动器压力排气器气罐加压至 175～205kPa。打开制动器压力排气器使加压的制动液流入制动系统。等待约 30s，然后检查整个液压制动系统，确保未发生制动液外部泄漏。

安装制动器压力排气器

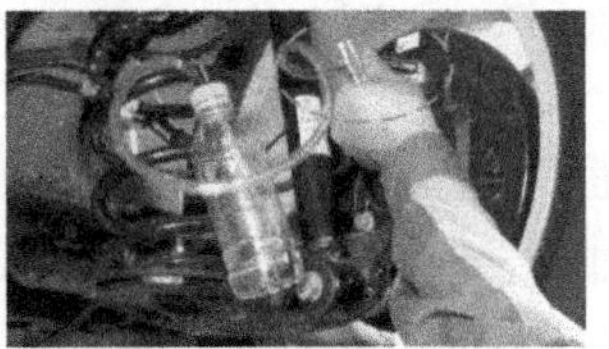

排放制动管路中的空气

7）将合适的扳手放至右后轮液压回路放气阀上，将透明软管安装至放气阀端口，将透明软管的开口端浸入透明容器中。用扳手松开放气阀，排出车轮液压回路中的空气。让制动液流动，直到放气装置不再放出气泡，然后拧紧放气阀。按照右后、左前、左后、右前的顺序依次排放制动管路中的空气，如图所示。

8）关闭制动器压力排气器储液罐阀，然后将排气器从排气器适配器上断开。将制动器压力排气器适配器从制动主缸储液罐上拆下，安装制动主缸储液罐盖。加注制动液到最满位置。

（十八）拆装制动主缸

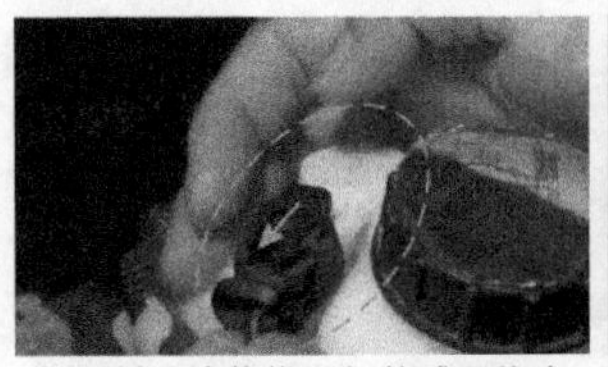

断开制动液位指示灯传感器线束

松开制动主缸2根出油管

1）断开制动液位指示灯传感器线束。用油管拆除工具松开制动主缸 2 根出油管，并用塞子塞住出油口和出油管，如图所示。

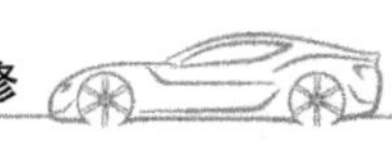

<table>
<tr><td>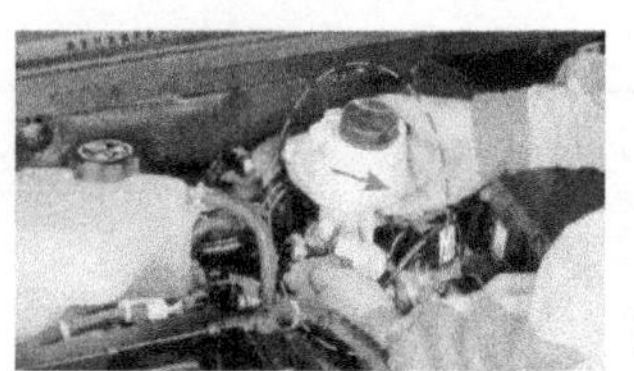
拆卸制动主缸总成</td><td>2）松开制动制动主缸 2 个固定螺母，拆卸制动主缸总成，如图所示。</td></tr>
<tr><td>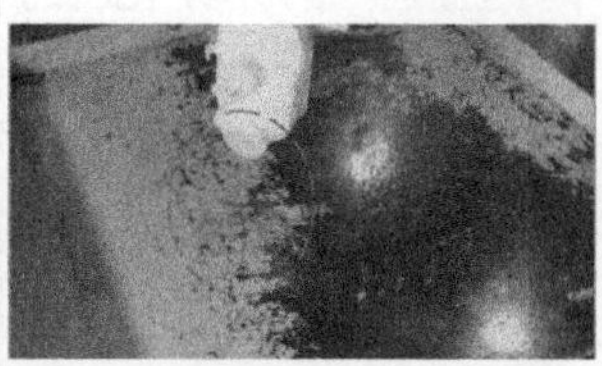
倒出制动液
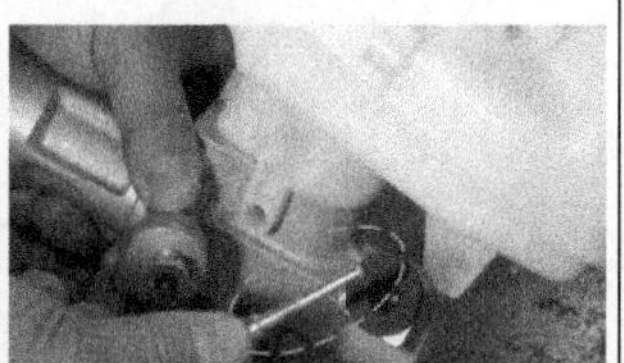
拆下制动液储液罐和制动主缸的卡销
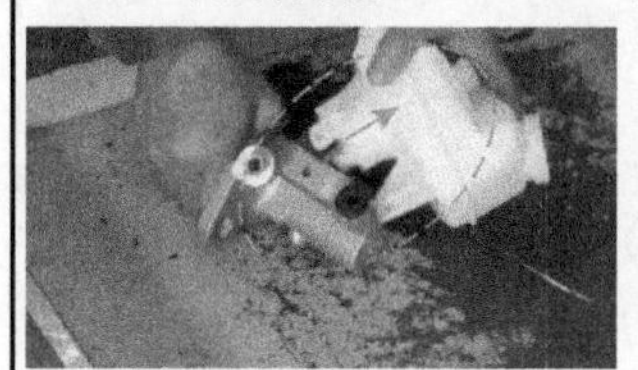
拔出制动液储液罐

拆下密封圈</td><td>3）倒出制动液，拆下制动液储液罐和制动主缸的卡销，拔出制动液储液罐，拆下密封圈，如图所示。</td></tr>
<tr><td colspan="2">（十九）安装制动主缸</td></tr>
<tr><td>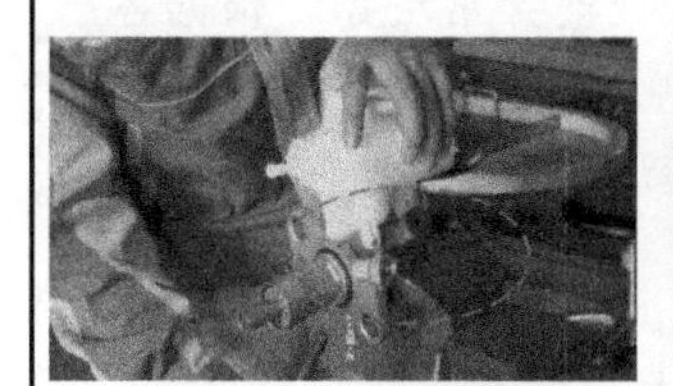
将制动主缸安装到台虎钳上
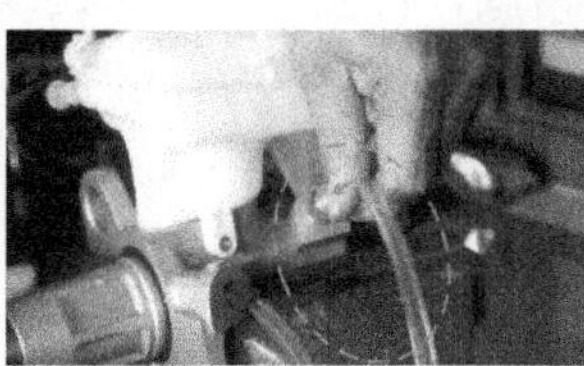
在出油口上加装2根塑料管

排放空气</td><td>1）将新的密封圈安装至制动主缸上，将制动液储液罐安装到制动主缸上。安装制动液储液罐和制动主缸的卡销。
2）将制动主缸安装到台虎钳上。在出油口上加装 2 根塑料管，加注制动液，排放空气，如图所示。拧上储液罐盖，拿下制动主缸总成。
3）安装制动主缸，螺母紧固至 50N · m。安装 2 个出油管接头，紧固至 18N · m。
4）安装 3 个制动主缸托架螺栓，并紧固至 10N · m。安装 2 个制动主缸托架螺栓，并紧固至 20N · m。
5）制动主缸排气。
6）ABS 泵和轮缸排放空气，详见“安装 ABS 泵”中 ABS 泵和轮缸排放空气步骤。</td></tr>
</table>

（二十）拆卸真空增压器

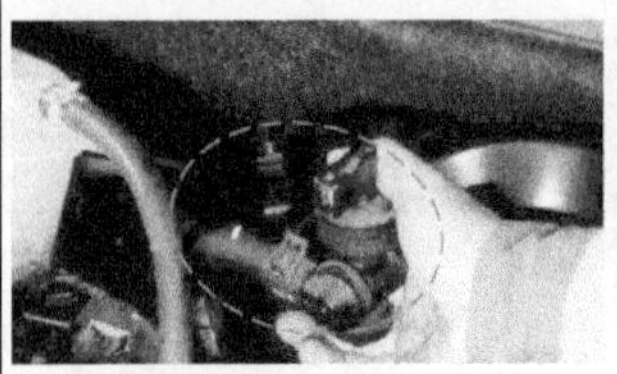
将真空管从真空增压器上拆下

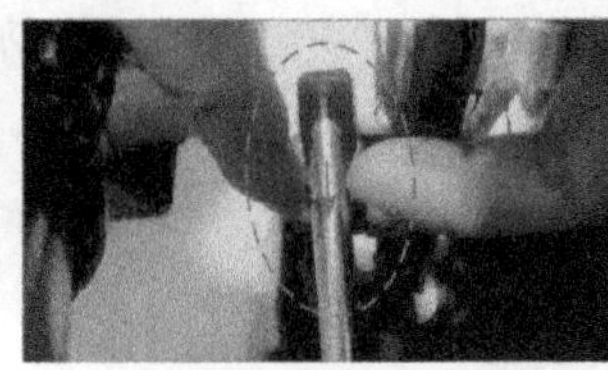
将制动踏板推杆从制动踏板上断开

1）拆卸 ABS 泵，详见“拆卸 ABS 泵”中 ABS 泵的拆卸步骤。

2）拆卸制动主缸，详见“拆卸制动主缸”中制动主缸的拆卸步骤。

3）将真空管从真空增压器上拆下。将制动踏板推杆从制动踏板上断开，如图所示。

将助力器从车辆上拆下

4）拆下制动助力器螺栓，将助力器从车辆上拆下，如图所示。

案例：（一）维修盘式制动器

故障现象确认：

客户反映 2018 款大众迈腾 B8L 轿车在行驶中制动或高速降低速时底盘前部出现“吭吭”声。维修人员对车辆进行路试，行驶中制动未出现任何异常现象，根据客户描述，将车速提高至 120km/h 时开始较快制动，此时异响出现，现象为有节奏的“吭吭”声，直至车辆完全停止，声音重心位置出现在右前部。

故障原因初判：

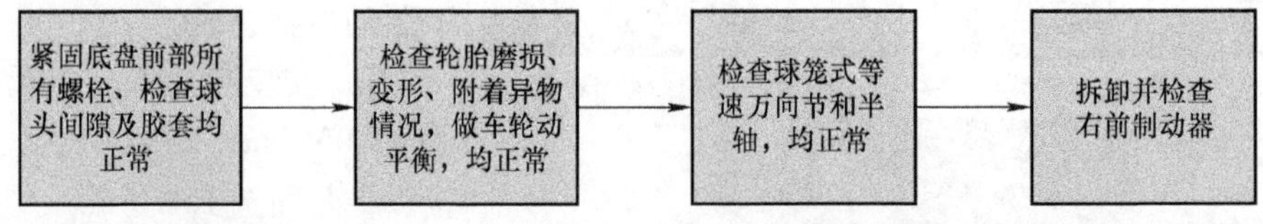

经过对上述零部件的检查，没有发现异常，故将故障范围缩小至右前制动器，对其拆卸并检查。

1. 拆卸制动器

1）拆下车轮，拔下制动摩擦片磨损显示器的连接插头。

2）使用螺钉旋具将制动摩擦片的止动弹簧从制动钳中撬出并取下。

3）使用螺钉旋具轻微撬动制动轮缸，拆卸导向杆固定螺栓。

4）取下制动钳、制动摩擦片、制动器支架。

5）拆卸并取下制动盘。

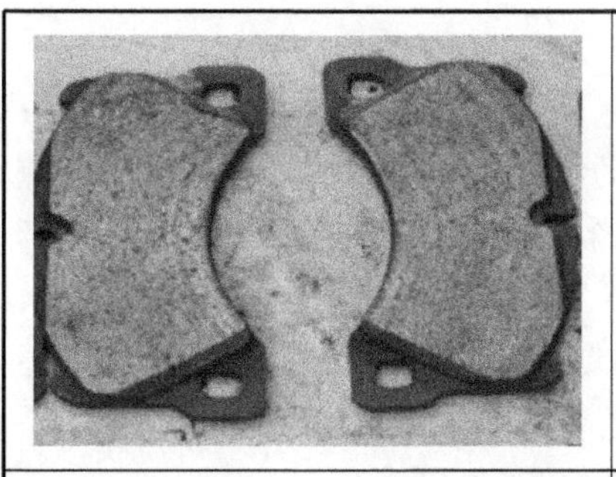	2. 检查制动器 1）检查制动摩擦片磨损情况，如图所示，是否存在烧蚀、沟槽、硬点、偏磨，针对不同磨损情况进行不同的处理。打磨制动摩擦片表面，去除硬点，有烧蚀或沟槽则需要更换制动摩擦片，发现偏磨则需要检查制动轮缸复位情况。
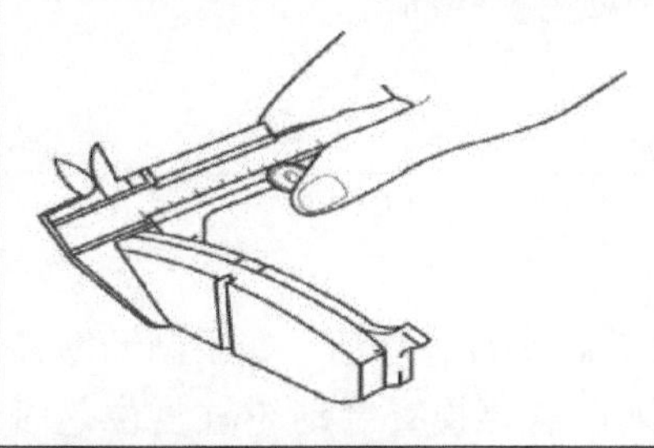	2）使用游标卡尺检查制动摩擦片的厚度，如图所示，如果超出磨损极限，应更换摩擦片。
	3）检查制动盘工作面有无裂纹、锈斑、划痕、沟槽，如图所示，针对不同磨损情况进行不同的处理。用砂纸打磨制动盘表面，去除锈斑，如果有裂纹或深沟槽则需要更换制动盘，如果发现划痕或浅沟槽则需要对制动盘表面进行抛光处理。
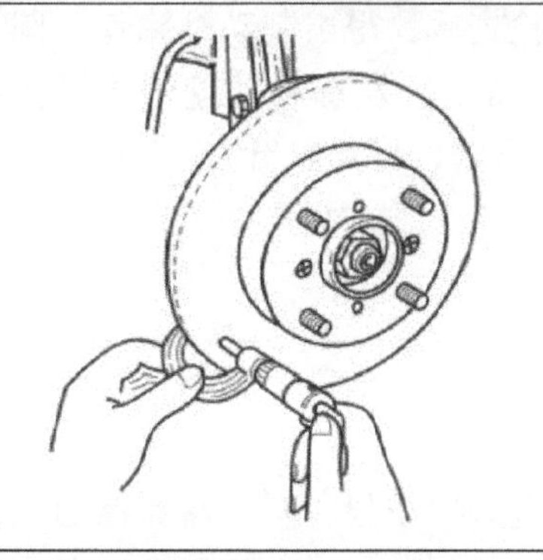	4）使用千分尺检查制动盘的厚度，如图所示，如果超出磨损极限，应更换制动盘。
	5）如果车辆在行驶时制动器有异响，可能是制动盘经过长时间的摩擦变薄后产生变形所致，因此需要使用百分表对制动盘摩擦面端面跳动值进行检测，如图所示，当跳动值超过极限值时，则需要更换制动盘。

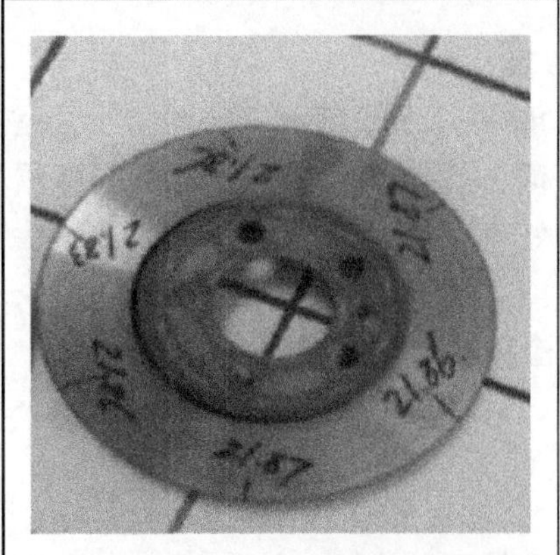	6）检测制动盘周向厚度差值。在制动盘一侧端面均匀选取6个测量点，用千分尺测量制动盘6个点两端面的厚度，得出6个周向厚度测量值，如图所示，用测量得到的厚度最大值减去最小值即为制动盘周向厚度差，如果制动盘周向厚度差超过极限值，则需要更换制动盘。
	7）检查制动轮缸是否有渗油，如果制动摩擦片有烧蚀现象，则还需要检查制动轮缸复位是否正常，如图所示。如复位不正常可对其进行分解并清洗，重新组装密封或更换新的制动轮缸。
	8）经过上述检查后，得出制动摩擦片、制动盘及制动轮缸均正常，但发现制动盘的通风孔里有一块大小适中的石块，将其取出。

提示：

标准数值

① 不同车型的制动摩擦片磨损极限、前轮制动盘磨损极限、制动盘摩擦面端面跳动值不同，此数据需要查询对应车型的维修手册，2018款大众迈腾B8L轿车的制动摩擦片磨损极限、前轮制动盘磨损极限和制动盘摩擦面端面跳动值如下：

零件	数值/mm
制动摩擦片（不带背板）的磨损极限	2
制动盘的磨损极限	22
制动盘摩擦面端面跳动值	≤0.05
制动盘周向厚度差值	≤0.05

② 制动摩擦片、制动盘的更换原则。

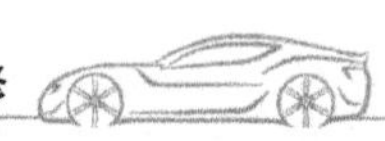

零件	更换原则
制动摩擦片	1. 同一车桥的制动摩擦片应成套更换 2. 每次更换制动摩擦片后，要在静止状态下多次将制动踏板用力踩到底，以便制动摩擦片进入与其运行状态相对应的位置 3. 更换制动摩擦片后，应检查制动液液位，并进行试车和磨合
制动盘	1. 同一车桥上的制动盘必须一起更换 2. 表面修整或更换制动盘后，应进行试车和磨合

③ 前、后轮制动器参数对比。

2018 款大众迈腾 B8L 轿车前、后轮制动器均为盘式制动器，故障诊断与维修方法相同，但制动盘、制动钳活塞直径，制动摩擦片、制动盘厚度，制动盘磨损极限等标准数值均不相同，更换零件时要选准对应制动器的配件参数，配件不可混用。

前轮制动器：

（单位：mm）

图中位置	产品 PR 编号	1ZD
1	制动摩擦片厚度	14
	制动摩擦片不带背板的磨损极限	2
2	制动盘直径	312
	制动盘厚度	25
	制动盘磨损极限	22
3	制动钳活塞直径	57

后轮制动器：

（单位：mm）

图中位置	产品 PR 编号	1KU
1	制动摩擦片厚度	11
	制动摩擦片不带背板的磨损极限	2
2	制动盘直径	300
	制动盘厚度	12
	制动盘磨损极限	10
3	制动钳活塞直径	42

3. 安装制动器

1）将制动盘安装至法兰上，并安装固定螺栓。

2）将带有止动弹簧的制动摩擦片安装在制动器凹槽内。

3）将制动钳安装在制动器支架上，拧紧导向杆固定螺栓。

4）连接制动摩擦片磨损显示器的连接插头。

5）安装车轮。

故障排除验证：

维修人员对车辆进行路试，故障现象消失，故障排除。

提示：

轮缸复位操作要求

1）使用轮缸活塞回位器将活塞压入液压缸之前，必须从制动液储液罐内吸出制动液。否则，如果在此期间制动液储液罐注满时，制动液会溢出并造成部件损坏，如图所示。

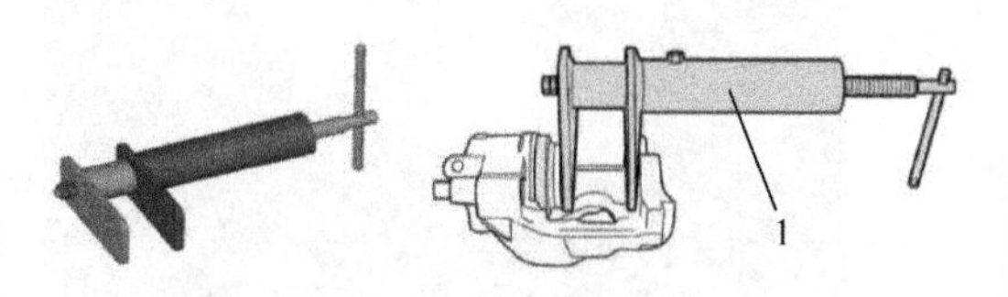

2）用锂基润滑脂略微润滑制动摩擦片导向面。

<table>
<tr><td colspan="2">案例：（二）维修制动管路及排气</td></tr>
<tr><td colspan="2">故障现象确认：
客户反映2018款大众迈腾B8L轿车在行驶中仪表板上制动警告灯突然点亮。维修人员对车辆进行路试，起动汽车后，仪表板上制动警告灯常亮，行驶时踩制动踏板，踏板行程增大，制动性能降低。检查制动液储液壶，发现制动液面低于下限位置。
故障原因初判：
经过路试，初步判断此故障是由缺少制动液引起的，但也不排除制动系统某部位出现泄漏造成，需做进一步检查。</td></tr>
<tr><td>
</td><td>1. 检查制动液
检查制动液面位置，正常应处于左图所示的储液罐上限位置（MAX）和下限位置（MIN）之间，如图所示。</td></tr>
<tr><td>
</td><td>新车或新换的制动液面位置应接近于储液罐上限位置（MAX）。当制动液面低于下限位置时，车辆仪表板上制动警告灯点亮，如图所示。</td></tr>
<tr><td>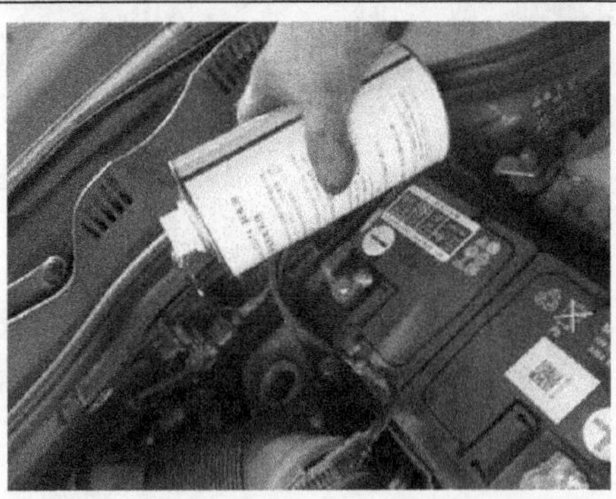</td><td>2. 补充制动液
1）清理制动液储液罐上的灰尘。
2）打开旋盖。
3）加注制动液至正常高度位置，如图所示。</td></tr>
</table>

<table>
<tr><td></td><td>4）拧紧旋盖，如图所示。</td></tr>
<tr><td colspan="2">

提示：

加注操作要求：

① 不同型号、不同品牌的制动液不允许混加，制动液的型号、品牌一定要与原车相符。

② 制动液型号一般会标注在储液罐盖子上，也可以从维修手册中查得。

③ 制动液有毒，操作时不能与人体的皮肤接触。

④ 制动液有腐蚀性，操作时不能与车身的油漆、车上的铝合金件、橡胶件接触。

⑤ 如果制动液与上述物体接触，应立即用大量清水清洗。

⑥ 制动液是易燃品，应远离火源。

⑦ 制动液有吸湿性，长期裸露、密封不严的制动液会吸收空气中的水分，不应使用。

⑧ 加注制动液前，应先清理储液罐上的灰尘，以免其进入到储液罐中。

⑨ 制动液添加时不要超过上限位置。

</td></tr>
<tr><td colspan="2">

3. 试车

制动液加注完成后，进行试车，在试车过程中反复踩踏制动踏板进行制动。仪表板上制动警告灯熄灭，制动性能恢复。经过 10min 行驶后，再次进行制动试验，发现制动踏板行程增大，制动性能降低的现象又出现了。检查制动液，观察到制动液量明显减少，制动系统可能存在泄漏。

</td></tr>
<tr><td>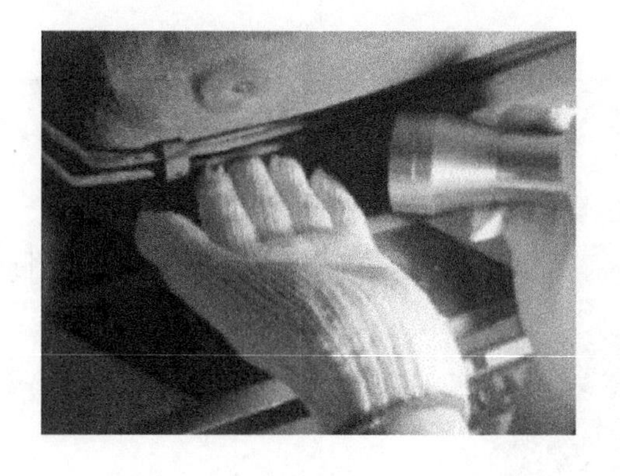</td><td>

4. 检查制动系统泄漏

对制动系统中的制动主缸、ABS泵、制动管路、制动器及其连接部位进行检查是否存在泄漏，如图所示。在检查中发现车辆右后轮与制动钳连接的制动软管存在破损、漏油现象，需对其进行维修。

</td></tr>
</table>

提示：

制动系统泄漏的维修原则

零件	维修原则
制动主缸	1. 主缸缸体裂纹导致漏油，应更换主缸 2. 主缸与储液罐连接处漏油，应更换密封圈 3. 主缸活塞杆处漏油，应分解主缸并更换内部密封圈 4. 主缸与管路连接处漏油，应检查连接螺纹并重装或更换
ABS 泵	1. ABS 泵泵体裂纹导致漏油，应更换 ABS 总成 2. ABS 泵与管路连接处漏油，应检查连接螺纹并重装或更换
制动管路	1. 制动管路中的软管容易破损导致漏油，如发现应更换管路 2. 制动管路中的硬管一般不容易损坏
制动器	1. 制动器钳体裂纹导致漏油，应更换制动器 2. 制动器与管路连接处漏油，应检查连接螺纹并重装或更换 3. 制动器的制动轮缸漏油，应分解轮缸并更换内部密封圈

制动摩擦片磨损会导致制动液储液罐内的液面轻微下降，但如果储液罐液位异常降低，尤其导致制动警告灯点亮，这表明制动系统可能有泄漏。

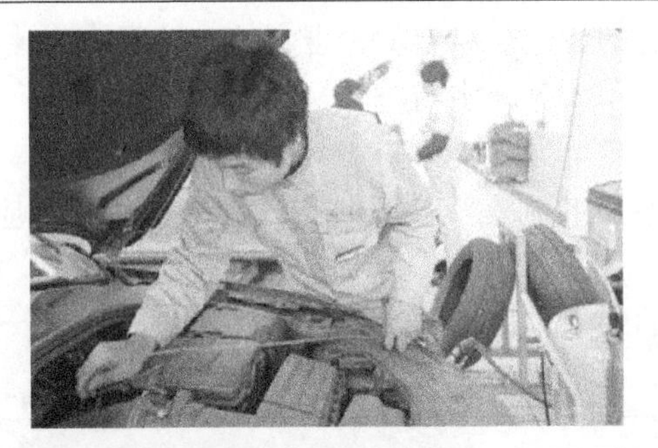

5. 更换制动管路

1）使用制动液充放机，将储液罐中的制动液抽尽，如图所示。

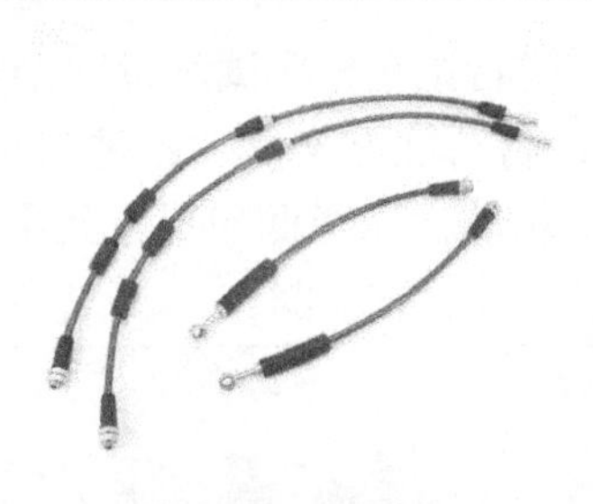

2）拆卸已损坏的制动软管，更换新制动软管，如图所示。

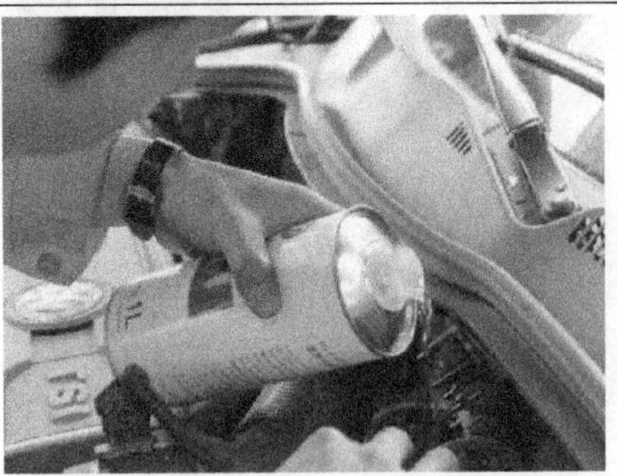

3）加注新的制动液，如图所示。

6. 制动系统排气

1）一名维修人员坐在车中，举升车辆，将塑料排气软管安装到右后制动钳的排气阀上，如图所示。

2）将软管的另一端插入制动液回收壶中。

3）打开排气阀，如图所示。

4）坐在车中的维修人员连续三次踩制动踏板，将制动踏板踩到全程约75%并保持，在车下人员关闭排气阀后，松开制动踏板。

5）重复步骤4），直到流入制动液回收壶中的制动液不再出现气泡。

6）按规定力矩紧固排气阀。

7）重复上述步骤，对左后、左前、右前制动钳进行排气。

8）拆下排气软管和制动液回收壶。

9）检查制动液储液罐液面位置，必要时再次加注制动液。

提示：

制动系统的排气操作需要两名维修人员配合完成，两人的工作位置及分工如下。

	维修人员甲	维修人员乙
工作位置	车外	驾驶舱
工作内容	1. 举升车辆	
	2. 连接排气阀与制动液回收壶	
	3. 打开排气阀	
		4. 连续三次踩制动踏板，将制动踏板踩到全程约75%并保持
	5. 关闭排气阀	6. 松开制动踏板
	7. 观察制动液回收壶中的制动液是否不再出现气泡	
		8. 如还有气泡，则重复上述动作
	9. 不再出现气泡后，按规定力矩值紧固排气阀	
	10. 拆下制动液回收壶	
	重复上述步骤，对其余3个车轮的制动钳进行排气	
	11. 降下车辆	

故障排除验证：

1）将点火开关拧至START位置，然后关闭。用中等力踩制动踏板并保持位置，如果踩制动踏板感到坚实、稳定且踏板行程不大，则起动发动机，重新检查踏板行程。

2）在上述检查过程中，如果发现踩踏制动踏板脚感软或行程过大时，需要重新进行排气。

3）在上述检查过程中，如果踩制动踏板感到坚实、稳定且踏板行程不过大，则进行车辆路试。

维修人员对车辆进行路试，故障现象消失，故障排除。

提示：

制动检测原则

原地检测	行驶检测
1. 将点火开关拧至START位，然后关闭。用中等力踩制动踏板并保持位置，注意踏板行程和脚感	
2. 如果踩制动踏板感到坚实而稳定且踏板行程不过大，则起动发动机。在发动机运行时，重新检查踏板行程	
	3. 如果踩制动踏板感到坚实而稳定且踏板行程不过大，则进行车辆路试。以中速行驶进行几次正常制动，以确保制动系统功能正常

案例：（三）维修制动主缸和真空助力器

故障现象确认：

客户反映2018款大众迈腾B8L轿车在行驶中制动功能失灵了，仪表板上制动警告灯突然点亮，幸好车速较慢，使用电子驻车功能将车辆停下来。维修人员起动汽车后，仪表板上制动警告灯常亮，制动踏板连接正常，踩踏制动踏板脚感很硬，行程很小。检查制动液储液罐，发现制动液面低于下限位置。

故障原因初判：

制动液面下降异常并且仪表板上制动警告灯点亮，说明制动系统的某个部位可能有泄漏。检查制动踏板连接，各部件均正常。踩踏制动踏板脚感很硬，行程很小，说明制动系统的助力机构可能出现故障。重新加注制动液后进行试车，再逐一进行检查。

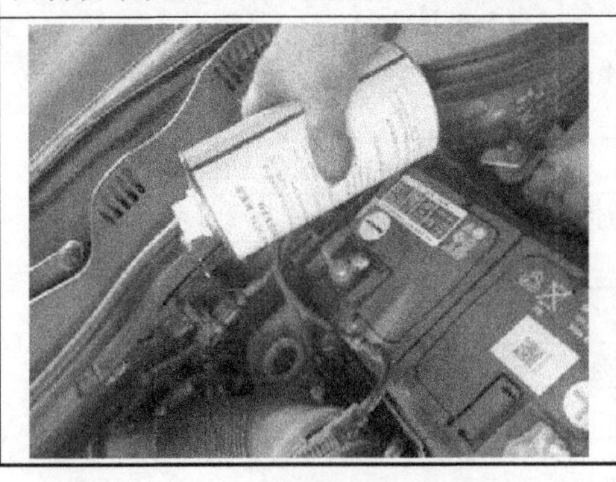

1. 补充制动液

1）清理制动液储液罐上的灰尘。

2）打开旋盖。

3）加注制动液至正常高度位置，如图所示。

4）拧紧旋盖。

<table>
<tr><td>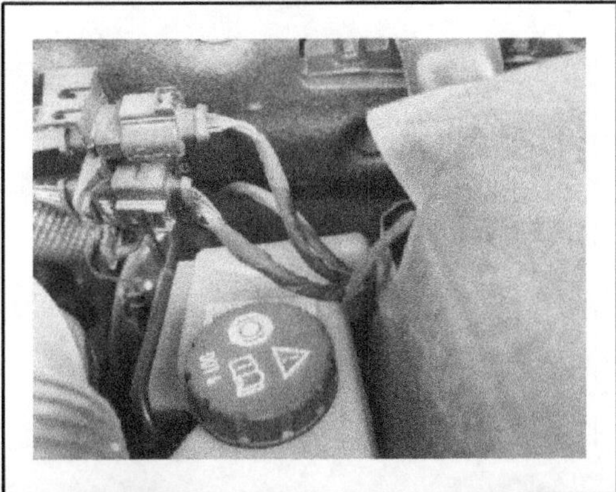</td><td>2. 试车
制动液加注完成后，进行试车，在车辆起动后反复踩踏制动踏板进行制动，故障现象仍然存在。车辆熄火静止半小时，再次进行检查，发现制动液量明显减少，如图所示，这说明制动系统可能存在泄漏。</td></tr>
<tr><td>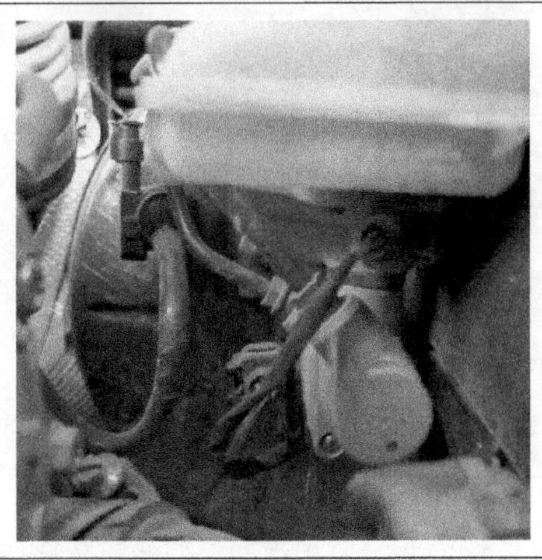</td><td>3. 检查制动系统泄漏
对制动主缸、ABS 泵、制动管路、制动器及其连接部位进行检查是否存在泄漏，均未发现有泄漏。因制动液储液罐与制动主缸连接，如图所示，储液罐液量减少，应先对制动主缸进行拆卸检查。</td></tr>
<tr><td colspan="2">提示：
制动管路泄漏检查原则：
① 检查时，不得扭曲制动软管。
② 在最大转向角度时制动软管不能接触到汽车部件。
③ 检查制动软管是否有空隙及发脆。
④ 检查制动软管和制动管路是否有擦伤。
⑤ 检查制动接口和紧固件是否安装正确，有无泄漏和锈蚀。</td></tr>
<tr><td></td><td>4. 拆卸制动主缸
1）蓄电池距离制动主缸很近，操作不方便，应先拆卸蓄电池及其支架，如图所示。</td></tr>
</table>

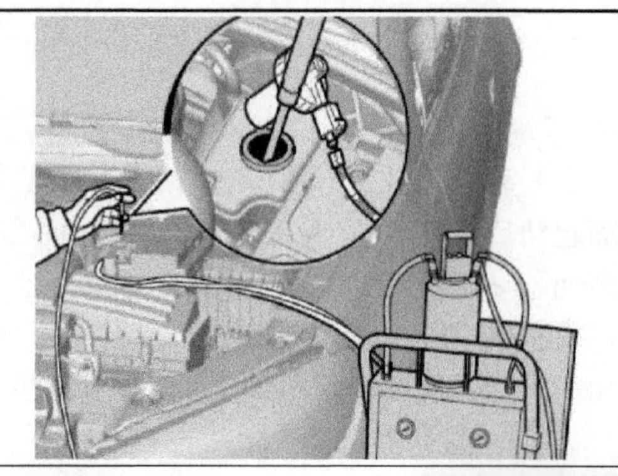	2）使用制动液充放机，将储液罐中的制动液抽尽，如图所示。
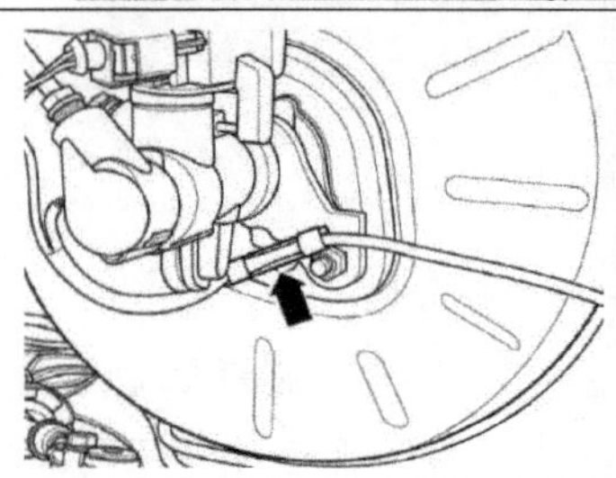 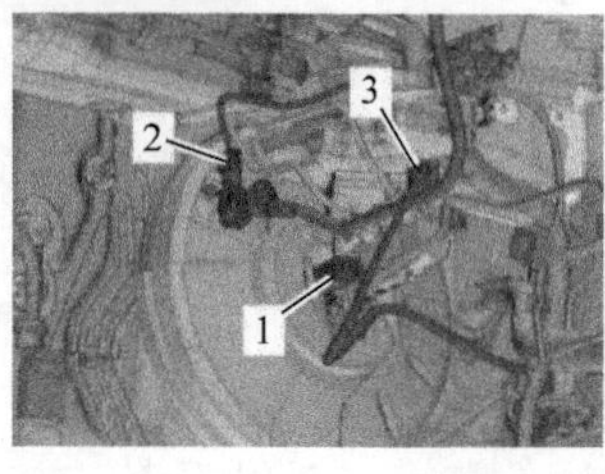	3）拆下线束固定卡子和电气连接插头 1、2、3，如图所示。

提示：

制动主缸电气插头分类

电气连接插头 1	制动信号灯开关插头
电气连接插头 2	真空传感器插头
电气连接插头 3	制动液液位传感器插头

拔下电气连接插头后，需要做好标记，以免在安装时发生混淆。同时将这些插头与电线放置妥当，避免在操作时被损伤或制动液溅入其中。

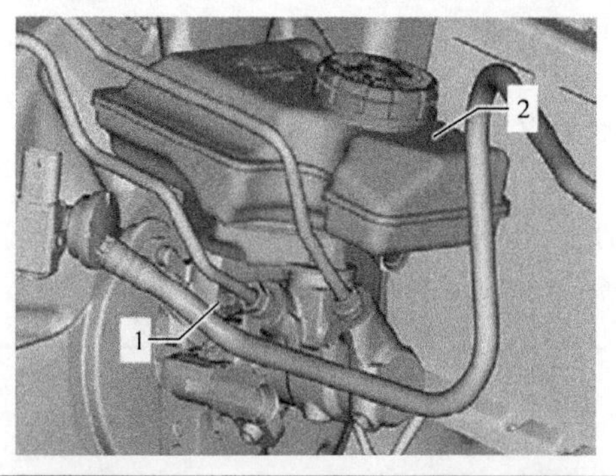	4）拧下星形螺栓 1 将制动液储液罐 2 拔下，如图所示。
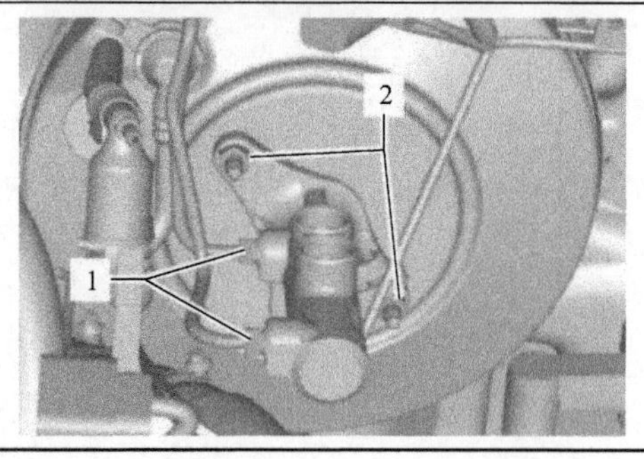	5）拧下制动主缸上的制动管路 1，用密封塞密封制动管路。拧下制动主缸的螺母 2，从真空助力器中取出制动主缸，拔下制动主缸上的制动信号灯开关，如图所示。

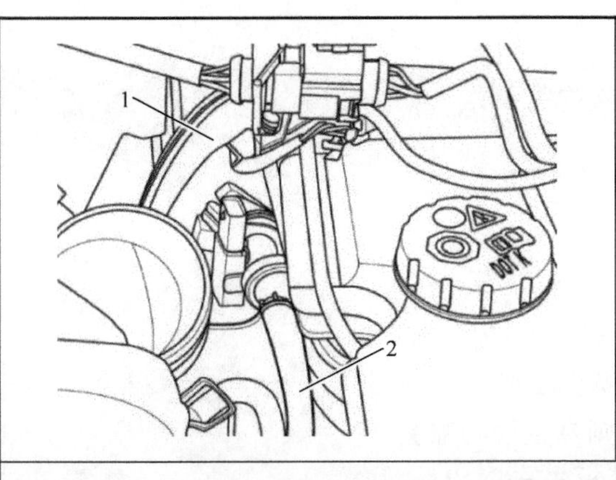

5. 拆卸真空助力器

拆下制动主缸后，发现制动主缸活塞杆处密封圈损坏产生严重漏油。制动液已经全部流入到真空助力器中，因此需要将其拆卸并更换。

1）将带止回阀的真空软管2从真空助力器1中拉出，如图所示。

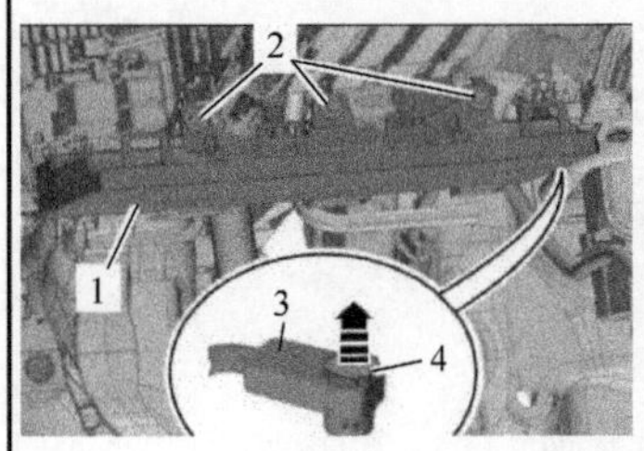

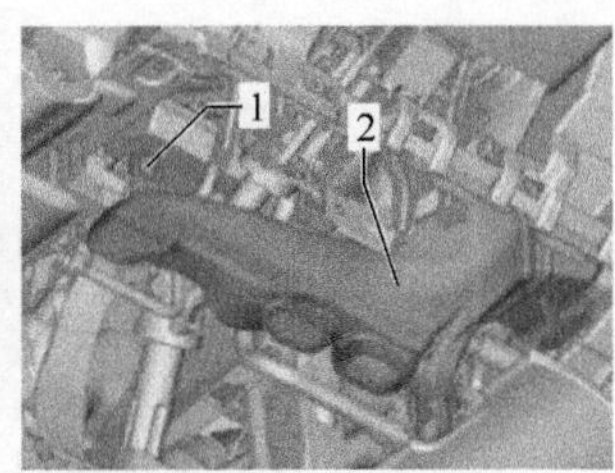

2）拆卸驾驶人侧仪表板盖板，拆下膝部安全气囊和脚部空间出风口，如图所示。

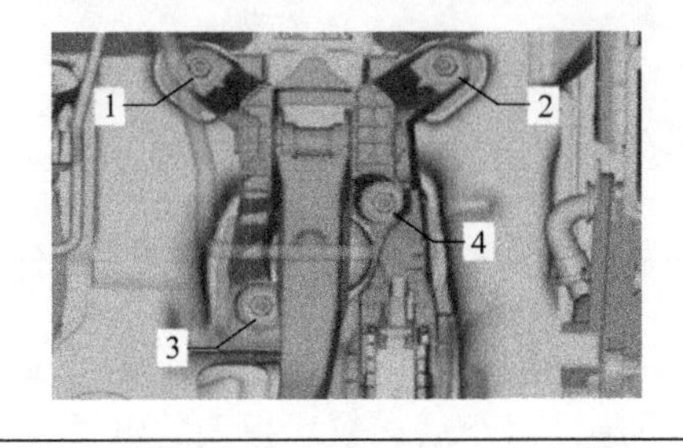

3）拧下真空助力器螺母3、4，如图所示，将真空助力器从前围板上拔下。

提示：

真空助力器的主要作用就是辅助驾驶人提高制动的力度，降低驾驶人踩踏制动踏板工作强度，一旦真空助力器损坏，失去助力，会明显感到踩踏制动踏板需要很大的力气，而且达不到原有制动力度，制动距离延长。真空助力器的真空源主要来自发动机进气歧管或真空泵。2018款大众迈腾B8L轿车采用真空泵来对真空助力器抽真空，它与燃油高压泵1、真空管2相连接，如图所示。

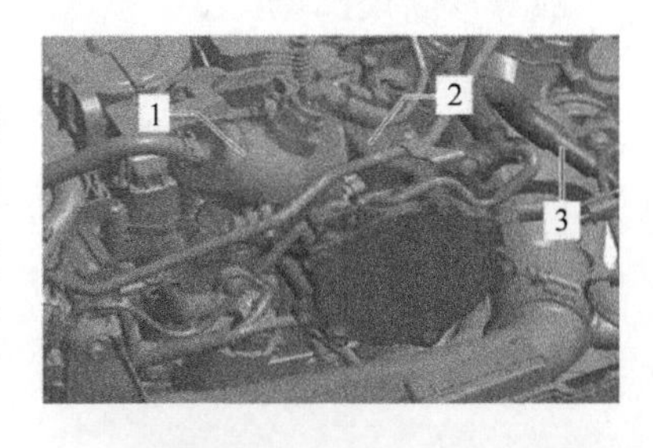

当助力失效时，检查真空助力器、止回阀、真空管都没有问题，那么故障原因有可能是真空泵损坏，需要更换新的真空泵，如图所示。

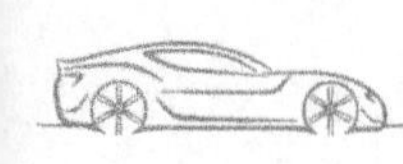

6. 止回阀检测

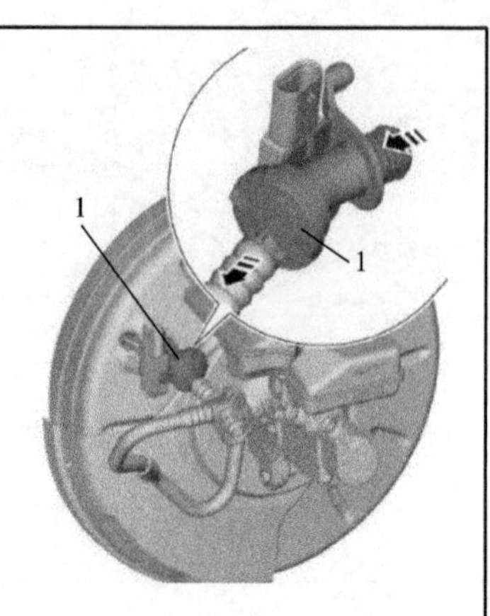

1）将空气首先沿止回阀 1 的一端吹向另一端，如图所示。

2）检测另一端是否透气。

3）将空气沿止回阀相反的一端吹向另一端。

4）检测另一端是否保持密封。

5）正常情况下，应是一个方向透气，另一个方向密封，如果检测结果不符合标准，则更换止回阀。

如果真空助力器上的止回阀失效，则真空助力器会失去真空源，将无法正常工作。制动踏板失去助力后，踩踏时脚感很硬，踩踏费力，行程较小。

7. 安装真空助力器和制动主缸

将新的真空助力器和主动主缸，按照与拆卸相反的顺序进行安装，将制动管路连接完成。

8. 注入新制动液和排气

使用制动液充放机对制动系统进行加注制动液和排气操作。

故障排除验证：

与任务 2 中的制动检测步骤相同。

维修人员对车辆进行路试，故障现象消失，故障排除。

案例：（四）维修电子驻车制动系统

故障现象确认：

客户反映自己的 2018 款大众迈腾 B8L 在一次车辆停车执行电子驻车制动时，仪表板提示“电子驻车制动故障”。维修人员起动汽车后，仪表板上的电子驻车制动灯点亮，电子驻车制动开关指示灯闪烁，左后轮驻车制动器未释放。

故障诊断仪选择：

故障诊断过程中，如果使用 VAS5051（V08. 00. 00 版本）型诊断仪进行诊断，读取的故障码含义不明确，所以应使用 VAS5052A、VAS5052、VAS5051B（V15. 00. 00 版本）型诊断仪中的一种 ODIS 系统来进行诊断。

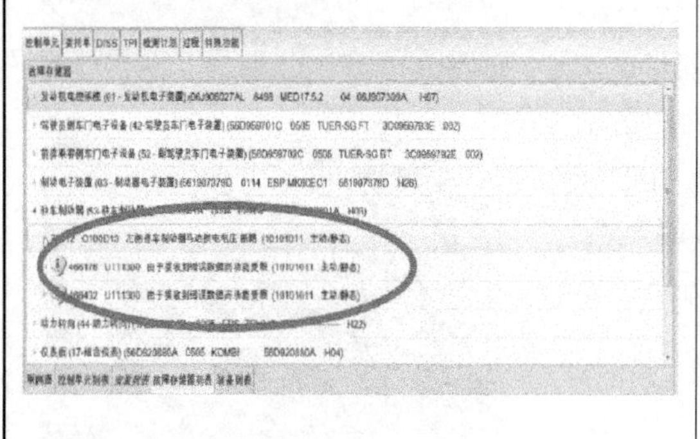

1. 读取故障码

1）将点火开关置于 ON 位，连接 VAS5052A 故障诊断仪并起动。

2）进入 ODIS 诊断系统，正确选择车辆信息。

3）诊断仪开始对车辆进行诊断。

4）故障存储器中显示左侧驻车制动电动机供电电压断路，如图所示。

5）选择读取左右两侧制动器的电流。

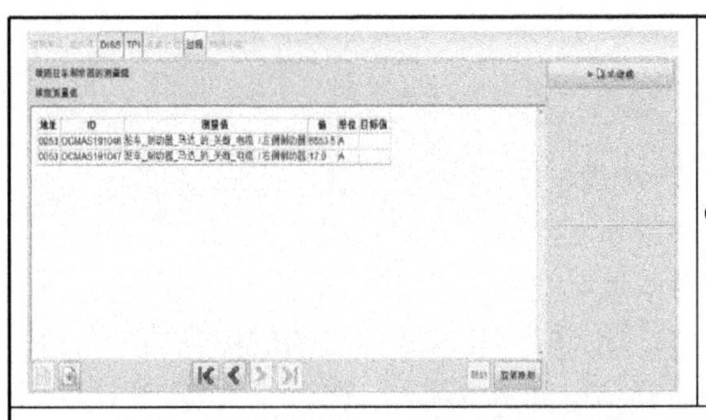

6）左侧制动器电流高达6553.5A，右侧制动器的电流为17A，左侧制动器不正常，如图所示。

7）根据故障码显示，左侧驻车制动电动机供电电压断路以及左侧制动器的电流读数不正常，可以判断左侧驻车制动电动机V282供电不正常，右侧驻车制动电动机V283供电正常。

提示：

2018款大众迈腾B8L采用电子驻车制动系统，其组成零部件及安装位置如图所示。

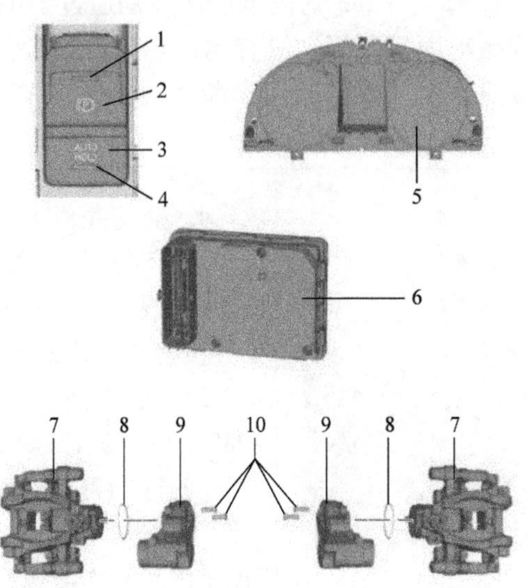

1	电子驻车制动器指示灯K213	安装在电子驻车制动器按钮E538中
2	电子驻车制动器按钮E538	安装在中控台中
3	AUTO HOLD按钮E540	安装在中控台中
4	AUTO HOLD指示灯K237	安装在AUTO HOLD按钮E540中
5	组合仪表	带电子驻车制动器故障指示灯K214、制动装置指示灯K118
6	电子驻车制动器控制单元J540	集成在ABS控制单元J104中，不能单独更换
7	后部制动钳	后部车轮内侧
8	密封圈	制动钳与驻车制动电动机之间
9	驻车制动电动机	左侧驻车制动电动机V282，安装在左后制动钳上；右侧驻车制动电动机V283，安装在右后制动钳上
10	内六角螺栓	固定驻车制动电动机

拉起驻车制动器时，正常的截止电流约为17.8A。

<table>
<tr><td></td><td>2. 测量电压
举升车辆至合适高度，使用万用表检查左右两侧驻车制动电动机电压，左侧驻车制动电动机V282的插接器1、2号针脚之间的电压为0V，右侧驻车制动电动机V283的插接器1、2号针脚之间的电压为5.5V（此电压为驻车制动器控制单元的占空比电压），如图所示。</td></tr>
<tr><td colspan="2">3. 检查搭铁
通过电路图可知，V282与V283的供电搭铁都是通过J104在发动机舱内右侧搭铁，检查该搭铁点，接触牢固、良好，没有锈蚀现象。一般情况下，J104本身出现故障的可能性很小，按照从易到难的故障诊断原则，先对V282与J104之间的线束进行检查。</td></tr>
<tr><td>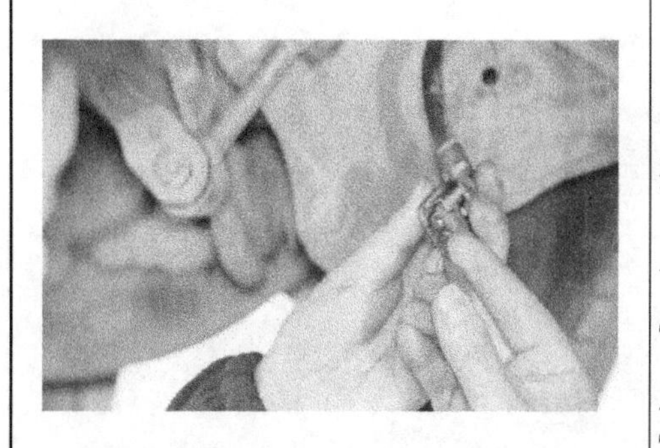</td><td>4. 检查导线
V282与J104之间的导线连接中，在车内下部右侧位置有一插接器TIUR，因此需要分段检查导线的导通性。
1）分别测量左侧驻车制动电动机V282的针脚T2kd/1与TIUR的T17f/15、T2kd/2与T17f/17之间的导线电阻，如图所示。测得结果均为0.05Ω，表明V282与TIUR之间的连接线路正常。</td></tr>
<tr><td>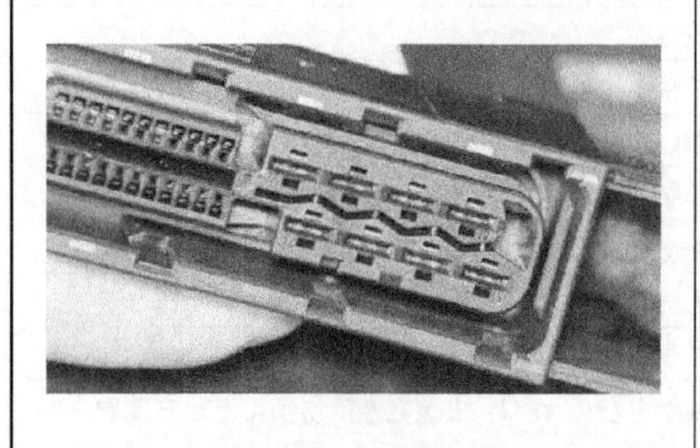</td><td>2）分别测量TIUR的T17n/15与J104控制单元插接器的T46/13、T17n/17与T46/12之间的导线电阻，测得结果为0.04Ω和无穷大，表明T17n/17与T46/12之间的导线断路，如图所示。</td></tr>
<tr><td colspan="2">提示：
电动机V282电路图如图所示。</td></tr>
</table>

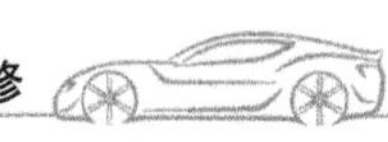

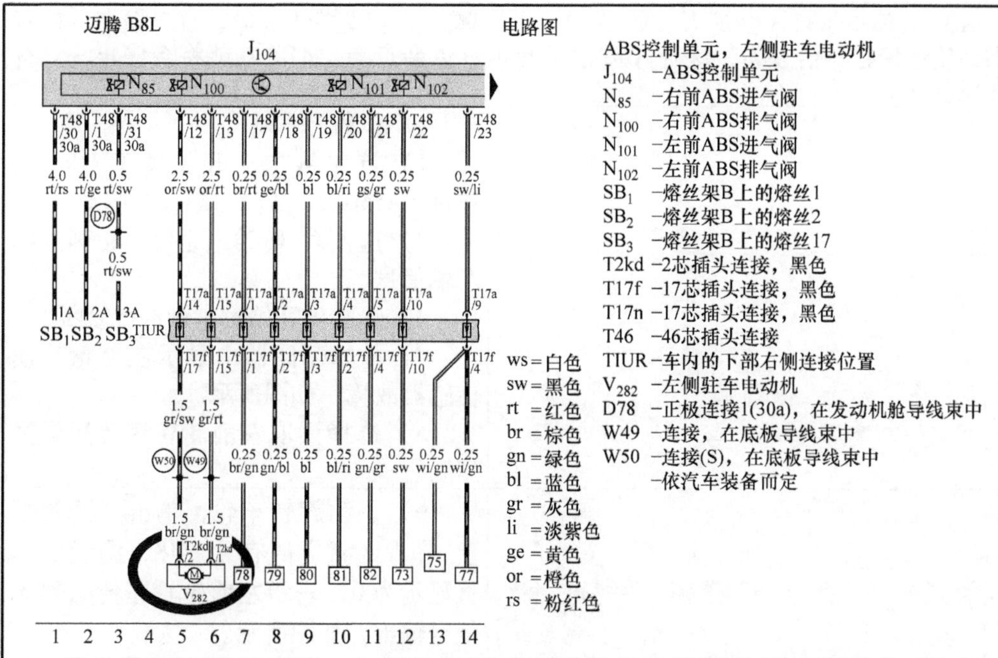

从电路图中可以看到，左侧驻车制动电动机 V_{282} 的插接器针脚号为 T2kd/1、T2kd/2，每根导线上与之对应的针脚号分别为 T17f/15、T17n/15、T46/13 和 T17f/17、T17n/17、T46/12。

5. 维修

稍微用力拉扯左侧驻车制动电动机线束，导线从 J104 控制单元插接器中脱落，更换新的线卡，修复线束，并重新装配。

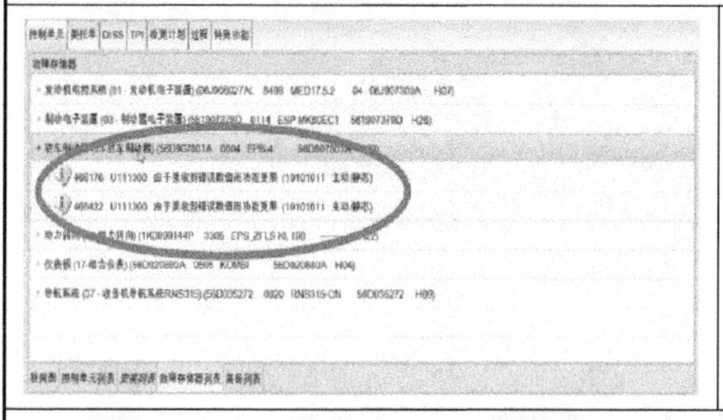

故障排除验证：

1）使用故障诊断仪，对车辆重新进行诊断，左侧驻车制动电动机供电电压断路故障消失，如图所示。

2）维修人员对车辆进行路试，故障现象消失，故障排除。

案例：（五）维修防抱死制动系统（ABS）

故障现象确认：

客户反映自己的2018 款大众迈腾 B8L 轿车在行驶过程中，仪表板上的 ABS 故障指示灯点亮。维修人员检查制动液储液罐液位正常，起动汽车后，仪表板上的 ABS 故障指示灯点亮，路试时，在制动过程中，感觉方向不稳，制动稳定性能降低，制动效能下降。

故障原因初判：

刚打开点火开关时，ABS 故障指示灯会点亮，ABS 电控单元则是先进行内部检查，通过对所有的电磁阀和液压泵电动机的电阻进行检测来判断执行元件线路有无损坏。若线路无任何故障，则向仪表板电控单元发出“熄灭指示灯”的指令，仪表板上

<table>
<tr><td colspan="2">的 ABS 故障指示灯才会熄灭。如果 ABS 电控单元供电或搭铁故障、自身损坏、检测不到轮速传感器信号等，这时 ABS 故障指示灯也会点亮，ABS 功能将会停止，只有常规制动。</td></tr>
<tr><td>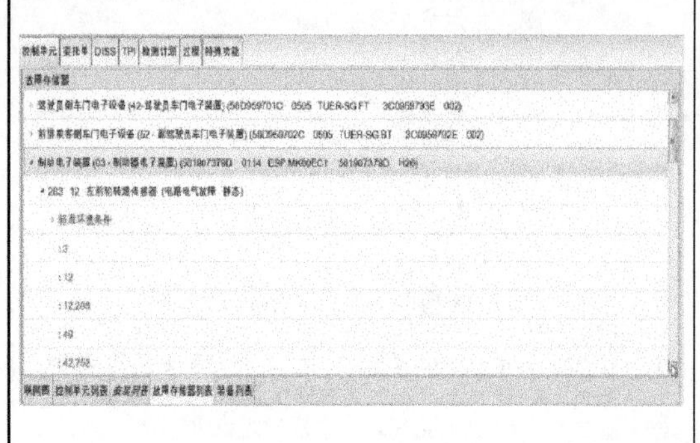</td><td>1. 读取故障码
1）首先将点火开关置于 ON 位，连接 VAS5052A 故障诊断仪并起动。
2）进入 ODIS 诊断系统，正确选择车辆信息。
3）诊断仪开始对车辆进行诊断。
4）故障存储器中显示左前轮轮速传感器故障，如图所示。
5）选择读取左前轮轮速传感器数据流。</td></tr>
<tr><td>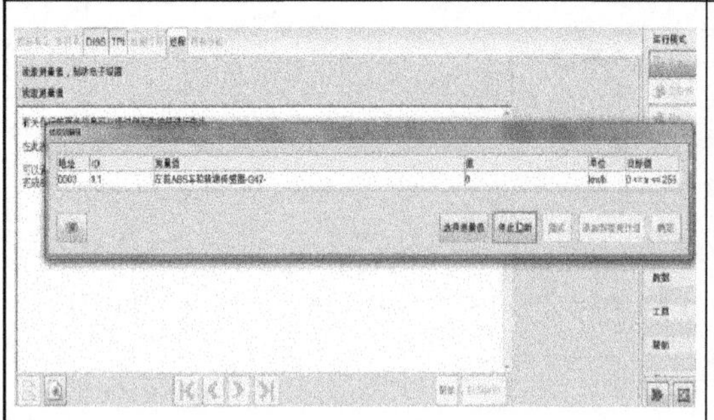</td><td>6）手动旋转车轮，单击“开始更新”，观察测量值有无变化，测量值一直显示为 0，表示左前轮轮速传感器无信号输出，如图所示。
7）根据故障码显示，左前轮轮速传感器故障以及检测不到左前轮转速即左前轮轮速传感器无信号输出，可以判断左前轮轮速传感器本身或相关线路故障。</td></tr>
<tr><td colspan="2">提示：
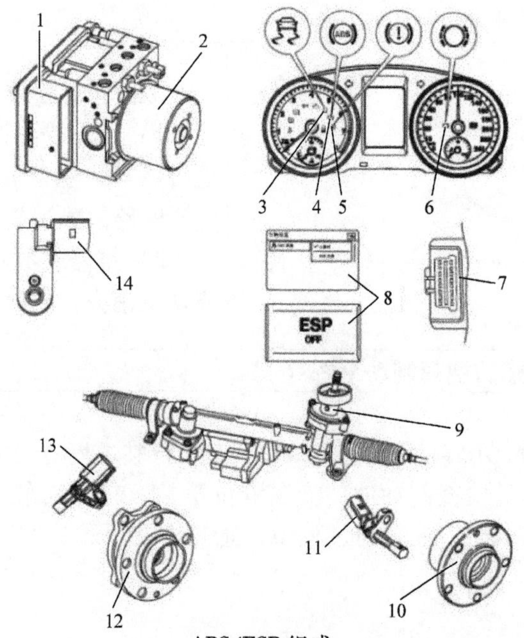

ABS/ESP 组成
1—ABS 控制单元　2—ABS 液压单元　3—ASR 和 ESP 指示灯　4—ABS 指示灯　5—制动装置指示灯　6—制动摩擦片指示灯　7—诊断接头　8—ASR 和 ESP 按钮　9—转向角传感器　10—后转速传感器　11—后轮毂　12—前轮毂　13—前转速传感器　14—制动信号灯开关</td></tr>
</table>

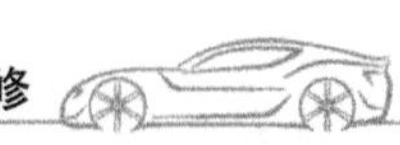

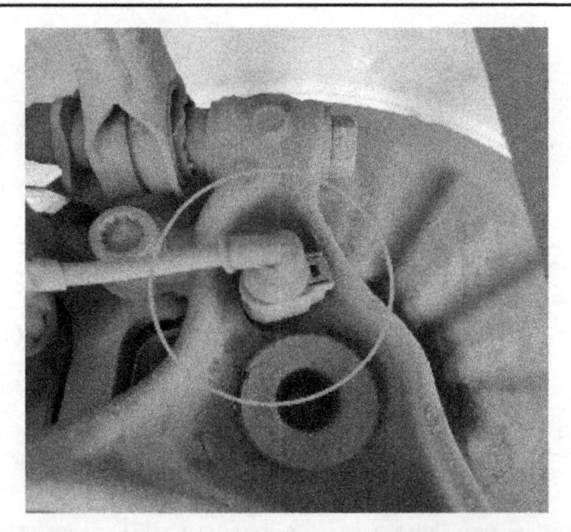

2. 检查外观

举升车辆至合适高度，检查左前轮轮速传感器插头是否松动，线束连接是否可靠，线束表面是否有破损，检查左前轮轮速传感器外观有无变形，安装是否松动，检查发现其外观完好，如图所示。

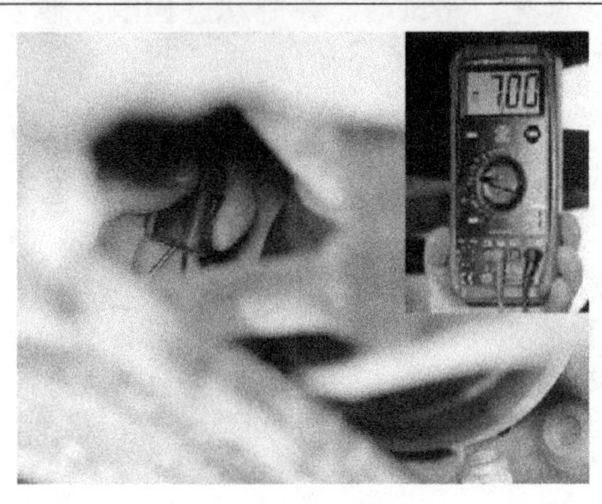

3. 检查线路

断开左前轮轮速传感器插接器，使用万用表电流档测量插接器两个针脚的电流值，为7mA，正常如图所示。判断为左前轮轮速传感器自身故障，更换新的轮速传感器。

提示：

轮速传感器线路检查见下表。

轮速传感器无信号输出时的线路检查	1. 用万用表检测轮速传感器插接器两个针脚的电流值在规定范围内，说明是轮速传感器自身故障 2. 如果检测的电流值不正常，应检测电控单元与传感器之间的线路电阻是否正常 3. 检测电控单元与传感器之间的线路搭铁是否有短路现象，如果线路没有问题，可能是轮速传感器自身故障
轮速传感器有信号输出时的线路检查	1. 起动车辆，让前轮空转，观察其两侧车轮轮速传感器数据流是否接近，通过对比，判断哪个传感器可能有故障 2. 用手转动两个后轮，观察其数据流，通过对比，判断可能哪个传感器有故障 3. 如果数据流不正常，测量传感器电流是否在规定范围内 4. 如果检测的电流值不正常，应检测电控单元与传感器之间的线路电阻是否正常 5. 检测电控单元与传感器之间的线路搭铁是否有短路现象，如果线路没有问题，可能是轮速传感器自身故障

4. 轮速传感器更换

更换轮速传感器时，先要拔下轮速传感器插接器，然后拧下车轮轴承座上的螺栓，将轮速传感器取下。

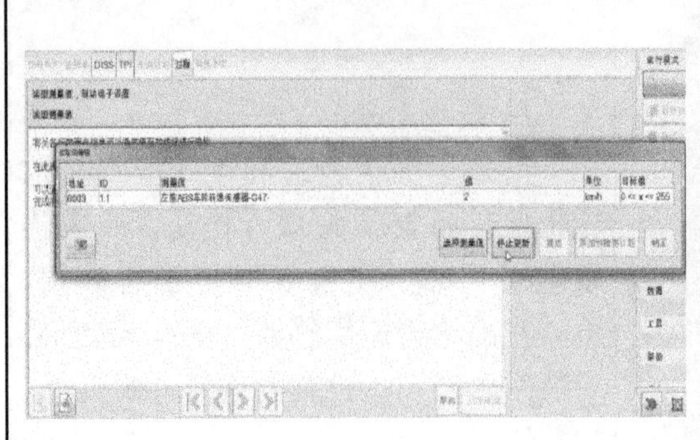

5. 读取数据流

重新读取左前轮轮速传感器数据流。手动旋转左前车轮，开始更新数据流，观察车轮转动时测量值有无变化，测量值随车轮的转动跳动，表示左前轮轮速传感器有信号输出，故障排除，如图所示。

6. 试车

起动汽车，仪表板上的 ABS 故障指示灯点亮，路试时，在制动过程中，感觉方向不稳，制动稳定性能降低，制动效能下降，故障现象依然存在。

7. 读取故障码

使用故障诊断仪再次对车辆进行诊断，故障存储器中显示制动电子装置中的电磁阀故障。

8. 检查电磁阀

1）使用故障诊断仪进入 ABS 电控单元。

2）驱动链接，使电磁阀工作，同时用手触摸 ABS 液压单元，感知是否有振动。

3）没有振动，说明电磁阀有故障，需要更换。

提示：

防抱死制动系统电路图如图所示。

电路图

迈腾B8L

J_{104}

G_{200} G_{201} G_{202} G_{251} V_{64}

T46 8 T46 9 T46 42 T46 43

0.5 ws 0.5 br 0.35 or/bl 0.35 or/br

D185 D184 B672 B676

0.5 ws 0.5 br 0.35 or/bl 0.35 or/br

T2nk/1 T2nk/2 T17i 3 T17i 4

G_{47} TIUL

T17a 3 T17a 4

0.35 or/bl 0.35 or/br

B663 B664

0.35 or/bl 0.35 or/br

B2 B1

43 44 45 46 47 48 49 50 51 52 53 54 55 56

ws=白色
sw=黑色
rt =红色
br =棕色
gn=绿色
bl =蓝色
gr =灰色
li =淡紫色
ge=黄色
or =橙色
rs =粉红色

左前转速传感器，ABS控制单元
G_{47} –左前转速传感器
G_{200} –横向加速度传感器
G_{201} –制动压力传感器1
G_{202} –偏转率传感器
G_{251} –纵向加速度传感器
J_{104} –ABS控制单元
T2nk –2芯插头连接，黑色
T17a –17芯插头连接，棕色
T17i –17芯插头连接，棕色
T46 –46芯插头连接，黑色
TIUL–车内的下部左侧连接位置
V_{64} –ABS液压泵
B663–连接(底盘传感器CAN总线，High)，在主导线束中
B664–连接(底盘传感器CAN总线，Low)，在主导线束中
B672–连接1(底盘/组合仪表CAN总线，High)，在主导线束中
B676–连接1(底盘/组合仪表CAN总线，Low)，在主导线束中
D184–连接(左前转速传感器+)，在发动机舱导线束中
D185–连接(左前转速传感器–)，在发动机舱导线束中

从电路图中可以看到，左前轮轮速传感器 G_{47} 的插接器针脚号为 T2nk/1、T2nk/2，与 ABS 电控单元相连的针脚号分别为 T46/8 和 T46/9。

9. 更换电磁阀

由于ABS电控单元与ABS液压单元集成在一起，因此当ABS电控单元或液压单元某个元件损坏时，都应更换ABS总成。

1）使用制动液充放机将制动液储液罐中的油液抽取干净。

2）使用故障诊断仪读取ABS电控单元编码，并记录。

3）使用扳手拆下ABS所有连接油管（注意做标记，安装时不可装错）。

4）更换ABS总成。

5）对新更换的ABS总成进行电控单元编码。

6）加注制动液并排气。

故障排除验证：

1）使用故障诊断仪，对车辆重新进行诊断，制动电子装置中的电磁阀故障消失。

2）维修人员对车辆进行路试，同时进行至少一次ABS调试，故障现象消失，故障排除。

提示：

除传感器自身或其线路故障，导致仪表板上的ABS故障指示灯点亮外，跟传感器有关的还有一种可能故障，即车轮轴承表面损坏或有杂质、与传感器间隙过大时，都会造成仪表板上的ABS故障指示灯点亮，用故障诊断仪读取故障码显示轮速传感器故障，如图所示。

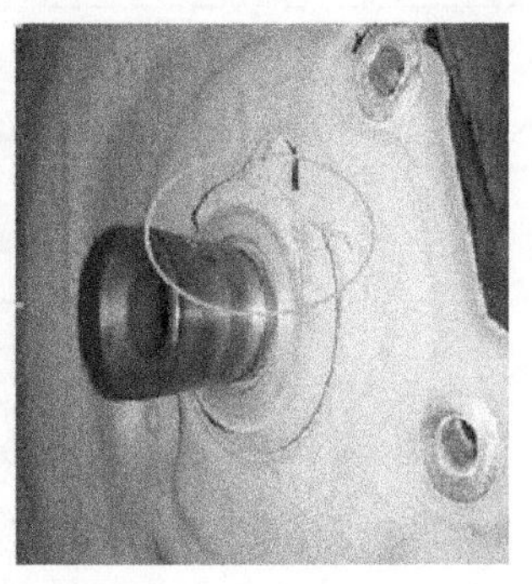

ABS维修注意事项：

1）ABS故障不会影响制动装置和助力装置。没有ABS时，普通制动系统也能正常工作，ABS指示灯亮起后制动时后车轮可能提前抱死。

2）在ABS上进行维修工作时，对清洁度的要求很高，绝不允许使用含矿物油的辅助剂，例如机油、油脂等。

3）不得使用腐蚀性的清洁剂，例如制动器清洗剂、汽油、稀释剂等清洁防抱死制动系统连接处及其周围区域。

4）不要使用含絮抹布擦拭防抱死制动系统或遮盖其配件。

实训记录表

<table>
<tr><td>实训主题</td><td colspan="4"></td><td>实训时间</td><td></td></tr>
<tr><td>小组编号</td><td></td><td>组长</td><td></td><td>组员</td><td colspan="2"></td></tr>
<tr><td>需准备的设备与工具等</td><td colspan="6"></td></tr>
<tr><td>需查阅的相关资料
（书籍、手册、
说明书、网络资源等）</td><td colspan="6"></td></tr>
<tr><td>实训步骤</td><td colspan="3">实训内容</td><td colspan="3">注意事项</td></tr>
<tr><td>准备工作</td><td colspan="3"></td><td colspan="3"></td></tr>
<tr><td>拆卸步骤</td><td colspan="3"></td><td colspan="3"></td></tr>
<tr><td>安装步骤</td><td colspan="3"></td><td colspan="3"></td></tr>
<tr><td>清洁、整理工作</td><td colspan="3"></td><td colspan="3"></td></tr>
<tr><td>学生反思
（反思出现的问题、解
决措施及个人体会）</td><td colspan="6"></td></tr>
<tr><td>教师评价</td><td colspan="6">教师评分：（满分 5 分，请在合适的分数框内打“√”）
1□　2□　3□　4□　5□
教师建议：</td></tr>
</table>

任务评价

一、请通过思考以下问题进行结果检验

1. 离合器的功用是什么？
2. 简述离合器的基本组成和工作原理。
3. 简述膜片弹簧离合器的结构特点及工作原理。
4. 离合器常见故障有哪些？如何判断这些故障？
5. 自动变速器的主要特点有哪些？
6. 自动变速器齿轮变速机构中离合器的作用是什么？
7. 自动变速器齿轮变速机构中制动器的作用是什么？

二、不定项选择题

1. 使用制动液检测仪时，黄灯表示的含义是：

A. 合格
B. 近似合格
C. 不合格
D. 仪器故障

2. 从驻车制动的操纵方式来看，沃尔沃车辆的驻车制动分为哪几类：

A. 手拉式驻车制动
B. 脚踏式驻车制动
C. 电子式驻车制动
D. 以上都不对

3. 维修盘式制动器时，以下说法哪种正确？

A. 应使用螺钉旋具将活塞敲出缸筒
B. 应当通过放气螺钉向缸筒施加压缩空气，将活塞推出
C. 维修盘式制动器时，应注意调整好制动间隙
D. 以上说法都正确

4. 维修损坏的制动管路时，以下方法正确的是：

A. 用一段管路和压紧接头更换损坏的部分
B. 使用厂家提供的预制制动管，更换整段制动管路
C. 将管路损坏的部分切下，在管路两端安装接头，然后再装上适当尺寸的软管
D. 在原有管路上进行适当维修即可

5. 对制动主缸放气之后，对各制动轮缸排放空气时，下列说法正确的是：

A. 必须先对制动管路最长的制动器放气
B. 正确的放气顺序取决于制动系统管路采用哪种布置方式
C. 所有类型的制动管路必须先从左后轮开始放气
D. 必须把一个制动器上的所有气体放尽，才能给下一个制动器放气

6. 驻车制动器维修时，以下说法正确的是：

A. 应对各传动节点和拉索进行润滑
B. 拉动驻车制动手柄直到停止，然后再调整拉索，直到后轮被抱死为止

C. 将驻车制动手柄拉至规定行程，此时驻车制动应处于完全抱死状态

D. 轿车驻车制动一般制动两后轮

7. 沃尔沃 S60 更换前轮制动片时，下列操作正确的是：

A. 将轮缸活塞推回缸筒内

B. 如果发现制动轮缸活塞上有锈蚀、腐蚀点或灰尘，应及时清除

C. 在所有动配合零件上都涂抹少量的润滑剂

D. 装配完成后，应踩几次制动踏板，使制动轮缸充满制动液